珍藏本·增订本

纪念版

汉译世界学术名著丛书

利 论

〔古印度〕憍底利耶 著

朱成明 译注

商务印书馆
SINCE1897
The Commercial Press

Kauṭilya

Arthaśāstra

Sanskrit Text with a Glossary, ed. by R. P. Kangle Motilal Banarsidass, 1969（2010）

根据莫提拉·班那西达斯出版公司 1969 年第 2 版第 7 印译出

汉译世界学术名著丛书
（120年纪念版·珍藏本）
增订本出版说明

2017年10月，为纪念商务印书馆创立120周年，本馆推出“汉译世界学术名著丛书”（120年纪念版·珍藏本），计七百种。近五六年来，仰赖学界同人倾力支持，订正旧译，增补新译，拓展新著，积累日多。为满足读者需要，本馆在七百种的基础上，继续推出“汉译世界学术名著丛书”（120年纪念版·珍藏本·增订本）三百种。至此，“汉译世界学术名著丛书”累计出版已达千种。

今后，本馆将继续推进丛书的翻译出版工作，在积累单本名著的基础上陆续分辑刊行，汇印出版。为促进中外文明互鉴、推动我国学术发展，使“汉译世界学术名著丛书”这项对我国学术文化有基本建设意义的重大工程发挥更大作用，诚望海内外学术界、翻译界继续给予支持，帮助我们把这套丛书出得更好。

商务印书馆编辑部

2024年2月

汉译世界学术名著丛书
（120年纪念版·珍藏本）
出 版 说 明

2017年2月11日，商务印书馆迎来120岁的生日。120年前，商务印书馆前贤怀揣文化救国的理想，抱持“昌明教育，开启民智”的使命，立足本土，放眼寰宇，以出版为津梁，沟通中西，为中国、为世界提供最富智慧的思想文化成果。无论世事白云苍狗，潮流左右激荡，甚至战火硝烟弥漫，始终践行学术报国之志，无改初心。

迻译世界各国学术名著，即其一端。早在20世纪初年便出版《原富》《天演论》等影响至今的代表性著作，1950年代后更致力于外国哲学和社会科学经典的译介，及至1980年代，辑为“汉译世界学术名著丛书”，汇涓为流，蔚为大观。丛书自1981年开始出版，历时三十余年，迄今已推出七百种，是我国现代出版史上规模最大、最为重要的学术翻译工程。

丛书所选之书，立场观点不囿于一派，学科领域不限于一门，皆为文明开启以来，各时代、各国家、各民族的思想与文化精粹，代表着人类已经到达过的精神境界。丛书系统译介世界学术经典，引领时代思想，为本土原创学术的发展提供丰富的文化滋养，为推动中国现代学术和现代化进程做出了突出的贡献。

为纪念商务印书馆成立120周年，我们整体推出“汉译世界学术名著丛书”120年纪念版的珍藏本，寄望既利于文化积累，又便于研读查考，同时向长期支持丛书出版的译者、编者和读者致以敬意。

两甲子后的今天，商务印书馆又站在了一个新的历史时间节点上。我们不仅要铭记先辈的身影和足迹，更须让我们的步伐充满新的时代精神。这是商务人代代相传的事业，更是与国家和民族的命运始终紧密相连的事业。我们责无旁贷，必须做好我们这代人的传承与创造，让我们的努力和成果不仅凝聚成民族文化的记忆，还能成为后来人可以接续的事业。唯此，才能不负前贤，无愧来者。

商务印书馆编辑部

2017年10月

译 注 者 序

憍底利耶之《利论》(*Arthaśāstra*)[1]是一部集大成的治术经典，它专注于对纯粹政治经验的描述和规范性研究，被现代学者看成古代印度特色的“政治学”。传统上认为，这部书的作者是具有传奇色彩的憍底利耶(Kauṭilya，约公元前400—公元前300)[2]，他推翻了腐化颟顸的难陀王朝，以宰辅和帝师的身份，帮助旃陀罗笈多(Candragupta)开创了印度政治史上首个帝国——孔雀王朝(公元前322—公元前185)[3]。

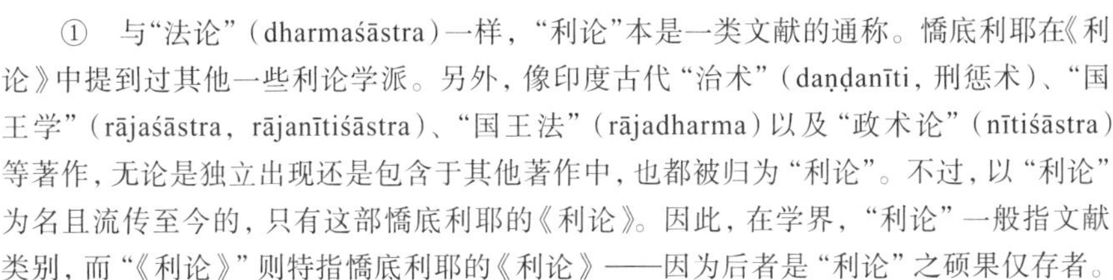

① 与“法论”(dharmaśāstra)一样，“利论”本是一类文献的通称。憍底利耶在《利论》中提到过其他一些利论学派。另外，像印度古代“治术”(daṇḍanīti，刑惩术)、“国王学”(rājaśāstra，rājanītiśāstra)、“国王法”(rājadharma)以及“政术论”(nītiśāstra)等著作，无论是独立出现还是包含于其他著作中，也都被归为“利论”。不过，以“利论”为名且流传至今的，只有这部憍底利耶的《利论》。因此，在学界，“利论”一般指文献类别，而“《利论》”则特指憍底利耶的《利论》——因为后者是“利论”之硕果仅存者。

② 在写本传统中这个名字另有一个写法：Kauṭalya(音“憍吒利耶”)。CBh、CC、CJ及CNṆ(以上简写参见后文的“缩略语说明”，下同)诸本中作Kauṭalya，而CN、CP诸本中作Kauṭilya。学者们关于该问题逐渐达到一个共识：ṭa与ṭi只是方言问题导致拼音传写相异，该问题本身无关宏旨，使用哪一个都可以。在本书中，笔者采用更为广泛使用的Kauṭilya，音译为“憍底利耶”。另外，他还有阇那迦耶(Cāṇakya)和毗湿奴笈多(Viṣṇugupta)两个名字，学者们认为，Kauṭilya是族姓(gotra name)，Cāṇakya是祖姓，而Viṣṇuguta则是他的本名。

③ 关于作者的传统说法主要出自本书(1.1.19；2.10.63；15.1.73以及书末最后一颂)。同时，印度许多古代作者也都直接提到憍底利耶和他的《利论》。

由于从古代某个时间起《利论》就长期处于失传状态，我们已经无从得知它对古印度实际政治的影响。不过，从印度传统的宗教哲学（印度教、佛教、耆那教）、文学、政论元典及相关的注疏文献中，我们可以看到憍底利耶和他的《利论》被援引为权威、被当成蓝本、被传说和评述、被尊奉和被批评（相关文献参见 Singh 2004, 9-17）。从这些地方来看，憍底利耶和《利论》在立法者（如摩奴、祭言）、治术师、政治家、文人圈子中具有相当大的影响（总体上，文人倾向于给他负面评价，其他人则看重他的权威）。自从 20 世纪初（1905）《利论》重见天日以来，它便受到了学界、思想界、政治界的高度重视。由于憍底利耶在《利论》中发挥出某种目的理性式的政治行动原则，其思想具有“国家理由”色彩，同时在技艺层面推荐许多狡计，《利论》被人们看成是印度政治“现代性”转型的有力代表，憍底利耶也被用来和马基雅维利、俾斯麦一类人物相提并论。而且在实际政治层面，憍底利耶和《利论》也成了政治人物弘扬印度民族国家、印度统一和独立的思想利器。

由于内容丰富、年代久远，《利论》被现代史家誉为“一切梵典中最珍贵者”（Rapson 1955, 420）。不过，印度古人不注重对实际历史的记载，今人无法确切地知道《利论》本身产生、形成和失传的情形。笔者在此只能就今本《利论》的一些事务性问题做简要交代，以方便读者参考、利用这个译注本。

一、《利论》的文本

（一）《利论》梵本和注释

1905 年，一位来自坦焦尔（Tanjore）的班智达（Pandit）将一些写本交给时任印度迈索尔邦立东方图书馆（MGOL）馆长的靖论师（R. Shamasastry），后者经过识读，确认它们就是失传已久的《利论》和一小部分注释（即 CP，参见“缩略语说明”，下同）。1909 年，他出版了第一个梵本《利论》（1919 年第 2 版），人称“迈索尔本”（Mysore Edition）。靖论师整理出版的《利论》开启了现代学界的《利论》研究。

此后，新写本和注释陆续被发现、整理和出版。1923—1924 年，德国印度学家约利（Julius Jolly）和施密特（Richard Schmidt）根据慕尼黑国立图书馆所藏《利论》写本的抄本（原本为泰米尔字母，藏于马德拉斯邦东方学院图书馆），出版了两卷本的《利论》，上卷为原文，下卷为 CN 注，被称作“拉合尔本”（Lahore Edition）。拉合尔本的可靠度较迈索尔本有所提高。

几乎与此同时，群主论师（T. Gaṇapati Śāstrī）在 1923—1925 年以每年一卷的速度，也出版了一个《利论》校注本（CŚ 本），被称为“特里凡得琅本”（Trivandrum Edition）[①]。他对迈索尔本、拉合尔

① Trivandrum 是西南印度喀勒拉邦（Kerala）首府，在马拉雅拉姆语原文中，trivandrum（tiruvaṉantapuram）意为“我主‘无极’之城”——“无极”（Ananta）为千首蛇神余舍（Śeṣa）的别名。

本、特里凡得琅本做了对比，将各本异文摘出，做成表格列在第三卷的附录中供人参考。这个版本在校勘精细度和材料的丰富性方面又超过了前两个版本。

到了 1959 年，耆那毗阇耶（M. Jina Vijaya）基于在古吉拉特邦帕坦（Patan）发现的《利论》写本，整理出版了原本和注释（即 CNṆ 注本）。虽然原文和注释都只是残篇，但这是唯一一个基于北印度所发现写本整理出来的版本。至此，《利论》共出版了三个足本，并有注释七种（足本一种，残篇六种）：

1. CP：Bhaṭṭasvāmin 所著 *Pratipadapañcikā* 注，自《利论》第二篇第八章始，至同篇第三十六章终[①]（Jayaswal 1925-1926）。
2. CN：Mādhavayajvan 所著 *Nayacandrikā* 注，自《利论》第七篇第七章始，至同篇第十一章终，再从同篇第十六章始，至第十二篇第四章终。收在拉合尔本《利论》第二卷（约利，1924）。
3. CJ：无名氏所著 *Jayamaṅgalā* 注，自《利论》第一篇第一章始，至同篇第十三章终[②]（Pohlus 2011, 9-54）。

---

① 此注释分上下两部分，分收于《比哈尔邦和奥里萨邦研究会杂志》（*Journal of the Bihar and Orissa Research Society*）第 11—12 期，共 214 页。

② 这部注释作者失考，羯曼陀伽的《政术精要》（*Nītisāra*）、犊子氏（Vātsyāyana）的《欲经》（Ks）、《跋支大诗》（*Bhaṭṭikāvya*）以及《数论颂》（*Sāṃkyakārikā*）都有题名为 *Jayamaṅgalā* 的注释，学者们认为，《利论》的 *Jayamaṅgalā* 注和上面同名注释的作者出自同一个叫 Śaṅkarārya 的注家。诃利诃罗论师（Harihara Sastri）对此有较详细的说明（Pohlus 2011, 2-6）。

4. CC：Bhikṣuprabhāmati 所著 *Cāṇakyaṭīkā* 注，均为断续残篇。大部分属于《利论》第二篇（第二至二十四章；第三十二至三十三章；第三十五至三十六章），小部分属于第三篇（第一章）[①]（ibid. 103-191）。

5. CBh：无名氏所著 *Bhāṣāvyākhyāna* 注，包括《利论》前七篇（cf. Kangle 1965［2010］, 285）。

6. CNṆ：Yogghama 所著 *Nītinirṇīti* 注，自《利论》第二篇第一章始，至同篇第四章开篇终（Jina Vijaya 1959）。

7. CŚ：群主论师所著 *Śrīmūla* 注，足本[②]（Gaṇapati Śāstrī, 1923-1925）。

1960 年，坎格尔（R. P. Kangle）出版了第一个《利论》的精校本（即 KA）。坎格尔利用了当时能得到的几乎所有材料（写本、刊本、注释、翻译以及研究著作），因此 KA 比之前各个版本都精良，这为后来的《利论》研究奠定了坚实的基础。虽然沙费指出了 KA 的一些瑕疵（Scharfe 1993, 5-7），但总体上如无新材料出现，KA 一直会是《利论》的标准本。

坎格尔之后，再没有学者以《利论》的梵本的编辑为主要目标。1991 年，圆喜梵文大学（Sampurnand Sanskrit University）出版了

① *Jayamaṅgalā* 与 *Cāṇakyaṭīkā* 两个注释是从马德拉斯邦东方图书馆的某个写本转写复制过的，坎格尔在出版《利论》精校本第 1 版（1960）与英译本第 1 版（1963）时，以为它们是同一注释，在校勘记和译注中将两者一概称为“CJ”。他在精校本第 2 版（1969）中说明了这事，不过并未在校勘记和译注中修改。

② 群主论师的 CŚ 注主要利用了 CP、CN 及 CBh，他的三卷本《利论》在刊出完毕后才得到 CJ 与 CC 两注，故而未来得及使用（Pohlus 2011, 1）。

一个五家集注本[①]，但它只是对已刊梵本和注释的一个资料集成。

（二）《利论》译本

靖论师从得到《利论》写本到刊出第一个整理本期间（1905—1915），在《印度古学》（*Indian Antiquary*）和《迈索尔评论》（*Mysore Review*）两份期刊上陆续刊登部分英译，并在1915年出版了全译本。这是《利论》首次被译为外语。由于主要梵文辞书编撰在《利论》被发现前已经完成，加上靖论师手中可用的注释极少，这个英译错讹非常多。另外，该译本出版后的十年中，各种新材料不断被发现，靖论师却未对译文做出修订，这令他颇受诟病。[②]

1915—1920年，瓦劳利（Vallauri 1915）和约利（Jolly 1920）分别在不同的地方发表了《利论》第一篇的译文和注释。1926年，德国学者迈耶（J. J. Meyer）出版了德文全译本。这个译本不仅远远好于靖论师的英译，而且即使现在来看，迈耶在译文、注释中表现出来的博学、精确、洞见和对文体的把握，都是模范性的。它不仅是后来译者的必备参考书，甚至连坎格尔在整理精校本的时候，许多异文的择定都参考了德译注释中提出的改进意见。迈耶着手翻译时，最好的底本尚未问世，可利用的注释也有限，德译能达到这

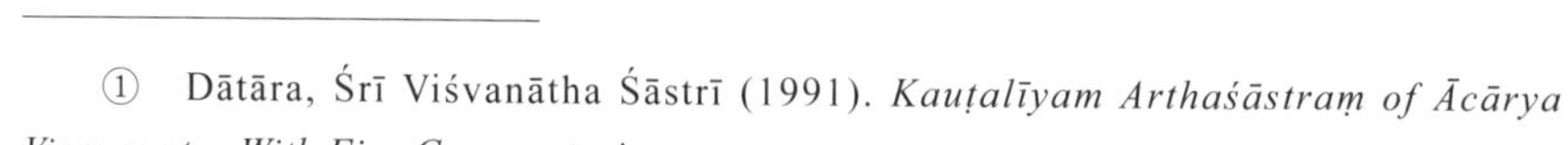

① Dātāra, Śrī Viśvanātha Śāstrī (1991). *Kauṭalīyam Arthaśāstraṃ of Ācārya Viṣṇugupta: With Five Commentaries*.

② 导言中，弗利特（J. F. Fleet）对靖论师的翻译评估也较为保守。另外，群主论师在特里凡得琅本序言中对该译本做了批评（Gaṇapati Sāstrī 1923, 2），N.N. 罗甚至专门发了两篇长文对该译本进行指正（Law 1931, 1932）。靖论师虽未对其英译本做大幅修订，但因为《利论》本身的重要性，在迈耶的德译本出现之前，西方学界主要都参考了靖论师译本（如韦伯的《印度教与佛教》）。

个高度，可谓难能可贵。

《利论》俄译本虽在1959年才面世，但苏联科学院东方学研究所（Института востоковедения）从1930年起就着手翻译《利论》，且初稿在1932年已大致完成，因各种缘故而耽误了出版。俄译本凝结了圣彼得堡三代师徒的心血，最后由策尔巴茨基（Ф. И. Щербатской）的弟子加利亚诺夫（В. И. Кальянов）与加氏本人的弟子耶尔曼（В. Г. Ерман）编辑完善而成（Кальянов 1959, 5-8）。[①]

坎格尔于1963年推出了详注的英译本（1972年第2版）。该译本和KA一样，大量利用前人的成果和当时出现的资料，准确翔实，从而获得了很大的声誉。英语的广泛使用让它成了近几十年以来东西方学者用得最多的《利论》译本。坎格尔致力于《利论》三十年，他的精校本、英译本以及《〈利论〉研究》都是承上启下的力作，这令他成为《利论》的功臣。

20世纪80年代末期，兰遮罗阇（L. N. Rangarajan）出版了另一个英译本。他本人是外交人员，长期从事政治实务，就根据现代政治事务的范畴把《利论》原本的组织结构打散，在译文中重新进行了组织。

最新英译由斯里兰卡裔美国学者奥利维勒（Patrick Olivelle）完成。奥利维勒采用的底本仍是KA，但利用了最近五十年的新成果对KA多处做了改进，译文准确性（尤其某些晦涩的地方）较坎格尔又有了提升，译文后注释也极富参考价值。奥利维勒在《利论》相

① 除加利亚诺夫外，东方学学者奥登堡（С. Ф. Ольденбург）、策尔巴茨基、策氏弟子奥贝米勒（E. E. Obermiller）、另一弟子沃斯特里科夫（А. И. Востриков）以及奥氏弟子瑟米恰夫（Б. В. Семичов）都参与了译事。

关研究领域（文本校勘、文化、政治研究）都有所发现，因此，这部译文实际是坎格尔之后《利论》研究的阶段性成果。

另外需要一提的是，从20世纪20年代起到60年代中期，印度本土语言的《利论》译本也相继问世：印地语译本五种，马拉地语二种，古吉拉特语、孟加拉语、坎纳达语、马拉雅拉姆语、奥里雅语、泰米尔语以及泰卢固语各一种。

二、《利论》的内容与结构

从内容上看，《利论》属百科全书式著作，涉及古典印度社会生活的方方面面：古印度知识传统、王室教育、选举（广义的）、治理、宫廷政治、官僚系统、民法、刑法、谍报谍战、商业、财税、城市管理、建筑、农业、林业、矿业、奢侈品业、制酒、娱乐业、博彩业、屠宰、航运、畜牧业、外交、兵法……[①] 虽然内容广泛，但作者对各领域的知识做出了最系统的提炼，因此不仅专业性十分强，材料拣择也极精到。大概是因为这些知识对当时的人来说一目了然，作者才在开篇说这部《利论》“易于学习和领会”。但是对现在读者来说，《利论》很多术语与表达所包含的经验与意义都“为时间所噬攫”（kālārkabhakṣita）而变得晦涩难通。

《利论》全书共十五篇，分为三部分：第一至五篇为内政（tantra），第六至十四篇为外事（āvāpa），第十五篇是《利论》写作的

① 约利在拉合尔本《利论》导言中花了两页的篇幅对全书主题做了穷举性罗列（Jolly 1923, 2-3）。

一般规则。[①] 第十五篇分量很少，《利论》的主体是第一到十四篇。

第一篇主题为“教戒”，讲对国王（包括贵胄）的教育和国王对臣民的教育，让自己胜任统治职能，并维持国内的秩序。第二篇主题为各执行部门督官的职守，涉及王国职官设置和运转规则，也对王国内主要“事务”做了全面描绘。第三篇主题为法律及其实施（这里的法律和法论中的法[②] 相比，世俗性特征极其明显）。第四篇主题为“去刺”，即惩治恶性犯罪人员（若第三篇可大略被看作“民法”的话，本篇算是“刑法”）。第五篇以“秘行”（yogavṛtta）为名，处理的问题看起来各不相关，实际上中心很统一，那就是“国家安全”：高官问题、库财问题、薪俸、宫廷政治以及最高权力的交接。这类问题生死攸关、不适合公开化，也最需要手段。这些意蕴，通通都包含在“yoga”这一词中。

第六篇为外事部分的导引，它提供了外事相关的术语表。第七篇主题为外事中的“六策”，它详尽地介绍了一个“欲胜王”（vijigīṣu）在自我保全、守成或征服过程中可能遇到的各种情形和对策；各种策略的目的只有一个：占先（atisaṃdhā，即占优、占便宜）。第八篇讲如何应对各种“灾厄”，它被放在外事当中，大概是因为应对灾厄的着眼点是外向的（在诸国的交相混战中保全、发展、扩张）。第九篇是对于军队、发动征事的考量，它涉及各种不同的军队，还有它们出征的时机、预备及防范等措施。第十篇是兵法：排兵布阵、

① 注家在第六篇开始的时候，将第一至五篇称为“内政分”（tantrabhāga），第六至十四篇称为“外事分”（āvāpabhāga），并在第十五篇开始的时候，将第一至十四篇称为“整个《利论》”（CŚ）。

② 参见后文“译注说明”中的“楷体”字条。

战略和战术。第十一篇是为欲胜王收服“团众制”国家(saṃgha,旧译“共和国”)提供建议。第十二篇的主题是弱王如何应对强王的威胁,从而较多地涉及策略性、非常规的措施。第十三篇讲如何攻取城池以及如何统治所攻取的城池。第十四篇讲各种损人利己的秘法,是一个偏方(含咒语)集。

第十五篇的主题是以《利论》本身为蓝本,示范如何写好《利论》。

《利论》是以“经”(sūtra)体短句为基本单位,再由句子组织成篇(adhikaraṇa)、章(adhyāya)、目(prakaraṇa)的三重结构。[①] 如果按照句数来计,内政与外事两个部分分量对比起来,约为六四开。

篇、章、目的三种划分中,篇是最大的单位,它分割出《利论》全书篇的事务领域框架;篇下为章:各篇长度不一,最长的第二篇有36章,最短的第十一篇与十五篇都只有1章;目是独立于“篇-章”结构之外的另一种划分。总结起来,三种划分之间关系如下:

1. 开篇只罗列了目名和篇名(如1.1);同时,各章没有名称,只有序号。
2. 篇与章联系紧密:篇统属章,每篇分多章且各篇中的各章均独立计数。同时,各章无一例外地以颂文结尾。

---

① adhikaraṇa为“主题”或“小节”;adhyāya为“课”或“读”(印度古人讲学,弟子围绕师傅盘膝而坐,随其诵读),笔者按现代书籍编排习惯将两者分别译为“篇”“章”。prakaraṇa意为“主题”或“节”,在佛经中惯译为“品”,但译为“品”的话佛教色彩较强,也与现代读者隔膜。又因为它和“章”彼此独立,不归属于“篇-章”结构,因此又不能理解为“章”下的“节”。鉴于《利论》全书分180个prakaraṇa,且从1—180连续计数,围绕“利”这个大主题形成了一个意义的网络,因此,笔者取举一纲而万目张的意思,将它译为“目”:纲即“利”这个大主题,目即180个小主题。

3. 目不归属于篇和章的任何一种，其计数也是从篇首到篇尾按顺序累加（全书从“第 1 目”到“第 180 目”）。
4. 章和目的关系分三种：一目即一章，多目构成一章，一目分多章。
5. 每章末的题记（即每章后面的“以上是某篇第某章‘某内容’”）原则上是按照篇首所罗列的目名所成立，这使得章的划分看起来较依赖目的划分。

这是一个复杂的多重结构，不过，如果不专门研究这个结构，仅仅想利用《利论》的话，读者只需要注意篇、章、句结构：在参考、引用的时候，根据通行规则写出三者的编号即可，比如：“《利论》1.3.4”就是指“《利论》第一篇第三章之第四句”。

三、简要说明

和许多古书一样，《利论》的作者和年代也让许多学者生疑，该问题成为 20 世纪 60 年代中期以前《利论》研究的重中之重。[①]

① 《利论》的作者和年代问题需要一个专题来介绍、研究，无法在这里做详细交代。笔者在此罗列出一些较为重要的文献，供读者参考。质疑一方的主将为 Keith（1916, 1920, 459-462）、Bhandarkar（1920）（1919 年第一届东方学会议主席发言人）、Winternitz（1920, 3, 504-535；1925, 97-100）、Jolly（1923，导言）、Johnston（1929）、Stein（1921；1935；1936；1938）、Nāg（1923）、Bose（1938）、Kalyanov（1954）、Mabbett（1964）。支持传统说法的有 Jacobi（1911a；1911b；1912；1920）、Shama Sastri（1909［1919］，导言）、Gaṇapati Śāstrī（1923-1925，导言）、Meyer（1926，导言）、Breloer（1927-1934［1973］，卷 I & II）、Kosambi（1958），以及 Kangle（1965［2010］，59-115）。另一些学者如 Kane（1990, I, 149-256）和 Thapar（1961, 219-225）等则采取折中看法，即认为

检讨双方提交的证据和论述，可以看到，无论是传统的保卫者还是怀疑者，总体上都在用常识性证据支持自己的信念，断言也保持着适当的均衡感。以前人们知道，鉴于《利论》成书较早，当时在场的人没法活到现在来告诉我们谁是作者，我们要么相信古人，要么就接受既定的无知——毕竟，这个问题没办法在事实层面获得自然科学式的精确解决。不过，对“精确事实”的渴求总会萦绕在那些相信“进步”的学者的心头，促使他们通过自己掌握的新工具来向时间之神索取对“历史事实”的最精确记忆——甚至不惜以对当下常识的最粗陋遗忘为代价。

20世纪70年代初，特劳特曼用自然科学的定量方法（“卡方检测”），通过对《利论》某些小品词的“科学”分析后认定，《利论》由“多个作者合成”，并宣称《利论》的作者和年代问题得到了精确的且一劳永逸的解决（Trautmann 1971, 68-215）。诚实地讲，这个分析过程是一个庸俗的知识游戏，因为定量分析能解决该问题的充要条件——即《利论》是且仅是一堆字符集合——并不成立。《利论》在存在性状层面（ontically）是一堆字符的集合，但在存在论层面（ontologically），它承载着作者欲要表达的意义和生存经验，而且后者比前者更本源、更基础。也就是说，即便定量分析在技术上得到完美执行，得到的结果也与问题毫不相干。因为他分析的只是某个字符集合，而不是《利论》整体，对于文本作者欲要表达的意义，

《利论》核心内容为憍底利耶所作或较为古老，但内容经过后来的增订。沙费（Scharfe 1993, 76）则认为“憍底利耶”在历史上或有原型，但只类似广博仙人（Vyāsa）、那罗陀（Nārada）这类“作者”一样，属托名。关于该问题最得当的总结，参见坎格尔和沙费两位学者的论述。

定量方法连边都触不到。自然科学在现象领域的成功，让人们误以为意义领域的事情也可以由自然科学来解决；对自然科学方法的陶醉也让人们遗忘了一个根本事实：自然科学方法的有效性和权威，仅在于它本己的领域。十岁小孩都懂得的事情，不幸被“理性主义”信徒们遗忘：好比一个人总是多于他的躯体，一个文本总是多于单纯的字符。特劳特曼著作前半部分是对“憍底利耶–旃陀罗笈多神话”（the Cāṇakya-Candragupta Kathā）和“单一作者神话”的“理性批判”（Trautmann 1971, 1-67）；后半部分，以“新方法”武装起来的特劳特曼，演示了他如何借着现象科学的“假设–验证”认知模型，“科学地”“批判地”从对历史事实的“假设”中提炼出历史“事实本身”。这个粗陋的知识炼金术让人不得不怀疑，他急切地想要消解传统“神话”和“迷信”，目的不过是想推销他自己的实证主义新神话。

特劳特曼的研究赢得了许多赞扬，甚至连《利论》的杰出译者奥利维拉也在这上面犯错。他竟然以特劳特曼的“突破性”研究为基础，去构想精确的“《利论》合成史”（Olivelle 2013, 6-38）。这类渴求自然科学式“精确”的研究行为揭示了人文科学在当今的可怜状况。在古典哲人那里，方法的切题性依赖于被研究的实在领域，现如今，实证主义、科学主义教条的风行，让“方法”和“逻辑”反倒成了理性和科学的标准，以至于只要不以自然科学方法为模型执行研究，都被认为是“非科学的”。自然科学及其研究方法不仅要统治物理–心理领域，还要进一步接管精神事务领域。对于这类贫乏但强力的喧嚣，笔者只想提示一点：理性对可思之物的“观看”和眼睛（包括显微镜和望远镜）对可视之物的观看，是两种完全不同的观看；历史科学和哲学（人对自身的理解）的严格性，不是自然科学（人对自然之结构的理解）的严格性。如果一个人混淆甚至拒斥这个区分，以为精神事务也可以通过自然科学的方法来突破和操控，他就会陷入柏拉图所谓的*nosos*，即灵魂的疾病、无理性：我们一方面洋洋自得地零售"理性"和"逻辑"，一方面却不知不觉地批发着疯狂。

我们这个时代的人文科学，对各种古代文明的兴趣在日益增长，眼下这个译本既受到了这一知识潮流的推动，也希望能参与到这个潮流中。现在，人们对古代文明的观照已经逐渐在超越那种古董搜集式的浮浅兴趣、旁观者式的猎奇心，转变成一种对人类境况的深切关心、对了解人本身生存经验的渴望。我们只要把相同领域在二十年前和当下的研究做一个比较，同时留意到人们眼下对各种古典语文的热情，就不难看到这个区别：人们已经不再满足于做某种文明的浅薄观光客，而是希望"从内部"去了解这种文明。

这要求我们对古人要尽量做"切身"的理解。要做到这一点，最直接的方法是学习相关的古代语文。不过，不可能所有人都去学习古代语文，而且一个人也不可能学习所有的古代语文。为了顺应这种新的知识形势，需要学者们承担对其他古代文明典籍的翻译，同时需要他们担负起信、达、雅之外的更多任务：在做准确、深度的翻译之外，还需要综合地提供文化层面的语境性信息。笔者对这部古印度治术经典的翻译和注释，也正是考虑到了这种新形势之后所做的一个尝试性努力。

一种文明的古代典籍中，保存着该文明的记忆。这些记忆——无论是对本民族还是其他民族的人来说——并不仅仅是一些毫不相干的“历史事实”，而是承载着意义的、依然流淌在该文明根基处的生存经验。鉴于意义不在时间、空间之内，那么，就对意义的经验来说，今人和古人可以处于同一个“现在”。因此，被回忆的不仅是在时间上先前于今人的那些琐碎的历史“事实”，还有潜藏在文本基底的、为古今人所共同经验到的“生存”；只有在后面这层意义上，人文科学知识才得以可能：古人能向时人和后人传达他们的经验，今人能对古人做阐释性理解，并将自己通过古人回忆起来的东西传达给同代人和后人。

我们知道，印度古来有“人之目的”（puruṣārtha）的说法：合法（dharma）、利（artha）、欲（kāma）三者，得“三合一”（trivarga），如加上解脱（mokṣa），就得到一个“四合一”（caturvarga）。在私人领域，法为“为所当为”，利为“取给财货”，欲为“餍足嗜欲”，解脱为“出离生死”；在公共领域则有所不同，法代表精神权威场域，利代表世俗政治和经济活动场域；但爱欲和解脱却几乎与公共生活无涉，原因在于：法与利可以作为某种整饬性力量来缔造共同体秩序，但爱欲和解脱更多涉及个体追求，无法成为共同体层面的塑造性力量——毕竟，一个共同体或以某神圣目的为目标（法），或以富国强兵为目标（利），但不会把餍足欲望或出世这两个极端设置为整个共同体的目标。“利论”是处理利这个重要主题的论典，它与各种“法论”一样，也对社会生活的方方面面进行规定，但它把世俗权力抬高到共同体的中心位置，与“法论”的精神内核（神权政治）有着某种分庭抗礼的紧张关系。

无论从哪一个学科（尤其是历史、政治科学）的角度来看，《利论》都是一部奇书，笔者在此就它与印度传统的任何关联所给出的

介绍都只能是挂一漏万。这个翻译和研究性注释也只是一个微小的开端，真正意义上的《利论》研究尚待时日。谨借译注《利论》这一特殊文本，笔者意欲引起学者和一般读者对中国这个重要邻居的“古代事物”发生兴趣。当某种文化把自身设为绝对之物和尺度时，它自身就变得不可理解；反过来，当这种文化试图设身处地地去理解另外一种文化时，它或许恰恰又能达到某种更为真切的自我理解。我们(以及西方人)有一个刻板的印象，印度没有史书，印度文化本质上是一种“宗教文化”。不过《利论》告诉我们，印度人并未因渴求永恒而忘记时间、因渴求彼岸而忘记世界、因渴求灵魂的天国而忘记身体的祖国。[①]

《利论》的梵文原文古奥，理解难度也比较大，兼之译者才疏学浅，译文和注释中难免有诸多错误和疏漏，恳请相关领域的学者和普通读者从各个角度加以批评指正，以期将来改进完善之。

2017年4月

重庆大学高研院古典学中心

① 只有在这个意义上，而非因为毫无节制的狡计和残酷，憍底利耶、中国的法家才和马基雅维利站在一起。

译 注 说 明

本译文以坎格尔的《利论》梵文精校本（KA）为底本，在字句读法上参考了除 CBh 本外各梵文注本的整理本，同时还考虑了《利论》主要译者和其他研究者（如沙费）在文本方面的改进意见，并在这些意见和精校本的读法之间做了拣择。总体来说，梵文精校本的读法十分可靠，需要调整和改进的地方很少，对读法上的变动译者都在随文注释中做了说明。

《利论》翻译和注释存在着几个实际困难。第一，《利论》的出现导致之前的同类文献都湮没无闻，后来的同类文献不但不再有此种全面的巨构，而且基本都在它影响范围之下，因此没有与它地位相当的同类文献可参考。而从它的专业性、文体、用词方面来看，《利论》在古代印度典籍中又显得很特异。第二，《利论》的句法极简洁紧凑，但名物、制度等语境性、背景性内容却十分丰富和复杂。古代注家（一般都出现在公元 1000 年之后）就已经对不少内容感到隔膜，现代研究者对它们的认识更是有限。因此，有很多晦涩难通之处，古代注家是猜测，现代学者也只能根据古注和现代历史科学的成果去寻求一个“更可能”的答案。第三，主要梵文辞书的编撰在发现《利论》之前就已经完成，很多名词甚至动词的义项在梵文辞书中找不到，需要根据具体语境和材料判定。因此，读通《利论》、为其中的专业名词寻求恰当的理解并选定好的译法，对于任何一位译者来说都是一个挑战，同时，这也让详注工作变得很有必要。

本译文以直译为主，只有在直译特别不符合汉语习惯的地方，才采取意译。

对于名词的翻译，笔者在这里加以特别说明。人类的生存是历史性生存，重要的名词象征表达了作者对当时社会实在的经验，我们不能随便用现代的那些更为殊显化的（differentiated）语词象征去对古老而紧敛的（compact）名词进行格义。比如，译者不将“Ānvīkṣikī”“Vārttā”“Daṇḍanīti”分别译为“哲学”（或“逻辑学”）、“经济学”“政治学”，而是按字面处理为“核究”“治生”“治术”。理解和研究古人，先要主动朝古人走去——而不是凭想当然把古人拉向我们自己。

另外，随着佛典翻译和现代印度学研究的展开，很多梵文词汇进入汉语语境，《利论》中也有不少这类词汇。但这些“相同的”词汇在不同领域著作家那里往往意义不同，因此笔者在对待这类名词的古译时抱如下态度：如果古译在意义和文体上切合译文，笔者予以采用（比如将 vidyā［知识］译为“明”），否则不敢生吞活剥，捋扯前人。印度古代各门类知识（vidyā，śāstra）的词汇基本都来自生活中最平常的场景（家庭、市场、日常操持、民事交割等），不同的著作家（比如佛教论师和利论论师）往往赋予了它们各各不同的特定含义，因此，古译（比如佛典）值得学习，但不能拘泥。

《利论》本身行文简洁，译文看起来也无甚深意，但要真正读通此书，耐心地参阅注释对读者的正确理解来说必不可少。因此，笔者以“素人”（amateur）的视角撰写了随文注释，尽量地为读者提供必要的背景和语境性信息。注释主要利用了 CBh、CC、CJ、CN、CNṆ、CP、CŚ 几种梵文注（CBh 转引自其他注家或译家），尤其是 CŚ。CŚ 本身是群主论师综合利用 CBh、CN、CP 的结果，在诸梵文注中最浩博完整，但又不免有芜秽之病（比如，同语境的同一个词，解释前后不一）。因此，笔者在撰写注文的时候，将几种梵文注释进行了比对和消化，还参考了迈耶、坎格尔、奥利维勒三个译家的丰富注释，并充分利用了近几十年来《利论》研究的主要成果（比如，如果没有施林洛甫［Schlingloff 2013］关于营筑要塞的考古学研究，第二篇第三章绝大部分内容无法正确理解），希望为《利论》的每个文句找到最为合理的释读。即使在现在，学者们都承认《利论》仍然有不少晦涩难解的地方，除非有新的专题研究和新材料的发现，否则这些地方恐怕没有确切的答案。对这类地方，笔者在注文中尽量罗列各种可能的答案，供读者参考。当然，笔者学力尚浅、识见寡陋，无论是在材料的收集、拣择，还是注释的取舍方面，都还有不少需要改进的地方。

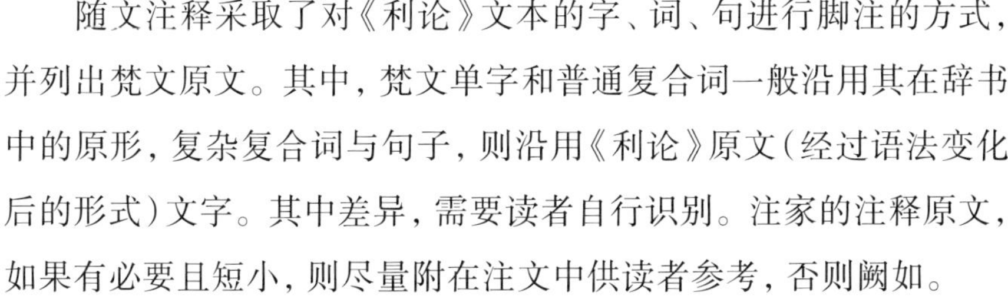

随文注释采取了对《利论》文本的字、词、句进行脚注的方式，并列出梵文原文。其中，梵文单字和普通复合词一般沿用其在辞书中的原形，复杂复合词与句子，则沿用《利论》原文（经过语法变化后的形式）文字。其中差异，需要读者自行识别。注家的注释原文，如果有必要且短小，则尽量附在注文中供读者参考，否则阙如。

另外，笔者在译注中通过字体变化或符号的使用来方便读者参阅、使用，示例如下：

楷体　　　《利论》中最常见且重要的术语（例如法、利、欲、

	获取与持守、资质、个人资质、要素等）；特殊度量衡单位（例如金、豆、秙等）。
仿宋体	原文为颂体的文字。
[ ]	“[ ]”中阿拉伯数字是各章中句子序号，例如[5]即某章第五句。
[ ]	“[ ]”中内容是为了贯通文意而添加的部分，例如他国[人口]。
〔 〕	原文一句之中提到的多种“或然”情形，或涉及作者提出的多种选择时，汉语标点无法处理，也极易引起歧义，故把其余选择用“〔 〕”括起来，置于首个选择之后。
右下角小括号	《利论》文中交叉参照，例如劳役$_{(2.6.11)}$，即关于“劳役”，参见第二篇第六章第 11 句。

缩略语说明

1.2.3	《利论》第一篇第二章之第三句（这是引用《利论》的常规方式）
Ac	*Abhidhānacintāmaṇi*
Ak	*Amarakośa*
Bs	*Bṛhatsaṃhitā*
CBh	*Bhāṣāvyākhyāna* 注（转引自 CŚ、坎格尔和奥利维勒等译注、沙费评注）
CC	*Cāṇakyaṭīkā* 注
CFH	Chinese Field Herbarium（中国自然标本馆在线信息系统）
CJ	*Jayamaṅgalā* 注
CN	*Nayacandrikā* 注
CNṆ	*Nītinirṇīti* 注
CP	*Pratipadapañcikā* 注
CŚ	Gaṇapati Śāstrī（1923-1925）. *Śrīmūla* 注
FCAI	Dieter Schlingloff（2013）. *Fortified Cities of Ancient India: A Comparative Study*. Anthem Press, London
GPW	Böhtlingk & Roth（1855-1875）. *Grosses Petersburger Wörterbuch*

KA	《利论》精校本：R. P. Kangle（1969［2010］）.*The Kauṭilīya Arthaśāstra, Pt. I: Sanskrit Text with a Glossary*
KS	*Kāmasūtra*
MBh	*Mahābhārata*
Mn	*Manusmṛti*
MW	Monier-Williams（1899）. *A Sanskri -English Dictionary*
PDP	*Pandanus Database of Plants*
Ṛv	*Ṛgveda-saṃhitā*
Yājñ	*Yājñavalkya-smṛti*

目　录

第一篇　教戒*

第一章　标列目、篇

唵！向戌羯罗与祈主致敬！①

[1]为着土地之获取与保守，往昔诸先师曾制立诸种利论，[我]如数摄集其大多数，而造此《利论》。②

[2]其目、篇详列如次：

[3]标列诸明；亲近长者；调伏感官；选命辅臣；选命谋臣与

---

* 教戒(vinaya)：教化、教养，教戒是本章的主题。vinaya 一词有两层意思：在主体自身为自律性的"教养"(如 1.5.3)；客体所加，则为他律性的"教化"或"教戒"(如 1.5.5)。后者虽与汉语中的"教化"类似，但汉语中"教化"带有较强烈的文教和道德引导色彩。而在本章中，vinaya 的手段除了文教(国王本人学习诸明和调伏感官)，更多的是武力、欺诈和狡计(对臣工与百姓)，因此将 vinaya 译为"教戒"更合适。实行教戒者为长者、师傅与国王，而对象则有国王本人、王子、官员、特务以及百姓。

① 戌羯罗(Śukra)：又名优散那(Uśanas)、太白仙(金星)，为阿修罗之师。祈主(Bṛhaspati)：祈主仙(木星)，为天神之师。在创立和宣扬利论的诸先师中，此两者居首位，因此，《利论》开始向这两者归敬是"极适合的"(CŚ)。

② 这句话中，有两点较显见：一是土地之获取与保守(pṛthivyā lābhe pālane ca)为利论的核心主题；二是这部《利论》尽可能地总摄了前人的同类著作。诸先师(pūrvācāryās)：以前的论师们、先师们(《汉书》："诗、礼、春秋先师。"颜师古注云：前学之师也)，此指憍底利耶之前的利论师们。后文会经常提到各种学派的"诸先师"以及他们在各种问题上的看法。制立(prashāitāni)："成立、制立"(CŚ：pravartitāni)。

国师；通过秘密考验探知辅臣之端直与否；选命暗差；遣用暗差；防范本国境内可或不可被收买的党众；争取敌国境内可或不可被收买的党众；关于谋议；遣用使节；防范诸王子；失宠王子之行止；对失宠王子之举措；国王之规则；王宫之规则；国王之自全。——以上是第一篇“教戒”。

［4］聚落之开辟；“遮盖土地之缝隙”；要塞之营筑；要塞之布局；府库总管之理库；总督之敛税；档署中计事相关；追复为官吏所侵盗之收入；官吏之监察；文书相关；待入库宝物之查验；矿场、工厂之掌治；金银作坊院之金监；街市中金工师之职守；储库监；商货官；林产官；武备官；衡量规范；空间与时间之度量；市易税官；织造官；农产官；酒官；屠宰官；女闾官；市舶官；牛监；马监；象监；车驾督造；步兵督官；军队统帅之职守；符印官；草场官；总督之职守；假充家主、贾人和苦行者的暗差；司市之规则。——以上是第二篇“督官职守”。

［5］决定交割是否成立；讼案之归档；婚姻相关；遗产之分割；不动产相关；不履行协约；欠债不还；关于寄存物；奴隶与雇工之规则；合伙兴事；悔售与悔购；不予赠物；非物主之出售行为；所有物与所有人之关系；强盗；口头侵犯；身体侵犯；赌对；杂事。——以上是第三篇“法律”。

［6］防范百工；防范商贾；灾异之应对；防范有秘密收入者；通过假充高人的暗差侦知邪徒；因怀疑、赃物和异常行止而抓捕；猝死者之查验；审讯与刑讯；防范百官；断肢体刑罚之赎刑；直接处死与复刑处死之规则；奸淫童女；越轨之处罚。——以上是第四篇“去刺”。

［7］秘惩之施行；库财之补充；官吏之俸给；侍臣之行止；侍臣之适时而动；王权之更生；大位之继承。——以上是第五篇“秘行”。

［8］王国各要素之资质；安享与从事。——以上是第六篇“曼荼罗作为基础”。

［9］标列六策；国势衰落、住滞、增进时之不同决策；托庇；对等齐王、弱王、强王采取不同策略；弱王之和约；战后静待；和后静待；战后往征；和后往征；共同往征；对于进攻可伐之王和敌王的考量；臣民穷困、贪婪、离心之原因；对联盟之思考；缔盟国之往征；有限制与无限制的和约、与背弃者的和约；贰端之策中的战与和；可伐之王之行止；应予以援助的诸类盟王；有关盟王、钱财、土地和事业之和约；背面攻击者之考量；国力衰退后之补救；与强王开战后坚城自守之机由；领兵归顺者之行止；令人领兵归顺者之行止；议和；人质之解救；对中王之举措；对中立王之举措；对曼荼罗之举措。——以上是第七篇“六策”。

［10］王国诸要素之灾患；对发生于国王与王权两者的灾厄之考量；各类人祸；各类扰害；各类阻障；各类滞碍库财之因由；发生于军队的各类灾患；发生于盟王的各类灾患。——以上是第八篇“灾厄”。

［11］知悉国力、地点、时间方面的强弱；适于征事之诸时节；调用不同兵种之时机；各备用军队之优劣；调用反制军队；背面动乱之考量；外部与内部各要素叛乱之应对；对损失、耗费、收益之考量；来自外部和内部的威胁；与奸人和敌人相关的威胁；与利、害和利害未定相关的威胁；平定它们的各种办法。——以上是第九篇“征前预备”。

［12］造营；自大营出征；遭遇灾患或袭击时对军队之保护；各种诡计战；本方军队之激励；根据敌我双方兵力情形进行调配；有利的作战地形；步、骑、车、象四兵之职事；根据兵力布置两翼、两肋、心腹的列阵；精兵与羸兵之布置；步、骑、车、象四兵之战法；布列“杖”阵、“蛇”阵、“圜”阵及散阵；确定其反制阵形。——以上是第十篇“兵法”。

［13］离间法之运用；秘惩。——以上是第十一篇“对团众之举措”。

［14］使节之职事；谋略战；行刺敌军统领；曼荼罗之鼓动；兵器、火、毒之秘密使用；敌军补给、援兵、打粮队之剿除；以秘行占先；以军力占先；孤王之胜。——以上是第十二篇“弱王”。

［15］煽惑；以秘法出敌；派遣密探；围城行动；强攻；所攻取土地之平靖。——以上是第十三篇“夺城诸法”。

［16］杀伤敌军之秘术；骗术；应对本方军队之伤害。——以上是第十四篇“秘术”。

［17］论书组织之诸要点。——以上是第十五篇“论书组织”。

［18］本论详目，计 15 篇、180 目、150 章、6000 颂。

> ［19］本论为憍底利耶所著；它繁冗尽去，立论、表意及词句俱精当，且易于学习与领会。

——以上是憍底利耶《利论》第一篇“教戒”第一章“标列目、篇”。

第二章

第 1 目：标列诸明①

(1) 确立核究②

[1] 核究、三吠陀③、治生④、治术⑤。——这是诸明。

① 明 (vidyā)：古译为明、明处，指学问、最广意义上的知识。一般译家都将其译为"科学"，奥利维勒处理为"知识体系"，但都不是很确切。明的性质较特殊，它一般都有外在的目的，而不是古典哲学中的知识或科学 (epistēmē，参见 Aristotle NE, 1139b13-1140a23)，而是技艺 (technē)。比如下文将要提到的核究、三吠陀、治生及治术，都不是纯然的"科学"或"知识"(另参考 1.3 中 [vārttā：治生行业])。鉴于西方意义的"科学"都以古典哲学对"科学"的规定为圭臬，笔者认为将 vidyā 译为"科学"有较强的误导性，故而采用古译。

② 核究 (ānvīkṣikī)：究求 / 探究原因或根据。CŚ 训为"因明"(hetuvidyā，"逻辑学")；迈耶、俄译本、坎格尔译为"哲学"；奥利维勒译为"批判性探究"。ānvīkṣikī 曾引起很多的讨论，哈恪对此有一个很好的总结 (Hacker 1958)，笔者也曾对哈恪的处理做了一个检讨 (朱成明 2015)，虽然笔者的批判性结论仍然成立，但这个问题仍然需要更深入的研究。唯一可以肯定的是，ānvīkṣikī 这个象征让独立自主的人类理性在首次得到了明晰化表达，但显然它既不是哲学，也不是任何纯粹的工具论，而是量论的雏形 (它不是形式逻辑，而是辩论和推理的技艺)。在这里，作者列举三个注重推理的象征形式并非试图"定义"它，而只是说这三者很好地体现和表达了 ānvīkṣikī。

③ 三吠陀 (trayī)：梨俱吠陀、夜柔吠陀和娑摩吠陀 (见下文 1.3.1) 三者合在一起说，三而一，一而三。需要说明的是，传统上将这三者与阿闼婆吠陀 (atharvaveda) 称作"四吠陀"，但在早期，阿闼婆吠陀并未获得与三吠陀相当的地位。据 CŚ，阿闼婆吠陀专讲有关禳咒的仪式与学问，在三吠陀外别为一类。

④ 治生 (vārttā)：治生之术，经营之术。CŚ 说它包括农事 (kṛṣi)、牧事 (pāśupālya) 及货易 (vaṇijyā)。

⑤ 治术 (daṇḍanīti)：刑惩、治略、治术、治理。另需要说明的是，"核究""治生""治术"三种明，笔者不分别译为"逻辑学""经济学""政治学"，而另择他词，是因为：(一) 这些学科从在古典哲学中诞生到现在，本身在概念和规定性方面沿革复杂，

[2]摩奴派说:“三吠陀、治生、治术。[3]因为,核究仅是三吠陀之一分支。”①

[4]祈主派说:“治生、治术。[5]因为,三吠陀不过是精于世务者的掩护②。”

[6]优散那派说:“[仅有]治术。[7]因为,诸明之开展均有赖于治术。”

[8]憍底利耶说:“确有四明。”

[9]人们可凭它们明白法与利,这是诸明之所以为明。③

[10]数论、瑜伽、世论。——这是核究。④[11]核究凭原因探究[事物]:于三吠陀中究求法与非法,于治生中究求利与非利,于治术中究求得策与失策(6.2.6-11),并究求诸明的长处和弱点,从而惠及世人;它于逆境与顺境中坚固人的心智,并令人在思虑、言词、行动上明达。

而这些情形对于印度古人是完全陌生的。因此,将其译为“逻辑学”“经济学”和“政治学”,对笔者和读者来说虽然都很方便,但是这种“格义”方法欠缺准确性,不利于我们理解古代印度对“知识/知晓”行动的特殊经验。(二)正如本章上条[vidyā]注中所说,这三门明,主要是技艺(如何做),而非严格意义上的科学(是什么、为什么)。

① 原文为 trayīviśeṣo hyānvīkṣikī。这是摩奴派的观点。因为核究随附三吠陀,且其内容为追究三吠陀之意义,故类属三吠陀,而非另一种知识(CŚ)。另外,这里所说的“摩奴派”是利论的学派,而不是法论的学派,因此与《摩奴法论》没有关系。

② 掩护(saṃvaraṇa):娴于世间学问者接受三吠陀,仅仅是为了避免被世人称作“无宗”(nāstika,不虔敬的,与 āstika[“有宗”、虔信的]相对),而实际上三吠陀用处则极小(CBh;CŚ)。

③ 直译为:“一个人可凭它们知晓法与利两者。——这是诸明之所以为明。”原文中,词根 √vid 意为“明白”或“知晓”,而 vidyā 意为“明”或“知识”。

④ 这三者可能是当时盛极一时的思想潮流,三者虽然分属于“有宗”(数论、瑜伽)与“无宗”(世论),但均重视推理(核究),它们也因此被哲学史家称为印度古代的“理性主义哲学”(Dasgupta 1922, 208-273;1952, 512-550)。

［12］核究永被视为诸明之灯，一切行动之方计，一切正法之依凭。

——以上是第一篇“教戒”第二章“确立核究”（属于“标列诸明”目）。

第三章

第1目：标列诸明（续）

（2）确立三吠陀

［1］娑摩吠陀、梨俱吠陀、夜柔吠陀。——这是三吠陀；［2］合阿闼婆吠陀与如是说吠陀[①]，为诸吠陀。

［3］另，［它的］[②]各分支如下：音学、仪轨、语法、字诂、诗律、天象。[③]

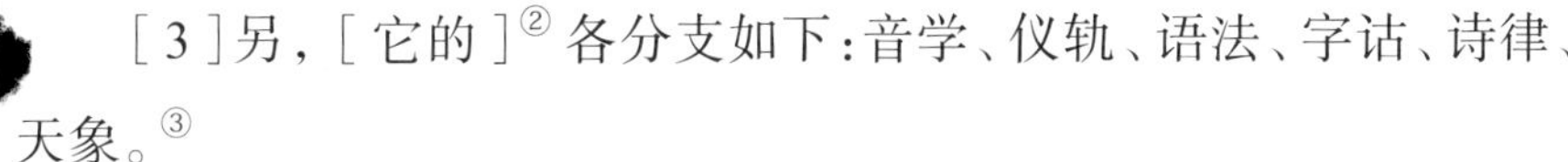

［4］此三吠陀所制立之法，因确立四种姓与四行期之本法[④]，故而有益［于世人］。

① 如是说吠陀（itihāsaveda）：itihāsa 为“如是说”，即传说。它的功能类似于中国的史乘，也有“以史为鉴”的作用。注家认为是指“《摩诃婆罗多》等史诗”（CŚ），但从 1.5.14 来看，它不仅指史诗。另，《唱赞奥义书》中说“如是说往世书”（itihāsapurāṇa）为第五吠陀（*Chāndogya Upaniṣad* 7.1.2）。

② 三吠陀为单数（参见 1.2.1 注释），故而是它的（省略了中括号，下同）。

③ 这些是所谓的“六吠陀支”（ṣaḍaṅgāni），音译分别作：式叉论、劫波论、毗伽罗论、尼禄多论、阐陀论、树提论（参见真谛译《金七十论》）。今人译为：语音学、祭祀与风俗、语法学、词源学、诗律学、天文学（金克木 1999，70）。

④ 本法（svadharma）：每个人在种姓与行期制度内本已的、特定的法（义务）。

[5]婆罗门之本法如下：学[吠陀]、教授[吠陀]、祭祀、[为他人]主祭、布施、接受布施。

[6]刹帝利之本法如下：学[吠陀]、祭祀、布施、凭武器谋生、保护众生。

[7]吠舍之本法如下：学[吠陀]、祭祀、布施、[行]农事、[行]牧事、[从事]货易。

[8]首陀罗之本法如下：侍奉再生族、治生[①]、操工匠及伶人之业。

[9]家主之本法如下：依本法谋生；与同种姓而不同族姓者结亲；佳期同房[②]；供养天神、先人、客人；惠施仆从；馔余食[③]。[④]

[10]梵志之本法如下：诵习吠陀；照料祭火、沐浴[⑤]；守乞食誓愿；居于师尊处直至命终，若师尊不在，则与师尊之子或师兄弟共住[直至命终][⑥]。

① 奥利维勒认为此处与 1.2.1 中的 vārttā 意义不同，在那里指“知识体系”，而这里指农牧商这些活动本身，又评论说，区分现实世界中某些活动本身与研究它们的知识体系的，是一条“微妙的线”。这并非切题的说法，问题就在于他将 vidyā 理解为纯然的欧式科学“知识体系”。当我们拈出古代印度的知识就是“技艺”这个要点时，两处的 vārttā 在意义上的矛盾就消失了，因为印度的知识传统就是技艺传统，并没有这条“微妙的线”。

② 佳期同房（ṛtugāmitva）：ṛtu 是本指妇人月事，亦指月事后最适宜于受孕的时间，CŚ 认为是月事后第 12 天，《摩奴法论》认为是从自行经起算的第 16 天（Mn 3.46）。

③ 馔余食（śeṣabhojana）：馔余食是遁世者（parivrājaka）的习惯，但家主食用供养了天神、先人、客人以及仆从之后余下的食物，有在德行上追比遁世者的意思（奥利维勒）。

④ 前面说的是各个种姓（varṇa）的本法，这里开始讲各个行期（āśrama）的本法。

⑤ 沐浴（abhiṣeka）：“三时沐浴”（CŚ：triṣavaṇasnāna），即早中晚沐浴。

⑥ 这是指愿意终生住在师尊家的梵志学徒（参见 Mn 2.243, 247）。

[11]林居者之本法如下：梵行[①]；歇于白地；蓄辫、着黑羚皮；每日向火献祭、沐浴；供养天神、先人、客人；以林中野物为食[②]。

[12]遁世者之本法如下：完全调伏感官；放弃仪式[③]；身无长物；弃绝牵挂；以乞食为生；居于荒野，但不住一处；内外皆清净。

[13]所有人之[本法]如下：不害、如实语、清净、不妒忌、慈心、忍耐。

[14]各人之本法使人得生天界，得永恒之福[④]。[15]若违越之，则世人因交混[⑤]而毁灭。

> [16]职是之故，国王应令众生不僭越各自之**本法**；因为，令[众生]行持其**本法**[⑥]，他于死后与此生都得喜乐。
>
> [17]确立了贵种之秩序[⑦]，安立于种姓与行期，同时为三吠陀所庇护。——如此则世人繁盛而不至于毁灭。

① 梵行（brahmacarya）："抑精"（CŚ：ūrdhvaretastvam），即无任何性行为。

② 这个规定不仅排除了肉类，而且植物也有禁忌（参见 Mn 6.13-14）。

③ 放弃仪式（anārambha）：原意为不从事任何事业，不做任何努力。奥利维勒根据《乔达摩法经》认为此 anārambha 具有术语意义（参见 *Gautamadharmasūtra* 3.25），指放弃一切宗教性仪式，译文从之。

④ 永恒之福（ānantya）：永恒的福祉。"于此世得不堕坏，或解脱"（CBh；CŚ）。

⑤ 交混（saṃkara）：指世人在执行上文中规定的种姓和行期的法时出现错乱。"业与种姓的交混"（CŚ）；"法与种姓的交混"（坎格尔）。

⑥ 令众生行持其本法（svadharmaṃ saṃdadhāno）：CŚ 解释为"令[众生]正确地行事"（samyag anuṣṭhāpayan），可见后半句的主语是国王。奥利维勒将主语改变为"他们"，认为主语是"世人"（lokaḥ）。

⑦ 确立了贵种之秩序（vyavasthitāryamaryādaḥ）：ārya 为贵种、贵人，maryādā 为边界，由物理意义的边界引申为社会生活的界限，即"规则""习俗""秩序"。

——以上是第一篇“教戒”第三章“确立三吠陀”（属于“标列诸明”目）。

第四章

第1目：标列诸明（续）

（3）确立治生及治术

［1］农事、牧事、货易。——这是治生。它带来粮食、牲畜、钱、林产(2.17.4-16)、劳役(2.6.11)，故而有益［于世人］。［2］凭着它，国王可通过库财和军队将本方阵营与敌方阵营置于掌控之下。[①]

［3］令核究、三吠陀、治生达成获取与持守[②]者，为刑惩[③]；刑惩之方略，为治术[④]。它获取未获得之利，保全已获得之利，增进已保全之利，并将已增进之利赐予配得到之人。[⑤]［4］世事之运行有赖于它。

［5］诸先师说：“因此，寻求世事有序运行的国王，应时常准备施加刑惩。［6］因为，没有什么如刑惩这般令众生顺服。”

① 即：治生能导致财富，从而充实库财和军队，进而使得国王在内外的事务中取得十分有利的地位。这一点，尤其在《利论》后半部分（第六篇至第十二篇）体现得很明显。

② 获取与持守（yogakṣema）：亦即获取与保守（与 1.1.1 中的“获取与保守”［lābhe pālane ca］同义）。正如本句后文所说，指财利的获取、保守、增多及分配。这个复合词在《利论》中多次出现，术语意义强烈。

③ 刑惩（daṇḍa）：本意为杖，引申为刑杖、惩罚、课罚（钱或物）、治理。

④ 治术（daṇḍanīti）为“刑惩”（daṇḍa）的“方略”（nīti）。

⑤ 《摩奴法论》有类似段落（参见 Mn 7.99-101）。

[7]憍底利耶说："不。[8]因为，施加严酷刑惩者，为众生所畏惧；[9]施加宽柔刑惩者，为众生所轻薄；[10]施加宽严得当之刑惩者，则为众生所尊敬。"

[11]"因为，通过周全考量而施加的①刑惩，能给予众生法、利、欲。[12]而滥施的刑惩——无论是出于爱欲和愤怒，还是出于轻蔑——甚至会令林居者与遁世者震怒，更何况众家主！[13]然而，完全不施加刑惩就会导致'鱼之法则'②。[14]毕竟，若没有施加刑惩者③，则强者吞食弱者；[15]而在他的保护下，弱者得以变强。"

[16]归属于四种姓与四行期的世人，在国王刑惩的保护下，致力于各自之本法与本业，遵循各自的道路。

——以上是第一篇"教戒"第四章"确立治生及治术"（属于"标列诸明"目）。

① 通过周全考量而施加的（suvijñātapraṇīto）：CŚ 训为"周详地根据既定规则考虑之后而施予的……"（suṣṭhu śāstrato 'vagatya prayuktaḥ）；"合适地明确事实后而施予的……"（奥利维勒）。

② "鱼之法则"（matsyanyāya）：古今中外的人们对这个譬喻都不会隔膜。另参见 MBh 12.67.16-17 类似的话。

③ 施加刑惩者（daṇḍadhara）：拿着刑杖的人、惩罚者，指国王。这也是阎摩（Yama［主管惩罚］）的别称。

第五章

第 2 目：亲近长者①

[1]职是之故，三明皆以刑惩为本。②[2]刑惩以教戒为本，给众生带来获取与持守(1.4.3)。

[3]教养既是人力所造就的，也是天生的。[4]因为，是其材③，人力犹可教戒之；非其材，则无从[教戒]。[5]希求听闻、勤于听闻、④能领会、能受持、能了别与拣择、能举一反三、能去伪知，能致力于真知。——心智具以上特点者，方可为明所教化，否则不可。

[6]不过，诸明之教化与节制，当以各科师尊为准⑤。

[7]在完成剃发礼⑥后，他应学习字母与算术。[8]完成系圣线礼⑦之后，他应从硕学学三吠陀与核究，从各部督官(2)学治生，从

---

① 长者（vṛddha）："长"不必定指年岁大，主要是指学问方面精熟（vidyāvṛddha，参见本章下文第 11 句）。

② 这里接上面一章说，所以才有"职是之故"（tasmāt）。作者在这里应该是把"刑惩"看成治术（daṇḍanīti）的同义词，于是就余下另外三明：核究、三吠陀、治生。

③ 材（dravya）：物、物事，也可指单个人、个体，在此指可为人力规范的对象，故译为"是其材"。相反，adravya 是"非其材"。

④ 希求听闻（śuśrūṣā）：即一心向学；勤于听闻（śravaṇa）：古代印度学问口耳相传，故以"听闻"为"学"，"多闻"即中国所谓"博学"。

⑤ 准（pramāṇa）：度量、标准、准格、准绳、权威。"教化（vinaya）为实际教学，节制（niyama）关乎学习期间之生活"（坎格尔）。

⑥ 剃发礼（caula）：一般在出生后一年或三年后举行。另外，这里规定的对象是王子或高种姓显贵子弟。

⑦ 系圣线仪礼式（upanayana）："导引"，三个高种姓的孩童的系圣线仪式，亦即

能言传者和能力行者那里[①]学治理。

[9]他应行梵行，直到十六岁，[10]然后完成“施牛”礼[②]，并成婚。

[11]为了增进教养，他应常常亲近娴于诸明者，因为这是教养的根本。

[12]日间的头分[③]，他应学习有关象、马、车以及兵器方面的学问；[13]后分，应听学“如是说”。[14]往世书、事纪、略志、事例、法论、利论。——这是“如是说”。[④][15]日间与夜间其余诸分，他应学未曾学过的，温习已学过的，并一再听闻未能掌握的。[16]因为，听闻导致明智；明智导致熟稔的践行；熟稔的践行导致具备个人资质[⑤]。

发蒙礼。一般在八岁（婆罗门）、十一岁（刹帝利）或十二岁（吠舍）。此礼之后，方可以跟随师尊诵习吠陀。

① 从能言传者和能力行者那里（vaktṛprayoktṛbhyaḥ）：vaktṛ 指能言传治理术者，即精熟于治术的学问家；而 prayoktṛ 指力行治理术者，实践者。

② “施牛”礼（godāna）：go 为牛，dāna 为施舍（动 / 名），故此复合词字面意思为“施牛”。同时 go 又指身体指毛发，故男子这种最终剃去须发的仪式被称作“施牛礼”。

③ 日间的头分（pūrvam ahar bhāgaṃ）：1.19.6 将日与夜分别都分为八部分。“头分”可能是指早晨到正午的那四部分的第一部分，而下文“后分”可能指正午到傍晚的四部分中的第一部分。上午和下午各余三分可供学习和复习（参见后文第 15 句）。

④ 如是说（itihāsa）：即 1.3.2 中的“‘如是说’吠陀”（itihāsaveda）。这句话可能只是窜入正文的批注（奥利维勒）；往世书（purāṇa）：“故事”，过往之事，掌故；事纪（itivṛtta）：“如是发生”，亦为新旧之事；略志（ākhyāyikā）：指比较短小的轶事；事例（udāharaṇa）：例子——以上几类，都是“如是说”，应该都属于预备国王在史鉴方面的教养。

⑤ 具备个人资质（ātmavattā）：来自 ātmavat，即“具有个人资质的”（这个词在《利论》中常见）。个人资质（ātmasampad）在《利论》是十分重要的术语，它指一个人（尤其国王）应当具备的品质（6.1.6）。因此，ātmavattā 与 ātmasampad 基本同义。区别是：ātmavattā 指“具有个人资质”这种状态；而 ātmasampad 指个人资质本身（另，可将“个人资质”与马基雅维利的“德”[virtù]这一象征对照）。

[17]因为，经过诸明教化、致力于教戒臣民、惠益一切众生的国王，可独自享有大地，无需与他人分享。

——以上是第一篇“教戒”第五章“亲近长者”。

第六章

第3目：调伏感官[①]

(1)弃绝六贼[②]

[1]调伏感官以在诸明上的教养为根基，它可以通过弃绝爱欲、愤怒、贪婪、傲慢、狂妄、狂喜[③]来达到。[2]调伏感官是指：各种感官——即耳、身、眼、舌、鼻——不沉溺[④]于声、触、色、味、香；或者，躬行利论本身[即调伏感官]。[3]——因为，整个利论就是调伏感官。[⑤]

[4]与此相悖而行、未能调伏感官的国王，即便君临四极，也

① 调伏感官(indriyajaya)：字面意思为“战胜感官”。indriya 指感官(古译“根”)，古人将 indriyajaya 译为“调伏诸根”，辞气似更优美。

② 六贼(śatruṣaḍvarga)：由六者组成的那一类或一群敌人(śatru 为敌、贼)，即“六贼”。六者各各不同，故分为“六”(ṣaṣ)，但又同为一群一类(varga)。

③ 据 CBh，傲慢(māna)和狂妄(mada)的区别是：前者是“天真地认为自己无与伦比”，后者是“因财富和学问等而生的傲慢”。轻狂(harṣa)指毛发竖立的狂喜，CJ 认为是“胡闹玩乐所致昏昧”，亦即轻狂。

④ 不沉溺(avipratipatti)：“不相违 / 相悖”“没有与自身相违的行为”(CŚ)，亦即不沉溺。

⑤ 第2—3句应连起来看：调伏感官或是在感官享受方面不过分；躬行利论也是调伏感官(原因见下文)。另外，在本书中，作者常用“论”(śāstra)代替“利论”(arthaśāstra)。

很快会灭亡：[5]比如婆遮国国王檀多羯，因爱欲渴求某婆罗门童女，与其眷属、王国同遭覆灭；胜身国国王羯刺罗亦同。[1][6]国王遮那弥遮耶因愤怒攻击婆罗门；陀罗旃劫攻击蒲利古族人亦同。[2][7]乂罗因贪欲压榨四种姓；善勇国国王阿遮频睹亦同。[3][8]罗波那因傲慢不交还他人妻室，难敌[不交还他人]那部分王国亦同。[9]咀婆蒲颇因狂妄藐视众生；醢颉耶国国王阿周那亦同。[4][10]婆陀界因轻狂欲加害阿伽斯提耶而遭毁灭；婆利湿腻团众出于轻狂而揶揄广博仙人亦同。[5]

① 檀多羯（Dāṇḍakya）：婆遮国（Bhoja）国王檀多（Daṇḍa）。他劫走并污辱了仙人优散那（Uśanas）之女阿罗遮（Arajā），因优散那诅咒而亡国灭族，本事见《罗摩衍那》（参见 *Rāmāyaṇa* 7.71-72；*Buddhacarita* 11.31）。羯刺罗（Karāla）：胜身国（Videha）国王，其本事不详。不过马鸣（Aśvaghoṣa）《佛所行赞》中提到过一个叫羯刺罗· 遮那迦（Karālajanaka）的国王，劫走婆罗门之女而后亡国（*Buddhacarita* 4.80）。

② 遮那弥遮耶（Janamejaya）：直译为“震人”，本事不详。据说他因为怀疑诸婆罗门祭司（实际是因陀罗）与王后有染而鞭笞前者，导致亡国（CJ）。陀罗旃劫（Tālajaṅgha）：直译为“棕榈腿”，其本事不详。据 CŚ，他攻击蒲利古族人，为后者诅咒，导致亡国。

③ 乂罗（Aila）：据 CŚ，他又名补鲁罗婆（Purūravas），以过度索取的方式压榨四种姓百姓，导致百姓叛乱而亡国；阿遮瓶睹（Ajabindu）：字面意思是“公羊斑”，本事不详，各注家与译家亦未作说明。

④ 咀婆蒲颇（Dambhodbhava）：意为“‘诈伪’子”。他好勇斗狠，轻视所有众生，取得了整个大地后，没了敌手，于是挑战修苦行的那罗（Nara）和那罗衍那（Nārayaṇa），被后者击败（CŚ；MBh 5.94）。阿周那（Arjuna）：醢颉耶国（Haihaya）国王（Arjuna of the Haihayas），又名“勇成子”（Kārtavīrya，注意与《摩诃婆罗多》中般度族的阿周那区分开），据说有千只手臂，因冒犯持斧罗摩（Paraśurāma）的父亲炽焰（Jamadagni）而为持斧罗摩所杀（参见 CŚ；MBh 12.49）。

⑤ 婆陀界（Vātāpi）：直译为“风盟”（以风为友者）。他的兄长以婆罗（Ilvala）冒充要行祖灵祭（śrāddha）的婆罗门，并将婆陀界变成祭礼上的菜羊，待诸婆罗门进食完毕，以婆罗便叫婆陀界出来，后者就撕开诸婆罗门的腹并致其死亡。当他们在仙人阿伽斯提耶（Agastya）身上故技重施时，阿伽斯提耶吃下婆陀界并真正地将他消化（CŚ；MBh 3.94-97；*Rāmāyaṇa* 3.10.55-66）。婆利湿腻（Vṛṣṇi）：又名耶陀婆（Yādava，即

[11]诸如此辈，还有其他许多惑溺于六“贼”(1.6.1)、未调伏感官的国王，与其眷属、王国同遭覆灭。

[12]而弃绝六“贼”、控制了感官的炽焰之子和那颇迦之子盎钵利阇，均长久地享国。[①]

——以上是第一篇“教戒”第六章“弃绝六贼”(属于“调伏感官”目)。

第七章

第3目：调伏感官（续）

(2)圣王[②]之行止

[1]职是之故，国王应通过弃绝六“贼”调伏感官；通过亲近长者变得明智，通过密探明察诸事[③]；通过勤于任事达成获取与持守

Yadu之后裔)，族名；团众(saṃgha)在《利论》中是指家族(如诸王子)共同治理的政权或国家，它与王国(rājya)相对，与欧洲的君主国和共和国的对立大致相当。该团众取笑广博仙人(Vyāsa或Dvaipāyana)，后遭广博仙人诅咒发生内斗而毁灭(CŚ；*Buddhacarita* 11.31；坎格尔；奥利维勒)。

① 炽焰之子(Jāmadagnya)：炽焰(Jamadagni)的儿子持斧罗摩。其“长久享国”之事不详，《罗摩衍那》中提到过他向迦叶波交付了整个大地(*Rāmāyaṇa* 1.75)。盎钵利阇(Ambarīṣa)：那颇迦(Nabhāga)之子，据说有一次他安排了一百万个举行过一万次祭祀的国王向婆罗门布施(参见MBh 12.29.93-97)。

② 圣王(rājarṣi)：“仙人王”。“本身是国王，又为调伏感官的仙人，为圣王”(CŚ：rājaiva san ya ṛṣiḥ jitendrayaḥ sa rājarṣiḥ)。

③ 通过密探明察诸事(cāreṇa cakṣuḥ kurvīta)：“通过间谍来看(观察、了解、知晓)”。cāra为间谍、细作、密探，在《利论》中，也泛指间谍行为(如1.12.7与1.12.9)，

(1.4.3)；通过命派职事确立［世人］之本法(1.3.4)；通过诸明的教诲成就教养；通过与利相连获得世人爱戴；通过行有益之事培育行止。[①]

［2］如此调伏了感官之后，国王应放过他人的妻室和财物，避免杀害；［并避免］昏睡、轻佻、欺诳、着华贵衣服、与无益之人交接、［从事］与法与利相悖的事务[②]。

［3］他应在不违背法与利的情况下享受欲乐；他不可没有欲乐。［4］或者，他应同等地追求这彼此相联系着的三目的[③]。［5］因为，追求法、利、欲中某一个太甚，都损害该目的本身，也损害另外两个。

［6］憍底利耶说："利恰是首要的。［7］因为，法与欲都以利为根基。"

［8］他应将师尊或辅臣确立为［正行的］边界。他们亦应使他

还可以指间谍所搜集的情报（如 1.12.11 与 1.12.13）。

① 奥利维勒认为前四条是针对国王自己，后四条针对臣民，所以将 vinayaṃ vidyopadeśena kurvīta 理解为"通过在诸明方面提供指示实施教戒"，将 lokapriyatvam arthasaṃyogena kurvīta 理解为"通过将人们与利相连获得世人爱戴"，并将 hitena vṛttim kurvīta 理解为"通过行有益之事给予人们生计"。单单看句子，这样理解并无不可。但在这个语境中，都是指国王成就自身（成为圣王）。这一点由紧随的内容可知，因此奥利维勒的观察并不准确：（一）国王不可能自己在"诸明"方面都是专家，给人提供教养，而是说他自己获得教养；（二）国王自身与"利"（有益之人、事）相连，这和下文第三句"与无益之人交接"刚好对应，而不是他让人与利相连；（三）vṛtti 在《利论》中多指行止，而非生计，在这里，国王应通过行对他人有益之事以培育端正的行止，下面提到了不得觊觎他人妻室、财物等，亦与此呼应。

② 原文为 adharmasaṃyuktam anarthasaṃyuktaṃ ca vyavahāram：直译应为"与非法与非利相连之事务"。vyavahāra 意义十分广泛，指包括往来、交易、交接、交割等一切世俗事务，而在另外一些场合，它又是与这些事务相关的规则：律则、律（2.7.2），在这类语境下，它约略为"民法"。

③ 三目的（trivarga）：人之三目的，即法、利、欲的"三合一"。后来加上解脱（mokṣa），就成了四目的。

避免有害处境；或者，若他私下玩忽，他们当以晷影及水漏之“棍”鞭策之。[①]

[9]单个轮子转不起来[②]，国王之职权需要辅弼者方得履行。因此，他应指派辅弼者，并应听取他们的想法。

——以上是第一篇“教戒”第七章“圣王之行止”（属于“调伏感官”目）。

第八章

第4目：选命辅臣[③]

[1]婆罗堕遮[④]说：“由于[国王对自己同学]的端直和才干一

① 原文为 maryādāṃ sthāpayed ācāryān amātyān vā：奥利维勒译为“他应令师尊或辅臣去确立正行的边限”，是个疏忽。sthāpayed 是及物动词，√sthā 本身却非及物动词，因此，是国王自身确立起师尊或辅臣为“边界”（maryādā——参见 1.3.17 及注）。先说国王礼贤在前，再说臣工匡正辅弼，文法使然。私下玩忽（rahasi pramādyantam）：指“沉湎于后宫之类”（CBh，CŚ）。以……“棍”（chāyānālikāpratodena）：通过日晷影子与水漏时刻这根“棍棒”。即：人主玩忽，辅臣以时间为“棍”为由督促其勤于任事。

② 单个轮子转不起来（cakram ekaṃ na vartate）：“如车等物，只装一轮，若无另外一轮子做伴就不能动”（CŚ）。

③ 奥利维勒认为本章与第九章在后人编订的时候出现了混乱。“选辅臣”主题直到第九章才真正开始讨论（1.9.1-8），而第九章本身的主题直到 1.9.9 才开始讨论，因此本章的讨论内容属于后来窜入。笔者不认同其“编订说”，不过，第八、九章内容较易引起误解是事实。而 1.9.1-8 似乎更应当出现在本章。

④ 婆罗堕遮（Bhāradvāja）：可能是般度族诸王子的师傅德罗那（Droṇa）（坎格尔），

目了然，他应任命同学为辅臣。[①][2]因为，对于他来说，他们可加以信任。”

[3]阔目[②]说：“不。[4]由于一起嬉玩过，他们会轻视他。[5]国王应任命那些在恶德[方面]与自己心性相似的人[③]为辅臣，因为他们有共同的德性与过恶。[6]因为，他们害怕国王知晓自己的弱点[④]，就不会悖逆。”

[7]波罗奢罗派[⑤]说：“这一缺陷[对双方来说]是共同的。[8]国王由于害怕他们知晓自己的弱点，从而宽贷他们的诸般[不当]作为[⑥]。”

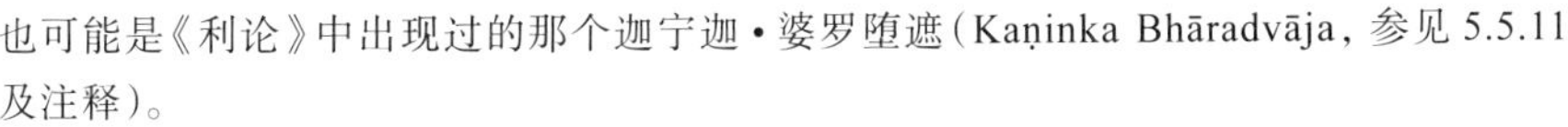

也可能是《利论》中出现过的那个迦宁迦・婆罗堕遮（Kaṇinka Bhāradvāja，参见 5.5.11 及注释）。

① 这不是说国王的同学个个都是贤能之人，而是说国王知道同学中谁端直且有才干。

② 阔目（Viśālākṣa）：湿婆（Śiva）的别称。据说他将梵天（Svayaṃbhū，大自在天）所造的《自在天政书》（*Daṇḍanīti*，治术）由十万章简缩成一万章的《阔目政书》（*Vaiśālākṣaśāstra*）（参见 MBh 12.59.28-87）。

③ 在恶德方面与自己心性相似的人（guhyasadharmāṇas）：指与国王共同拥有某些恶德的人。其中 guhya 指“德性的缺失，如通奸等”（CŚ：guhyaṃ śīlacyutiḥ pāradārikatvādi）。

④ 这不是说这些人害怕国王知道自己的弱点（阴私），而是害怕“国王知道我们的弱点（阴私）”这件事情本身，从而不敢悖逆国王（CŚ：te hi marmajñabhayāt asman marmajño rājeti bhayāt）。

⑤ 波罗奢罗派（Pārāśarāḥ）：波罗奢罗（Parāśara）的门人或后学。我们不知道作为《利论》学派宗师的波罗奢罗是人还是神。不过，在《摩诃婆罗多》中，他是极裕仙人（Vasiṣṭa）之孙，也是广博仙人毗耶娑（Vyāsa）之父。

⑥ 诸般不当作为（kṛtākṛtāny）：字面意思仅仅是“做过之事和未做之事”。实际是说，这些人即使做了不当做之事（kṛta），以及当做之事却不做（akṛta），国王都要被迫宽贷之。

［9］人主向多少人显露了［自己的］恶德，就会受多少人辖制：他因为这个行为而丧失权威。

［10］国王应任命那些在关系生命危险的灾患中对自己施以援手的人为辅臣，因为他们的忠爱是可见的。[①]

［11］畀戌那[②]说："不。［12］这是忠爱，并非心智的德性。［13］国王应任命下面这样的人为辅臣：当他们被指派到［预先］估算可获利的职事中时，可以获取预先指定的财利，或［可获得］更多。——因为，其［心智上的］德性是可见的。"

［14］憍那波呾陀[③]说："不。［15］因为，他们还不具备辅臣［应有的］其他德性。［16］由于其祖烈是可见的，国王应任命那些其父祖［世代为臣］的人[④]为辅臣。［17］因为，即便国王有过错，他们也不会离弃他，因为他们彼此'同气'[⑤]。［18］即便在动物中，也能看到这一点：［19］牛会忽略与自己气味不同的牛群，而去到与自己气味相同的［牛群］。"

① 第7—10句是波罗奢罗派的观点。

② 畀戌那（Piśuna）：仙人那罗陀（Nārada）（CŚ）。

③ 憍那波呾陀（Kauṇapadanta）：字面为"鬼齿"，是毗湿摩（Bhīṣma）的诨名（GPW）。

④ 其父祖世代为臣的人（pitṛpaitāmahān）："那些从父亲、祖父代代传下来的人"（CŚ：pitṛpitāmahakramāgatān），参考后一句中的"祖烈"（avadāna，先祖之善美行止），应是指代代都为辅臣的世家子弟。

⑤ 因为他们彼此"同气"（sagandhatvāt）：可直译为"因为有同样气味"（gandha）。从下一句可以看出，这个词本身原来可能是指动物以气味分亲疏，后引申为人倾向于与亲人、故人交好或认可世交。CŚ认为是"因为有相同的亲眷"（sabandhitvāt），坎格尔译文从CŚ，似乎不是很妥：并非辅臣都与国王有眷属关系。

[20]风疾[①]说："不。[21]因为，他们将国王的一切都抓[到手里]，[自己]如国王一般行事。[22]因此，国王应任命精通治略的新人为辅臣。[23]因为，新人会认为施加刑惩者(1.4.14)居阎摩之位，而不会悖逆。"

[24]帝释子[②]说："不。[25]一个精熟于利论[③]却未曾视事的人，在实务上会遇挫。[26]他应任命具有如下德性的人为辅臣：出身贵重、聪慧、勇敢、忠爱。——毕竟，德性是首要的。"

[27]憍底利耶说："[上面说的]所有都成立。[28]因为，一个人的才具，可凭其办理事务的能力来测度。[29]另外，根据[他们的]才具——

> [30]国王应定其[各自]位秩、[各自充任]地点、时间以及职事后，任命他们所有人为辅臣，——但不应是谋臣。"

——以上是第一篇"教戒"第八章"选命辅臣"。

① 风疾(Vātavyādhi)：据 CŚ，他又名优陀婆(Uddhava)，为国王吉祥黑(Śrīkṛṣṇa)之谋臣。

② 帝释子(Bāhudantīputra)：因陀罗(亦即"帝释")之子。但不清楚这里说的是因陀罗(Indra，Bahudanta)本尊还是某个名为"因陀罗"之人的儿子。不过，据说因陀罗把《阔目政书》(见本章上文[阔目]词条注)简缩成五千章的《帝释政书》(*Bāhudantakaśāstra*)(参见 MBh 12.59.88-89)。

③ 利论(śāstra)：本书中，单独称"论"或"论典"，一般仍是指"利论"(arthaśāstra)或"政术论"(nītiśāstra)。

第九章

第 5 目：选命谋臣与国师[1]

［1］本地人[2]；出身贵重；易于驾驭[3]；艺业已成就；有学问[4]；聪明；坚韧[5]；熟巧；善言；有胆量；机智；有精力和能力；能忍耐磨难；

① 谋臣与国师（mantripurohita）：据 CŚ，谋臣（mantrin）为“辅臣之首，其余任事诸辅臣均依从于彼”（mantrī pradhānāmātyaḥ yasminn āyattāḥ karmasacivāḥ）；国师（purohita）为“被置于前者：一切事务须有准绳，故任命之，是为国师”（purohitaḥ puro 'gre dhīyate sarvakāryeṣu pramāṇatvena niveśyata iti purohitaḥ）。CŚ 说是两个职位，且国师地位看起来高于谋臣。奥利维勒将 mantrin 和 purohita 看成是一个人：谋臣兼国师。因为第九章本身开始谈的仍然是选辅臣，一直到选国师，也没有说到谋臣的事情。由于文本本身的模糊性，这个问题被复杂化。奥利维勒的说法自有其道理，但从全书来看，amātya 是所谓“爪牙之士”，且常充外任（各部督官、使节、法官），而 mantrin 是指谋臣、咨议甚至宰辅，通常与国王相伴，经常并不止一个（参见 1.10.14），但国师只有一个。仅从第九、十章看，奥利维勒说更好，但从全书看，CŚ 说更好，笔者从 CŚ。

② 本地人（jānapada）：来源于 janapada（国、聚落、地），因此可以理解为“本国人”或“生长于欲胜王之国者”（vijigīṣurāṣṭrabhavaḥ）。“欲胜王”是在《利论》下半部中出现的一个核心术语，实际就是指《利论》给予建议的任何一个国王：同一人主，内事中为国王 / 圣王，外事中为欲胜王。

③ 易于驾驭（svavagraha）：易为人所节制和引导。这也是国王应有的资质（参见 6.1.6，在那里，由于是指国王自己，因此笔者将其译为“易于规导”——容易接受长者规谏）。

④ 有学问（cakṣuṣmat）：有眼的，眼力好的。CŚ 认为“眼”是指“利论”，所以理解为“通晓利论的”（arthaśāstraṃ cakṣuḥ tadabhijñaḥ），略狭隘。通过下一句可知，这里“眼”泛指“学问”（śāstra），有眼睛的，即“有学问的”。

⑤ 坚韧（dhārayiṣṇu）：忍耐。CŚ 认为是“记性好”（avismaraṇaśīlaḥ），也是可能的。

端直；友善；坚贞；有懿行[①]、力量、康健、气概[②]；不刚愎自用、亦不动摇；可亲；不易生憎恨[之心]。——以上是辅臣之资质[③]。[2] [以上资质]，缺乏四分之一者为中品秩，缺乏一半者为下品秩。

[3] 对于 [一个人是否具有] 这些资质：国王可通过 [与其] 相熟识者考察其籍贯、出身、[是否] 易于驾驭；通过精于相同学问的人去考察其艺业与学问；在从事职事中考察 [其是否] 聪明、坚韧、熟巧；在交谈中考察 [其是否] 善言、有胆量、机智；在灾患中考察 [其是否] 有精力和能力、[是否] 能忍耐磨难；通过 [其与他人] 交接去考察 [其是否] 端直、友善、坚贞；通过与其共居者考察 [其是否] 具有懿行、力量、康健、气概、[是否] 既不刚愎自用也不动摇；通过直接观察，考察其是否可亲、是否不易生憎恨之心。

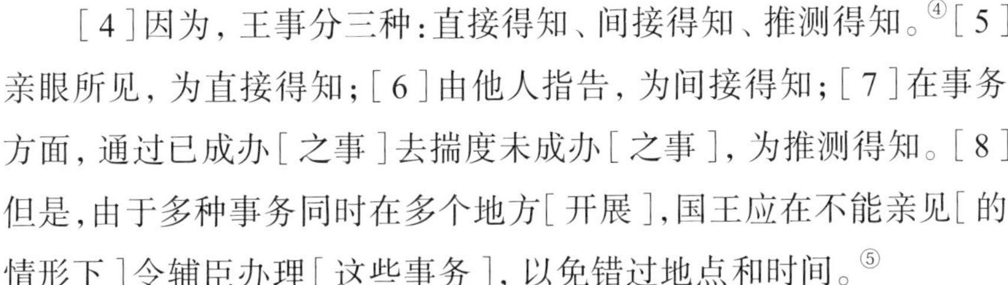

[4] 因为，王事分三种：直接得知、间接得知、推测得知。[④] [5] 亲眼所见，为直接得知；[6] 由他人指告，为间接得知；[7] 在事务方面，通过已成办 [之事] 去揣度未成办 [之事]，为推测得知。[8] 但是，由于多种事务同时在多个地方 [开展]，国王应在不能亲见 [的情形下] 令辅臣办理 [这些事务]，以免错过地点和时间。[⑤]

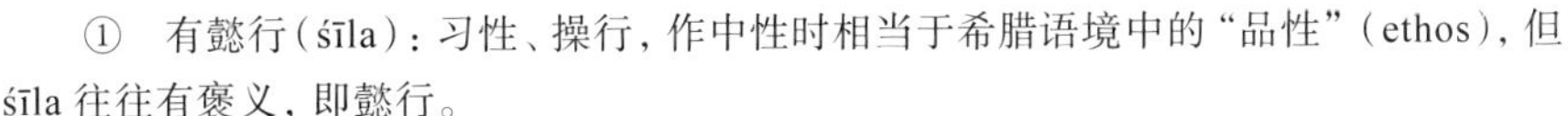

① 有懿行（śīla）：习性、操行，作中性时相当于希腊语境中的“品性”（ethos），但 śīla 往往有褒义，即懿行。

② 气概（sattva）：精神、刚勇。在《利论》中，主要是指一种男子气概，反面是“懦弱”（参见 5.6.41 及注释），这个词类似古典希腊中的“血气”（thymos）。

③ 资质（sampad）：指应当具有的优越品质，与“德性”（guṇa）同义。这个术语在《利论》中十分重要。

④ 三者原文分别为 pratyakṣa、parokṣa、anumeya。实际上提到的各种考察的办法，就包括三种知晓的方法。亲自直接观察（现量）、他人报告、推测（比量）。这可能和 1.2 中提到的核究（Ānvīkṣikī）有关。

⑤ 原文为 yaugapadyāt tu karmaṇām anekatvād anekasthatvāc ca：直译应为“由于诸种事务的同时性、多样性、多地性……”。parokṣaṃ：在间接感知的情况下，即：在不能事事亲见的情况下。这也显出选择辅臣的必要性。

以上是任命辅臣。

[9]国王应任命这样的人为国师：家世与操行均十分贵重；精熟于吠陀与吠陀支、天象占、事兆占[①]以及治术；能以阿闼婆吠陀上的方法对治天灾和人祸。[10]国王应依从国师，好比弟子依从师尊、儿子依从父亲、仆从依从主人。

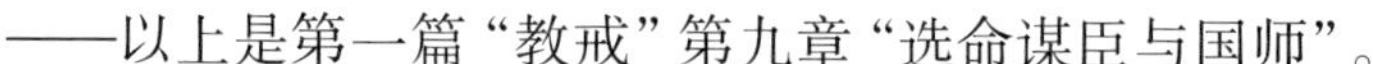

[11]王权凭婆罗门[国师]而得以增进，凭谋臣的计谋得到加持，凭遵循利论得到武装，如此则无往不利，不可战胜。[②]

——以上是第一篇“教戒”第九章“选命谋臣与国师”。

第十章

第6目：通过秘密考验[③]探知辅臣之端直与否

[1]在谋臣和国师的辅佐下[④]，国王将辅臣安排到普通的职位

① 天象占、事兆占(daive nimitte)：两种学问。前者是解释天象的学问(CŚ：daive jyotiḥśāstre)，后者是解释世间事物(如乌鸦等)所现祥异的学问(CŚ：nimitte śakunaśāstre)。

② 此颂第一句由双关语和隐喻组成，汉译无法曲尽其妙。edhita既是增进，又是点祭火；mantra既是祭祀之咒语，又为国事中之谋议和计策；abhi-√mantr既是以咒祝禳，亦引申为加持和护佑。这是一个祭祀的隐喻。后半句则是在“论典/利论”(śāstra)和“武器”(śastra)两个词上的一个文字游戏。整颂的意思是：王权因为婆罗门国师而得繁荣，因谋臣的谋议而得护佑，以遵循论典(利论)作为武装，便无往不利。

③ 秘密考验(upadhā)：秘计，在《利论》中为术语，指(对臣工和民人忠诚度的)秘密考验。

④ 在谋臣和国师的辅佐下(mantripurohitasakhaḥ)：“在谋臣和国师的辅佐伴随下”。那么，谋臣和国师似乎也要参与对辅臣的任命与考验(奥利维勒)。

上[①]后，应通过秘密考验探知他们端直［与否］。

［2］当国师被指派去为一个不配行祭的人主持祭祀，或教授［吠陀］时，［国师］表示愤慨的话，国王可将其撤职。[②]［3］他[③]应通过密使[④]以盟誓［的方式］去逐个地煽动诸辅臣："此国王不守正法。那好！我们来另立一个守正法的［国王］：如王族中某个觊觎大位者〔或失宠王子；或某个家世煊赫者[⑤]；或独操权柄者[⑥]；或邻王；或从蛮酋魁[⑦]；或某骤然得权者[⑧]〕，所有人都希望如此，你意下如何？"

① 普通的职位上（sāmānyeṣv adhikaraṇeṣu）："非枢要的职位"（CŚ：apradhāneṣva adhikārapadeṣu）。

② 这是国王与国师一同设计的苦肉计（下文将要出现的事件也是当事人配合国王演戏）：国王指派国师为一个不能行祭祀之人主持祭祀，或派去教授其吠陀，国师表示不满，然后国王（假装）将其撤职。ayājya：一个人，别人不能为他主持祭祀，他自己也不能学吠陀。指"以首陀罗女为妻者这类人"（CŚ：vṛṣalīpatyāder）。

③ "他"可能指国王，也可能指被"撤职"的国师。但从情理来看，应当是后者：因为后者心有"怨愤"，更有"起事"的动机（比如下一个计谋中被"撤职"的军队统领，对被煽动者来说，他本人更有动机）。

④ 密使（sattrin）：这是一种特殊的暗差（gūḍhapuruṣa），他们在国王的特务组织中扮演很重要的角色。关于密使的描述，参见 1.12.1 及注释。

⑤ 家世煊赫者（kulyaṃ）："配得上做国王家族中的人"（CŚ：rājabhāvārhakulotpannam）。坎格尔和奥利维勒理解为"王家成员"，不令人信服。因为前面提到的"王族中觊觎大位者"和"失宠王子"已经有这层意思了，而 kulya 一般就是指家世贵重煊赫者，具体到这里，就是家世和王族相当者。

⑥ 独操权柄者（ekagraha）：CŚ 释为"为所有人都同样地给予供养者，万人敬重者"（ekaḥ tulyaḥ sarvair aviśeṣaṃ kriyamāṇaḥ pragrahaḥ pūjā yasya taṃ sarvapūjitam ity arthaḥ）；训 eka 为"所有"（sarva），训 pragraha 为"恩宠"，略牵强。而在 5.6.28 中，CŚ 又将同一词训为"王国之独操权柄者"（rājaikaniyāmakaḥ）。两义相较，后者为胜。

⑦ 从蛮酋魁（āṭavika）：来源于 aṭavī（森林）。aṭavī 指生活在山林中的部落人，他们属于化外之民（在种姓和行期制度之外），故为"野人"或"从蛮"。aṭavī 指部落人的时候，为"从蛮"，指军队（多见于《利论》后半部分）的时候，为"从蛮军"。而 āṭavika 则译为"从蛮酋魁"。"从蛮酋魁"和"从蛮军"在《利论》中经常被提到，可见他们是十分重要的力量。

⑧ 骤然得权者（aupapādikaṃ）："非国王世系而暴得大权者"（CJ）。另外，这中

[4]若此人回绝，他就是端直的。

以上说的是以法考验。[①]

[5]军队统帅因襄助奸人而被撤职，他应通过密使以令人垂涎的财利去逐个煽动诸位辅臣摧毁国王："……所有人都希望如此，你意下如何？"[6]若此人回绝，他就是端直的。

以上说的是以利考验。

[7]一个在后宫中赢得信任和礼待的游方女道人，应去逐个地煽动诸位大员："王后爱你，并已做好和你幽会的安排；另外你还会得一大笔财物。"[8]若此人回绝，他就是端直的。

以上说的是以欲考验。

[9]某辅臣可以聚会为由邀集所有[其他]辅臣。[10]国王为之恐慌，可将他们囚禁。[11]预先囚禁在那里的黠生[②]应去逐个地煽动[这些]被褫夺了财物和尊荣的辅臣："此国王行止邪乱。那好！我们杀了他之后另立他人[为国王]。所有人希望如此，你意下如何？"[12]若此人回绝，他就是端直的。

以上说的是以惧考验。

[13]诸位辅臣中，经过"以法考验"而证明其端直者，国王应

间以"或"连接的各色人等，是煽动者自己可以临机选择的对象，显然，他只能选择某一个人。下文中还会有很多这种让学习者举一反三的"或者"。

① 以法去测验辅臣，辅臣必须做出一个选择：要么守正法而弃国王从而成为乱臣，要么忠于国王而放弃正法，自己也成为不守正法的人。参考《利论》全书对于法的态度，法与利、欲两者的紧张关系是意味深长的：这里的"端直"不是指全心全意守正法，而是指对国王和王国的忠诚。

② 黠生（kāpaṭikaś chātraḥ）：学生、生徒、书生。"以授书和授业为生者，为暗差之一类"（CŚ）。kāpaṭika 有狡黠诈伪之意，故译为"黠生"，他们的主要工作是制造和引导民人舆论。

将其安置到法官(3)与“去刺”(4)的职位上去；经过“以利考验”而证明其端直者，他应将其安置到总督(2.6)位置与府库总管下的各种积贮事务[①]上去；经过“以欲考验”而证明其端直者，他应将其安置到内外行乐之所的守卫职位上去；经过“以惧考验”而证明其端直者，他应将其安置到国王身边的事务上去。[14]经过所有考验而证明其端直者，国王应任命他为谋臣[②]。[15]在所有考验中都被证明不端直者，国王应将他安排到开采场[③]、物产林、育象林、工厂[这类]地方去。

[16]诸先师规定说：“诸位辅臣经过人生三目的与恐惧[④]的秘密考验后，国王应根据其[品性的]端直[情况]将其安排到[适合他们]各自的事务中去。”

[17]憍底利耶的看法是：“然而，国王不应为了考验辅臣的端直[与否]而让自己与王后成为目标[⑤]。”

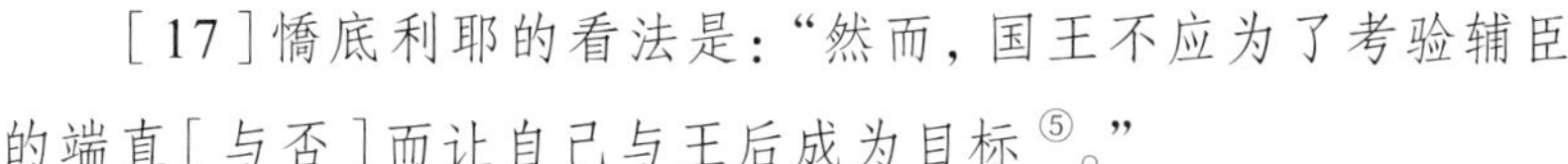

[18]好比不应用毒药去污染[⑥]水，他不应去败坏一个未败坏的人。因为，对于一个被完全腐化的人，有时候是找不到解药的。

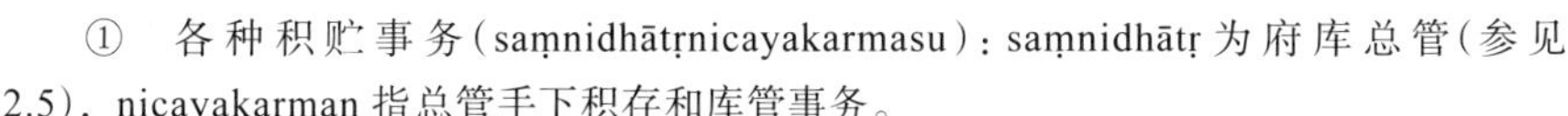

① 各种积贮事务（saṃnidhātṛnicayakarmasu）：saṃnidhātṛ 为府库总管（参见 2.5），nicayakarman 指总管手下积存和库管事务。

② 此处“谋臣”（mantriṇas）为复数，这也证明奥利维勒所说的谋臣和国师为同一人不太正确。

③ 开采场（khani）主要是开采螺贝、宝石、珍珠，珊瑚等东西的矿场（参见 2.6.4；2.12.27）。

④ 即上面提到的四种考验：法、利、欲以及惧。

⑤ 目标（lakṣaṃ）：指国王和王后成为考验所涉及的阴谋和动乱的目标，随后的颂文说明了这种危险性。

⑥ 污染（dūṣaṇaṃ caret）：和后面“败坏”是同一个词。

[19]并且，想法一旦为四种方式的秘密考验所玷污，就停留在有血气之人的决心上，不达成目的[①]，就不会罢休。

[20]因此，国王应先置身于四种[秘密考验的]事务之外，而后通过密使们去考察诸辅臣的端直与否。

——以上是第一篇“教戒”第十章“通过秘密考验探知辅臣之端直与否”。

第十一章

第7目：选命暗差

(1)设暗差驻点[②]

[1]通过秘密考验证明了辅臣班子的端直之后，国王应选命暗差：黠生；背誓苦行者；假充的家主、[假充的]贾人、[假充的]苦行者；[③]密使、刺客、下毒人以及乞食女道人。[④]

---

① 不达成目的(nāgatvāntaṃ)：直译“不去到终点……”。即：若受到这类考验者恰恰是意志坚定的人，可能就真的开始作乱，不达目的不罢休，那么国王和王后本身就有危险。

② 设暗差驻点(saṃsthotpattiḥ)：saṃsthā 为“暗差活动的驻点”(CŚ：gūḍhapuruṣakarmasthānāni)。从黠生到假充的苦行者共五种，都留在某“指定的”地方假装操持行业，和下一章的“行脚暗差”(saṃcāra)相反。

③ 原文为 gṛhapatikavaidehakatāpasavyañjanān：-vyañjana 作后词指“冒充……的”“假扮……的”或“以……面貌示人的”。他们是隐藏在社会各阶层为国王工作的秘密人员，《利论》后面会经常提到这类特务。

④ 原文列举这些人只是两个复合词，汉语则需要拆开。由于复合词中套着复合词，因此需要借助分号来分级。如本句中，“黠生”“背誓苦行者”“假充……”以及“密

[2]一个知晓他人阴私、有胆量的生徒，为黠生。[3]谋臣可先以财利和尊荣抬举他，再对他说："你要以国王和我为准，只要看到任何人有任何劣迹，就即刻来报。"①

[4]一个放弃云游、聪明而又端直[的人]，为背誓苦行者②。[5][得到国王提供的]大量钱和学徒后，他应在某个为[他从事]治生行当而指定给他的地方，去从事该行当。[6]另外，他应从治产的收益中[出钱]为所有出家人③安排食物、衣物和住处。[7]他应鼓动[出家人中的]那些希求生计者："就穿着这身衣服④为国王办事⑤，[发放]禄粮和薪俸的时候就来。"[8]而且，所有[接受了条件的]出家人也应如此这般地去鼓动各自的群类。

[9]一个生计衰敝、聪明而又端直的农人，为假充的家主。[10]他应在某个为他务农而指定给他的地方……其余同前述。

[11]一个生计衰敝、聪明而又端直的商贩，为假充的贾人。[12]他应在某个为他经商而指定给他的地方……其余同前述。

使……"，这些"分句"是平行的(代表不同的大类)，而"假充的家主、商贩与苦行者"这三者互相平行(代表不同小类)。这类情况后文中还会出现，请读者注意，以便精确理解原文传达的意思。

① 这是谋臣以财物和地位招揽黠生为国王效力。"以国王和我为准"中，"准"(pramāṇa)即度量：黠生以此为度量，去判断有利于、不利于国王和谋臣的行为和事情。

② 背誓苦行者(udāsthita)：苦行者停止苦行和云游，就成了背弃誓愿的苦行者。这样的人又不能回到行期(āśrama)中，只能成为国王的奴隶，因而成为国王特务组织的招揽对象(参见 Olivelle 2008, II. 293-300)。

③ 出家人(pravrajita)：指"佛教、耆那教，湿婆教等的徒众"(CŚ：bauddhabhikṣupāśupatādi)，请注意和前面婆罗门教系统中的遁世者(parivrājaka)区别开。

④ 即：仍然着原来的衣服，保持自己某教徒众的身份。

⑤ 为国王办事(rājārthaś caritavyo)：artha 既指事务，也指利益，因此也可译作"为国王的利益奔走"。

［13］一个去发或蓄发的[1]、希求生计的［道人］，为假充的苦行者。［14］他有大量去发或蓄发的生徒相伴，住在城市的近郊；明面上，他应每一个月或每两个月进一顿菜蔬或一把大麦，私底下可随意进食。［15］另外，［假充的贾人］的学徒应称颂他［能作令人］发财的秘法。［16］而他［自己的］生徒应宣扬："这位高人[2]可令人发达。"［17］对于那些前来求发达的人，他应通过体相占[3]、生徒做出的信号[4]指出本国[5]发生的一些事情：如一小笔收益〔或火灾、盗贼之虞、处死奸人、［获得］酬赠、他国的新事〕，并说："今日或明日将有某事〔或'国王将为某事'〕。"[6]［18］暗差和密使应令该事发生。[7]［19］［前来的人中］，对于具有气概、聪明、善言、有能力者，他应预言［他们将］受王恩，还说［他们能］亲近谋臣。［20］而谋

① 去发或蓄发的（muṇḍo jaṭilo vā）：muṇḍa为秃，jaṭila为蓄发且蓬头。据CŚ，前者如"佛徒、耆那教徒等"（bhikṣukṣapaṇādiḥ），后者如"湿婆教徒众等"（śaivapāśupatādiḥ）。

② 高人（siddha）："成就者""得道者"或"高人"（参见4.5标题及正文）。

③ 体相占（aṅgavidyā）：这并非相体或相面，而是"占者通过问对方问题时对方身体各部分的异动来判断吉凶"（CŚ：śarīrāvayavānāṃ praśnakālikaceṣṭāviśeṣaiḥ śubhāśubhajñāpti），也有人认为是占者提问时，让对方摸占者自己身体某部分，并凭借此判断吉凶（坎格尔，奥利维勒）。

④ 信号（saṃjñā）：各种肢体语言。

⑤ 本国（abhijane）：各译家都译为"家中"。但这个词可指"本地""本国"，而且从后文看，"盗贼之虞"或"处死奸人"不太可能发生在这些来问吉凶的人家中，而且后面还提到了"他国"（videśa，远地）的新闻，本国和他国新近发生的事情，形成一个对照，这样理解或许更符合情理，因此笔者译为"本国"。

⑥ "高人"先讲本国和他国新近发生的事情，然后再做预言。

⑦ 这些特务人员应在"高人"做出"某事"将要发生的预言之后，真正让该事发生。"高人"固然不能控制国王的行为，但暗差、密使至少可以告诉"高人"国王将要做什么。这类协调工作正是暗差、密使的职责。

臣则应安排这些人的生计和事务。

［21］［对国王］心怀怨愤的人，若事出有因，他应以财利和尊荣去平息之；无缘无故［对国王］心怀怨愤的人，以及做对国王有害之事的人，他应使用秘惩[①]平息之。

［22］被国王以财利和尊荣所礼敬的诸暗差，应去探知国王诸臣工的端直［与否］。——以上讲述的是五种［暗差］驻点。

——以上是第一篇“教戒”第十一章“设暗差驻点”（属于“选命暗差”目）。

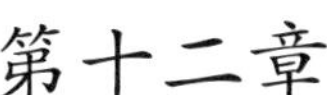

第十二章

第7目：选命暗差（续）

（2）设行脚暗差

［1］那些归属于某个团体[②]，须得被供养着去操习相人术[③]、体

① 秘惩（tūṣṇīṃdaṇḍa）：又作 upāṃśudaṇḍa，如下毒、刺杀、陷害等策略。详细参见 5.1。

② 原文 ye cāpyasmabandhino：既可以读为 ye ca apy asambandhino（那些没有亲眷的……），也可以读为 ye ca āpyasambandhino（那些归属于团体的……）。据奥利维勒，āpya 是一种由凶狠、彪悍青年构成的组织，他们操习吠陀祭祀等。而所谓的“密使”（sattrin），和这种组织密切相关。另外，sattrin 一词与 sattra（军事上的伏击位置、伏击地位，躲在暗处伏击敌人的有利地位。参见 7.5.46 与 10.3.24 两处正文及注释）相关，sattrin 也带有在暗处伏击对方的意义（主要指策略意义上）。

③ 相人术（lakṣaṇa）：与“体相占”不同的是，“相人术”凭人身体的标记预测运程。

相占(1.11.7)、魔术、幻术、行期法(1.3.9-12)、事兆占(1.9.9)或内盘占[①]这类技艺的人，为密使；或者，操习交接术[②]的人，亦为密使。

[2]聚落中那些勇悍、舍生忘死、为了财物敢与大象或猛兽相斗的人，为刺客。

[3]那些对亲属无情、残忍且怠惰的人，为下毒人。

[4]一个穷困、孤寡、希求生计、有胆量的婆罗门出家妇人，在后宫中赢得礼待后，应到那些大员的家中。[③][5]去发的首陀罗妇人[④]，可由此婆罗门妇人说明[⑤]。

——以上是"设行脚暗差"。

① 内盘占(antarcakra)：所指不确。凭鸟(飞、鸣)而知吉凶(CBh；CŚ)。有的说是凭豺或其他动物叫声知吉凶(CJ)。迈耶推测 cakra 可能指印度教内的密宗(die tantrischen Wissenschaft)或其他秘术的秘轮。天文学家彘日的《大集》中提到利用鸟声在罗盘(dikcakra)的方位预知吉凶的占术(参见 Bs 86-87)。

② 交接术(saṃsargavidyā)：saṃsarga 为交接、社交、男女交合。而"交接术"则为"爱欲术及相关辅艺，如歌舞等"(CBh；CŚ)；"人际交接所凭者，如歌、伎乐(nṛtya)等"(CNṆ)；"社交术"(坎格尔；迈耶)。从密使在《利论》中所扮演的角色来看，他们是对逐渐信任自己的人进行煽动、说服。另外 13.1.2 中也提到国王凭着这种技艺的知识知道他人所不知道的细节。总体看，可能指社交中待人接物、察言观色、获取人信任(含色诱)、煽惑等的技巧。这与现代各国间谍人员所获得某些特殊的训练件质差不多。

③ 原文 mahamātrakulāny abhigacchet：去大员们的家中。正如奥利维勒所说，这个短句似乎是窜入文中的批注，或错置的句子。因为本应是对"乞食女道人"这类暗差进行"定义"。另参见 1.10.7。

④ 去发的首陀罗妇人(muṇḍā vṛṣalyaḥ)：即"女佛徒和女耆那教徒"(CŚ：śākyabhikṣukyaḥ)。

⑤ 可由此婆罗门妇人说明(eatayā vyākhyātāḥ)：直译为"通过此婆罗门妇人，她们亦被解说"。即：这些非婆罗门教系统的出家人，也可成为像那位婆罗门妇人一样的暗差。vyākhyāta 是"由……得到解说"，vyākhyāta 的这种用法在《利论》中大量出现，据作者，这是著论的常用方法(参见 15.1.23)，有令学论之人举一反三之意，可直接理解为"由……推知""以……推知"。

第 8 目：遣用①暗差

［6］国王应根据忠爱程度和能力派遣这些在籍贯、衣着、艺业、语言、出身方面有可靠伪装的人，去刺探本国的以下人等：宰辅、国师、军队统帅、王储、司阍、后宫侍卫长、宫主事、总督、府库总管、裁判官、领军、市裁判官、厂坊官、谋臣(5.3.3-7)、各部督官(2)、惩护②、城守、边守③、从蛮酋魁。

［7］刺客们应假充仆隶，侍候他们使用伞盖、水瓮、风扇、鞋、座、车乘、坐骑，去探知他们外出的行迹④。［8］而密使们应将此消息通报到驻点。

［9］下毒人：或是假充汤汁厨子、饭食厨子⑤、侍浴工、搓澡工、

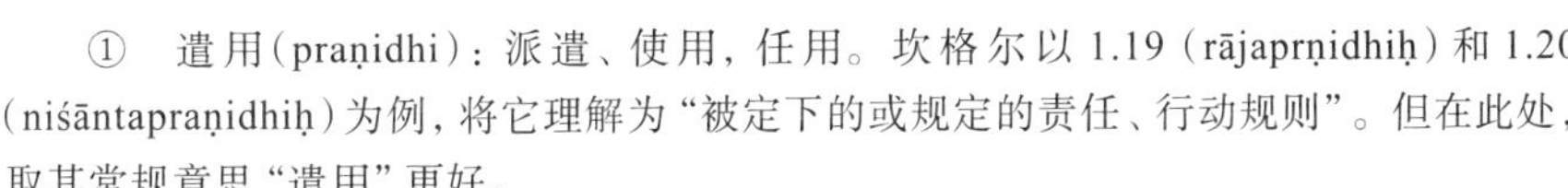

① 遣用（praṇidhi）：派遣、使用，任用。坎格尔以 1.19（rājapraṇidhiḥ）和 1.20（niśāntapraṇidhiḥ）为例，将它理解为"被定下的或规定的责任、行动规则"。但在此处，取其常规意思"遣用"更好。

② 惩护（daṇḍapāla）：坎格尔译为"军队参谋长"，奥利维勒译为"军队指挥"，都将 daṇḍa 理解为军队。戍陀罗迦（Śudraka）《小泥车》中有 pṛthivīdaṇḍapālatā 一词，指一种警察和司法的功能（*Mṛcchakaṭikā* 77.19）。因此，daṇḍapāla 更可能是指惩恶护善、维护社会秩序的官员。

③ 城守和边守（durgāntapāla）：durgapāla 与 antapāla，城防长官和边防长官。另外，从"谋臣"到"边守"，一共是十八种，简称"十八大员"（1.12.20）。

④ 行迹（cāra）：指行迹、活动，同时也指这些行迹的内容，即国王需要的消息、情报（见本文第 8 句）。

⑤ 汤汁厨子、饭食厨子（sūdārālika）：这个短语在文中出现多次（参见 5.1.36；7.17.40；12.2.22），CŚ 的解释在各处也不尽相同，sūda 在这四处分别为"食厨"（annakāra）、"肉厨"（māṃsapācaka）、"汤厨"（sūpakāra）、"厨子"（pācaka），而 ārālika 则分别为"饭食厨"（bhakṣyakāra）、"粮米厨"（taṇḍulādipācaka）、"饭食厨""汤汁厨"，显得互相矛盾且前后不一。不过，在《摩诃婆罗多》中，ārālika 与 sūpakāra 并列（参见 MBh 15.1.17），前者烹调食物，后者调汤汁。而 sūda 又有"汤汁"的意思（GPW），故笔者推测 sūda 为汤汁厨，而 ārālika 为饭食厨。

铺床工、理发工、侍妆人、侍水人；或是装成驼背、侏儒、阇罗多[①]、哑巴、聋子、白痴、盲人；或［充作］优人、舞者、歌人、乐工、颂唱人、伶工；另外还有妇人。——他们应去探知［官员们］在家中的行迹。［10］乞食女道人应将此消息通报到［暗差］驻点。

［11］各［暗差］驻点的学徒们可通过暗号和书信传递刺探得到的消息。［12］而且，无论是各驻点，还是他们之间，都不应互相了解。

［13］若乞食女道人被禁止［进入］，假充［府内仆隶的］母亲和父亲的暗差、女艺师、女伶工或女奴可轮流到大门，通过歌、谣、藏在乐器内的书信或信号将消息传出。［14］或者，可以通过久病、疯癫、放火或投毒出来。[②]

［15］若三个暗差说一样的话，那么［该消息］为确定的事实。［16］或者，若他们一再出错，则当以秘惩之法除去他们。

［17］为了刺探消息，“去刺”中提到的那些密探[③]应住在他国，从他国获取薪俸，而且彼此之间不相往来。［18］——他们是双面

① 阇罗多人（Kirāta）：生活在山地和林中的丛蛮，以狩猎为生，生性悍勇。

② 如果各种方法都无法传递情报，那么暗差们就使用这类非常手段以图离开官员的家。

③ 密探（apasarpa）：暗差的一种，一般假充江湖人士，以任务侧重打探消息（参见4.4.3）。另外，《利论》中出现有“暗差”（gūḍhapuruṣa，gūḍha）、“秘差”（yogapuruṣa，yoga）、“密使”（sattrin）、黠生（kāpatika）、“双面暗差”（ubhayavetana），这里的“密探”，还有本篇第十一、十二章中的其他各种从事秘密差使的人员。其中，“暗差”是泛指一切这类人员，而其他人的分工各有侧重（但区别又不是特别明显）。比如秘差从事战略意味很强的“秘行”（yoga），密使一般从事煽动，双面暗差一般在多个国王间翻云覆雨，密探则主要是打探消息。另有刺客、下毒人等。为了避免混淆，译者很注意在全书保持译名的一致性。因此，请读者也注意这类特务人员的各种不同的译名。

暗差。①

［19］国王可在控制了这些人的妻儿后，再选命他们为双面暗差；他应查出为敌王所用者；同时，他应用同样的暗差去考验他们的端直［与否］②。

［20］他应如此这般地向敌王、盟王、**中王**、**中立王**(6.2.13-22)派遣暗差，甚至还应向他们的十八种大员(1.12.6)也［派遣暗差］。

［21］［他应将暗差假充的］驼背、侏儒、阉人、女艺师、哑巴以及各种族类的蛮夷③［派遣到他们的家中］。

［22］在诸要塞中，由贾人［经营］暗差驻点；在要塞近郊，由已成就苦行者［经营］；在郡邑④中，由农人和背誓苦行者［经

① 第17—18句："去刺"中提到的各种密探，是指4.4.3中列举的各种秘密人员。那里说的是对聚落中的人员进行刺探，而这里则是说对敌国（para）进行刺探。《利论》中，para（别人、别国、对方）主要是指任何非本国的国家或国王，甚至等于敌国或敌王。双面暗差（ubhayavetana）：字面为"两面支取薪俸者"。从下文看，国王会在各地各国安插这类特务人员。

② 比如，用假充农夫的暗差去查知某农夫是否敌人所派遣的暗差。

③ 蛮夷（mleccha）：古译"蔑戾车"，他们不仅在种姓与行期之外，甚至还在丛蛮（āṭavika）之外，是最边缘的"蛮人"。

④ 郡邑（rāṣṭra）：在《利论》中，指称王国（rājya）国土的词有："地"（deśa）、"境"（viṣaya）、"聚落"（janapada）以及"国"（rāṣṭra）。其中，janapada和rāṣṭra都是指除了都城（以及一般城镇）（durga/pura/nagara）之外的国土（参见6.1.1），两者出现次数很多，且在相当程度上同义。不过，在谈到职官时，《利论》提到了一种与antapāla（边守）对举的rāṣṭrapāla（参见5.1.21），而没有janapadapāla。在某种意义上，janapada与rāṣṭra的区别是：janapada更日常化，而rāṣṭra的意义比较行政化，更倾向于指向一种区划的特征。也就是说，janapada不仅指国土，也指国土上的人、财物等，而rāṣṭra则没有后面的意思。因此，在本译文中，为了区分rājya与janapada/rāṣṭra，也为了区分janapada与rāṣṭra两个词本身，笔者将rājya、janapada、rāṣṭra三者分别译为："王国""聚落""郡邑"。

营］；在郡邑之边缘，由牧人［经营］。①

［23］在森林中，他应选命在林中活动的人［为暗差］：如出家人、从蛮等这一连串能迅捷地探知敌人消息的探子。

［24］他应通过同样的［暗差］去查知敌人［派遣的］各色各样的［暗差］(1.12.19)；通过未被发现是暗差的暗差②去查知［敌人派来的两类人］：密报传递人，以及［暗差］驻点。

［25］为知晓敌人的刺探［活动］，他应在边境上安置这样一些长官：他们的不可被收买，是通过那些属于可被收买的党众，且以收买为目的的人所证明了的。③

① 当然，这一颂中从“贾人”到“牧人”，都是暗差所假充。

② 通过未被发现是暗差的暗差（agūḍhasaṃjñitaiḥ）：KA 作 agūḍhasaṃjñitāḥ，此处从 CJ 本读较为合理（为具格，以与上文 tādṛśair 呼应），agūḍhasamjñita 是指一个人虽然是暗差，但别人不知道他是暗差。国王应通过这样的人去查知可能在为敌人效力的秘密人员。实际这两句话本身只是想传达很简单的意思：用本方的特务人员去侦查对方的特务人员和机构。

③ 对于这一颂，尤其是对上半句（akṛtyān kṛtyapakṣīyair darśitān kāryahetubhiḥ）的理解，各注家和译家都不尽相同。它既可以理解为：这些边境官员本身是不会被收买的（akṛtya），但看起来（darśita）像是有动机 / 原因（hetu）做出“属于可收买的党众”（kṛtyapakṣīya）的行为（kārya），诱使对方暗差前来收买，然后发现敌方的特务人员（坎格尔；奥利维勒）；也可简单理解为：这些边境官员，其忠诚（akṛtya），恰恰是由那些“属于可收买的党众”（kṛtyapakṣīya）、以收买（kārya）为目的（hetu）的人证明的（他们会去试图收买，但不会成功）（德译者迈耶更接近这个意思）。按笔者自己的看法，前面的那种阐释，情理上讲得通，但语法上不满意。因为如那样理解，kṛtyapakṣīyair 和 kāryahetubhiḥ 这两个具格词就必须和 akṛtyān 一样是宾格。而第二种理解于情理和语文上都讲得通，因而显得更好。kṛtya 来源于 √kṛ，表示“可为”，用现在的话说就是“可被操作的”或“可以被争取的”，引申为“可被收买的”。那么，kārya 这个使动形式就可以表示“收买”或“争取”。kāryahetu（作多财释复合词）的意思就是“以收买为目的的人”，kṛtyapakṣīya 意思是“属于可被收买党众的人”，而国王派出的边境官员，其“不可被收买”（忠诚），就是由这些“属于可被收买党众且以收买（官员）为目的的人”所证明。这些人原本是国王的人，但是为敌人所收买变节，又反过来继续收买本国的官员。国王

——以上是第一篇“教戒”第十二章“设行脚暗差”（属于“选命暗差”目）、“遣用暗差”。

第十三章

第 9 目：防范本国境内可或不可被收买的党众

[1]国王向大员们派遣密探后，应对城市民和聚落民进行刺探。

[2]捉对互相争论的密使们，可在津渡、议事厅、行帮、集会[①]上展开辩论：[3]“听说这个国王具有一切德性。但他用课罚和赋税[②]来压迫城市民和聚落民，我们看不到他的任何德性。”[4]这种情形下，另一人应反驳此人和那些随声附和者：[5]“民人为‘鱼之法则’(1.13.5)所苦，于是立毗婆湿婆多之子摩奴为王。[③][6]他们计定了粮食的六分之一、货物的十分之一还有钱作为[国王的]份额。[7]国王们得到这种支持，方可为民人带来获取与持守(1.4.3)。[8]不缴纳课罚和赋税的[人]替国王们背负过恶；同时，不带来获取与持守的国王们，则替民人背负过恶。[④][9]因此，即便是林栖仙人，

在边境上安置能抵制住收买行为的官员，一是不用担心他们变节，另外也可以发现已经变节的本国人和对方的暗差。最后需要说明的是，最后一颂也用来提示下一章的内容。

① 这里罗列的地方都是民人聚集之地。比如津渡（tīrtha），一般指渡口，但主要还是指教徒们圣浴的地点。

② 课罚和赋税（daṇḍakara）：daṇḍa 指处罚（包括钱和物），kara 指赋税。

③ 关于毗婆湿婆多（Vivasvat）和摩奴（Manu），参见 MBh 12.67。

④ 即：民人不缴纳课罚和赋税，国王没有财力物力行使权力，社会若失去秩序，那么，过错则不在国王而在民人自己；反过来，国王收了处罚和赋税，却不能保证社会兴盛和安定，过错在国王自己而不在民人。

也要呈交所拾得散穗的六分之一：‘这个份额属于那个保护我们的人。’［10］国王们是因陀罗与阎摩的代表：其愤怒与欣乐都是可见的。[①]［11］哪怕是天罚，也会降给那些轻慢［国王］的人。［12］因此，不得轻慢国王。”［13］他应如此这般地反驳这些小民。[②]［14］另外，密使们应探知各种谣谚[③]。

［15］另外，假充去发或蓄发苦行者的暗差，应探知下述人员满意与否：他们以它的[④]粮食、牲畜和钱为生，用这些财物向在逆境或顺境中［的国王］施以援手，平定亲属或郡邑的叛乱，抵御敌王和丛蛮酋魁。［16］对满意者，国王应用更多的［财利与尊荣］礼敬之。［17］对不满者，他应通过施予［财利］与好言［安抚］，令其欢喜。［18］或者，他可将［不满者］彼此离间开来，并将他们与邻王、丛

① 这句话直译为“这就是因陀罗和阎摩的代表：其愤怒与欣乐都可见的诸国王”。即：因陀罗（天神王）和阎摩（冥王）的愤怒与欣乐本不可见，通过人间的代表（诸国王的喜怒）才成为可见的。坎格尔与奥利维勒分别将 sthāna 理解为“职分”和“地位”（因陀罗与阎摩的职分），因此都要在原句基础上有所添加，才能成句，可谓失之毫厘。sthāna 作复合词后词，可以解作“替代……之位置”，或“代表……”（参见 *Āśvalāyanagṛhyasūtra* 1.7.8）。

② 第 5—13 句都是反驳“对方”和那些随声附和者的话。

③ 谣谚（kiṃvadantīṃ）：字面意思是“他们怎么说？”（kiṃ vadanti），指“流传在百姓中的各种说法”（janaśruti）。

④ 它的（asya）：很难说“它”是指“国王”（CŚ；迈耶；坎格尔）还是“聚落”（奥利维勒，理由是随后提到了他们要用这些财物去帮助国王）。这也导致整句话描述的人面目模糊：asya 如指国王，则整句描述的人是王国的官员；如指聚落本身，那这些人则是聚落中的“义民”。不过，本章最后一颂（1.13.26）中提到了“势人”（pradhāna，大人物）和“小民”（kṣudraka，1.13.13）。“小民”已经在前文说过（1.13.2-14），那么，这里说的就是聚落中的那些“势人”，即聚落势族。这些人很有影响力，可以襄助国王做很多事情，国王对他们也要加以礼敬和防备。另外，本章说的是刺探城市民、聚落民，而并非官员。综上所述，笔者认为，这里描述的人应该是指聚落中的势族之人，而并非坎格尔所说的食王俸的官员。而 asya 也应理解为“聚落”（它的），而不是“国王”（他的）。

蛮酋魁、王族中觊觎大位者或失宠王子［离间开来］。［19］仍然还不满者，他可通过［让这些人］主持课罚和敛税而使得他们被聚落［民人］怨恨。［20］一旦他们被［民人］怨恨，国王可通过秘惩之法或［制造］聚落叛乱将他们除去。［21］或者，国王先把他们的妻儿监护起来，再把他们安置到矿场[①]或工厂去，以免他们成为敌人［策反的］目标[②]。

［22］不过，那些愤怒、贪婪、怯懦或傲慢的人，易被敌人收买。［23］那些假充算命师、卜度师、占星师的暗差，应探知这些人彼此之间的联系，还有他们和敌王及丛蛮酋魁之间的联系。［24］满意的人，国王应通过财利和尊荣礼敬之。［25］不满之人，他应以和解、施予、离间以及惩治四法(7.16.5-8)收服之。

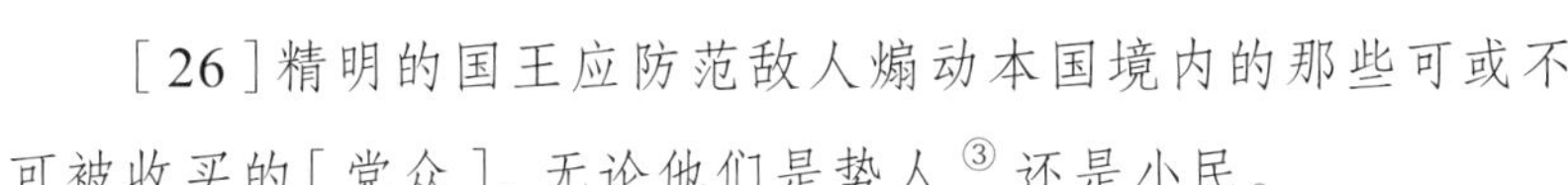
［26］精明的国王应防范敌人煽动本国境内的那些可或不可被收买的［党众］，无论他们是势人[③]还是小民。

——以上是第一篇“教戒”第十三章“防范本国境内可或不可被收买的党众”。

① 矿场（ākara）：一般是金属类的矿场。它在后面会经常和作为宝石海货开采场的 khani（参见 1.10.15）一起提到。

② 策反的目标（āspada）：场所、机会（迈耶）。引申为“可施展……的场所”“可乘之机”，在此应理解为“被收买的目标”。

③ 势人（pradhāna）：指上文第 15—21 句中所说的那些人。

第十四章

第10目：争取敌国境内可或不可被收买的党众

［1］收服本国境内的那些可或不可被收买的党众，已经解说过了。下面将说如何争取敌国境内［那些可或不可被收买的党众］。

［2］愤怒的群类[①]：被许诺了财物却未被兑现者；在艺业或当差方面表现相当的两个人，其中那个被轻慢者；因为［其他］宠臣而失宠者；挑战失利者[②]；为流放所苦者；花去本钱却未得职事者[③]；被阻止行其本法或继承遗产者；尊荣和权位被褫夺者；为王族中人所压制者；女眷被强行侵犯者；被收监者；败诉后被课罚者；邪行被禁止者；全部财物被没收者；羁押中曾被折磨者；眷属被处死[④]者。

［3］恐惧的群类：故意伤人者[⑤]；犯过者[⑥]；恶行被发露者；为相

① 群类（varga）：群、类。这里说的是他国境内可能会被自己收买的几类人。注意这里的列举与1.13.22的呼应。

② 指“呼聚投骰子及比赛而输钱者”（CŚ：dyūtakrīḍārtham āhūya hṛtadhanaḥ）。

③ 指“为获得职事，向国王宠臣等行贿后仍未得任用者”（kāryārthaṃ rājavallabhādibhya utkocaṃ dattvāpy alabdhaprayojanaḥ）。

④ 处死（pravāsita）：pra-√vas致使式，原意为“流放”，但在《利论》中，既可指“流放”，也可指“处决”和“杀害”（参见1.18.16；4.13.20）。

⑤ 故意伤人者（svayamupahata）：upahata这个过去分词应理解为主动（坎格尔；奥利维勒），但两人都未说明svayam为何在此应理解为“主动”“故意”“自愿”。比如龛日的《大集》中有：“刀［不待人拔而］自出鞘”（svayamudgīrṇe khaḍge，参见Bs 49.5），“（土洞）自开”（svayamudghāṭita，参见Bs 52.77）。

⑥ CŚ解释为“于后宫等地，做与国王为敌之事”（antaḥpurādau vijigīṣuviruddhakriyārambhaḥ）。

同过犯的惩罚感到惊惧者[①]；夺取［他人］土地者；领兵归顺者[②]；在任何职位上暴富者；希望王族中觊觎大位的人［上台］者；为国王所憎者；憎恨国王者。

［4］贪婪的群类：一贫如洗者；家产为人所夺者；悭吝者；沾染恶习者[③]；交易中被欺诈者[④]。

［5］傲慢的群类：自负甚高者；渴求尊荣者；为对头［获得］礼敬而不忿者；被贬斥者；残忍者；莽撞者；对报酬不满者。

［6］这些人当中，凡是属于可被收买的党众的人，国王应通过假充去发或蓄发苦行者的暗差，利用此人对［该暗差］的虔诚去煽动之。

［7］他应［令人］如此煽动愤怒的群类："好比一头大象，因发情而盲目，又被醉汉所驾驭，于是遇到什么就摧毁什么。这个国王，因没有利论作为眼睛而盲目，已经开始去毁掉城市和聚落的百姓了。［你们］能鼓动一头对头象[⑤]去对付它。表现出愤怒吧[⑥]！"

---

① 即：甲乙做了相同的错事，甲看到乙所受到的惩罚非自己所能承受，故惊恐。

② 领兵归顺者（daṇḍopanata）：带兵归顺他人，是国王们在覆灭威胁下求自保的无奈举动，具体参见 7.15-16。

③ 沾染恶习者（vyasanī）：CŚ 训为"沉湎于醇酒妇人等的人"（strīpānādivyasanavān），但这个词也可以表示"陷入灾患者"。

④ 交易中被欺诈者（atyāhitavyavahāra）：直译为"进行了被欺诈的交易的人"。ati 在《利论》中通常具有策略性意义（占优、占便宜、欺诈，参见 10.5.25-28 及注释），比如在外交中最经常用到的"占先"（atisaṃ-√dhā，atisaṃdhi）、"被占先"（atisaṃhita）以及"过嵌"（atyāvāpa，参见 10.5.28）。这里的 atyāhita（来源于 ati-ā-√dhā，意思为"高置"）也是"被欺诈"的意思（其名词 atyādhāna 亦是"欺诈"之意）。

⑤ 对头象（pratihastin）："对象"。prati 加名词在《利论》中多见，是指性质完全一样而用于反制的人、物，对头。如 partidūta、pratibala 为反制使节、反制军队。

⑥ 表现出愤怒吧（amarṣaḥ kriyatām）："让愤怒被实施"，即：用行动表示自己的愤怒。

[8]他应[令人]如此地煽动恐惧的群类:“好比一条躺着的蛇,看到哪里有威胁,就朝哪里释放毒液。这个国王已经怀疑你会对他有害,马上就要朝你释放怨毒,到别处去吧!”

[9]他应[令人]如此地煽动贪婪的群类:“好比犬户(1.21.23)的奶牛只因狗而不因婆罗门被挤奶。这个国王只会被毫无气概、聪慧、口才、能力的人利用,而不是那些具有个人资质(1.5.16)的人。[①] 那个国王[②]能识别特出的人才,去侍奉他吧!”

[10]他应[令人]如此地煽动傲慢的群类:“好比旃荼罗的井仅供旃荼罗而不是被他人利用,这个低贱的国王也仅供低贱之人利用,而不是像你这样的贵种人。那个国王能识别特殊的人才,去[他]那里吧!”

[11]若他们说“就这样”,听从了[此言]而通过一些约定与他联合,他应按照其能力将[这些人]安排到各自的职事上去,并[安排]密探[监视之]。

[12]他应指出敌王们的缺陷,通过和解与施予二法(7.16.5-6)争取他们境内的那些可被收买者,通过离间与惩治二法(7.16.7-8)[对待]不可被收买者。

——以上是第一篇“教戒”第十四章“争取敌国境内可或不可被收买的党众”。

① 原文中,“挤奶”和“利用”是同一个词:duhyate。

② 指国王自己。国王(在后半部分被称为“欲胜王”)在别国境内煽动,为的是让这些人来投奔自己。

第十五章

第 11 目：关于谋议[①]

［1］国王争取了本国和敌国［境内］的党众之后，应考虑事业的开展。

［2］一切［事业的］开展都以谋议为先。[②]［3］［谋议］地点应封闭，从外面听不到［里面的］谈话，甚至连鸟也瞥不见。［4］因为，据说鹦鹉、鹩[③]、狗和其他动物泄露过计谋。［5］因此，未获准者不得靠近谋议地点。［6］泄露计谋者应被处死。

［7］因为，使节、辅臣以及国王的手势和眼色［都会］泄露计谋。［8］手势是指异常的举止；［9］眼色是指做出一副表情。［10］一直到事业完成，［都应］掩盖计谋，并防范被任命［做事］的人。［11］因为，这些人不经意、醉酒或熟睡时的胡说，爱欲等肆心之事，或者藏匿［偷听］之人以及为人所忽视的人[④]，都会泄露计谋。［12］因此，他应保守计谋的秘密。

［13］婆罗堕遮说："的确，泄露计谋会导致国王以及他任命的人不能达成获取与持守$_{(1.4.3)}$，［14］因此，他应秘密地、独自地谋划。

---

① 谋议（mantra）：既指谋议行动，也指谋议的结果——计谋或计策。

② 奥利维勒在此提醒读者将此句与 2.8.1 相比较。

③ 鹩（śārikā）：Gracula religiosa，类似于中国的八哥。

④ 为人所忽视的人（avamata）："被鄙夷的"（坎格尔；奥利维勒），"被忽视的"（迈耶），这里主要是指不被人注意到，因而迈耶的理解更切合语境。例如一个人"被认为'这是个白痴'从而被忽视"（CŚ：jaḍo 'yam ity avajñātaḥ）。

[15]因为，那些谋臣本身也有咨议，而这些咨议本身又另有幕僚。[16]这一连串的谋士会泄露密议。[①]

> [17]因此，对国王想从事的事务，其他人应当一丁点都不知道。只有[他任命去]从事该事务的人们，在开始做或做完时可以知晓。”

[18]阔目说：“仅一个人，想不出什么计谋。[19]因为，王事分三种：直接得知、间接得知、推测得知$_{(1.9.4)}$。[20]知晓尚未觉察之事、确定已觉察者之事、加强已确定之事、[②]两可之事而决其疑、部分可见之事而知晓其余。——这都[有赖于]谋臣而后可成。[21]因此，他应同哲艾之士[③]一起谋议。

> [22]他不可菲薄任何人，而应听取所有人的意见；[只要是]切题的话，哪怕出自孩童，才智之士也应予以采纳。”

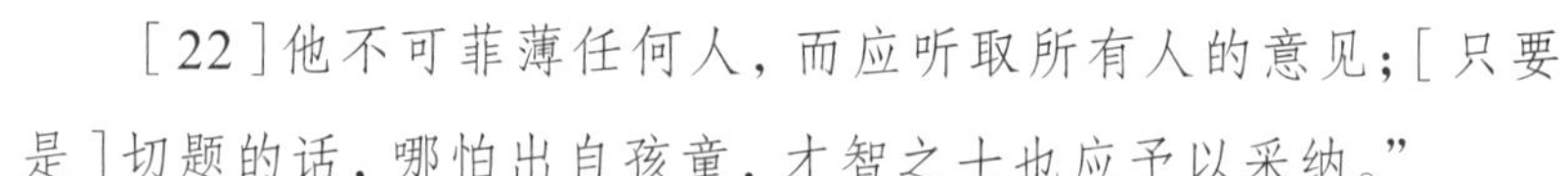

[23]波罗奢罗派说：“这是取得计谋，而不是为计谋保密。[24]若他想做某事，他应就与此类似之事询问诸位谋臣：‘事情就是这样〔或若要事情如此〕，应如何做？’[④][25]他应按照他们说的

---

① 第15—16句：“谋臣”“咨议”“幕僚”“谋士”在原文中都是 mantrin，但译到汉语需要区分级别。

② 原文 upalabdhasya niścayo niścitasya balādhānam：此处译文从 Lahore 本（参见 Jolly 1923, 17）。KA 作 upalabdhasya niścitabalādhānam，意思费解，且行文不贯畅。

③ 哲艾之士（buddhivṛddha）：心智发达或成熟的人。

④ 这是两个问题：（一）事已至此，接下来该如何做？（二）欲要如此，该如何做？

那样去做。[26]就这样，他既取得了计谋，又保守了秘密。”

[27]界戍那说：“不。[28]因为谋臣们被问及不相干的事情，无论事实上是否发生，都不会用心回话，或将其泄露。[29]这是一个缺点。[30]因此，有关各种特定的事务，他应同他认可的人在一起谋议。[31]因为，[只有]同这些人谋议，他才既能取得计谋，又能保守秘密。”

[32]憍底利耶说：“不。[33]因为，这样不稳定[①]。[34]他应与三个或四个谋臣谋议。[35]因为，若仅与一人谋议，在那些棘手的事情[②]上，就不能决断。[36]另外，单独的谋臣就不节制[自己]，会随心所欲地行事。[37]与两个谋臣谋议：若两人联手，则国王为二人所辖制；两人不和，则国王为二人所毁。[38]若有三个或四个谋臣，这[种情形]就难以发生。[39]不过，一旦真的发生，便是大难。[40]若[谋臣]多于此数，则难以决事或保守秘密。[41]然而，根据地点、时间以及事务[的不同]，他可以与一个或两个谋臣谋议；或者，根据自己的能力，独自定计。”

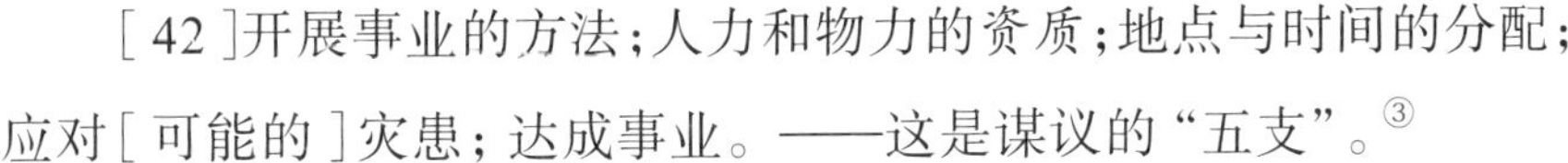

[42]开展事业的方法；人力和物力的资质；地点与时间的分配；应对[可能的]灾患；达成事业。——这是谋议的“五支”。[③]

[43]他应逐个地咨询他们，或集中在一起咨询。[44]他应知悉他们各自的不同意见以及原因。[45]一旦有了目标，他就不应

① 不稳定（anavasthā）：CŚ 解释说：“每件事情都和被认可的人才能达成谋议的话，因为事务及办事方式的多样，那么谋臣的数量就不能保持稳定”。

② 棘手的事情（arthakṛcchra）：这个复合词在 5.2.1 与 7.8.5 指财力（artha）上的困难，但在此则是事情（artha）上的困难，即棘手之事。

③ 直译为：这就是谋议，它拥有五个组成部分。五支：pañcāṅga。

再耽搁。[46]他不应谋划太长时间；另外，他不可与那些他会损害之人的党徒一起谋议。

[47]摩奴派说："他应任命一个由十二个辅臣组成的咨议团。"[48]祈主派说："十六个。"[49]优散那派说："二十个。"[50]憍底利耶说："根据能力来。[51]因为，他们应当考虑国王自己的党众与敌人的党众。[52]对于各种事务，他们应令未成办的得以开展，已开展的得以实行，已实行者得以增进，还要调度得当。"

[53]他应同身边的[谋臣]一同去视察各种事务，[54]并通过传送书信向不在身边的[谋臣]问计。

[55]因为，因陀罗有由一千个仙人组成的咨议团。[56]他以此[咨议团]为眼。[57]因此，人们将[本身只有]两只眼的他称为"千只眼"。[1]

[58]一旦有急迫的事务，他应召集诸位谋臣，以及[由辅臣组成的]咨议团，然后[与之]商议。[59]在谋议中，多数人说的是什么，或者什么能令事业成就，他就应做什么。

[60]当他从事[事业]时，

> 他不能让敌人知道自己的秘密，而且应去探知敌人的弱点；他应将自己那些可能暴露的[秘密]隐藏起来，好比龟隐藏自己的肢体。[2]

[61]因为，正如未精通吠陀的人不配享用有德之人的祖

① 第55—57句：奥利维勒认为这几句可能是窜入文中的批注，它打乱了第53—54句以及第58—59句之间的连贯性。"千只眼"（sahasrākṣa）是因陀罗的绰号。

② 此颂与MBh 12.84.46及Mn 105用语及意思相同。

祭餐，那么，未学过利论的［国王］也不配听取谋议。

——以上是第一篇“教戒”第十五章“关于谋议”。

第十六章

第 12 目：遣用使节

［1］国王确定计谋后，就是遣用使节。

［2］具有辅臣资质$_{(1.9.1)}$的使节，为全权使节；［3］缺乏四分之一辅臣资质者，为限权使节；［4］缺乏 1/2 辅臣资质者，为信使。

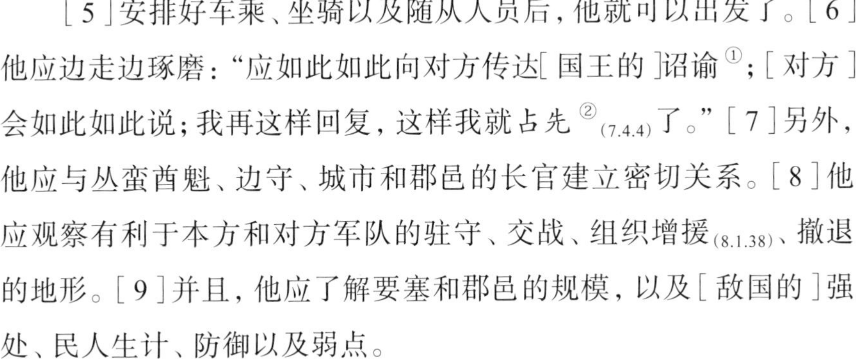

［5］安排好车乘、坐骑以及随从人员后，他就可以出发了。［6］他应边走边琢磨：“应如此如此向对方传达［国王的］诏谕①；［对方］会如此如此说；我再这样回复，这样我就占先②$_{(7.4.4)}$了。”［7］另外，他应与丛蛮酋魁、边守、城市和郡邑的长官建立密切关系。［8］他应观察有利于本方和对方军队的驻守、交战、组织增援$_{(8.1.38)}$、撤退的地形。［9］并且，他应了解要塞和郡邑的规模，以及［敌国的］强处、民人生计、防御以及弱点。

［10］得到允许之后，他应进入对方的住所③。［11］即便有生命威胁，他也应当按照被告知的那样传达口信。

① 诏谕（śāsana）：命令。在《利论》中，它指出自权威的（最主要指国王）任何命令型文书、一般书信，甚至口信。

② 占先（atisaṃdhyātavya）：在《利论》中，atisaṃ-√dhā 是十分重要的语词。尤其在外交中指“占先、得利、计谋得逞、欺诈”，具有十分浓厚的策略意义。

③ 住所（adhiṣṭhāna）：正文据 CŚ，坎格尔认为是“王宫或接待使节的厅堂”。

［12］对方满意的话，他能观察到：对方的话里、脸上、目光中带着欣乐；尊重［使节的］话；盘问［他的］愿望；喜欢提到［他的］德性[①]；［赐他］近座；礼待［他］；在愉悦的［场合中］想起他[②]；给予他信任。反之，则［观察到］相反［的表现］。［13］他应对此人说："国王们的确都凭使节的嘴说话，您和其他国王都如此。［14］因此，即便武器已经举了起来，使节们仍然要按被告知的那样去说。［15］这些使节中，哪怕是最低贱者[③]，也要免于杀害，更何况婆罗门？［16］这是别人的话。［17］这是使节的法[④]。"

［18］若未被对方遣发，他应居留下来，但不应因被礼敬而得意。［19］在众敌之中，他不可自认为强悍；［20］应忍耐难听的话；［21］应避免酒色；［22］应独自就寝。［23］因为我们看到，从睡梦和迷醉中，实情被他人知晓。

［24］他应通过假充苦行者和贾人的暗差，还有这两者的学徒——或假充医生和外道[⑤]的暗差、双面暗差(1.12.17-25)——去了解［下述情形］：对敌境内可收买党众的煽动情况；对不可收买党众派遣暗差的情况；敌国诸要素[⑥]对其主上的忠爱或离心；［以及诸要素

① 喜欢提到他的德性（guṇakathāsaṃgam）："热衷于提到德性"，但没说是谁的"德性"（guṇa）。坎格尔译文中是使节的主公（欲胜王）；奥利维勒认为还可能是使节本人。从上下文看，当是指使节本人。

② 在愉悦的场合中想起他（iṣṭeṣu smaraṇam）：愉悦的场合想得到，即邀请使节同乐。比如"分享甜美可口的水果等时想到了使节"（CŚ：svādubhogyaphalādisaṃvibhāge dūtasmaraṇaṃ）。另参见 5.5.7。

③ 最低贱者（antāvasāyin）：原意为理发工。CŚ 训为"旃荼罗"（caṇḍāla），即贱民。

④ 法（dharma）：或"职责""义务"。

⑤ 外道（pāṣaṇḍa）：指加入国王特务系统的那些非婆罗门教（佛教、耆那教等）的教众。参见 1.11.6-8；1.11.13。

⑥ 诸要素（prakṛtīnāṃ）：prakṛti 一般指臣民，但在《利论》中它是重要的术语，指

的]弱点。[25]若不能和他们交谈，他应通过乞丐、醉汉、疯子、熟睡之人——或者通过圣地或神庙的图画、字迹与信号——去获取信息。[①][26]一旦获得[信息]，他可进行煽动。

[27]当被对方问到时，他不应透露本国诸要素(6.1.1)的规模。[28]他应说："陛下您什么都知道！"或按照能完成出使任务的方式[②]回话。

[29]若他在任务未完成的情况下被扣押下来，他应如此考虑："他为什么扣押我？是看到我主公灾患临近？或者他想应对他自己的灾患？或者他想挑动[我国的]背面攻击者及其增援王[攻击我国]，或[在我国]激起内乱，或鼓动某个丛蛮酋魁[来攻击我国]？或者他想阻挠[我国的]盟王或吁助王？[③]或者他想应对由另一国

构成王国的"要素"（参见6.1），甚至曼荼罗（maṇḍala）的"要素"。当它指构成王国的要素时，它意义比臣民宽泛，不仅指官员、军队，民众等人要素，也指要塞、库财，聚落等物要素。在这里，提到忠爱和离心时，prakṛti指人（官员、百姓），但提到弱点（randhra）时，则人要素和物要素都包括。因此，这里必须译为"要素"，而非"臣民"。

① 奥利维勒认为从乞丐到熟睡之人，其实都是那些暗差所扮，而且圣地和神庙的那些图画、记号之类也是暗差所为。而使节在无法与他们正常交流的情况下，需要采取这种隐蔽的方式来获取这些暗差搜集的情报（cāra）。奥利维勒的话很有道理，但是，这句话的前提是暗差们不能和使节接头。那么，使节本人从真正的乞丐、醉汉这类容易说真话的人口中探知敌国的国情，也是一个选择。再说，很难想象暗差会扮演"熟睡的人"与使节接头，因此"熟睡的人"只可能是指常态下得不到真话的敌国人。当然，有理由认为那些图画、字迹、记号等可能是暗差所为。这也是为什么作者使用了"或"（vā）。综上所述，笔者认为，使节的选择是：一是亲自从敌国的边缘人、熟睡者那里刺探信息；一是通过圣地、神庙和本国暗差接头。

② 按照能完成出使任务的方式（kāryasiddhikaraṃ）："以能令事务办成的方式"，又要让出使任务成功，又要让对方尽可能少地知道本国的情况。

③ 背面攻击者、增援王、吁助王：背面攻击者是指国王甲某一方向上有事时，可以从背后来攻击他的邻王。而此时，背面攻击者又可能为他自己的背面攻击者（即国王甲的吁助王[ākranda]）攻击，而增援王（"背面攻击者之增援王"的简称）则是又可以从背面攻击国王甲吁助王的那个国王。具体参见6.2.18。

发起的战事、内乱或从蛮酋魁？或者他想破坏我主公已准备好［发动］征事的时机？或者他想储积粮食、货物、林产，或营筑要塞，或调集军队？或者他在等待他自己军队行动的地点和时机？或者是因为鄙夷和疏忽？或者是想与我国保持紧密联系？”［30］知晓［原因后］，他应居留或逃走。［31］或者，他应考虑某个可欲的目的。

［32］为避免被关押或被杀，在传达了一个令人不快的消息后，即使没有被遣发，他也应离开；否则，他可能会被对方控制。

［33—34］送信、维护和约、［宣扬国王］威势、缔盟、煽动、破坏［敌方］同盟、带军队和暗差［入敌境］、劫持［敌王］眷属与宝物、获知信息①、［显示］强力、解救人质、协助秘行(5.1, 13.2)。——这是使节之职事。

［35］国王应令自己的使节做这些事，并应通过反制使节②与密探，公开和秘密的守卫去提防敌方使节。

——以上是第一篇“教戒”第十六章“遣用使节”。

第十七章

第 13 目：防范诸王子

［1］一个国王，防范住了身边人和敌人，才能保护王国；他首

① 指己方暗差们在敌国境内所探得的情报，参见本章上文第 24—26 句。

② 反制使节（pratidūta）：熟悉使节的业务，并能专门对付对方使节的人。

先［要防范的］是妻子与儿子。［2］我们将在“王宫之规则”$_{(1.20)}$中讲防范妻子。

［3］关于防范王子：

［4］婆罗堕遮说：“国王应从诸王子出生起就防范他们。［5］因为，王子们和蟹都有同一特性：吃掉自己的生身者。［6］父亲还没对［他们］生出爱意时，［对其实施］秘惩$_{(5.1)}$是最好的。”

［7］阔目说：“这是残忍之事：既杀害无辜，又毁坏刹帝利种。［8］因此，最好是［将王子］囚禁在一个地方。”

［9］波罗奢罗派说：“这［有如］来自蛇的危险。［10］因为，王子知道了‘父王囚禁我是因为畏惧我的勇武’后，就会［反过来］控制他父王自己[①]。［11］因此，最好是将他安置在某边守的要塞中。”

［12］畀戍那说：“这［有如］来自公羊的危险[②]。［13］因为，王子知道了这是他回去的唯一机由，就会与边守勾结［打回来］。［14］因此，最好是将他安置在远离本国国境的某个邻王的要塞中。”

［15］憍那波呾陀说：“［如此，王子就］处于牛犊的地位上了。［16］因为，该邻王会利用他的父王，好比［一个人］利用牛犊给奶牛挤奶。［17］因此，最好是将他安置在母系亲属中。”

［18］风疾说：“［如此，王子就］处于旗幡的地位上了。［19］因为，他的母系亲属就会像阿底提憍式迦[③]这类人那样，以他为旗

① 直译为：“将他（指国王）自己置于控制之下。”

② 来自公羊的危险（aurabhrakaṃ bhayaṃ）：据 CŚ，公羊式的危险是指，公羊若想以角抵眼前的对头，就先退后，再冲过去的话就会具有更大的力量，这是其可怕之处。类似地，对于想攻击其父王的王子，被囚禁于边远要塞中就是这种撤退，这样可以积聚力量，这也是其可怕之处。

③ 阿底提憍式迦（aditikauśika）：该复合词意义晦暗。CŚ 认为 Aditi 是凭着展示各种神祇的画（肖）像而索取施舍的妇人（因为 Aditi 为诸神之母，故将这类妇人一

幡来索要。[20] 因此，他应令王子们沉湎于鄙俗的欲乐。[21] 因为，耽于欲乐的王子们不会反对他们的父王。”

[22] 憍底利耶说：“这是活着的死[①]。[23] 因为，其王子不经教化的王族，好比被虫蛀的木头，一触即溃[②]。[24] 因此，当正宫王后到了佳期$_{(1.3.9)}$，诸位祭司应向因陀罗和祈主供奉遮卢[③]。[25] 当她怀孕，育儿师应负责安胎和接生。[26] 当她生产后，国师应为王子主持各种仪式$_{(1.5.7\text{-}10)}$。[27] 当他能 [学习和受持诸明] 后[④]，通晓 [诸明] 之人应教化他。”

[28] 盎毗派[⑤]说：“某个密使可以用田猎、赌对、醇酒、妇人去诱惑他：‘攻击你父王，把王国夺过来！’ [29] 另一个密使应劝阻他。”

[30] 憍底利耶说：“令未觉察的人觉察，这是大过。[31] 因为，一件新物事[⑥]，无论被涂上什么东西，它就吸收什么东西。[32]

概称为 Aditi)，而 Kauśika 为耍蛇人(vyālagrāhin)，因此把这个复合词理解为两类人。迈耶认为这是一类带着儿子索乞的妇人(Aditi 指诸神之母，而 Kauśika 是她的儿子 Indra。人们喜爱 Indra，故一般不拒绝乞讨)，在这个具体语境中，则是说王子的母系亲属(好比 Aditi)凭王子(好比 Kauśika)来索取。坎格尔猜测这是一类拿着神像索乞的人。奥利维勒猜测这是一类用各种手段从家主们那里索取钱财的人。从上下文来看，aditikauśika 这类人确实应当是借旗幡而不是借儿子乞讨的，所以迈耶的猜测不太可能。

① 活着的死：jīvan maraṇam，汉语所谓“行尸走肉”。

② 动词√ bhañj 既可以表示“开裂”，也可以表示“击溃、击败”。

③ 遮卢(caru)：本意为“锅、釜”，在此指以奶、黄油、米熬制，向神或祖先供奉的祭品(参见 Yājñ 1.298)。

④ 当他能……(samrthaṃ)：CŚ 解释为“适合学习与受持诸明时”(grahaṇadhāraṇapaṭuṃ vidyāsu)。

⑤ 盎毗派(Āmbhīyās)：来源于人名 Āmbhi。据波你尼(Pāṇini)，Āmbhi 又是 Ambhas 的后代(参见 *Kāśikāvṛtti* 4.1.96)。但作为利论师的盎毗为何许人已不可考。

⑥ 物事(dravya)：这个例子中是指新制的陶器等(CŚ：mṛdbhāṇḍādikaṃ)。另参见 1.5.4。

同样地，这个心智未成熟的［王子］，无论被说什么，他就听取什么，就好像听取利论一样。［33］因此，国王应教他合于法与利的［东西］，而不是合于非法与非利的［东西］。”

［34］而密使们应对王子说“我们是你的人”，应对他加以保护。［35］若他因为年少气盛而对他人的妻室有意，密使们应在夜间于诸空室中，通过假充贵妇的不洁妇人使王子厌弃。①［36］若他好酒，他们应以下过药的酒使他厌弃。［37］若他好赌对，他们应以黠生②使他厌弃。［38］若他好田猎，他们应通过暗差假充盗匪去惊吓他。［39］若王子有攻击他父王的念头，密使们可先同意他，以取得信任，然后阻挠他说：“不应攻击国王：事败必死，事成则堕地狱、起骚乱，而且百姓［如同打碎］土块一样毁灭你③。”

［40］当王子有异心，他们应通知［国王］。［41］若是独生的爱子［有异心］，国王应将其监禁。［42］若有多个儿子，他应将［有异心者］流放到边地，或流放到［本国］别的地区——在那里，他不至于成为［别人的］儿子、货物或乱源④。［43］若王子具有个人资质(6.1.6)，国王应将他任命为军队统帅，或立为储君。

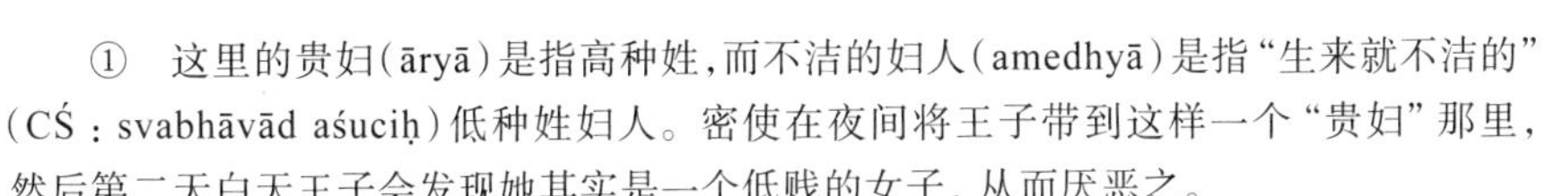

① 这里的贵妇（āryā）是指高种姓，而不洁的妇人（amedhyā）是指“生来就不洁的”（CŚ：svabhāvād aśuciḥ）低种姓妇人。密使在夜间将王子带到这样一个“贵妇”那里，然后第二天白天王子会发现她其实是一个低贱的女子，从而厌恶之。

② 参见1.11.1。这些黠生会在赌对中作弊。

③ 原文 prajābhir ekaloṣṭavadhaś ca：字面意思是“一块土被百姓打碎”。

④ 儿子、货物或乱源（garbhaḥ paṇyaṃ ḍimbo vā）：对于这三者，各注家译家似乎都不能给出满意的解释。garbha 可能是指成为当地势族之人的儿子（或女婿），然后再以此作乱（坎格尔）；paṇya 可能指王子会成为当地人用以与别人交易的货物或筹码；据CŚ，ḍimba 指“由王子引起的当地人的骚乱”。

[44]王子分三种：睿智的；心智有待敲打的[①]；心智败坏的。[45]一教就能了解法与利，且能实行之，这是睿智的王子。[46]能了解[法与利]，却不能实行，这是心智有待敲打的[王子]。[47]怙恶不悛、憎恶法与利，这是心智败坏的王子。

[48]若他[②]是独子，国王应设法令他生子。[49]或者，国王应令自己的"女继子"[③]产下一些王子。

[50]但是，一个老迈或病倒的国王，应通过下面几种人当中的任何一个在自己的"田"中产下儿子：母方的亲属、王族中人、有德性的邻王。[④][51]但他不可把一个未经教化的王子置于王位上。

[52]若有多个[未经教化的]王子，就监禁于一处。父亲对儿子要好。将大位传于长子是可赞扬的。——发生灾患的情形除外。[⑤]

[53]或者，王位应归于王族。因为，王族的团众[⑥]不可

---

① 原文 āhāryabuddhi：其心智有待敲打的人，即需要督促诱导的人。CŚ 训之为"能知而不能行者"（tajjñānamātravāṃs tadanuṣṭhānavimukhaḥ）。

② "他"指这个心智败坏的王子。

③ "女继子"（putrikā）：无子者可按一定规则指定自己的女儿为"儿子"，即"女性儿子"，这个"女继子"不仅本身有儿子的权利，她的儿子本身也会被过继给她的父亲（孩子的外祖父）为儿子。参见 Mn 9.127-140。另外，根据本书 3.7.5，过继给自己外祖父的孩子与外祖父的亲生儿子享有同样的权利。

④ 这一习俗被称为"授任"（niyoga）：男方不能产子的话，则可按规则授权别的男子代自己与妻子生子，以获得子嗣（参见 Mn 9.59-63）。"田"（kṣetra）指妻子或子宫（参见 3.7.1-2，Mn 9.33, 159）。

⑤ 即：一般来说，大位传于长子是可赞扬的；但在极端情况下，传于别的儿子也可以。

⑥ 团众（saṃgha）：即"王族（诸王子）构成王国之首领"（CŚ：kulātmako rājyanetā），即集体首脑。以前人们认为它是"共和政体"（张竹明 2011, 126-171），实

战胜，不会受到发生于国王之灾厄[①]的威胁，而长久地留存在世上。

——以上是第一篇“教戒”第十七章“防范诸王子”。

第十八章

第 14 目：失宠王子之行止

[1]一个受过教化的王子，若觉得生计艰难，[即便]被[父王]任命去从事不得体的事业，也应顺从之。[②]——但[会导致]生命受威胁、臣民叛乱或丧失种姓这类情形要除外。

[2]若被任命去从事有福的事业，他应[向父王]求取一个人监督他。[3]在此人的监督之下，他应出色地执行[他父王的]训示；[4]而且，他应把该事业的相应成果，连同所收受的馈赠所得都呈交给他的父王。

[5]若即便如此，他的父王还不满意，仍宠爱别的王子或妻子，他应辞请[他的父王]去林间。[③][6]或者，若害怕被监禁或被害，

际上，它更类似于贵族制（或寡头制），比如《摩诃婆罗多》中的般度族与俱卢族都是团众，但并非“共和制”之类可化约和类比。团众制是印度古代的重要政制，但对于它的研究还有待深入。《利论》中也专门说到了团众（参见第十一篇）。

① 发生于国王的灾厄（rājavyasana）：“王灾”，即发生在国王身上的灾厄（参见 8.2）。

② 生计艰难（kṛcchravṛtti）：CŚ 训为“[他]因谋生而产生了痛苦”（kleśanirvartyadehayātraḥ）；不得体（asadṛśa）：是指“与自己身份不合的”（svānanūpa）。

③ 据 CŚ，“别的妻子”指该王子母亲之外别的王妃。“辞请他的父王去林间”

他应托庇于这样的邻王：行止正直、守[正]法、如实语、不背诺、对向他求助者都加以恩待和礼遇。[7]在那里，他若积聚了财力和军队，应同那些勇武之人结为姻亲，同那些丛蛮酋魁建立联系，然后去争取可被收买的党众。①

[8]若独自行动②，他可以靠炼金、为宝石着色、制作金银器的矿场或工厂谋生。[9]或者，在取得信任后，他可秘密地夺走外道(1.16.24)僧团的、神庙的——应被吠陀师所享用的除外——或富孀的财物；或者，以迷醉药(14.1.16-17)骗过商队和商船的人之后，秘密劫走其财物。[10]或者，他可施行"夺取他人聚落"③的秘行。[11]或者，他可倚仗母系亲人的襄助而采取行动。[12]又或者，他可易容伪装成工匠、艺师、伶工、颂唱人或外道，与假充的同类人的暗差们一道，先从那些弱点处进入[王宫]，用武器和毒药攻杀国王，然后可以这样说："我就是某某王子；这个王国应由人们共享；一个人不配享有它；那些愿意侍奉我的人，我会以双倍的禄粮和薪俸回报！"

——以上是"失宠王子之行止"。

第15目：对失宠王子之举措④

[13]不过，身为密探的诸位枢臣的儿子〔或王子所青睐的母

是指他对父王说"请您准许我去林间苦行"（CŚ：tapase vanaṃ gantuṃ me 'nujñāṃ dehi）。

① 指他父王境内的"丛蛮酋魁"和"可收买的党众"（CŚ）。

② CŚ认为这是指他投靠了邻王但尚没有财力和军队的时候；坎格尔认为是没有投靠邻王的时候。

③ "夺取他人聚落"（pāragrāmikaṃ）：指第十三篇中所描述的各种特务手段，参见13.1.1及注释。

④ 上面给王子建议，现在给他的父王建议。

亲］，在说服了失宠王子之后，可将他领回。[①]［14］若他已为［其父王］所弃[②]，暗差们应以武器或毒药将他杀死。［15］若尚未遭弃，他们应令他沉湎于与他自己性情相同的妇人醇酒或田猎，在夜间将他捉拿，然后领回。

［16］当他到来时，国王应通过王位去安抚之："我之后［你就是国王］。"然后，他应把王子拘禁在一个地方；若有多个儿子，那么他应将［这个被领回的王子］杀死。

——以上是第一篇"教戒"第十八章"失宠王子之行止""对失宠王子之举措"。

第十九章

第16目：国王之规则

［1］若国王精勤，则诸臣工亦随之精勤。［2］若国王疏懒，则诸臣工亦随之疏懒；［3］而且他们还会侵吞他事业［的成果］；［4］另外，他还会被自己的敌人们占先$_{(7.4.4)}$。［5］因此，他应让自己勤勉。

［6］他应当用水漏或晷影$_{(1.7.8)}$将昼和夜各分为八分。［7］［晷

① "诸位枢臣"是指辅臣们（CŚ）；他们的儿子做了密探，因为从小和王子一起生活学习，说服王子的可能性大（CJ）；"说服"是指对王子许诺，立他为储君（CŚ）。

② 他已为……所弃（tyaktaṃ）："无法进行规导而被他父王弃绝"（CŚ：vidheyatānāsādanāt pitrā parityaktaṃ）。

影］长 3 人、1 人、4 指，以及无影的正午。——这是一天八分中的头四分。[③]［8］后四分可由前四分说明。［9］诸分中，昼八分的头分里，他应听取［有关］防御措施和收支［的情况］。［10］第二分里，他应处理城市民和聚落民的事务。[④]［11］第三分里，他应沐浴、进食和并诵习［吠陀］。［12］第四分里，他应收取进账的钱，并为各部督官(2)指派职事。[⑤]［13］第五分里，他应通过传送信件与咨议团谋议，[⑥] 并去了解［暗差探得的］消息、密事以及应当知晓之事。［14］第六分里，他可随意消遣或进行谋议。［15］第七分里，他应检视象、马、车以及兵士。［16］第八分里，他应与军队统帅一道谋划军机。［17］当白昼结束，他应作晡祷[⑦]。

［18］夜八分的第一分里，他应召见暗差。［19］第二分里，他应沐浴、进食和诵习［吠陀］。［20］第三分里，他应在乐声中休憩，并于第四分与第五分里安寝。［21］第六分里，他应在乐声中醒来，思虑利论［的教诲］和当做之事。［22］第七分里，他应主持谋议，

③ 关于人和指两个长度的单位，参见 2.20.2-10，另参见 2.20.39-42。

④ 处理……事务（kāryāṇi paśyet）：直译“视事”（CŚ；迈耶；坎格尔）。奥利维勒译为“审理案件”。理由是，《摩奴法论》中多处用这一短语表示“审理案件”（参见 Mn 8.2, 24）。另外 Mn 8.10 有 kāryāṇi saṃpaśyet，亦为审案。不过，笔者认为，下文第 26 句中 kāryārthin 不光指请求审案者，而泛指求办各种事务。另外，第 29 句中，同样的 kāryāṇi paśyet，kāryāṇi 不限于诉讼，而泛指“事务”，故不从奥利维勒说。

⑤ “督官”（adhyakṣa）是主持王国各领域（主要是经济）事务的技术官僚（第二篇会专门谈到），钱应当是他们带来给国王。adhyakṣāṃś ca kurvīta：可能是“为官员安排职事”（CŚ：kāryaviśeṣeṣu niyuñjīta），但同时也有可能是任命督官。

⑥ 这个咨议团是由辅臣（非谋臣）组成，有些成员不在国王近前，故需要传信。参见 1.15.47-54。

⑦ 晡祷（saṃdhyām upa-√ās）：这是再生族（dvija）在清晨与薄暮所做的仪式，包括啜饮、诵念咒语。saṃdhyām 既指清晨，又指薄暮，因此既可能是朝祷也可能是晡祷。参见 Mn 2.69；7.223。

并遣发暗差。[23]第八分里，他应领受祭司、师傅和国师的祝祷，并召见医师、厨师和占星师。[24]右绕带着牛犊的母牛——以及公牛——之后，他应去议事厅。

[25]或者，他应根据自己的能力将昼和夜分[相应的]部分，然后致力于各种事务。

[26]国王到了议事厅后，他应任由陈情者进入。[1][27]因为，国王若难于求见，他身边人就会让他颠倒当为之事和不当为之事[2]。[28]这样，他就招致臣民反叛，或为敌人所控制。[29]因此，他应依次处理：有关神[庙]、净修林、外道、吠陀师、牲畜、圣地的事务；有关孩童、老人、病人、遭灾患者、无怙者的事务；有关妇人的事务。或者，他可根据事务的重要性和急迫性来处理。

[30]他应听取一切急迫的事务，不得耽误。被延误的事务，会变得难以解决或无法解决。

[31]吠陀师与苦行者的事务，他应去供奉祭火的厅堂，在国师和师傅的陪同下，从座位上起来向他们问候之后，再行处理。

[32]但是，对于苦行者与精通幻术者的各种事务，他应由精通三吠陀的人陪同，而不可自行办理，[否则]会导致其

---

① 原文 kāryārthinām advārāsaṅgaṃ kārayet：直译应为“他应让陈情者不至于在门口被阻”，意谓“国王应易于求见”（CŚ）。陈情者（kāryārthin）：“求事的人”，既指请求国王断案者，也包括有其他诉求者。

② 即：不为当为之事，为不当为之事。

震怒。[①]

[33]因为，国王的誓愿是精勤；其献祭是理事；其布施是行止无偏；其导引仪式是灌顶。[②]

[34]臣民的福祉即是国王的福祉，臣民的利益即是国王的利益。对于国王来说，自己青睐的并非利益，臣民所青睐的才是利益。

[35]因此，国王应永远精勤，行能得利之政[③]；精勤为[实]利之本，反之则为非利之本。

[36]国王若不精勤，则已经获得的，尚未获得的，都会一并丧失。若精勤于事，则必有回报，而且获利丰足。

——以上是第一篇“教戒”第十九章“国王之规则”。

第二十章

第17目：王宫之规则

[1]国王应令人在精通营建之人[④]所称荐的地方造这样的王宫：

① 苦行者与幻术师好怒善诅咒，印度古代文献中常见，而且彼辈为害的能力也无边无际(迈耶)。

② 这里将治国比作祭祀。古印度家主请人祭祀，家主发祭祀誓愿(如节食、禁欲)、祭祀前行导引仪式、祭祀中提供祭品，祭祀完成时家主要给主持祭祀者布施。dīkṣā 与 abhiṣecana 都是“灌顶”仪式，前者是宗教性的接引，后者为世俗性的加冕。为表示区别，将 dīkṣā 译为“导引仪式”。另参见 Mn 8.303, 306, 311。

③ 行能得利之政(arthaśāsanaṃ √kṛ)：直译为“行能实现利的管理”。

④ 精通营建之人(vāstuka)：几种古注都训为“精通营造术的[人]”，但迈耶与

带护墙、壕沟、门，还有许多庭院[①]。

[2]他应令人按照府库的规则(2.5.2-3)建起居室：或者造一间“迷室”，“迷室”的墙内暗藏通道[②]，[然后让]起居室居“迷室”中央；或者造一间地下室(2.5.2)，地下室的门被紧邻支提[③]中的木制神像所掩盖，而且带许多地道，地下室的上方为阁殿[④]；或者，造一间起居室，起居室的墙内暗藏楼梯，并带一根有出入口的立柱。[⑤]为应对灾患，或万一有灾患，他应令[起居室]地板和机关相连，而且可以下降。[⑥][3]或者，鉴于同样学过[利论]之人的威胁[⑦]，他应将它设计得与以上所说的都不一样。

[4]用从人骨中[钻出]的火左绕王宫三匝，就再没别的火可灼烧它，此处也不再会有火燃起来。用雹水和过的泥，再杂以雷电余烬涂抹[亦可]。[⑧]

奥利维勒解为“适合营建的”。

① 庭院(kakṣyā)：指墙之类围成的庭院、宫室内的小房间(阁)。

② 原文 gūḍhabhittisaṃcāraṃ：“带内藏暗道的墙的”，整个复合词修饰“迷室”。

③ 支提(caitya)：指供奉任何神或灵的塔、庙、塔庙、神堂，甚至树。

④ “阁殿”(prāsāda)是针对“地下室”所说，实际就是国王起居室。在有不测的时候可以往地下室逃跑。

⑤ 这里说的是起居室的三种选择(此处译文和读法从奥利维勒)。

⑥ 以上三种情形的起居室，无论实际选择哪一种，都应再加上这一措施，以应对不测。另参见 12.5.43。

⑦ 这里的同学(sahādhyāyin)指代不明。或许指同样学习了利论的敌王(CŚ；CJ)，或许指与国王一起学习过的官员子弟(1.8.1-6)。坎格尔与奥利维勒都可能指后者，他们与国王相熟识，知晓其机关和秘密，在有灾患时自己去利用这些机关。但实际上，这些机关都是为王宫被攻陷时逃生用的，主要是防备那些学习过这些营造规则的敌王或叛徒的。奥利维勒认为 sahādhyāyin 只能指一同学习的人，并不正确，这个词可以指“学同一门学问的人”(参见 Bs 2.2)，因此，注家说较诸译家好。

⑧ 《利论》本身经常说用火攻城(参见 13.4.14-21)，故王宫需要防火。另参见 14.2.38。

[5]由木防己、锡生藤、“纺锤”树、补湿钵、万代兰——或长在辣木上的菩提树嫩芽——所保护的地方，各种蛇和毒都无法加害。①

[6]放出孔雀、獴和梅花鹿可灭蛇。[7]鹦鹉、鹩或叉尾伯劳在有蛇或毒的威胁时会尖叫。[8]当附近有毒时，赤颈鹤会发狂；共命鸟会晕过去；发情的布谷会死；红腿鹧鸪的双眼则变成[红]色。②

[9]他应如此这般地防备火、毒、蛇。

[10][起居室]背后，庭院的一部分为女眷寝宫、产房、病房和园林池塘③。[11]它们之外，应是公主和王子居处。[12][起居室]前面，应是梳妆室、谋议厅、议事厅和王子督导们[的地方]④。[13]各庭院之间，应有后宫侍卫长的军队[把守]。

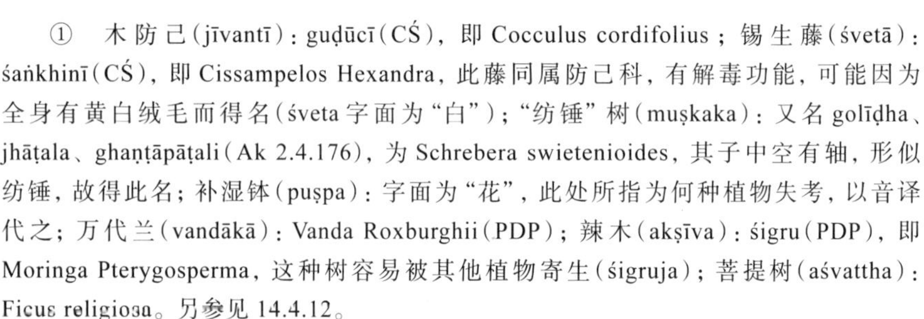

① 木防己(jīvantī)：guḍūcī(CŚ)，即 Cocculus cordifolius；锡生藤(śvetā)：śaṅkhinī(CŚ)，即 Cissampelos Hexandra，此藤同属防己科，有解毒功能，可能因为全身有黄白绒毛而得名(śveta 字面为“白”)；“纺锤”树(muṣkaka)：又名 golīḍha、jhāṭala、ghaṇṭāpāṭali(Ak 2.4.176)，为 Schrebera swietenioides，其子中空有轴，形似纺锤，故得此名；补湿钵(puṣpa)：字面为“花”，此处所指为何种植物失考，以音译代之；万代兰(vandākā)：Vanda Roxburghii(PDP)；辣木(akṣīva)：śigru(PDP)，即 Moringa Pterygosperma，这种树容易被其他植物寄生(śigruja)；菩提树(aśvattha)：Ficus religiosa。另参见 14.4.12。

② 赤颈鹤(krauñca)：参见 Leslie 1998；共命鸟(jīvaṃjīvaka)：古译“生生鸟”，是一种鹑；红腿鹧鸪(cakora)：Perdix rufa，在印度传统中，据说它以月亮的光为生(参见 *Gītagovind* 1.23)，看见有毒的食物后，双眼睛变成红色(参见 Mn 7.217 中 Kullūkabhaṭṭa 注)。

③ 园林池塘(vṛkṣodakasthāna)：字面为“树和水处”。CŚ 训为“有园、池之类的[处所]”(udyānataṭākādikaṃ)。

④ 王子督导们的地方(kumārādhyakṣasthāna)：CŚ 解为“诸王子与各部督官的地方”，迈耶解为“储君与各部督官的地方”。但各部的督官似乎不可能在王宫有住处(坎格尔)，因此，更可能是王子的督导们平时教育管理王子的公署，而非私人住地。

［14］到内室后，他应召见经老妇彻底查验［无害］的王后。［15］因为，贤军的兄弟藏于其王后的居室把他杀了；迦卢奢国王的儿子藏在其母后床上把他杀了。[①]［16］王后以毒当蜜掺在炸米里杀了迦湿国国王；以涂毒的踝环杀了毗兰提国国王；以淬毒的腰带宝石杀了善勇国国王；以［带毒的］镜子杀了遮录陀；王后将武器藏于发辫后杀死了毗睹罗陀。[②]［17］因此，他应避免这类情况。

［18］他应禁止［后妃们］与去发或蓄发苦行者、江湖术士以及外面的女奴来往。［19］除了产房与病房外，［后妃们］的家人不得见她们。［20］妓女们沐浴和擦拭净身，并换掉衣服和首饰之后，［方可］见她们。［21］假充父亲或母亲的男（八十岁以上）女（五十岁以上）[③]，还有年长的阉人家仆，应探知后妃们的端直与否，并应使她们利益她们的主上。

［22］所有人都应居于自己的地方，不得到他人的地方。而且，［王宫］内的人不得与外人有联系。

① 贤军（Bhadrasena）是羯陵伽国王，其兄弟勇军（Vīrasena）渴望夺位，在与贤军的王后商议之后，藏在她的居室内将贤军杀死（参见 CŚ。另参见 *Harṣacarita* 6；Ks 7.51）。迦卢奢国王（Kārūṣa，来自作为国名的 Karūṣa），当事国王本名为 Dadhra，谋杀因夺储而起（参见 *Harṣacarita* 6; Ks 7.51）。

② 迦湿国（Kāśi）国王名伟军（Mahāsena），其王后名善辉（Suprabhā）；毗兰提国（Vairantī）国王名军士天（Rantideva）；善勇国（Suvīra）国王名勇军（Vīrasena），其后名鹄具（Haṃsavatī）；遮录陀（Jālūtha，*Harṣacarita* 中作 Jārūtha）为阿逾提耶国（Ayodhyā）国王，其后名宝具（Ratnavatī）；毗睹罗陀（Vidūratha）为弼瑟腻国（Vṛṣṇi）国王，其后名瓶独摩提（Bindumatī）。——以上事例均见于 *Harṣacarita* 6。

③ 这些人也是暗差，他们假充后妃们的父母（毕竟诸后妃们不太可能知道彼此的父母是谁），与国王的家奴一道，探查后宫妇人的忠心与否，并劝谏和提点她们利于国王。另外，对男人岁数的限制可能与是否丧失性功能有关。

[23]另外，任何物事都要先经查验，其入和出均要记录，方可出宫或入宫，[运送]到某处都应加符印。

——以上是第一篇“教戒”第二十章“王宫之规则”。

第二十一章

第18目：国王之自全

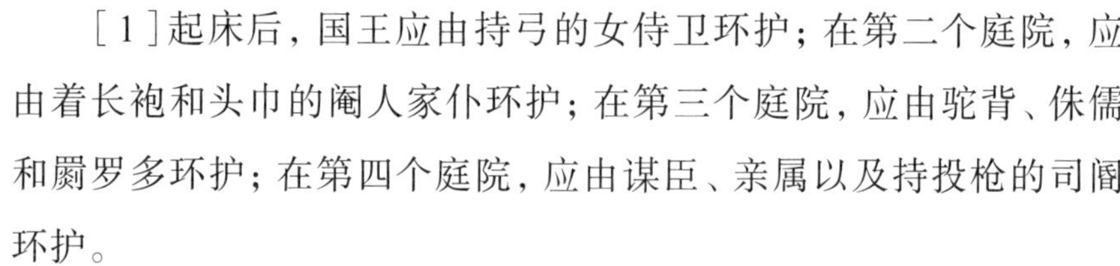

[1]起床后，国王应由持弓的女侍卫环护；在第二个庭院，应由着长袍和头巾的阉人家仆环护；在第三个庭院，应由驼背、侏儒和罽罗多环护；在第四个庭院，应由谋臣、亲属以及持投枪的司阍环护。

[2]他应让自父辈和祖辈以来因有亲缘而跟随自己，有学问的①、忠心且成就过事业的②人在自己身边；而不应让来自外国，又未得到财利和尊荣——或者即便来自本国，先遭过贬斥后又当差——的人在自己身边。③[3]内卫军应保护国王[本人]以及王宫。

[4]厨师应在看护严密的地方烹调，并多次试食。[5]国王在先[用食物]向祭火和鸟献祭之后，亦应如此这般地当场进食。④

---

① 有学问的（śikṣita）：学成的。CŚ 训为“有学问（或技艺）的”（kṛtavidya）。

② 成就过事业的（kṛtakarman）：做成过事情的。CŚ 训为“以事业考验、证明过的”（dṛṣṭakarman）。

③ 这原文仅一句，但直译为汉语会很不协调，故拆开。不能在国王近前侍候的人有两种：未加封赏的外国人；先遭过（国王）贬斥后来又当差的本国人。

④ 先把食物投进火和喂鸟，并谓之“献祭”（baliṃ kṛtvā），实际应被理解为检验

[6][食物]若被下毒，则火苗和烟呈蓝色、伴有脆响，鸟也会死。[7]被下毒的东西，表现如下。米饭：蒸汽显孔雀颈色；凉；很快变色，如同馊了一般；带水却又不润泽[①]。酱汁[②]类：干得快；沸腾中[腾起]零散的黑泡沫堆；香味、触觉、味道都坏掉。汤水类：色泽看起来太浅或太深；泡沫堆的边缘看起来有朝上的黑线[③]。浆汁[④]类：中间有蓝色线。牛奶：[中间]有铜色线。酒水：[中间]有黑线。蜂蜜：[中间]有白线。含水食材：干瘪得快；烹制太过；沸腾中呈蓝褐色。干燥食材：散落得快，且有异色。硬食和软食：前者软而后者硬；附近小生物死去。床单和被罩：有黑圈；线、绒、毛散落。金属和宝石制品：沾有腻垢；光滑度、染色、分量、功用和光泽尽失。

[8]另外，下毒人的[表现]是：脸色又干又深；说话吞吐；过多地流汗和打哈欠；颤抖；蹒跚；说话时四周张望；做事时焦躁；在自己的地方也不安稳。

[9]因此，解毒行家们和医师们应在国王身边。[10]医师应先从药房取出经尝试无害的药草，让热药人、捣药人还有[医师]自己当着国王尝试过后，再将其交给国王[服用]。[11]饮料和水

是否有毒（CŚ）。"亦应如此这般"（tathaiva）意义不明，它可以指"在看护严密的地方"，或者"（让人）多次试食"（奥利维勒）。CŚ（以及迈耶）认为是指食物一经厨师烹制好国王就应当即享用。在《利论》中，prati 作为词缀，有"当"和"对"之意，本章后文第 10 句中 pratisvādya，是"当着国王的面尝药"（CŚ：rājasamakṣaṃ svādayitvā）。那么，这里的 pratibhuñjīta 似乎也应理解为当着厨师的面进食。即：厨师一试完，国王就应当即吃，中途不再转手。

① 带水却又不润泽（sodakam aklinnatvaṃ ca）：可能是指米饭稀，而米粒本身却并未吸水。否则两者就矛盾。

② 酱汁（vyañjana）：指酱汁类调味品，最著名的属咖喱。

③ 可能是说，（原本无色的）泡沫堆边缘会有一些朝上的、其他颜色的丝。

④ 浆汁（rasa）：指"酥油、麻油、甘蔗汁等"（CŚ）。

［的情形］可由药草说明。

［12］理发师和随侍在沐浴之后，衣服和手经查验无害，［方可］从后宫侍卫长手中接过带符印的工具，再去侍候［国王］。［13］其端直为人所知的女奴，应做侍浴、搓澡、铺床、浣衣、制花环［这类］事；或者，在她们监督之下的诸艺师应做［这些事］。［14］她们应先将衣物和花环放在自己的眼睛上之后，再交给［国王］；并且，他们应将浴膏[①]、涂膏、搓［澡］粉、香料以及［其他］用来洗浴的［物事］先用在自己的胸和臂上，［然后再用来服侍国王］。［15］从其他人那里得到的［物事］[②]，可由此说明。

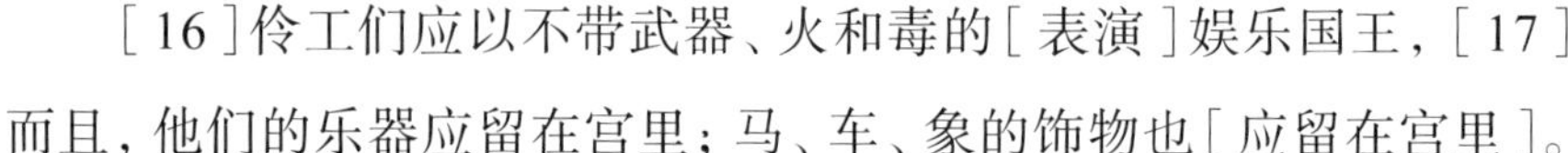

［16］伶工们应以不带武器、火和毒的［表演］娱乐国王，［17］而且，他们的乐器应留在宫里；马、车、象的饰物也［应留在宫里］。

［18］他应坐上可靠的人驾驭的车乘和坐骑，乘可靠的人驾驶的船。［19］他不得上与其他船系在一起的船，也［不得上］困在大风中的船。［20］军队应列在水边。

［21］水域经渔夫的清理，他才可以钻进去；[③]［22］园林经捕蛇人清理，他才可以去。

［23］盗贼、猛兽、敌人的威胁经猎户与犬户[④]扫除之后，他方

① 浴膏（snāna）：CŚ 认为是“带香味的去污品等”，迈耶理解为“沐浴用的膏”，坎格尔认为是“出浴后用的膏”。出浴之后有涂膏（anulepana），CŚ 或迈耶的理解可能会更好。

② 从其他人那里得到的物事（parasmād āgatakaṃ）：即经过他人之手的物事。这里的“他人”应是相对“国王”自己而言。CŚ 将其训为“他国来的”（paradeśāt prāptaṃ）。

③ 指入水游玩或游泳。

④ 猎户与犬户（lubdhakaśvagaṇibhir）：lubdhaka 为“猎户”；śvagaṇino（有一群猎狗的人），也是猎人。不过坎格尔认为前者是捕鸟的猎人，后者是捕杀走兽的猎人。

可去有猎物的林间练习猎杀移动的目标。

［24］他应在可靠武士[①]的陪护下去见已经成就的苦行者；应在咨议团的陪伴下去见邻王的使节。［25］他应身着全副铠甲，乘马——或象，或车——到全副铠甲的军阵。

［26］进出王宫时，他应走御道：两侧都被把守，手执兵器和棍杖的卫兵将带兵器者、出家人以及残疾人都赶走。［27］他不应钻进人群。［28］游行、集会、节庆、聚会［这类场合］，在诸位十夫长[②]的监督下，他才可以去。

［29］国王是如何用密差们监视其他人，具有个人资质的他就应如何保护自身[③]免于来自他人的危险。

——以上是第一篇“教戒”第二十一章“国王之自全”。

——以上是憍底利耶《利论》第一篇“教戒”。

① 武士（śastragrāha）：直译应为“执兵器的人”。

② 十夫长（daśavargika）直译应为“统领十人的”，置于句中不洽，故简化为“十夫长”。

③ 作者用“具有个人资质的”（ātmavat）与“自身”（ātmanam）形成一个文字游戏。

第二篇　督官职守*

第一章

第 19 目：聚落之开辟[①]

［1］他应通过迁走他国［人口］或抽调本国富余［人口］，去曾被开辟过的，或未曾被开辟过的[②]聚落定居。

［2］他应建立以首陀罗农人为主的村落：最少一百户，最多五百户；村落间界际$_{(3.9.10\text{-}14)}$延展1俱卢舍[③]或2俱卢舍，且互为守护。［3］他应令界际的各个侧缘以河流、山陵、树林、乱石滩[④]、洞、堤

---

* 督官职守（adhyakṣapracāra）：督官的行动、职守。adhyakṣa 为监察、督管之官员。在后面，笔者会按汉语习惯译为“监”“督”“官”等。

① 开辟（niveśa）：令……定居，即辟立、开辟。

② 原文 bhūtapūrvam abhūtapūrvaṃ vā janapadaṃ：直译应为“之前曾成为过（聚落）的，或未曾成为过（聚落）的聚落”。

③ 俱卢舍（krośa）：意为“号”，即呼叫声所及距离。

④ 乱石滩（bhṛṣṭi）：本义为尖、角、刃，也可指山脊、峭壁（参见 Ṛv 1.56.3），还泛指尖齿（Ṛv 1.52.15），因此可以确定它是崎岖不平的。坎格尔认为这是指石滩，较为合理。

坝[①]、牧豆树、丝绵树或乳木树[隔开][②]。

[4]在八百个村落中，他应设立郡会；四百个村落中，设立区会；二百个村落中，设立镇会；以每十个村落为一集，分别设立集会。[③]

[5]在[聚落]诸边地，他应设立边防要塞作为聚落的各个门户，以边守节制之。[6]它们[④]之间，应由捕兽人、舍波罗、布廪陀、旃荼罗、山林野人守卫。[⑤]

---

① 堤坝（setubandha）：水利设施，主要指堤、坝等截水蓄水的设施。《利论》中经常将其简称为 setu。

② 原文 śamī：指两种植物，即牧豆树（Prosopis Spicigera）或苏麻儿茶树（Mimosa Suma；Acacia polyacantha），此处应当指前者（牧豆树带刺）。śālmalī：又名 śālmali，或 sthirāyus，即丝绵树（Salmalia Malabarica）。kṣīravṛkṣa：又名 kṣīrataru，即乳树、乳木树。一般有四种：榕树（nyagrodha）、马椰果树（udumbara）、菩提树（aśvattha）和赤铁树（madhūka）。

③ 笔者对 sthānīya、droṇamukha、kārvaṭika、saṃgraha 四个名词采取了意译（郡会、区会、镇会、集会，“会”取“都会”“会垣”之义）。它们是聚落划分出的各级单位（八百户、四百户、二百户、十户）的中心，或为城，或为镇，或为小集市。承担着经济（财税）、行政（管理）甚至司法（法庭）的功能（参见 2.35.1-6 及 3.1.1）。另需注意，文中说十户为“集”（saṃgraha），其中心为“集会”（saṃgraha），原文中两者同一个词。一“集”之长官为“集牧”（gopa，见本章第 7 句）。另外，关于 sthānīya 需要补充的是：坎格尔在 2.3.3 的注释中认为，sthānīya 大多数时候应被视为国都，这是有道理的，但并不绝对。本章说的是开辟聚落（janapada），如果国王别无其他国土，那么这个聚落就是他的王国，而 sthānīya 应为国都；如果有其他土地，那么这个聚落就只是一个郡邑或下级地区，则 sthānīya 为郡会。由《利论》后半部分来看，国与国之间征战频仍，人主失国而另辟新土，都是常事。《摩耶工论》说：“由国王所建立的（城市）被称作 sthānīya；它依河或山而建，有王宫和大量守卫。”（参见 *Mayamata* 10.31b-32a）因此，总的来说，读者应当明白，sthānīya 译为“郡会”，只是一个权宜之计，它既可能只是地区级行政中心，也可能为国都。

④ 指各个边防要塞。

⑤ 捕兽人（vāgurika）是设陷阱捕兽者。舍波罗（śabara）为戌陀罗男与毗勒女（bhillī）所生的人（CŚ）。布廪陀（pulinda）为尼湿提耶（niṣṭya，旃荼罗或蛮人）男与厠罗多女所生的人（CŚ）。奥利维勒提到，旃荼罗（caṇḍāla）在后来为贱民，但他在此处是指一种部落。舍波罗、布廪陀这两种人最开始也都是部落的名称，虽然他们后来被用来

［7］他应将免除了课罚和赋税，可由［才具］相当的子孙继承的功德田赏给祭司、师傅、国师以及吠陀师；将不可出售和抵押的田赐予督官和计师等，另外还有集牧、肆一牧、驯象师、医师、驯马师以及驿官。①

［8］他应授熟田②给税户，终生［耕种］。［9］授免赋税的生田给［愿意］耕种者。③

［10］他应剥夺不事耕作之人［的田］，再授予他人。［11］或者，村落雇工或商贩应耕种［这些田］。［12］不事耕作之人应偿付损失。④

［13］他应用粮食、牲畜和钱扶持他们⑤，［14］同时，他们可在

泛指未开化的蛮人，但考虑到奥利维勒的说法，他们在此可能都只指具体的部落。山林野人（araṇyacara）原意为“野行”或“林行”，住在荒野或林间的人，他们亦属于未开化之列，故为“野人”。

① 功德田（brahmadeya）：字面意义为“梵授”，指封赏给婆罗门的“功德田”或“福田”（CŚ，另参季羡林 2008，209）。集牧（gopa）：本意为“牛护”，指管理五个或十个村落的官员（参见 2.35.2），据上文第 4 句意译为“集牧”。肆一牧（sthānika）：“能守”或“能住持”，管理聚落的四分之一（2.35.6），故意译为“肆一牧”。

② 熟田（kṛtakṣetra）：之前耕种过，可直接耕种的熟田。aikapuruṣika：“一代的”，即人死后国王会收回的田地。

③ 这句 KA 读作 akṛtāni kartṛbhyo nādeyāni：被耕种者［垦殖的］生田不可被夺走。奥利维勒根据 Harihara Sastri 所辑 CC 注本将其改为 akṛtāni kartṛbhyo ’nādeyāni，即“［授］免赋税的生田给［愿意］耕种的人”。将 ādeya 理解为赋税，《利论》中也有根据（参见 2.6.2；2.9.24；3.10.14）。另外，笔者认为，本句和上一句结构方面极相似，也都是讲授田，奥利维勒说更胜，故从之。

④ 村落雇工（grāmabhṛtaka）：这似乎是一类没有任何产业以做工为生的人，地位也很低下（参见 3.11.29；5.2.11）。损失（avahīna）：指有田地而不耕种，让国王在税收方面蒙受损失。

⑤ “他们”指那些同意去耕种别人所不愿意耕种的田地的村落雇工或商贩，甚至可能指一切受田者。

来日宽裕[①]时归还。[15]而且，对于这些人，他应给予能使库财[②]增多的扶持和豁免[③]，但应避免令库财减少的[扶持和豁免]。[16]因为，库财窘乏的国王会鱼肉城市民与聚落民。[17]当他们正在定居，或他们刚来到[聚落]时，他应对他们给予豁免。[18]对于豁免已经中止的人，他应像父亲那样地予以扶持。

[19]他应令矿场、工厂、物产林、育象林、牧群以及商道运转；[并开设]水路、陆路和商埠。

[20]他应令人修筑堤坝，或就地取水，或[从别处]引水。[21]或者，对于其他修筑水坝者，他应提供用地、道路[④]、树木以及工具[方面的]协助；另外，圣地和园囿[的修建]也是如此。[22]合伙修筑堤坝时，从中退出者，应由他自己的雇工[⑤]和力畜代之[服劳]；[23]另外，他应分摊成本，而且不能[从收益中]取得份额。[24]各个堤坝[所出产的]鱼、水禽、菜蔬[这类]货物应归国王所有。

[25]对于不听从[家主]的奴隶、人质和眷属[⑥]，国王应加以教戒。

① 宽裕(sukhena)："不妨碍自身生计的情况下"(CŚ：ātmavṛttyapīḍayā)。

② 库财(kośa)：既指实体的国库(存放库财的所在)，也泛指库财。这一词在《利论》中十分重要。

③ 扶持和豁免(anugrahaparihārau)：anugaraha 为恩惠、援助、扶持；parihāra 为(税收、徭役的)豁免。两者在《利论》中经常一起出现(参见 7.1.32；8.2.13；9.5.11；13.4.3；13.5.4)。

④ 道路(mārga)："水进出的路"(CŚ：jalapraveśanirgamasraṇiḥ)，即进水和出水的沟渠。

⑤ 雇工(karmakara)：作业者、作事者。它们是一类接受雇用的工人，和雇主无人身依附关系(参见 3.13.26 以下。另参见 2.12.1；2.15.61, 63；2.23.16；2.24.2, 28；2.25.9；2.29.45；2.35.4 等)，而且各有专职(参见 2.12.1；3.13.27-28)，可译为"雇工"或"事工"。

⑥ 人质(āhitaka)：抵押给他人的人，参见 3.13；眷属(bandhu)：指"儿子等"(CŚ)。

［26］而且，国王应扶养孩童、老人、遭灾患者和无怙者；另外，［他应扶养］未生子的妇人，以及那些由［能生而不能养］的妇人所生的儿子。

［27］村落中的长者应令未成年者的财物得到增长，直至其成立(3.3.1)。

［28］一个人有能力却不供养妻儿、父母、未成立的幼弟、未嫁或守寡的姐妹，罚12波那(2.12.24)——他们丧失种姓的情形除外［母亲又除外①］。

［29］未安顿好妻儿就出家者，处强盗罪初等罚②；令妇人出家者亦同。［30］失去治事能力者③，应在求得执法官［同意］之后出家，［31］否则应予以拘制④。

［32］以下人不得居于他的聚落：非林居者的出家人⑤；非本国

① 这是例外中的例外，一个绝对的规则，即：若是母亲，即使丧失种姓，也必须得到供养。法经中也有类似规则，参见 *Āpastamba-dharmasūtra* 1.10.28.9; *Baudhāyana-dharmasūtra* 2.2.3.42; *Vasiṣṭha-dharmasūtra* 13.47。

② 原文 pūrvaḥ sāhasadaṇḍaḥ：强盗罪初等罚。sāhasa 狭义上仅仅指强夺、劫剞，但广义上是涉及暴力罪行的通称，即强盗、暴凌行为(3.17.1)。强盗罪分三级：初等(pūrva)、中等(madhyama)、高等(uttama)，相应罚金分别为48—96波那、200—500波那、500—1000波那(3.17.8-10)；在《摩奴法论》中，强盗罪的罚金相应为250波那、500波那、1000波那(参见 Mn 8.138)。而且在《利论》中，强盗罪成为一种普遍的标准：其他所有罪行都可以“折合”为强盗罪的级别，并处以相应的罚金。所以，有很多地方，sāhasadaṇḍa 一词反而被省略，仅简称“初等罚”(pūrva)、“中等罚”(madhyama)、“高等罚”(uttama)。

③ 失去治事能力者(luptavyāyāma)：vyāyāma 泛指对一切事务的操持能力，这个复合词可理解为“不能再履行家主本法”的人。另参见6.2标题 śamavyāyāmika 及6.2.1。

④ 应予以拘制(niyamyeta)：应当被控制起来，CŚ 认为是“收监”。

⑤ 即：非行期法(āśramadharma)系统内的、非婆罗门教的出家人。

人[1]形成的团众；或者，有章程的组织[2]中，那些并非合伙开办事业的［组织］。

［33］那里[3]不得有园囿和以游乐为目的的厅室；［34］优人、舞者、歌人、乐工、颂唱人以及伶工不得阻挠人们劳作。［35］因为，各村落没有［这类人］的安身之处。人们都专力于田地中的劳作，那么库财、劳役$_{(2.6.11)}$、物产、粮食以及浆汁便会增多。

［36］对于被敌王或从蛮劫掠过的地区，或受疾病和饥荒扰害的地区，国王应给予豁免，并禁止靡费的戏乐。

［37］国王应保护被课罚、劳役和赋税所妨害的农事，并保护为盗贼、猛兽、毒物、鳄鱼以及疾病所［妨害］的畜群。

［38］他应［令人］清理被［自己］宠臣、事吏$_{(2.7.22-23)}$、盗贼以及边守扰害的商道，并［修护］被牲畜群所损坏的［商道］。

［39］同样地，国王应保护已设立的——并开设新的——物产林、堤坝和矿场。

——以上是第二篇“督官职守”第一章“聚落之开辟”。

① 非本国人（sajāta）：词义不明。坎格尔理解为“生于同地的”；奥利维勒则认为是“亲人”，但这个词还可以指“本国人”。

② 有章程的组织（samayānubandha）：因习俗、约定、规章、章程而形成的组织。它们可能是合伙办实务的组织（如本章第21—22句），也可能是一些宗教性组织（如佛教的教团），甚至可能是政治性的家族团众。因此，这类组织只允许合伙从事实业的那一种可以在聚落中定居。可以推测，后两者要么是对聚落和王国的经济、财税没有作用，要么是可能构成威胁。

③ 指聚落中（CBh：janapade）。

第二章

第 20 目："遮盖土地之缝隙"[①]

[1]在不宜耕种的地方，国王应为牲畜提供牧地。[2]他应向苦行者们授[方圆]至多一牛吼[②]的野地，作研习吠陀和行苏摩祭用，并规定其中一切非动物和动物都免于伤害[③]。

[3]他应令人造同等大小的"鹿苑"[④]，以为游乐之用：鹿苑带一扇门；[周遭]为壕渠所护；其中藤蔓和灌木上多美味鲜果；树无荆刺；多浅池、驯鹿和其他四足动物；有爪牙尽去的猛兽；还有用以围猎的雄象、雌象和幼象。[4]或者，他可以因地制宜，在它的旁边另辟一"鹿苑"，供一切"客兽"[栖息]。[⑤]

[5]另外，各种物产中，凡被定为林产$_{(2.17.4\text{-}16)}$的，他应一一为之设立物产林，并开设物产林[相应的加工]工厂，让一些丛蛮依

① "掩盖土地之缝隙"（bhūmicchidrāpidhānam）："缝隙"（chidra）是对不适合农事的土地的形象说法。"掩盖"（apidhāna）则是针对这些土地的利用措施。

② 牛吼（goruta）：即牛叫声所及距离，音译可作乔路多。据《利论》，1 牛吼 = 2000 弓（dhanus）=1/4 由旬（yojana）（参见 2.20.25-26），这样的话，它就与俱卢舍（krośa，吼）是相同的单位。而在金月（Hemacandra）《如意宝字书》中，1 牛吼 =2 俱卢舍（参见 Ac 887）。

③ 免于伤害（pradiṣṭābhaya）：直译为"被给予无畏[这一保障]"。"无畏"即不受到威胁。

④ "鹿苑"（mṛgavana）：这里 mṛga 不单指鹿，而指各种小动物（尤其猎物）。

⑤ 供一切"客兽"栖息（sarvātithimṛgaṃ）：字面为"拥有一切客来的动物"。CŚ 解释说，那些来自外地的、为猎人所追杀的动物，来到这里后可住下来。

托［物产林］而居之。[①]

［6］他应在［聚落的］边境上设立育象林，以丛蛮守之。［7］育象林林监[②]应熟知［各个育象林］周缘、入口和出口［的情形］，并与诸守卫一道，守护［依托于］山峦、河流、湖泊和沼泽的育象林。［8］他们应杀死［任何］杀象的人。［9］对于自然死亡的象，上交其一对象牙者，可得 1.25 波那。

［10］育象林的守卫们，连同饲象人、套象人、巡边人、山民以及帮工，应用象的便溺盖住［自身］的气味，以鸡腰肉托果树[③]枝遮身，以五或七头母象为诱饵，［到处］走动；他们应通过卧处、足迹、粪便以及河岸的损害［这些］提示，弄清象群的规模。［11］他们应［将发现］记录在册[④]：群行的象、独行的象、失群的象、象王；凶猛的象、发情的象、幼象、脱套的象。

［12］他们应捕捉那些被驯象人判断为具有可称道之特征和举止的象。［13］因为，国王的胜利主要依靠象：［14］因为，象身躯异常庞大，善于杀伤，可摧毁敌人的队列、阵形、[⑤]要塞和大营。

［15—16］据说，羯陵伽与盎迦罗所产的象上佳；东方［各

① 对这句话，CŚ 的解释应当说最符合情理：国王为各种林产一一开设物产林，同时开设相应的加工厂，并迁移一些人在物产林和工厂中做工。其中“设立”“开设”“令……定居”都是一个动词（niveśayet）。

② 育象林林监（nāgavanādhyakṣa）：他和 2.31 的“象监”（hastyadhyakṣa）是不是一个人不得而知。

③ 鸡腰肉托果树（bhallatakī）：Semecarpus anacardium（PDP），与后文中 bhallataka 相同。

④ 原文 nibandhena vidyus：直译为“通过簿记弄清……”，即记录在册。

⑤ 关于“队列”（anīka）和“阵形”（vyūha），参见 10.3 相关内容。

地]、遮氐、迦卢奢、多罗阇那以及阿钵岚陀所产的象为中等；苏罗湿陀罗与旁遮那陀所产的象最劣。但对所有这些象来说，它们的勇猛、速度、力量均可通过训练增长。[①]

——以上是第二篇“督官职守”第二章“‘遮盖土地之缝隙’”。

第三章

第21目：要塞之营筑[②]

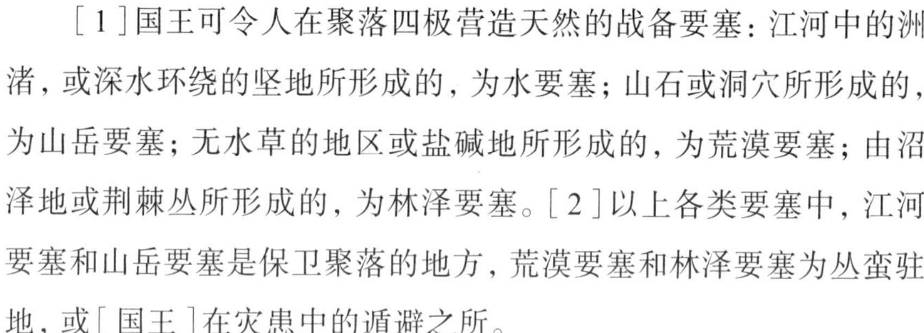

[1]国王可令人在聚落四极营造天然的战备要塞：江河中的洲渚，或深水环绕的坚地所形成的，为水要塞；山石或洞穴所形成的，为山岳要塞；无水草的地区或盐碱地所形成的，为荒漠要塞；由沼泽地或荆棘丛所形成的，为林泽要塞。[2]以上各类要塞中，江河要塞和山岳要塞是保卫聚落的地方，荒漠要塞和林泽要塞为丛蛮驻地，或[国王]在灾患中的遁避之所。

[3]在聚落中央，[国王]可令人于精通营建之人所称荐的地方营设郡会[③]，作为钱税总衙：它的[选址]或在河流交汇处，或在

---

① 以上所说地名，都是指该地的森林。阿钵岚陀（Aparānta）：字面为“极西之地”，本应译为“西方”或“西方诸国”，但《利论》把它当成了一个具体的国家（参见2.11.115；2.24.5），在2.25.5中，CP认为这个国家是印度西海岸的“准迦讷国”，因此采用音译。

② 本章的翻译主要参考了施林洛甫的研究（Schlingloff, 2013，即缩略语表中的“FCAI”），另外还参考了奥利维勒和坎格尔两位英译者的译文和注释。

③ 参见2.1.4。本章第1句所说的四种要塞都属前线防卫性质，而这里的“郡会”则是经济、行政中心。

常年有水的湖或池塘的岸上；[外观] 或圆形，或矩形，或方形，据建址情形而定；水应从它的左方向右方流；带一个集市；而且有陆路和水路可通。

[4] 他应令人掘三条环绕它的城壕，彼此相距 1 杖 ①；面宽分别为 14、12 和 10 杖 ②，深分别为各自面宽的 3/4 或 1/2，底宽为 [面宽] 的 1/3 或与面宽相等 ③；[三面] 皆以石块铺就，或仅它的两壁以石块或砖块铺就；城壕以 [附近的] 水源或引来的水灌充，带排水道，壕中蓄莲花和鳄鱼。

[5] 城壕 4 杖开外 ④，他应令人以掘壕所出之土造一土墉：高 6 杖，宽为高 2 倍，装填妥当 ⑤；[土墉] 或基宽而顶狭，或墙体上下等宽，或如罐肚状 ⑥；用象和牛夯实，上面种植荆刺丛与毒藤条。[6]

① 杖(daṇḍa)：音"檀荼"，意为"杖"（注意和"丈"区别开）。1 杖等于 4 肘(hasta)。约等于现在的 1.8 米(FCAI, 59)。关于长度单位，参见 2.20。

② 请注意文中并没有说这三条壕沟的宽度是从离城近处往离城远处递减还是递增。CNṆ 认为是离城最近的沟最宽，离城最远的那条最狭窄，而奥利维勒认为是相反。

③ 原文 mūlacaturaśrā vā，意谓壕沟或是"顶与底形成四方形"，亦即沟壁和底垂直而不是斜坡，实际就是顶与底等宽。CŚ 本作 mūle caturaśrāḥ pāṣāṇopahitāḥ...，与后文相连，意谓壕沟"底部规整(samyagbaddhāḥ)且铺着石头……"。CŚ 本将 caturaśra 训为 samyagbaddha，稍嫌勉强。迈耶译为"底部以方石铺就"，想必是按照 mule caturaśrapāṣāṇopahitā 这种读法来翻译的。

④ 这是指最里面的那条，为的是避免城壕中水腐蚀土墉(参见 FCAI, 60)。

⑤ 装填妥当(avaruddha)：字面为"封闭"。此用语真实意义不得而知。CŚ 说，"怎么样不掉土，就怎么样从底部做好填充"，是指将墉的毛坯筑得尽量结实。坎格尔认为是"夯实"，但后面直接提到这一点，因此不太可能。奥利维勒猜测可能是指在筑土墉时，采用一种骨架(比如木结构)，让土规整地填充进去。这与 CŚ 说大同小异。

⑥ 原文 ūrdhvacayaṃ mañcapṛṣṭhaṃ kumbhakukṣikaṃ vā：坎格尔译为："向上垒土，顶部是呈平台状的平地或两边呈罐状"。假如这么理解，这个"或"(vā)就显得突兀。笔者在此处采用了 CŚ 说：这是土墉三种可能的外观：下宽上窄、通体一般宽、罐肚状(上下窄，中间宽)。

他应令人以剩余的土去填充城内和王宫的低洼地。

[7]在土墉上，他应令人以砖[①]造一护墙：护墙的高——从12到24中的任何奇数或偶数个肘——为宽的两倍；[②]护墙内有战车可通行的过道，墙基铺扇棕树干[加固]，墙头冠以“鼓”和“猴头”。[③][8]他或可令人以巨石相缀合造石[护墙]，但不可造木结构[护墙]，[9]因为，火会藏匿在其中。

[10]他应令人[在护墙上]造基底呈矩形的[④]城垛，带与自身高度相等的悬梯[⑤]，每隔30杖[⑥]一个。[11]在每两个城垛中间，国王应令人造顶层为厅的双层塔楼，它的长为宽的1.5倍。[⑦][12]在每个城垛和每个塔楼中间，国王应令人造一个容得下三个弓箭手的

① CŚ认为这里的砖是烧制的（pakveṣṭakacitam）。

② 高在12—24这个整数区间的肘数，宽相应为高的一半。hasta：肘、肘尺，为1/4杖，约0.45米。

③ “鼓”与“猴头”指城墙之墙齿。这一句，坎格尔的读法与CŚ本仅有一个字母的差别（坎格尔：tālamūlaṃ murajakaiḥ；CŚ：tālamūlam urajakaiḥ）。按照坎格尔的读法译，当为“冠以‘鼓’与‘猴头’”，按CŚ则为“冠以‘女乳’与‘猴头’”。施林洛甫认为两者都可能（FCAI, 61-62）。

④ 基底呈矩形的（viṣkambhacaturaśram）：“边长为[护墙]宽度的方形”（CŚ）。但施林洛甫认为这实际是说城垛“垛基为矩形”（FCAI, 69-70）。

⑤ 原文utsedhasamaāvakṣepasopāna：与城垛等高的悬梯。据施林洛甫，城垛只有悬梯可通上，当敌人占领部分护墙时，悬梯应撤走，以阻止敌人攻势向其他部分发展的进度（参见FCAI, 70）。

⑥ 30杖，约54米，刚好是弓箭的射程，这是为了城垛间的互相保护（FCAI, 70）。

⑦ 原文为saharmyadvitalām adhyardhāyāmāṃ pratolīṃ：顶层为厅、长为宽1.5倍的塔楼。这样的塔楼建在两个城垛之间，均在护墙上，并且宽和护墙相等，因此塔楼的长为护墙（以及城垛）宽的1.5倍。据CŚ，harmya是一种以烧制砖结构而成之建筑的顶层的名称，但没有解释第一层。坎格尔推测第一层可能“没有壁，而只有柱子支撑顶层的屋子”。施林洛甫认为头层为步兵通行的过门，第二层的厅为防御之用（FCAI, 71）。

“因陀罗仓”，由一些带着可被遮盖的孔的板缀合而成。[①][13]在以上各种工事的间隙，国王应令人[在护墙外]侧造一条“天神路”[②]，宽2肘、长为宽的4倍。

[14]他应令人造多条宽为1杖或2杖的路[③]；另外，在不会受到攻击的地方造一条跑道和一个出口[④]。

[15]在[城]外，他应令人造一条被以下[障碍物]所覆盖的暗道：“碎膝”、带矛尖的陷阱、暗套、铁蒺藜[⑤]、“蛇背”[⑥]、“棕榈叶”、三角叉、“犬牙”(10.4.9)、栅栏、滚木、陷足坑、煎锅坑[⑦]以及水洼。[⑧]

[16]将两侧护墙造成1.5杖的弧形[⑨]后，他应令人造一个含六

① CNṆ解释说，板上带孔，而且孔可被遮盖，是为了便于弓手发箭而防箭射进来。并且，因为因陀罗素有“千眼”(sahasrākṣa)的名号，这个由带孔的板缀成的匣子也顺理成章地可以被称为“因陀罗仓”了。

② CŚ认为之所以名为“天神路”(devapatha)，是取其“隐秘”之意(devapathaḥ rahasmārgaḥ)；坎格尔认为是取“难以进入”之意。“天神路”为保护墙基之用，在护墙外侧，以硬木和铜带造就，也带可发箭的口，不发箭时则可掩上(坎格尔)。

③ 坎格尔认为这些路在护墙外，可以上下各种工事(如从“天神路”到“跑道”)。

④ 出口(niṣkiradvāra)：这个出口可能用于逃跑和迎敌。13.4.12也用到了niṣkira，那似乎是护墙内的人出护墙迎敌。

⑤ 铁蒺藜(kaṇṭakapratisara)：一种带金属刺的绳索(CŚ)(铁蒺藜也是用线贯串铺设和收取的)。

⑥ 由铁造的、顶部尖锐、形如无肉的蛇背骨一样的东西(CŚ)。

⑦ CŚ说这是一种坑，里面放置烧烫的煎锅。

⑧ 这条铺满了障碍物的“暗道”可能是用来防止敌人追捕(奥利维勒)。

⑨ 这里的意思是：在计划造城门的位置，将该位置的护墙缩回城内1.5杖(缩进的垂直距离)，但缩进的护墙本身则呈弧形。据施林洛甫，这种内缩型的城门结构，有利于守城时从护墙两侧对试图破门者进行攻击(如火攻)(参见FCAI, 72-75；另参见图20)。另外需要特别注意的是，从第16句起开始讲的各式各样的城门，都不仅仅只两扇门的简单结构，而是带门的各种建筑(比如主门实际是一座塔楼，而“牛苑”门实际是微型的“城”)。

根横梁的塔楼［式城］门[1]；它呈矩形，宽应为 5 杖——一杖一杖地增加[2]——到 8 杖，且长比宽多 1/6 或 1/8。[3]［17］塔楼的高应为 15 肘——一肘一肘地增加——到 18 肘。［18］立柱［横切面］的周长应为其长度的 1/6；埋地下的部分周长为［柱身周长］2 倍；柱顶周长为［柱身］长度的 1/4。[4]

［19］塔楼首层的五部分应为：一个厅、一个井、一个界房，［20］还有两个彼此对着的平台（共占 1/10 的面积），[5]［平台］之间造两扇角门和一个厅。[6]［21］［塔楼］半层高处，他应有一个带柱的结构[7]。［22］顶层阁楼占塔楼建筑面积的 1/2〔或者在建筑面积

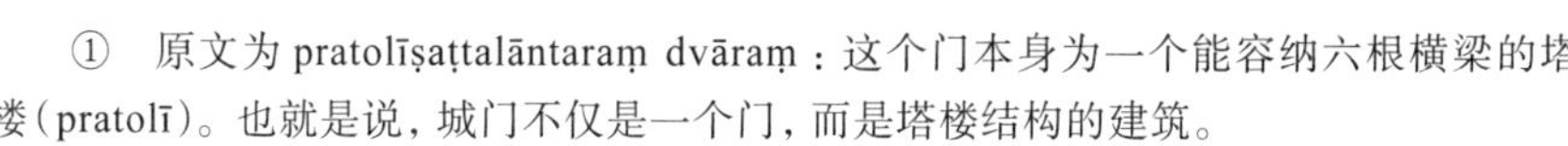

① 原文为 pratolīṣaṭṭalāntaraṃ dvāraṃ：这个门本身为一个能容纳六根横梁的塔楼（pratolī）。也就是说，城门不仅是一个门，而是塔楼结构的建筑。

② 即：宽的杖数有四个可能：5、6、7、8。

③ 由宽的区间可以算出，这个“塔楼”门的长应为 45/8 米到 9 米（长比宽多 1/8 时），或 35/6 米到 28/3 米（长比宽多 1/6 时）。但这里不清楚长和宽具体所指，如果以护墙的方向为准，那么，长是指护墙走向，还是与护墙垂直的方向，并不确定。不过，根据坎格尔，假如护墙是南北走向的话，那么应当是“塔楼”门（城门）东西走向的长度（亦即内缩进护墙的垂直距离）略长。

④ 这句是说塔楼的圆立柱。其切面周长为柱长（亦即柱高）的 1/6，那么结合第 17 句可知：立柱切面周长应为 2.5 到 3 肘；埋地部分（即柱基）周长为 5 到 6 肘；而柱顶周长为 3.75 到 4.5 肘。

⑤ 塔楼的首层有五个部分：一厅（śālā）、一池（vāpī）、一界房（sīmāgṛha），以及两个彼此相对的平台（pratimañcau）。施林洛甫推测这两个平台可能是关卡的装卸墩（比如将车上的货物卸在平台上，清点之后再装）（参见 FCAI, 76）。

⑥ 这两者用处不详。可能是两个平台最中间为厅，厅与两个平台之间则为两扇小门。结合施林洛甫的推测，这也可能是用于关卡控制。

⑦ 带柱的结构（sthūṇābandha）：相关学者都这么理解，但这里的“结构”所指为何，却不得而知。可以确定的是，它在城门第一层的地板和楼顶的中空，由立柱支持。但 sthūṇā 不仅是柱，还可以是塑像、雕像（参见 Ak 2.8.1466），所以 sthūṇābandha（同位持业释）也可能仅仅指一座半层楼高的雕像之类的建筑。同时，还有一种可能，bandha 也可能是指桥或者类似的结构，那么，sthūṇābandha 也可能指两头由立柱支持的横梁（弧状或平行于地面），以形成一个桥洞——但这些都只限于猜测。

的 1/3 之内],[①] 四侧用砖砌成，一侧带一个自左向右 [②] 的楼梯，对侧是一面暗藏楼梯的墙$_{(1.20.2)}$。[23] 拱门的顶高 2 肘。[24] 开关两扇门 [③] 占用塔楼内 3/5 [的空间]。[25] [应有] 两条门杠。[26] "因陀罗楔" [④] 应高 1 生主肘$_{(2.20.12-16)}$。[27] [大门门板上的] 应有一个高 5 肘的角门。[28] 有 4 根象栓[⑤]。[29] 为便于进城[⑥]，[应造] "象趾" [⑦]。[30] [另应造] 一条与城门等宽的通道：或为吊桥，或为——在没有水的地方——土道。[⑧]

---

① 顶层阁楼比塔楼第一层小。

② 坎格尔解释说，这个左右，是相对一个站在门楼里脸朝城外的人而言。

③ 开关两扇门（kapāṭayoga）：两扇门的合上和打开。

④ "因陀罗楔"（indrakīla）：实际就是门槛（参见 FCAI, 78）。CŚ 认为是"用来托抵门扇的楔子"（indrakīlaḥ kavāṭadhāraṇārthaḥ pradhānaḥ kīlaviśeṣaḥ）。坎格尔认为是一种（铁）桩，在门关后放在门后。

⑤ 象栓（hastipārigha）：CŚ 解释说这四根栓（放在塔楼里）用来标记象可以走的四个门，并认为背后的含义是整个门楼可以容得下四头象并行。坎格尔引另外一些注家猜测，这些"象栓"是（战时）用来防止象破门的，而且可能放在门外，用来防止象破门是可以接受的，但将这个放在城门外则容易遭受敌方的破坏。施林洛甫也认为这可能是用来加固城门门扇，以防象的冲击（FCAI, 78）。

⑥ 坎格尔本读作 niveśārdhaṃ，认为"象趾"宽"为（塔楼）结构的一半"，而奥利维勒从拉合尔本改为 niveśārthaṃ，认为是指为了"进城"（niveśa），应造"象趾"。后者较为合乎情理，笔者从之。

⑦ "象趾"（hastinakha）：CŚ 解释说，"象趾"就是"一个用土堆成、形似大象脚掌的斜坡，要塞内的人用来下要塞"（hastinakhaḥ durgāvataraṇārthaḥ kramanimno hastinakhabho mṛtkūṭaḥ）。坎格尔亦认为是一个下要塞的通道，之所以这么叫，是由于这个过道对于形似象腿的土墉来说，好似大象脚掌。

⑧ 这个通道（saṃkrama）似乎通向"象趾"，因而也通向城门。坎格尔原文为：mukhasamaḥ saṃkramaḥ saṃhāryo bhūmimayo vā nirudake，理解为"桥应与城门口等宽，可以吊起；或者，在无水之处，以土为桥"。并将"无水之处，以土为桥"解释为留出城门口宽的土不挖（作桥），两边则为城壕。奥利维勒则将 samkrama 理解为普通的通道，它或是由吊桥来充当，或者，当无水的时候，就是一条下到城壕又上来的土路。有水的话，则用吊桥作通道，战时收起。城壕无水，则用直接造土质的通道，上下

［31］开出一个与护墙等宽的出口[①]之后，他应令人造“牛苑”门，这个门的1/3形似鬣蜥吻。[②]［32］在护墙中部凿出一个水池后，他应令人再造“莲池”门[③]；［再令人造］“内院”门[④]：由四个［墙上］带洞的厅构成，中［庭宽为侧庭宽的］1.5倍；［再令人造］“秃子”门：有两层楼，顶楼无屋顶；[⑤]或者，他应令人根据土地和材料［的情况[⑥]来造各种门］。

［33］他应令人再造长［比宽］多1/3的沟渠，用来存置器具。

城壕。交战的时候，则用水漫过这条土道。并提供了他自己改进的读法：mukhasamaḥ saṃkramaḥ saṃhāryo vā bhūmimayo vā nirudake。综合考虑，奥利维勒说更好，故从之。

① 这个出口的宽与护墙的宽相同，但显然它的开凿方向是与护墙垂直的。施林洛甫认为是出口的高与护墙的宽相同（FCAI, 81），由本章第7句可知，护墙的宽为它本身高的一半（6—12肘），那么，“牛苑”的高就是护墙高的一半。很难确定孰是孰非。

② CŚ解释说，前面说了城门主门的营造法，这里说其他城门的造法。gopura：“牛城”“牛苑”，但它不是城或苑，而是门的名称。据施林洛甫（FCAI, 80-81，以及第89页图19），这种门的结构是入口狭长，两边带两翼。中间部分（即入口）就像一只鬣蜥的大嘴。

③ “莲池”门（puṣkariṇīdvāra）：字面为“莲花池”，但这仍然是门而不是池子的名称。坎格尔认为这个池子可能是阻止破门而入的敌人。

④ “内院”门（kumārīpura）：字面为“深闺”或“女眷之内院”（参见MBh 4.10.11），并非如坎格尔与奥利维勒所说的“公主所居的宫室”。据施林洛甫（FCAI, 81；另参见该书第89页图24、25），“内院”门后的建筑样式如下：四个厅房在与城门垂直的方向上隔出三个矩形的庭院。墙上带洞，则各家都一致认为是便于向冲进来的敌人发箭。adhyardhāntaraṃ：“中间那个比……多一半的”。原文并未说到底是中间的什么比什么多一半，因此猜测可能是指中间这个庭院（也是过道），比两侧的庭院分别宽一半（它们的长度相同）。另外，这个门得名，可能是因为女眷多的人家，供她们居住的内室就是这种封闭的构造。

⑤ CŚ将muṇḍaharmya训作“无尖顶的阁楼”，而此门之所名为“秃子”（muṇḍaka），是因为它“带无顶的阁楼”；坎格尔认为是“其顶楼无顶盖或阁楼的”。两者大同小异。但总的来说，关于这个门的疑问尚未解决，其用途也难以确定。

⑥ “根据土地和材料的情况”不是指最后那道“秃楼门”，而是指这里提到的非主城门的各种门（CŚ：arthād yathoktamekaikaṃ dvāram）。

［34—35］沟渠中存放石块、铲、斧、箭支、砍刀[①]、棒、锤、杖、轮、机关和“百人斩”(2.18.6)；由铁匠打制的戟、带尖的竹竿、“驼颈”[②]、燃剂(13.4.19-21)，以及关于林产一章中所列的物事(2.17.4-16)。

——以上是第二篇“督官职守”第三章“要塞之营筑”。

第四章

第22目：要塞之布局

［1］三条向东的御道和三条向北的御道［形成］居建区的划分。[③]［2］它应有12个门；有合适的水源和排水沟；有暗道[④]。

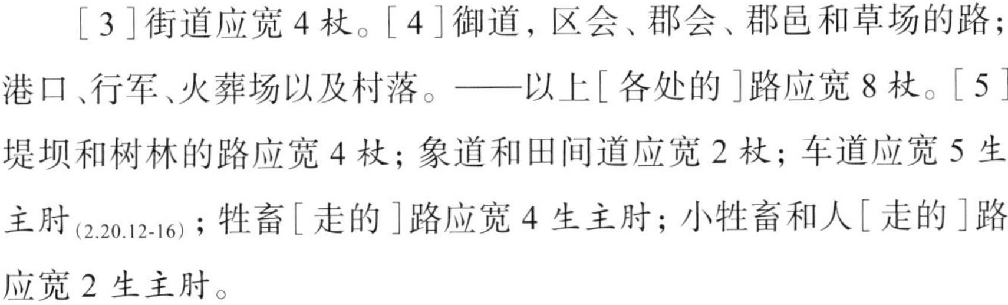

［3］街道应宽4杖。［4］御道，区会、郡会、郡邑和草场的路；港口、行军、火葬场以及村落。——以上［各处的］路应宽8杖。［5］堤坝和树林的路应宽4杖；象道和田间道应宽2杖；车道应宽5生主肘(2.20.12-16)；牲畜［走的］路应宽4生主肘；小牲畜和人［走的］路应宽2生主肘。

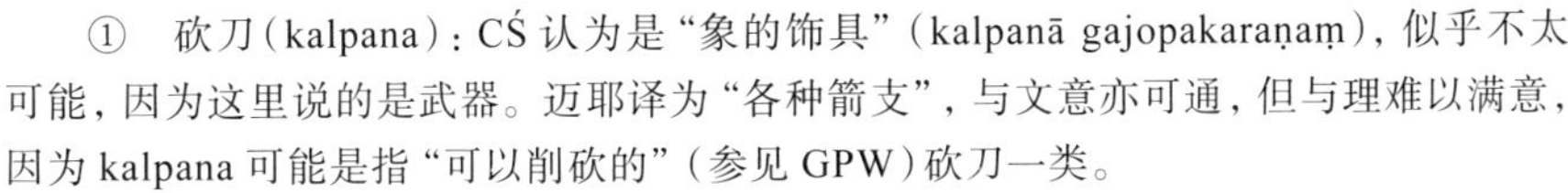

① 砍刀（kalpana）：CŚ认为是“象的饰具”（kalpanā gajopakaraṇaṃ），似乎不太可能，因为这里说的是武器。迈耶译为“各种箭支”，与文意亦可通，但与理难以满意，因为kalpana可能是指“可以削砍的”（参见GPW）砍刀一类。

② “驼颈”（uṣṭragrīvī）：形如驼颈的兵器（CŚ）。

③ 即：三条东西走向和三条南北走向的御道，会将要塞的城区划分（vibhāga）为16部分。vāstuvibhāga：居建区的划分。坎格尔译为“宅居区的划分”。

④ 暗道（channapatha）：被掩盖的路。CŚ和坎格尔认为是带地道的路，有些绝对。2.3.15也提到它，但它在那并不是地道。

[6]王宫应位于一个优胜的、适于四种姓生活的所在。[①][7]在居建区中心北面的1/9部分[②],他应按照上述法式$_{(1.20.1-2)}$造一座朝东或朝北的王宫。

[8]王宫的东偏北[③]部分为[国王]师尊和国师祭祀和[奠]水[④]的所在;谋臣们也应住在东偏北部分。它的东偏南部分为膳房、象厩[⑤]和储库。[9]它往外再向东[⑥]的方向,应住[以下人]:经营香、花、浆汁的人;制造梳妆品的人;刹帝利种。

[10]南偏东部分,为器物仓$_{(4.9.6)}$、簿记室$_{(2.7.1)}$以及各色工坊[⑦];南偏西部分,为林产仓和武备库。[11]它往外再往南的方向,应住[以下人]:司市、粮贸官、厂坊官、军官;[⑧]经营熟粮、酒、肉的人;

① 奥利维勒认为这可能是窜入正文的批注。

② 据CŚ,整个建筑区被(纵横各10条线)划分为81个分区(请注意本章第1句是16个分区)。那么,建筑区的中心北面1/9(整个建筑区的1/9,即9个分区的面积)则用来营造王宫。显然,这个中心就是从东南西北各个方向都数到5的那个区。这是印度建筑中的"最上坐落"(paramaśāyika,最好的位置,风水宝地)原则(关于"最上坐落",参见Ramakrishna 1998, 16-17)。另外,关于军营中国王行宫的位置,参见10.12。

③ 东偏北(pūrvottaraṃ):即正东方到正东北方这个区间(CC:pūrvasyāṃ diśi uttaraḥ),以下可类推。

④ 奠水(toya):指向去世的祖宗献上水(参见MBh 18.2.6)。

⑤ 象厩(hastiśālā):CŚ认为是"象背形的聚会厅"(hastipṛṣṭhākāraṃ sabhāgṛhaṃ)。但把聚会厅和储库、厨房放在一起,似乎不太可能。

⑥ 它往外再向东(tataḥ paraṃ):王宫之外再往东。以下每句中的"某偏某"都是指王宫中方位,而"它往外再向……"指王宫之外。

⑦ 各色工坊(karmaniṣadyā):很难确定这个词的准确含义。坎格尔认为是"为官办工坊做工之人寓处",而迈耶与奥利维勒认为是"工厂"。但下文第12句有karmagṛha,也可理解为"工厂",显得重复。据CŚ,karmaniṣadyā是指从事金银制品手艺的地方。而坎格尔和奥利维勒都将第12句中的karmagṛha理解为专门为王室服务的工厂。

⑧ 原文为nagaradhānyavyāvahārikakārmāntikabalādhyakṣāḥ:这一复合词较为费解。坎格尔译为"城中贩粮人、厂坊官和军官"。但沙费认为这里的nagara(城市)应与vyāvahārika在一起组成复合词,实际是指2.36中的"司市"(nāgarika)(参见Scharfe

妓女；舞者；吠舍种。

［12］西偏南部分，为蓄养驴、驼的地方和厂坊的所在；而西偏北部分，为［存放］车乘、战车的所在。［13］它往外再往西的方向，应住［以下人］：［加工］羊毛、绳线、竹苇、兽皮、盔甲、兵器以及盾牌的工师；首陀罗种。

［14］北偏西部分，为货物仓和药房；北偏东①部分，为府库和牛马［厩圈］。［15］它往外再向北的方向，为城市与国王［保护］神［的庙宇］；［加工］金属和珠宝的工师；婆罗门种。

［16］在沿着墙的那些不适合居建的“缝隙”②［地带］，为各个行会③和外地商团的住地。

［17］在城市中央，国王应令人为阿钵罗支陀天、阿补罗提诃陀天、遮让陀天以及毗遮让陀天造神堂；④为湿婆天、毗沙门天、阿湿毗天、吉祥天女以及摩地罗天女造神庙。⑤［18］他应依照居建的地方而设立［相应的掌管］神祇［的神庙］：［19］主管［四］门的神

1993, 175)。“军官”(balādhyakṣa)不见于《利论》中他处。

① 从第 8 句的“东偏北”到这里的“北偏东”，在空间上，沿着顺时针转了一个圈(maṇḍala)。

② 关于“缝隙”(chidra)，参见 2.2 标题及相关注释。

③ 行会(śreṇī)：从事同行业的一伙人。CŚ 说是“浣染工、编织工、裁缝等”(rajakatantuvāyatunnavāyādayaḥ)。

④ 以上四个神祇字面意思分别为：莫能胜(Aparājita)、莫坏(Apratihata)、得胜(Jayanta)、胜出(Vijayanta)，都和胜利有关。关于这四者到底是谁，各注家和译家莫衷一是(印度古代神祇名称和诨名在历史中十分复杂)。据 CC，他们可能分别是：毗湿奴天(Viṣṇu)、因陀罗(Indra)、因陀罗之子(Aindra)以及塞犍陀天(Skanda)。

⑤ 湿婆天、毗沙门天、阿湿毗天(双马童)、吉祥天女的原文分别为：Śiva、Vaiśravaṇa、Aśvin、Śrī。摩地罗天女(Madirā)：madira 意为酣醉，她可能是突伽天女(Durgā)。另外，关于这一整句的各种神祇，也可与《摩耶工论》相关内容对比(参见 *Mayamata* 10.49b-50)。

祇分别为：大梵天、因陀罗、阎摩天以及师主天。[①][20]在城外，最外城壕100弓(2.20.18-19)开外，应设支提、圣地、树林和堤坝，并应依据不同方位——或在东偏北的方位——设立神庙。

[21]对于从低到高的各个种姓，应分别从南、[西、北、东]门运送[尸体]到火葬场。[②][22]若违越之，处强盗罪初等罚(3.17.8)。

[23]外道和旃荼罗应住在火葬场外缘(2.36.14)。

[24]他应根据家主们工坊[所需]用地去为他们确立界际(3.9.10-14)。[25]在这些[用地]上，他们应在被允许的情况下开辟花园和果园，积蓄粮食和货物。[26]每十户所成的院子[③]，应有一处水井。

[27]他应令人储存能用多年的[下述物事]：所有[类别的]脂油、粮食、糖、盐、香料、药、干菜、青草、肉干、干草、木料、金属、兽皮、木炭、筋腱、毒物、角牙、竹苇、树皮、坚木、武器、盾以及石头。[28]他应用新库存更换旧库存。

[29]他应成立一支由象、马、车、步兵[构成]，并具有多个统领的军队。[30]因为，有多个统领的军队，[将领间]出于相互忌惮而不至于听从敌人的煽动。

[31]边守经营要塞的[相关事宜]可由此说明。

---

① 这四个天神分别掌管北、东、南、西四门。师主天（Senāpati，即"军队首领"）也就是上面提到的塞犍陀天。

② 即：首陀罗尸体从南门（吠舍从西门、刹帝利从北门、婆罗门从东门）运出。关于这一规定，另可参见2.36.31-33以及Mn 5.92。

③ 院子（vāṭa）：围栏、栅栏所围成的场地，意译为"院子"。其界限可能是用树木之类方法标记的，每十户形成一个小型村落社区。

［32］另外，他不可让那些为害城市和郡邑的外来人进城；他应将他们逐到聚落中去，或令其缴纳所有赋税。

——以上是第二篇“督官职守”第四章“要塞之布局”。

第五章

第23目：府库总管之理库

［1］府库总管应令人造国库库房、货物库、储库、林产库、军械库以及监狱［各一个］。

［2］他应令人造一个地下室[1]：令人凿出一个无水也无潮气的方形井，两侧和底部贴上大石块；以坚木为梁，有与地面平齐的、三重的顶，且各重顶构造彼此相异[2]：［一重为］嵌顶、［一重为］地顶、［一重为］驻顶[3]；［仅］带一个入口、一道与机关相连的楼梯，

① 关于地下室（bhūmigṛha）的构造，因施林洛甫的研究而变得清晰（Schlingloff 1969）。另外，奥利维勒在他自己的英译本注释中，也根据施林洛甫的研究，对地下室的构造和功用给出了令人信服的说明。笔者对正文的翻译和随后注释，参考了两位学者的研究。

② 这个“顶”是地下室的屋顶，它本身又由三层“顶”重合构成（tritala），而且这三重顶的结构又彼此不同。

③ 这三层顶是从上到下排列的：“嵌顶”（kuṭṭimatala）是指石灰镶着卵石的顶，它是最上面一层，与地面地板齐平；“地顶”（deśatala）为中间层，施林洛甫认为可能是“当地的土”，伪装为当地的土层；“驻顶”（sthānatala）为最下层，他可能是木板，并支撑着上面两个顶。名为“驻顶”可能取sthāna“坚驻”之意。另外，“地下室”的这种构造主要是为了防盗：两侧和底部用巨石贴上，是防止从地下挖地道的贼；而三重顶的第二层伪装为当地土层，可能会使得从上面挖掘者误认为下面不会有什么东西。

且为神像所掩盖。[1][3]在此之上，他应令人造国库库房：[库房的]两侧封死[2]，带一个过厅，用砖砌就，且被存放器物的沟渠所围绕；或者，[他应令人造]一个阁殿。[3][4]在聚落的边境上，他可以用死刑犯造一个恒久的宝藏，以备不虞。[4]

[5]他应令人造如下[设施]。在两侧造货物库房和储库：带烧制砖砌成的立柱；带四个厅；[5]有一些隔间和顶；[6]中空立柱里有遁避通道。在中间造林产库房：带许多厅；沿墙有[多个]小间[7]。还有武备库房：与[林产库房]一样，另带一个地下室。监狱：分别有法官监狱和大员监狱——男女分开，且各间牢房把守严密，以防逃跑。[8]

① 入口为神像所掩，而楼梯与机关相连，仅国王和府库总管知道（奥利维勒）。

② 两侧封死（ubhayatoniṣedha）：意义不明。似乎是指两侧都不能进入。CŚ 解释为"里外两侧都带门杠"。

③ "阁殿"（prāsāda）是针对本句中"国库库房"之外的另一种选择。即：要么在地下室上面造一个那样的国库库房，要么造一个阁殿。

④ 可以想到，这些死刑犯造完宝藏之后就会被处死。从《利论》后半部分可知，王国内外都有许多不稳定的因素，所以失国出奔是常事。因此，预备这样一个藏宝的地方是有必要的。它之所以叫"恒久的宝藏"（druvanidhi），可能是指国库并不保险，而这个秘密的宝藏却很保险。

⑤ 带四个厅的这种库房，一边两个厅，中间是过道——参见 2.3.31 中的"公主院"。

⑥ 有一些隔间和顶（anekasthānatalaṃ）：CŚ 解释为"有很多隔间和层的"（anekaiḥ kothair bhūmikābhiś ca yuktam），即不仅有隔间，隔间还有多层。迈耶也将 sthāna 理解为"隔间"，但认为复合词的意思是"有很多层（以形成）隔间的"。而坎格尔和奥利维勒译为"有很多地板和天顶的"，不令人信服。笔者认为 CŚ 说较符合情理：大厅中有小库房，而小库房又有多层。

⑦ 沿墙有多个小间（kakṣyāvṛtakuḍyam）：其墙被小间所包围（CŚ：kakṣyābhiḥ prakoṣṭhakaiḥ vṛttaṃ parītaṃ kuḍyaṃ yasmin tat）。这是指那些大厅中，再沿着墙隔出许多小的房间（kakṣyā，参见 1.20.1）。

⑧ "法官监狱"和"大员监狱"，前者关押被法官判罚者，后者关押被大员（主

［6］他应令所有的［库房］都带有［下述设施］：厅堂、沟渠、井；浴室；防火防毒［设施］；猫和獴的保护；[①] 供奉各自神祇的［设施］。

［7］他应在储库设一个口宽1生主肘的盆瓮作雨量器。

［8］他应在衙署中精通各种物品的行家指教下去收取——新的或旧的——宝石、贵重物或廉值物[②]。［9］在这［些物事的交割］中：若有涉及宝石的舞弊，则当事人和唆使人处高等罚[③]；若涉及贵重物，［两者均］处中等罚；若涉及廉值物与林产，［两者均］等值赔偿，并处等量罚金。

［10］他应收取经验币师鉴别过的钱币，［11］还要切碎伪币。［12］收入伪币者，处初等罚。

［13］他应收取干净、饱满[④]且新出的粮食。［14］反之，处粮

要指4.1.1中的裁判官［pradeṣṭṛ］）判罚者。这和《利论》第三、四篇的内容对应：前者民事相关，后者刑事相关。奥利维勒认为三种监狱：法官监狱（dharmasthīya）、大员监狱（mahāmātrīya）和监牢（bandhanāgāra），并引4.9.21（dharmasthīye cārake bandhanāgāre vā）为证据，但并不令人信服。首先，从这里句法上来说，dharmasthīya与mahāmātrīya两个词修饰bandhanāgāra更为晓畅可通。否则“男女关押地分开”（vibhaktastrīpuruṣasthānam）到底是修饰前两个监狱，还是修饰最后一个监狱（如果是三种监狱的话）？其次，4.9.21中dharmasthīye cārake只指一个事物（法官监狱）而不是指两个。因为4.9.22只区分了“从cāraka中逃脱者”和“从bandhanāgāra中脱逃者”，而且后者受到的惩罚比前者严厉得多。显然，这是因为前者民事相关（法官监狱），而后者是刑事相关（大员监狱）。CŚ、迈耶、坎格尔均理解为两种，奥利维勒说似过于求新。另外，大员（mahāmātra）主要是指掌管“去刺”的裁判官（pradeṣṭṛ），为统一译名，笔者后面将“大员监狱”也译为“裁判监狱”。

① 这是为了防蛇、鼠（参见1.20.6；4.3.21）。

② 贵重物（sāra）、廉值物（phalgu）：前者为奢侈品，后者为日常可见的物品。这两个词经常成对地被提到。

③ 即“强盗罪高等罚”，参见2.1.29及注释。以后涉及（强盗罪）低、中、高等罚，不再提示。

④ 饱满（pūrṇa）：“足量的”（CŚ、坎格尔）、“饱满的”（迈耶）、“长熟的”（奥利

食价值[①]两倍的罚金。

[15]货物、林产及军械[的收取规则]，可由此说明。

[16]在所有分署中，主事、从吏和他们的仆从若侵盗1波那、2波那、4波那、[4波那]以上[②]，分别处初等罚、中等罚、高等罚、死刑。[17]司掌府库者[③]若有侵盗[情形]，处死。[18]为其代销[赃物]者[④]，处一半的罚[⑤]。[19]若不知情，则加以申饬。

[20]盗贼若破府库[而入]，复刑处死[⑥]。

[21]因此，府库总管应在可靠之人的指教下照管各种库存。

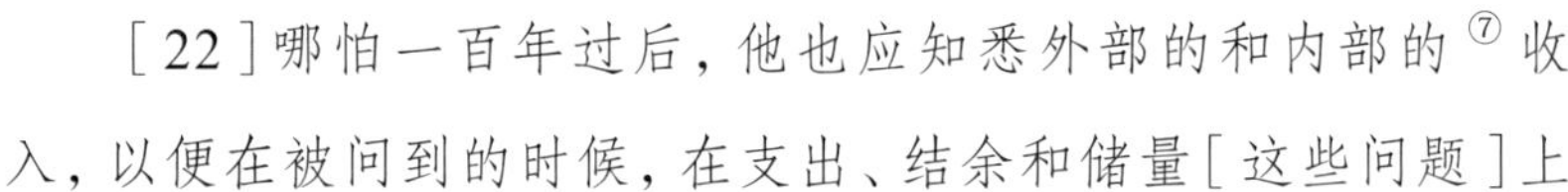

[22]哪怕一百年过后，他也应知悉外部的和内部的[⑦]收入，以便在被问到的时候，在支出、结余和储量[这些问题]上

维勒)。这里的三个形容词都是形容粮食质量本身，“足量”不太可能，“长熟的”似乎有点过度阐释。迈耶的理解最普通、直接、合乎情理。

① 价值(mūlya)：货款、货值、所值的钱。它和价格(argha)的区别，参见2.16.18、4.4.20及两处的注释。

② 关于侵盗的数额，KA作paṇādicatuṣpaṇaparamāpahāreṣu，即：侵盗1、2、3、4波那者，分别处初等罚……死刑。沙费认为写本D(即CNṆ的底本)的读法(paṇadvipaṇacatuṣpaṇaparamāpahāreṣu)更好，奥利维勒也采用了沙费的说法(参见Scharfe 1993, 5-7)。

③ 司掌府库者(kośādhiṣṭhita)：掌管国库的人，可能指2.11.1的司库(kośādhyakṣa)，也可能指所有在国库当差的人。

④ 代销者(vaiyāvṛtyakara)：vaiyāvṛtya意为代销、行脚代销(参见3.12.25-31)，vaiyāvṛtyakara为从事代销者。

⑤ 一半的罚(ardhadaṇḍa)：意义不明。若直接责任人被处死，那么确定“一半”指什么。迈耶认为是指涉案价值的一半。

⑥ 复刑处死(citro ghātaḥ)：受多种刑罚直至死亡。与直接处死(vadha，śuddho ghātaḥ)相反。参见4.11。另参见4.9.2；4.9.7。

⑦ “外部的和内部的”指聚落和城市(CŚ)。

不犯结巴。

——以上是第二篇“督官职守”第五章“府库总管之理库”。

第六章

第 24 目：总督之敛税

［1］总督应注意[1]要塞、郡邑、开采场(1.10.15)、堤坝、森林、畜群以及商道。

［2］市易税、罚金、衡量监正、司市、钱币督造、符印官、酒、屠宰、绳线、脂油、酥油、糖、金匠、市集、乐户、赌对、建筑、工匠与艺师班子、神庙官、外人进城所纳的钱。——这是“要塞”[2]。

［3］农产、份税、贡献、赋银、商贩、河监、渡运、商埠、草场(2.34.12)、过路费(2.21.24)、巡护费、缉盗费。——这是“郡邑”[3]。

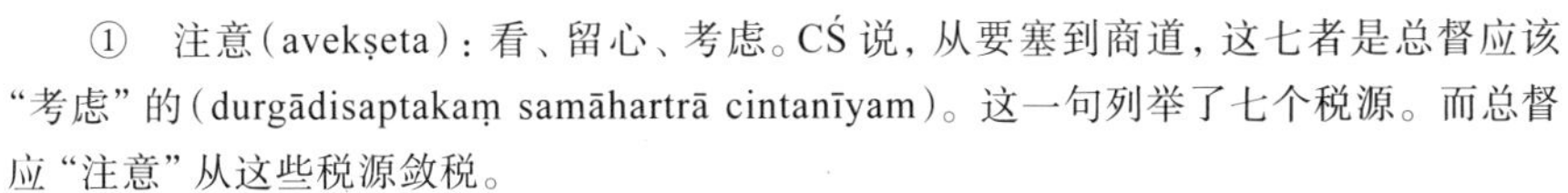

① 注意（avekṣeta）：看、留心、考虑。CŚ 说，从要塞到商道，这七者是总督应该“考虑”的（durgādisaptakaṃ samāhartrā cintanīyam）。这一句列举了七个税源。而总督应“注意”从这些税源敛税。

② “要塞”（durga）在这里获得新意义：城市税源，因此加上双引号，下面另外六种亦同。上面的列举名词在分类上看似不一致，但都应看作是用其他名词来代替税费种类。比如关口税和罚金本身就是税钱；几种职官名称代表他们所规定的赋税；而货物名称（如绳线、酥油）、职业（比如金匠、乐户［妓女］）等，代表从这些物品和从业者那里收取的钱。关于这些税费，除却罚金、脂油、酥油以及工匠与艺师班子这四者，其他可分别参见（按正文顺序排列）：2.21-22；2.19；2.36；2.12.24；2.34；2.25；2.26；2.23；2.14；2.16 与 4.2；2.27；3.20；3.8-9；5.2.38-46；2.4.32；2.22.8。

③ 同样，“郡邑”一词在此指聚落、村落税源。各种分类不一致的名词也和上面一样指代赋税种类。农产（sītā）指农产官经营王田所得（2.24）；份税（bhāga）即受田者

［4］金、银、金刚石、宝石、珍珠、珊瑚、螺贝、金属、盐，以及地下、岩石与液体中的矿物。——这是“开采场”。

［5］花园、果园、菜地、水田、根的种植[①]。——这是“堤坝”。

［6］牲畜、野兽[②]、物产、育象的林囿。——这是“森林”。

［7］牛、水牛、山羊、绵羊、驴、驼、马、骡。——这是“畜群”。

［8］陆路、水路。——这是“商道”。［9］以上是收入之“体”[③]。

［10］货值、份税、补缺捐、独占税、定捐、铸币捐和处分。——这是收入之“首”。[④]

向国王纳的六一份税（2.15.3）；贡献（bali）可能是国王为充实府库而额外征要的粮钱（坎格尔，参见 2.35.7；5.2）；赋银（kara）是征收的钱，而非实物（坎格尔）；河监（nadīpāla）和渡运（nāva）可能是指 2.28 中提到的各种课罚和税费；巡护（rajju）据 CŚ 注译出，rajju 意义不明，坎格尔认为是“丈量土地”的相关费用。

① 根的种植（mūlavāpa）：可食根的种植，如姜之类（坎格尔）。也可指种植具有可食的根的植物的人。

② 古代印度人对走兽分类一般有三种：paśu、mṛga、vyāla。paśu 一般指家养和祭祀用的牲畜；而 mṛga 主要指林间小型野兽（这两者经常被作为对比一起提到，参见 Mn 12.42）；vyāla 指狮虎等猛兽（参见 Mn 1.39, 43）。paśu 传统上有五种：牛、马、人、山羊、绵羊（参见 *Atharvaveda* 11.2.9）；而 mṛga 虽然一般被当成鹿，但它实际上指代广泛得多：鹿、羚、麝等。

③ 收入之“体”（āyaśarīra）：收入的“身体”，收入的躯干。

④ 收入之“首”（āyamukha）：收入的“头”。由上一句可知：收入的“身体”是税源，而收入的各种“头”则为税费种类，那么，两者一横一纵就构成了王国内部的收入网络：从七种税源（要塞等）均收取七种税费（货值等）。因此，在理想状态下，王国完整的收入（“身体”和“头”俱全）应为 49 种。货值（mūlya）：销售提成（主要指售卖国办厂矿产品的抽成，参见 2.12.35）。补缺捐（vyājī）：较为复杂，它指纳税人对一切有可能令国库蒙受损失情况的预先的、强制性弥补，通常为 5%（参见 2.12.26, 28；2.15.11；2.16.10；2.19.43）。独占税（parigha）：parigha 本意为门杠，作为税费意义不明。有人认为是进城所缴纳的费用（迈耶）。有人认为是为保证“技术性生产”（如冶炼等）在王国监管之下而收取的税费（坎格尔）。鉴于在 2.12.35 中也有这一税种，它不太可能是进城费。定捐（kḷpta）：“额定一个村落［整体］应缴的钱与粮”（CŚ）。铸币捐（rūpika）：实际就是人们使用国家铸钱的“使用费”，参见 2.12.26。另外，3.17.15 的颂文也提到

［11］供奉神和祖先、布施；［接受］祝祷［的酬仪］；王宫；膳房；遣用使节；储库；军械库；货物库房；林产库房；工厂；劳役[①]；步、马、车、象［四兵］；牛群[②]；［蓄养］牲畜、野兽、禽类和猛兽的园囿；［蓄育］木材与草的园子。——这是支出之“体”。

［12］国王［在位］的年、月、半月和日。——这是“计日”[③]；雨季、冬季、热季的第3个和第7个半月[④]都少一天，而其他的［半月］都是足日的；另外有一个闰月。——这是“时”。[⑤]

了它（在那里读作 rūpa，可能是为了协调音节）。处分（atyaya）：违反国家规条所处的罚金（另见 2.9.8），似乎具有较强的行政意义，而且奥利维勒指出，罚金（daṇḍa）是由法官或裁判官所判定，具有“法律性”，这是一个很重要的法规。为了区别这两者，笔者将其分别译为“处分”和“处罚 / 罚金 / 课罚”。

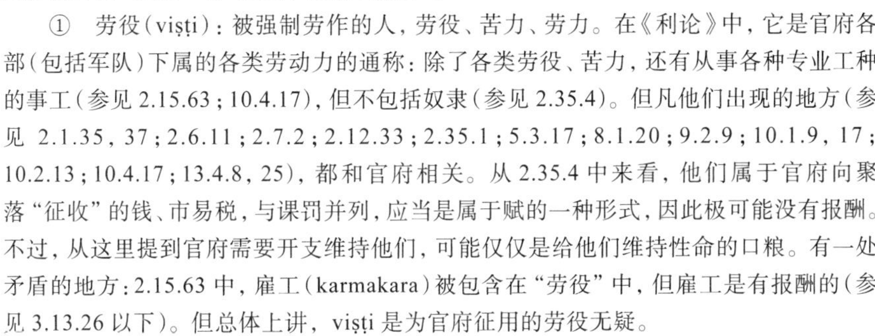

① 劳役（viṣṭi）：被强制劳作的人，劳役、苦力、劳力。在《利论》中，它是官府各部（包括军队）下属的各类劳动力的通称：除了各类劳役、苦力，还有从事各种专业工种的事工（参见 2.15.63；10.4.17），但不包括奴隶（参见 2.35.4）。但凡他们出现的地方（参见 2.1.35，37；2.6.11；2.7.2；2.12.33；2.35.1；5.3.17；8.1.20；9.2.9；10.1.9，17；10.2.13；10.4.17；13.4.8，25），都和官府相关。从 2.35.4 中来看，他们属于官府向聚落“征收”的钱、市易税，与课罚并列，应当是属于赋的一种形式，因此极可能没有报酬。不过，从这里提到官府需要开支维持他们，可能仅仅是给他们维持性命的口粮。有一处矛盾的地方：2.15.63 中，雇工（karmakara）被包含在“劳役”中，但雇工是有报酬的（参见 3.13.26 以下）。但总体上讲，viṣṭi 是为官府征用的劳役无疑。

② 牛群（gomaṇḍala）的照管也是支出的一种，具体参见 2.29（其中 2.29.47 明确地提到了 gomaṇḍala 一词）。

③ “计日”（vyuṣṭa）：原意为“拂晓”。在《利论》中为术语，它似乎既可以指一般性的计日方式，又指收支簿记落款日期（参见 2.7.29-33）。但无论取何种意义，都可以称为“计日”。

④ 半月（pakṣa）：半个月，这是印度常用的计时单位，后文会大量见到。为避免三个半月（3.5 个月）和三个半月（1.5 个月）这类混淆，笔者将作为单位的“半月”处理为楷体，写为 1 半月、2 半月之类。

⑤ 整个句子规定的计时方法似乎是与财政的收支算法紧密相关。《利论》中另外的地方提到一般计时方法是一年六季（详情参见 2.20.41-66）。在这里只有三季（四月一季，季度中才可能会出现第 7 个半月），似乎是财税相关的计时与一般不同。另外，关于“闰月”（adhimāsaka），参见 2.20.65-66。

［13］预计收入、已成立收入、遗漏收入、收支、结余。[①]

［14］诏令、履职［章程］、确定［收入之］“体”、收取、所有钱税的小计、总计。——这是预计收入。[②]

［15］已进入府库［的钱物］、国王［直接］征收［的赋税］和建城支出，［这三者］是已入库的；[③] 前一年之结转、［国王］诏谕所征发［的财物］和［国王］口令所征发［的财物］，［这三者］是待入库的。——这是已成立的收入。[④]

［16］某项事业成就后的收获、未缴纳的罚金。——这是待收取的［收入］；强行拒缴的、被官员用掉的——这是待厘清的［收入］。——［这两类］是遗漏的收入。[⑤]

① 这五项似乎是总督在收入方面应实行和记录的内容。另外，以下解释这些五项的用语也都十分简练和“紧敛”（compact），其确切意义已经很难知晓。

② 似乎是在描述对敛收税费的预计或构想（参见 2.7.3）。“规定”（saṃsthāna）：“规定某村应缴的数目”（CŚ），但在 2.7.3 和 3.1.30-40 中，它指国王的谕令。同时，在《长生词库》中，saṃsthā 指谕令之类（Ak 2.7.982-983），因此有理由认为 saṃsthāna 在这里就是指国王的诏令或谕旨。“履职章程”（pracāra）：CŚ 训为“（待收税）地区”；而奥利维勒认为是涉及敛收的一些特定规程（本篇标题中的 pracāra 亦是指履职的规则）。但 pracāra 不仅指这种章程，还指履行职事本身（见下文 19）。收入之“体”：参见本章 2-9。所有钱税的小计（sarvasamudayapiṇḍa）：直译为“所有钱税的团”，piṇḍa（团、块）是指从各个税源收得税费分别的小计。总计（saṃjāta）：预计收入的总计。

③ 前面这三者组成“已成立的收入”的一个小类：已经进入国库的钱物。其中，“建城支出”（puravyaya）中的“支出”不是指国王向外花钱（否则就不能说是收入了），而是指城市民分摊的建设费（CŚ）。

④ 从这里可以看出，“已成立的收入”中的“已成立”（siddha）仅仅只是表示“可以被实现”（比如，官吏正常履职就能实现，而官员不正常履职或舞弊，那么就不会实现），还不是最终的实现。

⑤ “遗漏的收入（śeṣa）”也分两类，第一类是“容易收回的”，后一类是“需要努力方能达成的”（CŚ）。“事业成就后的收入”（siddhikarmayoga）：事业（比如矿山）还在进行中，还没成为现成的收入。“被官员用掉的”（avamṛṣṭa）：avamṛṣṭa 本意为“撒

［17］现行收入、滞后收入、其他来源的收入：［18］每天所得的收入，为现行收入；［19］前一年之结转，或从其他［官员或官署］履职［收入中］[①]转入的，为滞后收入。[②]［20］遗落的和遗忘的、对官员的处罚、“肋”捐、［所获］赔偿、所受馈赠、参与闹事之人的财产、无子嗣者［的产业］，还有宝藏，为其他来源的收入。[③]［21］解散军队和因疾病而中断之事业［剩余的支出］，为支出之回流。[④]［22］商品销售时价格的上涨、［货物的］增殖、衡器与量器的差别、补缺捐、［买家］竞购时价格的增长。[⑤]——以上是［各种］收入。[⑥]

落的”（ava-√mṛṣ）。CC 注认为是“被官长等强行用掉的”（yan mukhyādibhir balād upayuktam）。

① 原文为 parapracāra：“从前任官员［履职中］取得的，或从敌国所得的［收入］”，显然是将 para 理解成“他人”。如果将 para 仅仅理解为“其他的”，那么，这个复合词就是指“其他官署”，即：不同部衙的主管官员之间的交割，而这种交割“可能花费一定的时间”（奥利维勒，另参见 2.7.3）。这两者都可能。

② 名为“滞后”（paryuṣita，停留），是相对“现行”（vartmāna）而说的：前一年的结转，还有涉及官员或官署之间的转账，交割都需要一定时间，因此“滞后”。

③ 相同内容见 2.15.9。“肋”捐（pārśva）：CŚ 认为是“多收的赋银、铸币捐和施展诡计所得”（在 2.15.3 中又将同样的词解释为“常规赋银之外加收的”）；迈耶直译为“副收入”，但未做注释（奥利维勒译文从迈耶）；坎格尔认为是“附加收入”。其确切意义无从知晓。参与闹事者的财产（ḍamaragataksva）：显然是指没收所得。“无子嗣者（的产业）”（aputraka）：参见 3.5.28。

④ 军队出征和其他事业，都有一定的支出预算，那么，中途解散军队（vikṣepa）和事业中断，预算还会剩余。这就是“支出之回流”（vyayapratyāya）。作者将“回流”实际是当作了一种“收入”。另参见 2.15.10。

⑤ 货物的增殖（upajā）：这种增殖是指自然的增长（比如牛群中生了小牛，就是一种 upajā，参见 2.29.8，11）。衡器与量器的差别（mānounmānaviśeṣa）：CC 理解为在度量衡具上做手脚，但实际它应该和 2.15.11 中的“度量衡具的不同”（tulāmānāntara）同义，仅仅指官方使用的度量衡具会可能占得便宜，这对官方来说也是一种收入。（买家）竞购时价格的增长（krayasaṃgharṣe vārdhavṛddhi）：商家在售卖过程中遇到这种情形，多余的部分会被官方收去（参见 2.21.9；3.9.5）。

⑥ 第 17—20 句介绍了三种收入并一一做了解释。第 21 句和第 22 句又说了另外

[23]常规支出、因常规支出而产生的支出、收益支出、因收益支出而产生的支出。[1]——这是[各种]支出。[24]每天都有的支出，为常规支出。[25][臣工等]每半月、每月或每年的收益，为收益支出。[2][26]因这两者而产生的支出[3]，分别为因常规支出产生的支出、收益支出产生的支出。——以上是[各种]支出。

[27]从总计中结算了收入和支出后的[结果]为结余，它包括已得和结转。[4]

[28]明智的[总督]应敛收[税费]。他应让人看到收入的增长与支出的减少，并克服相反[情形]。

——以上是第二篇“督官职守”第六章“总督之敛税”。

两种形式的“收入”：回流收入和额外收入。

① “收益支出”和“因收益支出而产生的支出”是指国王需要给臣工的工钱。前两种支出是在国王的立场上，后两者则在臣工的立场上，这是分类标准的混乱。关于这一点，本章第15句中的“建城支出”被列在国王的收入中，也是分类标准的不一致。

② “收益支出”为直译，在原文语境中也不很协调。它意思是：国王按时给臣工们开工钱的支出——这些支出对臣工们来说是收益。

③ 因这两者而产生的支出：总的来说，就是预算之外的支出。CŚ解释说是特殊情况下，给仆役的薪酬比预计的多，那么，这就是“因日常支出产生的支出”（比如哪一天要做比平常多的饭，就会增加支出——奥利维勒）；同样，在特殊情况下而付给臣工们薪酬比预计的多，那么，这就是“因收益支出产生的支出”。

④ “总计”（saṃjāta）参见本章第14句。“已得”结余（prāpta）可能是指眼前就已经达成的结余，而“结转”结余（anuvṛtta）可能是指一定时间段之后（比如一季度或一年）才能得出的。

第七章

第 25 目：档署中计事[5]相关

[1]主计官[6]应令人造一座档署：[档署]面朝东或朝北，分为[多个]厅室。

[2]在那里，他应令人将如下事项记录在簿册上。(一)分署方面：[各分署]的数目、履职[章程]、总计数额；(二)工厂方面：对各种材料使用的增多和减少[7]、支出、添头[8]、补缺捐、添加物[9]、地点、薪酬、劳役[这些事项的]数量；(三)宝石、贵重物、廉值物和林产方面：价格、样品、大小、重量、高度、深度、容器；(四)各个地域、

⑤　档署中计事(akṣapaṭale gāṇanikya)：akṣapaṭala 指进行计算、造簿、记录等的地方(CŚ)，即档署；gāṇanikya 指计算、会计、会账、核算等，即计事。关于计事，参见 Scharfe 1993, 193-195。

⑥　原文仅为 adhyakṣa(监官、督官、主事官)，缺乏修饰词，奥利维勒认为他可能仍然是上一章中的总督，似乎并不妥，因为第二篇中各种主事官员的职事都很分明，这里应理解为主管计事的官员。

⑦　原文为 dravyaprayogavṛddhikṣaya：在生产过程中材料(重量体积)的增多或耗损。kṣaya 为“耗损”，prayoga 应理解为“生产过程”。绳线在处理后相对处理前有所增加(比如 4.1.8，以及 Mn 8.397)。而金银等处理过程中有耗损(参见 2.14.8)。不过，这个复合词还可以简单理解为“对原材料使用的增多与减少”。vṛddhikṣaya 放在一起，最普通的意思就是“增长与减少”“增高与降低”或“起伏”(参见 Yājñ 2.258)。而 prayoga 也可以仅仅理解为“使用”而非“生产过程”。

⑧　添头(prayāma)：在使用某些度量衡具时，应在实际数目上再多给出一些，即添头或搭头(参见 2.19.24)。

⑨　在生产过程中往原料掺入的其他东西(如 2.14.9)。

村落、种姓、家族、团众方面：法、律则、习俗、诏令[①]；（五）国王侍奉者方面：[他们]获得的恩惠、封地、资用、豁免、禄粮和薪酬；（六）国王的妃子和儿子方面[②]：[他们]获得的宝石、土地、津贴、应对突发事件[的用度]；（七）盟王和敌王方面：与议和或开战相关的贡献或受献。

[3]从这里[③]，他应将写有[如下事项]的簿册送交所有分署：预计收入、已成立收入、遗漏收入、收支、结余、附加收入(2.15.1, 11)、履职[章程]、习俗以及诏令。

[4]在高、中、低各级事务上，他应任命相应[级秩]的官长，但在收纳入账的事务上，他应任命一个合适的人：国王罪罚他之后也不会后悔。[④][5]共责保人[⑤]、侍奉他的人、他的儿子、兄弟、妻室、

① 法（dharma）和律则（vyavahāra）的区别，参见3.1.1第57目标题注、3.1.38-41。习俗（caritra）、诏令（saṃsthāna）的区别，用现代术语可以大致类比为：前者带习惯法色彩，后者带成文法色彩。关于这四者，参见3.1.39-40。

② 原文为rājñaś ca patnīputrāṇām：仅从文句上说，这句话也可以理解为“国王、（及其）妃子和儿子方面”。但前面提到那些“依赖国王为生的”仆从，相应地，这里似乎不应当包括国王本人。

③ 从这里（tataḥ）：“这里”到底是主计官的办公地点，还是指上一句描述的账簿，很难确定。

④ 即：各级事务都应指派相应级别的负责人。敛收税费可能是最重要的（直接面对财物），这样的人可能也最容易惹火烧身，所以得安排一个与国王关系不紧密的人。若他有过，国王也不必碍于情面不处分，或者即使不得不处分，之后也不会后悔。

⑤ 共责保人（sahagrāhiṇaḥ pratibhuvaḥ）：坎格尔根据字面将sahagrāhiṇaḥ译为“一起收取的人”，这两个词在3.11.14再次出现，奥利维勒在那里做了一个长篇的注释，他证明sahagrāhiṇaḥ pratibhuvaḥ不是两个并列的词，而是前者修饰后者。在这里，sahagrāhiṇaḥ pratibhuvaḥ是一种特殊的保人，在任命官吏（或人们接受任职）时需要提供给官方，以保证本人尽职尽责，若出现渎职情形，这类保人首先承担经济上的责任。因此，sahagrāhin不是指“一起收取”（一起贪污），而是共同承担责任，故为“共责保人”。

女儿、仆隶都要承担此人职事相关的损失。

[6]一个工年有354个日夜。[1][7]无论是否足年，他都应将箕月望日定为年终。[2][8]他应设掌管闰月[簿记]的分署。

[9]另外，[官吏的]履职应受到密探的监督。[10]因为，任事[官吏]会[在如下情形下]造成税费[收入]的损失：若不熟悉履职[章程]、习俗和诏令的话，就会因无知[造成损失]；若不能忍耐精勤导致的劳累，就会因怠惰[造成损失]；若沉湎于声[色]等感官快乐[3]，就会因疏忽[造成损失]；若畏惧骚乱、非法以及非利[的事]，就会因恐惧[造成损失]；若有心恩待那些陈情或诉讼的人，就会因爱欲[造成损失]；若有心伤害他们，就会因愤怒[造成损失]；若有学问、有钱或有宠臣庇护撑腰，就会因傲慢[造成损失]；若通过[制造]重量、度量、估算[4]和计算[方面]的差异作弊，就会因贪婪[造成损失]。

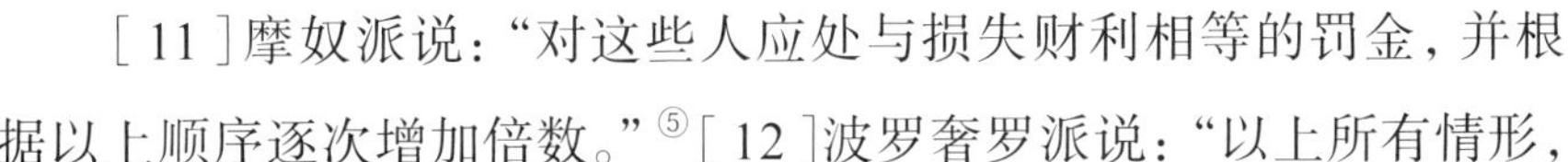

[11]摩奴派说："对这些人应处与损失财利相等的罚金，并根据以上顺序逐次增加倍数。"[5][12]波罗奢罗派说："以上所有情形，

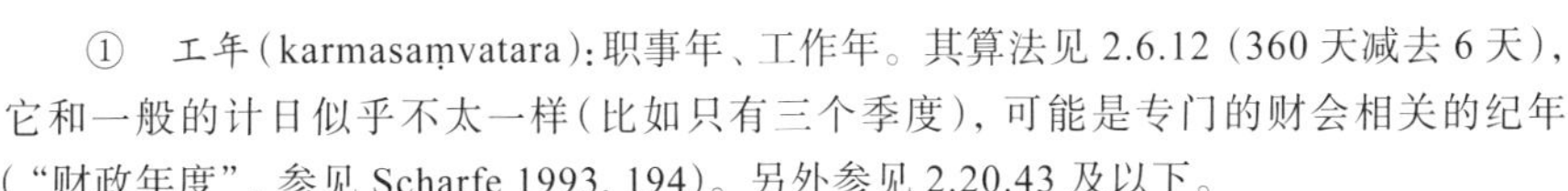

① 工年（karmasaṃvatara）：职事年、工作年。其算法见2.6.12（360天减去6天），它和一般的计日似乎不太一样（比如只有三个季度），可能是专门的财会相关的纪年（"财政年度"，参见Scharfe 1993, 194）。另外参见2.20.43及以下。

② 沙费认为对于原始农耕经济来说，在"箕月"（6—7月）结算过去一年财务是自然而然的（Scharfe 1993, 20）。"无论是否足年"，可能是涉及闰年（奥利维勒）：闰年通常安排在夏季或年末（即箕月[Āṣāḍha]、女月[Śrāvaṇa]，参见2.20.54-60；2.20.66），如果某年闰年恰好在箕月后，那当年则不是足年。

③ 感官快乐（indriyārtha）：直译为"感官的对象"。

④ 估算（tarka）：某些类别的东西，或因为价值不高，或因为无法准确计算，只能通过估算来交割。参见2.21.15。

⑤ 即：因"无知"造成的损失，赔偿与损失相当，因"怠惰"造成的损失，赔偿损失的两倍，以此类推。

［都应处损失财利］8 倍的罚金。”［13］祈主派说：“10 倍。”［14］优散那派说：“20 倍。”［15］憍底利耶说：“应根据过失［课罚］。”

［16］他们[①] 应于箕月望日去结账。［17］当他们拿着有符印的账簿和装有结余的容器[②] 到来后，他应将他们限制在一处，并禁止他们交谈。［18］在听取了收入、支出和结余的［各自］数额之后，他可将结余取走。［19］另外，在账簿中，若有收入或支出的数额会导致结余上的任何增长，或［结余本身］有任何遗漏，他应令［相关计官］赔偿该数额的 8 倍。[③]［20］若情况相反，那么［多余部分］返还给他自己。[④]

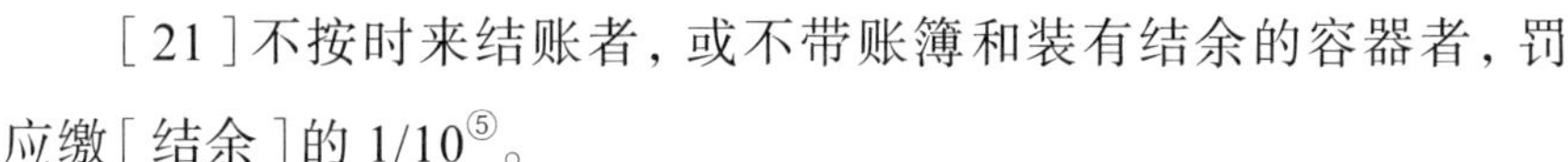
［21］不按时来结账者，或不带账簿和装有结余的容器者，罚应缴［结余］的 1/10[⑤]。

① 指本章第 4 或 9 句中那些收纳入账的官吏。

② 账簿和装结余的器物都带符印。

③ 即：在账面上，若因为少算收入和多算支出导致结余的某部分被少算，或结余本身的某部分被漏算（从第 30—33 句来看，收入、支出、结余的账簿似乎是分开的），这会导致他们呈交的结余比账面上本应该有的结余少，那么，他们应赔偿少算这部分的 8 倍。

④ 相反情形，则是多算了收入或少算了支出，或结余本身被多算了，他们呈交的结余就会比账面的结余多，那么，这多余的部分应退给相应计官。

⑤ 应缴结余的 1/10（deyadaśabandho）：应缴的 1/10。bandha 在《利论》中是一个十分重要的、与财物往来相关的术语（除此处外，另外还在 2.7.38；2.8.6, 11；3.1.20-21；3.3.4；3.9.10；3.11.7, 33, 41；3.12.6, 16；3.13.33-34；3.16.8 出现）。从这些语境来看，它的意思是“相关财物”“涉事财物”“涉案财物”“涉讼财物”，甚至最广泛意义上的“这或那一笔财物”（奥利维勒援引一些学者说明了 bandha 在某些语境中有“质押”或“保证”的意思［与英文 bond 同源］，后来引申为“应缴”或“涉事”这类意义）。在本句中，bandha 指“涉事财物”（结余）；而在 3.1.20-21 中，它指“涉案财物”，涉案的那一笔财物；在 3.9.20 中，它又指经过结算后最终应付的那一笔财物。从最广泛的意义上来说，bandha 仅仅表示简单的一笔财物，它随语境而取得其相关意义（涉案、涉事、结余、应缴等）。同时，这里的 daśabandha（以及下文第 38 句中有 pañcabandha）中

[22]另外，若事吏[①]到场时计官却未准备好审计[②]，处初等罚；[23]反之，事吏处两倍罚金。

[24]所有大员应一致地按[自己]履职[情况]通报。[25]他们中如有[与自身履职情形]不一致者或陈述不实者，处高等罚。[③]

[26]对于未呈交每日流水簿册者[④]，他应等1个月。[27]1个月之后，该[官吏]应缴200波那罚金，[再往后]则逐月增加200波那。[28]对于尚有少量账面上结余的欠款[⑤]未交割者，他应等5日。[29]对于那些先[将结余]入库，然后过了该期限才呈交每日流水簿册者，他应通过[以下方式]核查[此事]：相关的法、律

的“10”（daśa）和“5”（pañca）表示1/10和1/5（基数词[Kardinalia]在某些复合词首中行使序数词[Ordinalia]功能。——Wackernagel, 1957-1975, III, 338）。

① 事吏（kārmika）：办事者，可能是本章第4或9句中那些收纳入账的官吏，也可能是其他负责具体生产事务的官吏。可以肯定的是，他们与“计官”（kārṇika）是相反的。

② 未准备好审计（apratibadhnataḥ）：译文用坎格尔说。沙费认为是“未预备好相应的簿册”（参见Scharfe 1993, 194）。

③ 这两句十分费解。各种“大员”参见2.12.6。沙费认为他们是来听取审计工作的（Scharfer 1993, 194-203）。如此一来，呈报者的报告就要获得他们的一致同意，然后宣称谁是“称职”（pracārasama）。但这么理解，后一句就会出现问题。这些大员若有“立场与其他所有人不同的”（pṛthagbhūta）或“说谎者”（mithyāvādin），将会被处高等罚。这种规定对于只是陪审团性质的大员们来说，似乎太不符合情理。笔者认为，这两句仍然应该被理解为大员们按照自己的履职情形（pracārasamaṃ）向国王（也可能是主计官）报告（śrāvayeyur）收入、花销、结余之类的情形。他们必须老老实实（aviṣamamātra），“（与自己履职情形）不一致者”（不一定是故意说谎），或者“（故意）陈述不实者”（mithyavādin），就处高等罚。不过，总的来说，在缺乏材料的情形下，这两句的阐释都不令人满意。奥利维勒甚至认为，这两句的来源与整章不太一样，是作者生硬地将它们放进来的。

④ 这是指那些需要结账的“事吏”（见本章第22句）。

⑤ 少量账面上结余的欠款（alpaśeṣalekhyanīvīkaṃ）：即：该事吏未按账面上结余数目把实际结余全呈交计官。

则(2.7.2)、习俗、诏令；总账[①]；[该官吏]完成的工作；推理和[密差的]线报。

[30]他应通过每日、每5日、每半月、每月、每4个月、每年的[账目]去核实[②]。[31]他应通过[以下内容]核实收入：计日(2.6.12)、地点、时间、[收入之]“首”(2.6.10)、来源、结转(2.6.15)、数量、缴付者、令人缴付者、书记、收受人。[32]他应通过[以下内容]核实支出：计日、地点、时间、[支出之]“首”、收益支出(2.6.23)、缘由、缴付的[财物]、[该财物的]用途和数量、下令[缴付]者、缴付人、安排人、接收人。[33]他应通过[以下内容]核实结余：计日、地点、时间、[收入与支出之]“首”、结转、实物、钱币[③]、数量、[钱或物]所存放的器物、守卫者。

[34]在国王的事务上，若计官未准备好核计，或不予以核计，或定出与书面谕令有出入的收入和支出，处初等罚。

[35]若他所记录的物件没有次第，或次第颠倒，或无法辨认，或有重复，罚12波那。[36]若他如此地记录结余，罚金为2倍。[37]若侵吞，罚金为8倍。[38]若毁坏，[处]被毁财物1/5的罚金，并偿付[原物]。[39]若陈述不实，以盗窃论罚。[40]若事后承认，处2倍罚金；若将原先遗忘的[财物]带回，同前。

---

① 在这里，“总账”（saṃkalana）的“总”作动词。

② 查证的对象就是那些应当结账和呈交结余的官吏。

③ 钱币（rūpalakṣaṇa）：rūpa 本来是指“样品”，也指实物的计算单位，如25头牛的“头”（参见2.29.4）；lakṣaṇa 指各种不同的钱币（参见2.12.24的“钱币督造”）。结余中既有实物，也有钱币，主计官应核实这些实物的计量和不同面值的钱币。

[41]他[1]应容忍小的过犯；哪怕收入很少，他也应感到满足。而且，他应以恩惠礼敬[对他]有大帮助的主事官员。

——以上是第二篇“督官职守”第七章“档署中计事相关”。

第八章

第26目：追复为官吏所侵盗之收入

[1]一切事业都以府库为先。[2]因此，他应首先料理府库。

[3][官员]履职[富有]成效、维持习俗、制裁盗匪、整肃吏治、稼禾丰茂、货物充足、免于灾害、豁免减少[2]、[获得]钱币馈赠。——这些[导致]库财增多。

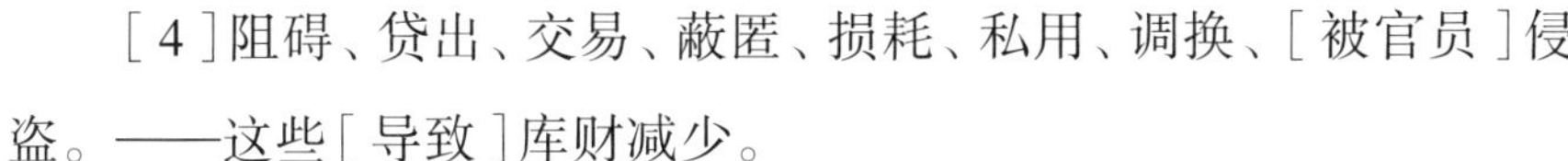

[4]阻碍、贷出、交易、蔽匿、损耗、私用、调换、[被官员]侵盗。——这些[导致]库财减少。

[5]未收获已有成就、未完成收获、[3]未进入[府库]。——这是阻碍。[6]对此，罚金为相关财物的1/10。

[7][官吏]为利息而贷出府库财物。——这是贷出。[8]交易[府库的]货物。——这是交易。[9]对此，罚金为所得收益的2倍。

---

① 这里的主语“他”应该是指国王，而不是本章的主计官。

② 豁免减少（parihārakṣaya）：国王减少某些人的赋税豁免，对库财增多有利。

③ 未收获已有成就（siddhīnām asādhana）：直译应为“未达成成功”，即：某事业已经有了成效，但官员不去履行职务，则没有收入；未完成收获（anavatāraṇa）：“未到手”（CŚ：ahastaprāpaṇanm），即：某些情况下，官员履行了职务但未取得收入。

［10］到期时未完成结算，或未到期却结算。——这是蔽匿。［11］对此，罚金为相关财物的 1/5。

［12］［官吏］损失既定的收入，或增加既定的支出。——这是损耗。［13］对此，罚金为被损耗量的 4 倍。

［14］自身或让他人使用国王的财物。——这是私用。［15］对此，若私用宝石，处死；若私用贵重物，处中等罚；若私用廉值物和林产，等价赔偿并处相同罚金。

［16］通过用其他财物［替换的办法］取走国王的财物。——这是调换。［17］对此［过错的处罚］，可由“私用”$_{(2.8.14)}$说明。

［18］［官吏］未将已成立的收入入库、不交割书面上［所要求的］支出；或不承认已经结算的结余。——这是侵盗。［19］对此，罚金为［相关财物的］12 倍。

［20］［官吏们］侵盗［库财］方法有 40 种：［21］早先已成立的［收入］[①]，之后才收取；之后方成立的［收入］，提前收取；未达成应达成之事；达成不应达成之事；已达成之事被当成[②]未达成之事；未达成之事被当成已达成之事；达成些许被当成达成许多；达成许多被当成达成些许；达成了此事被当成达成彼事；通过此来源达成的被当成是通过彼来源达成的[③]；当交付而未交付；不当交付却

① “已成立的收入”仅仅指正常情况下（比如官员正常履职）一定可以获得的收入，不是最终被实现或已经拿到手的（参见 2.6.15 及注释）。

② 被当成（kṛta）：成办、弄得好像是……。√kṛ 这一词意义极为广泛（类似汉语的“做”，俗语中的“弄”“搞”），在这里主要是指大小官吏在各种履职流程（记载、报告、收取税费……）中以各种方式作弊。

③ 比如，从供奉天神的布施中收到的税费，被当成从祭祀的布施中收取的记下来（CŚ）。

已交付；当交付时却未交付；不当交付时却交付；交付些许被当成是交付许多；交付许多却当成交付些许；交付了此［财物］却当成交付了彼［财物］；从此来源被交付的［财物］被当成是从彼来源交付；已入库的被当成尚未入库；尚未入库的被当成已入库；将未付货款的林产入库；未将已付款的林产入库；集中被当成分散；分散被当成集中[①]；以低价物调换高价物；或以高价物调换低价物；抬高价格；或压低［价格］；让年［数］和月［数］不谐；或让月［数］和天［数］不谐[②]；弄错［收入的］来源$_{(2.6.2\text{-}9)}$[③]；弄错［收入之］“首”$_{(2.6.10)}$[④]；弄错事官；行事出错；弄错小计[⑤]；弄错［财物］的成色；弄错价格；弄错重量；弄错大小；弄错容器。——这是各式侵盗方法。

［22］对此，他应对［以下人员］逐一讯问：从吏[⑥]、库管、书记、收受人、缴付者、令人缴付者、幕僚以及代销人$_{(3.12.25\text{-}31)}$。［23］若他们陈述不实，则与［分署］主事同罚。［24］他应在［该官员］履职［范围内］[⑦]宣布：“受该吏员之害的人，可报告我。”［25］对报告者，他应根据受害情况令人给出［补偿］。

［26］另外，在［该吏员］被诉多条事状的情况下，若他否认［全

① 主要是指国王货物的销售，分情况或集中在某地销售，或分散各地销售。参见2.16.1-9。

② 比如，假如某年有闰年，而官吏和雇工的工钱与禄粮是以年计算的话（参见5.3），那么，这些人闰年的工钱和禄粮就会被相关人克扣。同样，如果月与天数不协调，以月计工钱和禄粮的话，有些月份不足三十天，国库就会多付出钱粮。

③ 弄错收入的来源：比如，原在要塞内收取的税费，却记或说成是在郡邑收取的。

④ 弄错收入之“首”：比如，本来收取的补缺捐，却记或说成是份税。

⑤ 小计（piṇḍa）：即从不同税源收取钱税的各自的总账；总计（saṃjāta）：所有的钱税。参见2.6.14。

⑥ 从吏（upayukta）比分署的主事（yukta）级别小，属于低级吏员。参见2.5.16。

⑦ 指该官员履职范围内的那些被搜刮、冤枉、欺压以及索贿的百姓。

部事状]，那么，一条败诉，则应对所有[事状]负责(3.1.19, 27)；[27]若他未一概而论[①]，则应被一一审问。[28]另外，若涉及侵盗大量财物，那么，即使只被证明[侵盗]些许，也应对所有[财物]负责。

[29]若事状被证实，已被给予[防止]报复保证的线人[②]应得[涉案财物的]1/6；若他是[王国的]仆从，则应得[涉案财物]1/12。[30][线人]所诉事状[涉及]大量[财物的情形下][③]，若只有小部分被证实，他应得到被证实部分的[那一份[④]]。[31]若[线人]所诉事状未证实，他应受到身体或金钱的惩罚，而且没有恩赏。

[32]但是，若事状被证实，而线人却因为被告的唆使而翻供，或让自己抽身事外，那么，[该线人]应处死。

——以上是第二篇"督官职守"第八章"追复为官吏所侵盗之收入"。

① 未一概而论(vaiṣamye)：多样、不同。在这里指承认一些事状，同时也否认一些事状。

② 即："线人"(sūcaka)除了得到人身安全的保证，还能得到经济上的奖励。这里的"线人"很难说是常年为官方人员提供线报的人还是恰巧知道内情的百姓，"已被给予[防止]报复的保证"(kṛtapratighātāvastha)这一修饰语似乎也不能证明这个线人属于王国的情报系统。常规线人固然可以被给予这样的保证，但是，百姓偶然的举报似乎也可以得到这样的保证。

③ 原文为prabhūtābhiyogād：很多的……罪状。既可以理解为"大的罪状"，也可理解为"[一条]涉及大量[财物]的罪状"。

④ 即：控告某官吏贪墨1000波那，只有150波那被证实，那么该线人得25(非公职人员)或12.5波那(公职人员)。

第九章

第 27 目：官吏之监察

[1]所有具备辅臣资质(1.7.1)的督官，都可根据其能力被任命到各种事务上去。[2]另外，由于人的心思并不恒定，[国王]应令人针对他们[履行]职事进行一贯的监察。[3]因为，人与马性质相同：被用去做事时，[性质]就会改变。[4]因此，他应知悉各种事务中的办事人、职署、地点、时间、任务、投入和产出。

[5]他们应按照指令做事，既不相互勾结，也不彼此为敌。[6]他们如相互勾结，就会侵吞[事业的成果]；如彼此为敌，就会毁掉[事业]。[7]未先行报告主上①，他们不得开始[任何]事业——应对灾患的情形除外。

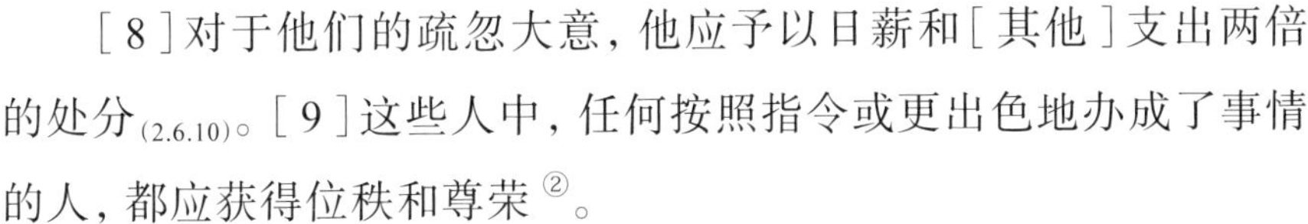

[8]对于他们的疏忽大意，他应予以日薪和[其他]支出两倍的处分(2.6.10)。[9]这些人中，任何按照指令或更出色地办成了事情的人，都应获得位秩和尊荣②。

[10]诸先师说："如果[一个官员]收入少而开支大，他就侵吞[库财]。[11]相反的情形，或量入为出，则不侵吞[库财]。"[12]憍底利耶说："只有通过密探才能确定。"

[13][一个官员]令收入蒙受损失，就是在侵吞国王的财利。

① 主上(bhartṛ)：即国王。

② 应获得位秩和尊荣(sthānamānau labheta)：获得职位(sthāna)和尊荣(māna)上的提升。

[14]若此人因为无知等[原因][1]而令收入蒙受损失,他应令此人按照倍数赔付。[15][一个官员]取得两倍的收入,他就是在侵吞聚落[的财利]。[16]如果他为了国王的利益而[悉数]上交:若他犯的是小过,应受到劝止;若他犯的是大过,应按过错予以处罚。

[17][一个官员]将收入算为支出[2],就是在侵吞属员职事[的成果]。[18]若在[涉及]工日、财物款项、属员薪酬方面有侵盗[情形],应按过错予以处罚。

[19]因此,任何被国王以诏令任命到任何官署中[的官员],都应将自己履职的实际情形和收支用明细以总汇的方式呈报给国王。

[20]另外,他应约束"败家子""当下汉"和"守财奴"。[3][21]以不当的方式花费父亲和祖父[所传]财产的人,为"败家子";[22]赚得多少就花费多少的人,为"当下汉";[23]以刻薄仆从和自身[的方式]聚敛财利的人,为守财奴。[24]若他有党众,则不应被夺去产业;反之,他应被剥夺全部产业。[4]

---

① 无知等原因(ajñānādibhiḥ):指2.7.10中提到的那一系列失职原因。赔偿按照不同原因的罗列顺序而逐次加倍,比如因无知赔一倍,因怠惰就赔两倍,以此类推(见2.7.11)。

② 原文为 samudayaṃ vyayam upanayati:将收入算进到支出里(坎格尔),即:下属收得了钱税,但该官员却将这些收入在账面上做到支出中去(下属的薪酬、禄粮),以此侵吞下属的劳动成果。同时,这句话也可以理解为:将支出当作收入依旧上缴,即:该官员并不使用某项事业的预算支出,而将其仍旧交还国库,这样,应当从事的事业则无法开展(CŚ;迈耶;奥利维勒)。笔者认为,按照后一种理解方法,"侵吞属员职事(的成果)"就无法落实:因为预算支出被交还,下属们根本没去做事,侵吞他们的劳动成果就无从谈起。

③ 败家子(mūlahara):直译为"拔根""毁本";当下汉(tādātvika):来自tadātva(眼前,当下),只顾眼下的,汉语中没有现成的话,直译为"当下汉"。这两者以及"守财奴"都是指官员中的这类人。

④ 这一句针对的可能是三者,也可能仅仅针对守财奴。可以确定的是,作者教导

［25］任何掌管大笔收入的“守财奴”［官员］若积聚、存放或转移［财物］——比如积聚在他自己家中、存放在城市民和聚落民中，或转移到他国，密使应探知其幕僚、朋友、仆从以及眷属这类党众财物的收入和支出［这类情况］。［26］若［该官员］有人在他国境内活动，密使可先取得那人的信任，然后探知其图谋。［27］若完全确认，［国王］应以敌王书信为由①处死他。

［28］因此，他的督官们应与计师、书吏、验币师、收受结余者以及监工②一起履行职事。［29］监工们骑象、骑马、乘车。［30］他们的那些身怀技艺、品性端直的扈从，应作为密探去［监督］计师等。

［31］他应令各官署有多个官长，且任职不定③。

［32］正如舌面上的蜜或毒不可能不被尝到，国王的财物也不可能不被操持［这些］财物的［官员］“尝”到，哪怕只是些许。

［33］正如不可能知道在水里游的鱼［是否］喝水，那么，也不可能知道被安排去履行职事的官吏们［是否］侵盗财物。

国王的是：对于有党众的官员，应采取怀柔手段，而对权力基础薄弱的人，则不必客气。

① 即：伪造敌王的书信，造成该官员与敌王通信的假象，类似的手法《利论》中多见：5.2.68；9.3.31；9.3.38；9.6.29 等。坎格尔说得更直接：伪造一封敌王的书信，说该官员所发送的财物已收讫云云。

② 监工（uttarādhyakṣa）：原意为“更高级督官”，但这一义项在语境中不谐，因为这个以 sakha（伴随、辅佐）结尾的复合词中，所有人一般都是出于督官（adhyakṣa）的下属地位，因此他不太可能是比督官在职位上更高级。坎格尔认为这类人是行伍出身，专门负责监督各项事务，保护国王产业。他这个推测似乎可为随后的描述证明，故笔者将其译为“监工”。

③ 不定（anitya）：既可能指任期不恒定，也可能指职事本身不恒定。

[34]飞鸟在空中的路径尚可知晓，隐藏了心意的官吏们行事的方式却不得而知。①

[35]国王应令那些敛[财的官员]交还[侵盗所得]，并将他们调换到[别的]职事上去，这样，他们就不能[再次]侵吞[库财]，或将侵吞[所得]"吐出"。②

[36]但是，那些不侵吞[库财]，并通过正当的方式令其增多的官员，则致力于国王的喜好和利益，他们应长期任职。

——以上是第二篇"督官职守"第九章"官吏之监察"。

第十章

第28目：文书相关③

[1]他们④解释说：文书即书面的知会。⑤[2]国王们主要地倚

---

① 原文中，"路径"和"行事的方式"均为 gati。

② "不能再次侵吞库财"是调换职事的结果，而"将侵吞(√bhakṣ，吃、吞噬)所得'吐出'"是国王让这些人交还的结果。

③ 涉及本章的语法、文体以及本章与《利论》在文本上的关系，参见奥利维勒英译本注释提供的一些参考文献(Olivelle 2013, 524)。

④ 据 CŚ，"他们"指"诸先师"(ācāryās，pūrvācāryās)。

⑤ 文书即书面的知会(śāsane śāsanam ity)：śāsana 即 śāsana。śāsana：最普通的意义为"命令"或"指令"，又指国王的诏令、谕旨。在本章中，śāsana 不能仅仅理解为"诏令"，因为作为国王之间书信和条约的 śāsana 显然不是"诏令"。据 CŚ，śāsana 是和 vācika(口谕、口信)相对的，它意思更广泛，指代国王知会他人的一切书面文件(王家文书)：诏令、书信和其他文件。同时，它既指文书里的内容，也指文书这种形式。因

仗文书，因为[国与国之间的]和与战都基于文书。

[3]因此，书吏[①]应具备辅臣资质、通晓一切礼俗[②]、落笔迅捷、书写美观，还应善于读通文书。

[4]书吏应聚精会神，在听完国王[口授的]指令后，再写成意思确定的文书：对方若是国王，礼称[应包括其]国名、威势、世系和本名；[③]对方若不是国王，礼称则[应包括其]国名与本名。

> [5]在斟酌了[对方的]种姓、家族、位份、年龄、学识、职业、资财、德行、地域、时间和姻亲[的情况]之后，他应就相关事务写成与对方相称的文书。

[6]事序、连贯、充实、甜蜜、雅驯和晓畅，这是作文六德[④]。[7]此六德中，合理安排诸事之次第，先说最主要之事，为事序。[8]说后一事时不与已说之事相抵牾，如此一以贯之，为连贯。[9]陈事、造句(2.10.14)和字母的运用详略得当；通过陈述原因、引经据典、

此，“śāsana 即 śāsana”这个“定义”（vyapadeśa）应理解为“文书就是书面的知会”。

① 书吏（lekhaka）：书记。他需要有辅臣的资质，实际上也是督官这一级别的官员。

② 即：通晓种姓、行期和种姓之外的其他习俗、礼仪等（CŚ）。

③ 据 CŚ，提到对方“国名”（deśa），比如写成“庄严中国的某某”；提到其“威势”（aiśvarya），比如写成“以无算的常胜之师摧服敌党的中国国主某某”；提到“世系”（vaṃśa），比如写成“月神世系之缀饰某某”；提到“本名”（nāmadheya），比如写成“大皇帝、妙吉祥师子铠王”。另外，上述例子中的“中国”（madhyadeśa，中原）指中天竺国。

④ 作文六德（lekhasampad）：好文章应具备的资质（sampad），CŚ 解释为作文的德性（lekhaguṇa）。

称引实例的方法详细陈事；不辞费[1]。——这是充实。[10]措辞能令对方轻松地体会到美意，为甜蜜。[11]措辞无鄙俚语，为雅驯。[12]措辞无奥僻语，为晓畅。

[13]字母以“अ”（a）开始，共63个[2]。[14]字母之和合为句[3]。[15]句有四分：名词、动词、前置词、不变词。[16]其中，名词用以言说事物。[17]动词没有特定的性，用以言说行为。[18]“प्र”（pra）等[4]以限定行为词为前置词。[19]“च”（ca）等[5]以不发生变化的词为不变词。[20]句之和合若意思完整，则为语[6]。[21]一个“群”应由至少一个“句”、至多三个“句”构成，[这样就]不会阻碍其他“句”的意思。[7]

[22]在结束全文时，[应有]“इति”（iti）这个词与“某某陈”[的落款]。

[23—24]呵斥、称道、询问、陈述、吁请、拒却、责诘、禁止、

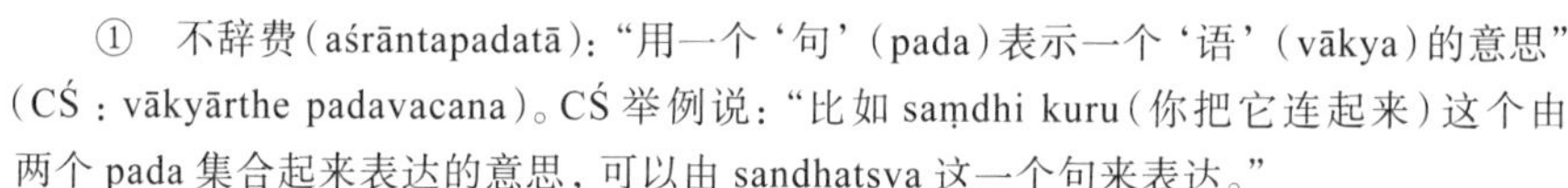

① 不辞费（aśrāntapadatā）：“用一个‘句’（pada）表示一个‘语’（vākya）的意思”（CŚ：vākyārthe padavacana）。CŚ举例说：“比如saṃdhi kuru（你把它连起来）这个由两个pada集合起来表达的意思，可以由sandhatsva这一个句来表达。”

② 梵文字母的个数，各语法家所列不同（因为各家对某些字母是否应该作为独立音节有差别）。63音（字母）是一个相对较晚的字母表（奥利维勒）。另参见Scharfe 1993, 63-64；2005, 1-18。

③ 句（pada）：不是汉语中的句，而是指任何经过语法变化的词。

④ प्र（pra）等（prādayas）这个关于介词的罗列同波你尼（Pāṇini）经文，《迦湿伽》注解甚详，参见*Kāśikā* 1.4.58。

⑤ 参见*Kāśikā* 1.4.57。

⑥ 语（vākya）：语法和意思都完整的话、话语。

⑦ 群（varga）是指有完整意思的词的集合。同时，由于意思完整，故一个“群”意味着句子停止（virāma）和需要断句的地方（CŚ）。这句话的争议很大。奥利维勒在英译本注释中辨之甚详，有兴趣者可进一步参考（Olivelle 2013, 525-526）。

命令、安抚、帮助、威胁、劝解。——文书里说的各种事情和这十三者相关。

[25]这十三者中：说出[对方]家世、身体和作为方面的过失，为呵斥；[26]说出这些方面的德性，为称道；[27]“何以如此”，为询问；[28]“如此”，为陈述；[29]“请交出”，为吁请；[30]“我不交出”，为拒却；[31]“这于您不宜”，为责诘；[32]“不要做”，为禁止；[33]“做了这事”，为命令；[34]诸如“我就是您，我的财物就是您的”这类拉拢[的话]，为安抚；[35]灾患中施以援手，为帮助；[36]指出将来的不利，为威胁；[37]劝解分三种：做事时、犯错时、出人祸时。[①]

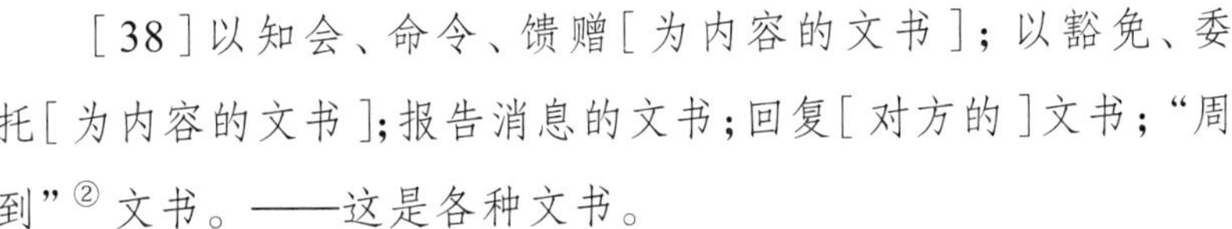

[38]以知会、命令、馈赠[为内容的文书]；以豁免、委托[为内容的文书]；报告消息的文书；回复[对方的]文书；“周到”[②]文书。——这是各种文书。

[39]“某某报告说……”；“他是这么说的”；“若这是真的，应将它交出”；[③]“某某在国王面前说[为某某]美言

① 劝解(anunaya)的三种分别是：(一)求人帮自己做事时；(二)自己犯错求解免时；三是自己遭遇人祸(puruṣavyasana)时，关于“人祸”，参见8.3。

② “周到”(sarvatraga)：“去到所有地方”、无所不在的。即发布到全国，让百姓周知的公告。参见下文第46句。

③ CŚ注为我们还原了一个可能的场景：这些书信都是某廷臣写给外官的，第一句是通知该外官：“国王的一个名为天赐的随从告诉国王说：‘某大员(指该外官)在某处发现了宝藏，自己独吞了。’”第二句是再次告诉该外官：“国王是这么说的：‘若该大员不亲自交出宝藏，我就要夺取他双倍的财物。’”第三句是劝该大员：“如果是实情，你应将宝藏交给国王。”

了”[①]。——这些被定为各种知会文书。

[40]涉及惩处或恩赏——尤其是臣工——时，要有主上的命令。——这是命令文书的特征。

[41]可以看到，尊奉是根据相应的德性而被给予的[②]；无论是在灾患中，或仅仅是作为馈赠。——这是两种恩赏。[③]

[42]人主命令之下，对某一种姓或对某些特定的城市、村落、地域之类给予的任何恩惠，行家们都认为是豁免。

[43][国王]将在处理事务和言语[方面的权力]进行委托，这就要有“口头文书”，或甚至要有“委托办理[文书]”。[④]

[44]至于[报告消息的]文书，[行家们]认为消息有两类：一是种种与天神相关的[事情]；另外是仅仅与人相关的事实。

[45]先仔细看一遍[对方的]文书，再高声读出来，然后就应严格按照国王的话写一封回复文书。

[46]国王在告诉王族成员或官吏们为旅人提供保护和帮

① 这一句只是臣子之间一般性的互通信息：某某在国王面前为某某美言了。

② 原文为 yathārhaguṇasamyuktā pūjā yatropalakṣyate：这是颂文的上句，较难转译。直译：任何时候，根据[当事人]所值当的德性而被给予的尊奉被看到。即：尊奉是根据与当事人相配的德性而被给予的，无论是什么场合或时候（yatra）出现（upalakṣyate，被看见）。这一句在汉语中看起来较为别扭，实际只是对“尊奉”（pūjā）作一个“定义”（vyapadeśa）。

③ 两种情形，都是针对当事人的：一是当事人处于困境时，国王施以援手；二是当事人仅仅因自己的德性而获得国王的馈赠。这两种情形，也和颂文上一句中的 yatra（无论场合时间）相呼应。

④ 据 CŚ，“口头文书”（vācikalekha）：它不是国王口谕，而是国王委托臣工代自己发出口头命令的文书；“委托办理文书”（naisṛṣṭika）：这是国王委托臣工临机处置事务的文书。

助时，应有“周到”文书：道路、各地区还有所有地方，都应通知到。

［47］方法有：和解、馈赠、离间、惩治。①

［48］其中，和解又分五种：称扬德性；数说关系；指出共同利益；指出将来［的好处］；将自己交付于对方。［49］其中，提到、称道、颂扬［对方的］家世、身体、作为、品性、学问、资财等方面的德性。——这是称扬德性。［50］称扬［共同的］近亲、姻亲、师徒［渊源］、行祭［渊源］、世谊、善意以及［共同的］盟王。②——这是数说关系。［51］称扬对本方和对方都有利益［之事］。——这是指出共同利益。［52］说“若如此行此事，我们就都有了这个”这类催生希望［的话］。——这是指出将来［的好处］。［53］“我就是您，我的财物任由您使用到自己的事情上去！”——这是将自己交付于对方。

［54］以财利［令对方］受益。——这是馈赠。

［55］制造猜疑、威胁。——这是离间。

［56］杀害、侵扰、劫掠［财利］。——这是惩治。

［57］不雅致、抵牾、重复、错词、混乱。——这是作文五过。

① 这四法是国王在内政、外交中使用的重要权术，《利论》后半部分会经常提到（参见 7.16.5-8）。这里的“馈赠”（upapradāna）在后文中一般作“施予”（dāna），两者完全同义。

② 即拉近关系。根据注释，这里的“近亲、姻亲……盟王”一般来说可能只是间接的：比如近亲等，只是共同的近亲，当事人双方可能并无多近的关系。“师徒渊源”（maukha）指一方可能有人在另一方门下做过弟子或有过共同的师傅（CŚ）；“行祭渊源”（srauva）是指两个国王可能参加过对方的祭祀（奥利维勒）。另外，“善意”（hṛdaya）是指“彼此的好感”或“神交”（CŚ：manonibandha）。

[58]其中，以黑贝叶写就[①]、书写不美观、不匀称、脱色[②]。——这是不雅致。[59]前后矛盾。——这是抵牾。[60]已说之事，毫无差别地再次提到。——这是重复。[61]错用[词的]性、数、时间和格位。——这是错词。[62]于不当成“群”处成“群”、于当成“群”处不成“群”，这种[作文]德性的颠倒，就是混乱。

[63]在通晓了所有利论并了解其运用之后，憍底利耶为人主之故而树立此文书之轨则。

——以上是第二篇“督官职守”第十章“文书相关”。

第十一章

第29目：待入库宝物之查验

[1]司库[③]应在一班精通各种物品的行家们的指教下，去收取待入库的珠宝、贵重物、廉值物和林产。

【甲】珍珠[④]

① 黑贝叶写就(kālapattraka)：印度古代书写一般是在贝叶(还有桦树皮)上，变黑会造成字迹不易辨认。

② 脱色(virāga)：是指字迹掉色。书吏们用金属尖的笔刻写贝叶或桦树皮，然后抹以烟尘或油，字迹方显现(奥利维勒)。

③ 司库(kośādhyakṣa)：他是府库总管(saṃnidhātṛ)的下属(参见2.5.8)，专门主持验收。

④ 原文无此副标题，奥利维勒为了增强内容层次性而加入了分类标题，笔者从之。以下情形同此。

［2］珍珠来自紫铆河、般底耶迦婆吒、波悉伽河、俱罗河、朱录腻河、摩醯陀罗山区、黑淤河、湿罗多悉河、诃罗陀湖以及雪山。①［3］贝、螺等，为珍珠的来源。

［4］扁豆状、“三角”豆状、龟状、半月状、有外层、成对、破损、粗糙、带点、葫芦状、深褐色、蓝色、穿孔不当。——这是次品。［5］大、圆、无平面、闪亮、白、重、光滑、穿孔得当。——这是上品。

［6］顶式、复顶式、杈式、杵式、平式。②——这是珠串样式。

［7］“因陀罗喜”有1008个珠串；［8］“毗遮耶天喜”③的珠串是它的一半；［9］“半挂”有64个珠串；［10］“线扎”有54个珠串；［11］“丛束”有32个珠串；［12］“天宿鬘”有27个珠串；［13］“半丛束”有24个珠串；［14］“童子”有20个珠串；［15］而“半童子”

① 紫铆河（Tāmraparṇī）：般底耶国（德干）的一条著名河流（CŚ），帕尔波拉认为它是印度现代泰米尔那德邦（Tamil Nadu）的Tirunelveli地区的一条河流（参见Parpola 2015, 153）；般底耶迦婆吒（Pāṇḍyakavāṭa）：“般底耶国之门户”，紫铆河入海口（参见Parpola 2015, 153）；波悉伽河（Pāśikā）：般底耶国的一条河（CC）；俱罗河（Kulā）：“师子洲（笔者按：今斯里兰卡）孔雀城的一条河”（CŚ）；朱录腻河（Cūrṇī）：“羯罗拉（Kerala）国的一个叫牟罗支（Muraci）的港口”（CŚ），如果CŚ的解释可靠的话，它在现印度西南部的马拉巴（Malabar）附近；摩醯陀罗山区（Mahendra）：可能是现代印度的高止山脉（Ghats）；黑淤河（Kardamā）：“波斯国内的一条河”（CŚ），那么，它应该在印度西北部；湿罗多悉河（Srotasī）：“在波罗波逻（Barbara）海岸边的一条河”（CŚ）；诃罗陀湖（Hrada）：“波罗波逻海岸边一个叫室利犍制（Śrīghaṇṭa）的湖”（CŚ）；雪山（Himavat）：喜马拉雅山脉，也可能指这些山附近的湖（奥利维勒）。

② 根据CŚ，顶式（śīrṣaka）：中间一颗大珠，两侧为均匀小珠；复顶式（upaśīrṣaka）：中间一颗大珠，两侧各一颗均匀小珠，多个（≥3）这样的组合依次结束而成；杈式（prakāṇḍaka）：中间一颗主珠，两侧各两颗小珠，多个（≥5）这样的组合依次结束而成；杵式（avaghāṭaka）：中间一颗主珠，两侧珠子尺寸依次减小，如此结束而成；平式（taralapratibaddha）：由尺寸相等的珠子结束而成的串。

③ “毗遮耶天喜”（Vijayacchanda）：毗遮耶天（Vijaya）是遮让陀天（Jayanta）之子，因陀罗之孙。

的珠串是它的一半。[①][16]就是以上这些，若[珠串]中间是宝石，则变成各自的“童子”。[②]

[17]一个顶式珠串就是一个单纯的“挂”[③]。[18]其余[④]同此。[19]若[珠串]中间是宝石，则是[各自的]“童子”。[⑤]

[20]一个“带挂”有 3 个“带”或 5 个“带”。[⑥]

[21]一根线即单纯的“单线”。[22]它中间若是宝石，则为“串”。[23]黄金与宝石杂错，则为“宝串”。[24]黄金、宝石、珍珠间错，则为“祛邪”[⑦]。[25]若贯串之线为金线，则为“苏钵那迦”[⑧]。[26]或者，中间若是宝石，则为“宝石苏钵那迦”。

[27]头、手、足和腰上的各种链饰和网饰，可由此说明。

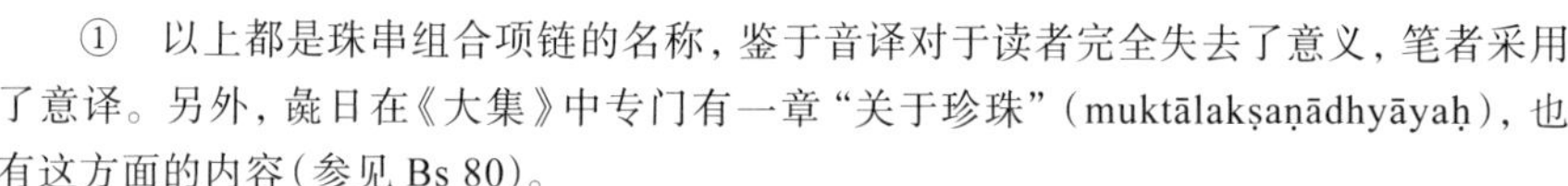

① 以上都是珠串组合项链的名称，鉴于音译对于读者完全失去了意义，笔者采用了意译。另外，彘日在《大集》中专门有一章“关于珍珠”（muktālakṣaṇādhyāyaḥ），也有这方面的内容（参见 Bs 80）。

② 即：同样是“因陀罗喜”，若它各个珠串的中间（非珍珠）而是宝石，它的名称就成为“因陀罗喜童子”（Indracchandamāṇavaka），下面的以此类推。

③ “挂”（hāra）：比如，单纯由顶式珠串（śīrṣaka）组成的“因陀罗喜”项链，应该叫作“纯顶式因陀罗喜挂”，以下种类（“毗遮耶天喜”等）以此类推（CŚ）。

④ 据 CŚ，其余（śeṣāḥ）指顶式之外其他四种样式的珠串（参见本章第 6 句）。比如，单纯由杈式珠串（prakāṇḍaka）组成的“因陀罗喜”，应叫作“纯杈式因陀罗喜挂”，以此类推。

⑤ 据 CŚ，比如上一句中所形成的“纯杈式因陀罗喜挂”的各个杈式珠串中间为宝石，那么，它就应该叫作“纯杈式因陀罗喜童子挂”。

⑥ 坎格尔推测说，“带”（phalaka）可能是指镶嵌珍珠或宝石的金带，而“带挂”（phalakahāra）有 3 个或 5 个“带”，因而与单纯的“挂”区别开。由上面可以看到各种珍珠饰物的复杂情形，这里所说的实际情形已经不得而知。

⑦ “祛邪”（apavartaka）：字面为“祛除”，坎格尔说它可能被认为带有抵挡恶目的的功效。

⑧ 苏钵那迦（sopānaka）字面为“楼梯”“如楼梯者”，在这里到底是什么意思很难说，故以音译代之。

【乙】宝石

[28]宝石来自俱胝、末罗以及“外海”。[①]

[29]红宝石：或作莲花色，或作番红花色，或作刺桐花色，或作旭日色。[30]绿宝石[②]：或作蓝莲花色，或作合欢花色，或作水色，或作青竹色，或作鹦鹉翮色，或作姜黄根色，或作牛溺色，或作牛油色。[31]蓝宝石：或带蓝条纹，或作香豌豆花色，或作深蓝色，或带蒲桃果光泽，或带浓云色，或作“喜乐”色，或“间流”状。[③][32]纯水晶：或作牟落吒花色，或为月光石，或为日光石。[④]——以上是宝石。

[33]宝石的各种德性是：六角形、方形或圆形、色道鲜明、形体得宜、清澈、光滑、重、有光泽、内部透出光亮、反光。[34]宝石的各种缺陷：色道钝滞、带沙砾、有小眼、破裂、穿孔不当、有划痕。

[35]次一级的宝石种类有：“无垢”“足赤”“膏本”“牛胆

① 俱胝（Koṭi）：“在摩罗耶山（Malaya）与海之间”（CŚ）；末罗（Mālā）：“位于摩罗耶山的某个叫羯勒利森林（Karṇī）的地方”（CŚ）；“外海”（Pārasamudra）：CŚ 认为是“位于师子洲的某个叫罗诃那山的地方”（即今斯里兰卡之亚当峰）。但特劳特曼引用《厄立特里亚海周航记》（*Periplus Maris Erythraei*）等古典作品证明 Pārasamudra 实际就是 Palaisimoundou（和 Taprobanē、Salikē 一样，指斯里兰卡）（参见 Trautmann1971, 178-183）。因此，这里的“外海”实际应该是斯里兰卡。另外，据笔者查阅，首先考证出 Palaisimoundou、Taprobanē 以及 Salikē 就是斯里兰卡的人似乎应该是布尔努夫，但布尔努夫在探讨古代锡兰地理时，《利论》尚未被发现，他没有找到 Palaisimoundou 在梵文中的对应词（参见 Burnouf 1857）。

② 绿宝石（vaiḍūrya）：猫睛石等（参见 Ac 1063；Wojtilla 2009）。

③ 喜乐（nandaka）：原意为“令人喜乐的”，CŚ 解释为“里白外蓝”。间流（sravanmadhya）：“中间有流［水］的”，CŚ 认为是宝石中“有呈流水状的线条”。

④ 牟落吒花（mūlāṭa）：CŚ 训为“被揭外皮的酸奶色”，但它极可能又同 2.11.32 及 39 中的 mūlāṭī 一样，是一种植物。月光石（śītavṛṣṭi）：字面为“凉雨”，CŚ 训为“月光石”。

汁”“易得”“红骰”“鹿石”“光流”“鬘匠”“蛇冠”“砂”“如砂”“妙香砂”“赤子”“螺甭”“石珊瑚”“雄黄”以及“白雄黄”。①

[36]其余是琉璃类宝石。②

【丙】金刚石

[37]金刚石来自娑跋国、多遮摩国、迦寺提罗国、室利迦吒那山、摩尼曼陀山以及因陀罗颇那。③[38]开采场(1.10.15)、河流等是金刚石的来源。

[39]金刚石:或作猫睛色,或作合欢花色,或作牛溺色,或作牛油色,或作纯水晶色,或作牟落吒花色,或作任何一种宝石之色。

[40]粗、重、耐击打、周角对称、能在陶罐上画线、能如纺锤一般转动、闪亮。——这是上品。[41]失去尖角、无边棱、歪向一侧。——这是次品。

【丁】珊瑚

[42]珊瑚来自阿罗犍陀和毗婆那;作红色与莲花色;未被虫噬或中间不鼓胀的[为上品]。④

---

① 笔者对以上宝石的种类采取了意译。以上词汇都形容宝石的外观(尤其颜色),据CŚ,它们是:黄白色、蓝色、蓝黑色、牛胆汁色、白色、外赤内黑、白黑相间、白朱色、朱色、暗红色、内部有砂砾的、如蜂巢的、绿豆色、乳色、多种色、珊瑚色、内部呈黑色、内部呈白色。另外,这些术语到现在已经不可考,而各注家的解释也并非完全可靠。

② 这一类是最不贵重的。

③ 以上古地名不可考。原文依次为:Sabhārāṣṭra、Tajjamārāṣṭra、Kāstīrarāṣṭra、Śrīkaṭana、Maṇimanta、Indravāna。

④ 这里说了珊瑚的两个产地、两种颜色,以及两种可能的缺陷(参见Scharfe 1993, 278)。阿罗犍陀(Ālakanda):沙费说这可能就是地中海港口亚历山大里亚(Alexandria),这一点,Ālatsāndraka(CC本的读法)似乎也可以佐证。毗婆那(Vivarṇa):CŚ训为Yavanadvīpa,似乎是指希腊(甚至波斯)的某个岛。奥利维勒认为是指地中海或波斯湾的某地。

【戊】檀香木

[43]萨多那所产檀香木为红色，其臭如土；[44]憍尸罗沙所产檀香木为黑铜色，其臭如鱼；[45]诃利所产檀香木为鹦鹉翮色，其臭如芒果；提那娑所产檀香木亦如此；[46]迦落密路所产檀香木为赤色或赤黑色，其臭如山羊溺；[47]提婆崒跋所产檀香木为赤色，其臭如莲；遮钵所产檀香木亦如此；[48]盅伽所产檀香木为赤色或赤黑色，质地光滑；睹路钵所产檀香木亦如此；[49]末罗所产檀香木为淡红色；[50]紫檀粗糙，黑如沉香木，或赤色或赤黑色；[51]迦落山所产檀香木为赤黑色或番红花色；[52]拘舍迦罗山所产檀香木或为黑色，或带黑斑纹；[53]悉多陀加所产檀香木有莲花光泽，或为黝黑色；[54]那迦山所产檀香木粗糙，其色如苔；[55]阇伽罗所产檀香木为褐色。①

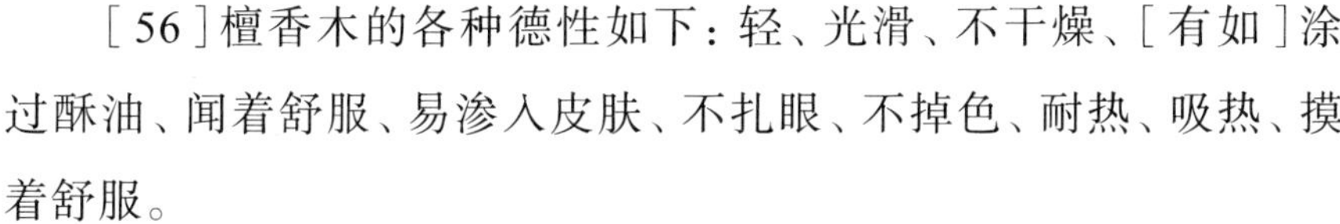

[56]檀香木的各种德性如下：轻、光滑、不干燥、[有如]涂过酥油、闻着舒服、易渗入皮肤、不扎眼、不掉色、耐热、吸热、摸着舒服。

【己】沉香木

[57]盅伽所产沉香木或为黑色，或带黑斑纹，或带圆斑纹；[58]惇伽所产沉香木为深色；②[59]“外海”(2.11.28)所产沉香木有各

---

① 第43—55句：这里提到的古地名或国名原文依次为：Sātana、Gośīrṣa、Hari、Tṛṇasā、Grāmeru、Jāpa、Joṅga、Turūpa、Mālā、Kāla、Kośāgāra、Sītodakā、Nāga、Śākala。这些名称已不可考。不过，鉴于檀香的产地主要在南方，它们是指南印度某些地方（奥利维勒）。

② 第57—58句：CŚ认为这两个地方在羯摩逯钵（Kāmarūpa），即今日印度阿萨姆邦东与孟加拉国西的部分，特里费第亦从此说（Trivedi 1934）。

种颜色，臭如岩兰草或茉莉花。①

［60］沉香木的各种德性是：重、光滑、好闻、［香味］扩散广、耐烧、无浓烟、香味［始终］如一、耐磨。

【庚】其他香料

［61］“怀油”香②方面：“无忧村”所产为肉色，臭如莲；［62］盅伽所产为橘黄色，臭或如蓝睡莲③或牛溺；［63］迦落密路所产光滑，臭如牛溺；［64］“妙金垣”所产为橘黄色，臭如香橼；④［65］补讷那迦洲所产，臭如莲或鲜黄油。⑤

［66］“贤吉祥”香方面：罗希提耶之外所产的呈素馨花⑥色；［67］安多罗婆提所产的呈岩兰草花色。⑦［68］两者臭如闭鞘姜⑧。

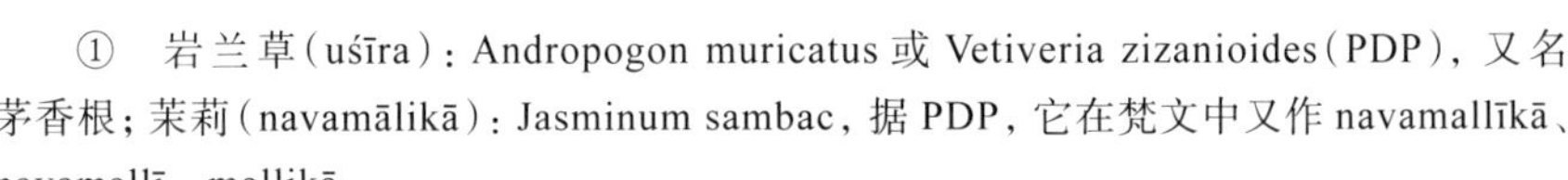

① 岩兰草（uśīra）：Andropogon muricatus 或 Vetiveria zizanioides（PDP），又名茅香根；茉莉（navamālikā）：Jasminum sambac，据 PDP，它在梵文中又作 navamallīkā、navamallī、mallikā。

② “怀油”香（tailaparṇika）：字面意思为“出油的”“含油的”（taila 为油，parṇika 来自 √pṛ［出产……］），有人也将它理解为“出油的植物”（Zumbroich 2012）。这个词指代一类香料（和檀香木、沉香木等并列），迈耶认为它的成品应该是油膏，但具体指什么香料作物已不可考，笔者根据字面将其译为“‘怀油’香”。

③ 蓝睡莲（utpala）：Nymphaea Caerulea。

④ “妙金垣”（Suvarṇakuḍya）：所处何地已失考，按意译；香橼（mātuluṅga）：Citrus medica（PDP）。

⑤ 第 61—65 句所提到的地名原文依次为：Aśokagrāma、Joṅga、Grāmeru、Suvarṇakuḍya、Pūrṇakadvīpa。据 CŚ，以上各地都在羯摩逯钵（Kāmarūpa，见上文第 57 句及注释）。另外，“无忧村”加了引号，只是字面意思，它在当时可能是个地区或国家，并不一定是村落。

⑥ 素馨花（jātī）：也作 jāti（PDP：Jasminum grandiflorum），它也可能是肉豆蔻（参见 MW；Zumbroich 2012）。

⑦ 据 CŚ，第 66—67 句提到的两个地方也是在羯摩逯钵。Lauhitya 可能就是梵嗣河（Brahmaputra，今译“布拉哈马普特拉河”），参见 MBh 2.9.20。

⑧ 闭鞘姜（kuṣṭha）：或为广木香（Costus；PDP：Saussurea lappa）。

[69]“郁金”[①] 香方面：“金国”所产光滑且呈黄色；[70]北方山区所产为橘黄色。[②]

[71]可任人制成团、熬制、焚烟；[③] 不褪色；易与它物混合；[72]兼具檀香木和沉香木的德性。——这是它们的[④] 德性。

以上说的是贵重物。[⑤]

【 辛 】皮革

[73]北方山区所产皮革，有乾多那婆迦与补利耶迦两种。[⑥] [74]乾多那婆迦色如孔雀颈；[75]补利耶迦则带蓝、黄或白的纹与斑。[76]两者均长 8 指$_{(2.20)}$。

[77]“十二村”所产的皮革有俾式与大俾式两种。[⑦] [78]俾式

① “郁金”（kāleyaka）：或为姜黄（MW：Curcuma xanthorrhiza；PDP：Curcuma aromatica），在这里它可能指各地产的不同郁金。请注意，“郁金”香是指“郁金”这种香料作物，不是郁金香。

② “金地国”（Svarṇabhūmi）：CŚ（及迈耶）认为或是苏门答腊岛（Suvarṇabhūmi，Suvarṇadvīpa，即“金州”）或缅甸（Bharmadeśa，Birma）；北方山区（Uttaraparvata）：“明显是指喜马拉雅山脉”（坎格尔）。

③ “可以被制成团状、可以被熬制、可以用来焚烧取烟”（迈耶）。也可能是说，经过制团、熬制、焚烧而香味仍旧可保持（CŚ；坎格尔；奥利维勒）。笔者倾向于迈耶的理解。

④ 它们的（teṣāṃ）：这里指“其他香料”。唯一的问题是：这里的形容词均为中性单数体格，可以限定“‘怀油’香”（Tailaparṇika）与“‘贤吉祥’香”（Bhadraśriya）这两个中性名词，但不能限定“‘郁金’香”（Kāleyaka）。

⑤ KA 将这句话放在第 70 句后面，不是很恰当。三种其他香料的名称和产地介绍后，紧随着介绍其“德性”或优点（第 71—72 句）是必要的。这一句放在这里刚好为“贵重物”作结。

⑥ 两种皮革名称原文为 Kāntanāvaka、Priyaka。这名称可能来自地名（可能分别为 Kāntavāna，意为“怡香”；Priya，意为“堪亲”），均不可考，以音译代之。

⑦ “十二村”（Dvādaśagrāma）：地名或国名（CŚ 认为位于喜马拉雅山脉）。贾耶斯瓦尔认为俾式（Bisī）与大俾式（Mahābisī），即小月氏与大月氏（Jayaswal 1932，转引自坎格尔），但坎格尔认为这里的两个名词当是指动物而不是产地。

色道模糊、多毛[①]、斑驳；[79]大俾式[质地]粗糙、多为白色。[80]两者均长10指。

[81]阿逮曷产[如下几种皮革]：阇弥伽、迦利伽、迦多戾、“胜月”和阇拘罗。[②][82]阇弥伽为褐色或带斑点；[83]迦利伽为褐色或色如[灰]鸽；[84]两者均长8指。[85]迦多戾[质地]粗糙，长1肘；[86]此[皮革]若杂以“月”[形斑纹]，则为“胜月”。[87]阇拘罗为迦多戾之1/3大小，或杂以圆斑，或杂以自生毛卷。

[88]跋诃罗婆产[如下几种皮革]：萨牟罗、罽讷式和萨牟利。[③][89]萨牟罗长36指，色如黑眼膏；[90]罽讷式为赤黑色或淡黑色；[91]萨牟利色如小麦。

[92]兀多罗所产[皮革有如下几种]：萨提讷、那逻吐罗、毗多布遮。[④][93]萨提讷为黑色；[94]那逻吐罗色如那逻苇穗[⑤]；[95]毗多布遮为褐色。

[96]对于皮革来说，柔软、光滑且多毛者为上品。

---

① 多毛（duhilitikā）：这一词不见于辞书或《利论》其他地方，其准确含义难以知晓，CŚ本作duhilikā并训为“多毛的”（lomaśā），姑从之。

② 这些皮革名称原文如下：Śyāmikā、Kālikā、Kadalī、Candrottarā、Śākulā。这些名称失考，只能以字面意思或音译代替。

③ 跋诃罗婆（Bāhlava）：巴尔赫（阿富汗北部Balkh省。——迈耶）；大夏国（Bactria。——坎格尔）；沙费认为Bāhlava为Pāhlava变体，Bāhlava应该是指安息（参见Scharfe 1993, 279）。萨牟罗（sāmura）：可能是指波斯貂（رومس，*sammūr*），其皮为黄褐色。萨牟利（sāmulī）：可能只是皮色稍淡的一种貂。罽讷式（Cīnasī）：失考。

④ 兀多罗所产（audra）：词源地名可能是udra，也可能是odra。CŚ认为是Udra，在此指水獭（jalamārjāra，水猫），而后面三个名词（Sātinā、Nalatūlā、Vṛttapucchā）是不同种类的水獭皮；坎格尔认为是Odra，在此指地名（或许是Orissa）。

⑤ 那罗苇穗（nalatūla）：据CŚ，nala为一种苇草，tūla为“花穗”，而nalatūlā皮革颜色与之相同，故得名。

【壬】布

［97］羊毛制品分全白、全染、半染[①]；分针织、杂织、小块拼缀、“分线”[②]。［98］羊毛制品有：毯、乔遮波迦、俱罗密提伽、苏密提伽马鞍垫、彩毯、多利遮迦、盔甲、靠垫、“俱美”。[③]［99］对于羊毛制品来说，滑溜且看起来潮湿、细、柔软者为上品。

［100］频阇式：黑色、由8股线缝制而成[④]；阿波娑罗伽：［用以］挡雨。——以上是尼泊尔所产的［两种羊毛制品］。

［101］“圆箱”“四角”、兰波罗、迦吒婆那伽、波罗婆罗伽，以及萨埵利迦。[⑤]——以上是兽毛［制品］。

［102］文伽所产睹拘罗布白而光滑；［103］贲志罗所［产睹拘罗布］为深色，且光滑如宝石；[⑥]［104］“妙金垣”所产［睹拘罗布］为日色，有［三种］：“滑如宝石与水”［织法］、“四角”织法、混织

① 染（rakta）：CŚ训为“栗色”（aruṇa），CC训为“染”（显然是认为rakta来源于√rañj）。那么，原文中śuddharakta与pakṣarakta就分别应被理解为“纯栗色与部分栗色”或“全染与半染”，笔者倾向于后者。

② “分线”（tantuvicchinna）：“线分开了的”。据CŚ，这是指“以未编织的线束在［纺织品］中间形成隔断，以便成为网状”。

③ 以上名词失考，只能以字面意义或音译（其中音译原文分别为：Kaucapaka、Kulamitikā、Saumitikā、Talicchaka、Samantabhadraka）代之。

④ 由8股羊毛线编织，大概是说很厚（坎格尔）。频阇式和阿波娑罗伽原文分别为：bhiṅgisī和apasāraka。

⑤ 以上音译地名原文分别为：Lambarā、Kaṭavānaka、Prāvāraka、Sattlikā，所指代的实物已不可考。

⑥ 第102—103句：文伽（Vaṅga）即今天“孟加拉”的词源；睹拘罗布（dukūla）：dukūla本为一种植物（水野弘元『パーリ語辞典』将其译为“黄麻”），其皮可纺线、织布、制衣。它经常和亚麻（kṣauma）相提并论（如MBh 13.112.100）。夏庞蒂耶根据印度古代各种语言的语词特点将dukūla解释为dvikūla的俗语，认为它是一种“两层的布”，而且是先有这种两层的布，然后才将制成这种布料的植物称为dukūla（参见Charpentier 1919）。贲志罗（Puṇḍra）所指何地已经失考。

法。[①][105]这些织法中，又分单纱式、一根半纱式、双纱式、三纱式、四纱式。[②]

[106]迦尸与贲志罗所产亚麻布，可由此说明。

[107]“叶线”绢[③]来自摩揭陀、贲志罗、“妙金垣”。[108]铁栗树、野菠萝蜜树、香榄树和榕树。[④]——这是它的各种来源。[109]铁栗树上所产为黄色；[110]野菠萝蜜树上所产为小麦色；[111]香榄树上所产为白色；[112]余下这种为鲜黄油色。[113]其中，“妙金垣”所产[“叶线”绢]为上品。

[114]野蚕绢与“脂那地”所产绸布，可由此说明。[⑤]

① “滑如宝石与水”织法（maṇisnigdhodakavāna）：迈耶译为“宝石般光滑与水[般透明]的织法”，并认为该织法是由这种效果而得名；“四角”织法（caturaśravāna）：它与“混织法”的具体情形不得而知。

② CŚ 解释说，“单纱”布就是经纱与纬纱均为单根纱线，后几种类推。其中“单纱”布以细薄著称，后几种则逐次增粗增厚。

③ “叶线”绢（pattrorṇa）：“树叶上所产的丝线”，这是指从生活在各种树上的野蚕（krimi，kṛmi）那里取的丝织就的绸绢布（CŚ；另参见 Scharfe 1993, 290-292）。《大唐西域记》中提到过“野蚕丝”（布）（kauśeya，参见季羡林 2008, 176-179），但下文第 114 句将 kauśeya 与 pattrorṇa 作为平行的分类列出，可见并不一样。

④ 铁栗树（nāgavṛkṣa）：Mesua Roxburghii（MW）或 Mesua ferrea（PDP）。野菠萝蜜树（likuca）：Artocarpus Lacucha（GPW），辞书似乎都认为它就是 lakuca，但 PDP 认为 lakuca 是 Artocarpus hirsutus。这种植物和野菠萝蜜树同属桑科木菠萝蜜属，但并不是同一种树。香榄树（bakula）：Mimusops Elengi（GPW；PDP）。榕树（vaṭa）：梵文中又作 nyagrodha（PDP），即印度榕树（Ficus indica）。

⑤ 野蚕绢（kauśeya）：野蚕丝或其织成的布（季羡林 2008, 176-179）。“脂那地”（Cīnabhūmi，或脂那国）：到底是不是指中国尚有争议。贾耶斯瓦尔认为 Cīna 是指吉尔吉特的锡那人（شینا; *Šīnā*），他们至今仍然在种桑制丝（参见 Jayaswal 1924, 212 页脚注）。Cīnabhūmi 在《大孔雀咒王经》（*Mahāmāyūrīvidyārājñī*）中为药叉住地，三个汉译本均将其理解为中国（止那地；大唐地——参见 Lévi 1915）。那么，中国被称为 Cīnabhūmi 并非偶然，此地应该也是指中国。另外，沙费和奥利维勒直接认为这是指中国（Scharfe 1993, 290-292）。贾耶斯瓦尔认为，Cīna 如果指中国，太远太突兀。本章

[115]棉制品方面：秣吐罗、阿钵岚陀(2.2.15-16)、羯陵伽、迦尸、文伽、伐蹉和摩醯沙[这些地方]所产为上品。

[116—117]对于此外[①]的其他宝物来说，司库应知悉[以下事项]：数量、价值、特征、种类、外形；它们的存放、新品的制作、旧品的修复、诀窍[②]、工具、使用的地点和时间，还有对治损害[的方法]。

——以上是第二篇“督官职守”第十一章“待入库宝物之查验”。

第十二章

第30目：矿场、工厂之掌治

[1]矿督——或是自己通晓丈量论、冶金、熔炼以及为宝石着色的知识，或是由通晓这些知识的人辅佐——在配备了内行的工人和工具之后，应[做如下事情]：或是去找到有锈渣、熔炉、炭、灰[这类]标记的废弃矿场；或是凭不寻常的颜色、分量或刺激性气味

前面已经提到印度古人和地中海、西亚等地交易珊瑚和毛皮等物，那么中国丝绸入印似乎也并不可怪。

① 此外(ataḥ)：指本章提到的所有物事(以珍珠开头，以棉制品结尾)之外(CŚ)。

② 诀窍(karmaguhya)：“对宝石等的去色、染色、打磨等”(CŚ)，似乎是说一些司库需要识别的作弊手段。

和口味，找到含有矿物的土、石或流液的新矿场。[①]

［2］含金的流液［有两类］：某些有着［因含矿而］闻名地带的山地[②]，它的洞、穴、谷地、石窟和密罅中渗出的流液；或是这样的流液：有蒲桃果、芒果、棕榈树果、熟姜黄[③]的切面、石蜜、雌黄、雄黄、蜂蜜、朱砂、白莲花和鹦鹉或孔雀毛羽［这类］颜色，其周围有同样颜色的水和植被，而且它本身黏稠、透亮且重。［3］这类流液投入水中时若像油那样散开，吸附［水中的］淤或垢，那么，它们可化掉[④]［本身］重量百倍的铜或银。

［4］外观与此[⑤]相似，但有刺激性气味和口味的流液，则应认

① 这一句原文虽然长，但结构本身很简单，然而因为复合词的关系，译为通顺的汉语并不容易，因而笔者只能将句子拆开。显然，矿督在具备了一些专业知识，配备了人力之后，既可以通过某些特征找到旧矿场，看是否有可能继续冶炼；也可以根据某些特征找到土、石和水中的矿脉，然后开设新矿场。丈量论（śulbaśāstra）：CŚ 认为是“关于地脉的知识”（这里“地脉”［bhūsirā］指土地中矿脉的走向等，并非中国风水的“地脉”）或“令铜成金银”的炼金术。布莱洛尔认为是“几何学”（Breloer 1973, III. 293）。śulba 指绳线，有一类“绳经”（śulbasūtra，属于“天启经”［śrautasūtra］）主要是处理祭坛搭设一类的仪轨问题，但涉及数学（几何）。另外，它在 2.24.1 中似乎也是指土地丈量一类知识，鉴于 śulba 并非严格的数学或几何学，笔者将其译为“丈量论”，而不译为“几何学”。

② 原文为 parvatānām abhijñātoddeśānāṃ：“［这些］山有着以……闻名的地区”或“［这些］山有着被识别出……的地区”。显然，省略掉的部分是指“含矿”，即这些山的某些地区以含矿闻名，或曾被识别出是含矿的。

③ 姜黄（haridrā）：Curcuma longa（（GPW/PDP）。

④ 化掉（veddhṛ）：中的者，穿透者（源于动词 √vyadh）。CŚ 将 √vyadh 这个行为解释为能变化铜或银的属性，使其成为黄金（坎格尔、沙费［Scharfe 1993, 275］也将其解释为这一类炼金术）。奥利维勒认为，这是指将铜和银投入到这类液体中通过熬煮熔融，制成合金。他的看法有一个很好的支持：经过这种处理的合金可能就是 2.13.3 中的 rasaviddha（比较 √vyadh），而这是黄金的来源之一。另外，在这种极度重视经验，以结果为导向的技术型文献中，容易被实践证伪的炼金术应该很难获得位置。

⑤ 指上文所说含金的流液。

为是沥青[1]。

［5］呈黄色、铜色或赤黄色；裂开后有蓝色纹线，或呈黑绿豆、绿豆或杂合饭色；酸奶滴或［酸奶］团状的点错杂；呈姜黄、藏青果、莲叶、苔藓、肝脏、脾脏或番红花之色；裂开后有线状、点状或卍字状的细砂；带小球、有光泽；加热时不开裂，伴有许多泡沫和烟。[2]——这些是含金的矿土与矿石。若用作添加物，它们可以化掉铜和银。

［6］呈海螺、樟油、水晶、鲜黄油、［灰］鸽、“无垢”［宝石］，或孔雀颈之色；呈“足赤”［宝石］、牛油色［的红宝石］、石蜜或粗蔗糖之色；或呈紫荆花、莲花、羽叶楸花、迦落耶花(2.11.30)、亚麻花，或亚麻籽之色；含铅；含锑；带生肉气味；裂开后，或呈闪白光的黑，或呈闪黑光的白，或到处都有纹线或斑点错杂；软；熔炼时不开裂，并伴有很多泡沫和烟。[3]——［这些是］含银的各种原矿[4]。

［7］所有原矿，分量[5]若增长，则含量亦增长。

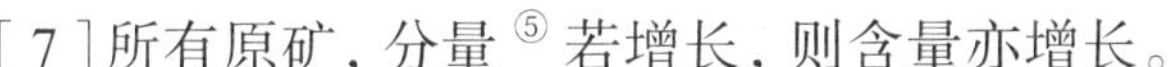

① 沥青（śilājatu）：字面为“石头分泌物”，即天然沥青。

② 黑绿豆（mudga）：Phaseolus Mungo；绿豆（māṣa）：Phaseolus Radiatus；杂合饭（kṛsara）：亦作 kṛśara，以芝麻（即胡麻）、米、豆等混合做成的饭，古译“杂合饭”或“杂饭”；藏青果（harītakī）：Terminalia Chebula，诃子，俗称藏青果；掺入物（pratīvāpa）：参见本章第 8、11 句及 2.25.22。

③ 本句中几种宝石，参见 2.11.30 和 2.11.35。紫荆（kovidāra）：Bauhinia purpurea（PDP），又名羊蹄甲；羽叶楸（pāṭalī）：Bignonia Suaveolens（MW），据 PDP，它又可写作 pāṭalā（Stereospermum colais），花紫色如喇叭，故在西文中被称为“喇叭花树”（trumpet flower tree）。

④ 各种原矿（dhātavaḥ）：一般指矿物本身，在这里指上一句中的“矿土和矿石”，即“生矿”或“原矿”。

⑤ 分量（gaurava）：重量。在这里显然是指密度（单位体积的重量）。

[8]这些原矿中，不纯或所含矿物不明者，可以[对之]进行纯化：或将它们浸泡于强[刺激性]的尿液或碱[液]中；或将它们与“王树”、榕树、牙刷树、牛胆汁、黄胆汁，还有水牛、驴、幼驼的尿液及粪便制成块，或是当成掺入物，或是当作涂抹物。[①]

[9]以大蕉树和山魔芋的球茎作为掺入物，与大麦、绿豆、芝麻、莪术、牙刷树[制成的]碱——或与牛及山羊的乳——混合，可软化[原矿]。[②]

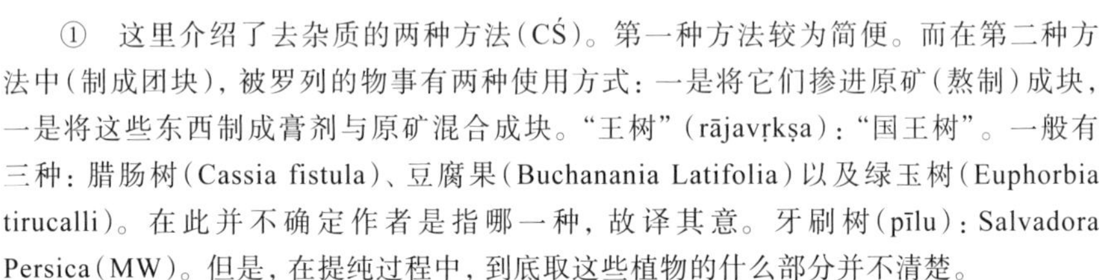

[10]蜜和甘草、加麻油的山羊乳，连同酥油、石蜜以及酒酵相混，再加上香蕉[球茎制成膏剂]，[那么，原矿]即便碎作十万片，只消倒进[这样的膏剂]中三次，也会变软。[③]

[11]牛的齿和角[④]作为掺入物可抑制软化。

① 这里介绍了去杂质的两种方法(CŚ)。第一种方法较为简便。而在第二种方法中(制成团块)，被罗列的物事有两种使用方式：一是将它们掺进原矿(熬制)成块，一是将这些东西制成膏剂与原矿混合成块。“王树”(rājavṛkṣa)：“国王树”。一般有三种：腊肠树(Cassia fistula)、豆腐果(Buchanania Latifolia)以及绿玉树(Euphorbia tirucalli)。在此并不确定作者是指哪一种，故译其意。牙刷树(pīlu)：Salvadora Persica(MW)。但是，在提纯过程中，到底取这些植物的什么部分并不清楚。

② 这里介绍了软化制剂的两种配制方法：大蕉树和山魔芋的块根作为掺入物，或是与大麦等植物烧成的碱灰混合(坎格尔认为是将这些植物烧灰成碱)，或是与牛及山羊的乳混合。大蕉树(kadalī)：Musa paradisiaca(PDP)，与香蕉树类似，果实较香蕉大但没有香蕉甜；山魔芋(vajra)：CŚ 训为 vanasūraṇa，即 Amorphophallus Campanulatus；莪术(palāśa)：Curcuma Zedoaria。

③ “碎作十万片”是指原矿很硬实，只能被敲碎而无法被软化提炼。“十万片”和后面的“三次”是一个对比，形容这种制剂的软化能力强。酒酵(kiṇva)：制法见 2.25.26。香蕉(kandalī)：Musa sapientum(GPW)。

④ 这里可能是指这两者磨成的粉(CŚ；坎格尔)。

［12］矿石沉重、滑腻且柔软；或某块土地呈褐色、绿色、粉色或赤色。[①]——这是铜矿。

［13］［原矿］呈乌鸦黑；或呈［灰］鸽色或黄胆汁之色；又或带白色纹线；有生肉气味。——这是铅矿。[②]

［14］［原矿］斑驳如盐碱土；或作焙土团之色。[③]——这是锡矿。

［15］［原矿］主要由光滑石头构成，呈淡红色或呈蔓荆花色。[④]——这是铁矿。

［16］或者，［原矿］呈“鸦卵”树皮、桦树皮色。——这是毗犍陀迦矿。[⑤]

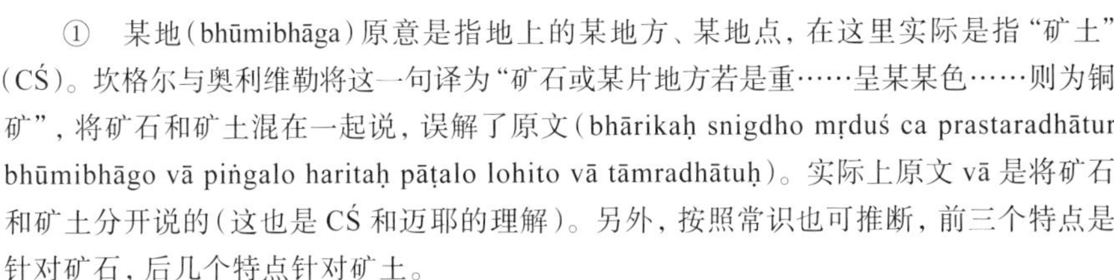
① 某地（bhūmibhāga）原意是指地上的某地方、某地点，在这里实际是指“矿土”（CŚ）。坎格尔与奥利维勒将这一句译为“矿石或某片地方若是重……呈某某色……则为铜矿”，将矿石和矿土混在一起说，误解了原文（bhārikaḥ snigdho mṛduś ca prastaradhātur bhūmibhāgo vā piṅgalo haritaḥ pāṭalo lohito vā tāmradhātuḥ）。实际上原文 vā 是将矿石和矿土分开说的（这也是 CŚ 和迈耶的理解）。另外，按照常识也可推断，前三个特点是针对矿石，后几个特点针对矿土。

② 意思似乎是：前三个颜色特征中任何一个，都要配合最后一个条件（带生肉气味），才可以判断为铅矿。

③ 前者似乎是说矿土，后者可能是说矿石。

④ 蔓荆花（sinduvāra）：又作 sindhuvāra，即三叶蔓荆（PDP：Vitex trifolia）。

⑤ 这一句有几个不确定之处。首先，句中的 vā 只能被认为是接上一句铁矿的，所以这里隐含的条件也有上一句中的“主要有光滑的石头构成”。其次，如果将 bhujapattra 理解为“桦树叶”，有一个困难：树叶一般都为绿色，为何这里单单拈出“桦树”？因此笔者认为这里的 pattra 更可能指书写材料的树皮，bhujapattra 应为“桦树皮”。“鸦卵”（kākāṇḍa）：CŚ 只说了是“一种树”。据 GPW，它也作 kākatindu 或 kākatinduka，如此，它可能就是绒毛乌木（Diospyros tomentosa），但并不确定，只能以意译代之。毗犍陀迦矿（vaikṛntaka）：不知为何种矿物。这句紧接着上句，那么，它也有可能是一种特别的铁（坎格尔根据其他注家也得到这样一个推测），然而一切并不确定。

［17］［原矿］透明、光滑、闪亮、声响大、凉、硬、色道极为鲜明。[①]——这是宝石矿。

［18］［矿督］应将从原矿中提取到的［东西］在各种相应的工厂中加工。［19］他应设立单一的地方经营所生产的［金属］器物，并对其他生产、销售以及购买者规定处分[②]。

［20］他应令侵盗［工厂财物的］矿工偿付［相关财物］的8倍——宝石除外(4.9.2)。［21］他应将盗贼和未经允许而以采炼［矿］为生者收捕，再令其做工；以工代罚者[③]也如此。

［22］对于支出和劳作太重的矿场，他应通过［抽取产品］份额或通过租金交让［他人经营］；［支出和劳作］轻的，他应自己经营。

［23］司金应令人开设生产铜、锡、毗犍陀迦、黄铜、钢、青铜、钟铜、铁的工厂[④]，并经营金属器物。

［24］钱币督造应令人制造钱币。银币：含1/4的铜，另掺入1

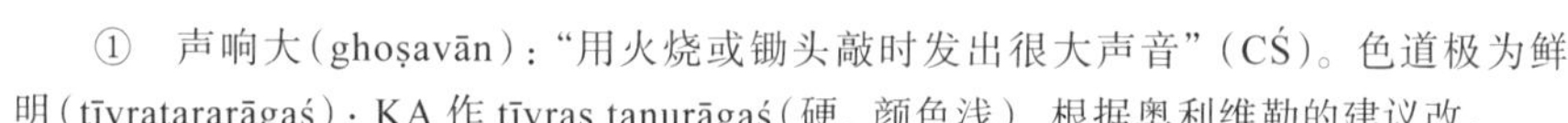

① 声响大（ghoṣavān）："用火烧或锄头敲时发出很大声音"（CŚ）。色道极为鲜明（tīvratararāgaś）：KA作tīvras tanurāgaś（硬、颜色浅），根据奥利维勒的建议改。

② 这里是对违反规定者的"处分"（atyaya，参见2.6.10以及关于atyaya的注释），而不是对违法者的"课罚"（daṇḍa）。

③ 以工代罚者（daṇḍopakārin）：以劳役或做工代替缴付课罚的人（另可参见2.23.2；2.24.2；3.13.18）。

④ 司金（Lohādhyakṣa）：应当是专门负责一般金属采炼的吏员，受矿督（Ākarādhyakṣa）节制。黄铜（ārakūṭa）：德永宗雄认为它的词源是希腊文oreichalkos（orichalcum，即"山铜"或黄铜）（参见Tokunaga 2005）。钢（vṛtta）：本意为"圆"，迈耶、坎格尔和奥利维勒均译为"钢"，但都未给出来源，各种辞书和《利论》注家也未有将vṛtta释为"钢"者，这一情形让人费解。笔者能查到的最早来源是布隆松，他认为vṛtta是指熔炉（mūṣa）中铁溶液与碳结合的圆形部分。而vṛtta这一词在南印度变为"乌兹钢"（wootz，古吉拉特语作wuz，泰卢固语作ukku）（参见Bronson 1986）。另，据坎格尔，黄铜、青铜以及钟铜都是铜与锡或锌的合金。

豆(2.19.2-3)重的铁、锡、铅或锑作为“支子”[①]；其[面值分别]为1波那、1/2波那、1/4波那、1/8波那。[②]铜币：含1/4的“支子”；其[面值分别]为1豆、1/2豆、1贝、1/2贝。[③]

[25]验币师应将波那确立为交易和入库的通货。[26][同时确定]8%的铸币捐、5%的补缺捐、0.25%的核验费，并对那些在其他地方生产、购买、销售和核验的人[确定]25波那的处分(2.6.10)。

[27]开采官应开设[开采和生产]螺贝、金刚石、宝石、珍珠、珊瑚和碱的工厂，并[进行]出售和交易。[④]

[28]盐监应按时间和地点对煮析出的盐抽收份盐和租金，并从[盐的]销售中收取货值、核验费[⑤]以及补缺捐。[29]进口的盐

① 这里说的是1波那面值的银币。文中虽然没有直接说1波那面值银币的重量，但可以推测它实际就是1金(suvarṇa)或1稼(karṣa)，也就是16豆(māṣa/māṣaka)(参见2.19.2-3)。那么，一个1波那面值的银币(共16豆)，就含4豆重的铜、1豆重的“撑子”和11豆重的银。根据2.19.2，一豆为10颗绿豆的重量，那么，一个1波那的银币就大概是160颗绿豆的重量。支子(bīja)：原意为“种子”，或任何有容纳、支撑作用的物事，在这里，它的主要功能是“塑形”(CŚ)或“硬化”(坎格尔、奥利维勒)，笔者将其译为“支子”(下文中的“支子”原文为ājīva，坎格尔说它同bīja相同)。

② 这里没有交代后几种银币的铸造，但是可以推测，它们是在合金比例不变的情况下，以1波那银币为标准，总重量减少为1/2、1/4和1/8。

③ 面值1豆(māṣaka)的铜币，其重量和1波那的银币一样是1金(坎格尔)，但价值只有1波那银币的1/16(参见4.9.4；4.9.9)。类似地，1/2波那的银币和1/2豆的铜币重量是一样的，但价值方面，前者为后者的16倍。贝(kākaṇī)：又作kākiṇī，原意为贝壳，古译同此，笔者沿用之。面值1贝的铜币是面值1豆铜币的1/4(CŚ)。在这里，有重量单位和钱币面值在字面上混同，也有银币和铜币两种系统的差别，需要读者细心辨识。

④ 这里的“开采场”(khani，参见1.10.14及注释)主要是针对螺贝、宝石、珍珠、珊瑚等物事(另参见2.6.4)。

⑤ 核验费(rūpa)：3.17.15中提到其比例为8%，如此就与本章第26句的铸币捐(rūpika)相同，但在本章第30句中，rūpa又是和rūpika并列的，因此，两者虽然比例一

应缴纳 1/6［份税］。［30］缴清了份税和杂费的盐方可销售；［还有］5% 的补缺捐、核验费以及铸币捐。［31］买家应缴纳市易税(2.21)，还有与国王货物［销售］减少量相当的补足捐；[①] 另外，在别处购买［盐］者[②]，处分为 600 波那。［32］［销售］伪劣盐者，处高等罚；林居者之外的那些未经许可而以［制盐卖］盐为生的人，亦［处高等罚］。［33］吠陀师、苦行者以及劳役可以获取[③] 食用的盐，［34］此外的任何盐和糖类都应缴纳市易税。[④]

(35—36)［矿督］应如此这般地从矿场中收取货值、杂费、补缺捐、独占税、处分、市易税、补足捐、课罚、［钱币］核验费、铸币捐，还有 12 种矿物和［这些矿物制成的］货物。他应如此这般地在所有货物中设立各种名目收取［税费］。

样，但并不是一种费。坎格尔和奥利维勒根据 CŚ 的解释，将其理解为第 26 句中的“核验费”(pārīkṣika)，不过，3.17.15 中的 rūpa 为 8%，而这里才 0.25%，并不完全令人满意。除非是：(一)在 3.17.15 中，rūpa 不是指核验费(坎格尔)；(二)销售缴税的核验费为 0.25%，而缴罚款的核验费要高到 8%。在没有更好的解释的情况下，笔者只能依据 CŚ 注释翻译。

① 奥利维勒认为这里的“买家”(kretṛ)可能是指购买进口盐再转卖者，他们的购买行为导致国王货物(国有货物)销售减少，因此要缴纳市易税。但一般购买者购买进口货物，同样也会让国王的独占受到损害，因此“买家”不必是商贩。补足捐(vaidharṇa)：来自 vidharṇa(遏制、支持、分散)，显然这是一种为了维护国王独占地位的保护性税费，但这一税种最开始的立意到底是“阻遏”外来货物的保护性税费，还是“支持”国王损失的补偿性税费，还很难说。从句意来看，似乎应理解为一种补偿性的收费，因此译为“补足捐”。

② 指意图避税者。

③ 获取(hareyuḥ)：带走。“不缴纳市易税”(CŚ)；“免费获取”(坎格尔)。

④ 这句仍然针对上句的三种人。“此外的”(ato)指“食用盐”(bhaktalavaṇa)；“盐和糖类”(lavaṇakṣāravarga)参见 2.15.14-15；“缴纳市易税”是指仅仅缴纳市易税，而不用缴纳其他的费用(CŚ)。

［37］库财来自矿场，而军队来自库财；以库财为缀饰的土地，［需要］凭库财和军队获得。[①]

——以上是第二篇“督官职守”第十二章“矿场、工厂之掌治”。

第十三章

第31目：金银作坊院之金监

［1］金监应令人建造［进行］金银加工的作坊院：［只带］一扇门；它的作工坊[②]由四个各不相通的工坊［组成］。［2］在街市中，他应任命一个艺业娴熟、出身高贵且人品可靠的金工师[③]。

［3］金的种类如下：阎浮河金、“百瓮山”金、诃吒迦国金、“竹山”金、“角螺”金、天然金、矿液提炼金$_{(2.12.2\text{-}3)}$、矿炼金。[④]［4］上品金：呈莲花蕊丝色、柔软、光滑、不作响、闪亮；中品金呈橘黄色；下品金呈赤色。

［5］上品金中，淡黄色和白色者不精纯；［6］对于不精纯的金，他应以4倍于金的铅纯化之：［7］若金［块］因加入铅而开裂，他应

① 这句总说矿场之重要。后半句意思是：靠库财和军队可以赢取土地，而土地又生财（以库财为缀饰），如此导致富强。

② 作工坊（āveśana）：作坊院（akṣaśālā）由作工坊（专门作工的场地）和其他房间构成，而作工坊又由四间工坊（śālā）构成。

③ 金工师（Sauvarṇika）：此人受“金监”节制，他的职守是下一章的主题。

④ 以上各种产地原文依次为：Jambūnadī、Śatakumbha、Hāṭaka、Veṇu、Śṛṅgaśukti。这些名字到底是山、河或国亦不确定，笔者只能据注家所说译出。

将其与干牛粪一起熔炼；[8]若金[块]因自身燥涩而开裂，他应令人将其置于芝麻油和牛粪中。

[9]矿炼金若因为加入铅而开裂，他应先通过加热将它制成片状，再置于木砧上捶打；或令人将它置于大蕉树和山魔芋$_{(2.12.9)}$的球茎所制成的浆中。

[10]银的种类如下：蓝矾山银、糖国银、贝镯山银、轮围山银。[①][11]上品银呈白色、光滑、柔软；[12]与上述相反且易碎者，为劣银。[13][对于劣银]，他可用 1/4 银量的铅纯化之。[14][银体中]有小泡冒起、干净、闪亮且呈酸奶色。——这是纯银。

[15]1 金姜黄色的纯[金]为"[标准]成色"。[16]从 1 个"标准成色"的金中，一贝一贝地以铜替代金，直至 4 豆，那么，就可以得到 16 种"成色"。[②]

[17]他应先在试金石上划头道金，再划标准成色的金。[③][18]

① 以上各地名原文依次为：Tuttha、Gauḍa)、Kumba、Cakaravāla。这些名称到底是山还是国（地区），均按 CŚ 说。"糖国"据说是在羯摩逯钵（Kāmarūpa，今印度阿萨姆邦与孟加拉国西）；"轮围山"（也作"铁围山"）在佛典中经常被提到。

② 第 15—16 句：这两句中的金（suvarṇa）、豆（māṣa）、贝（kākaṇī）说的不是钱币面值，而是重量。其次，作者利用重量规定了金的"标准成色"（varṇaka）：1 金（=16 豆 =64 贝）的纯金形成。然后，再通过对"标准成色"的操作（以贝单位的铜替代金）获得 16 种"成色"。替代过程很容易理解：标准成色的金，被 1 贝的铜替换掉等重的纯金后，就是 63/64 这种成色，以此类推，"标准成色"之外的 16 种成色就可以得出：63/64、31/32、61/64……49/64。在《利论》中，作为重量单位的金、豆、贝，与作为货币面值的波那、豆、贝有着十分紧密而复杂的关系，需要读者耐心梳理。比如，1 个波那的银币净重为 1 金，1 豆的铜币净重也是 1 金，但前者面值为后者的 16 倍（这一点和它们作为重量时的换算比例是一致的）。作为货币的贝，其重量为 1/8 金（为波那或豆净重的 1/8），但其面值只等于 1/64 个波那。

③ 这里开始说金的检测。头道金（suvarṇaṃ pūrvaṃ）是指待检验的金（坎格尔）。

若在没有凹凸的区域划出一道颜色均匀的划痕，他应确认为是［试金］得当；若划痕过重、过轻，或被［试金人］以指甲端的红粉笔抹过，他应认为是［试金］作弊。［19］用在牛尿中浸过的“阇提”朱砂[①]或绿矾涂抹在手的［前］端，以此触金，则金变为白色。［20］［在试金石上的］划痕，凡有细丝、光滑、柔软且闪亮者，为上品。

［21］羯陵伽国与多必河[②]所产、作黑绿豆色的［试金］石为上品。［22］能划出颜色均匀的划痕的试金石，对买卖双方都有利；［23］呈象皮色、带点绿、又容易显色的试金石，对卖方有利；［24］硬实、粗糙、颜色不均、又不易显色的试金石，对买方有利。

［25］切块滑腻、颜色均匀、光滑、柔软且闪亮者，为上品金。［26］［加热时］内外光泽相同，且呈莲花蕊丝色或黄苋[③]花色者，为上品金。［27］呈褐色和蓝色者，是不精纯的金。

［28］［关于金银的］衡和量，我们会在“衡量监正”(2.19)中来说。［29］他应按照那里的规则去交付与收取金银。

［30］未［在作坊院］当差者[④]不得靠近作坊院，［31］［擅自］靠近者应处死。［32］或者，［在作坊院］当差者，若携带金银，应悉数收缴。

［33］从事套扎、制珠、镀涂、制饰的工匠，还有鼓橐工、杂役、

① “阇提”朱砂（jātihiṅguluka）：可能是朱砂的一种。CŚ 认为是一种叫“‘鹄足’的朱砂”（haṃsahiṅguluka）。jāti 作为植物时为素馨，但不能确定这里的颜料是否和素馨有关系。

② 多必河（Tāpī）：“在阿罗吒国”（Ārāṭṭadeśa）（CŚ）；“在摩诃罗史支罗国”（Mahārāṣṭra）（CC）。

③ 黄苋（kuraṇḍaka）：这个词在梵文中又作 kuraṇṭaka、kiṃkirāta、pītāmlāna（GPW）；CŚ 训为 amlāna，与 GPW 所说的 pītāmlāna 相合。

④ 未在作坊院当差者（anāyukta）：也可以指未经授权或许可者。

洁尘工，他们的衣物、手和私处经过搜查后方可进出［作坊院］；［34］而且，他们所有工具和未完成的活计应该就保持在原处。［35］他应在各分署中间分派收到的黄金和待完成的活计。①［36］晚上和早晨，他应存放用工匠和监工两者的符印标记好的［金和金制品］。

［37］镶嵌、编结、碎活。——这是各式金工活。［38］镶嵌：［往金子中］安置饰物②等；［39］编结：编织金线等；③［40］碎活：与［打制］实心物件、空心物件和珠子等相关的活计。

［41］［往金子中］安置饰物时，他应将 1/5 套扎［入底座］，1/10 用以扎边。④［42］银之中掺 1/4 的铜，或金之中掺 1/4 的银，可以做得很好⑤，因此他应防备［这一手］。［43］在制作珠饰时，三分［金］作外包，二分［金］作主体；或四分［金］作主体，三分［金］

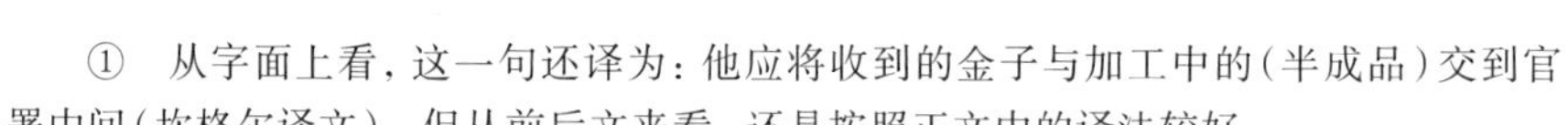

① 从字面上看，这一句还译为：他应将收到的金子与加工中的（半成品）交到官署中间（坎格尔译文）。但从前后文来看，还是按照正文中的译法较好。

② 安置饰物（kācārpaṇa）：坎格尔和奥利维勒都将 kāca 理解为名词性的动词，似乎把 kāca 当成前文中的 kācana（套扎）了。kāca 在此指水晶、宝石等，是被套嵌或待套嵌的物事（CŚ；GPW；另参见 2.14.40 中的 kācaka）。复合词意思是将“待嵌物”（饰物）放置到金子中去。

③ CŚ 解释说是“编织腰带等活计”（kaṭigranthanādīni）。坎格尔认为可能是指用金丝编织各种花样。

④ 这里说的是第 33 句中的“镶嵌”。这句话难理解，且各注家、译家解释不尽相同，但基本事实是清楚的。比如：宝石镶嵌，宝石的 1/5 要嵌入“底座黄金”（ādhārasuvarṇe），另外利用宝石 1/10 的部分进行边侧的加固（kaṭumāna），整个宝石尚有 7/10 留在外面。奥利维勒认为 1/5 和 1/10 是指黄金，他用的例子是指环：1/5 的黄金做底座，1/10 用来边侧加固，剩下 7/10 来做指环的其他部分。但如果是做腰带或其他大型黄金饰物的话，那么，用来做底座和加固的黄金就未免太多了。

⑤ 做得很好（saṃskṛtakaṃ）：“很容易做到”（CŚ：sukara）；“做得够好”（迈耶）；“人为的、假的”（坎格尔；奥利维勒）。在这里，这一词主要是指这样的掺入可以做得天衣无缝，不容易被发觉，因此坎格尔与奥利维勒的译法似乎有所不及，应取 CŚ 与迈耶的理解。

作外包。[①]

[44]在从事镀涂时，若是铜器，他应以等量的金镀涂；[45]若是银器，无论是实心还是空心，他都应以[银器] 1/2 重的黄金涂覆；[46]或者，他应通过沙朱砂的液或粉将[银器]1/4 重的金镀[到银器上]。[②]

[47]颜色美妙的、上好的饰物金[③]，经等量的铅过一遍，加热制成金叶，经信度河沙土打磨，就成为蓝色、黄色、白色、绿色和鹦鹉翩色的底。[④][48]另外，1 金[这样的饰物金]的色料，就是 1 贝[有以下特征的]铁：呈孔雀颈色、断面为白色、闪亮，加热后被磨成粉。[⑤]

① 这里说的是第 33 句中的“制珠”。pṛṣṭakācakarman：坎格尔（包括奥利维勒）认为 kāca 是多余的，那是因为：（一）他们将 kāca 理解为“套扎”（kācana），但这不正确（见上文第 38 句及注）；（二）将“珠”（pṛṣṭa）理解为金做的珠，但这并不必须。因为句中提到了“器物的外包”（paribhāṇḍa）和“主体”（vāstuka，或底座），“器物”可能是指宝石、珍珠之类珠形物件。而这里说的“制作珠饰”（或“制珠”），实际上是用金包住宝石等物事（更可能是包住一部分）并加金制的主体或底座，如此做成一个“珠饰”（pṛṣṭakāca）。另外，这里的“三分”和“二分”是指金分为五等份，后一个是分成七等份。

② 第 45—46 句：这里提到了镀涂银器的两种方法。前一种是用 1/2 于银量的金镀上银器，后一种是 1/4 于银量的金镀到银器上。但后一种方法要使用到朱砂（液或粉）。CŚ 举了一个例子（可信度待考）：比如 100 秳（pala，1 pala=4 karṣa=4 suvarṇa）的银器，应当以 25 秳的金粉镀涂。具体工艺是：金粉和朱砂加上水银（pārata），以秕糠火（tuṣāgni）液化，再涂上银器。沙朱砂（vālukāhiṅguluka）：直译其意，具体为何物不详。

③ 饰物金（tapanīya）：专门用来制作首饰的金，成色较高。

④ 即：饰物金经过这种处理，就能制成各种颜色的金饰，所以叫作“底”（prakṛti，要素、底子）。“各种颜色”可参见下文第 51—56 句，但这两处所说的颜色不尽吻合。“经等量的铅过一遍”（samasīsātikrāntaṃ）是指“以等量的铅对金进行提纯”（CŚ）。

⑤ 这样的铁被磨粉后，可以给这种上好的饰物金染色。1 贝铁粉可染 1 金重的金，那么其比例就是 1:64。

［49］或者，经过深度纯化的银[1]［亦可做各种颜色的底］：在带骨灰的炉中炼 4 次，在有等量铅的炉中炼 4 次，在干炉中炼 4 次，在带陶片的炉中炼 3 次，再在带牛粪的炉中炼 2 次。——如此过了 17 次熔炉之后，再以信度河沙土打磨之。［50］从这种银中，一贝一贝地取出，直到 2 豆，添加到 1 金［普通银］中[2]，然后再佐以色料(2.13.48)，就变成“白银”。[3]

［51］3 分饰物金，掺以 32 分“白银”，就成为淡红色[4]；［52］它令铜成为黄色。[5]［53］将饰物金打磨之后，应再以［金量］1/3 的色料［进行染色］[6]，就成为黄赤色；［54］2 分“白银”，掺入 1 分饰物金，就成为黑绿豆色；［55］若以 1/2 的黑色铁［粉］涂之，就成为黑色[7]；［56］饰物金以涂液[8]涂抹两次之后，就成为鹦鹉翮色；［57］

① “或者”指，除了本章第 47 句中所提到的可以做“底”的饰物金外，这里描述的这种深入纯化的银也可以做各种染色的底子。

② 从这一句看，上一句提到的这种深度提炼的银（tāra，普通银是 rajata）添加到普通银中，能令普通的银顺利着色。把 tāra 添加到 rajata 中的过程，也类似于合金制作过程（见本章第 16 句）：一贝一贝地直到 2 豆（即 8 贝），就有 8 个剂量。这 8 个剂量的纯银添加到 1 金（即 64 贝）普通银中去，就有了 8 种情况（1:64、1:32……1:8）。

③ 由于处理过程的特殊，这里的“白银”有了术语或俗称的含义。而且，从上一句来看，它可以有 8 种。佐以色料（rāgayoga）：字面意思是“与色料混合”。

④ 即：饰物金与“白银”以 3:32 的比例混合成为淡红色（原文为 śvetalohitaka，即“白赤”。显然，“白”［śveta］是指“白银”之色，“赤”［lohita］则指饰物金色）。

⑤ 原文为 tāmraṃ pītakaṃ karoti：“它令铜成为‘黄’。”这一句没有主语，似乎是说上一句所说的过程。那么可以推测这句实际是说：3 份铜与 32 份“白银”混合成黄色的合金。

⑥ 即：按 3 分饰物金、1 分色料（即本章第 48 句所说之铁粉）的比例进行着色。

⑦ 这一句意义不十分清楚，各注家、译家对于这一句与上几句中的关系问题，解释各不相同。笔者认为，这是指饰物金以自身重量 1/2（ardhabhāga）的黑铁粉染色之后，就成为纯黑色。

⑧ 文中未明说这种涂液（pratilepinā rasena）的成分是什么。CŚ 认为是将上文所

在开始染色时，他应拿到针对各种颜色的相应的试金石[①]。

[58]而且，他应知晓铁与铜的加工；[59]此外，还应知晓[以下事项]：金刚石、宝石、珍珠以及珊瑚[所制成的]物件的[加工]耗损；制作金银器所需要的[金银]量。

[60—61]据[行家]说，金饰的德性为：颜色均匀、对称、珠子不相互粘连、坚固、打磨得好、没有杂质[②]、[各部分]易拆分、穿戴舒适、装饰性好、有光泽、造型优美、匀称、赏心悦目。

——以上是第二篇“督官职守”第十三章“金银作坊院之金监”。

第十四章

第32目：街市中金工师之职守[③]

[1]金工师应令各个金工坊主进行城市民与聚落民的金银[加工]。[④]

说的铁粉色料熔化之后与水银混合的液体。

① 原文为 prativaṛikā："相应的(prati)试金石(varṇikā)"（奥利维勒），比其他解读似乎合理得多。

② 没有杂质(asampītaṃ)："未被灌的"，这可能是指没有被掺其他金属(迈耶)。

③ 本章涉及古代金匠行业，原文很多用词都属于意义紧致(compact)的行业“黑话”(尤其涉及作弊)，无论是对注家、译家，还是一般读者来说，其确切意义难以知晓，只能从词句和所描述流程中做一些猜测。

④ 金工师参见 2.13.2。作坊主(āveśanin)即“拥有工坊(āveśana)者”（参见

[2][金工坊主们]应做指定好时间和内容[①]的活计;[也有活计]因为内容的关系而不指定时间。[3]如果完成得[与指定]内容相异,则扣去工酬,并处[工酬]2倍的罚金。[4]若超过时限,则扣去1/4的工酬,并处[所扣去部分]2倍的罚金。[②]

[5]他们收取代工物[③]的成色和数量是什么样的,[到时]就应完全按原样交还[顾客]。[6]而且,即使过期,[顾客]也应取回完全原样的寄存品——[加工]耗损和[自然]磨损除外。

[7]对于金工坊主们[所处理的]金和金器,金工师应知悉它们的特征和加工[过程]。[8]对于精炼的金银[④],[加工过程中]1金允许1贝的损耗;[⑤][9]1贝铁为[1金重的金的]着色剂——银的话则为2倍;它允许1/6的损耗。[⑥]

[10]若[金银]成色下降1豆以上[⑦],处初等罚;若[金银]数

2.13.1)。据沙费,他们似乎是一些私营的工坊主,并可能雇用他人。同时,他们在国家的监督(金监、金工师)下接受加工、代工和寄存金银业务(Scharfe 1993, 248-249)。

① 内容(kārya):应做的任务,在这里指顾客对活计(karman)内容的规定:加工成什么样子。

② 超过时限的话,还可以得到1/4的工酬。

③ 代工物(nikṣepa):这是交给工匠委托其加工的金银等,它属于广义的"寄存",关于它的规则,参见3.12.33以下。

④ 精炼的金银(taptakaladhautaka):tapta为"精炼"或"精制",它可能指专门做饰物的精炼金银(比如上一章的饰物金就是tapanīya)。kaladhauta字面意思为"声音悦耳的与闪光的",为"金银"之合称(参见Ak 3.3.449;MBh 4.38.25)。

⑤ 1金为64贝,那么,这就允许1/64的损耗量。

⑥ 这是紧接上文而说的,1金重的金的着色剂为1贝铁(粉),1金重的银的着色剂就是2贝;同时,着色剂允许1/6损耗。这意味着,金器中着色剂的损耗量≤1/6贝,银器中着色剂的损耗量≤1/3贝。

⑦ 首先,这里说的仍然是针对1金的量。其次,"成色"(varṇa,品质)的下降,

量下降［1 豆以上］，处中等罚；[①] 若在衡器与量器方面作弊，处高等罚；在成品上作弊亦同。[②]

［11］若有人令［金银器］加工不被金工师见到〔或在别的地方加工〕，罚12波那；[③]［12］［前者］若有脱罪理由，则做工者罚2倍；[④]［13］若没有脱罪理由，［前者］应被带去“去刺”［官员那里］；[⑤]［14］而做工者或罚200波那，或断去五指(4.10.1)。

［15］他们应从衡量监正处购买衡器，［16］否则罚12波那。

［17］金工活包括：［制作］实心和空心器具、镀层、涂层、缀合、贴层。

［18］［金工］侵盗之法包括：坏秤[⑥]法、替换法、分流法、“械匣”法、嵌埋法。

［19］［易］屈、被挖孔、顶头破开、有辅颈、吊线有诈、托盘有

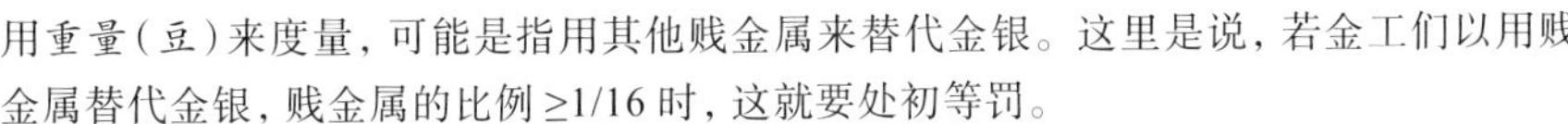

用重量(豆)来度量，可能是指用其他贱金属来替代金银。这里是说，若金工们以用贱金属替代金银，贱金属的比例≥1/16时，这就要处初等罚。

① 1 金金银，若数量降低到15豆及更少，金工应处中等罚。这和上面用贱金属替代金银的做法不同，是纯粹的盗取导致短了数量。

② 在成品上作弊，可能是指本章第44—49句所描述的情形。

③ 这是指某些逃避国王敛收与加工相关税费，让金工私下加工的顾客(坎格尔)。

④ 脱罪理由(apasāra)：这一词在《利论》(主要在这章和第四篇中)中差不多是一个法律术语。它指脱罪理由、可证明清白的(人和物)，得到解免的机由。这里提到“罪”，是因为隐含了一个前提：私下交给人加工的金银可能是以不正当手段获得的。这里的“若有脱罪理由”是指第11句中那个“令人加工”的顾客。结合第四篇所描述的情形，可以推测：该顾客若能说出金银的来源(比如说出金银交付人和证人)，那么，他自己就算是有了“脱罪理由”，他只会被罚12波那，而金工也只会被罚24波那。

⑤ “去刺”(kaṇṭakaśoddhana)是第四篇(“去刺篇”)的主题，它大致上等于现在的“刑事”。在这里，按照第四章所描述的情形，可以推测：若顾客说不出交付金银的人，那么，他会被带到执掌刑事的总督(Pradeṣṭṛ)那里去(参见4.1：“防范百工”)。

⑥ 坏秤(tulāviṣama)：秤的不平等，或不正常的秤(CŚ：duṣṭatulā)，指在称重方面的欺诈。

诈、摇摆过余、带磁石。[①]——这些是坏秤。

[20]2 分银和 1 分铜[构成]“三合”[②]。[21]它可以换掉矿炼金[③]。——这就是所谓“‘三合’替换”。[22]以铜[换金],则为“以铜替换”;以毗勒伽[④][换金],则为“以毗勒伽替换”;以含一半铜的金[换金],则为“以金替换”。

[23]弊炉、臭炉渣、“鹤嘴”、鼓风筒、炉钳、筛子、碱盐以及金子本身。——这些是替换的门路。[⑤][24]或者,将沙团预先置于

① 据 CŚ,易屈是指“以软金属做秤,可随心所欲地弯曲”;被挖孔是指“掏空之后实以铁粉或水银”;顶上破开是指“顶上有隙,气遂进入,气承受(重量)易于倾(向一方)”;有辅颈是指“有多个扎线处”(坎格尔认为是指在天平的某个支点——比如颈——动手脚);吊线有诈、托盘有诈、摇摆过于,以及带磁石这些具体方法不详。总的来说,这里所讲的衡具已不可考,描述的作弊方法涉及衡具的哪个部分,以及具体操作方法,也很难确定。唯一可以肯定的是,无论是买还是卖,金匠们会找到有利于自身的作弊方法。

② “三合”(tripuṭaka):puṭaka 是指叠合、包裹以及叠合包裹而成的容器(如漏斗形的容器)。tripuṭaka 在这里显然是指这种 2 份银 1 份铜的合金,它的密度和外形可能很接近于金。

③ 矿炼金(ākarodgata)参见 2.13.3。

④ 毗勒伽(vellaka):银铁等量混合的合金(CŚ)。

⑤ 这里提到了用“替换法”来作弊的“门路”(mārga)。弊炉(mūkamūṣā)可能是指在炉子底做手脚,加热时可以漏下一部分金子(坎格尔)。臭炉渣(pūtikiṭṭa)可能是指用炉渣盖住金子(坎格尔);当然也有可能是指退炉渣时,夹带一部分金出来,人们一般不会去注意这种垃圾。“鹤嘴”(karaṭamukha)可能是指一种夹子,其头中空,可以夹带碎金(坎格尔)。鼓风筒(nālī)可能是指向炉中吹风时夹带。炉钳(saṃdaṃśa)仍然可能是指趁向炉子中使用时夹带。筛子(joṅganī):joṅganī 一词极为罕见,各辞书不见,它可能来自动词 √juṅg(排除、驱逐),因此坎格尔推测它也有可能是一种过滤的工具。坎格尔在译文中根据 CBh 的解释将其译为“水罐”,但很难想象水罐如何夹带金子(冷却的时候动手脚?),因此笔者觉得更可能是指“筛子”。碱盐(suvarcikālavaṇa):坎格尔认为它就是 2.15.15 中的 sauvarcala(硼砂),但未给出任何理由,奥利维勒从坎格尔并且未做任何注释。CŚ 认为 suvarcikā 是一种“碱”,因此我取这一解释,将其译为碱盐。金子本身(tad eva suvarṇam):只要有金子在,做工涉及加工金子,就可以盗取(坎格尔),

灶中，待熔炉破开，将其从灶中取出。[①]

[25]在之后的粘套时〔或对所贴上的金叶进行检视时〕，以银件调换之，这是分流；或者，以铁沙团调换[含金]的沙团，[也是分流]。[②]

[26]在镀层、涂层和缀合时，造一个固定的或活动的“槭匣”：[27]一个铅件，以金叶盖住，中间以树胶粘连，这是固定的“槭匣”；[28]同样的东西，若有多层的套，则是活动的“槭匣”。[③][29]在涂层时，造一片扎实的金叶或一对金叶[④]；[30]在缀合时，让各片金叶中实以铜或纯银。[⑤][31]一个铜件，以一片金叶粘合，并打磨好，

这是指最原始的偷盗。奥利维勒认为可能是指上文中含一半铜的金。当然，将奥利维勒的推测展开，金匠也可以用任何劣质的金去换，毕竟，凡是劣质的金，必然也是“金子本身”。总的来说，这些“门路”因为实践活动的失传，已经变得难以理解，注家和译家都需要进行一些推测。唯一确定的是，它是上面提到的“替换法”（以贱金属换贵金属）得以施行的门道。

① 将沙团置于灶中，待装有金的熔炉裂开时，将（熔金裹住的）沙团取出当金骗过顾客，然后到时候再取出灶中剩余的真金（CC）。坎格尔认为是这些沙团在灶中可能显得像金，且被当成金子拿出来，之后再去取灶中的真金。但很难相信，这些沙团能瞒得住多久。如此，CC说似乎更为可信。

② 这两句都十分费解。分流（visrāvaṇa）原意为“使流失”“使冲走”或“使分流”。而原文中提供的描述实际还是一种调换（parivartana），只不过前面所说的替换是指材料上以贱换贵，在这里调换的是部件（银部件换金部件）。不过visrāvaṇa这一作弊名称到底因何而来，则不得其解，笔者只能暂且按字面译为“分流”法——相对于前面的替换材料，这种替换部件确实也算得上分得了原器具的“一股”。关于沙团这个，其工艺失考，如何以含铁沙团替换含金沙团不得而知。

③ 从第27—29句以及下文第45句可知，“槭匣”（peṭaka）加引号是因为它本身不是箱子。“槭匣”实际是在器物上凿，用以嵌入“铅件”（sīsarūpa），而被安装的块状铅件叫“弊块”（piṭakā，见第45句）。

④ 据CŚ，这是指将“铅件”嵌入金器中时，可以有两种方法，一是只覆铅件一面（外侧），一是用一对金叶覆盖。

⑤ 这是组装一个器具的各个部分，因此会涉及很多片的金叶，而金叶片中以铜或银填充。

则为“妙肋”；同样的东西〔或铜银合金的制件〕，以一对金叶粘合，并打磨好，则为“上好成色”。①

［32］他应通过以下方式鉴知这两者②：通过加热，或通过试金石；通过未发出［正常］声响或通过刮划③。［33］对于活动的“械匣”，他们可将其置于酸枣汁液或盐水中。④——以上是“械匣”法。

［34］将混有泥的金或沙朱砂⑤浆［置于］实心或空心的［金］件中，一加热，即可定住。［35］或者，将混有沙的树胶或铅丹浆置于有牢固底座的［金］件中，一加热，即可定住。［36］加热或拆卸可［鉴知］这两者之真伪。

［37］将盐和碱砾置于带外包的制件中⑥，一加热即可定住。［38］煎煮可［鉴知］其真伪。

① “妙肋”（supārśva）和“上好成色”（uttaravarṇaka）都是指被处理得像真金一样的贱金属，两者都是行业黑话。可以推测，之所以叫“妙肋”应该是指铜件只用金叶盖了一面（一侧［pārśva］）；而用一对金叶覆盖的铜件（或铜银合金件），经过打磨，看起来和好的真金可能没什么区别了，因此才叫“上好成色”。

② 这两者（tad ubhayaṃ）是指固定的或活动的“械匣”。

③ 拨出正常声响（niḥśabda）：原意为“无声”。CŚ 认为是“切割时无声”；而迈耶译为“未发出（正常的）声响”，迈耶的理解更符合情理。“刮划”（ullekhana）则很好理解。刮去涂层或金叶一层，则所埋“械匣”自现。

④ 据 CŚ，这样做，会让水变红。badarāmla：又作 badarāmlaka，即酸枣（果）（Flacourtia Cataphracta）。

⑤ KA 读作 mālukāhiṅguluka，同时在注释中说，这个复合词应读作 vālukāhiṅguluka（如在 2.13.46 中）那样。

⑥ 即：将“外包”（paribhāṇḍa）想办法挖去一些，然后以火熔的盐和碱砂填充进去，达到偷换目的。关于“外包”，参见 2.13.43 及注释，它一般是金做的外层（里面包宝石之类）。碱砾（kaṭuśarkarā）：“碱砾”只是直译，它有可能是某种可熔的物质的专名，但现已失考。迈耶在注释中猜测它是不是一种带酸性或碱性的糖。

［39］或者，将一块云母用树胶粘于有两层底座的［金］件中。[①]［40］当这种嵌入物已经被掩盖起来的[②]［制件］放到水中时，它的一侧会下沉；或者，以针刺入各隔层中[③]。

［41］或各种宝石，或银，或金，都可嵌埋入实心或空心［制件］。[④]［42］加热或拆卸可［鉴知］这两者的真伪。

［43］因此，金工师应知悉金刚石、宝石、珍珠、珊瑚的种类、外形、成色、数量、所制成的物件及特征。

［44］在检视新完工的器物〔或在翻修旧器物〕时，［金工］们有四种侵盗方法：敲磕法、挖切法、刮划法、磨蚀法。［45］若他们以发现"械匣"为由，切去任何珠、线或块，这就是敲磕法；[⑤]［46］他们向有两层底座的器物的制件中插入一个铅件，再挖去其内部，这是挖切法；［47］以锐器刮划实心的器物，这是刮划法；［48］将雌黄、雄黄、朱砂中任何一种的粉末〔或黑盐[⑥]粉末〕涂在布上，以此布反复摩擦［器物］，这是磨蚀法。［49］通过这种方法，金银器物

① 即：一个金件有两层的底座，将底座挖去一些（上、下，或上下都挖去一点），再以云母和树胶填充之。

② 原文 apihitakācaka：kācaka 即"嵌入物"（参见 2.13.38 关于 kāca 的注释），在这里就是指上一句中的云母片。整句意思是：既然底座已经封死，又不想拆开检查，也想知道是否被作弊的话，就放在水中，若某一部分下沉（可能是指歪斜），那么就意味着底座中嵌埋了其他东西。

③ 针刺入隔层，若有云母，人能听见针破云母的脆响（CC）。

④ CŚ 认为是以水晶等换取珍贵的宝石、以银换金、以不纯的金换纯金。坎格尔认为更可能是以同类但品质不同的东西去换，即：以假宝石换上等宝石、以劣银换纯银、以劣金换纯金。

⑤ 关于"械匣"，参见本章第 26—31 句。本来没有问题，而宣称有弊，就将作弊的部分（"弊块"［piṭakā］）名正言顺地拿掉。

⑥ 黑盐（kuruvinda）："一种石头"（CŚ）；"黑盐"（GPW）。

会蒙受损失，而且不遭受什么损坏。

[50]对于经过镀层，又破成块或被打磨过的器物，他应通过类似的[器物]来做出推测⑦。[51]对于经过涂层的器物，被割去了多少，他应也割去那么多，再做出推测。[52]或者，对于变形的器物，他应将其在水中反复加热或打磨。⑧

[53]他应知晓以下舞弊[的方法]：抛掷、称量、火、木砧、首饰盒、收纳容器、鸟翼、线、衣服、交谈、头、膝弯、苍蝇、查看自己身体、风橐、水钵、火盆。⑨

[54]他应知晓：银器中有生肉气味者、易着垢者、粗糙者、僵硬者或变色者，都是伪劣品。

⑦ “推测”(anumāna)可能是指推测出损失的量。

⑧ virūpa：原意为变形、外观改变。但很难解释为什么变形了的器物要在水中反复煮或打磨。CŚ 提供了一个可能的解释：virūpa 不是指变形，而是指掺入了贱金属而成色下降。因此，先要将器物进行纯化，然后再用前面的方法推测出到底金工盗取了多少。而纯化的方法就是在酸性水中反复煮和打磨。也因此，CŚ 就将这里的“水”解释为酸性水。

⑨ 舞弊(kāca)：这一词在本章中多次出现(待嵌的物事、饰物)，但在这里却有另外一番意思：“侵盗方法”(CŚ)、“舞弊”(CC)。这些作弊方法具体情形难以确定。抛掷(avakṣepa)是指“一个快速的手上动作”；称量显然是指在称重或称具上做文章；火(agni)是“火中盗取”；木砧(gaṇḍikā)是指“嵌入宝石”，可能是指嵌入后回头再取出；首饰盒(bhaṇḍikā)“可以装熔金屑”，但迈耶认为是“工具箱”；收纳容器(adhikaraṇī)是“一种铁钵”，但未解释如何作弊；鸟翼(piñcha)是孔雀羽毛；线(sūtra)是指“秤线”；衣物(cella)、头(śira)、膝弯(utsaṅga)显然是指藏匿的地方；交谈(bollana)是指“以言语骗人”；苍蝇(makṣikā)是“通过赶苍蝇作弊：用浆汁涂过的肢体捏……”，很难确定到底是什么动作；查看自己身体(svakāyekṣā)是“乘检查(身上)出汗等作弊”，可能是指查看自己身体时乘机藏匿；火盆(agniṣṭha)是指往火中扔伪劣物替代。以上解读，大部分根据 CŚ 注，可信度待考。

［55］他应如是这般地查验新［制］的、老旧的和变了形的器物，并按规定确定对他们的处分。

——以上是第二篇“督官职守”第十四章“街市中金工师之职守”。

第十五章

第33目：储库监[1]

【甲】收入的各种来源

［1］储库监应了知［以下事项］：农产、郡邑收入、购买、交换、讨求、假借、以役代税、其他收入、支出之回流、附加收入。[2]

［2］农产官$_{(2.24)}$所带来的各种粮食。——这是农产。

［3］“饭团”税、六一份税、军粮、贡献、赋银、贺仪、“肋”捐、［所获］赔偿、馈赠以及储库［产生的］收入。——这是“郡邑”。[3]

① 从 2.5.1 得知，储库（koṣṭhāgāra）为国库的一部分，因此储库监（koṣṭhāgārādhyakṣa）应当受国库司库的节制。

② 农产（sītā）：“王田的收入”（坎格尔；另参见 2.24）；支出之回流（vyaya-pratyāya）：参见 2.6.21。

③ 关于“郡邑”这一收入来源及其中所罗列的几个税费种类（如贡献、赋银等），参见 2.6.3。“郡邑”加引号是指作为收入来源的郡邑，而不是指郡邑本身（参见 2.6.3 注释）。“饭团税”（piṇḍakara）：“各个村（整体）所缴纳的钱粮”（CŚ），坎格尔也认为这是从整个村而不是从个人手中收取的赋税。但奥利维勒援引科尔弗尔说，piṇḍakara 是一种“生计捐”（subsistence tax）：这是按照人们财产而确定的定额赋税，国王从自己所保护的村落收取的维持自己生活的钱粮（Kölver 1982）。显然，这要追溯到相当古老的

［4］粮款、库财支出、收回利贷。——这是购买。①

［5］以不同的价格交易不同种类的粮食。②——这是交换。

［6］从别处索求粮食。——这是讨求。③［7］同样的［粮食］，若意在归还，则为假借。

［8］对于以敲打、碾压、舂捣、酝酿和研磨为生者：做他们相应的活；对于从事机榨和饼榨者：榨油；制甘蔗糖。——这是以工代税。④

［9］遗落的和遗忘的等。——这是其他来源的收入(2.6.20)。

［10］解散军队、因疾病而中断之事业［剩余的支出］。——这是支出之回流(2.6.21)。

［11］衡器与量器上的差异、“抓满手”、抛撒堆、补缺捐、滞后

时代（国王所保护和管辖的地域仅限于少数的村落）。在一切都不确定的情况下，笔者只能译出其字面意思：“饭团”税。军粮（senābhakta）：将这一项列为国王的收入，这暗示国王会因维持军队而向百姓强制征收军粮。

① 粮款（dhānyamūlya）：从储库监角度来说，这实际是出售，从外人角度来说，这才是“购买”（《利论》中经常有这类角度的转换，参见 2.6.15 中的“建城支出”与 2.6.23 中的“收益支出”）；库财支出（kośanirhāra）是指动用库财购买粮食（CŚ），这些购买来的粮食，对储库来说也是收入；收回利贷（prayogapratyādāna）是指“将贷出的钱粮连本带利地收回”（CŚ），坎格尔认为，将这一项经营性的收益也列为“购买”，在现代读者看来有些奇怪。

② 虽然提到了“价格”（argha），但这里应被理解为严格的物物交换，因为并不必然涉及钱款（mūlya）。这里只是说不同价格（argha，而非 mūlya）的粮食按根据其价格确定比例，物物交换。比如，CŚ 提到冬稻（śāli）与稗（kodrava）按 1∶4 的比例交换。

③ 别处（anyataḥ）：指“从盟王等那里”（CŚ）。

④ 这些人是以作某一类的工为生，他们要以做工代替缴税：平常以为人打谷、去皮、磨粉……制糖为生者，免费为国王做自己擅长的活计（CŚ）。另请注意他们与“以工代罚者”的区别。对于从事机榨和饼榨者（audracākrikeṣv）：audra 是指以机器榨油者，cākrika 是以（铁饼）榨油者（CC）。

收入以及赚得。[①]——这是附加收入。

【乙】各种物产

［12］粮食、油脂，糖类和盐类中，关于粮食的规则，我们将会在“农产官”(2.24)谈到。

［13］酥油、［植物］油、［荤］油和骨髓。——这是油脂类。

［14］糖浆、石蜜、粗蔗糖、糖块和砂糖。——这是糖类。

［15］河盐、海盐、畀斫盐、麦碱、硼砂和土盐。[②]——这是盐类。

［16］蜂蜜和葡萄蜜。——这是蜜类。

［17］甘蔗汁、石蜜、蜜、糖浆、葡桃果汁和菠萝蜜汁，其中任何一种，浸于匙羹藤与荜茇果浆汁中，存放1个月、6个月或1年，再掺以帽儿瓜、优娄频蠡瓜、甘蔗茎、芒果和余甘子〔或不掺入这些〕。[③]——这是酵汁类。

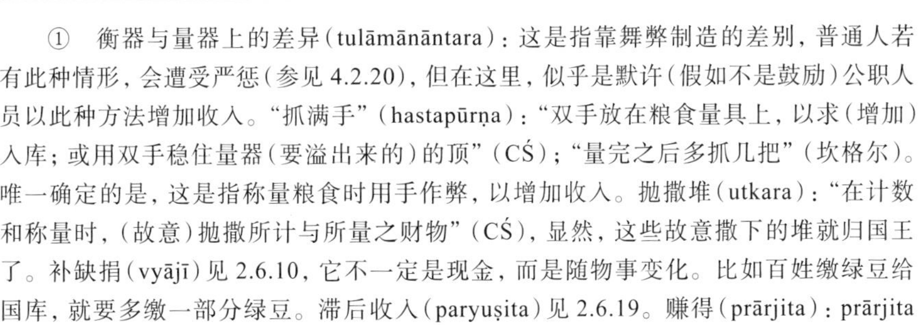

① 衡器与量器上的差异(tulāmānāntara)：这是指靠舞弊制造的差别，普通人若有此种情形，会遭受严惩(参见4.2.20)，但在这里，似乎是默许(假如不是鼓励)公职人员以此种方法增加收入。“抓满手”(hastapūrṇa)：“双手放在粮食量具上，以求(增加)入库；或用双手稳住量器(要溢出来的)的顶”(CŚ)；“量完之后多抓几把”(坎格尔)。唯一确定的是，这是指称量粮食时用手作弊，以增加收入。抛撒堆(utkara)：“在计数和称量时，(故意)抛撒所计与所量之财物”(CŚ)，显然，这些故意撒下的堆就归国王了。补缺捐(vyājī)见2.6.10，它不一定是现金，而是随物事变化。比如百姓缴绿豆给国库，就要多缴一部分绿豆。滞后收入(paryuṣita)见2.6.19。赚得(prārjita)：prārjita词义不明。它或是指经营所得(CBh)，或是指储库监凭自己能力所种植之物事(CŚ)。

② 畀斫盐(biḍa)：也作viḍa/viḍalavaṇa。据MW，这种盐色黑有恶臭，或是通过熬煮盐碱土，或是以余甘子汁浸泡腐土所得，可作医用泻剂。成分一般为氯化物、硫磺和氧化物。麦碱(yavakṣāra)：从大麦所烧的灰中提炼出来的碱。土盐(udbhedaja)：从盐碱土中所提炼的盐(CŚ)。

③ 匙羹藤(meṣaśṛṅgī)：Gymnema Sylvestre(MW)，梵文又作meṣaśriṅga、ajaśṛṅgī、meṣaviṣanikā和meṣaviṣāṇa(CŚ)，这些名字差不多都和羊有关，大概是因为其果极似羊角；荜茇(pippalī)：Piper longum，在中国又名胡椒；帽儿瓜(cidbhiṭa)：这

[18]酸豆、刺黄果、芒果、石榴、余甘子、香橼(2.11.64)、小酸枣、大枣、甜枣、波录阇伽果等。[①]——这是酸果类。

[19]酸奶、酸糜等。——这是酸汁类。

[20]荜茇、黑椒、姜、孜然、穿心莲、白芥子、芫荽籽、葫芦巴籽、艾蒿、墨角兰和辣木。[②]——这是各种辛辣品。

[21]干鱼、干肉、球茎、根、果和蔬菜(śāka)。——这是菜类。

[22]他应从这些物事中分出一半来预备给聚落民应付灾患,再利用另外一半;[23]他还应以新换旧。

【丙】加工中的增减

[24]粮食无论是被敲打、去壳、碾磨、煎炒,还是[处于]湿润、

是 cirbhiṭa 一词的误写(NSW),故 cidbhiṭa 实际为帽儿瓜(Cucumis maderaspatanus;PDP:Mukia maderaspatana),在梵文中,它有多个名字:indracirbhiṭī、kṣudracirbhiṭa、kṣetracirbhiṭa 和 gajacirbhiṭā(MW);优娄频蠡瓜(urvāruka):一种甜瓜(学名 Cucumis usitatissimus),无现代汉语译名,故从古代音译;余甘子(āmalaka):余甘子(Emblic Myrobalan)。

① 酸豆(vṛkṣāmla):罗望子果(Tamrind);刺黄果(karamarda):Carissa carandas;石榴(vidala):CŚ 训为 dāḍima,即石榴(PDP:Punica granatum);小酸枣(kola):Ziziphus mauritiana(PDP),而 CŚ 说它是小的 badara;大枣(badara):Ziziphus jujuba;甜枣(sauvīraka):CŚ 说它是一种甜枣(svādubadara);波录阇伽果(parūṣaka):可能是捕鱼木(Grewia Asiatica),据 MW,其浆果可制饮料,CŚ 说它在中原地区人所皆知。

② 黑椒(marica):Piper nigrum(PDP);姜(śṛṅgiberā):各辞书不见,CŚ 说它"众所周知",坎格尔(奥利维勒从坎格尔)译为"姜"而未加说明;孜然(ajājī):Cuminum Cyminum,CŚ 训为 jīraka,亦为孜然;穿心莲(kirātatikta):Andrographis paniculata(PDP),它的另一梵文名为 bhūnimba(CŚ,PDP);白芥子(gaurasarṣapa)和芫荽籽(kustumburu):参见 MW;葫芦巴(coraka):Trigonella corniculata,其籽用于调味,西文中称之为 Fenegreek;艾蒿(damanaka):MW 为 Artemisia indica,PDP 为 Artemisia vulgaris;墨角兰(maravaka):Origanum majorana,其叶芳香,干后用作调料;辣木(śigru):MW 为 Moringa Pterygosperma,PDP 为 Moringa oleifera,其花叶梗俱可食。

干燥或已烹熟［状态］，他都应亲自查验它们增长和减少的量。

［25］鸭䳘草籽和雨季稻有 1/2 是粮。冬稻较之少 1/2；而三叶菜豆较之少 1/3。[①]［26］各种黍有 1/2 为粮，且有 1/9 的涨头[②]。［27］优多罗加[③]［去壳后堆头］一样；敲打过的大麦与小麦，去壳后的芝麻、大麦、黑绿豆和绿豆亦如此。［28］小麦［去壳后］有 1/5 的涨头；舂捣后的大麦亦如此。［29］香豌豆(2.11.31)［磨］粉会减少 1/4；［30］黑绿豆和绿豆［磨］粉则减少 1/8。［31］扁豆有 1/2 是粮，各种兵豆较之少 1/3。[④]

［32］生［面］粉和制成酸糜［的粮食］会涨至［原来的］1.5 倍；[⑤]

① 即：去掉外壳之后，鸭䳘草籽与雨季稻 1/2 为粮，各种冬稻含粮量较之少 1/2，那就是 1/4（1-1/2-1/4）为粮；菜豆少 1/3 的话，就是 1/3（1-1/2-1/6）为粮。鸭䳘草（kodrava）：Paspalum scrobiculatum，在中国俗称鸭䳘草，多产于印度，籽粒为贫户主食；雨季稻（vrīhī）和冬稻（śāli）均为稻，区别在于：vrīhī 较古老（吠陀中出现），śāli 则不见于吠陀。另，前者为雨季成熟，后者为冬季，且有多个种类（关于这两者区别，参见 Sharma 1983, 97, 161-162）。笔者姑且以此分别译为"雨季稻"与"冬稻"，比音译稍好。三叶豆（varaka）：Phaseolus trilobus。

② 对于这 1/9 的涨头（vṛddhi），很难理解：增长的基数是带壳黍还是黍米的？CŚ 解释是，8 薮（prastha）带壳的黍，最后得 5 薮黍米，这无论怎么算都是不可能的，因为按照文中比例，最后应当是得 44/9（4+8/9）薮或 40/9（4+4/9）薮。坎格尔认为 1 个单位的带壳黍脱粒后应当得到 11/18（1/2+1/9），这是将带壳的黍当作基数来运算的。奥利维勒认为是黍经过敲打，总体体积（连壳带粮）会增长 1/9，这一解释似乎会更好，因为脱粒的黍不可能在重量上增长，下文中说的似乎也是"堆头"（体积）。黍（priyaṅgu）：黍米（Panicum Italicum）。

③ 优多罗加（udāraka）：不详为何种粮食。MW 提到 udāra 是一种长穗的粮食，可能就是 udāraka。

④ 即：兵豆去荚后有 1/3（1-1/2-1/6）为粮。śaimbya：源于 śimba/śimbī，一类扁豆的总称。兵豆（masūra）：又作 masura、Lens culinaris（PDP），又名小扁豆。

⑤ 从下文第 33 句来看，生面粉（piṣṭam āmaṃ）要涨，似乎是指加水发面后（但尚未烹制）。酸糜（kulmāṣa）："黑绿豆和绿豆等"（CŚ）；"半熟的粮食，尤其是米饭"（迈耶）；"酸糜"（GPW；MW）。从上面面粉（piṣṭa）的例子来看，已经包含了烹制前的处

[33]而大麦面会涨至[原来的]2倍;[大麦]粥和烹制好的面粉亦如此。[1]

[34]鸭嘴草籽、三叶菜豆、优多罗加、黍,制成食物后涨至[原来的]3倍;雨季稻为[原来的]4倍;冬稻则为[原来的]5倍。

[35]次一级的粮食,浸泡后涨至[原来的]2倍,出芽后为[浸泡后的]1.5倍。[2]

[36][各种粮食]在煎炒后有1/5的涨头。[37]香豌豆涨至2倍,煎制的稻米和大麦亦如此。

[38]亚麻籽有1/6是油[3];[39]而苦楝籽、拘奢摩罗树籽和木苹果籽等[4],有1/5是油;[40]芝麻、红花籽、赤铁树籽、榄仁[5],有

理过程,因此kulmāṣa既可能指某一种粮食(发酵或浸泡后增长),也可能泛指各种粮食制成的酸糜之后增长,很难确定作者到底指哪一个。

① 大麦面(yāvaka):大麦粉经过发酵(尚未烹制);大麦粥(pulāka):一般指被煮熟或煮半熟的各种粮食(粥),主要供给牲畜(参见2.29.43;2.30.10;2.30.18等),在这里指半熟的大麦粒(大麦粥)。烹制好的(siddha)面粉指糕、饼之类。

② 次一级的粮食(aparānnaṃ):或后出的粮食,“未熟的稻谷等”(CŚ),“黑绿豆等后成熟的粮食”(CC)。坎格尔将其理解为“后熟的粮食”,同时指出这里的apara(后来的)似乎更可能是avara(次一级的)。奥利维勒根据马拉雅拉姆语写本读作“avarānnaṃ”(次一级的粮食)。可以肯定的是,在这里,作者指的是那些除了稻米、大麦、小麦之外的黑绿豆、绿豆、菜豆等粮食(浸泡,发芽),因此,理解为“次一级的”似乎更好。不过,apara除了表示后来和随后,也有次一级的意思。奥利维勒似乎没必要改动读法。

③ 亚麻籽(atasī):Linum Usitatissimum。

④ 苦楝(nimba):Azadirachta Indica。拘奢摩罗(kuśāmra):音译,迈耶和坎格尔将它拆为kuśa与āmra(芒果),但很难相信芒果哪个部分可以榨油。而且,kuśāmra在14.2.24与第35句中也再次出现,在那两处,它不可能指两种植物,而是一种植物。因此,它应该和苦楝、木苹果等一样,种子可以榨油。

⑤ 红花(kusumbha):Carthamus tinctorius,其籽可榨油(食用、药用)。需要注意的是,这个词也指番红花(与梵文kuṅkuma同义,学名Crocus Sativus),但番红花很少结籽;赤铁树(madhūka):Bassia Latifolia,其叶可滤制酒、籽可榨油;榄仁(iṅgudī):

1/4 是油。

[41]每 5 秸[①] 棉花和亚麻可制 1 秸线。

【丁】口粮配给

[42]5 斛出 12 升米的冬稻，供幼象食用；出 11 升米的供猛象食用；出 10 升米的供骑乘之象食用；出 9 升米的供战象食用；出 8 升米的供步兵食用；出 7 升米的供大员食用；出 6 升米的供后妃和王子食用；出 5 升米的供国王食用。[②]

[43]1 薮无碎块无杂质的精米[③]；1/4 薮酱；酱分量 1/16 的盐；1/4 的酥油或麻油。——这是贵种姓男子一日的口粮[④]；[44]1/6 薮酱；1/2 的荤油。——这是低种姓男子一日的口粮[⑤]；[45]妇人再减少 1/4；[46]孩童则减少 1/2。[⑥]

又名 iṅguda，即 Terminalia Catappa（（PDP），其子可榨油。

① 关于重量单位，参见 2.19。1 秸（pala）=4 金（suvarṇa）或 4 稼（karṣa）。

② 这是度量食物的重量单位（它们也是容量单位，这让情况较为混乱），参见 2.19。1 斛（droṇa）=4 升（āḍhaka），那么，出米率为 60%（12/20）的冬稻供幼象食用。以此类推，出米率为 25%（5/20）的冬稻，供国王食用。可见这种稻米，出米率越低，其质量越精。

③ KA 中，这一句（akhaṇḍapariśuddhānāṃ vā tuaṇḍulānāṃ prasthaḥ）在上一句最后，但坎格尔自己在校注中说，这一句放在第 43 句句首方妥当，奥利维勒译本将依此建议改正了过来（并去掉了 vā），笔者从之。

④ 即：1 薮精米、1/4 薮酱（汤汁）、1/64 薮盐、1/16 薮黄油或（其他）油（taila）。这是贵种姓男子一顿的口粮。贵种姓（ārya）：雅利安的、高贵的；口粮（bhakta）：一般认为是一餐进食量，但奥利维勒认为是一天所进的食。一般来说 1 斛（droṇa）为 200 秸（2.19.29；另参见 Barnett 1913, 210），约为 7.11 千克，那么 1 薮约为 0.45 千克，如果是生米的话，似乎应该是一天的食量（尤其考虑到印度古人一日两餐）。

⑤ 低种姓男子，似乎米的数量不减少，而酱减少了 1/12。在油方面，为贵种姓男子用油的 1/2，即 1/32 薮。另外，贵种姓男子用的是 taila，一般是指植物油，而这里是 sneha，一般指动物油、荤油。

⑥ 妇人与孩童的口粮同是在低种姓男子口粮的基础上分别减少 1/4 和 1/2。

[47][烹制]20 秸的肉，应佐以 1/2 合的油、1 秸盐、1 秸糖，2 稻辣品和 1/2 薮酸奶。[①][48][烹制]更多肉[所需佐料]，可以此说明。[②][49][烹制]蔬菜，[配料]增至 1.5 倍；[烹制]干[菜]，[配料]增至 2 倍。但配方都一样。

[50]关于象与马[食料]的规则和配量，我们将在相关督官章节中(2.31; 2.30)解说。

[51]牛的食料是 1 斛绿豆或一份大麦粥，其余配给同马。[52]牛的特殊食料是 1 秤油渣或 10 升杂碎粮。[③][53]水牛和骆驼[的食料]是牛的 2 倍。[④][54]驴、梅花鹿、赤鹿的食料是 1/2 斛[绿豆]。[55]乂讷鹿与鹫轮迦鹿[⑤]的食料是 1 升[绿豆]。[56]山羊、绵羊和猪的食料是 1/2 升[绿豆]或 2 倍的杂碎粮。[57]狗的食料是 1 薮米饭。[58]鹄、赤颈鹤和孔雀的食料是 1/2 薮米饭。[59]此外，他应对余下的野物、牲畜、鸟禽以及猛兽一日的食料做出估定。

[60]他应令人将木炭和谷壳送往[锻炼]金属的工厂或拿去

① 1 合(kuḍuba)为 1/64 斛，约 0.11 千克。1 稻为 1/10 秸，约 0.004 千克。这个配方，用现在我们熟悉的话说就是：烹制一斤半肉(0.72 千克)大约需要一两二钱(0.06 千克)油、八钱(0.04 千克)盐、八钱糖、一两五钱(0.0072 千克)辣椒和半斤(0.23 千克)酸奶——这似乎是一个合理的菜谱。印度古人在度量不同的东西时，可能习惯上倾向于用不同的单位，而这些单位对现代人来讲显得很繁杂，但对古人来说可能是一目了然。

② 前面所说是一个比例，烹制更多的肉，佐料以此比例增加。

③ 1 秤(tulā)为 100 秸，约 3.59 千克。1 升(āḍhaka)为 1/4 斛，约 1.79 千克。油渣(ghāṇapiṇyāka)："(榨完油的)干渣"(CŚ)。杂碎粮(kaṇakuṇḍaka)："粮米中之细碎者"(CŚ)。

④ 这里及以下的配给都是与第 51 句中的"1 斛绿豆"而说(不是第 52 句，因为第 52 句所说是牛特殊的食料)。

⑤ 乂讷鹿(eṇa)和鹫轮迦鹿(kuraṅga)：这两种鹿所指为何，不能确知，以音译代之。

糊墙。[61]他应将碎粮交与奴隶、雇工、厨子，再把此外的其他[粮食][1]交与[经营]烹制米饭和糕饼的人。

[62]各种[农]具如下：衡器和量器、碾子、捣臼、捣杵、敲打和碾压的机关、播撒器具、扬谷筐、筛子、簸箕、篚、扫帚。

[63]各种劳役如下：清扫工、看守、掌秤人、度量人、监量人、出库人、监出人、计筹工、雇工。[2]

[64]粮食应存放在高处；用密实的草筐放糖类；用土罐和木罐放油脂；盐则应放在地面上。

——以上是第二篇“督官职守”第十五章“储库监”。

第十六章

第34目：商货官

[1]对于各种货物，[无论]是产自陆地还是水中，来自陆路还是水路，商货官都应了知它们当中贵重物和廉值物在价格上的差别，它们受欢迎与否[这类]情况；同样地，他也应了知对货物进行

① 此外的其他粮食(ato 'nyad)：有可能是指这一句中给完奴隶等人口粮之后还剩下的余粮，也可能是指给完以上所有人和动物配给之后剩下的粮食。另外，这些经营熟米面制品的人，到底是国王的人，还是一般商贩，很难确定，如果是后者，就涉及出售。

② 监量人(māpaka)：原意为“令人度量者”，即监督称重、度量操作的人；监出人(dāpaka)：原意为“令人分发者”，即监督出库的人；计筹工(śalākapratigrāhaka)：收算“筹矢”(śalāka/śalākā)者，这可能是账房(坎格尔、奥利维勒)。

分散或集中、买进或卖出的[合适]时机。

[2]若某货物充足，他应将它集中在一个地方，然后涨价；[3]或者，一旦达到了某个价格，他可令人重新定价。[①]

[4]对于本国所产的、国王的货物，他应确定到某一处进行经营；对于他国所产的货物，应[确立]多处[去经营]。[5]他应令两者[②]的销售都有益于民人。[6]而且，他应放弃会对民人造成伤害的收益——哪怕这收益很大。[③][7]对于日常的货物，他既不应设时间限制，也不应造成[货物]充斥的问题。[④]

[8]或者，商贩们可以在多地以固定的价格出售国王的货物。[9]而且，他们应根据[经营中]所造成损失偿付补足捐(2.12.31)。[⑤]

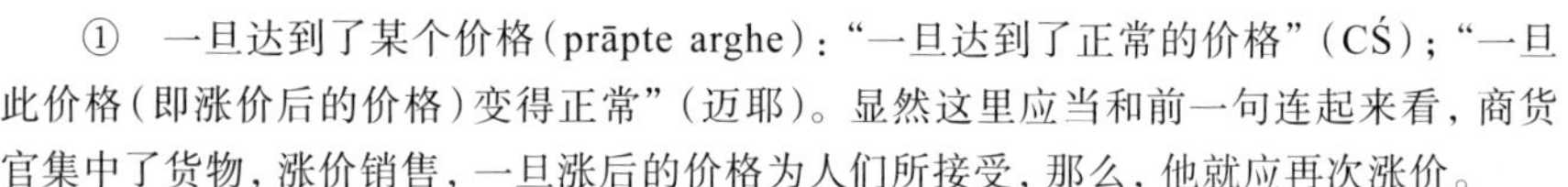

① 一旦达到了某个价格(prāpte arghe)："一旦达到了正常的价格"(CŚ)；"一旦此价格(即涨价后的价格)变得正常"(迈耶)。显然这里应当和前一句连起来看，商货官集中了货物，涨价销售，一旦涨后的价格为人们所接受，那么，他就应再次涨价。

② 两者(ubhayaṃ)指本国产的和他国产的货物。

③ 这是针对国王而言：即便经营某些货物会让国王自己获利很多，但若伤害到臣民，则应放弃此种利益。放弃(vārayet)："令人避免"，即禁止。国王令为自己经营货物的臣工避免此类利益，当然是他自己"放弃"。

④ 即：对于日常的货物(ajasrapaṇya)，商货官应该在过度控制(比如限制销售时间)导致稀缺，与不加控制导致货品"充斥问题"(saṃkuladoṣa)这两者之间做出平衡。不过，奥利维勒认为 saṃkula 指"人群拥挤"，而不是"货物充斥"，认为 saṃkula 是因为销售时间限制或货物短缺造成(大家一起去买)。但从文中看，"设时间限制"和"造成 saṃkula 问题"是二择一或互否的：如果没有时间限制，就可能会有 saṃkula；如果设置时间限制，就不会有 saṃkula(这直接否定了奥利维勒"saṃkula 是因为销售时间限制造成"这个论点)。因此，saṃkula 不可能是"人群拥挤"，而是货物的堆积：如果没有销售时间限制，那么这类日常的货物就会堆积；如果有时间限制，则可能供不应求。奥利维勒的翻译是：对于日常货物，他不应设时间限制，或者不应造成人群的拥挤。但这是一个不健全的理解：如果因为时间限制人们争相购买而造成拥挤的话，原文何必用"或者"(vā)呢？

⑤ 可以看到，补缺捐(vyājī)和补足捐的区别是：前者是百姓向国王交税费时的

［10］以度量计[①]的货物，补缺捐为1/16；以重量计的货物，补缺捐为1/20；以数计的货物，补缺捐为1/11。

［11］他应为进口他国生产的货物提供支持。[②]［12］对于以商船或商队进口［他国货物］者，他应给予豁免，以保证他们获利。［13］对于远来的［行商］不应有钱财方面的诉讼，——那些为［本地］行帮的成员或从员[③]除外。

［14］［国王］货物的鬻吏[④]们应将出售货物的货款，装在盖子上有一个开口的木箱中，［然后］放置在一处。［15］每日的第八分中，他们应将它呈交商货官；［16］另外，他们也要上交衡器和量器。

［17］以上说的是在本国［出售货物］。

［18］至于他国：他应先弄清［本方要出口］货物和要进口货物[⑤]的价格和货值[⑥]，再扣除市易税、过路费、护送费、岗哨费、渡资、

附带费用，是预防性的（为国王可能的损失预先支付赔偿）；后者是国王向人委托货物受现实损失之后得到的补偿，是弥补性的。

① 以度量计即以长短、大小或容量计算的。

② 直译：他应以通过帮助令人引进他国出产的货物。支持（anugraha）：襄助、恩惠，指“禁止边守、丛蛮，宠臣等的侵扰，并豁免补缺捐”（CŚ），可见是指国王为此提供安全和经济上的支持。

③ 从员（sabhyopakāribhyaḥ）：这个复合词较费解，坎格尔认为是“本地行会的成员（sabhya）及其从员（upakārin）”，这似乎是合理的：只能对加入本地的行帮或为本地行帮做事的外国行商发起钱财方面的官司，这是对外国商人的保护。

④ 鬻吏（paṇyādhiṣṭhātṛ）：字面上是“掌管或监管国王货物的人”，CŚ 训之为“为国王出售货物的人”。从下文看，他们应当是为国王卖货的吏员，受商货官的节制。

⑤ 要出口和要进口的货物（paṇyapratipaṇyayor）：“货物与相对货物”，实际是指本方出口到他国的货物与自己欲要引进的他国货物。

⑥ 几个西文译者和一般学者通常都未区分《利论》中 argha 与 mūlya，将它们当成同义词一概译为“价格”，这在它们单独出现时于文意或无多大损害，也看似没什么区别，但当两者一同出现时，则不允许这种含混和并不成立的同义性。因此，坎格尔会在注释中将 argha 勉强地解释为“卖出的价格”，将 mūlya 解释为“成本价格”，而布莱

[人畜的]口粮、份税[这些]支出[①]，算出利润。[19]若无利润，他应考察是否可以通过运货[到他国]，或以[自己的]货物换进对方的货物[这样的方式]来取得收益。[②][20]然后，他应带上贵重物占1/4的货物，通过安全的路线在陆地上进行交易。[21]他可与丛蛮酋魁、边守、城市和郡邑的官长们建立联系，以获取他们的帮助。[22]若发生灾患[③]，他应救出贵重货物和他自己。[23]或者，当他

洛尔(Breloer 1973, III, 345-346)分别将两者解释为"出口货物的价格"和"进口货物的价格"。这类离奇的猜测都基于错误的前提：认为argha和mūlya同义且都是"价格"。但严格区分的话，argha才是真正意义上的价格(参见2.6.22；2.7.2；2.8.21；本章第1、2句；2.21.7,12；2.25.7；2.35.11；3.9.3；3.12.14,26、28；4.2.17等)，而mūlya则指实实在在的货款(价格的实现)、钱款、(放贷的)本金或抽象的货值、价值(参见2.5.14；2.8.21；2.9.18；2.11.116；2.12.28,35；2.15.4；本章第14、18句；2.18.4；2.21.9，10、13；2.22.3；2.29.4；2.30.48；3.9.5,27；3.11.4，6-7；3.12.7,9-10；3.12.13,15-16、25-30；3.13.8-9等)。这种区别在它们同时出现时体现得尤为明显(本句外，另见2.8.21；3.12.26,28；4.2.20；4.6.8)。"价格"是一种虚位的、度量性的形式和手段，而"价值"是实在的、所量性的内容和实质(substance)。同时需要补充的是，我们说《利论》中的mūlya指"价值"，是取"价值"通俗的意义——即值多少钱这个意思，而脱离这个规定，我们还不能说mūlya就是"价值"。因为经济学意义上的"价值"是西方古典经济学时代才殊显(differentiated)出来的概念，它有特定的含义。而《利论》中的mūlya仍然是一个意义相当紧敛(compact)的词，它集"物值"(贵贱)、"货款"这样的意义于一身。

① 过路费(vartanī)见2.6.3；护送费(ātivāhika)："交给一路劳苦相伴随的兵士的费用"(CŚ)，这个词也可以指护送队伍本身(13.3.48)；岗哨费(gulma)：gulma的意思很难确定，CŚ说是给住在林中的人的钱(带路？)，坎格尔猜测可能是指某些危险地方的岗哨和治安机构；份税(bhāga)：显然这是指对方国王向货物征收的税费(参见2.12.29)。

② 坎格尔敏锐地指出，利润(udaya)是纯经济上的，而收益(lābha)则有政治意义和战略意义(这一点，在《利论》后半部[六到十五篇]中体现明显)。因此，即使没有利润，但可能通过运货到国外或以货换货来得到收益。这些收益主要是外事层面的：谍报、秘行、煽动……

③ 比如"为盗匪所劫"(CŚ)。

到达［当］地时[①]，在缴清所有当缴的［税费］后，应开始经营［这些货物］。［24］若是水路，他应知悉船费、盘缠、出口货物和欲进口货物的价格和数量、航行的时节、应对危险的举措和［目的］口岸的习俗［这类情况］。

［25］另外，若是走河道，他先从［当地］习俗中了解交易［情况］[②]，然后去可以获得收益的地方，避免得不到收益的地方。

——以上是第二篇“督官职守”第十六章“商货官”。

第十七章

第35目：林产官

［1］林产官应通过产业林的看护们［向府库］输纳林产品。［2］

① 当他到达当地时（ātmano vā bhūmiṃ prāptaḥ）：奥利维勒将 ātmano bhūmi 解为 svabhūmi——本国。不过，他这个判断有些不全，因为：（一）svabhūmi 一般来说也不全是指本国，也指“对自己合适的地方”；在《利论》中，它经常指“对自己或本方有利的地方（或地形）”（参见 10.2.10-11 等）；（二）从上文看，如果遇到劫匪，则保住贵重物或保命，本句的“或者”，是说商货官好歹到达了“自己的（目的）地方”，较符合情理；（三）从下文看，它缴清一切当缴的税费之后（sarvadeyaviśuddham），便开始交易。这样看，坎格尔将 ātmano bhūmiṃ（“自己的地方”）理解为“目的地”更好。

② 了解交易情况（vijñāya vyavahāraṃ cāritrataḥ）：CŚ 将 vyavahāra 训为“商贸情形”，那么这句话意思就是：从“习俗”（cāritra）中了解“交易（情形）”（vyavahāra）（坎格尔与奥利维勒从此说）。这在情理上略微奇怪。笔者认为，将 vyavahāra 理解为一切交易和往来相关的规则或规条（参见 3.1）或许更为合适。

他应设立产业林工厂，[3]并且，他应为砍伐产业林者定下税费和处分——发生灾患的情形除外。

[4]林产的群类如下：

柚木、红豆木、扁担杆木、三果木、赤铁树(2.15.40)、珠仔树、娑罗树、紫檀木、白韧金合欢树、铁线子树、合欢树(2.11.30)、儿茶树、长叶松、棕榈树、毛榄仁树、“马耳”树、白儿茶树、拘奢摩罗树(2.15.39)、团花树、榆绿木等。[①]——这是硬质木类。

[5]优吒遮、支弥耶、“弓”竹、“芦”竹、“节”竹、娑提那竹、“刺”竹、“熊”竹等。[②]——这是竹苇类。

① 柚木(śāka)：Tectona Grandis，柚树；红豆木(tiniśa)：Ougeinia oojeinensis，梵文又作 syandana(PDP)，nemin(CŚ)，说的都是同一种植物；扁担杆木(dhanvana)：Grewia tiliifolia，梵文又作 dhanvaṅga(PDP)或 dhanurvṛkṣa(即“弓树”——CŚ，PDP)；三果木(arjuna)：Terminalia arjuna，即阿江榄仁树(按“阿江”即 arjuna 之音译)，梵文又作 kakubha(CŚ，PDP)；珠仔树(tilaka)：Symplocos racemosa(MW，PDP)；娑罗树(śāla)：Vatica Robusta；紫檀(śiṃśapā)：Dalbergia Sissoo，或为黄檀；白韧金合欢树(arimeda)：Acacia leucophloea(PDP)，梵文又作 viṭkhadira(CŚ)；铁线子树(rājādana)：Manilkara hexandra(PDP)或 Mimusops Kauki(MW)，又名嫣桐树；儿茶树(khadira)：Acacia catechu；长叶松(sarala)：Pinus roxburghii(PDP)或 Pinus longifolia(MW)；毛榄仁树(sarja)：Terminalia Tomentosa；“马耳”树(aśvakarṇa)：CŚ 说它是毛榄仁的一种，辞书将它与娑罗树等同(娑罗树叶如马耳)；白儿茶树(somavalka)：Acacia polyacantha(PDP)或 Acacia Arabica(MW)，梵文又作 kadara(PDP)、sitakhadira(CŚ，按此词字面意思即“白儿茶”)；团花树(priyaka)：其花为圆团状，故名，又名黄梁木(木材质黄)(Nauclea Cadamba)，CŚ 训之为“黄榄仁”(gaurasarja)；榆绿木(dhava)：Anogeissus latifolia(PDP)。

② 以上竹苇类名称具体指何种竹，全不可解。CŚ 的解释如下：优吒遮(uṭaja)空心大、枝细、表面粗糙；支弥耶(cimiya)无空心而表皮柔软(可能是一种芦苇)；“弓”竹(cāpa)空心细小而强度极高(这可能是用来制作弓的竹)；“芦”竹(veṇu)无枝而适于(搭)弓(这可能是一种细小且可制箭的竹)；“节”竹(vaṃśa)节长、中空、有枝；娑提那竹(sātina)与“刺”竹(kaṇṭaka)两者不详；“熊”竹粗长且宽大。

［6］省藤、湿迦藤、“斧”藤、腰骨藤、“蛇”藤等。[①]——这是藤蔓类。

［7］香花藤、鹿角藤、牛角瓜、大麻、狸尾豆、亚麻等。[②]——这是树皮类[③]。

［8］孟遮草、牛筋草等。[④]——这是绳器[⑤]类。

［9］贝叶棕、扇叶棕、桦树。——［这些］有贝叶［可用］。[⑥]

［10］紫铆树、红花草(2.15.40)、番红花树(2.11.29)。——［这些］有花［可用］。[⑦]

［11］块茎、根、果等。——这是药材类。

［12］“黑顶子”、乌头、“牛乳头”、匙羹藤(2.15.17)、香附子、闭鞘姜(2.11.68)、“剧毒”、毗利陀伽毒、乔落多罗毒、“竖子”毒、“猴儿”

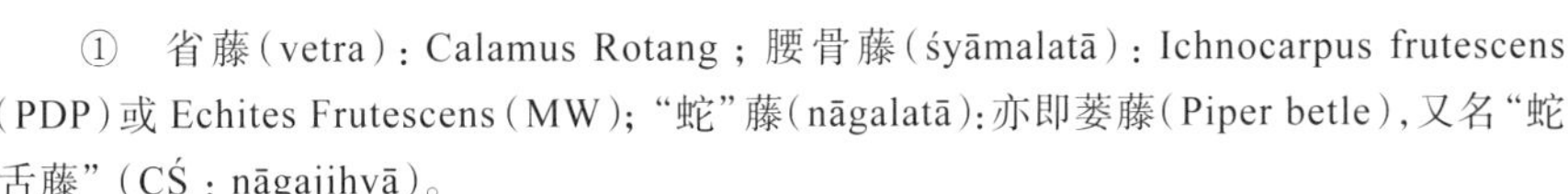

① 省藤(vetra): Calamus Rotang; 腰骨藤(śyāmalatā): Ichnocarpus frutescens(PDP)或 Echites Frutescens(MW);“蛇”藤(nāgalatā):亦即蒌藤(Piper betle),又名“蛇舌藤”(CŚ: nāgajihvā)。

② 香花藤(mālatī): Echites Caryophyllata(MW)或 Aganosma caryophyllata(PDP); 鹿角藤(mūrvā): Chonemorpha fragrans 或 Echites fragrans(PDP); 牛角瓜(arka): Calotropis Gigantea; 大麻(śaṇa): Cannabis Sativa(MW)(CŚ 认为是亚麻［atasī］,有误,后文有“亚麻”); 狸尾豆(gavedhukā): Uraria lagopodioides,梵文又作 gaveśakā, CŚ 训之为 nāgabalā(Uraria Lagopodioides),两者是同一种植物(CFH)。

③ 树皮类(valkavarga):这些树皮是纤维类植物,可制绳线、布料等。

④ 孟遮草(muñja):有多种异名,MW 给出两个 Saccharum Sara、Saccharum munja,其正名为 Saccharum bengalense(CFH),主要用于编织(筐篮);牛筋草(balbaja): Eleusine indica,即中国人所谓“绊倒驴儿”。

⑤ 绳器(rajjubhāṇḍa):即用草(绳)编织的筐篮等器具,这里用成品(绳器)指代原料的归类。

⑥ 贝叶棕(tālī): Corypha Taliera 或 Corypha umbraculifera); 扇叶棕(tāla): Borassus flabelliformis,即糖棕;贝叶(pattra):即“贝多罗”,是书写材料,因此桦树皮也被称为“贝叶”。

⑦ 这些植物的花可以用来编织花鬘等。紫铆树(kiṃśuka): Butea frondosa。

毒、雪山毒、羯陵伽毒、达罗陀毒、八角枫菁、“驼鞭”毒等[①]；各种蛇与虫；将这些[毒]装在罐子中。——这是毒类。

[13]鬣蜥、黄蜥、豹、熊、河豚、狮、虎、象、水牛、牦牛、室利摩罗鹿、犀牛、野牛、大额牛[②]；或其他任何鹿类、牲畜、鸟类、猛兽。——[这些]有皮、骨、胆、筋腱、眼睛、牙齿、角、蹄、尾[可用]。

[14]铁、铜、钢、青铜、铅、锡、毗犍陀迦(2.12.16, 23)、黄铜。——这是金属类。

[15]器具由竹条和陶土制成。

[16]炭、谷壳，烬；鹿类、牲畜、鸟类、猛兽的苑囿；还有[蓄]木料和草的园子。[③]

[17]为[保证]生计和防卫城市，以林产为生者[④]应在[物

① “黑顶子”(kālakūṭa)：“从植物茎中提取的毒药”(GPW)、“毒药的通称”(MW)、“菩提树叶形状的叶”(CŚ)，到底为何物不详；乌头(vatsanābha)：字面为“牛奶子”，Aconitum ferox，有毒；“牛乳头”(hālāhala)：生于雪山、南印度之支湿金陀山(Kiṣkindha)，还有西印之准迦讷(Koṅkaṇa)山，有剧毒(GPW)；香附子(mustā)：Cyperus rotundus(PDP)，亦作 musta 或 mustaka(GPW)；“剧毒”(mahāviṣa)：不详；毗利陀伽(vellitaka)：音译，本义为一种蛇，CŚ 认为是紫姜(mūlaja)，可信度存疑；乔落多罗毒(gaurārdra)：据 GPW，gaurārdraka 是一种毒，大概指同一事物，但 CŚ 说这是一种从块茎中提取的黑色毒药；“竖子”毒(bālaka)：CŚ 说是类似于荜茇的一种植物；“猴儿”毒(mārkaṭa)：具体不详；雪山毒(haimavata)、羯陵伽毒(kāliṅgaka)和达罗陀毒(dāradaka)：这三种毒提示了产地分别为雪山(Himavat)、羯陵伽国(Kaliṅga)和达罗陀国(Darada)；八角枫菁(aṅkolasāra)：aṅkola 为八角枫(Alangium Hexapetalum)，sāraka 为菁萃，故名(CŚ 也说这是从八角枫中提取的毒)；“驼鞭”毒(uṣṭraka)：CŚ 说这是一种形似骆驼外阴的物事。

② 黄蜥(seraka)：“黄皮蜥蜴”(CŚ)；室利摩罗鹿(sṛmara)：CŚ 训为 śarabha(某种鹿)，似乎是根据《长生词库》(参见 Ak 2.4.459)。

③ 列举了这三类林产之后，列举至此完毕。

④ 以林产为生者(kupyopajīvin)：在这里是单数，应当是指林产官(Kupyādhyakṣa)

产林］内外分设多个生产各种器物的工厂。

——以上是第二篇“督官职守”第十七章“林产官”。

第十八章

第 36 目：武备官

［1］武备官应令精于其事的工匠和艺师——在约定好工作［内容］、时限、工酬以及产品的情况下——制造用于作战的、守城的和攻城用的机关、武器、盔甲和辅助装备；同时，他应把它们分别安置在合适的位置。［2］他应经常变换它们的位置，对它们进行晾晒和通风。［3］对于正被热、潮、虫腐蚀的［武备］，他应以其他方法存放。［4］他应知悉［各种武备的］种类、外形、特征、规格、来源、物值和存放［位置］。

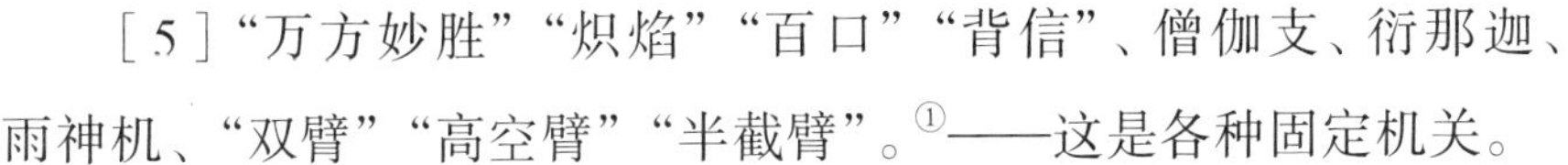

［5］“万方妙胜”“炽焰”“百口”“背信”、僧伽支、衍那迦、雨神机、“双臂”“高空臂”“半截臂”。[①]——这是各种固定机关。

本人（CC），用这么一个词，似乎是为了协调诗韵。

① 关于这些机关，难以确知详情，注家所说也不令人满意。“万方妙胜”（sarvatobhadra）：大如车轮、有锋利边缘，由立于（城）墙上之乾达婆手持之，转动向各个方向抛掷石块。“炽焰”（jāmadagnya）：此词来源于 jamadagni（“炽焰”是吠陀中古仙人之名，为大仙人 Bhṛgu 苗裔，史诗中亦有此仙人，为 Bhārgava Ṛkīka 之子，Paraśurāma 之父）。它的名字是炽焰，而实际似乎与火无关。据 CŚ，此机械可从中心空隙中发出巨箭；据 CC，它以各种方式发射各式锐器。“百口”（bahumukha）：“有很多嘴的……”，高如护墙、置于轮上，由三四层皮革所包裹，弓箭手居其中（发箭），因此它具有城垛的功能（CŚ）。“背信”（viśvāsaghātin）：“毁人信任的”，据说可横悬于

[6]般遮利迦、“天神杖”、苏加利迦、“长棍”“阻象”“棕榈扇”、锤、棒、狼牙棒、铲、阿式迫支摩、“连根拔”“优陀加支摩”“百人斩”、三叉戟，以及飞轮。[①]——这是各种活动的机关。

[7]舍吉提戈、般罗娑镖、长枪、三头枪、宽刃枪、矛、箭头枪、“熊耳”镖、双头戟、劫利波讷镖、缨枪。[②]——这是锐器。

城(墙)外的杠，可通过机关释放，进行杀伤(CŚ)。这似乎是伪装为门栓等的滚木，或许这也是其得名的原因。僧伽支(saṃghāṭi)：由长木结构(saṃghaṭita)而成，用以向城垛等放火(CŚ)。衍那迦(yānaka)：置于轮上，长1杖，(周遭)由板覆盖(CŚ)。雨神机(parjanyaka)：Parjanya为雨神，据说是用以灭火的水器，长50肘。“双臂”(bāhū)：一对对着的、长均为25肘的立柱，可通过机关释放，进行杀伤(CŚ)。“高空臂”(ūrdhvabāhu)：悬于高空、长50肘的大柱，可通过机关释放，进行杀伤。“半截臂”(ardhabāhu)：长度为“高空臂”一半，其余相同。

① 般遮利迦(pāñcālika)：Pañcāla为北印度一战斗种族(亦为国名)，此武器可能与它们相关。据CŚ，它是嵌有铁刺的硬木板，置于护墙外水中以阻止敌兵。“天神杖”(devadaṇḍa)：长1生主肘、由机关发射的棍子(CC)。苏加利迦(sūkarikā)：由线与皮革制就的填满棉花、羊毛等的巨袋，覆在“牛苑”门(参见2.3.31)、城垛和“天神路”(参见2.3.13)等地方防守石块的攻击(CŚ)。“长棍”(musalayaṣṭi)：由儿茶树制成的矛(CŚ)。“阻象”(hastivāraka)：CŚ注说：有些人说是两尖头或三尖头的(矛)，有些人说是用来打击象的“象栓”(2.3.28)。“棕榈扇”(tālavṛnta)：CŚ释为“风轮”(vātacakra)，坎格尔推测可能是为了扬尘的大扇。狼牙棒(spṛktalā)：原词辞书无，CŚ释之为狼牙棒，从之。阿式迫支摩(āsphāṭima)：有四根立柱，由皮革覆盖，能发射泥块与石块的机关(CŚ)。“连根拔”(utpāṭima)：用以拔除立柱等的机关(CŚ)。“优陀加支摩”(udghāṭima)：形似锤的机关(CŚ)。“百人斩”(śataghni)：镶满粗长钉子的巨柱，两头带车轮，置于护墙之上(CŚ)。飞轮(cakra)：cakra一般指车轮，但用于武器时，指边缘锋利(或带齿)的金属饼。

② 以下猜测均引自CŚ(并CBh)。舍吉提戈(śakti)：完全由铁制成、尖如夹竹桃(karavīra)叶，下端如牛乳头，长4肘；般罗娑镖(prāsa)：长24“指”、有两个底座、完全由铁制成，但中心为木(很难想象是什么样式)；三头枪(hāṭaka)：与长枪(kunta)同规格，但有三个尖；宽刃枪(bhiṇḍipāla)：与长枪同，但刃口较之更宽；矛(śūla)：带一个尖，短长不定；箭头枪(tomara)：长4肘、4.5肘，或最多5肘，带箭头一样的尖；“熊耳”镖(varāhakarṇa)：与般罗娑镖同，但尖如熊耳；双头戟(kaṇaya)：全由铁制成、两头均带三叉戟，中间为把柄，长20指、22指或至多24指；劫利波讷镖(karpaṇa)：是一种

[8]由扇叶棕、“弓”竹、木料、[动物]角做成的“虹霓”弓、“眉弯”弓和“蝎”弓。①——这是各种弓。[9]鹿角藤、牛角瓜、大麻、狸尾豆、竹[条]和[动物]筋腱。②——这是弓弦。[10]竹[箭]、孟遮草[箭](2.17.8)、木[箭]、木铁[箭]、铁[箭]。——这是各种箭。[11]它们用以切、刺、敲的头③由铁、骨或木料制成。

[12]“无情”剑、“圆顶”剑和“锋锷”剑。④——这是各种剑。[13]犀牛与水牛的角、象牙、木料和竹根。——这是各种剑柄。

[14]波罗须斧、鞠吒罗斧、波至瑟斧、锨、铲、锯和“斩末”斧。⑤——这是各种带刃的武器。

[15]用于机关、悬索、徒手的石块和磨的碾子。——这是各种石头武器。

[16]金属环[链]或金属片[制成的]铠甲；绳线甲(2.23.10)、河豚、犀牛、野牛、象、牛[这些动物]的皮、蹄和角[制成的]甲。——

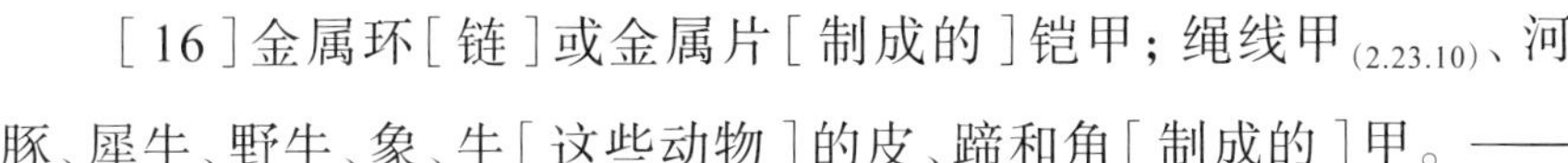

与箭头枪同规格，带双箭羽，由手发出的箭支；缨枪(trāsikā)：全由铁制，与般罗娑镖同规格，有缨(cūḍopetā)。

① 以上三种弓，其名按字面本意译出(原文依次分别为：kārmuka、kodaṇḍa、drūṇa)。

② 鹿角藤、牛角瓜、大麻、狸尾豆均为产纤维的植物，可制麻线，参见2.17.7；动物筋腱参见2.17.13。

③ 这里的“头”(mukha)指尖、刃等用以杀伤的部分。

④ “无情”剑(nistriṃśa)：原意为“三十有余的”“无情的”，这种剑长30指多，剑头为弧形(CŚ)；“圆顶”剑(maṇḍalāgra)：原意即为“圆头的”，头为圆形(CŚ)；“锋锷”剑(asiyaṣṭi)：原意为剑的锋刃，CŚ说它“细而长”。

⑤ 波罗须斧(paraśu)：本意即为斧，“全由金属打造，长24指”(CŚ)；鞠吒罗斧(kuṭhāra)：其本意亦为“斧”，注家未加解释，可能因为这是最普通的斧头；波至瑟斧(paṭṭasa)：“两端均有三叉头”(CŚ)；“斩末”斧(kāṇḍacchedana)：原意为“切断树干的”，CP说这是“一种大斧”。

这是各种铠甲。[17]头盔、护颈、护胸、罩袍、盔甲、护胸板、马甲、护股；篦、革盾、“象耳”、扇棕树干、鼓风袋、门板、罽至迦、“无敌”“云缘”。[①]

[18]象、车和马的训练用具、饰具和甲胄[等装备]。——这是辅具。

[19]幻术和秘术。[②]——这是法术。

[20]另外，关于各个工厂：

武备官应知悉[国王的]的意图、事业的开展[情形]；[并知悉]各种林产的用途[③]、作弊[手法]、利润、耗费和支出。

——以上是第二篇“督官职守”第十八章“武备官”。

① 罩袍（kañcuka）：CŚ说它“长至膝”（jānuparyanta）；盔甲（vāravāṇa）：又作vārabāṇa，CŚ说它“长至踝”（gulphavāṇa）；马甲（paṭṭa）：“无袖且非金属”（CŚ）；护股（nāgodarikā）：CŚ认为是“保护手与指的”；篦（peṭī）：CŚ认为是一种由木和藤制成的盾；“象耳”（hastikarṇa）：“盖板”（CP，CŚ）；扇棕树干（tālamūla）：字面为“扇棕榈的根”，被用来加固城墙走道（参见2.3.7）；罽至迦（kiṭikā）：“革与竹条制成的……”（CŚ），“轻型盾”（迈耶）；“无敌”（apratihata）：即前文第6句中的“阻象”（CŚ）；“云缘”（balāhakānta）：原意为“云的边”“‘无敌’再镶包铁皮”（CŚ），正文这句话，以分号为断，前面为兵士装备，后面是其他防御护具。

② 幻术（aindrajālika）是指“能产生这类效果的法术：让少量军队看起来很多，或未有火看着却有火”（CŚ）。秘术（aupaniṣadika）：参见第十三、十四篇相关章节。

③ 用途（prayoga）：CŚ、迈耶、坎格尔、奥利维勒理解为“用途”。但它后面紧跟“作弊手法”，因此也可以指生产林产品的各种活计、流程或实践（proyoga用作这层意思。也见于2.13.34-35；2.14.7）。

第十九章

第 37 目：衡量规范[①]

［1］衡量监正应令人建立［生产］衡器和量器的工厂。

【甲】重量和衡器

［2］10 枚绿豆——或 5 枚相思豆——为 1 金制豆；［3］它们［中任何一种］的 16 倍为 1 金或 1 稼；［4］4 稼为 1 秸。[②]

［5］88 枚白芥子为 1 银制豆；[③]［6］它们［中任何一种］的 16 倍——或 20 枚决明子［的重量］——为 1 稻。

［7］20 枚米粒为 1 金刚石制稻。[④]

［8］1/2 豆、1 豆、2 豆、4 豆、8 豆；1 金、2 金、4 金、8 金、10 金、20 金、30 金、40 金、100 金。[⑤]［9］各种［数量的］稻，可

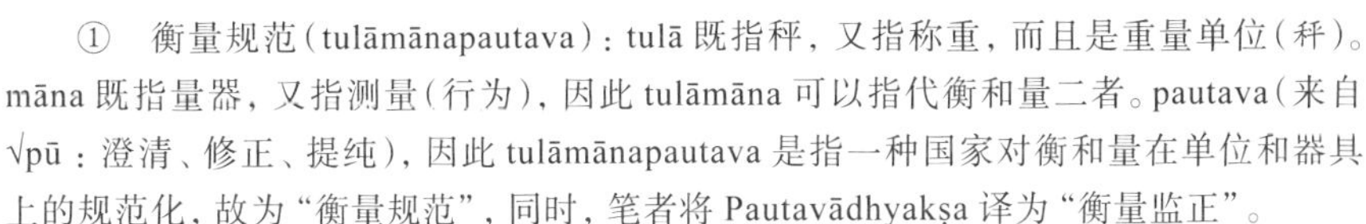

① 衡量规范（tulāmānapautava）：tulā 既指秤，又指称重，而且是重量单位（秤）。māna 既指量器，又指测量（行为），因此 tulāmāna 可以指代衡和量二者。pautava（来自√pū：澄清、修正、提纯），因此 tulāmānapautava 是指一种国家对衡和量在单位和器具上的规范化，故为“衡量规范”，同时，笔者将 Pautavādhyakṣa 译为“衡量监正”。

② 从第 2—4 句可知：（一）10 枚绿豆、5 枚相思豆的重量为 1 金制豆（suvarṇamāṣaka）；（二）1 金（suvarṇa）=1 稼（karṣa）=16 金制豆；（三）1 秸（pala）=4 稼 =4 金。相思豆（guñja）：Abrus precatorius。

③ 到此我们发现，似乎重量分两个系统：第 2—4 句中的豆是以金为准，这里的豆以银为准。前者称为金制豆，这里的豆称为银制豆（rūpyamāṣaka）。且 16 银制豆 =1 稻（dharaṇa）。那么，1 金制豆等于 10 枚绿豆的重量，而 1 银制豆等于 88 枚白芥子的重量。白芥子（gaurasarṣapa）：参见 2.15.20。

④ 金刚石制稻（vajradharaṇa）：它和金制和银制单位并列，另成一个系统。不过，它在《利论》中出现得极少。

⑤ 这里可能是各种秤的规格（比如最大只能称到 1/2 金制豆的，和最大能称到

由此说明。[①]

[10]秤砣[②]应用铁制成；或者由摩羯陀国或弥迦逻山所产的石制成；又或者，由那些过水后或涂层后不会增重，加热后不会减重的[材料]制成。

[11]他应令人造10[个规格的]秤杆：长度从6指起，以8指的倍数递增，重量[刻度]则从1秸开始，一秸一秸地递增；[③]或是两侧均带装置[④]，或一侧带秤盘。

[12]他应令人用35秸的金属造[一种]长72指、[名为]“均圆”[⑤]的秤。[13]先在[秤杆]的一端绑上一个重5秸的球，再找到平衡[点][⑥]；[14]从此点开始，他应令人作出1稼的刻度，再一稼一稼地逐次增至1秸，然后一秸一秸地逐次增至10秸，然后再增至12秸、15秸、20秸；[15]再之后，他应令人十秸十秸地增至100秸；[16]各个逢5的刻度应覆以南第符。[⑦]

[17]他应令人以双倍的金属造[一种]长96指、[名为]“周

100金的)，请注意这是基于金制豆(10枚绿豆)系统的重量。

① 即：1/2稻……100稻，这是基于银豆(88枚白芥子)的重量系统。

② 秤砣(pratimāna)：字面为“对量”，也就是砝码。

③ 即：长度为6、14……78指；可称重量从1、2……10秸。

④ 装置(yantra)：字面为“机关”。“两头带[托]盘的装置”(CBh，迈耶)，但这“装置”到底指什么样不可考。

⑤ “均圆”(samavṛttā)：字面为“等圆”。

⑥ 一端套上一个5秸重的球，若将其提起还要令秤杆水平，那么，那个点就不会在秤杆中点，而是离套球的那一端更近，这个点就将秤杆分为一长一短两段。而这个“平衡点”(samakaraṇa)就是中国古代秤所谓的“定盘星”，这是一个特殊的刻度：0。

⑦ 各个逢5的刻度(akṣeṣu)：“5、10、15等[以此类推]”(CŚ)，即5的倍数。南第符(nandī)：或南第吉祥符，梵文又作nandyāvarta，是一种中心为卐，表示吉祥的符号(参见Hinüber 2009, 791-804；Bhattacharya 2000)。

量”[1]的秤。[18]此秤杆上100[秸刻度往后]，他应令人作出20、50、100[秸的刻度]。[2]

[19]1担为20秤[3]；

[20]1秸为10稻；[21]100个这样的秸，为1收纳秤。[4][22]另外，以5秸的倍数递减，则分别是1市易秤、1偿付秤、1后宫偿付秤。[5][23]它们中，每1秸就逐次减少1/2稻，金属秤杆就逐

① “周量”（parimāṇī）：字面为“周量”或“全量”，从下面看，可能是突出它功能的强大。

② 100往后再标记20、50……100的刻度，那么，实际称重是120、150……200秸。这种秤可称200秸，而第12—16句所说的“均圆”秤顶多只能称到100秸。

③ 需要注意，这里的秸基于金制豆系统。而且，作为重量单位的秤，与作为衡具的秤在原文中也是同一词，作重量单位时，1秤为100秸（刚好是“均圆”秤的最大刻度）。担（bhāra）和秤（tulā）是作者新引入的两个重量单位及其换算关系。1秤为100秸，所以，1担=2000秸=8000金或稼=128000豆，1豆=10枚绿豆的重，那么1担就是1280000枚绿豆的重量，约71.11kg，大约为一个成年男子所能挑的重量（其名为“担”，大概是因为此）。

④ 第21—22句：第21句的规定（1秸=10稻）、第22句中“这样的秸”（tatpala），表明这种秸的重量单位与前面基于金制豆的秸（第8—19句）不同。这个秸是以稻规定的，而稻又建立在银制豆的基础上（第5—6句）。那么，1秸=10稻=160银豆，即1408枚白芥子的重量。具体多少不详细，但CP注明说这个秸（我们可称之为银制秸）比普通的秸（即以金为基础规定的秸，可称为金制秸）要重1金制稼（160枚绿豆，约0.009kg）。一般来说，100秸为1秤，那么100“这样的秸”，就是1收纳秤（āyamanī tulā），它既是向国库纳粮时用到的计重单位（收纳秤），同时，也是国库在收纳的时候用的作为衡具的秤（收纳秤）。这样一来，按照CP注的说法，1个收纳秤就会比前面所说的1秤多一些，因而对国王很有利。

⑤ 即：1收纳秤（āyamanī tulā）、1市易秤（vyāvahārikī tulā）、1偿付秤（bhājanī tulā）、1后宫偿付秤（antaḥpurabhājanī tulā）这四个由普通的秤派生出来的重量单位分别为100秸、95秸、90秸、85秸。其中，收纳秤是标准的（足100秸）；市易秤可能用于平常的买卖交易的单位；偿付秤则是（国王）付给臣工或作其他支付时用到的单位；后宫偿付秤则有两种可能：国王向后宫的妃子、王子支付禄米所用的单位（CŚ），或者说从王宫向外面支付任何东西所用单位（坎格尔）。但无论怎样，用这样的单位，国王都是最大的受益者。

次减少 2 秸，而其长度就逐次减少 6 指。[①]

［24］前两者[②]［在称重时］，应加 5 秸的搭头$_{(2.7.2)}$——但要除去各种肉、金属、盐和宝石。[③]

［25］木制秤［应］长 8 肘，带刻度、砝码、以“孔雀足”为支撑。[④]

［26］25 秸柴火能烧熟 1 菽米；［27］这是多和少的指示。[⑤]

［28］以上说的是［各种］秤和砝码。

【乙】容量和量器

［29］再就是，200 秸绿豆为 1 收纳斛[⑥]；187.5 秸［绿豆］为 1 市易斛；175 秸［绿豆］为 1 偿付斛；162.6 秸［绿豆］为 1 后宫偿付斛。

① 这里说的是造上面提到的四种“秤”相应的衡具：四种秤，刻度上都是 100 秸，那么，它们实际的每 1 秸，只有收纳秤是满满的 1 秸（10 稻），而其他三种秤上的 1 秸，实际重量对于收纳秤上的 1 秸来说，分别只有 0.95 秸、0.9 秸、0.85 秸。我们可以清晰地知晓，作为衡具的收纳秤，其最大称重量为 100 秸，秤杆重 35 秸，而 1 秸为 10 稻，长度为 72 指。以此为准，其他三种秤，它们的最大称重量依次为 95 秸、90 秸、85 秸，秤杆重依次为 33 秸、31 秸、29 秸；而秤面上的每 1 秸依次为 9.5 稻、9 稻、8.5 稻，长度依次为 66 指、60 指、54 指。

② 从第 12—23 句我们能看到 6 种秤（作为衡具时的秤）：“均圆”秤、“周量”秤、收纳秤、市易秤、偿付秤以及后宫偿付秤。这里所说的“前两者”（pūrvayoḥ）是指“均圆”秤与“周量”秤。同时，应注意到，前两种秤是建立在金豆单位（1 豆为 10 枚绿豆重）基础上的，而后四种秤是建立在银豆单位（1 豆为 88 枚白芥子重）基础上。

③ 搭头（prayāma）是国王收入的一种。国王向百姓收取财物时用秤的规则：如果是用“均圆”秤和“周量”秤，每 1 秤（100 秸）应另交 5 秸的添头（肉类……宝石类除外）。这是因为前两种秤的 1 秸（金秸）比收纳秤上的 1 秸（银秸）少（见上文第 20 句注）。

④ 《那罗陀法论》中提到一种秤，以两根彼此相距 1 肘或 1.5 肘的两根立柱为支撑，其上为横梁（这个结构形似孔雀双足），横梁上悬秤杆（参见 *Nārada-smṛti* 20.8-9）。

⑤ 25 秸和 1 菽米可能是正常比例，它是超用（多）和节省（少）的标准。奥利维勒认为这句话很突兀，可能是窜入正文的眉批或注释。

⑥ 收纳斛（droṇam āyamānam）：即国王向百姓征收粮食等时用的这种单位斛，它和上文的收纳秤一样，是最足量的，这样会对国王有利。同时也请注意作为计量单位的收纳斛与作为计量器的收纳斛的区别。

［30］对它们来说，升、薮、合是更小［的单位］，后者为前者的1/4。[①]［31］16斛为1驴；[②]［32］20斛为1坛；［33］10坛为1轭。[③]

［34］他应令人以干燥且硬实的木料制造量器：［上下］均匀，1/4［的容量］为顶堆；[④]或者，浆汁类和酒的［量器］，其“顶堆”应在量器内。[⑤]［35］花和果、谷壳和木炭、灰泥［这三者］的［量器］，

① “它们”（teṣām）指前一句中的收纳斛到后宫偿付斛这四种不同的斛，它们有各自的升（āḍhaka）、薮（prastha）、合（kuḍuba）。同时，每个后者为每个前者的1/4，即：1升=4薮=16合。那么，我们可以推算，1个收纳升就为1/4收纳斛，即50秸绿豆；1个市易升就为1/4市易斛，即187.5/4秸绿豆；而1个市易薮就为1/4市易升，即187.5/16秸绿豆……，其他可以此类推。

② 可以推算，1斛约为128000枚绿豆，1 khārī 则为2048000粒绿豆，约为114kg，这大概是一头驴（khara）所能承受的重量，所以作为单位的驴（khārī）就是来源于现实生活中的驴。

③ 坛：原文为kumbha，为1/10轭；轭（vaha）：约为1422 kg，可能是大车（śakaṭa）的载重。

④ 均匀（sama）是指“圆柱形”且“上下等大”。“1/4的容量为顶堆”（caturbhāgaśikhaṃ）：据CŚ，量器装满后，量器面上可以继续装，形成一个顶堆（śikhā），而造成的量器，确保它的顶堆为总容量的1/4，这意味着量具的绝对容量只占3/4。比如一个斛器（droṇa），装到平面刚好为3/4斛，余下1/4是面上的“顶”。

⑤ 即：浆汁类不可能在量器上方冒尖，因此需要将前面提到的那1/4放到量器本身中去。比如一个量浆汁的斛器，它容量在装满平后就应该是1斛。但这里仍然提到“顶堆”，或许有两种处理方式：直接将量器扩为正常容量，或者将“顶堆”放在底部（在量器底部底上开出1/4的空间）。另外，译文后半句未采用KA的读法（2.19.34…antaḥśikhaṃ vā// 2.19.35 rasasya tu surāyāḥ…），而根据奥利维勒的辨正，将2.19.35中的rasasya tu放进2.19.34句中：antaḥśikhaṃ vā rasasya tu（这种读法也为CP本与CŚ本所支持），这样就变成“而浆汁类的量器，其顶堆则在量器内部”。但是笔者认为，奥利维勒的这种读法会有新的困难，因为后面的酒（surā）假如和2.19.35中的“花果、谷壳……”放在一起的话，就不伦不类了（酒是不可能有“顶堆”的，而花果、谷壳这些可以有顶堆）。因此，笔者将surāyāḥ也置于2.19.34之内，译为：浆汁类和酒的量器，其“顶堆”应在量器内。浆汁（rasa）和酒（surā）是不同的东西（浆汁，参见1.21.7；2.1.35），它们经常一起被提到（如1.21.7；2.25.32；2.30.18），再考虑到下一句的语境，将酒提前是有必要的。

其顶堆逐次增至 2 倍。[①]

【丙】衡、量器的价值及其校准

［36］一个斛器值 1.25 波那；一个升器值 0.75 波那；一个薮器值 6 豆钱；一个合器值 1 豆钱。[②]［37］浆汁等的量器价值为上述 2 倍。[③]［38］各种砝码值 20 波那，［39］而各种秤则值［砝码的］1/3。

［40］每四个月，他应令人对［度量器具］盖印[④]。［41］对未盖印的［衡器与量器］，处分为 27.25 波那。［42］［人们］每天应向衡量监正缴纳 1 贝钱。[⑤]

［43］酥油的热损补缺捐[⑥]为 1/32；油类的为 1/64。［44］流汁类的则有 1/50 的量器流［失］[⑦]。

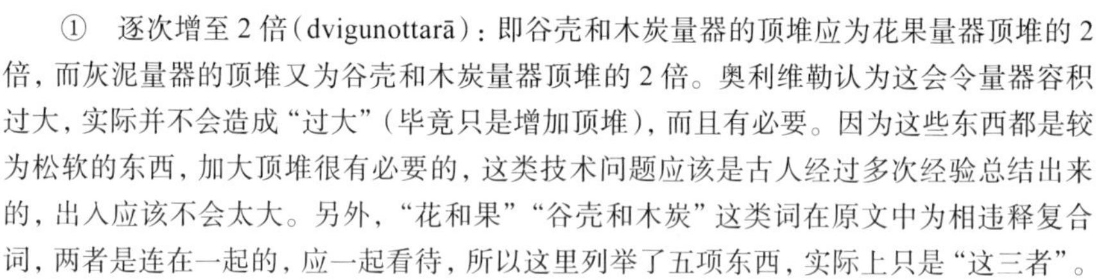

① 逐次增至 2 倍（dvigunottarā）：即谷壳和木炭量器的顶堆应为花果量器顶堆的 2 倍，而灰泥量器的顶堆又为谷壳和木炭量器顶堆的 2 倍。奥利维勒认为这会令量器容积过大，实际并不会造成“过大”（毕竟只是增加顶堆），而且有必要。因为这些东西都是较为松软的东西，加大顶堆很有必要的，这类技术问题应该是古人经过多次经验总结出来的，出入应该不会太大。另外，“花和果”“谷壳和木炭”这类词在原文中为相违释复合词，两者是连在一起的，应一起看待，所以这里列举了五项东西，实际上只是“这三者”。

② 关于波那（银币）和豆这种铜币，参见 2.12.24。

③ 浆汁等，参见上文第 34—35 句的“浆汁”以下的列举。量浆汁等物事的各级量器，分别是前面各级量器价值的 2 倍，是“因为顶堆在内，故而更大，且耗用更细滑的木材”（CŚ），装浆汁、酒类的量器需要更精细的木材，这似乎是有道理的。

④ 盖印（prativedhanikaṃ √kṛ）：即进行核准（CŚ），大概是核准完毕之后再镂或盖一个标记。

⑤ 1 贝钱为 1/4 豆钱（参见 2.12.24），4 个月下来，就会上交 30 豆钱。

⑥ taptavyājī：因加热而导致的补缺捐（或补偿）。酥油和油类会因加热损失一部分，这一部分卖家应在售卖时就直接补给买家，因而可译为“热损补缺捐”（或“热损补”），其比例为 1/32（酥油）和 1/64（一般油类）。这可能是指上交国库，也可能是指卖给一般顾客。

⑦ 量器流失（mānasrāva）：直译为“［在］量器上流”，这可能是指测量这些流汁时，会有些粘在量器上，因而需要对买方做出补偿。

[45]他应令人造1/2合、1/4合、1/8合的量器。

[46]据说，84合酥油为1盂；64合油（亦为1盂）；这两者各自的1/4为1罐。[①]

——以上是第二篇“督官职守”第十九章“衡量规范”。

第二十章

第38目：空间与时间之度量

【甲】空间之度量

[1]度量官[②]应通晓空间和时间的度量。

[2]8极微为1车轮子。[③][3]它们[④]的8倍为1虱卵。[4]它们的8倍为1虱。[5]它们的8倍为1麦中[⑤]。[6]8麦中为1指；[7]或者，一个中等身材的人中指中部最大的宽，即为1指[⑥]。

① 在酥油来说，1盂（vāraka）为43/32斛；在油类来说，1盂则刚好为1斛，1罐（ghaṭikā）刚好为1升。

② 度量官（Mānādhyakṣa）：掌管时间和空间度量器具和度量事务的督官。

③ 极微（paramāṇu）：即“感官所不及的”（CŚ）；车轮子（rathacakravipruṣ）：即“车轮所能扬起的、眼所能见的一粒尘”（CŚ，CBh）。

④ 它们指前面的8“极微”和1“车轮子”。下面的“它们”都指其上一句的两个彼此相等的单位。

⑤ 麦中（yavamadhya）：“大麦的中部”。梵文又作yavodara，即“大麦肚”（*Mārkaṇḍeyapurāṇa* 49.37），这两个词都是指大麦粒中间最宽的地方的长度。

⑥ 指（aṅgula）：也可译为指寸。这里是对1指最常见的规定。

[8]4指为1弓握[①]。[9]8指为1弓拳[②]。[10]12指为1距;或[用来测量日晷]影的1人。[③][11]14指为1阇摩、1阇罗、1周流或1足。[④]

[12]2距为1肘,即1生主肘;[⑤][13]它加上1弓握,则为[衡量]规范与草场[所用的]肘。[⑥][14]它加上1弓拳,则为1前臂或1盏。[⑦][15]42指为木工[所用的]1锯前臂[⑧]。[16]54指为物产林[所用]的肘。[⑨]

[17]84指为1展,为测量绳索的1肘;或者为[度量]挖掘

① 弓握(dhanurgraha):即引弓时,握弣的那只手四指并排的宽度(坎格尔)。

② 弓拳(dhanurmuṣṭi):即握弣的那只手四指并排加上立的拇指一起的宽度(坎格尔)。

③ 距(vitasti):跨度、距离(vi-√tan),"手腕到指尖的距离"(Ak 2.5.697)。人(chāyāpauruṣa):字面为"影人",即用以测量日晷针影长的人("影"[chāyā]指晷针的影子;而人[pauruṣa]为长度度量单位[见1.19.7和本章下文第39句])。

④ 阇摩(śama)和阇罗(śala)两词用作长度单位时意义不详,坎格尔认为它们可能分别是śamyā(轭销)和śalya(镖);周流(pariraya):字面为"周流",但所指不可考;足(pada):当是指中等身材人一足之长。

⑤ 肘/生主肘(aratni):与hasta一样,也是"肘"。aratni这种肘派生出其他各种肘(hasta,参见第13—17句),杖等单位也以其为基础(见本章第18句),它是一个十分重要的标准单位,故为生主肘(prajāpatyo hastaḥ)。

⑥ 1距为12指,1弓握为4指,那么这个肘的长度为28指(比生主肘长)。请注意,这个单位虽然较前面的生主肘有所改变,但其名称依然为肘,就好像前面一章中有各种不同的秤,这里也有不同的肘。只不过这个肘是衡量监正官(制秤具等)与2.34中的草场官应使用的肘。

⑦ 前臂(kiṣku):按字面意思译出;盏(kaṃsa):为一种金属杯盏,为何表示长度则不可考。另外,这种肘的用途在下文第20句中有交代。

⑧ 锯前臂(krākacanikakiṣku):42个肘(生主肘),这个单位是木工专用。

⑨ 第13—16句(还有第17句中的展)中所说的各种单位长度都是由生主肘变化而来,是生活中不同领域所用到的肘。

的 1 人。[①]

［18］4 生主肘为 1 杖、1 弓、1 漏、家主［所用］的 1 人。[②]［19］108 指为测量道路和城墙的 1 弓，也是［建造］祭火坛的 1 人[③]。［20］6 盏为用来测量给婆罗门和客人布施的 1 杖。[④]

［21］10 杖为 1 绳；［22］2 绳为 1 示；[⑤]［23］3 绳是沿一侧的 1 回身[⑥]，［24］［1 回身］再加 2 杖，为 1 臂[⑦]。

［25］2000 弓为 1 牛吼。［26］4 牛吼为 1 由旬。[⑧]［27］以上是空间之度量。

【乙】时间之度量

［28］从此［说］时间之度量。

［29］吐吒、罗婆、瞬、迦湿吒、伽啰、刻、牟呼栗多、午前分与

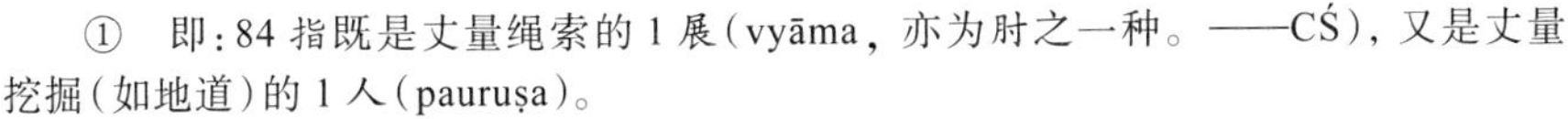

① 即：84 指既是丈量绳索的 1 展（vyāma，亦为肘之一种。——CŚ），又是丈量挖掘（如地道）的 1 人（pauruṣa）。

② 杖（daṇḍa）、弓（dhanus）、漏（nālikā）以及家主所用的人（pauruṣaṃ gārhapatyam）：前两者意译。漏（nālikā）：水漏（1.7.9；1.19.6），但在这里成为长度单位漏（约 6 英尺），原因已不可考。坎格尔有一个推测：最原始的水漏可能是一根约 6 英尺的芦管，水在小孔中从这头流到那头需要 24 分钟（笔者按：nālikā 亦指 24 分钟的时间），因而 nālikā 也成了长度单位。家主所用的 1 人（pauruṣaṃ gārhapatyam）：家主用来测量用的一人（前一句提到过挖掘用的 1 人）。

③ 建造祭火坛所用单位绳长为人（puruṣa），它等于祭祀者踮脚尖双手举起的高度，一般认为是 120 指，而不是这里所说的 108 指（参见 *Kātyāyana-śrautasūtra* 15.32，16.8.22）。

④ 这种杖长度为 192 指，给婆罗门和客人的布施涉及杖，就用这个单位。

⑤ 第 21—22 句：绳、示的原文分别为 rajju 、parideśa，它们与“绳”“指示”这类基本意思的关系已不可考。

⑥ 回身（nivartana）：可能是指牛在犁地时沿着一块田地的一侧作转身（坎格尔），它在后来为面积单位。

⑦ 请注意区分前文第 14 句中的 1 前臂（kiṣku）和这里的 1 臂（bāhu）。

⑧ 关于牛吼和由旬，参见 2.2.2 注释。

午后分、昼、夜、半月、月、季、半年、年、轮。[①]

[30]2吐吒[②]为1罗婆;[31]2罗婆为1瞬[③];[32]5瞬为1迦湿吒;[33]30迦湿吒为1伽啰;[34]40伽啰为1刻;[35]或者,令罐子小孔粗细如4豆金延展至4指时的大小,[罐中]1升水[从小孔流完所需时间]为1刻。[36]2刻为1牟呼栗多。

[37]在角月与娄月,昼夜长均为15牟呼栗多。[④][38]此后的6个月间,昼与夜分别增长与消减3牟呼栗多。[⑤]

[39]当[晷针]影长8人(1.20.10)时,一天就过了1/18;长6人时,就过去了1/14;长3人时,就过了1/8;长2人时,就过了1/6;长1人时,就过了1/4;长8指时,就过了1/3;长4指时,就过了3/8;无影时,则为正午。[40]反过来后,亦应如此知晓一天中剩余[的时刻]。

[41]在箕月,[晷针]正午无影。[⑥][42]此后,从女月起的6个月间,[晷针]在正午的影长每月增长2指,从星月起的6个月间,[晷针在正午的影长]每月减少2指。[⑦]

---

① 这些是时间单位,能意译者尽量意译,不能者音译。

② 吐吒(tuṭa):原文为俗语(坎格尔),其语源意义失考。

③ 瞬(nimeṣa):字面为“眨眼”,即“瞬”,或“发一个短音的时间”(CC)。

④ 从这一点,可以知道1牟呼栗多约48分钟。以此为标准,其他更小的时间单位亦可推出。

⑤ 第37—38句:月份参见本章第55—60句及注释。角月在如今公历3—4月(古译“正月”,显然是指阴历),娄月在9—10月(古译“七月”),在这两个月昼夜相等。角月之后到娄月的6个月,昼从15牟呼栗多逐渐增至18牟呼栗多,夜从15牟呼栗多逐渐减至12牟呼栗多;而从娄月到角月的6个月,则相反。

⑥ 箕月在6—7月,古译为“四月”。坎格尔说,出现无影的情况,仅限于北回归线(到赤道以内),即如摩羯陀(Magadha)、孟加拉、摩腊婆(Malva)这些地区。

⑦ 女月(在7—8月)和星月(在1—2月)各自后的6个月,参见第54句。

［43］15个昼夜为1半月。［44］月渐盈的半月为白分；［45］月渐亏的半月为黑分。

［46］2半月为1月。［47］30个昼夜为1工月[①]；［48］加半天则为1太阳月；［49］减半天则为1太阴月。［50］27［个昼夜］为1星宿月[②]。［51］32［个昼夜］为1行伍月[③]。［52］35［个昼夜］为1马倌月；［53］40个［昼夜］为1象倌月。[④]

［54］2月为1季。［55］女月与室月为雨季；［56］娄月与昴月为秋季；［57］觜月与鬼月为冬季；［58］星月与翼月为霜季；［59］角月与氐月为春季；［60］心月与箕月为夏季。[⑤]

［61］北半年从霜季开始；［62］南半年从雨季开始。[⑥]［63］2个半年为1年。［64］5年为1轮[⑦]。

① 工月（karmamāsa）：职事月、工作月，参见2.7.6的“工年”（karmasaṃvatara）。工年和工月主要涉及臣工、仆役、工人做工，国家财政收支和会记等事务。

② 星宿月（nākṣatramāsa）：亦即恒星月。

③ 行伍月（balamāsa）：与军队相关的月、行伍月，即“为了给已解散军队发饷［而规定的月］”（CC），或“为维持军队［而规定的月］”（CBh）。

④ 第52—53句：CŚ认为aśvavāhā与hastivāhā两者分别是给养马和象的人员发放薪酬和给养所用的计月，同时2.30.3提到马倌（aśvavāha）从府库与储库每月支取养马所用的给养。而奥利维勒基于它们紧随行伍月之后推测说，这可能是指给军队中与马和象相关的分支发放给养的计月。本译文从CŚ。

⑤ 第55—60句：从女月到箕月的原文分别为：Kārttika、Mārgaśīrṣa、Pauṣa、Māgha、Phālguna、Caitra、Vaiśākha、Jyeṣṭhāmūlīya、Āṣāḍha。月份名称翻译从古译（《文殊师利菩萨及诸仙所说吉凶时日善恶宿曜经》卷上），另参见周利群（2013, 65-66、122-123）关于这些月份和季节的总结表格。

⑥ 半年（ayana）：原意为太阳之南北运行（以地球为参照物的话），引申为半年。北半年（uttarāyana）：为太阳北行的半年，故名。

⑦ 轮（yuga）：在此为实用纪年的轮，请注意将其与神话、启示文献中作为“世”“代”这类象征时间的yuga区分开。

[65]太阳每天剥夺1天的1/60，故而导致1季中减少1天；月亮亦如此地[导致1季中减少]1天。

[66]如此，每2.5年，这两者就导致1个闰月，前一个在[第3年]夏季，后一个在第5年末。[①]

——以上是第二篇“督官职守”第二十章“空间与时间之度量”。

第二十一章

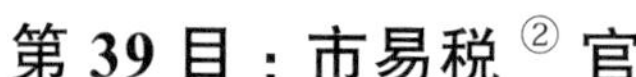

第39目：市易税[②]官

[1]市易税官应于大门附近设立朝东或朝北的税衙和旗幡。[③]

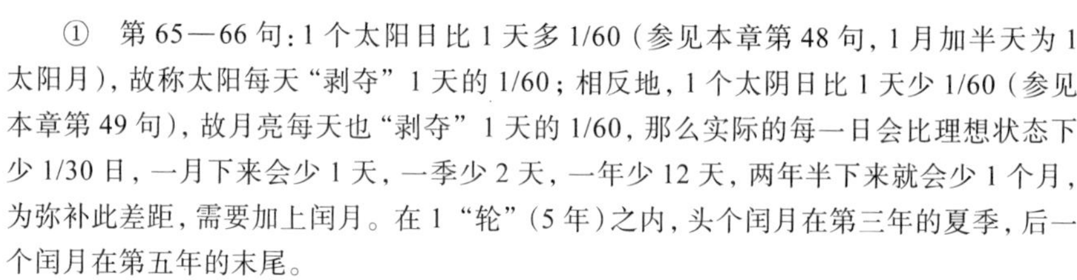

① 第65—66句：1个太阳日比1天多1/60（参见本章第48句，1月加半天为1太阳月），故称太阳每天“剥夺”1天的1/60；相反地，1个太阴日比1天少1/60（参见本章第49句），故月亮每天也“剥夺”1天的1/60，那么实际的每一日会比理想状态下少1/30日，一月下来会少1天，一季少2天，一年少12天，两年半下来就会少1个月，为弥补此差距，需要加上闰月。在1“轮”（5年）之内，头个闰月在第三年的夏季，后一个闰月在第五年的末尾。

② 市易税（śulka）：在《利论》中，śulka不是一个税种，而是与市易、买卖相关的税费的统称，从而与农人上交的份税（bhāga）与赋（kara）区别开来。坎格尔将其译为“关税及其他费”（customs and tolls），是看到了śulka的包容性，但奥利维勒仅仅将其理解为“关税”，那就会造成一些困难。因为：（一）国王向国内货物也收śulka（参见2.22.2），在这里，它显然不是“关税”；（二）国王向买家也收取śulka（如2.12.31；3.9.5-6等），在这里也不能叫“关税”；（三）国王在聚落中也收取śulka（2.35.4），也不能叫“关税”。综上可知，śulka不仅不必然和海关相关，甚至不必和商业相关，但凡涉及买卖（如聚落中民人买卖地产），所交的税都可以叫作śulka。因此，这个词应译为“商货税”或“市易税”。

③ 这是指主城门附近，参见2.3.31-32。旗幡（dhvaja）：指带有国王徽记的旗帜（CC，CŚ）。

[2]四个或五个税吏应记录下随商队前来商人[的情况]：都是谁；从哪里来；多少货；从何处取得身份证明或加盖的符印。

[3]未有符印的货物，处分为应缴[税费的]2倍。[①][4]带伪造符印的货物，罚金为市易税的8倍。[5]带破损符印的货物，处分是[货物]滞留于“水漏处”[②]。[6]若改换国王符印或姓名，他应令[商人]每载具[③]货物缴1.25波那[罚金]。

[7]货物一到达旗幡脚下，商人们应说出其数量与价格：“谁[愿]以此价格购买此货物？”[8]如此报说三次后，他应将货物交付给求购之人。[④][9]若出现买家竞购情形，增高的货款与市易税应一同入府库(3.9.5)。

[10]为避免市易税而少报货物数量与[所得]货款者，国王应收缴其多余部分[⑤]；[11]或者，[商人]缴8倍的市易税。[12]若有以次品作样品以降低货包价格的情形，以廉值货物掩护贵重货物的情形，他也应如此处理。

[13]为避免竞购者而[通过涨价]卖出高于货值的货款者，国

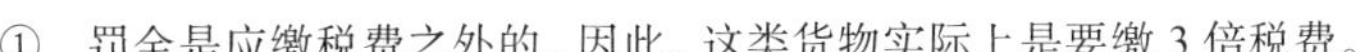

① 罚金是应缴税费之外的，因此，这类货物实际上是要缴3倍税费。

② “水漏处”(ghaṭikāsthāna)：ghaṭikā一般指水罐或水缸，亦指水漏，在这里可能与水漏或时间相关(CC认为这是指扣押一段时间以等待边关的确认)，因此迈耶(还有坎格尔)将其译为“库房”。虽然这一复合词的准确含义已经失考，但大致上可以知道，它是一个暂时扣押货物的处所。迈耶认为这种扣押是收缴，似乎太过严厉，因为前面伪造符印也只处罚金，再说文中sthāna(滞留、扣留)可能并无他意。

③ 载具(vahana)：在这里应当指车、担等载具(参见下文第24句中vahana与各种纯力畜的对比)。

④ 奥利维勒说，这里可能是专门针对进口货物的拍卖或批发性质的出售。

⑤ 为避免市易税(śulkabhayāt)：直译应为“因害怕市易税”。“多余部分”即少报的、隐瞒的货物与货款。

王应收取其涨出部分，或将市易税提高至 2 倍[①]；[14]而掩盖[此种情形]的督官[②]罚涉事数目的 8 倍。

[15]因此，货物应通过重量、度量、数量来出售，而廉值物品或享受优惠的[货物]$_{(2.22.8)}$，则可通过估算出售。

[16]未完税而越过旗幡脚下的货物，罚市易税的 8 倍。[17]在道路上和野地中行事的[暗差们]应侦知此事。[③]

[18]用于婚娶的[财物]；[女子的]嫁妆；用以馈赠的[财物]；因祭祀及其他仪式[④]，以及生子[所需的财物]；于敬奉天神、剃发礼、系圣线礼、"施牛"礼$_{(1.5.7\text{-}10)}$、发愿典仪中使用的物品[⑤]。——以上财物应免市易税。[19]谎报者[⑥]按盗窃论罚。

[20]将未完税货物夹带于已完税货物中的商贩，破开货包后用一个符印夹带第二件货物[⑦]的商贩，没收涉事货物，并处等值罚

① 为避免竞购者（pratikretṛbhayāt）：即出于避免竞购者（的缘由）而……。上文第 9 句已交代，竞购者即使抬高价格，多余的货款也会直接被国王收走，因此，任何卖家在讨价时会尽量地往高了报，以增进自己的利益。可以想见，在涉及供不应求的货物时，卖家就有机会将卖价报得比货值本身高，这样依然会有人购买，但国王却无法收取因竞购而产生的收益。这条规则可能就是为了让国王避免此种情形。

② 督官（adhyakṣa）：虽未明说是市易税官（Śulkādhyakṣa），实际就是指市易税官本人（下文第 26 句也一样）。

③ 第 16—17 句：所有货物都要在完税、经过旗幡脚下之后进入流通，"越过旗幡脚下"就是一个合法的标志，"未完税而越过旗幡脚下"就是指未缴税费而进入销售，今人所谓"走私"。

④ 祭祀及其他仪式（yajñakṛtya）：祭祀与仪式。这个词不能被理解为"祭祀仪式"，因为 kṛtya 在意义上独立，主要是指除祭祀外的其他日常仪式（nityakṛtya）。

⑤ 关于剃发礼、系圣线礼、"施牛"礼，参见 1.5.7-10。发愿典仪（vratadīkṣā）是在开始实行某教行前的发誓起愿。

⑥ 谎报者（anyathāvādin）：说话（与事实）有异的人，在这里指"非用于婚娶的物品而谓之用于婚娶"（CŚ）。

⑦ 即：打开贴有符印的货包，把未完税的货物装在里面夹带过关。

金。[21]以牛粪和秸秆为准完税后[①]将货物带出市易税税衙者，处高等罚。

[22]武器、护衣、铠甲、金属、战车、宝石、粮食以及牲畜为不可外流的物品：将其中任何一种带出[国]者，除按例论罚外，并收缴涉事货物；[23]若将其中任何一种带进来，则可免税[②]在城外出售。

[24]边守应向每载具货物收取 1.25 波那的过路费；向每只单蹄动物[所载货物]收取 1 波那；向每只牲畜[所载货物]收取 1/2 波那；向每只小牲畜[所载货物]收取 1/4 波那[③]；向肩担的货物收取 1 豆钱。[25]他应赔偿丢失或被盗窃的[货物]。[26]对于从外国来的商队，当他检查完其贵重货物和廉值货物的情形，向他们派发了身份证明与符印之后，应将其遣发至督官处。

[27]或者，一个假充贾人的暗差(1.11.11)应将[有关]商队规模[的信息]报送国王。[28]凭着此线报，国王应将商队规模[的情形]通知市易税官，以便让人知道[自己的]无所不知。[29]然后，市易税官接见商队时，应说：“这是归某某的贵重货物或归某某的廉值货物；不得隐瞒；这是国王的神通力。”[30]隐藏廉值货物者，

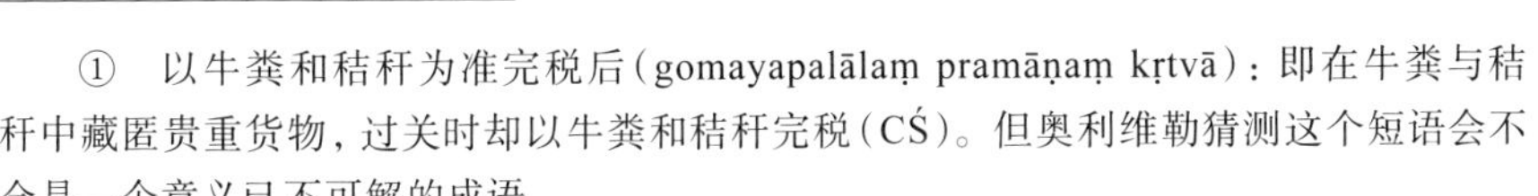

① 以牛粪和秸秆为准完税后(gomayapalālaṃ pramāṇaṃ kṛtvā)：即在牛粪与秸秆中藏匿贵重货物，过关时却以牛粪和秸秆完税(CŚ)。但奥利维勒猜测这个短语会不会是一个意义已不可解的成语。

② 免税(ucchulka)：这是因为“对本国有利”(CBh)，或因为国王本人是买家(坎格尔)，这都是合理的。这似乎也可以被理解为一种鼓励政策，以便这类战略性货物大量流入本国。

③ 广义的牲畜(paśu)一般为五种：牛、马、人、山羊、绵羊(参见 2.6.6 及注释)。在这里，牲畜是指牛、马，而小牲畜则指山羊、绵羊之类。

罚市易税的 8 倍；隐藏贵重货物者，全部没收。

［31］他应禁毁任何对郡邑造成害处和无用的货物；而对［王国］有大助益的货物，还有难得的种子，他应免去其市易税。

——以上是第二篇“督官职守”第二十一章“市易税官”。

第二十二章

第 39 目：市易税官（续）：市易税之税则[①]

［1］外部的［货物］与内部的［货物］，这［便形成了］货易；[②]［2］向出［去货物］与进［来货物收取的费用］，为市易税。

［3］进关货物的市易税为货值的 1/5。

［4］他应向花、果、蔬菜、根、块茎、藤果、种子、鱼干以及肉干［这些货物］收取 1/6 的市易税。

---

① 市易税之税则（śulkavyavahāra）：“规定‘某货物应缴多少市易税’”（CŚ），因此，这实际是一个关于市易税税则的说明。vyavahāra 一般是指交易、操持，又指规则。并且，当它作规则时，有今人所谓世俗法，有定法的意味。

② 文为 bāhyam ābhyantaraṃ cātithyam：这一句在注家和译家中争议较大，焦点在于 ātithya 的词义。它来源与 atithi（客人），因此原文注释中一般将其解释为“与外国货物相关的”（CŚ 等）。因此，这句话可以理解为：货物有三种来源：城外、城内、国外（这是注家和坎格尔的理解）。但从句子结构上将 ca（与）处于 ātithyam 之前，似乎表明 ātithyam 和下一句的 śulkam 一样是总括前两者的，奥利维勒通过援引 *Āśvalāyana-śrauta-sūtra* 证明 ātithyam 后来与“交易”产生关联。这样的话，这句话就应理解为：城外货物和城内货物，构成货易（迈耶；奥利维勒）。如此理解，整句话就有了一个很好的递进关系：城外货物和城内货物构成货易，那么，货物进出城就产生市易税。

［5］对于螺贝、金刚石、宝石、珍珠、珊瑚和串链［这些货物］，［市易税官］应通过精于其事的行家——他们应在［该货物的］做工、耗时、工酬、成品［方面］达成的一致[①]——做出［估价］。

［6］亚麻布、睹拘罗布、蚕丝、绳线甲、雌黄、雄黄、黑眼膏、朱砂、各种金属和原矿；檀香木、沉香木、辛辣品、酒酵和琐碎物事；皮革、象牙、床罩、斗篷和丝绸；山羊和绵羊的制品。[②]——［以上各类货物］市易税为1/10或1/15。

［7］衣物、四足动物、双足动物、绳线、棉布、香料、药物、木材、竹苇、树皮、皮器和陶器；粮食、油脂、糖类、盐类、酒类和熟食等。——［以上各类货物］市易税为1/20或1/25。

［8］在城门处收取的市易税为［货值的］1/5。[③]或者，他应根据本国人受益［情形］予以优惠。

［9］货物不得在其产地出售。[④]［10］若从开采场$_{(1.10.15)}$带走[⑤]

① 即：这些行家们会对生产该货物的各项指标（做工内容、耗时……［同样内容参见2.18.1］）有一个评估，然后达成一致意见，市易税官应参考这一意见而对该货物进行估价。

② 亚麻布参见2.11.106；睹拘罗布参见2.11.102；蚕丝参见2.11.107-114；绳线甲参见2.18.16；辛辣品参见2.15.20；酒酵参见2.25.26。

③ 在城门处收取的市易税为货值的1/5（dvārādeyaṃ śulkaṃ pañcabhāgaḥ）。这里的1/5既可以指应缴市易税的1/5（CP；坎格尔），也可以理解为货值的1/5（奥利维勒），前面第3句提到了外国货物进关的市易税，就产生了2/5的市易税，这似乎过高。CŚ本的读法为dvārādeyaṃ śulkapañcabhāgaḥ，根据其注释，意为：城门看守官应收取市易税的1/5，这是指市易税外的一种进城费用（参见2.6.2），似乎更为合理。但一切都不确定。

④ 该规则原因不详。布莱洛尔猜测，是国家利用货物分散各地的过程征收各种税费（Breloer 1973, III, 453-454）。

⑤ 带走（ādāna）：将第9—14句作为整体可以看到，第9句提出了不可在产地购

矿产货物，处分为600波那；[11]若从花园和果园带走花果，罚54波那；[12]若从菜地带走蔬菜、根和块茎，罚51.75波那；[13]若从田地带走各种庄稼，罚53波那；[14][有关王田]农产的处分[①]为1或1.5波那。

[15]因此，他应根据地域、种类和习俗[的情形]，确定各种新旧货物的市易税，并根据其危害确定处分。

——以上是第二篇"督官职守"第二十二章"市易税官(续)：市易税之规则"。

第二十三章

第40目：织造官[②]

[1]织造官应通过精于其事的人经营[③]线、护衣、衣物、绳索。

买货物的规则，而第10—14句提到的是产地，因此，这里的"带走"实际是指"直接从产地买走"，并不是盗窃之类的行为。

① 有关王田农产的处分(sītātyaya)：sītā在《利论》中特指王田的农产(参见2.15.12)，替国王经营王田的官员是(Sītādhyakṣa，参见2.24)，而sītātyaya则指擅自出售王田所出农产的处分。对于这种处分，CŚ认为1波那和1.5波那的处分分别针对买家和卖家，而奥利维勒认为仅仅针对官吏，但所有都只是基于猜测。

② 织造官(Sūtrādhyakṣa)：sūtra本指绳线，在本章中，这个职位涉及关于织造和交易织造品的事务。

③ 经营(vyavahāra)：最广义的操持、交割(含"交易")。从迈耶到奥利维勒的译家都将其译为"贸易"，但从后文看，它似乎还包括生产，因此应理解为广义的"操持"(比如，CŚ将其理解为"纺织等事务")。

［2］他应令以下这些人用羊毛、树皮[①]、棉花、丝绵、大麻和亚麻纺线：寡妇、残疾妇人、老姑娘、出家妇人、以工代罚的妇人、妓女的“姆妈”(2.27.5)、年老的王婢、停止侍奉神庙的婢女。[②]

［3］在弄清了线是精、是粗还是中等，以及是多是少之后，他应算定［她们的］工酬。［4］知晓了线的数量之后，他应惠赠她们油膏和余甘子膏。[③]［5］在节庆日，他应通过给予她们尊敬和馈赠令她们做工。[④]［6］若线的分量减少，则应根据材料的价值相应减

① 树皮(valka)是指纤维类植物(包括后面的“大麻”［śaṇa］与“亚麻”［kṣauma］)的皮，参见 2.17.7。

② 老姑娘(kanyā)：字面为“童女”，但正如奥利维勒所说，这里说的都是成年甚至老年妇人，不太可能是少女，而是指年岁已到却仍然未嫁的女子。CC 将其训为“贫家女”(daridraduhitaraḥ)，也可以证明(自古印度女子成婚，妆奁为首要之事，穷人往往因此而难以嫁女)。出家妇人(pravrajitā)：参见 1.11.6 及注释。妓女的“姆妈”(rūpajīvāmātṛkā)：奥利维勒认为这是指妓女(rūpajīvā)及“经营妓院的鸨母”(mātṛkā)，年轻妓女来纺线，似乎不太可能。另，mātṛkā 不可能是“鸨母”，而是年老色衰的“姆妈”(参见 2.27.5-7)，因此奥利维勒的理解有些偏差。坎格尔将其译为“妓女的母亲”，也不是很确切，因为这类“姆妈”仅仅只是指辈分(曾经为妓)，有可能有当妓女的女儿，也可能没有。因此，复合词 rūpajīvāmātṛkā 具有术语意义，它就是指“姆妈”或老年妓女(既不是“妓女和鸨母”，也不必定是某个妓女生物学意义上的母亲)。年老的王婢(vṛddharājadāsī)与停止侍奉神庙的婢女(vyuparatopasthānadevadāsī)：王婢(rājadāsī)与神庙的婢女(devadāsī)是印度传统中很悠久的两种职业，这类女子集艺师(歌舞等)与妓女的身份于一身，且同属于妓女(gaṇikā；参见 2.27)这一行业，这个传统一直延续到 20 世纪 30 年代(参见 Leucci 2008)。另外，王婢既是廷妓，又侍奉国王一些日常的起居，如侍坐、侍舆等(参见 2.27.4)；而神庙的婢女则以歌舞等侍奉当地神庙的天神，也涉及性方面的业务。

③ 油膏和余甘子膏(tailāmalakodvartana)：也可以理解为“油和余甘子膏”(坎格尔)。CŚ 认为油［膏］用来涂身或沐浴，而余甘子膏用来防暑热。另外，CŚ 认为“她们”(etā)是指“德性可见的人”(即做工做得好的人)，似乎有些道理(不然人人都派发，似乎不必提前知晓其数量)。

④ 这句话有两个可能的情形：织造官通过给她们尊敬和馈赠，让她们在节日也做工(迈耶；坎格尔)；或者通过在节日给她们尊敬和馈赠，让她们平常也努力地做工(奥

少工酬。

［7］与工匠们商量好工作量、时限、工钱和产品后，他应令他们做工，并与他们保持接触。［8］一旦建好了［纺织］亚麻、睹拘罗布、蚕丝、兰拘羚毛[①]和棉花的工厂，他应通过馈赠香料和花环或通过其他恩惠向［工师们］示好。［9］他应令他们生产出各式的衣物、床罩和斗篷。［10］他应通过精于其事的工匠和艺师成立［生产］绳线甲的工厂。

［11］对于那些足不出户却要养活自己的妇人——如夫主外出的妇人、寡妇、残疾妇人、老姑娘，他应周到地派遣［自己的］婢女去她们家，令她们做工。[②]［12］或者，若她们亲自来织坊，他应令［成品］物件和工酬的交割在拂晓时就完成。［13］灯只可用来检查绳线。[③]［14］若注视妇人的脸，或与她们谈论其他事情，处初等罚；若拖延发付工酬的时间，处中等罚；若给未完成的工作发付工钱，亦［处中等罚］[④]。

［15］先支取了工酬，却不做工的妇人，他应令人对其施加“拇

利维勒）。

① 兰拘羚毛（rāṅkava）：一种叫 raṅku（音“兰拘”）的羚羊的毛。

② 这类妇人不能出来做工（尤其是残疾妇人之外的三者），因此需要织造官“周到地”（sopagraham）派遣婢女到她们家里（送原料和工酬、取成品），可以让她们能用做工养活自己。proṣitā 为“夫主外出或远游的妇人”（CŚ）。这类妇人有的要守禁戒或被看护（guptā），如果夫主长期不归，她需要做工维持生计（参见 3.4.24 以下，及 Mn 9.74-75）。

③ 第 12—13 句：一般是指这些妇人前来织坊交货，在拂晓（pratyuṣasi）前就完成，以及不许小吏之类看她们或拖延付工酬的时间（天亮之前），是为了保全她们的名节。

④ 有的工作未完成，若小吏也给当事妇人付发工酬，则要受中等罚。这可能是防止妇人贿赂织坊官吏，工作没有完成也得以获取工酬。

指钳”[1][的惩罚]；这也适用于侵吞和盗取后逃逸者。

[16]另外，对于雇工们，应根据其过犯从工酬中[扣取]罚金。

[17]他应亲自与制造绳索与护衣的工人保持联系。[18]另外，他应令人制作带子之类的物事。

[19]他应令人用线和树皮造绳索，用藤条与竹苇造带子、护甲、套车乘和力畜的索带。

——以上是第二篇“督官职守”第二十三章“织造官”。

第二十四章

第41目：农产官[2]

[1]农产官，或是自身熟知农事、丈量和种植[的学问][3]，或是

① “拇指钳”的惩罚(aṅguṣṭhasaṃdaṃśa)：aṅguṣṭha为拇指，saṃdaṃśa为钳，故名。多个注家认为是将右手的拇指和中指指尖切断(CBh；CP；CŚ)，奥利维勒认为后文中(4.10.1.2)对更严厉的罪行时才会断(chedana)肢体，而这里可能仅仅只是用某种刑具夹拇指与食指，造成钻心的疼痛，这个解释似乎更符合事实。

② 农产官(Sītādhyakṣa)：sītā原意为犁铧，后成为主管农事的神祇。在《利论》中，sītā主要是指王田的农事和农产。当sītā作为农产时，应注意将其与从百姓那里收取的1/6的份税(bhāga)区分开。同时，Sītādhyakṣa作为官员，仅仅只是像林产官那样，为国王经营王田之农事，为府库增添储积，而并非像布莱洛尔所说的那样，主管全国农事(Breloer 1973, I, 74-89；III, 485-502)。

③ 农事、丈量和种植的学问(kṛṣitantraśulbavṛkṣāyurvedās)：这三者，大致上可以理解为农学(kṛṣitantra)、几何学(śulba[śāstra])、栽培学(vṛkṣāyurveda)，但我们知道，印度知识的特性就是实践性动机极强，它缺乏希腊“科学”(epistēmē)这种仅仅为

由精通此类学问的人辅佐，应根据时令采集所有粮食、花卉、果子、蔬菜、块茎、根、藤果、亚麻和棉花的种子。

［2］他应令奴隶、雇工和以工代罚者(2.12.21)［将这些种子］播到适合［每种种子］，且被犁过多次的地里。[①]［3］他应确保，这些人做工不会因耕具、［其他］用具、耕牛和工匠——诸如铁匠、木匠、猎人[②]、制索人、捕蛇人——方面的原因而耽搁。［4］若他们［导致］工作的成果受损失，处与损失成果［等量的］罚金。

［5］对于干旱地区来说，［所需］雨量[③]为16斛；对于湿润地区来说，是前者的1.5倍。对于各地的播种来说[④]：阿悉摩迦国［所需雨量］为13.5斛，阿槃提国［所需雨量］为23斛；而阿钵岚陀园(2.2.15-16)、雪域各地，还有按时令凭灌溉［播种］的地区，［所需雨量］则不

了知识而求知识的理论（或沉思、观审）动机，因而本质上乃是“技艺”（technē），所以严格地说，这三者应当被译为“农事”“丈量术”（参见2.12.1及注释）、“种植术”。

① 这三种人中，奴隶（dāsa）和以工代罚者（daṇḍapratikartṛ）不会有工酬，但役工（karmakara）有工酬（CŚ）。

② 猎人（medaka）：medaka准确词义失考。CŚ认为是“掘工”；CBh认为是“制篮工”（坎格尔译文从此）；迈耶根据《摩奴法论》（Mn 10.48）中的meda（一种杂种姓，以狩猎为业）认为medaka可能是指保护田地的猎人（与后文“捕蛇人”呼应），奥利维勒和其他一些学者较认可这一推测。

③ 雨量（varṣapramāṇa）：雨的标准。需要注意的是，它不是现实的降雨量，而是“庄稼能获得收成所需要的雨水”（CŚ），这是从主观方面而言。

④ 对于各地的播种来说（deśavāpānām）：字面为“［按照］地域［国］播种的”。坎格尔（及奥利维勒）认为deśavāpānām与后文中kulyāvāpānāṃ（凭灌溉播种的）相对而言，故将这个复合词连接上句（认为它是解释干旱地区与湿润地区区别的）。但这样一来，作者关于阿悉摩迦国与阿槃提国所需雨量的介绍就完全没有依附之处了。细想之下，各注家（CP、CC、CŚ）的解释更好：这个复合词刚好引出下文中各国（地区）具体情形。而“凭灌溉播种的”各地区自然也属于各种不同的地区，坎格尔的说法完全失去了依据。

定。[①]

[6] 1/3 的雨水在头和末两个月，2/3 的雨水在居中的两个月。[②]——这是好年程的标志。

[7] 这个可从[以下现象]得知：木星的位置、运行、受胎；金星的升起、降落、轨迹；还有太阳的常态和异态。[8] 从太阳可得知种子发芽；从木星可得知庄稼抽穗；从金星可得知雨水。[③]

[9] 三片云下七日的雨；八十片云下毛毛雨；六十片云下
太阳雨。——这样的雨水均匀而有益。[④]

① 句中提到的雨量，似乎是用 2.5.7 中提到的雨量器（varṣamāna）来测的，据巴尔昆地的计算，阿悉摩迦国（Aśmaka）与阿槃提国（Avanti）所需雨量分别约为 83.2 厘米与 147.2 厘米（参见 Balkundi 1998）。所需雨量“不定”（amita），或是指降雨丰沛的地区（如阿钵岚陀国），或是指完全不能依靠降水的地区（雪山附近和靠灌溉的地区）。另外，各个国名，阿悉摩迦国：“阿罗吒国”（CŚ：Āraṭṭa）；摩诃罗史支罗国（CP：Mahārāṣṭra）。阿槃提国：此国为佛在世时印度十六大国之一，佛典中常提到，大致为今日摩尔瓦地区（Malwa，CŚ 亦将其训为 Mālva）。阿钵岚陀国（Aparānta）：准迦讷国（CP：Koṅkaṇaviṣaya），在西印度沿海地区；雪域（Haimanya）：“雪山附近”（CBh）。

② 即：头、末两月分别为女月（Śrāvaṇa）与昴月（Kārttika）；居中两个月分别为室月（Proṣṭhapada）与娄月（Āśvayuja）（CŚ）。从女月到昴月刚好是西南季风发生的时间，因此雨水较多。

③ 第 7—8 句：这里说的是以占星术，通过观察木星、金星、太阳的这些现象，以预知雨水和年成的方法，详细情形参见彘日《大集》（Bs 21-23）。据 CŚ，木星的受胎（garbhādhāna）是指：“若觜月有露、鬼月有雪、星月有风、翼月有云、角月有风与雨，并且氐月有夹着雷、云、风、电和水的雨，并且在诸受孕日（笔者按：氐月黑分的前四天）有因陀罗的大雨（即：如果在这 6 个月中看到这些现象，那么，就是雨水好的年成。CŚ 描述整个过程是 6 个月，《大集》中说的是 195 天）。”金星的轨迹（cāra）则是指“从箕月第 5 天到第 13 天的 9 天中，金星运行的情形”。太阳的常态和异态则是指光晕等现象。

④ 奥利维勒认为下雨天不可能数云，因而认为数字并非指云。实际上，这里的数字就是指云的“数量”，只不过不是奥利维勒所说的“下雨天时天上云的数量”，而是指

[10]任何地方，下雨同时将风和热分配得当，从而导致三次犁地[①]，那么，此地的庄稼肯定长得好。

[11]他应据此令人播种需雨水多的或需雨水少的庄稼。[12]冬稻、雨季稻、稗、芝麻、黍米、优多罗加、三叶菜豆(2.15.25-27)应首先播种；[13]黑绿豆、绿豆、(2.12.5)扁豆(2.12.31)应中间播种；[14]红花籽(2.15.40)、兵豆(2.15.31)、硬皮豆[②]、大麦、小麦、香豌豆(2.11.31)、亚麻籽、芥籽应最后播种。[15]或者，各种种子应按时令播种。

[16]二一农[③]应耕种农产官[所主持的]播种余下的地；或者，凭自己力气过活的人，应耕种这些土地，[到时候分]收成的1/4或1/5。[④][17]他们应按照要求缴纳垦荒份税[⑤]——处于困境中的人

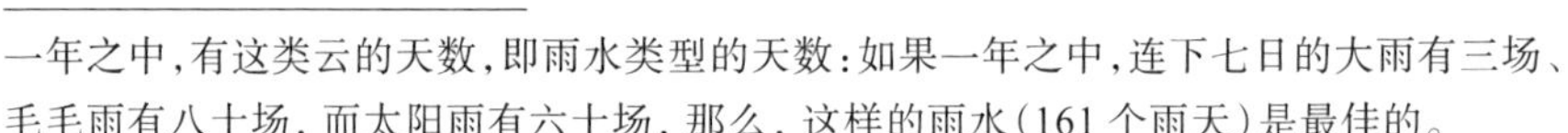

一年之中，有这类云的天数，即雨水类型的天数：如果一年之中，连下七日的大雨有三场、毛毛雨有八十场，而太阳雨有六十场，那么，这样的雨水（161个雨天）是最佳的。

① 三次犁地（trīn karṣakān）指一年能犁地三次，播种三次，从而庄稼能三熟（CŚ，迈耶）。KA采用的是CBh的读法：trīn karīṣān，认为是风热分布均匀，有“三次可令牛粪成块”的时期。但这样理解似乎有些困难，如果说雨水的间隔可允许牛粪结块，那么为什么还要风、热的分配？显然，作者提到风、热，着眼点应该是在庄稼本身，因此笔者采用CŚ本的读法。

② 硬皮豆（kulattha）：Macrotyloma uniflorum（PDP）或Dolichos uniflorus（GPW，MW）。

③ 二一农（ardhasītika）：得到一半农产的人。这是指那些自己出种子、力畜等耕种国王土地，到时候分收成一半的家主（农人）（CŚ）。这个词作为多财释复合词，已经有了术语含义（它在《祭言法论》中作ardhasīrin，参见Yājñ 1.166），因此笔者将其译为二一农。

④ 显然，“凭自己力气过活的人”（svavīryopajīvin）是指那些没有种子、农具、力畜之类生产资料的人。

⑤ 垦荒份税（anavasitabhāga）：anavasita（未被定居的）是指那些从未被耕种过或被耕种过但又荒置的地，这些地也属于国王（参见2.1；3.16.31），因此耕种者要“根据[国王]所要求”（yatheṣṭaṃ）交“份税”（bhāga），但境况窘迫者除外。

除外。

[18]当他们从自己的堤坝中取水时，应缴纳“水份税”：若用手取水，缴1/5；若用肩取水，缴1/4；若以导具取水，缴1/3。[1]若从河、湖、水池或井中抽水，缴1/4。[2]

[19]他应根据凭劳力可取水的量[3]令人播种水田作物、冬季作物或夏季作物。[20]冬稻等是上等作物；园作物等是中等作物；[4]甘蔗等是下等作物，[21]因为，[种植]甘蔗导致很多危险[5]，还耗费很多成本。

[22]为[水产生的]泡沫所拍打的[河岸]，[宜种]各类藤果；流水的周遭，[宜种]荜茇、葡萄、甘蔗；井洼附近，[宜种]蔬菜与根类[作物]；沟渠附近，[宜种]青草；堤埂上，[宜种]可割收的

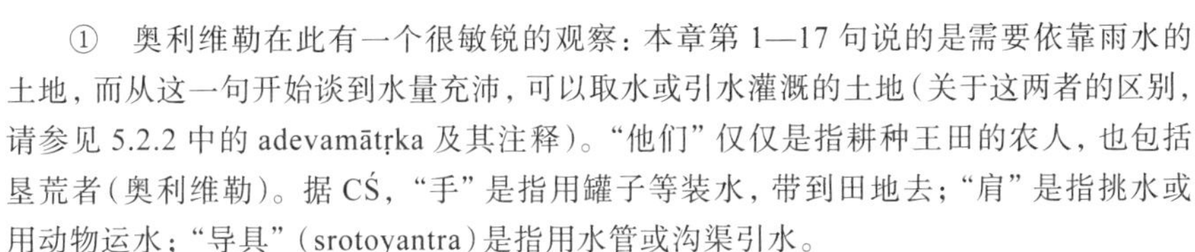

① 奥利维勒在此有一个很敏锐的观察：本章第1—17句说的是需要依靠雨水的土地，而从这一句开始谈到水量充沛，可以取水或引水灌溉的土地（关于这两者的区别，请参见5.2.2中的adevamātṛka及其注释）。“他们”仅仅是指耕种王田的农人，也包括垦荒者（奥利维勒）。据CŚ，“手”是指用罐子等装水，带到田地去；“肩”是指挑水或用动物运水；“导具”（srotoyantra）是指用水管或沟渠引水。

② 奥利维勒认为最后一个分句很突兀，并不遵循税率逐渐增高的序列，可能仅仅只是窜入原文的批注。实际未必，因为前面说的是从堤坝中取水，而这里是说从天然的水源取水。同时，“水份税”到底是在总收成之中提取，还是在这些佃户自己的份额里面提取，已经无从得知。

③ 根据凭劳力可取水的量（karmodakapramāṇena）：“行农事所能得到的用水的多少”（CŚ，坎格尔）；“劳力与储水量”（迈耶）。奥利维勒认为是指“通过劳力取得的水”，即像上文那样通过人力或畜力到水利设施（水库、沟渠）取得的水。这一理解更好，因为这里说的就是靠灌溉的农事，另见3.10.1。

④ 冬稻等（śālyādi）指2.24.12中所列举的作物；园作物（ṣaṇḍa，字面为“菜地”）：迈耶和奥利维勒都将其译为“蔬菜”，不准确。因为ṣaṇḍa不光指蔬菜，还包括块茎、根之类（2.22.12；本章下文第22句），因此最好理解为“园作物”。

⑤ 这里的“危险”（ābādhā）可能是指对甘蔗本身，比如封辛白提到过一种赤腐病（mañjeṭṭhikā），也可能针对人，比如CŚ认为甘蔗会招致鼠患（参见Hinüber 1971）。

作物，如香料[作物]、药材、岩兰草、孔雀锦葵、参薯。[①][23]他应令人在适宜的地方种植各种旱地和湿地的药草。

[24]粮食的种子：[夜间]浸于露水[白天]再晒干，直至七个昼夜；豆类作物的种子：三个或五个昼夜；以茎为种子[的作物][②]：在其断面涂上蜜、酥油、猪油和牛粪的混合物；块茎：涂上蜜和酥油；以核为种子[的作物]：涂上牛粪；树：坑内焚烧牛骨和牛粪，并在适当时机[满足其]"重身愿"。[③][25]并且，一旦它们抽条，他应用一些新鲜的酸性鱼和火殃勒浆汁去"喂"给它们。[④]

[26]他应收集棉籽和蛇蜕的皮；但凡有这种烟的地方，就不会有蛇。[⑤]

[27]但是，在首次播种各种种子时，他应令人播种[经如下处

① 可割收的(lava，词根为 √lū，切)：指割掉之后又可从原株再生新苗的。hrībera：又作 hrīvera，即孔雀锦葵(Pavonia Odorata)，可扦插繁殖，符合"可割收"的特征。piṇḍāluka：又作 piṇḍālūka、romakanda(CŚ)，即参薯(Dioscorea Globosa)，与山药同属，romakanda 这个名字说明它的块茎发达且多根须。

② 以茎为种子的作物(kāṇḍabīja)：比如甘蔗等。

③ 即：植树时，先挖好坑，然后晾一段时间，待其干燥，焚之以牛骨与牛粪，然后再栽进苗木(参见 *Vṛkṣāyurveda*, 67)。"重身愿"(dauhṛda)：又作 daurhṛda，即"异常心[愿]"，它指妊娠期(重身)妇女的一些奇特的渴望(比如嗜好某种口味)。在这里，花果树被比喻为受孕的女子，它们被古人认为也会有一些奇怪的愿望，所以，在适当的时机，应该举行一些仪式，满足这些树的愿望，让它们顺利地开花和结果，详情参见 Das 1988, 42, 248, 466-471。

④ 给花果树"喂"酸性鱼和火殃勒浆，可能是为了防病虫害(Wojtilla 2005, 422)，也可能是为了施肥(Gopal 1980, 99)。snuhi：火殃勒，又名霸王鞭(Euphorbia neriifolia)，鲜茎可出浆汁。

⑤ 即：焚烧棉籽和蛇皮，可以驱蛇。

理的]头把种子：在装有金子的水中浸泡过，并对之念咒：

“永远礼敬生主、迦摄波、提婆！愿悉多天女在我的种子和财物中繁盛！”[①]

[28]对菜地和花果园的看守、牧牛人、奴隶和雇工，他应根据这些人随从人手[的情况]，给他们配发口粮，并且每月发放1.25波那[薪俸]。[29]向工匠发放的口粮和薪酬应与他们的做工[情况]相符。

[30]吠陀师与苦行者可取走掉落在地上的花果去奉神，[也可取掉落在地上的]雨季稻、大麦去行新稼祭[②]；而以拾穗为生的人，可以取走“堆底”[③]。

[31]时间一到[④]，他就应立即去收获成熟的庄稼等；精明

① 坎格尔认为生主（Prajāpati）、迦摄波（Kāśyapa）、提婆/天神（Deva）是指同一神，但是有学者认为三者分别是三个农事的保护神（Wojtilla 2005, 422），笔者从之。生主司掌生殖；迦摄波作为神事迹不详，但有一个农事论的学派以他命名，并且有著作归在他名下（*Kāśyapīyakṛṣisukti*）；Deva指因陀罗，他之所以被认为农事的保护神，大概是因为和闪电、降雨有关。悉多天女（Sītā devī）即农事的女神。句中财物（dhana）一词实际就是指粮食（dhānya），这里可能因为叶韵的原因（ā处需要一个短音），而改为dhana。

② 新稼祭（āgrayaṇa）：吠陀祭的一种，雨季刚结束时向天神奉献新粮、果，也可称“新熟祭”（参见Bechler 2013, 14）。

③ “堆底”（rāśimūla）：即粮堆的底。刚收割但还没送往打谷场的粮食穗掉在田间的粒（奥利维勒），它们有时候是农人收割时故意留下的（参见5.2.11）。

④ 时间一到（yathākālaṃ）：字面为“根据时间，根据时令”。CŚ训为“不超过可以收割的时间”，更为具体。

人不会把任何东西留在田地里，哪怕只是一根秸秆。

[32]至于粮堆[①]，或应堆成一些高堆，或是落成草屋顶的样子；它们的顶不可堆得太密实，也不可太空瘪。[②]

[33]他应将粮堆置于圆形的打谷场[③]的外缘；在打谷场中，工役们不可带火而应带水。

——以上是第二篇“督官职守”第二十四章“农产官”。

第二十五章

第42目：酒官

[1]酒官应通过那些在酒和酒酵的事务上精熟的人在要塞、聚落和军营的一处或多处——或是买，或是卖——进行酒与酒酵的交易。[2]那些在别处制造、购买与出售[酒和酒酵]的人，他们的处分为600波那。

① 粮堆(prakaranāṃ)：KA读为prākārāṇāṃ，认为是储粮地方的墙，有误。它在此指粮食的“堆”(prakara)，这一点从本颂的下文和下一颂可以看出来，因此笔者根据各注本与奥利维勒的意见将它改回为prakarāṇāṃ，理解为“对于粮食的堆来说，规则是……”或“至于粮堆，其规则是……”。

② 这些都是新收割的带秸秆的庄稼。或是堆成一些较高的堆，或是堆得像草屋的顶的样子(valabhīr vā thatāvidhāḥ)，前面的高堆，顶可能是平的，而后面这种堆，则应当是带尖顶或脊状的顶。不可太密实，可能防止新庄稼被烧坏；不可太空瘪，则可能是防止垮堆。

③ 圆形的打谷场：指“为了让粮食与秸秆分离，让力畜群(绕中心)绕行所形成的区域”(CŚ)，这些带秸秆的、待脱粒的庄稼应放在外面。另外，奥利维勒推测说这可能是让力畜用蹄去脱粒，而且打谷场本身应该也是圆形的。

［3］鉴于以下危险，他应保证酒不被带出村落或被囤积起来：被指派到某些职事上的人失职；贵种姓人越礼；亡命徒被壮胆。［4］或者，被公认为品性端直的人，可以带出一点带标记的酒：或1/4合，或1/2合，或1合，或1/2薮，或1薮。［5］又或者，他们应在酒馆喝酒，而且不得到处走动。

［6］为了查出那些作为代工物、寄存物或质押物而被贪没的财物，来路不正的财物，他应先查出无主的物品和钱币，然后令人在其他地方用一个借口将出代人抓捕[①]；［他也应令人抓捕］出手豪阔的人，以及那些没有收入却在开销的人。

［7］他不得以不［同于定］价的价格卖酒，也不得赊销——已变质的酒除外[②]。［8］他应令人在别处出售［变质的酒］；［9］或者，他可以将变质的酒发放给奴隶和雇工们当作薪酬；［10］又或者，他应将变质的酒当作伴浆[③]喂给力畜，或当作营养物喂猪。

① 如果这句话和酒官有所关系，只能这么理解：某人通过私吞他人寄存（或代工，或寄存，或质押）给自己的物品，或用别的非法手段获取了些财物，他用这类财物来酒官所控制的酒馆（pānāgāra）饮酒。他可能会将自己侵夺的财物质押或典当给酒店以换取酒资，在这种情形下，他就成了一个“质典人”（nikṣeptāram）。酒官为了查清这个人质押物中是否涉及其他（！）某些侵占案件，就需要先识别出这个顾客所质押财物中无主的（所有者不确定的）那些财物。如果有，他就可以把这个“质典人”（也是顾客）抓起来。据CŚ，在“其他地方”以“借口”抓捕，是为了不惊扰到其他同类人。句中这个“质典人”（nikṣeptāram）并不是3.12中所说的委托原材料给他人代工的常人，反而是那个被他人委托，然后用私吞的委托物去质押给酒店的人。所以，为了解决“出质人”的困难，注家将nikṣeptāram训为“持有人”（ādhātāram），也就是那个私吞他人寄存物的顾客。实际上，在3.12中，nikṣeptṛ是狭义的，主要是指交付他人原材料委托代工的“出代人”（参见3.12.33以下），而在这里比较广义，它成了“质押人”“质典人”。这一句牵扯到案与案之间关系，字汇意思亦颇易于混淆，对现代读者来说不容易理解。

② 即：变质的酒可以调整价格，也可以赊销给酒客。

③ 伴浆（pratipāna）：这似乎是一种“就着”（prati表伴随、当即）干燥食料一起使

［11］他应令人建造一些酒馆：［每个酒馆］有很多小间，内有分置的卧榻和座位，有专门的饮酒区①，并配备有香料、花环和水，在每个季节里都舒适。

［12］安插在那里的暗差们应探知［酒客们］正常与异常的支出，并［探查］外地来的酒客。［13］对于醉过去和睡过去的酒客，他们应查清其饰物、衣着、钱财。［14］若它们丢失，［酒］商们应赔偿原物，并处等值罚金。［15］但是，对于那些在各个隔开的房间中醉过去或睡过去的，有着贵种姓外表的外地或本地酒客，［酒］商们应通过自己那些美貌的女奴去查知他们的［真实］想法。

［16］关于弥多迦酒、波罗娑讷酒、阿娑婆酒、“不伤”酒、梅利耶酒和葡萄酒②：［17］水 1 斛、米 1/2 升、酒酵 3 薮。——这是弥多迦酒配方。［18］米粉 12 升、酒酵 5 薮或其特种酵③再配以槟榔

用的汤或浆，参见 2.29.43（CŚ 在这里将这个词训为“开胃汤”［agnidīpana］）；2.30.9；2.30.18；2.31.6；2.31.13。

① 饮酒区（pānoddeśāni）：CŚ 认为是“［酒馆］有适用于饮酒的一个专门的区域”，坎格尔将其理解为与酒馆并列的酒吧（这个多财释复合词是限定酒馆的，并不是单独的），奥利维勒虽然指出了坎格尔之误，但将 pānoddeśa 解读为招徕酒客的“酒旗”（surādvaja，参见 Mn 9.237），似乎太过。笔者认为还是 CŚ 所说为佳。

② 这里介绍了六种酒。弥多迦酒（medaka）：似乎是一种米酒，类似中国的醪酒（醪糟）；波罗娑讷酒（prasannā）：名字的意思为“清澈”或“清亮”，可能是指酒的形态；阿娑婆酒（āsava）：字面为“花蜜汁”，从下文描述看，它确实是一种很甜的酒；“不伤”酒（aiṣṭa）：aiṣṭa 意为“不受伤”或“防止伤害的”（参见 Ṛv 1.41.2），这是各种不同的药酒（但内服还是外用不详）；梅利耶酒（maireya）：果酒；葡萄酒（madhu）：原意为“甜”，葡萄汁发酵而成。

③ 特种酵（jātisambhāra）：sambhāra 似乎也是一种可导致发酵的混合物（其制法见本章下文第 27—29 句），它与“酒酵”（kiṇva）不同的是，前者是针对某一“种”（jāti）酒的特殊发酵物，而后者是泛泛的发酵物。因此，笔者将 jātisambhāra 或 sambhāra 分别译为“特种酵”或“特酵”。“特种酵”制法见本章下文第 27 句。

树皮与槟榔果。[①]——这是波罗娑讷酒配方。［19］木苹果 1 秤、糖浆 5 秤、蜜 1 薮。[②]——这是阿娑婆酒配方。［20］［以上配料］增加 1/4，为上等［阿娑婆酒］；减少 1/4，则为次等［阿娑婆酒］。［21］各种“不伤”酒，由医师掌握［配制］[③]，［疗治］各种病痛。［22］匙羹藤皮煎煮滤［汁］，掺入石蜜，然后或是与荜茇与黑椒［配成的］特酵，或是配以“三果”［配成的特酵］。[④] ——这是梅利耶酒配方。［23］或者，所有配加石蜜的［酒］都应加三果配成的特酵。［24］葡萄汁为葡萄酒。［25］“迦毕试耶那”“诃罗呼罗迦”［这样的名称］解释了它们自己的产地。[⑤]

① 酒酵 5 薮，这是一种选择；特种酵再配以槟榔树（kramuka）皮与果，这是另一种选择。磨的粉（piṣṭa）：在这里指米粉（CŚ）。另外，弥多迦酒的水和米比为 8:1（1 斛 = 4 升），而 CŚ 说，虽然这里没有提到水，但读者应当推知，制作波罗娑讷酒时，水与米粉的比例仍然和上面弥多迦酒一样。

② 木苹果（kapittha）：Limonia acidissima（PDP）。各种重量和容量单位参见 2.20 和附录 II。

③ 由医师掌握配制（cikitsakapramāṇāḥ）：以医师为标准，言外之意，这些配制方法是医师说了算，故这里并未罗列其配制方法。

④ 这种酒的制法，可与 2.15.17 的酵汁类（śuktavarga）制法相参见。匙羹藤（meṣaśṛṅgī）亦见于 2.15.17。荜茇（中国称胡椒）与黑椒有发酵作用，故为这种酒的“特酵”（sambhāra）。“三果”（triphala）：根据《妙闻本集》（*Suśrutasaṃhitā* 1.138.21，1.141.4），三果指藏青果（harītakī，参见 2.12.5）、毛诃子（vibhītaka；Terminalia bellerica）、余甘子（āmalaka/āmalakī，参见 2.15.17），这“三果”混合起来大概也容易发酵。

⑤ 这里列举了两种葡萄酒的名称：迦毕试耶那（Kāpiśāyana）与诃罗呼罗迦（Hārahūraka），这两种名称就提示了它们自己的产地。前者显然是指《大唐西域记》中提到的迦毕试国（Kapiśa/Kāpiśī，参见季羡林 2008，135—138）所产的葡萄酒；后者为诃罗呼罗（Hārahūra），大致在西北印度，但具体位置与人种不详。迈耶提到，一些学者认为他们是斯基泰种（Skythien）或突厥种，迈耶猜测他们可能是白匈奴（Hārahūra 转化为 Hārahuṇa，Sita- oder Śvetahūṇa），但特劳特曼否认了这个说法（Trautmann1971，183-184）。

［26］或生或熟的绿豆糊1斛，再多1/3的稻米，配以大叶鹿角藤等[①]材料各1稼。——这是酒酵的构成。

［27］锡生藤、珠仔树、长果胡椒、小豆蔻、甜瓜、蜜甘草、虎尾兰、黍米、黄藤、黑椒和荜茇各5稼[②]，为制作弥多迦酒和波罗娑讷酒的特酵[③]之配方。［28］刺果苏木[④]［果实］配以蜜甘草汁，可令酒色更清。[⑤]

［29］肉桂皮、紫花丹［根］、黄榄仁、大南苏各1稼，槟榔、蜜甘草、香附子、珠仔树果各2稼。[⑥]——这是制作阿娑婆酒的特酵。［30］以上物事的1/10是"种子"的构成。[⑦]

① 见下文第33句中所列举的各种植物。大叶鹿角藤（moraṭā）：Chonemorpha fragrans（PDP）。

② 锡生藤（pāṭhā）：Cissampelos pareira；珠仔树（lodhra）：Symplocos racemosa（PDP）；长果胡椒（tejovatī）：Piper Chaba，即爪哇胡椒，CŚ训为ibhapippalī；小豆蔻（elā）：Elettaria cardamomum（PDP），又叫绿豆蔻；甜瓜（vāluka）：Cucumis Utilissimus，梵文中又作ervāru、karkaṭa（PDP）；蜜甘草（madhuka）：Glycyrrhiza glabra（PDP），中国人称之为洋甘草；虎尾兰（madhurasā）：Sansevieria Roxburghiana，西人称之为"弓弦麻"（bowstring hemp）；黄藤（dāruharidrā）：Coscinium fenestratum（PDP），西人称之为"树姜黄"（tree turmeric）。

③ 即：制作这两种酒，就用这个专门的配方来发酵，而无需普通的酒酵（上文第26句）。

④ 刺果苏木（kaṭaśarkarā）：Caesalpinia bonduc/Guilandina bonduc（PDP），又作latākarañja或kuberākṣa（PDP），这里可能是指用它的果实。

⑤ CŚ说，这是指弥多迦酒与波罗娑讷酒两者。

⑥ 紫花丹（citraka）：Plumbago indica，梵文中又作dahana，CŚ训之为agni，而两者皆与火相关，大概是因为其花为紫红色之故。黄榄仁（vilaṅga）：CŚ训之为amoghā，即Terminalia Citrina。大南苏（gajapippalī）：Scindapsus officinalis，云南人称之为"金竹标"。香附子（mustā）见2.17.12。

⑦ 坎格尔认为是将这种特酵的1/10作为"种子"（bīja）添加到阿娑婆酒的其他原料中去（见上文第19句），这个"种子"可能在发酵过程中有关键作用。

［31］波罗婆讷酒的配方即是“白酒”的［配方］。[①]［32］芒果酒，若果汁或“种子”［比例］增高〔或者，配以特酵〕，就成为“大酒”。[②]［33］刺果苏木烧成的灰，用大叶鹿角藤、莪术(2.12.9)、莲子草、匙羹藤、水黄皮、乳木树(2.1.3)所煎出的汁浸泡，再配上［刺果苏木灰］一半量的珠仔树［果］、紫花丹、黄榄仁、锡生藤、香附子、水梅籽、黄藤、蓝睡莲、莳萝、土牛膝、糖胶树、苦楝子(2.15.39)、牛角瓜［制成的糊］。[③] 一小把[④]［这样的制剂］，可使得上面所说各种酒的1坛变得清澈，从而适合国王饮用。[⑤]［34］在这样的酒里[⑥]，应再加5秸糖浆

① 即：波罗婆讷酒的配方和“白酒”（śvetasurā，“白酒”为字面意思，不提示它与中国的白酒与西人的白葡萄酒有任何相似）的原料一样，但仅仅只是原料（见上文第18句），而两者的发酵过程可能不同：前者的“特酵”（sambhāra）在上文第27句中已经介绍了，而后者可能是用普通的酒酵（CŚ，普通酒酵的构成见上文第26句）。

② 坎格尔认为芒果酒（sahakārasurā）是用芒果汁酿制的酒。那么，芒果酒制造法通过一些改进，就能成为“大酒”（mahāsurā，音“摩诃苏罗”）：芒果汁或“种子”（见上文第29—30句）任意一种增加比例；或者，直接加入“特酵”（见上文第29句）。另外从第29—30句可知，“种子”和特酵的区别仅仅是量上的。

③ 本句中出现的植物：莲子草（pattūra）：Alternanthera sessilis，俗称“满天星”；水黄皮（karañja）：Pongamia pinnata（PDP）；水梅（kaliṅgayava）：kaliṅga拉丁学名为Wrightia antidysenterica，中国称“锡兰水梅”（CFH），可能因为它的花似雪片，西人谓之“雪片树”“冬莓树”，kaliṅgayava字面为“水梅大麦”，即水梅的种子（MW：kaliṅgabīja），亦即水梅籽；莳萝（śatapuṣpā）：Anethum Sowa，字面上是“百朵花”，可能是因为一株莳萝上开很多小花；土牛膝（apāmārga）：Achyranthes aspera，或称“牛膝”；糖胶树（saptaparṇa）：Alstonia scholaris，字面上是“七叶的”，这是因为糖胶一枝上一般有七片叶子；牛角瓜（āsphota）：同arka（参见Ak 2.4.257），即牛角瓜（Calotropis Gigantea）。

④ 原文antarnakho muṣṭiḥ：“看不见指甲的一把”，就是一小把。当抓大把的时候，指甲就留在外面了。

⑤ 1坛（kumbha）不是一坛子，而是一个容量单位坛（参见2.19.29-32）；另外，一小把的这种制剂能使很多酒清澈得足以让国王饮用，主要是说这种制剂的澄清效果好。

⑥ 在这样的酒里（atra）：指任何用上述方法澄清过的1坛酒里。

增加甜味。

[35]家主们允许在各种仪式(2.21.18)中制作“白酒”，或[制作]药用目的的“不伤”酒。

[36]在节庆、集会、游行[的场合]，应发放[制作和贩卖]酒的许可。[37]在这些天内，他应向那些未被允许[制作和贩卖]酒的人按日收取处分，直到节庆结束。

[38]妇人与孩童应收集酒与酒酵[的原料]。

[39][出售]非国王[控制的]货物者，应缴5%的市易税；另外，至于[普通]酒[1]、弥弥多迦酒、“不伤”酒、波罗娑讷酒、葡萄酒、酸果汁、酸酒：

[40]在知悉了每日的销售以及在度量和钱款上的补缺捐之后，他应厘定补足捐[2]，并让诸事正常运行。

——以上是第二篇“督官职守”第二十五章“酒官”。

① 这里的“普通酒”也是surā，在本章中，广义上，surā泛指所有酒，狭义上，它只指第16句中六种酒之外的酒。在制作方面，它可能比这六种酒要简单。

② 上面所说酒类是由一般商贩经营的酒类（非国王控制的生产和销售），这些酒商除了缴市易税之外，他们还应缴补缺捐和补足捐。在补缺捐方面，酒官应从酒商们每日的销售量（度量；māna）和销售额（钱款；hiraṇya）中算出来。其中，度量上的补缺捐为6.25%（1/16，参见2.16.10），钱款上的补缺捐为5%（参见2.12.26）。补足捐是私营商贩对国王允许私人打破国家垄断的一种补偿性收费，它按照销售量走：私营商贩卖了多少，那么国王就少卖了多少，国王就会损失一些赚头，这是私营商贩应该补偿的数量（参见2.12.31）。

第二十六章

第43目：屠宰官

[1]生活在无畏林中，规定不得被危害的鹿类、牲畜、鸟类和鱼类，若有人套捕、杀死、伤害之，屠宰官应对此人处高等罚[1]；若是在家主们的无畏林或圈囿中[有此类行为]，处中等罚。[2]

[2]若套捕、杀死和伤害不兴杀的[3]鱼类和鸟类者，他应课以26.75波那的处分；若是[不兴杀的]鹿类和牲畜，则罚2倍。[3]对于那些不在圈囿中且兴杀害的动物，他应收取1/6的[份税]；鱼类和鸟类再加收1/10；鹿类与牲畜，再加征市易税(2.22.7)。

① 无畏林(abhayavana)：显然这是一种保护动物的林地，类似现代的自然保护区。

② kuṭumbinām abhayavanaparigraheṣu madhyamam：各注家和译家均将这句话理解为"若家主在无畏林或圈囿中有此类(套捕、杀死、伤害)行为，处中等罚"，坎格尔说，这是因为家主捕杀野物，只为自己用，而非贩卖，但实际上，没人能保证家主一定只为自己用，而非贩卖，也不能保证非家主捕杀野物一定是为贩卖。奥利维勒虽疑坎格尔无稽，但又奇外出奇，认为这些动物可能是到了家主的产业上去而被家主捕杀，因此情有可原，只判中等罚。如果认定家主就是犯过和被判罚的对象，那这句话就成了死句。笔者认为，家主们的(kuṭumbinām)在这里是限定"无畏林"和"圈囿"两词，而非去做捕杀之事的人。家主们完全可以有自己的"无畏林"和喂养牲畜的"圈囿"(参见2.6.6)。因此，有理由认为，头一句中的"无畏林"是国王主持的，而后面的"无畏林"和"圈囿"则是家主们私人的：任何人在国王的无畏林中捕杀动物，处高等罚，而在家主们的无畏林和圈囿中捕杀，处中等罚。这样理解的话，整句话就完全通畅了。

③ 不兴杀的(apravṛttavadha)：CŚ解释说，长久以来就一直被施行杀害的动物，为兴杀的动物，反之，则为不兴杀的动物。显然这"兴"与"不兴"，实际就是指和传统与习俗相符或相悖，这和中国一样。

［4］对于鸟类和鹿类中还活着的那些，他应将1/6放生在无畏林中。

［5］海里——或湖里、河里、池塘里、沟渠里出的——那些像象、马、人、公牛、驴的鱼；赤颈鹤(1.20.6)、鱼鹰、水鸡、天鹅、赤嘴鸭、共命鸟(1.20.8)、叉尾伯劳、石鸡、发情的布谷、孔雀、鹦鹉和“相思”鹩这类或可赏玩或是祥瑞的［鸟类］①；还有其他鸟类和鹿类的生灵，都应被保护起来，以避免伤害和危险。［6］若有违越此保护［规条］的情形，处强盗罪初等罚。

［7］［肉贩们］应出售新屠宰的、剔去骨头的鹿类和牲畜肉。［8］对含有骨头的肉，他们应予以相应补偿②。［9］若有缺称情形，罚短缺量的8倍。

［10］它们中③，牛犊、公牛和奶牛不可杀；［11］杀者罚50波那；虐待它们致死者，亦［同此罚］。

［12］［肉贩们］不得出售发胀的，无头、足、骨的，发臭的，还

① 这一分句中的鸟类：鱼鹰（utkrośaka）：CŚ训为kurara，即鱼鹰；水鸡（dātyūha）：CŚ训为kālakaṇṭhaka，与《长生词库》一致（参见Ak 2.4.483），这是一类被称为水鸡或秧鸡的水鸟（英文gallinule，孟加拉语中至今保留此词：দাত্যূহ）；赤嘴鸭（cakravāka）：Anas Casarca，字面为“轮语”，又作cakra（“轮”，大概是因为它鸣叫的节奏，它也叫赤嘴麻鸭。汉译佛经中或作“鸳鸯”，有误）；石鸡（cakora）：Alectoris chukar，也是现巴基斯坦的国鸟；发情的布谷（mattakokila）：各译家都将它当成某种特殊的布谷（kokila），实际这里matta（发情的）仅仅是一个形容词，《罗摩衍那》常提到“发情的布谷”（mattakokila）和“发情的伯劳”（mattabhṛṅgarāja，参见*Rāmāyaṇa* 4.1.15；5.12.7-8）；“相思”鹩（madanaśārikā）：不详，madana为爱意或相思，śārikā为鹩（或鹩哥儿），译其字面意思。

② 相应补偿（pratipāta，另参见5.2.12）是与骨头重量相当的肉（CŚ；坎格尔），它应该是赔付给买家的。

③ 它们中（eṣām）：指上文第7句中的“鹿类与牲畜”。

有自己死掉的[动物的]肉；[13]否则，处 12 波那罚金。

[14]对于在无畏林中活动[却又]为害[其他兽类的]牲畜、鹿类、猛兽和鱼类，应将其在保护地外的、别的地方[1]杀死或套捕。

——以上是第二篇“督官职守”第二十六章“屠宰官”。

第二十七章

第 44 目：女间官

[1]女间官应用 1000 波那去令人安置这样一个妓女[2]：出身娼妓之家〔或非出身娼妓之家〕；美貌、年轻、有才艺[3]。他应另以[上

① 原文 anyatra guptisthānebhyo：guptisthāna 为“保护地”，实际就是前文所谓“无畏林”（abhayavana），为叶韵的原因而使用前者（古印度韵文，其韵在长短音节上，这里用 guptisthāna 代替 abhayavana，好比中国近体诗句的内调平仄，有时候用“赵都”代替“邯郸”，而其实说的都是一个事物）。CŚ 说，这是将这类有害的动物“集中”（samāgata）于无畏林之外的某地进行处理。

② 妓女（gaṇikā）：主要指较高级的妓女。《利论》中，指妓女这一类人的大概有四个词：gaṇikā、veśyā、rūpājīvā、puṃścalī。第一种为高级妓女（或廷妓），为女间官（背后是国王）控制，有专门的训练，服侍对象等级较高（甚至包括国王，参见 1.20.20）。后三种为普通娼妓，她们可能不像 gaṇikā 那样有才艺上的训练，只是“靠美貌过活”（rūpājīvā 的本意）。详细情形参见 Sternbach 1951 及 Bhattacharji 1987。在本章中，笔者为区别两者，将前者译为“妓”或“妓女”，后者译为“娼”或“娼女”。

③ 参见下文第 28 句。另外，犊子氏（Vātsyāyana）《欲经》罗列了“六十四艺”（catuḥṣaṣṭir aṅgavidyās），参见 Ks 1.3.15。

述妓女]置馆[①]花费的一半安置一个侧妓[②]。

[2]妓女若出走或故去，应由她女儿或姐妹经营她的妓馆；或者，该妓女的母亲应另择一名侧妓。[3]若这些都没有，国王可接管之。

[4]按照妓女在美貌与装扮上增进[秩级]，他应以1000波那[起的工酬]将[妓女]定为低、中、高[三个服侍]秩次，以区分擎侍伞盖、侍瓮、侍风扇、侍轿、侍坐和侍舆[这类事情]。[③][5]若[妓女]美貌不再，他应将其定为姆妈[④]。

[6]一个妓女的赎金为24000波那；妓女儿子的赎金为12000波那。[7]妓女的儿子，自八岁起，就应为国王做伶工之事。

[8]身为奴婢的妓女[⑤]，若不能再以色侍人，应在储库或膳房当

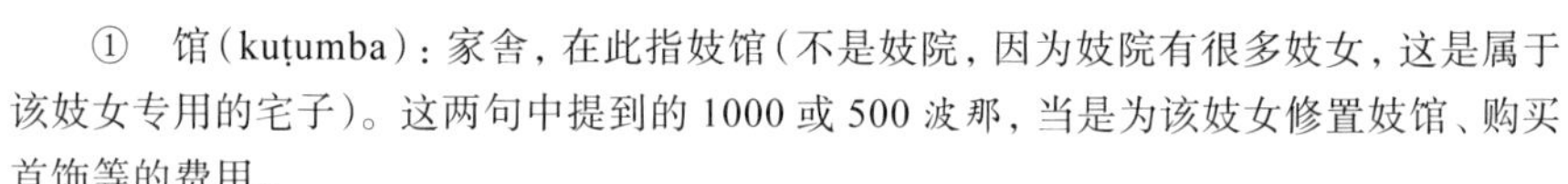

① 馆(kuṭumba)：家舍，在此指妓馆(不是妓院，因为妓院有很多妓女，这是属于该妓女专用的宅子)。这两句中提到的1000或500波那，当是为该妓女修置妓馆、购买首饰等的费用。

② 侧妓(pratigaṇikā)：字面为“对妓”，即预备的、后备的妓女。

③ 这一段话说的实际就是2.23.2中所说的“王婢”(rājadāsī)，她们既是廷妓，又侍奉国王的起居(参见2.23.2注释及Leucci 2008)。在各注家和译家中，有争议的是关于钱的问题(对于这三个等级的廷妓来说，1000波那是工酬上限还是下限)。笔者根据CŚ的解释，将其理解为下限，即：最低级别的廷妓会有1000波那(一年)，中等有2000波那，高等有3000波那，这一点，似乎也可以通过句首“按照妓女在美貌与装扮上的增进秩级”(saubhāgyālaṃkāravṛddhyā)这一短语可看出来。秩次(vāra)：轮流、轮次、依次(比如，表示妓女的词还有vārastrī与vārakanyakā)。另外，这些职事中，低、中、高具体都是哪些则不可考。CŚ说擎侍伞盖、侍瓮为低等，侍风扇与侍轿为中等，剩余的为高等，可能只是猜测。

④ 姆妈(mātṛkā)：母亲。她有可能是某个妓女生理上的母亲(第一句中提到过“娼妓之家”)，也可能不是。因此，总的来说，这仅仅是一个称谓，和母亲没有必然关系，故译为“姆妈”(不应想当然地认为她是鸨母)。

⑤ 身为奴婢的妓女(gaṇikādāsī)：这个复合词既可以理解为“妓女的女婢”(CŚ；坎格尔)，也可以理解为“身为女奴的妓女”(迈耶；奥利维勒)。实际上，这里说的还是

差。[9] 不去当差者应被禁足，并且每月缴付 1.25 波那的工酬[①]。

[10] 他应记录下妓女所得到的酬资、馈赠、收入、支出和利市[②]，并禁止她过多支出的行为。

[11] 妓女若将饰物交存在姆妈之外的人那里，罚 4.25 波那；[12] 若她出售或抵押她的财物，罚 50.25 波那。[③] [若对他人] 口头侵犯，罚 24 波那；若有身体侵犯，罚此数的 2 倍；若有断耳情形，罚 50.25 波那，再加 1.5 波那。[④]

[13] 或者，若强暴不从的童女[⑤]，处高等罚；若 [系她自己] 情

2.23.2 与本章第 4 句中提到的“王婢”，既然“王婢”是妓女的一种（Leucci 2008），那么，这里的 gaṇikādāsī 是指同一类人无疑，因而迈耶是正确的。这类人既作为廷妓在宫中服务，又侍奉国王起居，但年老之后就要自食其力，比如 2.23.2 提到做织娘，这里则提到去储库与膳房当差。

① 这个“工酬”是这位不愿意去做事的妓女支付给替自己在储库或膳房当差的人的工钱（坎格尔）。

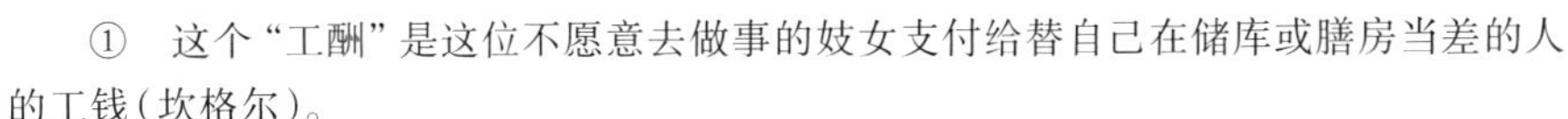

② 酬资（bhoga）：字面为“享用 [费]”，即嫖资，中国所谓“缠头”或“花酒钱”；收入（āya）：“酬资以外的收入”（CŚ）；利市（āyati）：这一词在《利论》中通常指利润，在这里或许是指妓女向客人推销妓馆内货物所赚得的钱。

③ 第 11—12 句：第 11 句中的饰物（ābharaṇa）与第 12 句中她的财物（svāpateya）都并非她自己的私财，而是女闾官为她置家的时候给她添置（参本章第 1、2 句）并归她使用的饰物与财物，并非真正归她所有，关于这一点，参见 Sternbach 1951。

④ 这三种过失都是针对妓女对服务对象的行为。关于口头侵犯（vākyapāruṣya）与身体侵犯（daṇḍapāruṣya）分别参见 3.18 与 3.19 两章。关于断耳（karṇacchedana），奥利维勒推测说这可能是指行房时候的某些狂暴动作导致耳朵断破（比如拉扯耳饰），否则故意断人耳（无论是妓女对狎客还是相反），罚金不至于如此之低。

⑤ 原文为 akāmāyāḥ kumāryā vā sāhase：坎格尔译文作“强暴不从的童女……”（对象仅仅是童女），奥利维勒批评坎格尔在译文中擅自省略了“或者”（vā），因而将 akāmāyāḥ kumāryā vā 理解为“不从的女子或童女”，将对象理解为两种。坎格尔译文省略了“或者”，确实不准确，但坎格尔的意思却没有错。因为这里说“或者”，不是强调 akāmāyāḥ（不从的、不愿意的）与 kumāryā（童女）的或然关系，而是引入新的话题：上面一句中说的是妓女犯错情形，而这里将会解说狎客犯错的情形，所以要用 vā 区分。

愿，处初等罚。[14]禁系[①]不从的妓女者，助其逃走者，令其受伤以致破相者，罚1000波那。[15]或者，根据[当时妓女]地位的差别增加罚金，直至其赎金的2倍。[16]杀死已经获得差使的[②]妓女者，处赎金3倍的罚金。[17]杀死姆妈、女儿、妓婢者[③]，处高等罚。

[18][以上]所有情形中，是对首犯的初次[处罚]；若再犯，处罚为2倍；若三犯，处罚为3倍；若四犯，[女闾官]可随意处置之。

[19]妓女若不去服侍国王令[其服侍]的人，鞭1000或罚5000波那。

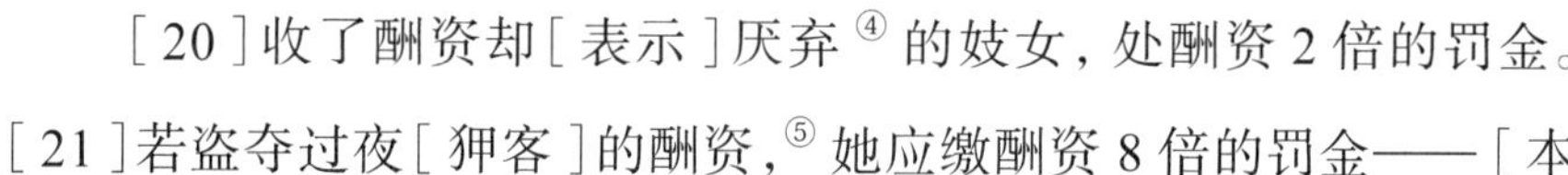

[20]收了酬资却[表示]厌弃[④]的妓女，处酬资2倍的罚金。[21]若盗夺过夜[狎客]的酬资，[⑤]她应缴酬资8倍的罚金——[本

这一点也是注家所支持的（比如CŚ说：“‘vā’表示话题的变换”）。因此，akāmāyāḥ kumāryā本身是一体的，指“不从的童女”（关于这点，另可参见4.12中相关规则），而不是两个对象。“童女”一般是指妓女生的女儿。

① 禁系（√rudh）是指狎客将妓女拘禁在家里，供自己一人享用。

② 已经获得差使的（prāptādhikāra）：已经获得任命的。CŚ认为是指上面第4句中所说的那些侍奉国王的差使；坎格尔则认为但凡开始接待狎客的妓女都算；奥利维勒则不确定，在译文中用“取得高级位秩的妓女”作为折中。笔者倾向于CŚ的说法。

③ “姆妈”与“女儿”：两者都是指辈分，以妓馆中正当年的妓女为准，“姆妈”为年老色衰的上辈，“女儿”则为尚未成年的下一辈。妓婢（rūpadāsī）：本意为有姿色的奴婢，有学者认为，她可能是指比妓馆中妓女（gaṇikā）低并侍奉她们的妓女（她本身为妓，又是高等妓女的奴婢或女伴）（参见Sternbach 1951），因此笔者将其译为“妓婢”。

④ 厌弃（dviṣatī）：“不取悦付钱的男子”（CŚ）、“拒绝侍候”（坎格尔）。

⑤ 若盗取过夜狎客的酬资（vasatibhogāpahāre）：vasatibhoga为嫖宿（因此坎格尔猜测一般的狎客可能只是去听歌赏舞，而留宿才涉及性交易），apahāra为侵夺、盗取。之所以这么说，是指妓女收了酬资却用欺诳之类的手段拖延时间而不服侍客人，性质与盗夺无异（CŚ）。

人]有恙，或[对方]男子有过的情形除外①。[22]杀死狎客的妓女，或于焚尸堆上烧[死]，或溺水[死]。

[23]侵夺妓女饰物、财物或酬资②的狎客，处[涉事]数目8倍的罚金。

[24]妓女应向[女闾官]通报[所得]酬资、利市以及狎客[的信息]。

[25]为妻拉客之人③——如优人、舞者、歌人、乐工、颂唱人、伶工、走索人、说戏人④、吟游者——的妻子、有秘密收入的(4.4)妇人。——[涉及这些女人的规则]可由此说明。⑤[26]他们的乐器如来自外国，每场演出应缴5波那。

[27]娼女⑥每月应[向女闾官]缴本人酬资的2倍。⑦

[28]他应通过国王的圈子⑧养活那些向妓女、妓婢和演艺为生

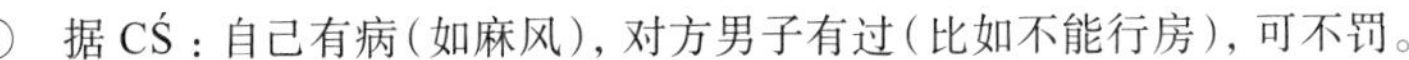

① 据CŚ：自己有病（如麻风），对方男子有过（比如不能行房），可不罚。

② 前面提到妓女盗夺酬资是收酬资却不服务，那么，这里所谓“侵夺酬资”，是指狎客得到服务却拒付酬资。

③ 为妻拉客之人（strīvyavahārin）：strī既泛指妇女，又特指妻室，因此该复合词既可以理解为“从事涉及女人的交易的人”（坎格尔），也可以是“替妻子拉客的人”（奥利维勒），笔者倾向于后者，因为这类人因行业与资源的关系，不太可能真正做性服务行业的老板，而只能替自己的妻子拉皮条（印度人可娶多个妻，且名分上无妻妾之分）。同时，在11.1.42中提到的“阿底提憍式迦这类人的妻室”，她们与歌舞伎没什么分别。替妻室拉皮条，在印度似乎并不少见。

④ 说戏人（śaubhika）：一类用各种道具（比如影子——CP）讲故事的艺人，他们在印度戏剧史上有一席之地（详情参见Lüders 1916；Konow 1920, 44-46）。

⑤ 可见，从事性服务行业的私人，和国王控制下的妓女一样，都受到女闾官同样的控制。

⑥ 娼女（rūpājīvā）：“以美貌为生者”，即普通妓女。另参见本章第1句注释。

⑦ 即：每次接客所得的2倍（奥利维勒）。

⑧ 国王的圈子（rājamaṇḍala）：这里的“圈子”和现代中西方所说的圈子是一个意

的女子教授以下才艺的[师傅们]:演唱、吹奏、记诵、舞蹈、演剧、书写、绘画、七弦琴、笛、鼓、他心通、制作香花①、交谈、搓按和房中术。

[29][师傅们]应将妓女的儿子们训练为那些以演艺为生的人和所有舞者的头领。

[30]这些人的②那些通晓各种暗号和语言的妻子们,应在[她们]自己亲属③的带领下,被用于[对付]各式奸人:以便[从他们那里刺探]消息、杀死[他们]、[令他们]疏忽。④

——以上是第二篇"督官职守"第二十七章"女闾官"。

思,指凭借某些因素形成的成员较为固定的社交团体,在这里指国王的眷属、廷臣、近侍等人。坎格尔认为这不可能指国王的圈子,而是指"国王的钱袋",有误。rājamaṇḍala在其他古书中有类似用法(参见*Mārkaṇḍeyapurāṇa* 124.9, 125.23)。妓女们服务的对象正是这些人,他们共同承担这些优伶的训练开支,亦属正常。

① 他心通(paracitta):即所谓读心术;制作香花(gandhamālyasamyūhana)中的"香花"指香料(gandha)与花环或花鬘(mālya),而不是"香的花"(汉语佛典中经常有所谓"香花供养",普通读者易理解为带香味的花)。

② 这些人的(teṣām):即上句中提到的作为优伶头领的妓女儿子。

③ 亲属(bandhu):这些妻子们的亲属,显然是指她们的丈夫,仍然是指作为妓女的儿子。

④ 奥利维勒觉得这一颂可能有其他来源,是检讨太过。这句话意思虽然乍看起来突兀,但像第19句中国王令妓女服侍他人,第24句要求妓女通报狎客的个人信息这类行为,明显配合着本颂的立意。而且再从总体上来说,第二篇中谈到的虽然都属于十分专业的领域(多是经济上的),但作者一般地仍然会抓住机会给予国王以策略性教诲(如2.16.18-24;2.25.12-15)。

第二十八章

第 45 目：市舶官

[1]市舶官应在郡会$_{(2.1.4)}$等处监察海运和江河口岸的运输活动，并[监察]天然湖、人工湖和江河上的渡运活动。

[2]沿这些[水域]的滨和岸[而居]的村落居民，应缴纳定捐$_{(2.6.10)}$。

[3]渔民们应缴所得的 1/6 作为船租。

[4]商人们应缴商埠当地通行份额的市易税；乘国王船舶往来者，[应缴]乘运费。

[5]采捕螺贝和珍珠者，应缴船租；或者，他们可用自己的船舶出航。[6][有关]他们的督官，由"开采官"[①][一章]可知。

[7]市舶官应捍卫由商埠长官所记录[颁发]的商埠习俗。[②]

[8]他应如父亲一般地救护迷航和被飓风袭击的船只。[9]对于落水的货物，他应免市易税，或仅收取一半的市易税。[10]另外，对那些已经被安排了任务的船只，他应在适合从该商埠出航的时间遣发之。

---

① 参见 2.12.27。"开采官"（Khanyadhyakṣa）是矿督（Ākarādhyakṣa）的属僚。奥利维勒认为第十二章中关于开采官只有一句话，可能是丢失了一些文本。

② 商埠习俗（paṇyapattanacāritra）是长久以来形成的，不可能是商埠长官（Pattanādhyakṣa）制定的，而是他如实记录（nibandha/ni-√bandh）下来再颁发。而且可以想见，这主要针对外地（国）人。

[11]他应向来到本国国土内的海航船只索取市易税。[12]对于为害[水域]的[①]、从敌境来的、破坏商埠习俗的船只，他应摧毁之。

[13][市舶官]应使用由船长、舵工、掌锚工[②]、戽水工所操纵的大船在冬夏均可航行的大河上[出航]，用小船在雨季才有水流的小河上[出航]。[14]它们[③]应有固定的渡口，以免行国王所憎之事的人$_{(4.10.13)}$渡河。

[15]于非[通行]时间渡河者，还有从非渡口处渡河者，处初等罚。[16]而且，未得到准许而于[通行]时间从渡口渡河者，处分为26.75波那。[17]渔民，搬运木材和草的人，花园、果园和菜地的看守，还有牧牛人；能被认出来的使节[及其]随从，从事军用物品的人。——以上人若用自己的渡具渡河，则无处分。同时，渡运种子、口粮和家用器具的沿岸村落民，亦无处分。

[18]婆罗门、出家人$_{(1.11.6)}$、孩童、老人、病人、持有国王文书者、孕妇应凭市舶官的符印渡河。

① 为害水域的（hiṃsrikā）：显然，这是指海盗船之类（CŚ）。

② 掌锚工（dātrarāśmigrāhaka）："持刀者（dātragrāhaka）和掌绳者（raśmigrāhaka）"（CŚ）；"抛锚人"（迈耶）；"掌管刀与绳的人"（坎格尔；奥利维勒）。dātra为弯刀，raśmi为绳，因此迈耶在注释中认为这个"弯刀绳"或"钩绳"（Krummmesserseil/Hakenseil）就是锚。坎格尔觉得这并不令人信服，奥利维勒虽然译文从坎格尔，但认为迈耶说深可赞许。实际上，《长生词库》中，dātra表示套绳的tjr犁铧（参见Ak 2.8.1198），而一般船的锚与犁铧的外形极为接近（尤其两者的弯头），因此，迈耶将dātrarāśmi解释为锚，十分得当。而且，极可能是因为锚特别像套绳多的犁铧，故而得名dātra（弯刀、犁铧）。

③ 指上文的各种大小水道。

［19］外国人应有入境许可或商队的证明方可进入。［20］拐走他人妻室、女儿或财产者；受惊吓的人、手足无措的人、顶着包裹的人①；用顶在头上的大包裹遮住［脸］的人②；新著标记③的，或未有标记的出家人；有隐疾的人；因害怕导致形貌改变的人；秘密携带贵重器物、国王文书、兵器和燃剂(13.4.19-21)的人；手持毒药的人；行远路的人；无符印的人。——他应令人将这类人收捕。

［21］小牲畜、负物的人应缴1豆(2.12.24)钱；头、背负物者、牛马，缴2豆钱；骆驼、水牛，缴4豆钱；轻便车具，缴5豆钱；牛拉车缴6豆钱；大车缴7豆钱；1担(2.9.19)货物缴1/4［波那］。［22］1担器物④［所应缴］费可由此说明。［23］大河上的渡运费为［上述］2倍。

［24］沿水域的村落居民应缴定量的口粮和工酬。

［25］在边地，渡工们应收取市易税、护送费和过路费；对无符印而出境者，收缴此人［所携带］物事；带过大包裹渡河者，于非［通行］时间渡河者，还有从非渡口处渡河者，亦同。

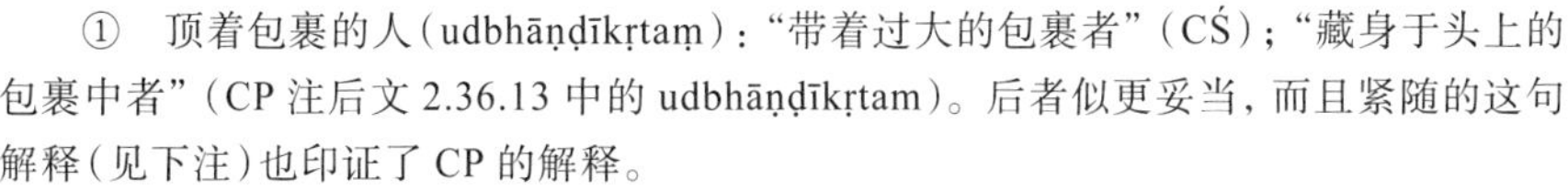

① 顶着包裹的人（udbhāṇḍīkṛtaṃ）："带着过大的包裹者"（CŚ）；"藏身于头上的包裹中者"（CP注后文2.36.13中的udbhāṇḍīkṛtam）。后者似更妥当，而且紧随的这句解释（见下注）也印证了CP的解释。

② 原文为：mahābhāṇḍena mūrdhni bhāreṇāvacchādayantaṃ，这句话显然是窜入正文的批注，用来解释前面"顶着包裹的人"（udbhāṇḍīkṛtaṃ）。而且，在2.36.13中，同样罗列了这些人，也包括"顶着包裹的人"（udbhāṇḍīkṛtam），但后面没有跟这一句。

③ 标记（liṅga）：指区分出家人的特殊记号，如佛教徒的黄袈裟（kaṣāyavastra）与禅杖（daṇḍa）。

④ 1担器物（bhāṇḍabhāra）与上一句中1担货物（paṇyabhāra）收费是一样的。不过作者在此区分了bhāṇḍa与paṇya，坎格尔认为前者是指普通用途的物事，后者则有商业目的。

［26］一艘缺乏人手和工具或失修的船，若遭难，市舶官应赔偿[①]丢失和毁坏的［东西］。

［27］渡航应在箕月望日后第八天与昴月望日后第八天之间［进行］；事吏应缴纳保证［金］，并呈交日常的收入。[②]

——以上是第二篇“督官职守”第二十八章“市舶官”。

第二十九章

第46目：牛监

［1］对于牛，农产官应了解［以下事项］：以薪酬换取照管；赋予抵赋；废牛与弃牛；凭份税入群；牛群中牛的总数；丢失的牛；毁失的牛；乳与酥油的总计。[③]

① 此处各本作 abhyābhavet，坎格尔认为这个词一般指“可优先……”（如 3.9.1），因此在 KA 中据 CŚ 本将其“改进”为作 abhyāvahet，表示“为……负责”或“赔偿”（其他另有多处：2.29.14；3.12.2；3.12.4-5；3.12.19-20；3.12.23；4.1.6；4.13.23）。但实际上，这一“改进”经证明并无必要，因为 abhyābhavet 同样有“对……负责”的意思（奥利维勒）。另外，这些摆渡的船是官营的，市舶官对这类问题要事先准备，否则负全责。

② 第八天（saptāhavṛttām）：字面为“过了七天”。事吏（kārmika）：这类官员是在督官（adhyakṣa）下面办事的官吏，受督官节制（参见 2.7.22）。事吏要收取渡资并呈交市舶官，所以坎格尔认为，他们需要缴保证金（pratyaya），是为了保证其清白（其实相当于押金）。

③ 这些事项都是国王的牛监官需要知晓的，对于中国读者来说，有的看起来可能怪异，下面作者会逐一解释。

［2］牛倌、水牛倌[①]、挤奶工、搅工以及猎户每人可看管100头奶牛，以支取薪酬。［3］因为，若以奶和酥油为酬，他们会伤害牛犊。——这是以薪酬换取照管。[②]

［4］一人可看管100头牛［的牛群］，其中包括数量平均的老牛、奶牛、有孕的牝牛、首次产犊的牝牛、幼牝牛。[③]［5］此人每年应为每头牛上缴8孟酥油、1波那钱以及带印记的牛皮。[④]——这是赋与抵赋。[⑤]

［6］一人看管100头牛［的牛群］，其中包括数量平均的病牛、残疾的牛、不许他人挤奶的牛、难以挤奶的牛、克犊的牛[⑥]；此人应

① 水牛倌（piṇḍāraka）：照管水牛的人（CŚ）。另外，据坎格尔，这一词来自当时的方言 peḍḍā（水牛）。

② 一般来说，东家对于照顾牛的人，或是分奶与酥油，或是支付现金。如果给他们奶与酥油（通常是份额），他们可能会伤害牛犊。原因是这些人为了增加产奶量，可能会过度挤奶，导致牛犊无奶可喝（CŚ）。这条规则提醒牛监对这些人支付现金。所以牛监的这种经营方法叫薪酬换取照管（vetanopagrāhika）。

③ 即：上述各类牛各20头。

④ 1孟（vāraka）酥油为84合（kuḍuba），即21/16斛（droṇa），那么，8孟则为10.5斛，按照本章下文第35句，产这么多酥油需要牛乳168斛，约现在的840升（1斛≈5升）。分配到牛群中的20头奶牛，则每头奶牛产21升，这是2—3周的产奶量（坎格尔）。剩余的奶应该为照管者所得，迈耶认为这样上缴的份额显得太少（他认为应当是800孟而非8孟），但考虑到每人每年还要上缴100波那（奥利维勒说这是一笔大钱），这似乎是一个双方都有利可图的约定。带印记的牛皮（puccham aṅkacarma）：指国王的牛（带有国王的符印）死后，此人应把牛皮上交（CŚ，另参见下文第25句）。

⑤ 赋与抵赋（karapratikara）：字面意思为“赋（kara）与抵赋（pratikara）”。有两种解释：（一）赋就是照管者上交给牛监（背后东家是国王）的8孟酥油和牛皮实物，而抵赋则为100波那（100头牛，每头1波那）现金；（二）赋为照管者上交的所有实物和现金，而抵赋则是照管者自己上交后所得到的收益。从情理上来说，两种都说得通。但如果仅仅站在牛监的角度，并从2.35.1中对“抵赋”一词的使用看，第一种更加可能：赋和抵赋（现金）是牛监自己所得的收益。

⑥ 克犊的牛（putraghnī）：字面意思为“杀牛犊的牛”，即习惯性流产的、生死牛犊的牛（CŚ）。

上缴与这些种类的牛相符的[①]份税。——这是废牛与弃牛。

[7][私人若]因害怕敌王或丛蛮，而让牲畜进[国王]牛群，应按保护的法[②]缴纳1/10的份税。——这是凭份税入群。

[8]幼犊、断奶的牛犊、待驯的牛、力牛和种牛[③]，这些是各种牡牛；拉着带轭的载具或大车[④]的水牛、种水牛、肉水牛和背肩负物的水牛，这些是各种牡水牛；幼牝牛、断奶牝牛、首次产犊的牝牛、有孕的牝牛、奶牛、未曾产仔的牝牛和不孕的牝牛，这些是各种牝牛和牝水牛；它们出生一两个月的[幼牛]，是增殖幼犊和幼牝牛。[⑤][9]他应给出生一两个月[幼牛]着印[⑥]。[10]他应给那些在[国王的]牛群中留了一两个月的牛着印。[11]他应如是这般地将增殖[的幼牛]记录下来：[它们的]印记、特征、颜色和双角之间的标记。[⑦]——这是牛群中牛的总数。

① 与这些种类的牛相符的（tajjātika）：根据这些种类（各种缺陷的牛），份税比率为前面所说的1/2或1/3（CŚ）。显然，照管这类废弃的牛，照管者上交的份税不能像正常牛那样多。

② 保护的法（pālanadharmeṇa）：这并非是"根据保护法"（坎格尔）或"根据提供保护的法"（奥利维勒），而是"根据保护（pālana）这种法（dharma）"，即保护的条件是有报酬的（CŚ：pālanasya savetanatvaniyamena）。这个复合词中的"法"（dharma）强调的是保护的有条件性（交钱接受保护，天经地义），非某种实定的规则或法律条文。

③ 幼犊（vatsa）：尚在哺乳期的小牛（CŚ）；力牛（vahin）："负重的"，即成年公牛（CŚ：voḍhṛ）。

④ 带轭的载具或大车（yugavāhanaśakaṭa）：前者一般为一头力畜拉动的小型载具，后者一般两头以上的力畜拉动的大车。

⑤ 它们（tāsām）：指上述牝牛与牝水牛；增殖（upajā）：增加。另参见2.6.22及注释。

⑥ 着印（aṅkayet）：烙印（CŚ）。

⑦ 印记（aṅka）：人为牛着的印（参见上文9, 10）；特征（cihna）：牛自己的生理特征；双角之间的标记（śṛṅga.antaraṃ ca lakṣaṇam）：两个月的小牛不会有角，因此这是泛指牛双角（将长出的）之间的部位，这里的颜色或毛发可能会有特殊之处（奥利维勒）。

［12］被贼盗去的牛、进入其他牛群的牛、消失的牛。——这是丢失的牛。［13］因落入泥淖、陷入险地、病、老、水、［误］食而死的牛；被树、河岸、木或石头击死的牛；因遭雷电、猛兽、蛇、鳄鱼或森林大火而死的牛。——这是毁失的牛。［14］他们[①]应赔偿因疏忽［造成的丢失和毁失］。

［15］他应如此这般地掌握牛的数量。

［16］亲自杀牛者、令人杀牛者、盗牛者和令人盗牛者，均应予处死。

［17］为他人的牛着国王的印记以调换［国王的］牛[②]者，每头牛处初等罚。

［18］被贼人盗走的牛，若牛尚在本国，领回者可得到约定头数的牛；［19］若牛在外国，则解救者可得到一半的牛。[③]

［20］牛倌们应照料幼牛、老牛和病牛。［21］他们应按季节在不同的野地[④]中放牧牛群；猎户和犬户(1.21.23)应先将［该野地的］盗匪、猛兽和敌害［这类］威胁解除。［22］另外，他应给胆小的牲畜套上铃铛，以便惊吓蛇和猛兽，了解草地上的动静。［23］他们应将

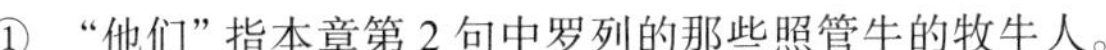

① “他们”指本章第2句中罗列的那些照管牛的牧牛人。

② 给劣等一些的牛着国王符印，换掉国王的牛（坎格尔）。

③ 第18—19句，仅就文意而言，亦可理解为：第18句将被贼人盗走的本国牛领回者，可得约定头数的牛；第19句为解救外国的牛者，可得一半的牛。如果是这样，第19句中的“解救”就应理解为从别国盗牛，或把外国人盗走的牛领回（坎格尔）。奥利维勒将这两句都看成是针对被盗的牛而订立的规则：被盗走的牛，如果在国内，那么按一定的比例（显然少于1/2）得到牛；如从国外领回来（解救），则得一半。此说最通，笔者从之。

④ 按季节在不同的野地（ṛtuvibhaktam araṇyaṃ）：“明白‘在某季节某地方水草丰茂’，那就在那里放牧”（CŚ）。坎格尔与奥利维勒译为“适合不同季节的区域”，假如不是误译，起码也有歧义（在各个季节都适合放牧的地方是极少的，它不能作为一个普遍的规则在这里引入）。

牛群带到滩又平又宽、没有泥淖和鳄鱼的水里，并[注意]保护它们。[24]他们应[向牛监]通报被盗贼、猛兽、蛇和鳄鱼掠走的牛，还有因病、老而死的牛，否则，他们应赔偿相应头数的牛的价值。

[25]对于因正常原因死亡的[1]牲畜：若是牛或水牛，他们应交还带符印的牛皮；若是山羊或绵羊，交还耳朵上的标记；若是马、驴或骆驼，应交还尾巴与带印记的皮。而且，他们应上交所有动物的毛、皮、膀胱、胆、筋腱、牙齿、蹄、角、骨。[26]他们可以卖掉肉，无论是鲜肉还是干肉。

[27]他们应给狗和猪喂加水的酪乳[2]；[28]他们应上交凝固的酸奶作军粮。[29]乳浆[3]则可用于濡湿榨具上出来的油渣饼。

[30]卖牲畜者，[每卖一头]应[向牛监]缴纳1/4[波那]。

[31]在雨季、秋季和冬季，他们应挤两次奶；在霜季、春季和夏季，他们应挤一次奶，[32]挤第二次者，斩去拇指。[33]听任挤奶时机错过者，处与损失相等的罚金。[34][错过]穿鼻绳、驯服、套枷、[学习]绕圈时机的情形，[处罚]可由此说明。[4]

[35]1斛牛奶可制1薮酥油；水牛奶多1/5；山羊或绵羊奶多1/2。[36]或者，对所有[种奶]来说，搅乳是关键。[5][37]因为，地、

① 因正常原因死亡的(kāraṇamṛta)："因病、老而死的"(CŚ)；"无值得怀疑的死因的"(坎格尔)，即因可谅解的原因而死的。

② 加水的酪乳(udśvit)：又作takra(Ak 2.8.1280；CŚ)。另，关于这种酪乳，参见Mn 8.326；Yājñ 3.37。蒋忠新(2007, 168)译为"脱脂牛奶"，实际这应当是加水的脱脂奶(水占1/4)。奥利维勒认为不可能给猪和狗喂这种较为珍贵的食物，这里所说的酪乳，可能只是制酸奶的副产品。

③ 乳浆(kilāṭa)：即酸奶凝固后剩下的水。用这个和湿油渣饼显然是用作饲料。

④ 即：错过做这些事情的时机者，处与损失相等的罚金。在这里，损失是指耽误牛服役的天数。绕圈(vartana)：指打谷场脱粒(参见2.24.33及注释)或拉磨之类。

⑤ 原文为mantho vā sarveṣāṃ pramāṇam：或者，对于所有奶来说，搅乳本身是

草和水的殊胜会导致乳与酥油[产量]的增长。

[38]令牛群中的某头公牛将另一头公牛打翻在地者[①],处初等罚;令[某公牛将另一公牛]打死者,处高等罚。

[39]按照牛的种类[②][将牛群]分作每组10头,[分别]看护。[40]歇留地的安排应由[以下因素]决定:牛行动的[便利]、牛的能力、人所能[提供的]保护。[③]

[41]每六个月,他应令人收取山羊等的毛。

[42]马群、驴群、驼群和猪群[的规则]可由此说明。

[43]穿了鼻绳、步子赶得上一匹驯马的力牛,它的配食为:青草1/2担、2倍[于此]的干草、榨具上出来的油渣饼1秤、10升碎米、5秸岩盐、1合鼻油[④]、1薮饮用油、1秤肉、1升酸奶、1斛大麦或绿豆粥;1斛乳或半升酒、1薮荤油、10秸糖和1秸姜作为伴浆。[⑤][44]骡、奶牛和驴的配食减1/4;水牛和驼的配食为2倍。

标准(pramāṇa)。即:搅乳本身"具有决定性"(CŚ:pramāṇaṃ niścāyakam)。

① 令……打翻在地(avapātayataḥ):奥利维勒指出两种可能:(一)故意令两牛相斗;(二)因疏忽而听任两牛相斗。他认为后者更可能。但考虑到初等罚(48—96波那)和后文高等罚(500—1000波那)的严重性,很可能是第一种情形。

② 按照……种类(varnāvarodhena):CŚ认为是"根据……颜色",似乎不太可能。在本章第4、6、8句中,分别列出了各种分类的方法,到底是如何分类已不可考。

③ 这是指在看管和照料过程中对牛群歇息地(upaniveśa)的安排,主要是从安全角度考虑。但不确定的是,这一条规则到底是针对牛监还是照料牛的牛倌们。而且,歇留地的安排(upaniveśadigbhāga)也可以理解为"牛栏(upaniveśa)的分区(digbhāga)",即:大的牛栏中有很多区,分别安置各类牛。而这种分区则由牛的行动、牛的能力(比如强壮的公牛安排在外围)这类因素决定。

④ 油里面加了药物,向牛鼻孔中喷洒(CŚ)。另外,2.30.19中提到,为缓解马的疲劳,也用油喷鼻腔。

⑤ 这是口粮的餐谱:关于草料,迈耶认为,如果bhāra作重量单位"担"的话,则太多(青草45.5kg千克,另干草91千克。不过笔者算出的数字为:青草约35.5千克,

[45]在服役的力牛和哺乳的母牛，它们的配食应由其做役时间和产奶[量]决定。[①][46]所有牲畜都应有充足的草料和水。

[47]以上说的是牛群。[②]

[48][牛监]应令100只牲畜形成一群：驴或马的群中应有5只雄的；山羊或绵羊群中应有10只雄的；奶牛、水牛和驼群中应有4只雄的。

——以上是第二篇“督官职守”第二十九章“牛监”。

第三十章

第47目：马监

[1]马监应根据品种、年龄、颜色、特征、类别以及来源将以

干草约71.1千克)，因而提议bhāra应作“一抱”(was man auf einmal in den Armen tragen kann)来讲。实际上，在中国，即使一头普通的耕牛，每天向牛栏投放这些草料(一捆青草、两大捆干草)也并不为过，而“一抱”草对于牛来说不够一顿。因此，笔者认为这里的bhāra应当被理解为重量单位的担。肉(māṃsa)：迈耶认为是水果的果肉(māṃsa一词说的这种用法见*Suśrutasaṃhitā*, 1.324.15，另见GPW)，似乎更说得通。不过，在中国农村，仍有将废肉(或某些人不吃的动物内脏)煮烂后掺入其他食物中喂猪的。可见，给草食动物喂肉，并不是不可能。伴浆(pratipāna)：参见2.25.10及注释。油类：鼻油(nasya)与饮用油(pāna)都是植物油(taila)，而后面制作伴浆的是动物油(sneha)。

① 比如，某头力牛在某天拉了整天车，那么口粮要适当增加。

② 牛群(gomaṇḍala)的照管，是国王财政支出中较为重要的一项。参见2.6.11中“牛群”。

下各种马记录下来：作为礼物进奉来的[①]马匹、购买得来的马匹、战场上得来的马匹、土生的马匹、［他人答谢本方］帮助而得到的马匹、按条约规定［得到］的马匹、临时［借用］的马匹。［2］他应报告那些有缺陷的、残疾的和害病的马匹。

［3］马倌从府库与储库支取了月给[②]之后，应照管［马匹］。

［4］他应令人造马厩：其长由马的数量决定、宽为马身长2倍；有四扇门；中间有打滚的地方；带一个前厅；主门［两侧[③]］有可坐的板；其中养满猴、孔雀、梅花鹿、獴、石鸡、鹦鹉、鹩[④]。［5］他应令人为每匹马造面朝东或北的马圈：［每个马圈］呈马身长的正方形、铺光滑的木板、带一个料槽，并带有排马尿与马粪［的设施］。［6］或者，他可以根据马厩［的情形］安排马圈的朝向。［7］牝马、牡马和马驹的马圈应分散于各端。

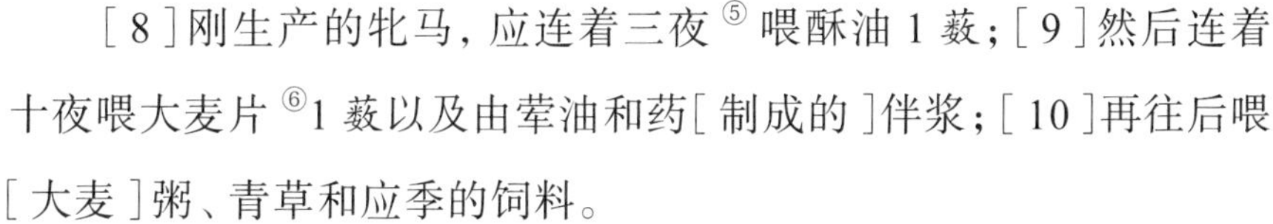

［8］刚生产的牝马，应连着三夜[⑤]喂酥油1菽；［9］然后连着十夜喂大麦片[⑥]1菽以及由荤油和药［制成的］伴浆；［10］再往后喂［大麦］粥、青草和应季的饲料。

---

① 进奉来的（paṇyāgārika）：即进贡的（来自paṇyāgāra，货贿、贡品、进奉物，参见7.15.20及注释；另参见2.35.12；8.4.23-24；9.6.28-29, 65；12.4.1）。

② 月给（māsalābha）：即用以养马的钱物。据CP，这里"月"就是指2.20.52中的"马倌月"（35天一个月）。

③ 两侧据CBh加，该注家认为这板是供看管人坐的。

④ 奥利维勒说，养这些动物是为了防蛇、鼠、毒等（另参见1.20.6-8；2.5.6）。同时，他也认为这些动物可能不一定与马混养在一起，只是在马厩这个大建筑中。

⑤ 三夜（trirātra）：数字加"夜"（rātra），都是指中国人的天数，因此这里的"三夜"实际是指三天。

⑥ 大麦片（saktu）：是经过舂捣后的大麦（参见2.15.8）。

[11]马驹[落地]十日后，[配食为]大麦片 1 合、酥油 1/4 合、乳 1 薮，直至它六个月大；[12]然后，[配食为]大麦 1 薮，且逐月增加 1/2 薮，直至三岁；再保持大麦 1 斛，直至四岁。[①][13]于是，之后到了四岁或五岁，它就完全长成，可以做役了。

[14]上等马面长 32 指，身长为[面长]5 倍，小腿长 20 指，身高为[小腿长]4 倍；[15]中等马与下等马的[各部分规格]依次减少 3 指。[16][上等马]身围为 100 指；[17]中等马与下等马的[身围]依次减少 1/5。

[18]上等马的[配食]为：或半干或半熟的冬稻——或雨季稻，或大麦，或稗——〔或者黑绿豆和绿豆粥〕2 斛；[②] 荤油 1 薮；盐 5 薮；肉 50 薮；浆汁(1.21.7)——或 2 倍于此的、用于濡湿干粮团的酸奶——1 升；糖 5 秳，加酒 1 薮——或加 2 倍于[酒]的乳[③]——作为伴浆。[19]对于因远途或重负累倒的马，为使它进食，可用 1 薮荤油作灌肠剂，1 合荤油喷鼻，再喂青草 1/2 担，还有 2 倍于此的干草，或 1 个周长为 6 生主肘的草捆[④]。[20]中等马与下等马的[配食]依次减少 1/4。

[21]中等马中，拉车的马和种马[的配食]与上等马[的配食]相等。[22]下等马中，[拉车的马和种马的配食]与中等马[的配

① 小马驹满三岁时，口粮刚好为大麦 1 斛（1+30×1/2=16 薮）。

② 前两个分句说的是两个选择：第一种选择是米类 2 斛；后一种选择是豆类的粥 2 斛。第一个选择里面，各种米又构成了很多选择。

③ 即：糖或加入酒或加入乳。

④ “2 倍于此的干草”与“周长为 6 生主肘的草捆”为或然关系。青草是无论如何也要喂的。

食］相等。［23］牝马与骡［的配食］减少 1/4。［24］马驹的［配食］为其 1/2。[①]［25］——以上是［马的］配食方案。

［26］配食伙夫、掌绳人、马医应［先］尝试［饲料］。

［27］因战阵、病、老而衰弱的马匹，应得到足够活命的饲料。［28］为了城市民与聚落民的利益，不适用于战阵的马应给牝马用作种马。[②]［29］适用于战阵的马中，上等马来自靳劾遮国、信度国、阿罗吒国以及伐讷由国；中等马来自跋诃利迦国、跋畀国、善勇国以及提多罗国；[③] 其余皆下等马。［30］［马监］应根据它们的悍猛、驯良或驽钝［的特性］，将它们用于征战或乘运之事。

［31］用于征战的役马，［其作役］是全面的。[④]

① 第 23—24 句：牝马的口粮与同等级的牡马口粮少 1/4（CŚ），骡子的口粮与牝马同。马驹的口粮为同等级的成年牡马口粮的 1/2。

② 这里可能是指用国王的牡马给城市民与聚落民的牝马配种。

③ 关于各国（地）名：靳劾遮国（Kāmboja）：犍陀罗北部的古国，为团众制国家（11.1.4），此国在《摩诃婆罗多》中亦多次出现（MBh 7）；信度国（Sindhu）：信度河沿岸一直以产宝马著名；阿罗吒国（Āraṭṭa）：印度西北部部落，在《摩诃婆罗多》中他们是成铠（Kṛtavarman）耶陀婆联军（俱卢族一方）的一股力量；伐讷由国（Vanāyu）："某产宝马之国，即阿拉伯"（*Vācaspatyam*：praśastaghoṭakodbhavadeśabhede，ārava）、波斯国（Pārasīka，参见 *Raghuvaṃśa* 5.73 中 Mallinātha 对 vanāyudeśyāḥ 之注文），在《摩诃婆罗多》中，他们是犍陀罗国王军队中的一部分（俱卢族一方），来自 Vana 谷地（今巴基斯坦 Wana，参见 MBh 8.4.96）；跋诃利迦国（Bāhlīka）：中亚之缚呵（Balkh），即后来之大夏（Bactria，参见 Law 1914, 40；季羡林 2008, 115-116）；跋界国（Pāpī/Pāpā）：失考，原文为形容词 Pāpeya，其原形可能为 Pāpī 或 Pāpā；善勇国（Sauvīra）：《圣经》中之 Sophir（参见 Cunningham 1971, 497），即俄斐（אוֹפִיר，参见 *Genesis* 10），盛产金银珠宝、檀香等；提多罗国（Titala）：阿格拉瓦拉（Agrawala）认为在今奥里萨邦（转引自坎格尔）。值得注意的是，这里所介绍的产宝马的地方都在西北印度（今中亚甚至西亚）。

④ 全面的（caturaśraṃ）：四边的、周全的。即：军用的马要做各种事情，会各种动作。下文会详细介绍。

[32] 疾驰、慢跑、跳跃、快步走，响应人的示意[①]，这些是用于乘运的马的各种行动方式。

[33] 这些方式中[②]："像竹式""渐增式""偶式""弓步跃式""致远式""三叉动式"。——这是[各种]疾驰的方式。[③]

[34] 与上面相同，但马的头与耳不动，为慢跑；或者，它又分十六种[④]：[35] "杂式""杂-主式"[⑤]"稳坐式""侧动式""起伏式""鹿步式""鹿跃式""三足步""左右疾驰式""五蹄式""狮子展式""妙颤式""疲乏式""前身屈式""前身昂式"散花式。——这是[各种]慢跑的方式。[⑥]

[36] 猿跃式、蛙跳式、羚跃式、单腿跃式、杜鹃步式、胸动式、鹤[⑦]式。——这是[各种]跳跃。

[37] 鹭步式、水中鹭步式、孔雀步式、半孔雀步式、獴步式、

① 响应人的示意（nāroṣṭra）：字面为"人驼"，译为"响应人的示意"是根据下文第 38 句的解释。它如何从"人驼"获得了"根据人的示意行动"的意义已不可考。

② 在《马论》（*Śālihotra*）失传的情况下，以下表示各种方式中各种动作的术语已经完全不可考。各注家或是猜测或是未加详细解释，各译家或是猜测或是照录原文。笔者或是按注家（CP、CŚ）译出，或是仅译出字面意思，不能译字面意思者，以音译代替，下注列出原文，以供参考。

③ 各种方式的原文依次为：aupaveṇuka、vardhamānaka、yamaka、ālīḍhapluta、pṛthuga、trikacālī。

④ 这里对"慢跑"的规定有两个：一是与前面快跑的方式相同，只是速度慢下来（头与耳朵不动）；另一个是包含了 16 种方式的慢跑。这两者来源可能不同，所以分开介绍。

⑤ 即：含各种步伐，但以某一种为主（CP）。

⑥ 各种方式原文依次为：śrāvaṇa、prosṭhapada、āśvayuja、prakīrṇaka、prakīrṇottara、niṣaṇṇa、pārśvānuvṛtta、ūrmimārga、śarabhakrīḍita、śarabhapluta、tritāla、bāhyānuvṛtta、pañcapāṇi、siṃhāyata、svādhūta、kliṣṭa、śliṅgita、bṛṃhita、puṣpābhikīrṇa。

⑦ 鹤（baka）：Andrea Nivea。

半獴步式、彘步式、半彘步式。——这是［各种］快步走的方式。

［38］按照信号行动。——这是响应人的示意。[①]

［39］拉车的马，它的脚程为6、9、12由旬[②]；驮负和骑乘的马，它的脚程为5、7.5、10由旬。

［40］轻身步、轻喘步、负重步。——这是各种行步方式。

［41］轻步、疾驰、跳跃、小快、快。——这是各种速度。

［42］驯马师们应就它们的绳带和辅具给予指示，御者们应就战车用马的配饰给予指示。［43］马医们应对它们体重的增减、各个季节不同的饲料给予指示。

［44］马倌、套马人、喂草人、配食伙夫、马厩看守、修毛人和解毒人应各行其职，以照料群马。［45］而且，若他们有越职情形，［马监］应削减［当事人］日薪。［46］为行大净礼[③]而圈起来的马和被马医所圈起来［治疗］的马，骑乘者罚12波那。［47］若因治疗或用药的延误而导致马病情加重，罚治疗［费用］的2倍。［48］若因他们的过错而致不幸，处与死畜等值的罚金。

［49］牛、驴、驼、水牛、山羊和绵羊［的照管规则］由此可说明。

［50］他应令人每两天给马洗一次澡，并对它们使用香料和花；在各个月朔日，应向各种灵怪作供奉；在每个月望日，

① 这可能是指列阵时，许多马按照不同的指示行动。

② 脚程（adhvan）：即一天能走的路程。6、9、12（以及下一分句中的5、7.5、10）可能是分别对应的下、中、上等马（CŚ；奥利维勒）。

③ 大净礼（nirājana）：这是用禳水（śāntyudaka）、花、灯火等物事为战马、战象和兵士进行的息灾仪式，意在祛邪和强军（CŚ）。彘日《大集》中有专门一章讲“大净礼”（参见Bs 43）。

应［令婆罗门］进行祝祷。

［51］在娄月的第九日——或每次往征开始或结束时，或［马得］病时，他应令人作大净礼，以求平安。

——以上是第二篇“督官职守”第三十章“马监”。

第三十一章

第 48 目：象监

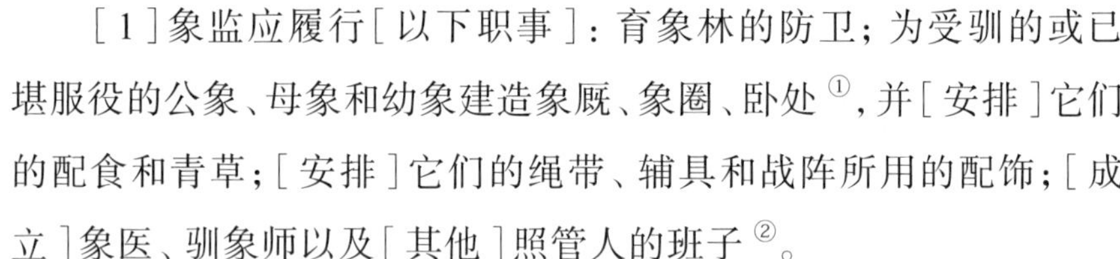

［1］象监应履行［以下职事］：育象林的防卫；为受驯的或已堪服役的公象、母象和幼象建造象厩、象圈、卧处[①]，并［安排］它们的配食和青草；［安排］它们的绳带、辅具和战阵所用的配饰；［成立］象医、驯象师以及［其他］照管人的班子[②]。

［2］他应令人建造面朝东或朝北的象厩：它的高、宽、长[③]为象

---

① 建造象厩、象圈、卧处（śālāsthānaśayyākarmavidhāyavasapramāṇaṃ）：这个复合词，笔者认为 śālāsthānaśayyākarma 应为一个意群，原因有两个：（一）如果将 karman 理解为“工作”或“做工”，那就与后面紧随的“安排它们做工”（karmasu āyogaṃ）重复；（二）karman 为复合词后词，在《利论》中经常出现，表示“建造……”或“从事……”（如 durgakarman/setukarman 表示营筑要塞、建造堤坝）。因此，整个复合词（与句尾动词 anutiṣṭhet［实施、施行］搭配）应理解为：建造象厩、象圈、卧处，并（规定 / 安排）配食与青草。

② 照管人班子（aupasthāyikavarga）具体包含哪些人，参见 2.32.16。

③ 2.30.4 中提到马厩的长根据马的数量而定，这里在字面上只提到为象身长的 2 倍，如果这是单头象的象圈（hastisthāna），那是可能的，但若是象厩（hastiśālā），那绝对不可能，因此坎格尔认为，可能应该理解为象的总数量身长的 2 倍。

身长 2 倍；另加上母象象圈；带一个前厅，呈现“内院”[①] 状。[3]他应令人以象身长[为边长]造各个正方形象圈：带一根拴柱；铺光滑的板；并带排象尿与象粪[的设施]。[4][另外每头象应有]与象圈等大、而高为象圈 1.5 倍的卧处：战象和骑乘象的[卧处设]在要塞内，正在受驯的象和猛象的[卧处]则设在要塞之外。

[5]昼八分[②] 中的第一分与第七分，是两次[给象]洗澡的时间，然后马上是喂饲料的[时间]。[6]午前为操练的时间，午后为饮伴浆[③] 的时间。[7]夜里有两部分是睡觉时间，第三部分是卧歇和起身的时间。[④]

[8]夏季为捕象的时节。[9]应捕捉 20 岁的象。[10]不应捕捉幼象、牙不显明的象、无牙象、病象、有孕的象、哺乳的象。

[11]高 7 生主肘、长 9 生主肘、身围为 10 生主肘的 40 岁的象为上等象；三十岁者为中等象；二十五岁者为下等象。[12]后两

① “内院”（kumārīsaṃgraha）：“童女集中之所”。CŚ 将其解释为一根立在拴象处的柱子，为的是便于拴象。这一解释从意义和情理上来说，离得太远。另外，如果它真是立柱，原文中 kumārīsaṃgrahāṃ（多财释）就应译为“呈现立柱状”，而不是“带有立柱”（sa-kumārīsaṃgrahanāṃ）。笔者认为，这一词应当是 kumārīpura（闺房、内院。参 2.3.32；另参见 MBh 4.10.11）的同义词。在 2.3.32 中，它指是的城门后一个封闭的防御性建筑：四个纵向并列的厅房，隔出三个矩形的庭院。同时我们也提到，这个防御性建筑之所以得名，可能就是因为它采用了女眷所居住的“内院”的封闭样式。因此，在这里象厩也可能采取的是“内院”的结构（kumārīsaṃgrahāṃ）。

② 关于昼夜各“八分”的分法，参见 1.19.6-24 及 2.20.39-42。

③ 伴浆：参见 2.25.10、2.29.43 以及 2.30.9。象的伴浆配方见下文第 13 句。

④ 这里用的不再是八分法，而是将整夜分为三部分，其中 2/3 的时间为睡眠时间，1/3 为卧歇与起身的时间。奥利维勒的猜测是，最开始入夜的 1/6 与早晨的 1/6 为卧歇与起身时间，而中间（约 8 个小时）为睡眠时间。他的这一推测与国王自己的作息很类似（参见 1.19.18-24）。

者的配食依次减少 1/4。[①]

［13］［以下的配食］是针对［象身高的］每 1 生主肘而言[②]：米 1 斛；油 1/2 升；酥酪 3 薮；盐 10 秸；肉 50 秸；浆汁 1 升或 2 倍于［浆汁］的、用于濡湿干粮团的酸奶；糖 10 秸加酒 1 升——或加 2 倍于［酒］的乳——作为伴浆；用于涂搽肢体的油 1 薮；1/8 于此的头油与灯油；青草 2.25 担；干草 2.5 担；枝叶不限。［14］［高］8 生主肘的象，若非在发情期，它的配食与［高］7 生主肘的象同。［15］其余的象，身高分别为 6 或 5［生主肘］的象，亦应按照［它的身高］肘数［算定配食］。[③]

［16］为了游戏，也可以捕获吃乳和青草的幼象。

［17］天生泛红、遮住、两侧光滑、身围匀称、肉分布匀称、背身平整、带褶皱。[④]——这是象的各种外表。

［18］［象监］应根据象的外表——或根据季节——令人通

① 即：中等象比上等象减少 1/4，而下等象比中等象又减少 1/4。

② 即：象如果身高（原文未有身高，据 CŚ 及下文第 15 句加）为 7 生主肘，那么该头大象的配食实际是下面所说数量的 7 倍。

③ 身高为 6 或 5 生主肘的象可能分别是上文第 11 句中提到的后两者：30 岁的中等象、25 岁的下等象。它们的配食为其身高肘（hasta；aratni）数乘以第 13 句中罗列的各种材料的数目。

④ CŚ 认为，这是描述一头象从出生到成年的肤色（śobhā）；迈耶修正了 CŚ 说，认为它们应被理解为不同的象天生的肤色；CBh 认为是从沉疴中逐渐恢复所显示的颜色；而奥利维勒则另出新说，将这句话看作是（后人）解释下一句中 śobhā 的文字，窜入了正文。迈耶指出 CŚ 的一个重要问题是，结束颂文中提到从各种肤色（或外表）看象的性格、安排职事，象监总不至于给不同成长期的象安排不同的职事。因此，笔者比较倾向迈耶的阐释，即：这些是介绍各种不同大象的外表。其中“背身平整”（samatalpatalā）为 KA 原文，奥利维勒在他自己的译文中，根据坎格尔注释中的建议将其改为 samatalpalā，从而译为“背肌平整”。

过各种事役，对驯良的或钝滞的象，还有带各种特征的动物进行操练。

——以上是第二篇“督官职守”第三十一章“象监”。

第三十二章

第48目：象监（续）：象之行动

[1]从事事役的象有四种：受驯的象、战象、骑乘象、猛象。

[2]它们中：受驯的象分五类：渐惯于肩驮者、渐惯于拴桩者、渐惯于套绳者、渐惯于陷阱者、渐惯于群居者。[①][3]对它的预备调教过程即是幼象的事役。[②]

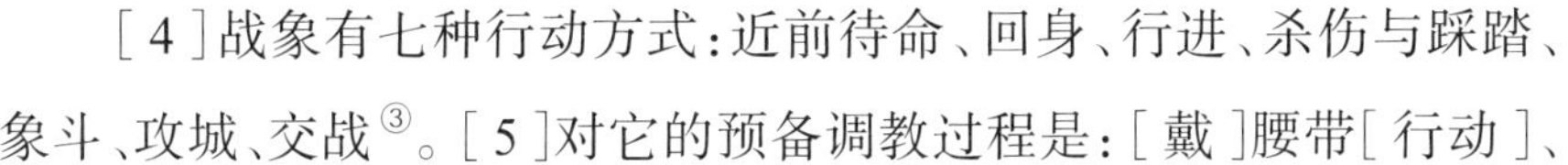

[4]战象有七种行动方式：近前待命、回身、行进、杀伤与踩踏、象斗、攻城、交战[③]。[5]对它的预备调教过程是：[戴]腰带[行动]、

① 这似乎描述的是一个渐进的过程。渐惯于套绳者（vārigata）中 vāri 指套绳，但它还可以被理解为“捕象的地方”或“水”，因此，这个短语也被解释为“渐渐习惯进入捕象之所”（CŚ；坎格尔）或“渐惯于水”（迈耶；奥利维勒）。迈耶拒绝了 CŚ 的解释，但未说明原因，奥利维勒采用了迈耶的解读，但认为这是训练象在河里进水和出水，这难以让人信服：人们不能认为野象不熟悉河，不知道如何进水与出水。渐惯于陷阱者（avapātagata）：显然是指训练象对陷阱的适应和躲避能力。

② 对于原文中的 upavicāra，各家理解不同，有的认为是辅助性训练（CŚ、坎格尔），有的认为是预备性训练（迈耶；奥利维勒）。从上下文看，后者似乎更符合情理，即：针对野象的预备调教过程（upavicāra，迈耶译为“初步训练”），应当是一般幼象需要做的那些训练动作和事役。

③ 交战（saṃgrāmika）：狭义的交战，即遭遇战（CŚ 解释为公开战与夜袭），参见 10.4.14 及 10.5.54。

[戴]项圈[行动]、在象群中[行动]。[①]

[6]骑乘象分八类：被牵着[行动]的象、需另一头象[方可]骑乘的象、快步走的象、会各种步伐的象、需人持杖[方可]骑乘的象、需人持刺棒[方可]骑乘的象、无需[任何帮助即可]骑乘的象、狩猎象。[②][7]对它的预备调教过程是：秋练、补练、响应人的示意(2.30.32，38)。[③]

[8—9]猛象有一种行动方式。[④]对它的预备调教过程是：令其受辖制且单独看管。[猛象是指这类象]：多疑的、顽固的、随意[行动]的、发情的；被确定是发情的；被确定了迷醉之原因的。[⑤][10]

① 原文 kakṣyākarma graiveyakarma yūthakarma ca：kakṣyā 为腰带、肚带或鞍垫，graiveya 则指项圈。坎格尔认为这两个词含义更广，kakṣyā 指套扎所有备鞍的绳带，而 graiveya 则指装备所有配饰(实际 CŚ 也几乎是这意思，但未明说)。战象的预备性训练，就是要习惯于在套扎各种辅具和配饰的情况下行动(karman)，在象群中与其他象协调一致行动(后文兵法篇中会涉及布阵等)。没有这些预备，前一句所说的那些战斗行为就无从谈起。

② 这里似乎也是描述骑乘象的一个训练过程。其中，需另一头象方可骑乘的(kuñjaraupavāhya)："在另一头象的带领/示范下才能驮人的"(CŚ)。快步走的(dhoraṇa)：参见 2.30.32 及 37，但 CŚ 将其训为"只用一侧来从事各种事役的"。

③ 秋练(śāradakarman)：字面意思为秋天做的事，或秋操。CBh 与 CŚ 认为 śārada 是象的四种表现：肥、瘦、食欲不振(lohita)和正常，而 śāradakarman 则是将前三者对症治疗，后者保持。所以 N.N. 罗(Law 1914, 64)援引《象医明论》(*Hastyāyurveda*)说 śārada 一般地是指象因先天或后天缺陷导致不能服役，因此 śāradakarman 可能是指泛泛地保持康健(坎格尔译文从 N.N. 罗)。象需要大量的水，秋季干燥，容易不适或患病，这可能是为何象总体的不适被称作 śārada(śarad 为秋)。因此，总的来说，śāradakarman 应是指为对治"秋病"而让象进行的一些训练。补练(hīnakarman)："令缺乏操练者从事操练"(CŚ)。

④ 作者在这里未说明这种方式是什么，但我们应当知道，猛象的唯一行动方式就是"发狂"。

⑤ 第8—9句：在KA 中，"多疑的……"的原文在前，"其预备过程"的原文在后。但奥利维勒认为"多疑的……"不能用来形容猛象的行动方式(猛象的行动方式只有一

有做不了任何事的猛象：纯粹的、顽劣的、凶悍的、一无是处的猛象。[①]

［11］它们的绳带和辅具由驯象师裁夺。［12］拴桩、项圈、腰带、镫带、脚环、上身链带等。——这是绳带。［13］赶棒、竹棍、械具[②]等。——这是辅具。［14］“得胜”花环、“利刃”项链、坐垫、覆毯等。——这是配饰。［15］铠甲、矛、箭囊、机关等。——这是交战装备。

［16］象医、驯象师、骑象师、赶象人[③]、象夫、装缀人、配食伙夫、喂草人、上脚环［的人］、象厩看守、巡夜人等。——这是照管人的班子。［17］象医、象厩看守以及配食伙夫应领取米饭1薮、荤油1把[④]、糖和盐2秳、肉10秳——象医除外。［18］象医应治疗被行路、疾病、做役、发情、年老折磨的象。

种，且是不言自明的），而是解释猛象本身的性质，令人识别猛象。笔者认为奥利维勒的阐释较说得通，因此这两句不按照KA原文顺序译出，而采用了CŚ本的读法。另外，“被确定是发情的”与“确定了其迷醉原因的”实际就是指，如果能断定一头象发情或迷醉，那么，这头象就可以说是猛象。

① 这一句颇费解，笔者根据CŚ注译出。前面提到的猛象可能还是可以驯服的，而这里说的似乎是四种无论如何也不能调服的猛象。作者总称之为“什么也做不了的”（kriyāvipanna，CŚ训之为“尽做恶事的”）。据CŚ，纯粹的（śuddha）：“谁都杀，有18种缺陷”；顽劣的（suvrata，意愿坚定的）：“无人能驾驭，有15种缺陷”；凶悍的（viṣama）：“既杀人，又不能驾驭，包含了纯粹与顽劣两者所有的缺陷”；一无是处的（sarvadoṣapraduṣṭa）：沾染了所有缺陷（除上述33种外，另有自身的21种缺陷）。CŚ说，欲要了解“纯粹”等缺陷的细节，需要学习“象论”（hastiśāstra）。

② 械具（yantra）：机关、器械。CBh认为这是用来截象牙的工具。CŚ认为是在武备官那一章提到的“般遮利迦等活动的机关”（参见2.18.6）。

③ 骑象师（ārohaka）和赶象人（ādhoraṇa）字面上都是骑乘象的人，其区别很难知晓。CŚ认为前者为“精通象论者”，而后者为“不通象论但精于其事者”。

④ 把（prasṛti）：度量单位术语，大概是“半捧”（CŚ：ardhāñjali）。

[19]象厩不洁、未割取青草[①]、让象卧于白地、无缘无故打象[②]、令他人骑象、于不当的时间里或地形上骑象、在非渡口的地方令其下水、令其入丛林。——这是遭处分的机由[③]。[20][象监]应从他们的口粮和薪俸中扣除之。

[21]在每四个交季月的望日上,应作三次大净礼(2.30.46)。在各个月朔日,应向各种灵怪供奉,而在各个月望日,应向战神供奉。[④]

[22]他应在根部留[象牙]周长2倍长的象牙,再截取[其余的部分]。对于生在河边的象,每两年半截一次;对于住在山地的象,每五年截一次。

——以上是第二篇"督官职守"第三十二章"象监(续):象之行动"。

① 未割取青草(yavasāgrahaṇaṃ):yavasa是青草(干草是tṛṇa),显然是指未去割取(或领取)新鲜的青草。而不是"未领取草料"(坎格尔)或"未投喂草料"(奥利维勒)。

② 无缘无故打象(abhāge ghātaḥ):bhāga一般是指"份额""该得的一份",因此abhāga是指不当得的,而复合词意思应是"在象不当被打时却打象",CŚ的理解也是如此。但坎格尔与奥利维勒都将其译为"打象不当打的部位"。

③ 遭处分的机由(atyayasthānāni):字面为"处分的地方",即当事人受处分的场合或由头。

④ 在每四个交季月的望日上(cāturmāsyartu saṃdhiṣu):即昴月(Kārttika)、翼月(Phālguna)、箕月(Āṣāḍha)三个月的望日。它们分别是秋季冬季、霜季春季、夏季雨季的交季月。大净礼(nīrājana)参见2.30.46。战神(Senānī):即塞犍陀天(Skanda,参见2.4.17, 19注释)或迦提厮耶天(Kārttikeya)。另外,整句话可参看2.30.50-51。

第三十三章

第 49 目：车驾督造

［1］车驾督造［的职守］可由马监［的职守］说明。［2］他应令人营筑［造］车的工厂。

［3］［最大的车］高 10 人，内部［宽］12 人。[①]［4］内部一人一人地减少至 6 人，可得到 7 种车。

［5］他应令人造以下各种车：天神车、礼车[②]、战车、行旅车、攻城车、训练车。

［6］他应知悉［以下事项］：如何摆置［各种］弓、武器、甲胄、辅具；将御戎、参乘[③]和马安排到各种职事上；打理仆从和非仆从的口粮和薪酬，直至工事完成[④]；对他们[⑤]进行训练、保护，并给予他们财利和尊荣。

① CŚ 认为这是指最大的车（ayam uttamaḥ）。这里的长度单位人（puruṣa）可能就是指 2.20.10 中的人（即 12 指）。如果是这样，据奥利维勒的计算，这种车高约 2.3m，内部长或宽约 2.8m 米。

② 天神车（devaratha）：“各类游行或节庆中放置神像的车”（CŚ）；礼车（puṣyaratha）：“用于婚娶等喜事场合的车”（CŚ）或“用于灌顶、婚庆等场合的车”（CBh）。

③ 御戎（sārathi）：驾驭战车的人。同时这种人也属于一个杂种姓（父方为刹帝利种，母方为婆罗门种）。参乘（rathika）：坎格尔与奥利维勒都译为“侍乘”。

④ 这里显然是指造车的工作。仆从与非仆从（bhṛtānām abhṛtānāṃ ca）：仆从（bhṛtaka，bhṛtya）可能是一种与主人（这里为车驾督造）建立了长期稳定关系的雇员，而非仆从则可能只是临时聘用的人（奥利维勒）。

⑤ 他们可能是指上面提到的各种人（御戎……仆从）和马。

第 50 目：步兵督官

[7]步兵督官[的职守]可由此说明。[8]他应知悉[以下事项]：世职军、雇佣军、团伍军(5.3.9)、盟王军、敌王军以及丛蛮军的优劣点[①]；在水战与陆战中，在公开战与诡计战中，在堑壕战与旷地战中，在日战与夜战中的作战行动[②]；在各种职事中是否使用[步兵]。

第 51 目：军队统帅之职守

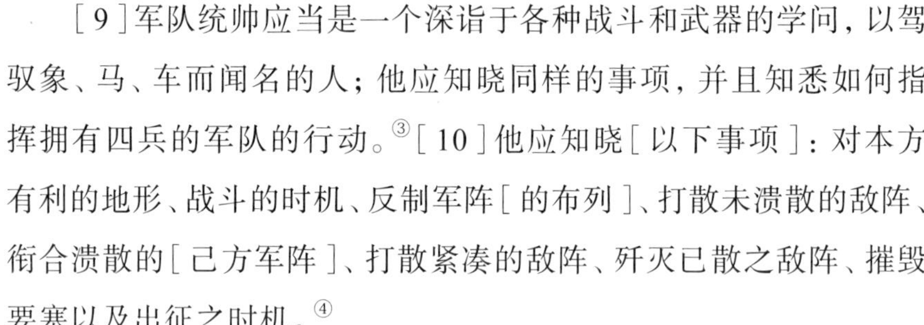

[9]军队统帅应当是一个深谙于各种战斗和武器的学问，以驾驭象、马、车而闻名的人；他应知晓同样的事项，并且知悉如何指挥拥有四兵的军队的行动。[③][10]他应知晓[以下事项]：对本方有利的地形、战斗的时机、反制军阵[的布列]、打散未溃散的敌阵、衔合溃散的[己方军阵]、打散紧凑的敌阵、歼灭已散之敌阵、摧毁要塞以及出征之时机。[④]

① 关于这各种军队的情形，参见 9.2，另参见 7.8.27。

② 关于公开战(prakāśayuddha)与诡计战(kūṭayuddha)参见 7.6.40-41；其他参见 7.10.34-37。

③ 同样的事项(tad eva)：指上面第 8 句中步兵统领所须知的事项。四兵(caturaṅgasya balasya)：原意为“有四支的军队”，“四兵”分别为步兵、马兵、车兵和象兵(参见 10.4)。

④ 对本方有利的地形(svabhūmi)参见 10.4。反制军阵(pratyanīka)：根据敌方的军阵(anīka)而布置“针锋相对的(prati)军阵”(坎格尔；奥利维勒)；“敌军”(CŚ：pratyanīkaṃ śatrubalam，pratyanīka 原意即为“相反相对”)。在这个语境中，似乎前者更可能。打散未溃散的敌阵(abhinnabhedana)：参见 10.4.14-15。衔合溃散的己方军阵(bhinnasaṃdhāna)：同上。打散紧凑的敌阵(saṃhatabhedana)：参见 10.3.5。歼灭已散之敌阵(bhinnavadha)：参见 10.3.6。

［11］专心于军队的训练的［军队统帅］，应通过鼓、旌帜、旗幡来规定各种军阵信号，［以指挥军队的］停次、行进、进攻。(10.6.46)

——以上是第二篇“督官职守”第三十三章“车驾督造”“步兵督官”“军队统帅之职守”。

第三十四章

第 52 目：符印官

［1］符印官应以 1 豆钱［的价格］颁发符印。

［2］带有符印者方能进出聚落。［3］身无符印的本聚落民［进出聚落］应缴 12 波那。［4］［本聚落民］若有伪造符印的情形，处初等罚；非本聚落的人，则处高等罚。

第 53 目：草场官

［5］草场官应检视符印。

［6］他应在各村落之间设立草场。［7］他应令人清除洼泽和林野中的盗贼、猛兽之患。

［8］在无水的地方，他应设立井、堤坝、泉洼；并［设立］花园和果园。

［9］猎户和犬户(1.21.23)应在各个林野中四处走动。［10］若强盗、敌人接近，他们应用螺号或鼓发出［警告］声，并上山或上树，

或是设法快速[离开][1],以免被擒。[11]而且,[草场官]应通过携带着盖符印信件的家鸽或一连串的烟火向国王通报敌军或丛蛮的行动。

[12]它应令人做好[以下事情]:维持物产林与育象林[人员的]生计;收取过路费;抵御强盗;护送商队;保护牛[群];开战贸易。

——以上是第二篇"督官职守"第三十四章"符印官""草场官"。

第三十五章

第54目:总督之职守[2]

[1]总督把聚落分为四部分后,再将各村落总数按照上中下[三等]记录在册,并记下[以下事项]:某某村落有税费豁免;某某村落提供兵员;某某村落提供粮食、牲畜、钱、林产、劳役、抵赋(2.29.1, 4);以及[上述各项的具体]数目。[2]集牧在他的指裁下,应分管5个或10个村落。[3]

① 设法快速离开(śīghravāhanā):如奥利维勒所说,vāhana泛指所有交通工具(方式),复合词字面应为"快的交通工具"。

② 总督(Samāhartṛ)这个职位,在前面专门提到过(参见2.6:总督之敛税),不过,在那里更注重对总督敛税业务的规定,这里则比较侧重行政职能。

③ 参见2.1.4。在那里,集牧(gopa)一般是管理10个村落。

［3］他应根据村界的障碍物(2.1.3)记录村落的总数；通过统计［以下事项记录］田地的总数：耕地和非耕地、旱地和湿地、游园、菜地、［花果］园、林地、建筑、支提、神庙、堤坝、火葬场、设伏处、供水处、圣地、草场、道路①；［并由此记录村界与田地方面的以下事项］：界际、林野和道路的大小，还有馈赠、出售、恩惠、豁免②；通过统计缴税和非缴税［户头］去记录户头总数；［4］另外，关于这些户头，他应记录［以下事项］：四种姓各多少人；农人、牛倌、商贩、工匠、雇工和奴隶各多少；双足动物、四足动物各多少；［向他们］收取的钱、劳役、市易税以及课罚［情况］。［5］另外，关于各家的男女，他应查清各家孩童和老人的［数目］、他们的职事和习俗、他们生计［的收入］和支出的数目。

［6］肆一牧(2.1.7)亦应以此种方式分管聚落的四分之一。

［7］在集牧(2.1.7)与肆一牧们的衙署，裁判官们行使其职事，收取贡献③。

第 55 目：假充家主、贾人和苦行者的暗差(1.11)

［8］假充家主的暗差，应在总督的指裁下查清他们被派遣去的

① 支提（caitya）：参见 1.20.2 及注释。设伏处（sattra）：参见 7.5.46；7.15.22；10.3.24。

② 鉴于这句话在原文中结构松散，迈耶认为它可能是窜入正文的批注。实际上，这整句话主要是让集牧统计三个大项目的总数：村落、田地、户头，在介绍完如何记录村落与田地总数后，这句话又对前两者分别进行了细节性补充。笔者认为，这句话即使不是窜入正文的批注，也可能只是前两个分句内容的补充说明，因此用括号标出。

③ 裁判官（pradeṣṭṛ）：关于其职守，参见第四篇。贡献（bali）：由裁判官收取，似乎印证了坎格尔的猜测（参见 2.6.3 及注释）。

村落的田地、户头和家族的总数：在田地方面，[查清]其大小和产出；在户头方面，[查清]其资用和[享受的]豁免；在家族方面，[查清]其种姓和职事。[9]同时，他们也应查清这些家族的成员[①]数、其收入与支出。[10]另外，他们还应查清那些离开或到来之人——还有那些有害的男人和妇人——[外出]远游或[来此]客居的原因，以及[他人的]刺探活动[②]。

[11]同样地，假充贾人的暗差们应查清国王货物——即本地所产的[③]，开采场(1.10.15)、堤坝、森林、工厂和田地所产出的货物——的数量与价格。[12]有关别国所产、从水路或陆路运来的贵重货物及廉值货物的事务方面，他们应查清它们的市易税、过路费、护送费、岗哨费、渡资、份税、口粮以及贡品(7.15.20)的数量(2.16.18)。

[13]同样地，假充苦行者的暗差们，应在总督的指裁下查清农人、牛倌、商贩以及各部督官们端直与否。[14]而他们的学徒[④]们可假充惯盗[活跃于]支提、十字路口、无人烟处、水井、河流、池塘、津渡、寺庙[⑤]、净修林、旷野、山地、林地以及丛莽这类地方，去了解盗贼和敌人猛士进入、逗留以及离去的原因。

---

① 成员(jaṅgha)："能用脚走动的"(CŚ：pādacārin)，即活物、(家族和家庭的)成员。

② 刺探活动(cārapracāra)：这些刺探活动既可能是来自前面提到的那些远游或外来的人、有害的男人和妇人，也有可能是泛泛地说他人(比如敌王)的刺探活动。

③ 本地所产的(svabhūmijānāṃ)：这是指商货官手里的那些国王的货物(CŚ)。

④ 假充家主、贾人、苦行者的三种暗差都有很多学徒(antevāsin，即门生、随从)协助他们(见1.11)。

⑤ 津渡(tīrthāyatana)：tīrtha一般指津渡，但主要与圣浴联系在一起。浴处与庙宇(迈耶)、渡口与庙宇(坎格尔；奥利维勒)，都将两者拆分开了。CŚ将其看做一处：沐浴圣水处，这似乎也是可能的。

［15］总督应保持精勤，如此这般地管理聚落；而且，各暗差驻点(1.11)以及其他性质的［暗差］驻点亦应管理聚落[①]。

——以上是第二篇“督官职守”第三十五章“总督之职守”“假充家主、贾人和苦行者的暗差”。

第三十六章

第 56 目：司市之规则

［1］司市应如总督［管理聚落］一般管理城市。［2］每个集牧［应分管］10 户；［或者分管］20 户或 40 户。［3］他应从种姓、族姓、姓名和职事方面去查清这些户头男女成员的总数，还有他们的收入与支出。

［4］同样地，肆一牧应分管城市的四分之一。[②]

［5］执掌“法堂”者在报告［有司］后，可为外道和路人提供住宿；而对于苦行者和吠陀师，则由他们自行裁夺。[③]［6］工匠和艺师

① 原文 saṃsthāś ca anyāḥ svayonayaḥ：以及其他有它自身来源的驻点（或者：以及其他性质的驻点），在这里较为晦涩。在文中提到了三种（家主、贾人、苦行者），“其他性质的暗差驻点”或许是指 1.11.1 中提到的各种暗差（除了这三者）形成的特务组织。

② 坎格尔说，城市中的集牧与肆一牧这两个官名是聚落管理中集牧与肆一牧(2.35.2；2.36.6)的延伸。

③ 即：对于外道（佛教、耆那教或湿婆教等徒众），执掌“法堂”者应先通知当局（集牧、肆一牧）再行接待，而对于婆罗门教的苦行者与吠陀师，则由执掌“法堂”者自己拿主意。“法堂”（dharmāvasatha）：又作 dharmaśālā（CŚ），是慈善性质的机构，类似中国古代的安济堂。法堂似乎一般由私人主持。据坎格尔，执掌“法堂”者（dharmāvasathin）

们应将同行安置在自己做工之处；而且，贾人们也应将彼此［安置］在自己行事之处。［7］他们应向［有司］报告在不当地点和时间销售货物的人，还有出售无所有权凭证之货物的人。

［8］酒店掌柜、熟肉贩、米饭贩、娼女(2.27.27)只能为知道底细的人提供住宿。［9］他们应向［有司］报告过度花费和行事冒失的人。

［10］一个医师或家主，在向集牧与肆一牧报告了让他秘密治伤者——或行不正之事者[①]——后，可得解免，否则，他应与［该人］同罪。［11］同时，他应向［有司］报告离开或来到［自己家］的人，否则，他应对晚间的过罪负责。［12］若各个晚间都平安，则罚 3 波那。[②]

［13］在道路上和野地中当差的［暗差们］应在城内外的神庙、圣地、林地或火葬场［这些地方］抓捕［以下类人］：身上带伤者、携带凶器者、顶着包裹者、手足无措者、睡得过多者、因行远路而困乏者、生人。[③]［14］同样地，他们应在城内那些空置的房舍、工坊、酒店、饭馆、熟肉馆、赌馆以及外道的住所进行搜查。

［15］夏季中应对火灾。［16］昼八分的中间两分[④]上［点］火

只对主人负责，并不是国王的臣工。

① 行不正之事者（apathyakārin）：为不当（apathya）之事的人。CŚ 训之为“制作、提供或求访致病致死之物者”，故译为“为”。

② 第 11—12 句：晚间的过罪（rātridoṣa）：“盗窃之事等”（CŚ）；也可能指后文提到的犯宵禁之类（奥利维勒）。另外需要注意的是，doṣa 在此意义比较宽泛，指代从小过错（毛病）到大罪行的所有违规行为或事件，因此笔者将其译为“过罪”。晚间平安仍然要缴罚金，是因为家主未及时报告有司。

③ 关于这些人，可参见 2.28.20 及注释。另外，睡得过多者（atisvapnam）也是抓捕对象，是因为夜间行事的人，白日才会有太多瞌睡（CŚ）。

④ 即：第四分与第五分上（前四分的最后一分与后四分的第一分）。关于昼八分，参见 2.20.39。

［者］，罚 1/8［波那］；［17］或者，［城市民们］应在屋舍外做饭。［18］［未预备］5 个罐者，罚 1/4 波那；未预备坛、桶、梯子、斧头、簸箕、钩、钉耙和皮袋者，［亦是如此］。[①]［19］他[②]应移除干草和草席盖住的物事。［20］他应将需要火来作生计的人安置于一处[③]。

［21］家主们应住在自己房舍的大门附近，夜间不得聚集在一起。[④]

［22］街道上应放置成千个水罐；十字路口、城门以及王家产业[⑤]处亦应如此。

［23］家主若不去着火的［房子救火］，罚 12 波那；租客［若不救火］，罚 6 波那。

［24］若因疏忽导致起火，罚 54 波那。［25］纵火者应烧死。

［26］若在街道上抛掷尘土，罚 1/8 波那；若阻止泥水水流[⑥]，罚 1/4 波那。［27］在御道上［的同样情形］，罚 2 倍。

［28］在圣地、取水处、神庙、王家产业处大便的情形，罚金从

① 这 5 个罐子里面都备水。后面所列举的物事，大概是每缺一样，就会罚 1/4 波那。原文 kacagrahaṇī：原意为“抓头发的”，据说是长把连着带屈爪状的铁钩，以抓取对方头发（CP），它的用途是抓取房屋顶上的干草（CŚ），应当极类似于钉耙。

② 文中未明言“他”（包括下一句的“他”）是谁。可能是指司市，也可能指集牧或肆一牧。

③ 这里“一处”在原文中为复数 ekasthān，也就是说，并不是指将做工离不开火的人（比如铁匠等）绝对地安置在一处，只是说将尽量安置在一起。

④ 坎格尔说，住在大门附近是为了保证有火情后保证家主在场；夜间不得聚集是为了避免密谋。

⑤ 王家产业（rājaparigraha）：国库库房、林产库、储库、商货库、象马厩等（CŚ）。

⑥ 若阻止泥水水流（paṅkodakasamnirodhe）：字面上既可以理解为“阻止泥水水流”，也可以是“以泥水阻路”，当然，两者在实际中导致的效果也差不多：让街道变泥泞。

1 波那起并按顺序一波那一波那地递增；[①] 若是小便，罚金为［上述的］1/2。［29］［以上行为］若是因药物、疾病或恐惧导致，则不应课罚。

［30］若于城内抛弃猫、狗、獴或蛇的死尸，罚 3 波那；若抛弃驴、驼、骡、马或牲畜的死尸，罚 6 波那；若抛弃人的尸体，罚 50 波那。

［31］若改变［运尸］路线，或从运尸门之外的门运出尸体，处初等罚；［32］阍人罚 200 波那。［33］若在火葬场之外地方停放或焚烧尸体，罚 12 波那。

［34］入夜后与天明前 6 刻，应响巡鼓。[②]［35］巡鼓一响，若在宵禁初巡或末巡在王宫附近［活动］，罚 1.25 波那；若于中巡［在王宫附近活动］，罚 2 倍；若是在王宫内，罚 4 倍。

［36］对于在可疑地点——或因可疑特征，或因有犯禁前科——被捕者，［司市］应进行讯问。［37］若［擅自］接近王家产业，或攀爬护城工事，处中等罚。［38］因产妇；因求医；因有人过世，且擎着灯乘着车；因司市的鼓声[③]；因观看表演；因火灾［而外出活动者］；带有符印者——则不应抓捕。

［39］在可任意活动的夜晚，着隐蔽的或异常衣物的人、出家

---

① 即：在圣地大便罚金为 1 波那，在取水处、神庙、王家产业大便，罚金分别为 2、3、4 波那。

② 入夜后和天明前 6 刻（viṣaṇṇālikam ubhayatorātraṃ）：“夜两头去掉 6 刻”，即：夜开始后 6 刻与结束前 6 刻（坎格尔认为是日落后 6 刻与日出前 6 刻）。刻（nālikā）：1 刻为 24 分钟（参见 2.30.36-37），那么，入夜后与天明前 2 小时 24 分钟响巡夜鼓。巡（yāma）：既为巡哨，又为时间单位巡（一般指晚上），1 巡约 3 小时（参见 Ak 1.4.258），那么，一夜一般就有 4 巡。

③ 指司市用鼓声召集城市民（CŚ）。

人、手持棍棒或武器的人，应按其过犯予以处罚。[①]

［40］守卫若禁止不当禁止之事，或未禁止当禁止之事，罚金为犯宵禁者的2倍。［41］若强暴女奴，处初等罚；若是非女奴，处中等罚；若是被禁足妇女，处高等罚；若是高门妇女，处死。[②]

［42］司市若不报告夜间的过罪——无论是人为的还是自然发生的，应按照该过罪予以处罚[③]；若玩忽职守，亦同。

［43］［司市］应经常检视取水处、道路、排水沟、暗道、土墉、护墙以及［其他］防御工事，并保管［他人］丢失、忘记或走脱的［物事］。

［44］另外，在［国王］诞辰星宿日[④]和望日，应释放监狱中的

① 着隐蔽的或异常衣物的人（pracchannaviparītaveṣāḥ）：字面为"着隐蔽的或相反衣物的人"。据CŚ，"隐蔽衣物"是指蒙面的布等，而"相反衣物"是指女人着男装、男人着女装。奥利维勒猜测这是指低等人着贵服。后文3.9.11同样有parītaveṣāḥ这个复合词，而且3.9.11的描述在法论中有平行段落。不过，在法论中证人是戴花环、着红衣，似乎只是突出着装奇异，并非必然是男人着女装或相反。或许这里的viparīta不是指反串，而是指反常和奇异。出家人（pravrajita）：这是指那些可能的（敌方）暗差（坎格尔）。

② 这些规则仍然针对守卫。非女奴（adāsī）：CŚ认为是指妓女。被禁足妇女（kṛtāvarodhā）：这是指被男人幽禁起来独自享用的妇人（一般为妓女或奴隶，参见Yājñ 2.290）。

③ 坎格尔将这句话理解为"守卫若不向司市（nāgrikasya）报告……"，但有两个问题，一是nāgrikasya（sambandha；属格）应为nāgarikāya（sampradāna；与格）；再就是前面提到的守卫都是复数，而这里为单数（aśaṃsataḥ作属格）。因此，这条规则应该是针对司市本人。原文cetanācetanika："故意的与非故意而为的"（迈耶；奥利维勒）；"活物与非活物造成的"（坎格尔）。但在这里，"过罪"（doṣa）是指一切异样的情形，并非一定是指人（有意或无意）造成的过错。因此，笔者倾向于认为这个复合词的意思为"人为的"（cetanabhava）与"非人为的"（acetanabhava）。

④ 诞辰星宿日（jātanakṣatra）：月亮进入到一个人诞生时星宿中的这一天（每个月都会有一天）。

孩童、老人、病人和无怙者；[45]品行端良者，或有保约节制者[1]，可出钱赎过。

[46]每日或每五日，[司市]应通过[令犯人]做工、体罚[2]或[收取]赎金而“清理”犯人。

[47]取得新的土地时，为储君灌顶时或诞下王子时，应释放[所有]犯人。

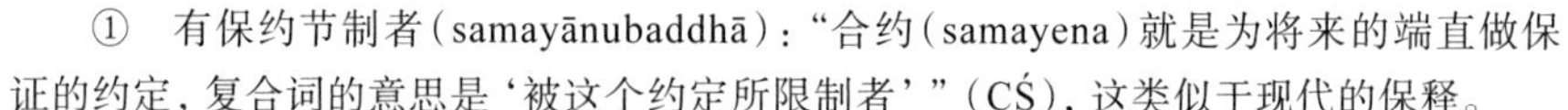

——以上是第二篇“督官职守”第三十六章“司市之规则”。

——以上是憍底利耶《利论》第二篇“督官职守”。

① 有保约节制者（samayānubaddhā）：“合约（samayena）就是为将来的端直做保证的约定，复合词的意思是‘被这个约定所限制者’”（CŚ），这类似于现代的保释。

② “清理”（viśodhayet）：比喻用法，即通过……释放。“通过（令犯人）做工、体罚”：KA 原文为 karmaṇā kāyadaṇḍena，本译文从之。奥利维勒在他的译本中接受了诃利诃罗论师（参见 Harihara Sastri 2011, 68）的读法（该读法来自 CC 注本）：karmaṇā kāyabandhena，并译为“凭着强制（bandha）的体力劳动或赎金……”。以工代罚在《利论》中确实多见，但这一点并不足以支持诃利诃罗论师（以及奥利维勒）凭着 CC 注本这个孤证对文本的“改进”。奥利维勒说：“设牢狱并非为了惩罚某一个罪过，人们坐牢是因为缴不起罚金。因此在这个语境下，很难理解犯人凭受到体罚得到释放。”奥利维勒的译文（强制体力劳动）和这段话带有浓厚的现代色彩（他将监狱设想为绝对的监狱），也忘记了本章的语境，因此经不起推敲。在这里订立的各种规则中，触犯者可能到处都是，司市可能每天都能抓到很多违犯者然后关起来，不然也不会每个月都释放（孩童、老人等，见本章第 44 句），也不会每日或每五日就要整饬一番监狱了。如果这是裁判官的监狱（刑事犯），像这类频繁的释放和整饬是不可能的。这些由司市抓捕来的人，一般都是过错，很少有重罪者，他们完全可以通过做工（karman）、接受体罚（kāyadaṇḍa）和赎金（hiraṇyānugraha，献金）脱罪。同时，动词 viśodhayet 也表示一种“洗涤”或“清理”。这种“清理”象征着一种补偿：做工赎过、接受体罚赎过或出钱赎过，然后是释放（犯人被“清洁”了），这无论对于古人还是今人，都是可以理解的。综上所述，诃利诃罗论师和奥利维勒的改进并无必要。

第三篇　法律 *

第一章

第 57 目：决定交割是否成立 ①

[1] 辅臣级别的法官们，应三个一组，在成镇、集会、区会和

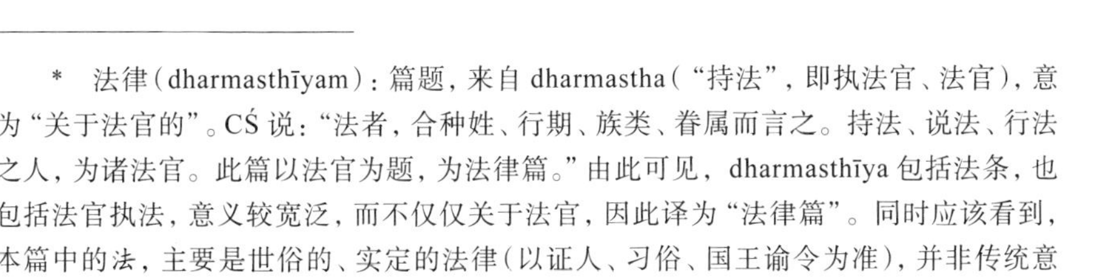

* 法律（dharmasthīyam）：篇题，来自 dharmastha（“持法”，即执法官、法官），意为“关于法官的”。CŚ 说：“法者，合种姓、行期、族类、眷属而言之。持法、说法、行法之人，为诸法官。此篇以法官为题，为法律篇。”由此可见，dharmasthīya 包括法条，也包括法官执法，意义较宽泛，而不仅仅关于法官，因此译为“法律篇”。同时应该看到，本篇中的法，主要是世俗的、实定的法律（以证人、习俗、国王谕令为准），并非传统意义上婆罗门教的法（神圣法、“自然法”）。因此，笔者将前者译为实定性质的律条或律，以与通常所谓的法（神圣法）相互区分。

① 决定交割是否成立（vyavahārasthāpanā）：vyavahāra 是一个十分紧敛的象征，无法确切地译为现代语言，泛指操持、交易、经营等人际间的交割与事务（用现代的法律术语来说，约等于“民事”）。CŚ 将其解释为“婚娶相关、遗产分割等”。在译文中，笔者会按照汉语习惯将其处理为“交割”“交易”“经营”。需要说明的是，法论一般有三个主题：仪轨（ācāra）、赎罪（prāyaścitta）和律条（vyavahāra）。前两者一般地以种姓、行期、祭祀等宗教性内容为主，而后者则以世俗事务为主。因此有的学者将其与西方的“世俗法”对应，甚至直接译为“世俗法”。诚然，ācāra、prāyaścitta 两者与 vyavahāra 的对立在很大程度上类似于西方世界宗教法与世俗法的对立，也涉及神权与世俗政府之间的紧张。但在印度，情况相对复杂：首先，vyavahāra 并不独立于 ācāra、prāyaścitta，而是相互关涉，比如婚娶和遗产分割属于 vyavahāra，但它们一般地和种姓

郡会[1]审理因交割而起的案件。

[2]他们应令[以下]交割不得成立：缺席的交割[2]；在室内、在夜间、在林野、以欺诈手段或私密地成办的交割。[3]办理或令人办理[此类交割]者，处初等罚；[4]每个证人分别处[当事人]罚金的1/2。[5]但若是诚信的人，[仅]没收[涉事]财物。

[6]以不在眼前之物作保借贷[3]，或被人认为无可指责的缺席交割，可得成立。

[7][以下种类]的交割，即使在室内成办，亦可得成立：有关遗产、代工物、寄存物、婚娶[的交割]；足不出户的妇人、头脑尚清醒的病人[的交割]。

[8][以下种类]的交割，即使在夜间成办，亦可得成立：有关

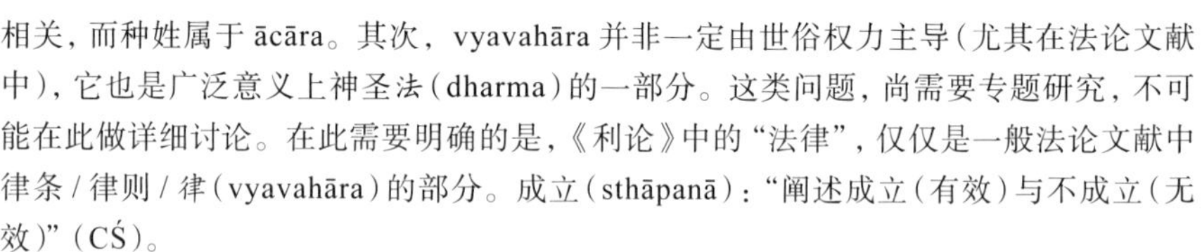

相关，而种姓属于 ācāra。其次，vyavahāra 并非一定由世俗权力主导（尤其在法论文献中），它也是广泛意义上神圣法（dharma）的一部分。这类问题，尚需要专题研究，不可能在此做详细讨论。在此需要明确的是，《利论》中的“法律”，仅仅是一般法论文献中律条 / 律则 / 律（vyavahāra）的部分。成立（sthāpanā）：“阐述成立（有效）与不成立（无效）”（CŚ）。

① 戍镇（janapadasaṃdhi）：“边地之城镇或要塞”（CŚ）；关于集会（saṅgrahaṇa）、区会（droṇamukha）和郡会（sthānīya），参见 2.1.4 及注释。这里没有提到镇会（Kārvaṭika）。

② KA 原文作 tirohitāntaragāranaktāraṇyopadhyupahvarakṛtāṃś ca，他在注释中提到，kṛtān 应与复合词 antaragāra 搭配，那么 tirohitān（缺席[交割]）就单独分离出来作为一类。考虑到“与”（ca）的存在，应接受他的建议，将其改进为：tirohitān antaragāra-。奥利维勒的译文亦做了此种改动。缺席（tirohitān）：即当事人一方不在场，或涉事物不在场（坎格尔）。

③ 以不在眼前之物作保借贷（parokṣeṇādhikarṇagrahaṇam）：“以房舍、游园等不在眼前的（apratyakṣaṃ，非即时可见的）物事作担保，然后举债”（CŚ）。第 2 句中提到，但凡缺席的交割（无论是涉事人或涉事物事不在场）都不成立，但这里用房舍、游园作保（显然，人们无法把房舍和游园随时带在身上示人）举债，是可以成立的。也就是说，这是第 2 句规则的一个例外。

抢劫、侵入[①]、殴斗、婚娶、王命[的交割];[需要在]在前半夜交易的人[②][办理的交割]。

[9]商队、畜群、净修林[③]、猎户和吟游者中的那些来回于林野间的人所办理的交割,即使在林野间成办,亦可得成立。

[10]在有秘密收入的人$_{(4.4)}$中,以欺诈手段办理的交割亦可得成立。

[11]在秘密的结合[④]中,秘密办理的交割亦可得成立。

[12]除这些之外的交割都不成立。另外,由依附于他人者办理的交割亦不得成立,[如]依附于父亲的儿子、依附于其子的父亲、被逐出家门的兄弟、尚未取得遗产份额的幼子、依附于丈夫或儿子的妇人[⑤]、奴隶和人质、未成年或年事过高而不能成办理割的人、罪人、出家人$_{(1.11.6)}$、残疾、陷入困境者。[⑥]——除非他们是被委

① 侵入(anupraveśa):"以他人钱财、产业、房屋为目的的进入"(CŚ)。

② 在前半夜交易的人(pūrvarātravyavahārin):适合甚至有必要在夜间进行交易职业的从业者。CŚ 举的例子是娼妓和酒贩。

③ 据 CŚ,商队(sārtha)、畜群(vraja)、净修林(āśrama)实际上分别指商团(vaṇiksaṅgha)、牛倌(gopāla)、林间的家主(隐修者[vanakuṭumba])。这是很有必要的,否则这些名词与后面的"猎户"等无法并列。

④ 秘密的结合(mithaḥsamavāya):或秘密的关系,一般指男女私自结合的乾达婆婚(参见 3.2.6),但也指秘密订立的某些交割约定(如债务等。参见 CŚ 于 3.12.52 处注释)。

⑤ 前面提到这些情形一般是指未分家时的情形(奥利维勒)。依附于其子的父亲(pitrā putravatā):指父亲引退,那么,家主就是其儿子(长子);被逐出家门的兄弟(niṣkulena bhrātrā):CC 本读作 niṣkalena bhrātrā,并训之为"不能人道的兄长"。

⑥ 罪人(abhiśasta):CŚ 解释为"犯重罪者"(重罪:杀婆罗门、饮酒、盗窃或与师母行淫。参见 Mn 9.235);残疾(vyaṅga):根器不全者,这类人亦不得与人进行交割;陷入困境者(vyasanin):CŚ 将其释为"沉溺于醇酒、妇人或赌对者"。

派进行交割。[13]但即使如此[①]，由发怒的人、痛苦的人、醉酒的人、精神病人、为他人所辖制的[②]人办理的交割，仍不得成立。[14]办理或令人办理[此类交割]，或为[此类交割]作证人者，应分别处以上述$_{(3.1.3-4)}$罚金。

[15]但是，一切[满足下列]条件的交割可得成立：在各自相应的群体中，于[适当的]地点和时间，由能证明[涉事物]所有权的人办理，遵循了所有规程，其文书真实[有效][③]，[涉事物]的外形、特征、数量以及质量清楚可见。[16]而且，对于这类交割来说，最终的证据[④]才是可靠的——除了转交物和质押物$_{(3.12)}$。

——以上是“决定交割[是否成立]”。

第 58 目：讼案之归档

[17]他应先写下年、月、半月、日、衙署、分署；[再写下]做了充足保证的原告和被告的地区、村落、种姓、族姓、姓名；然后按照事情的次序写下[针对]控辩双方的讯问。[18]他应检查所记下的[内容]。[⑤]

① 即：上面提到所有可成立的情形（本章第 6—11 句）。CŚ 将其解释为对“除非他们是被委派进行交割”这一情形的让步。

② 所辖制的（avagṛhīta）：指任何形式的被挟服、控制、惩处（参见 5.6.47；7.5.41；8.2.17）。

③ 文书真实有效（śuddhadeśā）：deśa 即书面的、文件的证据，类似于后来的 lekhya（奥利维勒），整个复合词指“具有真实有效之文件的[交割]”。

④ 证据（karaṇa）：或证明。第 15 句中，svakaraṇa 意为“证明是自己的”，即证明所有权，或所有权证明。奥利维勒认为它一般为书面文件（参见奥利维勒译本 3.12.37 注），这也为 CŚ 的注释所支持。

⑤ 这是让控辩双方认可记录的准确性，如有问题，需要修改（奥利维勒），另参见 Yājñ 2.6-7。

[19]败诉的理由如下：[论辩的一方]丢开记录下的辩题转移到另一个辩题；不能以之后[说的]事印证之前所说；在驳斥对方无可驳斥的话之后仍然坚持[己说][6]；承诺给出文书，但当别人说“请出示”时却未能出示之；或者，出示有缺陷的文书或不是文书[的物事]；出呈与所指定[文书]相异的文书[证据]；通过说“不是这样”来否认自己在[他人]所呈交的文件上所说的事；不承认为证人所证实之事；在不当交谈的地方偷偷与证人交谈。

[20]败诉者，罚涉讼财物的1/5。[21]自行坦白者，罚涉讼财物的1/10。

[22]办事人员的薪酬为1/8[波那]。[7][23]路上的花销按时兴的价格[结算]。[24]败诉者应支付这两者。

[25]被告不得反诉——除非是涉及殴斗、抢劫、商队内冲突[8]。[26]同时，不得出现针对被告的另一诉讼。

⑥　坚持己说（avatiṣṭhate）：也有人将其理解为“保持沉默”（CŚ；坎格尔）。

⑦　这一句，KA原文为puruṣabhṛtir aṣṭāṃśaḥ（与CŚ本同），其他写本作puruṣabhṛtir aṣṭāṅgaḥ，坎格尔在校勘记中提到，校改为aṣṭāṃśaḥ的依据是CBh本。但据奥利维勒，H. Scharfe告诉他说，CBh本中，两种读法都不存在，只有一个批注说“败诉者应给讯问的公职人员1/8波那”。那么，坎格尔校改的依据可能是CŚ本。奥利维勒认为，假如正确的读法是aṣṭāṃśaḥ，那么，它意思未必是指1波那钱的1/8。不过，笔者认为，法庭上办事人员（puruṣa）的工钱不太可能像败诉者罚金一样随涉事财物变动，那么，不管正确读法是aṃśa还是aṅga，都不可能是针对涉事财物而言，因此，CBh写本的批注和坎格尔的理解或许是最好的选择。

⑧　商队内冲突（sārthasamavāya）：坎格尔将这个复合词看成依主释，理解为“商团”，奥利维勒在前文第11句中的注释中就坚持samavāya是一种社团（尤其是秘密的），将它看成相违释，从而理解为“商队与社团”。笔者认为，奥利维勒对《利论》中samavāya一词词义的归纳十分可疑。实际上，samavāya在《利论》中意思十分广泛：“集会”（1.13.2）；“结合”或“联盟”（3.1.11；3.2.6；7.4.20）；“同时”（3.2.43；3.11.19）。而在本句中，它指“冲突”。samavāya作“冲突”可参见Mn 2.117中Kullūkabhaṭṭa注：

[27]原告若未在被[被告]辩驳后的当天进行反驳，则应判败诉。[28]因为，原告对讼案做了决定[①]，而非被告。[29]若后者[当天]未进行辩护，则可宽限3到7日；[30]在这之后，[法官]应对他课以至少3波那、至多12波那的罚金；[31]3半月之后仍未进行辩护者，[法官]应先对其课以败诉的罚金，再令他以自己的任何财物——除了治生工具——赔偿原告。[32]他应对出逃的被告做同样的处罚。[33]对于原告来说，一旦出逃，即为败诉。[34]若[原告]去世或陷入困境，则因证人的证词[而败诉]。

[35]若[被告]贫困，则原告可先代缴罚金，然后令被告[为自己]做役。[②][36]或者，他若愿意，可以接受[被告的]的质押。[③][37]另外，他还可以让受到驱鬼术防护的人——除非是婆罗门——

laukikādijñānadātṝṇām eva trayāṇām samavāye yathottaraṃ mānyatvam（若教授世间知识、吠陀知识、神我知识的三者彼此冲突，则应按顺序礼敬之，靠后者更受尊敬）。另外，在《利论》4.7.17中samavāya也指冲突。再者，如果将samavāya理解为"社团"，那么，"商队与社团"这两个名词明显与前面的"殴斗"与"抢劫"不同性质。综上所述，这里的sārthasamavāya是指商队中的冲突或矛盾纠纷。

① 对讼案做了决定（kṛtakāryaviniścayo）：即原告一旦决定上诉，有义务及时反驳，毕竟原告是做了准备的人。

② 第34—35句：KA原文为：pretasya vyasanino vā sākṣivacanam asāram（第34句），abhiyoktā daṇḍaṃ dattvā karma kārayet（第35句）。译文据奥利维勒的改进读法译出：pretasya vyasanino vā sākṣivacanād（第34句），asāram abhiyoktā daṇḍaṃ dattvā karma kārayet（第35句）。另外，分段方面，坎格尔译文将第34句另起一段，但根据这种读法，第34句应紧随第33句之后，因此译文段落在此处会与坎格尔译本分段有所出入，特此说明。

③ 原文ādhiṃ vā sa kāmaṃ praveśayet：坎格尔和奥利维勒都将这句话的主语"他"（sa）看作是被告，认为是被告"提供"（praveśayet）质押，十分可疑。因为前一句的主语是原告（abhiyoktṛ），而这里跟了一个"或者"（vā），显然是接着上一句在说，如果将主语理解为被告，那就忽视了这个"或者"。动词praveśayet在此是指原告"领走"或"接受"被告的质押。

做役[作为抵偿]。[①]

[38]因为国王**法**保护着这个有着四种姓和四行期的世界的正行，它能复兴所有正在销蚀的**法**。[②]

[39]讼事有四“足”：**法**、律则、习俗、王命；[四者中]，每个靠后者都压过每个靠前者。[③]

[40]在此四者中：**法**基于真理[④]，律则基于证人；**习俗**基于人们的[普遍的]看法，**王命**则是国王的文书。

---

① 无论从文本校勘角度，还是从内容角度来看，这一句情况都较为复杂，尤其在译家中，说法颇多，但都缺乏决定性证据。因此，笔者在这里采取了 CŚ 的理解：第35—37句说的都是原告如何对待无法正常缴纳罚金的败诉被告。而这里，说的是另一种选择：败诉的被告让自己或人质为原告做役，但原告需要对被告行驱鬼术（rakṣoghna；“祛除恶鬼或罗刹的”）防着被告，以保护自己。据 CŚ，这样做的原因是，无论是败诉者自己还是他提供的人质，在没有薪酬的情况下做工，可能会情不自禁地想要杀死令自己做役的人（即原告），因此原告有必要先将被告或人质身上的恶鬼驱走。“除非是婆罗门”，可能是指婆罗门不用做役或者对婆罗门不需要行驱鬼术。坎格尔认为，考虑到第35句的存在，第37句都可能是窜入正文的批注。

② 国王法（rājadharma）：需要注意的是，“利论”这一类文献，通常也被叫作“国王法”文献（参见 Kane 1990, I, 149；Hacker 1958），在下文第44—45句中，提到国王法与法（dharma）之间的轻重关系值得注意。复兴（pravartaka）：能令……运行，CŚ 甚至将其训为“复兴”或“光复”（projjīvaka）。

③ “足”（pāda）：指支柱或标准。律则（vyavahāra）：在此指基于证据和法条的实际案件的审判，用现在的话来说，即诉讼程序。这是由世俗政权中的国王及其法官主导，并非像婆罗门教系统的法（dharma）那样，由“人间的天神”婆罗门阶层主导。因此，在这里，它完全可以理解为世俗法、实定的律条或律则（2.7.2,29）。从这一颂可以看到，神圣的法（dharma）在这里处于一个最后的位置：它排在律则（世俗法）、习俗和王命之后。

④ 真理（satya）：指奥义书中超越的、终极的真理，它是法的来源（*Bṛhadāraṇyaka Upaniṣad* 1.4.14；*Taittirīya Upaniṣad* 11.1）。但显然，在《利论》时代，这种真理已经失去了其真质（substance），基于此种真理的法也失去了其主导性的整饬作用，成为社会生活中比较不重要的规范力量。

［41］国王有其**本法**(1.3.4)：若他通过此**法**[①]保护民人，则他得享至福；或者，若他未能保护，甚或滥施刑惩，［结果］就相反。

［42］因为，惟有刑惩可保护此世与彼世——当国王根据其过错而将刑惩不偏不倚地施加到自己的儿子和敌人身上时。[②]

［43］因为，凭着**法**、律则、习俗，还有第四个——王命[③]——来治理的国王，可以征服大地之四极。

［44］在某个案件上，若**习俗**和有关律则的教诲两者与有关**法**的教诲相抵牾，他应按照**法**来决事。[④]

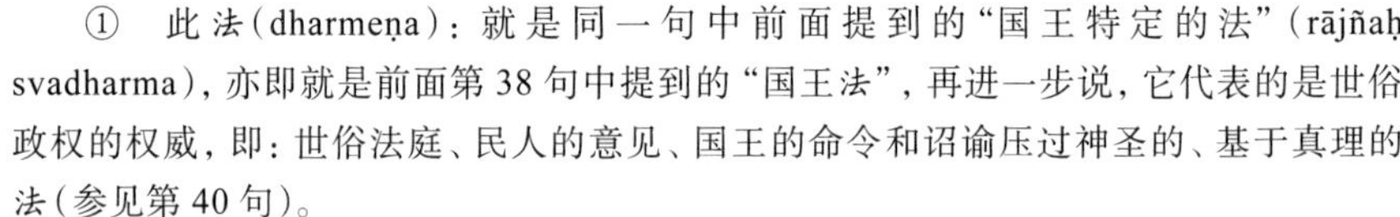

① 此法(dharmeṇa)：就是同一句中前面提到的“国王特定的法”(rājñaḥ svadharma)，亦即就是前面第38句中提到的“国王法”，再进一步说，它代表的是世俗政权的权威，即：世俗法庭、民人的意见、国王的命令和诏谕压过神圣的、基于真理的法(参见第40句)。

② 即：当国王对所有人(儿子是亲的极端，敌人是疏的极端，两者一视同仁)不偏不倚、合理地运用刑惩时，能保护此世与彼世。

③ 本句中，作者使用了 saṃsthā 与 nyāya 来分别表示习俗与王命，替代了上文中的 caritra 与 śāsana，应当是为了诗律的关系。关于 saṃsthā，奥利维勒在译文的注释中让人参见2.7.2，但2.7.2中并非 saṃsthā，而是 saṃsthāna，且恰恰是 śāsana(王命)的同义词，与 saṃsthā(习俗)没有关系。

④ 本句在文本和内容方面情况都较为复杂。KA 读作 saṃsthā yā……，而 CŚ 本读作 saṃsthayā……。按前者的读法，译文见正文。如按照 CŚ 的译文，则应译为：在某个案件上，若有关法律的教诲与习俗或有关法的教诲相抵牾，他应依据法的教诲决事。而且这两种理解方法，无论采取哪一种，都将法又置于习俗与世俗的律之上了。前文第39句表达了法、律、习俗和王命逐渐递增的决定性，但此处，在法、律和习俗中，具有决定性的又是法——这和前面几句有些不协调，比较费解。笔者猜测，如果这一句若是没有经过任何种故意的修改(这种修改似乎不太可能，因为修改者不可能放过之前和之后那些立场上同样明显和坚定的句子，而单独修改这一句)，那么，“他应按照法来决事”中的“法”，应该不是指通常所谓的法，而是第38、41句中的国王法(利论)简称。也就是说，如果法、律和习俗出现抵牾，那么法官(背后为国王)应当根据国王法(利论)

[45]在**法**方面，若[论典上的]教诲和任何**王命**相互抵牾，那么他应以**王命**为准，因为，在那上面，[书面的]教说行不通。[①]

[46]明显可见的过犯、自行坦白、原被告双方在庭辩中坦直相质、推理，以及起誓，均可达成案件的判决。

[47]若前后陈述相互抵牾、证人[本身]被证实有可指责之处或越狱，则[当事人]应判败诉。

——以上是第三篇“法律”第一章“决定交割是否成立”“讼案之归档”。

第二章

第59目：婚姻相关

(1)婚娶之法[②]

[1]一切交割以婚娶为先。

[2]将姑娘装扮完毕后嫁出去，为大梵婚；[3]同行正法，为

做出决定。

① 前一句提到以国王法为准，这一句说的是经典或教本（pāṭha）在国王法的规定上若与王命令发生冲突，那么，应以后者为准。在这里，经典和教本显然包括法论、利论，以及1.5.13-14提到的这类文献。第38—45句集中表达了利论这类文献的世俗化（或世俗权威对神圣权威的反对）立场，是一段十分值得玩味的文字。

② 婚娶之法（vivāhadharma）：应当注意，这一小节虽然看似介绍的是婚姻的几种形式，但这里的法，不是方式，也不是世俗律条，而是礼法（dharma；nomos；礼），其要点在于这些形式的内容（即是否合乎法）。

生主婚；[4]收取[新郎的]一对牛，故为仙人婚；[5]将[新娘]交与祭坛中[行祭]的祭司，故为天神婚；[6][男女]秘密结合，故为乾达婆婚；[7]收取聘礼，故为阿修罗婚；[8]强抢[新娘]，故为罗刹婚；[9]劫走昏睡或沉醉的[姑娘]，故为毗舍遮婚。[1]

[10]前四种因有父亲的裁夺而合乎法；其余的因有母亲或父亲的裁夺而合乎法，[11]因为，他们两人收取女儿的聘礼〔或者，其中一个在而另一个不在的情况下[收取聘礼]〕。[2][12]女子可收取第二道聘礼[3]。

[13]以上所有婚娶[形式]，都不禁止出于喜爱而令新娘欢喜[的行为]。[4]

——以上是"婚娶之法"。

(2)奁产之规则

[14]生计或首饰为奁产。[5][15]生计即至多2000波那的赠

---

① 有关这八种结婚方式更详细的描述，可参见Mn 2.20-34。大梵婚(brāhmavivāha)：名称源自大梵天(Brahmā)。生主婚(prājāpatyavivāha)："祝之以善咒'愿彼二人同行正法'之后，将女儿嫁出去，这就是生主婚"(CŚ)。当然，文中出现的这一句只是咒语的核心内容，咒语本身会复杂得多。阿修罗(asura)、罗刹(rakṣas)和毗舍遮(piśāca)都是带些邪性的天神(非天)、恶鬼、僵尸鬼(嗜食人肉)。

② 这个原因是接第10句的后半句的。从这句也可以看到，父母双方或任何一方即可同意后四种婚事。

③ 第二道聘礼(dvitīyaṃ śulkaṃ)："出于喜爱而赠送的礼物"(CBh)；"按规定，新郎出面迎娶当天应送的额外的聘礼"(CŚ)；坎格尔和奥利维勒认为也可能是指妇人再婚时收到的聘礼。

④ "出于喜爱而令新娘欢喜的行为"主要是指"新郎与新郎亲属送给新娘饰物等"(CŚ)。

⑤ 生计(vṛtti)："地、钱等活命之物"(CŚ)。另外，这一句的"或"(vā)实际带有"或"与"和"(ca)两层意思。

金；首饰则无限制。[16]若用以抚养自己的儿子和儿媳，或丈夫外出时未[为她]安排生计，那么，妇人动用奁产没有过错；若用以应对劫匪、疾病、饥荒或[其他]危险[①]，或为了[履行]法方面的义务，那么，丈夫[动用女方的奁产没有过错]；或者，若夫妻生下一子一女，那么，夫妻双方一同[动用奁产都没有过错]。[17]另外，在最合乎法的婚姻中，若奁产被用了三年，则[法官]不应过问。[②][18]若是在乾达婆婚和阿修罗婚中被用，[丈夫]应被责成连本带利地偿付两者[③]；若是在罗刹婚与毗舍遮婚中被用，[丈夫]应缴盗窃罪的罚金。

[19]若丈夫去世，而妇人希求守法，她即刻可得到赠金和首饰，还有剩余的聘礼。[④][20]当她获得这些财物，却又改嫁，应被责成连本带利地偿付两者。[21]但是，若她渴望子嗣[⑤]，她可在再醮时可得到公公和[亡]夫赠予的[财物]。[22]我们将在“长期离家”[一节]中谈再醮(3.4.37-42)。[23]或者，若她违逆她公公的意愿再醮，

① 应对劫匪……：是指丈夫或整个家庭已经遭受了这些灾难之后，丈夫需要妻子的奁产救急。

② 最合乎法的婚姻(dharmiṣṭheṣu vivāheṣu)：指大梵婚、生主婚、仙人婚和天神婚。坎格尔的译文中，主语为妻室，本译文将主语改为“法官”，是基于奥利维勒的观察。他认为句中的anuyuñjīta(anu-√yuj，讯问、查问)在《利论》中绝大多数时候用来表示法官或政府官员的讯问行为，具有术语意义。

③ 两者(ubhayaṃ)：指生计和首饰。

④ 希求守法(dharmakāmā)：“渴求彼世之利益”(CŚ)，即不另适他人而坚持守节；剩余的聘礼(śulkaśeṣaṃ)：CŚ认为是“夫妇二人用剩下的财物”，但迈耶认为，男方的聘礼可能是分期付给女方父家(参见3.4.15,33)，一旦丈夫过世，则剩余的聘金不再给女方父家，而给妇人自己。

⑤ 渴望子嗣(kuṭumbakāmā)：kuṭumba一般指家或家庭，但在这里主要指子嗣(MW)。寡妇渴望子嗣即：他可与亡夫的兄弟或其他近亲(参见3.4.38-40)为亡夫生一个儿子，然后她仍属于亡夫这个家族。

则应被剥夺公公和[亡]夫赠予的[财物]。

[24]若寡妇被[他人]从[亡夫的]亲戚[①]手上诱拐走，那么，[亡夫的]亲戚们应当按所取如数交还给这个寡妇。[②][25]若她依规矩再醮，那么，迎娶他的人应保护她的奁产。

[26]再醮的寡妇应被剥夺亡夫的遗产[③]；[27]若她希求守法，则可动用[亡夫的遗产]。[28]有子嗣的寡妇若再醮，应被剥夺奁产；[29]而其子嗣可取得她的奁产。[30]或者，若她为抚养子嗣而再醮，她应为了他们而增置奁产。

[31]若妇人与多个男人生有多子，她应按照他们各自父亲所赠予的将自己的奁产分配给各个儿子。[④]

[32]再醮的寡妇，应将奁产分配给自己的[原来的]子嗣，即

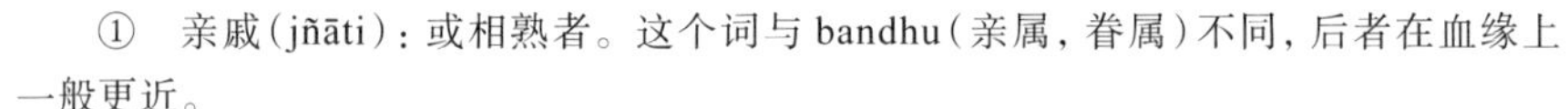

① 亲戚(jñāti)：或相熟者。这个词与 bandhu(亲属，眷属)不同，后者在血缘上一般更近。

② 这句话的意思一直没有被解释清楚，原因是动词 abhimṛṣṭāyā(abhi-√mṛś)的意义晦暗不明。迈耶的理解是：妇人在丈夫去世后又与自己血亲一起，当她再次被娶走时，这些亲戚应将自己从妇人手中取得的财物如数归还。坎格尔的理解是：如果寡妇被剥夺了亡夫亲属的照料，那么在再醮时，新丈夫的亲属应将该妇人从亡夫亲属手中取得的财物归还给该妇人。但问题是，新丈夫的亲属为何会得到妇人从亡夫亲属那里获得的财物呢？奥利维勒在这一点上保持犹豫。实际上，动词 abhi-√mṛś 在这里应该被理解为“诱拐”，即：亡夫的亲属们应当看管和保护好寡妇，如果寡妇被他人从自己手中诱拐甚至抢走的话(乾达婆婚、罗刹婚或毗舍遮婚)，那么，他们将要把自己从妇人手中得到的财物交给妇人或妇人的新夫家。把这个动词理解为一种非常规的婚姻，也为后一句中“按规矩再醮”这个对比所支持。动词 abhi-√mṛś 作“诱拐”讲，可参见 Mn 8.352 及 Yājñ 2.284。

③ 亡夫的遗产(patidāyaṃ)：坎格尔认为 dāya 不应被理解为遗产，因为妻子并不在继承人之内(3.5.2-12)，因此理解为“亡夫所赠送的财物”，但“亡夫所赠送的财物”在上文第 21 句原文中为 patidattaṃ。因此，这里似乎应当按字面意思译为“遗产”较好。

④ 即：丈夫赠予的财物属于妇人的奁产，但妇人若要将奁产赠送给自己多个儿子，那么，她必须将其赠送给每个男人的亲生儿子。

便那些奁产是她自己可以随心所欲支配的。

[33]无子嗣但守护[亡]夫床第[①]的妇人，在身边有长者的情况下可动用奁产，直至寿终。[34]因为，奁产以[应对]灾患为目的。[②][35][待其寿终]后，奁产归后嗣。

[36]丈夫在世时，若妇人去世，诸子女可分割[③]其奁产；若无儿子，则由诸女分割；若无子女，则归丈夫。[37]而她的亲属可取得她的聘礼、她婚后所得到的[财物]以及亲属们赠送的其他[财物]。[④]

——以上是“奁产之规则”。

(3)续娶补偿[⑤]

[38]若妇人不生、不生儿子或不孕，丈夫应等8年；若生下死胎，应等10年；若只生女儿，应等12年。[39]在此之后，若他想要儿子的话，可另娶妻。[40]若违越之，他应支付聘礼、奁产以及

---

① 守护亡夫床第(patiśayanaṃ pālayantī)：即苦志守节。

② 第34句的“因为”是指：妇人应在长辈的监护下使用奁产，因为奁产是为了应对灾患，而不是为了挥霍。

③ 分割(vibhajeran)：指平均分配(坎格尔)。关于奁产的分配，另可参见Mn 9.196-7；Yājñ 2.145；Nār 13.7-9。

④ 妇人去世后，聘礼(这里应当是指剩余的、未付完的聘礼。参上文第19句及注释)就由其父家所得，婚后父家(或其他血亲)赠予该妇人的财物，亦归返父家(或其他血亲)。

⑤ 续娶补偿(ādhivedanikam)：丈夫在续娶时给首任妻子的“补偿”(参见Yājñ 2.143,148)。但续娶补偿到底是多少则难以确定，本章第41句中似乎暗示续娶补偿是聘礼和奁产之和，但CŚ认为续娶补偿应当为男人在新娶时的花费，而且在《祭言法论》相同的规则中，注家识自在(Vijñāneśvara)也对续娶补偿做了相同的解释(参见Yājñ 2.148，CŚ注大概是以识自在的注为蓝本)。

1/2 的续娶补偿；另缴至多 24 波那罚金。[①]

[41][丈夫]向她提供聘礼、奁产——若她没有聘礼和奁产，则向她提供与之等量的[②]续娶补偿——以及足够的生计之后，他甚至可以娶多个妻子，[42]因为，[娶]妻的目的是儿子。[③]

[43]另外，若诸妻月事同时，他应根据婚娶[之法]亲近居先的妻子；或亲近他先娶的妻子，又或是先亲近有儿子在世的妻子。[④]

[44]若隐瞒月事，或未及时同房[⑤]，罚 96 波那。

[45]有儿子的、希求守法的、不孕的、生下死胎的或已绝经的妻子，如果女方不情愿，丈夫不得亲近她。[46]如果丈夫不情愿，他可以不亲近有麻风病的或疯癫的妻子。[47]然而，[倘若]丈夫

① 即：若违反上述规则，丈夫要将聘礼、奁产、续娶补偿的 1/2 给首任妻子。另外向法官缴纳罚金。

② 与之等量（tatpramāṇaṃ）：显然是指与前面的聘礼和奁产等量。但被给予的女子本身没有聘礼和奁产，那么，这个聘礼和奁产的标准就很难落实。这里说的是多个妻子，那么，对于本身没有聘礼和奁产的女人，丈夫所付的续娶补偿可能就——如 CŚ 所说——是新婚的花费。

③ 即：因为娶妻子的目的是生儿子，所以为着子嗣的缘故，可以娶多个妻子。

④ 即：首先是根据婚娶之法（本章第 2—9 句），按照大梵婚……毗舍遮婚的次第（CŚ）亲近具诸位妻子；或者，先迎娶谁，就先亲近谁；又或者，去亲近有活着的儿子的妻子（因为有希望产下更多的儿子）。

⑤ 原文 tīrthaguhanāgamane：奥利维勒将其理解为 tīrthaguhane tirthāgamane ca（隐瞒月事与未佳期同房），第一个 tīrtha 为“真正意义上”的月事，第二个 tīrtha 为佳期（ṛtu，参见 1.3.9 及注释）。因此第一个过错在女方，隐瞒自己的月事，这样，即使同房，也不会受孕；第二个过错在男方，在女子的佳期不亲近女方，亦耽误了佳期（这是对坎格尔理解的一个加强）。这或许说得通。不过，从情理上来说，女子不太可能在隐瞒住自己月事（真正意义上的）的情形下让丈夫与自己同房（她的丈夫不可能不发现），因此，第一个 tīrtha 也只可能是指“佳期”，即女子隐瞒自己的佳期。因此，这里更好的解释应当是这两种情形：女子故意隐瞒导致耽误了佳期，男子知晓妻子的佳期却不与之同房。

如此，为了生子，女子亦应亲近他。[①]

[48][妻子]应弃绝这样的丈夫：变得低贱、留居外国、获罪于国王、危及她性命、丧失种姓或不能人道。

——以上是第三篇“法律”第二章“婚娶之法”“奁产之规则”“续娶补偿”（属于“婚姻相关”目）。

第三章

第59目：婚姻相关（续）

(4)夫妇相事[②]

[1]女子12岁成立[③]；男子16岁成立。[2]此后，若女子不能事夫，罚12波那；男子[不能事妇]，罚2倍。

——以上是“夫妇相事”。

(5)养家

[3]若[家中]用度的[支取]没有固定的时间，他应根据仆从

---

① 即：为了得到儿子，即使丈夫有麻风或是疯子，妻子亦必须与之亲近。奥利维勒说：假如“为着儿子的缘故”（putrārtham）理解为状语，那么，就是女子自己希求生子（他认为这更可能）；如果将它当成形容词与evaṃbhūtaṃ（如此这般的丈夫）搭配，那就是丈夫自己希求儿子。这体现了奥利维勒对语言本身细微差别的洞察力。

② 事（śuśrūṣā）：服侍，这里指夫妇在婚姻内的义务，即“相事”。

③ 成立（prāptavyavahāra）：达到了办理交割（vyavahāra）的年龄，用现在更为分殊化的法律术语讲，是“达到了民事行为能力的年龄”。

[情况]——或更大方地[①]——支给衣食或另外的[财物]。[4]若有固定的时间，他应在算定同样的[支出]后，[向妻子]支给这一笔相关财物[②]；[5]另外，在妻子未领取到聘礼、奁产和续娶补偿时候，亦是如此。

[6]若妻子住进公公家，或分割[产业]后独过[③]，则丈夫不应被诉。

——以上是“养家”。

(6)侵犯$_{(3.18\text{-}19)}$

[7][对妻子]进行调教不能用以下的话：你这废物！你这死货！你这残废！你这没爹的！你这没娘的！[8]或者，可以用竹块、绳索或手[这几种中的]任意一种在她背上打三下。[9]若违越之，罚金为口头侵犯$_{(3.18)}$和身体侵犯$_{(3.19)}$[罚金]的1/2。

[10]以侵冒丈夫而闻名的妒妇，罚与上述相同。[11][若此

① 更大方地(saviśeṣaṃ)：有结余地，即给出多的。这是相对“根据仆从情况”(yathāpuruṣaparivāpaṃ)这种刚刚好够用的支给方式而言。

② 同样的支出(tad eva)：即上一句中“衣食或另外的财物”。相关财物(bandhaṃ)：就是指他算出来的那一笔财物，是多少就照付。bandha一词的意义参见2.7.21及注释。奥利维勒对bandha已经得出了很好的理解，但在这里，他未将其理解为“涉事”或“相关”，而退回到“保证金”较为原始的意义上。认为bandha是指一种预先支付的保证金，如果丈夫不能按时支给衣食等，妻子仍然可以凭这质押过活。实际上，这里仅仅是说，如果是按固定时间支付，那么，算出来是多少，就付给妻子该笔财物。

③ 住进公公家(śvaśurakulapraviṣṭāyāṃ)：该妇人和前夫虽然已经没有婚姻关系，但仍然在家族内(有生活来源)。迈耶认为是该妇人可能嫁给了前夫的兄弟。分割产业后独过(vibhaktāyāṃ)：应考虑到，vibhakta来源与vi-√bhaj，本身就有分割财产的意思(参见3.2.36及注释中vibhajeran)，因此，这种分家独过是已经分到自己的财产之后单独立户，并非仅仅是被分离(vibhaktā)。

类侵犯发生在］户外游玩或门边，则处分如［口头侵犯和身体侵犯罚金的］规定。①

——以上是“侵犯”。

(7)厌弃

［12］厌恶丈夫的妻子，若在七次月事期间都不［为同房而］装扮自己，则应即刻交出赠金和首饰(3.2.14-15)，并应同意丈夫与其他妇人同寝。

［13］厌弃妻子的丈夫，应同意她单独住在乞食女道人、保护人②以及亲戚［这三者中的］任何一家。

［14］男方若拒绝同房，在其征兆明显可见，或通过同种姓的密探被查知的情况下③，男方如仍不承认，应缴12波那罚金。

① 第10—11句：KA原文为：tad eva striyā bhartari prasiddhadoṣāyāḥ(第10句)，īrṣyayā bāhyavihāreṣu dvāreṣv atyayo yathānirdiṣṭaḥ(第11句)。译文据奥利维勒的改进读法译出：tad eva striyā bhartari prasiddhadoṣāyāḥ irṣyāyāḥ(第34句)，bāhyavihāreṣu dvāreṣv atyayo yathānirdiṣṭaḥ(第35句)。第11句所说的规则，适用于前面提到的夫妇之间彼此的言语和身体侵犯，但前面应该是指在室内，所以罚金为规定罚金的1/2，而这里地点改变，罚金应为规定的足额(奥利维勒)。奥利维勒的改进后的读法比坎格尔的读法合乎情理得多，但在这里提到罚金时，不是daṇḍa而是atyaya(处分)，则略微费解。奥利维勒说，这两句话可能脱落了一些字句。

② 保护人(anvādhi)：这个词似乎是指某个接受他人委托的第三方(参见3.12.18-19)，而CBh认为他就是“奁产保管人”(strīdhanādhiṣṭhātṛ)。奥利维勒认为这样一个人可能是在婚姻出现问题的情况下为代表已婚妇人的利益，这似乎是一个较为“现代化”的解释，因为文中看不出他可以直接对妇人的婚姻进行积极的或有效的“干涉”。

③ 原文dṛṣṭaliṅge maithunāpahāre savarṇāpasarpopagame vā：这一词组被注家和译家理解为多种意思。坎格尔将它理解为三件事情：(厌弃自己妻子)的特征明显，或掩盖与其他女人行淫，或通过密使勾搭同种姓妇女。奥利维勒认为在这个主题(夫妇相互厌弃)上男子抵赖的应当只是一件事情：不与妻子同房(mithunāpahāra)。而另两个复合词作为形容词修饰这件事实：要么是很容易就看的出男子厌弃妻子而不与她同房，要

[15]若丈夫不情愿，厌弃丈夫的妻子不得离婚；[若妻子不情愿，厌弃妻子的]丈夫也不得离婚。[16]相互厌弃[方可]离婚。[17]或者，若男方因女方的过恶而想离婚，他应按自己所取得的如数交还给她。[18]或者，若女方因为男方的过恶而想离婚，那么，无论男方从她那里取得过什么，都无须交还。[①] [19]法婚$_{(3.2.2\text{-}5)}$不得离婚。

——以上是“厌弃”。

(8)越轨

[20]在[丈夫]禁止的情况下，妻子若仍然狂乱地饮酒作乐，应缴3波那罚金。[21]若她于日间去观看女人的表演或[同女人]游玩，罚6波那；若观看男人的表演或[同男人]游玩，罚12波那。[22]若是夜间去，罚2倍。

么是(法官)通过女性密使查知他厌弃妻子。相较而言，笔者更倾向于奥利维勒说。

① 第17—18句：这两句在我们看来确实有些奇怪：女方有错时而男方提出离婚时，男方反而要交还女方的财物；男方有错而女方提出离婚时，男方反而不用交还。所以，坎格尔通过这两条规则总结说，谁提出离婚最关键，谁提出离婚就要承担经济损失。因此，奥利维勒的译本将这两句中的asyai改成了asmai(sy和sm在马拉雅拉姆语字母的写本中看起来十分相似)。奥利维勒认为，一般来说，女方从男方那里获得财产，而不是相反，所以两个句子的主语应当都是女方：女方犯错且男方提出离婚时，女方将自己从男方那里获得的财物如数交还男方；男方犯错且女方提出离婚时，女方不必将从男方取得的财物交还。这是合乎情理的。但笔者在译文中仍然用了KA的读法，因为坎格尔总结的那一条“谁提出离婚最关键”在语境中站的住脚。第15—16句中明显提到，某一方的厌弃一般不能离婚，只有相互厌弃才是离婚的充要条件(再参见下面第19句那条规则)。而在这里，作者就继续规定了，假如一方厌弃另一方而非得要离婚的情形：那就是谁提出离婚，谁就承担经济损失。而且奥利维勒在这一点上的反驳也并非是决定性的：我们不能认为男方不可能从女方那里取得财物，前面提到过男方动用女方的妆产(3.2.16-18)、男方亲属从女方那里获取财物(3.2.24)这类情形。第15—16句两条规则是凌驾性的，KA的读法仍然有效。

[23]妻子若在丈夫沉睡或沉醉时离家，或不给丈夫开门，罚12波那；[24]若夜间离家，罚2倍。

[25]男女双方若为了交欢而做出不得体的肢体动作，或私下说淫秽的话，女子罚24波那，男子罚2倍。

[26][男女双方]若爱抚头发、下裳的带结、牙齿或脚趾，[女子]处初等罚，男子罚2倍。

[27]另外，[男女双方]若在可疑的地方交谈，鞭罚可代波那[1]。[28]对于女子，旃荼罗应于村落中央在她们的背心打5鞭；[29]或者，她可以为每一鞭缴1波那[赎金]，以免去鞭打。

——以上是"越轨"。

(9)禁止授受与交道

[30]男女双方在被禁止的情况下互相授受：若是小物事(3.17.6)，罚12波那；若是大物事(3.17.7-8)，罚24波那；若是钱和金子，女子罚54波那，男子罚2倍。[31]同样的违犯，若是在两个不可行淫的人之间，罚金为相应的1/2[2]；与被禁止[打交道的]男人交易的情形，亦同此。[3]

[32]因为行国王所憎恨之事(4.10.13)、越轨或自行出奔，一

① 鞭罚可代波那(paṇasthāne śiphādaṇḍaḥ)："每一鞭代替1波那"(CŚ)。

② 两个不可行淫的人(agamyayor)："兄妹等之类的两个人"(CŚ)，显然是指近亲甚至血亲的男女，这样的交往一般来说反而能免去一些嫌疑，因此，这样的两个人之间，授受虽属过犯，但罚金只1/2。

③ 前几句是讲的互相"授受"，这是唯一一句照应标题中禁止打交道的规则：女子被禁止和某些男人打交道，但她仍然和他们有接触的话，罚金为授受的1/2。

个妇人就失去她的奁产、嫁妆和聘礼的所有权。

——以上是第三篇“法律”第三章“夫妇相事”“养家”“侵犯”“厌弃”“越轨”“禁止授受与交道”（属于“婚姻相关”目）。

第四章

第59目：婚姻相关（续）

(10)离家

[1]离开丈夫家的妇人，罚6波那——除非是因为[丈夫的]过恶。[2]若是在受到他人阻止的情况下[仍然离开丈夫家]，罚12波那。

[3]进入邻人[①]房舍的妇人，罚6波那。[4]邻人、乞食道人[②]和贾人若分别资给其住处、乞讨来的事物或货物，罚12波那；[5]若是被人阻止过[仍然向她提供帮助]，处初等罚。

[6]进入外人[③]房舍的妇人，罚24波那；[7][男人]若为外人之妻提供住处，罚100波那——除非[这个妇人]有难。[8]若他阻止了她，或不知情，则无过。[④]

---

① 邻人（prativeśa）：邻居。《摩奴法论》中分“前邻”（prātiveśya）与“背邻”（ānuveśya）（参见Mn 8.392）。

② 乞食道人（bhikṣuka）：指代所有以乞食为生的出家人，不一定是佛教的比丘（bhikṣu）。另外，前面一直出现的是“乞食女道人”（bhikṣukī）。

③ 外人（para）：他人，指除了夫家、邻人之外的其他人。

④ 即：“虽然说了‘不要进我的屋’以阻止她，但她还是住进来；或是在他不知道

[9]诸先师说："以下人家，只要没有男人在，妇人因丈夫过恶而去到它们中任何一处，均无过错：夫家的亲戚、托付人(3.4.26)、村落头人、保护人(3.3.13)、乞食女道人或自己亲戚。"[10]憍底利耶说："或者，[即使]有男人在，[去到]自己亲戚家[也无过]，[11]因为，贞妇为何会欺人？[12][毕竟]这很容易明白！"①

[13]妇人因[出现]丧葬、害病、灾患或生产[这类]缘由而去到亲戚家，则完全不受禁止。[14]丈夫若阻止她因这类缘由[去亲属家]，罚12波那。[15]但即便是此类场合，她若藏匿②起来，那么她应被剥夺奁产；或者，亲戚中若有人藏匿她，那么她被剥夺剩余的聘礼。

——以上是"离家"。

(11)同行

[16]妇人从夫家出走后，若去到其他村落，罚12波那，而且应被剥夺赠金与首饰。[17]或者，她若与一个可与之行淫的③男子同行，罚24波那，并剥夺一切法④——被供养和佳期同房(1.3.9)两者

的情况下住进来"(CŚ)。

① 第11—12句为憍底利耶支持"妇女去到有男人在的亲属家"的根据(hetu)：是贞妇还是荡妇，都会被人们知晓("毕竟这很容易明白"，CŚ注文同此)。原文最直接的译法是：对于人们来说(janasya)，贞妇(sādhvī)无论如何不是欺骗(chala)，即：贞妇无论如何都不是"装出来的"(chala)。

② 藏匿(gūhamānā)："凭着某种欺骗手段住在秘密地方"(CŚ)；"拒回夫家"(坎格尔)；"出走"(奥利维勒)。

③ 可与之行淫的(gamya)：两人之间如果行淫的话不会有禁忌(非血亲或亲属等)，它指一种对性关系的开放、一种嫌疑，并非现实的性关系。对比3.3.31中"两个不可行淫的人"及注释。

④ 剥夺一切法(sarvadharmalopa)：失去一切法，剥夺一切法。"丈夫所进行的祭

除外[①]。[18]对这个[同行的]男子来说：若[他的种姓]与女子相同或较她高，处初等罚；若是[较她]更低，处中等罚；[19]若是亲属，则不当被罚；[20]若是他被阻止过，罚上述罚金的1/2。[②]

[21]在路上，她若去到中途一个隐蔽之处，或怀着淫念与一个可疑的或被禁止[打交道]的男子同行，他[③]应认为这是通奸。

[22]以下这类人[的妻子]若与男人在路上同行则无过：舞人、吟游者、渔夫、猎户、牛倌、酒店掌柜(2.36.8)，还有其他那些放任自己妻子的人[④]。[23]或者，若是被[丈夫]禁止，领走她的男子或跟随男人走的妻子应缴上述罚金的1/2。

——以上是“同行”。

(12)短期离家

[24]短期离家的首陀罗、吠舍、刹帝利和婆罗门，他们的妻子若未生育，应等1年，[各种姓]按顺序一年一年地增长；若已经生育，则应分别再多等1年。[⑤][25]被安排好了生计者，[等候]时间

祀等一切法，失去参与(机会)”(CŚ)；“一切社会和宗教的权利与优待”(坎格尔)。从这一点我们可以看到，印度的法(dharma)与西方的“正当/正确”类似，实际不光指客观的“法”，也指主观的“权”“法律”(vidhi；Gesetz)与“权利/特权”(adhikāra；Recht)双重意义于一身：法为客观之权，权为主观之法。

① 她仍然享有被供养和佳期同房这两项权利，因为这属于丈夫当行之法(义务)。

② 即：即便是亲属，但被人阻止过仍与该妇人同行，罚第18句中提到的罚金的1/2。

③ 文中未指明“他”是谁，但我们猜想可能是指法官。

④ 关于这类人的一个较为详细的罗列，参见2.27.25。另外，《摩奴法论》也提到这类人唆使自己妻子卖身(参见Mn 8.362)。

⑤ 即：首陀罗、吠舍、刹帝利、婆罗门四个种姓，其妻子若生育，则分别等自己丈夫1、2、3、4年；若已生育，分别等2、3、4、5年。

为 2 倍。[26]托付人应[在这段时间内]供养未被安排生计者；在这之后 4 年或 8 年，则由亲戚[供养]。[27]再之后，他们应按付出如数收回[财物]，然后放免她们。[①]

[28][外出]求学的婆罗门，其妻子若未生育，应等她 10 年；若已生育，则应等 12 年。国王臣仆的妻子，则应一直等到去世；[29]她若是与同种姓男子生育，可不受责备。[②]

[30]或者，若家道衰败，她在被托付人放免后，可以按心愿再醮；[若她]身遭灾患，可以为着活命[而再醮]。

[31]新郎在法婚后不辞而别的情况：若无音讯，作为童女[的新娘]应等他 7 个佳期$_{(1.3.9)}$；若他有音讯，她则应等 1 年。[③][32]新郎辞了她的情况下，若无音讯，她应等他 5 个佳期；若有音讯，应等 10 个佳期。[33]在新郎仅支付了一部分聘礼的情况下，若无音讯，她应等他 3 个佳期；若有音讯，她应等 7 个佳期。[34]在新郎支付了[全部]聘礼的情况下，若无音讯，她应等他 5 个佳期；若有音讯，她应等 10 个佳期。[35]在这之后，经法官允许，她可以按心愿再醮。[36]憍底利耶说："因为，浪费佳期即毁损法。"

——以上是"短期离家"。

① 放免她们（pramuñjayuḥ）：任由他们再醮（坎格尔；参见下文第 30 句）。妇人在过了当等时间，再等 4 年或 8 年之后，供养她的亲属们可以在如数取回花在她身上的财物后，放她重新嫁人。

② 这一条仅仅适用于国王臣仆的妻子：她要一直等丈夫，在这种情形下，她也可以与同种姓男子生子。

③ 坎格尔说，童女（kumārī）与新郎（parigṛhītṛ）两个词都暗示这对夫妇还没圆房（笔者按：古印度婚俗，新郎右手执新娘左手绕火而行，以象征结合。parigṛhītṛ 仅仅表示行过礼，但尚未"嘉礼完成"）。

(13)长期离家

[37]长期离家的，或出家的，或去世的男子，他的妻子应等他7个佳期；若她已经生育，则应等1年。[38]在这之后，她可亲近[丈夫]的同胞兄弟。[1][39]若有多个[同胞兄弟]，[她应亲近]与自己丈夫最近的[2]——或守法的，或能供养她的，或最幼的，或无妻——的那个兄弟。[40]若没有同胞兄弟，则非同胞兄弟的——或共祭团的[3]，或同家族中较近的——男子亦可。[41]在这些人中，就是这个[先后]次第。

> [42]若她抛开[前夫]的这些继承人而往适[其他男子]，或找了个情夫，那么，该情夫、她自己、将她嫁出去的人以及迎娶他的人均按通奸论处。[4]

——以上是第三篇“法律”第四章“离家”“同行”“短期离家”“长期离家”(属于“婚姻相关”目)。

---

① 即：该妇人可以和与丈夫同胞兄弟(sodarya，同一母亲，不一定同父。参见3.5.14)生子。坎格尔认为这是与同胞兄弟结婚，从下文第42句的颂文来看，似乎也是可能的。法论中的同样情形下，该妇人可以与丈夫的兄弟同房，但目的仅仅是给丈夫留下子嗣。一般谓之“授代”(niyoga，简单说就是授命一个“代理人”替自己生子)，关于“授代”的规则，参见Mn 9.57-70。

② 最近的(pratyāsannaṃ)：指年龄上最接近的(坎格尔)。CŚ训之为“紧靠后或紧靠前的”(samanantaraṃ)，应当也是指年岁。

③ 共祭团的(sapiṇḍa)：piṇḍa为祖灵祭(śrāddha)上所用之祭团，共祭团则表示有共同的先人。一般来说，共祭团关系在母系这边上下各五代后终止，父系这边为上下七代之后终止(参见Mn 5.60；Yājñ 1.52-53；Kane 1990, II, 452-478)。

④ 前夫的这些继承人(etān dāyādān)：指前面第38—40句提到的同胞兄弟等。因为这种情形下，他没有儿子，因此这些人将是他的继承人(参见3.5.9)。按通奸论处(saṃgrahātyaya)：参见4.12.33。

第五章

第 60 目：遗产之分割

(1)遗产分割之次第

[1]诸子有父亲——其父母均健在[①]——时，还不可[自己]做主。[2]父亲去世后，诸子可分割其遗产。

[3]自己赚得的财物不应被分割——由父亲的财物中生出的财物则除外。[②]

[4]老人传下来的、没被分割过的财物，儿子、孙子、一直到第四代孙，都应分割得[各自的]份额[③]。[5][因为]，到此为止祭团尚未断绝。[④][6]而所有祭团断绝[的孙辈]应均分。[⑤]

① 其父母均健在(sthitapitṛmātṛkāḥ)：这个短语是窜入正文的边注，本来是用来解释正文中“有父亲”(pitṛmantaḥ)的，这个边注的来源可能是 Mn 9.104（坎格尔）。另外，它和紧随的第 2 句并不协调：只提到了父亲去世，而未提母亲。

② 即：在不动用父亲财物的情况下挣来的财物，不必被分割。在法论中，这类财物有多种：凭知识赚取的、朋友赠送、婚礼收到的礼物等(参见 Mn 9.206, 208；Yājñ 2.118)。

③ 份额(aṃśa)：从下一章来看，这应当不是均分。

④ 《摩奴法论》说，应当为祖宗三代奠水和供祭团，第四代是供奉者(sampradātṛ)，但第五代就不行了。Kullūkabhattṭa 注云：“应且只(eva)应向三代祖宗供奉祭团，而第五代就不再是眷属”（参见 Mn 9.186），因此，祭团断绝(不再供奉)是指第五代(另外，请注意将这向三代祖宗供奉祭团与 3.4.40 中的“共祭团”区分开，后者是一种更宽泛的、松散的亲属关系)。

⑤ 如上注，“祭团断绝的孙辈”是指第五代及以下的孙辈。如果他们出生了，就无论辈分也会得到相同的份额。因为在四代内(祭团为断绝的子孙辈)，遗产首先是在兄弟中均分，而第三代(这些兄弟们自己的儿子)无论多少，只能分割自己父亲该有的

［7］未分到父产的——或已经分到了——父产的［诸兄弟］，当他们生活在一起[①]时，可重新分割财产。［8］哪个挣得了财产，他就应得到双份。[②]

［9］无子之人的财物，应由其同胞兄弟或与他生活在一起的人[③]取得；或者，由他的女儿们取得。

［10］有子之人的遗产，应由他在最合乎法的婚姻$_{(3.2.17)}$中诞下的儿子们或女儿们[④]取得；［11］若没有这类子女，应由他尚在世的父亲取得；［12］若父亲不在，应由他的兄弟——或兄弟的儿子们——继承。

［13］另外，无父的诸兄弟、兄弟的诸子，即便他们人数众多，

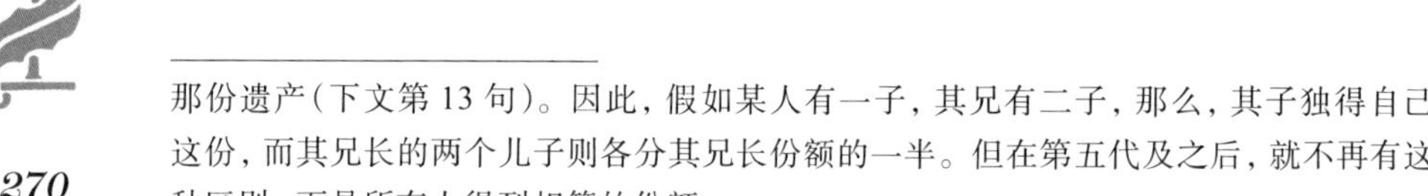

那份遗产（下文第 13 句）。因此，假如某人有一子，其兄有二子，那么，其子独得自己这份，而其兄长的两个儿子则各分其兄长份额的一半。但在第五代及之后，就不再有这种区别，而是所有人得到相等的份额。

① 分家之后的兄弟（分两种情况：未分到父产、已经分到过父产）又重新搭伙生活，还可以重新再分割一遍（参见 Mn 9.210）。未分到父产的（apitṛdravyā）：指分家过但没有分到遗产。未分到遗产的原因可能是“没有父产可分”（CŚ；坎格尔）。奥利维勒认为他们是指“分割遗产前，住在大家庭中的（兄弟）”，但如果是这样，后面也就不用提到“再次”（punar）分割了。他们生活在一起（saha jīvantaḥ）：这不仅仅是简单地生活在一起，更重要是指共同继承过某一个人遗产，然后又重新组成一个大家，他们在法论中被称为“再合的共同继承人”（saṃsṛṣṭin，参见 Yājñ 2.138-139）。因此，这一过程实际分三个时间点：最初是继承某人遗产分家（可能未分到遗产，也可能分到了遗产）→又重新住在一起→最后再次分财产。

② 这是指那个通过恢复丢失祖产，或获得新财产而对累积家财贡献最大的人，参见 Mn 9.204-209。

③ 与他生活在一起的人（sahajīvin）：这可能仍然是指上文第 7 句中的那些生活在一起的人：他们共同继承过某一个人的遗产，又重新组成一个大家（见上文第 7 句及注释）。他的同胞兄弟和“与他生活在一起的人”不一定总是重合（坎格尔），原因是，同母异父的都各自继承自己父亲的遗产（见下文第 14 句）。

④ 如果没有儿子，方由女儿们继承（坎格尔）。

也只能取得其父亲[遗产]的一份。[①]

[14]同母异父的诸兄弟,应根据各自[血缘]分割父亲的遗产。

[15]在父亲、兄弟、儿子之间,只要罗列靠前的还尚在世,他们就不得依赖罗列靠后的;同样地,只要年长的[尚在世],[他们就不得依赖]年幼的——即便这个年幼的已经发财。

[16]若父亲在世时分割遗产,父亲既不得偏心某一个,[17]也不得毫无根据地剥夺某一个的份额。

[18]在父亲没有财物的情形下,长兄应抚养年幼的弟弟——那些品行不端者除外。

[19]已成年者(3.3.1)方可分割[遗产]。[20]未成年者的那些份额,在缴清所有当缴的[税费]后,应寄存与母方亲属或村落长老处,直至其成年;离家者的那份亦[如此办理]。

[21]对于尚未婚配的男子,他们应向他支付一笔与已婚配者花费相等的安家费;另外,对于[未出嫁的]姑娘,他们应支付一笔嫁妆。[②]

[22]债务和家产两者都应均分。

[23]诸先师说:"穷人[③]可把那些水钵都分掉。"[24]憍底利耶

① 原文的意图清楚,但表达较为别扭,奥利维勒谓之"行文不雅驯"(inelegantly constructed)。这句话的意思是:父亲过世后,诸兄弟(因此是"无父的诸兄弟")各自取得其过世父亲遗产的一份。如果其中一个兄弟已经过世,他的各位儿子(因此是"无父的、兄弟的诸子")一起只能得到他们自己父亲(对于自己的叔伯来说是兄弟)的那一份。因此这里说的是三代人的事情:诸父与诸侄子一起分割老人的遗产,诸父之间先各分一份,侄子们再分自己父亲的那一份。

② 这里应当说的是同辈的兄弟之间以及兄妹(或姐弟)之间。

③ 穷人(niṣkiṃcanā):字面上为"什么都没有的人"。

说:“这是诡曲,[25]实存的财物才有分割,非实存的财物则否。”[①]

[26]在证人在场的情况下,他[②]说明“共同财产有多少”以及“每份各多少”后,再让[他们]进行分割。

[27]他们应重新分割以下的财产:被错误地分割的、彼此欺瞒的、被藏匿起来的以及[开始]不为人所知但后来又出现的。

[28]没有继承人的遗产,除却[死者]妻子的生计和[死者本人]丧葬仪[花费],应由国王取得——但[没有继承人的]吠陀师除外[③],[29]他应将它赐给精通三吠陀的人。

① 第23—25句:这是一段挺有意思的对话,核心是双方在niṣkiṃcana上面的分歧。诸先师取其“穷人”之意,但憍底利耶则取的是“什么都没有”(niṣkiṃcana)之意:既然什么都没有,那就不会有水罐,因此他们怎么能分这不存在(asat)的水罐呢?在这个基础上,他批评诸先师的话是“诡曲”(chala)。所谓“诡曲”,也就是诡辩,《正理经》对此有详细讨论(参见*Nyāyadarśana*中*Nyāyasūtra* 1.2.10-17,其中提到“诡曲”的三种方式)。故意利用双关意义来曲解对方本意,以达到胜出的目的,这叫“语诡”(vākchala)。仅仅从文中看,似乎是憍底利耶故意用双关曲解诸先师的用语,但我们应当知道,这一来一回只是辩论的一部分。我们可以猜想,憍底利耶之所以说这是“诡曲”,一定是诸先师用这话反驳过憍底利耶本人所赞同的某一个意见。我们可以试着还原这个可能的辩论:(题一)什么都没有的人无法分割财产;(题二):不对,穷人可把那些水罐都分掉;(题三):这是诡曲。实存的财物才有分割,非实存的则否。这样就清楚了:是诸先师利用niṣkiṃcana的双关意义曲解了题一中的命题。另外,需要说明的是,以上所引用《正理经》的材料晚于憍底利耶,但应明白,《正理经》虽然晚于憍底利耶,但憍底利耶本人却是“核究术”(Ānvīkṣikī)的大师(而核究术在憍底利耶的时代已经很成熟[参见1.2.10-12],且《利论》中大量使用核究术),更为重要的是,在后来正理论派学者那里,“正理论”(Nyāya)与“核究”是完全同义的词(参见*Nyāyadarśana*中*Nyāyabhāṣya* 1.1.1;*Nyāyavārttikā* 1.1.1)。利用语言的双关来进行诡辩,在历史上是较早的(中国也有“白马非马”),因此有理由认为,在憍底利耶的时代,像“诡曲”这类问题已经是“核究术”的考察对象。因此,憍底利耶所说的“诡曲”是一个核究术中的术语。而这段对话,是一个可能辩论的一部分(虽然憍底利耶可能没有直接和诸先师对话)。

② 原文未明说“他”是谁,我们猜想可能是法官。

③ 即:国王可得到无继承人的遗产(另参见*Āpastamba-dharmasūtra* 2.6.14.5),但吠陀师的遗产即使无继承人,国王亦不得收取(另参见*Kātyāyana-smṛti* 931)。

[30]丧失种姓者、由丧失种姓者所生者、不能人道者[于遗产]无份额；痴呆、疯癫、盲人或麻风病人亦同。[31]在这些人已经婚配的情况下，若他们的后代不像[他们自己那样]，可取得一份[遗产]。[1][32]其他的[2]可得到食物和衣物——丧失种姓者除外。

[33]另外，在他们娶妻之后失去生育能力的情况下，他们的亲属应为其生子[3]，并给他们的儿子分配遗产的份额。

——以上是第三篇“法律”第五章“遗产分割之次第”（属于“遗产之分割”目）。

第六章

第60目：遗产之分割（续）

(2)份额之分类

[1]同一妻子所生的诸子：若是婆罗门，长子份[4]为山羊；若是刹帝利，长子份为马；若是吠舍，长子份为牛；若是首陀罗，长子份

① 这些人（teṣām）：指上一句中的“痴呆……麻风病人”（CŚ），不包括前面那三种人。已经婚配的情况下（bhāryārthe）：有妻子（坎格尔；奥利维勒）；“已经婚配”（CŚ：vivāhe）。

② 其他的（itare）：指“痴呆……麻风病人”生的、有同样毛病的后代。他们可得到衣食，但即便如此，他们中若有丧失种姓者，则什么也得不到。

③ 应为其生子（sṛjeyur bāndhavāḥ putrāṃs）：CŚ 说，这是指亲属让这些人的妻子怀孕，因此，这实际是指“授代”，相关规则参见 3.4.38-40。

④ 长子份（jyeṣṭhāṃśa）：专属于长子的那一份。下文中有“中子份”（madhyamāṃśa）与“幼子份”（kaniṣṭhāṃśa），可推知。

为绵羊；[2]这些动物中独眼和跛足者，为中子份；杂色的，为幼子份。[3]若没有四足的[牲畜]，那么长子应取得除宝石外各种财物的1/10。[4]因为，他身上缠缚着向祖灵献祭的锁链。[5]——以上是优散那派的分割[法]。

[6]父亲的器什中：车乘和首饰为长子份；卧具和坐具两者，以及青铜餐具为中子份；黑粮[①]、铁[具]、家什以及牛车为幼子份。[②][7]其余的多件物事和单件物事平分。

[8]姐妹不得继承遗产[③]，只能从母亲的器什中分到青铜餐具和首饰。

[9]缺乏男子气概的长子[只]应获得长子份的1/3；若行止不端或已停止[履行]法方面的义务，只应得长子份的1/4；[10]若是行为放荡，则应被剥夺所有[份额]。

[11]中子和幼子的[情形]可由此规则说明。[12]而这两者中，具有男子气概者可得到长子份的1/2。

[13]另外，由不同妻子——若她们中不存在法婚与非法婚、[结婚时]为处子或非处子的区别[④]——所生的诸子，由出生先后定长幼[⑤]；同妻所生的两个儿子——或孪生兄弟[长幼]——同此。

① 黑粮(kṛṣṇadhānya)：CŚ说是"芝麻和三叶菜豆(参见2.12.25)"等，似乎是指外观为黑色的粮食。法经中提到过黑粮为"首陀罗之食物"(参见*Āpastamba-dharmasūtra* 2.8.18.2)，似乎是指品质较劣的谷物。

② 关于非均分的那部分家财，另可参见Mn 9.112-124及*Āpastamba-dharmasūtra* 2.6.14.12-13。

③ 请注意，3.5.10提到女儿可以继承。女儿的继承地位是一个很有争议的问题，一些法经和法论都提到她们可以继承(参见*Āpastamba-dharmasūtra* 2.6.14.4；*Kātyāyana-smṛti* 926-27；Mn 9.118；Yājñ 2.115, 117)。

④ 这两组区分中，无论年龄，前面一种妻子所生的儿子为长。

⑤ pūrvajanmanā jyeṣṭhabhāvaḥ：凭先出生而为长(兄)，未提到"幼"，译文变通了一下。

[14]苏多、摩羯陀、弗罗提耶和勒妥迦罗根据[手艺的]精熟[程度]分割[遗产]。[1][15]其余的儿子都依靠他过活。[16]若诸子中没有特出者，则平分。

[17][一个婆罗门]分别与四个种姓妻子所生的诸子中，婆罗门妻所生子得4份、刹帝利妻所生子得3份、吠舍妻所生子得2份、首陀罗妻所生子得1份。[18]刹帝利〔或吠舍〕与三个〔或两个〕种姓妻子所生的诸子，其[遗产分割]可由此规则说明。[2]

[19]一个婆罗门与仅次于自己种姓的妻子所生的儿子，[可得到]相等的份额；[20]而刹帝利和吠舍两者[与仅次于自己种姓的妻子所生的]的儿子[可得到]1/2的份额，或者——如果这个儿子具有男子气概的话——相等的份额。[3]

[21][与丈夫]同种姓的和不同种姓的两个妻子若仅有一子，他可得到全部遗产，并供养亲属。

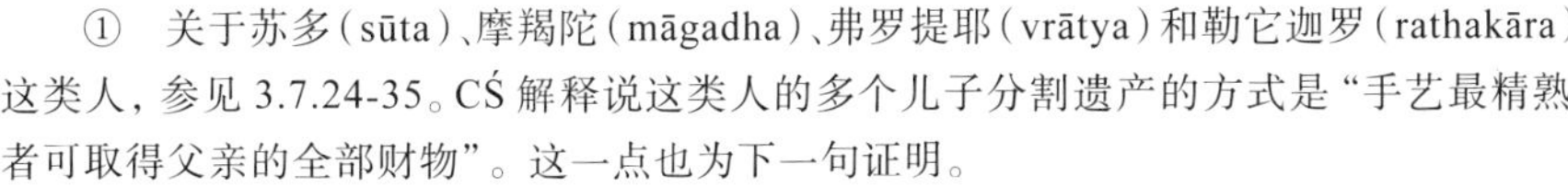

① 关于苏多（sūta）、摩羯陀（māgadha）、弗罗提耶（vrātya）和勒它迦罗（rathakāra）这类人，参见3.7.24-35。CŚ解释说这类人的多个儿子分割遗产的方式是“手艺最精熟者可取得父亲的全部财物”。这一点也为下一句证明。

② 第17—18句：首先这里涉及“上行亲”（hypergamy，Hypergamie），高种姓男子可娶同种姓与比自己种姓低的女子，反之则否。因此，婆罗门可以有四个种姓的妻子，而首陀罗只能娶同种姓的妻子（中间两个种姓可类推）。第17句所说的情形，假如一个婆罗门有四个种姓的妻子，且每个妻子各产一子，则遗产应分10份，再按其母亲种姓分别分4、3、2、1份。同样，以第18句中所说的刹帝利为例，若三个种姓妻子各产一子，则遗产分6份，三子按其母亲种姓分别得3、2、1份。类似规则，参见Mn 9.152-153及Yājñ 2.125。

③ 原文中虽然没有像《利论》绝大多数引出替代规则时那样使用“或者”（vā），但译家一般认为这是对第17—18句的一个可能的替代。按照这种规则，对于一个婆罗门男子来讲，其婆罗门妻与刹帝利妻所生子份额一样（有可能因为这两种儿子被认为是与父亲同种姓，参见3.7.20）。而对于一个刹帝利男子来说，其吠舍妻所生子则只能得到其刹帝利妻所生子的1/2，例外是：若吠舍妻所生子有男子气概（mānuṣopeta），也可得到足份。

[22]但是，对于婆罗门来说，他的啵罗舍弗(3.7.21)子可得到1/3的份额；一个共祭团者或家族近亲可取得[其余]2/3，因为[他们]要向祖灵献祭。[①][23]若没有这些人，则他父亲[②]的师尊或生徒[应得到2/3]。

> [24]或者，某个母系的亲属或同族姓的男子可受任和他妻子[为他]生一个"田生子"，再把这[2/3的]财产分给这个"田生子"。[③]

——以上是第三篇"法律"第六章"份额之分类"（属于"遗产之分割"目）。

第七章

第60目：遗产之分割（续）

(3)儿子的分类

[1]诸先师说："撒在他人产业上的种子，属于该田地的主人。"[2]另一些则说："母亲[不过]是[装种子的]皮囊；种子是谁的，

① 啵罗舍弗(pāraśava)：婆罗门男与首陀罗妻所生子(参见3.7.21)；共祭团者：参见3.4.40及注释。

② 即这个啵罗舍弗子的父亲，该婆罗门自己。

③ 这是对第23句所说规则的可能替代：如果连师尊或生徒也没有或不在人世，那么，就找母系亲属(因为没有共祭团者与家族近亲)或同族姓(sagotra)的人与自己妻子生子(此俗为"授代"，替人生子者即"受任者"[niyukta])，然后将这2/3的财产给予这个"田生子"(kṣetraja，参见3.7.6)。

孩子就是谁的。”[3]憍底利耶说：“两种情况都有。”[①]

[4]本人与依合适仪式迎娶的妻子所生的儿子，为“亲生子”。[5]“女继子生子”和“亲生子”一样。[②]

[6]由同族姓或其他族姓的[男子]与[本人的]妻子所生的儿子，为“田生子”。[③][7]若生身父亲无其他子嗣，那么这个儿子就有两个父亲，并且[④]属于两个族姓，从而也是两者的献祭人和遗产继承人。[8]在亲属家中秘密出生的儿子，为“秘生子”，他与[“田生子”]同一性质。[⑤]

[9]为亲属所抛弃的儿子，对于[收养他且为他]完礼者，为“弃

① “田生子”（妻子与他人生的儿子，即“授代”所生子，见下文第6句）到底属于“田主”（kṣetrin，即妻子的本夫）还是属于“生身者”（utpādaka，即提供“种子”者），这在婆罗门教传统中是一个十分重要且争议较大的论题（topos）。《摩奴法论》花了相对较大的篇幅来说明（见 Mn 9.31-56）。憍底利耶在这里采取了一种调和的、“现实的”立场：两种情况都能“被找到”（vidyamānam）。这意味着，现实中这两种情况都出现了，回避了一种本体论式的、绝对的回答（该规则的引入，乃是为不能生育者提供子嗣，这是为了家族甚至整个共同体“整体的好”。但当这种指向“整体的好”的意义失落后，“田生子”便作为纯粹的论题出现在一班智术师的思辨游戏中了。——憍底利耶拒绝绝对的回答，这体现了他作为立法者的常识德性）。同时，憍底利耶的话也被一些注家理解为：田生子属于两个父亲（CBh），这一点，也是可能的（参见下文第7句）。

② “女继子生子”（putrikāputra）：女继子（putrikā）参见 1.17.49 及注释。女继子所生的儿子，即“女继子生子”，他要过继给其外祖父为子。因此，女继子和女继子的儿子都是这个人的儿子。

③ “田生子”（kṣetraja）：kṣetra 本义为田，又引申为“妻子”或“子宫”。故“田生子”实为“妻生子”，故而与“亲生子”区别开。

④ 这里的“或”（vā）应被理解为“和”（CŚ）。如果生身父亲是同族姓，则不必属于两个族姓；若不同族姓，则此子既属于两个父亲，也属于两个族姓。

⑤ “秘生子”（gūḍhaja）：似乎是指已婚妇人在亲属家（父家之类）与不明男子所生的儿子，这个儿子也属于该妇人的夫家（参见 Mn 9.170），且与“田生子”一样。同一性质（sadharmā）：既是同一性质、特性，也指要行同样的法（古译“共法”）——同样的权利和义务。

子”。[1][10]未婚配的童女所生的儿子，为“童女生子”。[11]成婚时即有身孕的妇人所生的儿子，为“随妻来子”。

[12]再醮妇人所生的儿子，为“再醮妇生子”。[13]若是本人亲生，他就是自己父亲和[其他]亲属的遗产继承人；[14]若是他人所生，则仅仅是为他完礼者的继承人，而非[其他]亲属。[2][15]由[生身]父母双方通过灌奠礼[送出来的]“赐予子”与他同一性质。[3]

[16]自己前来或由亲属送来当儿子的，为“送来子”。[4][17]被他人指定为儿子的，为“养子”。[5][18]买来的儿子，为“买来子”。[6]

[19]但是，若“亲生子”出生，[其他儿子中][7]，那些与父亲同种姓的可得到1/3的[遗产]份额，与父亲不同种姓的，可分到食物与衣物。

[20]对于婆罗门与刹帝利来说，仅次于自己种姓的妻子所生的儿子，与自己同种姓；比自己低两个种姓的妻子所生的儿子，与

① 即：一个人收养一个被本家亲属抛弃的儿子，为其行各种仪式(saṃs-√kṛ)，那么，这个儿子就是这个完礼者(saṃskṛtṛ)的“弃子”(apaviddhaputra)，但应明白，这个“弃子”仅仅是指孩子本来的情形(中国人常俗也说“捡来的孩子”)。“完礼”指剃发礼、系圣线礼等(参见1.5.7-10及注释)。

② 第13—14句：再醮妇生子(paunarbhava)的两种情形：第二任丈夫亲生的，他就与父亲其他儿子一样，在家族内拥有继承权；若是前一任丈夫所生，则仅仅能继承继父(“为他完礼者”)的遗产。

③ 灌奠(ap)：“念咒与奠水”(CŚ)。“赐予子”(datta)与第14句中提到的他人所生的“再醮妇生子”同一性质(中国人谓之“过继”)。“赐予子”是由生身父亲经过灌奠仪式后正式赠予他人的(一般是父母有难的情况下，参见Mn 9.168)。

④ “送来子”(upagata)：区别于“赐予子”的要么是孩子自己到别人家去，要么是由非父母的亲属送去。另参见Mn 9.177。

⑤ 这种“指定”(adhi-√kṛ)包含着对某种资格(adhikṛti)或德性(guṇa)的认可，所以《摩奴法论》的规定是：把跟自己一样的、能明辨德性与过失的、具备诸种德性的人收为养子(Mn 9.169)。

⑥ 关于以上十二种儿子，参见Mn 9.158-179；Yājñ 2.128-132；Nār 13.43-44。

⑦ 即与“亲生子”不同的另外十一种儿子。

自己不同种姓。[21]婆罗门与吠舍女所生子为盎啵湿吒；与首陀罗女所生子为尼沙陀或啵罗舍弗。[①][22]刹帝利与首陀罗女所生子为优吉罗。[②][23]吠舍与[首陀罗女]所生子只能是首陀罗。[24]他们中不行誓愿者[③]与同种姓妇人所生的儿子，为弗罗提耶。[④][25]以上是顺生[⑤]子。

[26]首陀罗[与吠舍女、刹帝利女、婆罗门女所生子分别为]阿逾加婆、刹陀、旃荼罗；[27]吠舍[与刹帝利女、婆罗门女生所生子分别为]摩揭陀、毗氏曷迦；[28]刹帝利[与婆罗门女所生子为]苏多。[⑥][29]但是，往世书中的苏多和摩揭陀则是另外一回事，是出自婆罗门与刹帝利的特殊种类。[⑦]

① 盎啵湿吒、尼沙陀、啵罗舍弗的原文依次为：Ambaṣṭha、Niṣāda、Pāraśava。尼沙陀与啵罗舍弗虽然都是婆罗门父与首陀罗母，但前者为婚生，后者为野合所生（见*Baudhāyana-dharma-sūtra* 2.2.3.29-30）。

② 优吉罗：原文 Ugra。

③ 他们（eṣām）：指前面提到的婆罗门到吠舍三个再生种姓。不行誓愿者（acaritavrata）："未行系圣线仪式便结婚者"（CŚ），因此"誓愿"实际是指系圣线礼（系圣线礼标志一个人正式成为再生族中的一员）。

④ 弗罗提耶：原文为 Vrātya。

⑤ 顺生（anuloma）：即遵守"上行亲"规则的婚姻（男子娶同种姓或比自己种姓低的女子）中诞下的后代。

⑥ 阿逾加婆、刹陀、旃荼罗、摩揭陀、毗氏曷迦和苏多，原文依次为：Āyogava、Kṣatta、Cāṇḍāla、Māgadha、Vaidehaka、Sūta。我们常见到旃荼罗被称为最低贱种姓，也就是首陀罗男子与婆罗门女子所生的儿子，这是因为两者的结合被认为是对"上行亲"最大的触犯。

⑦ 这是一句窜入正文的批注（坎格尔；奥利维勒），目的在提醒读者往世书中的苏多与摩揭陀与上面提到的不同。CŚ 说往世书中的苏多，为广博仙人之门生苏多（Sūta Sauti Romaharṣaṇa）之后裔（参见 *Kūrmapurāṇa* 1.1.3-4）；在另一个来源中，苏多和摩揭陀是在大梵天（Brahman）为转轮王补利吐（Pṛthu）行祭祀的祭坛上造出来的，目的是歌颂补利吐（参见 *Viṣṇupurāṇa* 1.13.51-53），他们（及其后代）是再生族中最高贵的，故与这里逆生的苏多不同。

[30]这些是逆生子；他们出生，是因为国王僭越了其本法。[①]

[31]优吉罗与尼沙陀女所生子为拘俱吒，反之，则为布楼迦娑。[32]盎啵湿吒与毗氏曷迦女所生子为毗那，反之，则为拘尸罗婆。[33]优吉罗与刹陀女所生子为什婆啵迦。[34]以上是这类和其他各种杂种姓。[②]

[35]由于职事[关系]，勒妥迦罗[③]为吠舍。

[36]他们应该在同种姓中通婚；而且，一代接一代地[应]从事同一生计。[④][37]或者，他们与首陀罗同一性质[⑤]——除了旃荼罗。

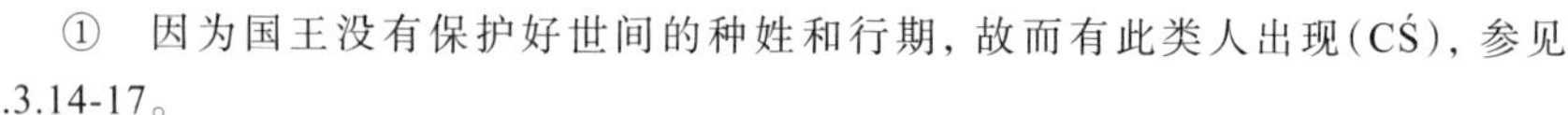

① 因为国王没有保护好世间的种姓和行期，故而有此类人出现（CŚ），参见1.3.14-17。

② 拘俱吒、布楼迦娑、毗那、拘尸罗婆、什婆啵迦的原文依次为：Kukkuṭa、Pulkasa、Vaiṇa、Kuśīlava、Svāpaka。关于各种杂种姓，《摩奴法论》第十章论之尤详，可参考之。另外，以上提到的各种种姓名，同时也是职业的名称。比如：苏多为驯马驾车，盎啵湿吒行医，毗氏曷迦为后宫之守卫，摩揭陀为行商，尼沙陀捕鱼，阿逾加婆伐木，刹陀捕杀穴居动物，毗那击鼓，拘尸罗婆即伶工。另外，旃荼罗与悉婆啵加（烹狗者）最为低贱，为不可接触者（参见 Mn 10.47-56）。

③ 勒妥迦罗：原文 rathakāra，即造车工匠。

④ 这一句后面本来有"国王应将其确立为他们特定的法"（svadharmān sthāpayet），但坎格尔认为这句是后人的批注。因为它需要"国王"作主语，但上下文并无此种暗示，另外，"一代接一代地（应）从事同一生计"（pūrvāparagāmitvaṃ vṛttānuvṛttaṃ ca）于意义自足，svadharmān sthāpayet 加上去反而累赘。奥利维勒认为各写本都有这句，而且最后颂文中提到国王，在他的译文中恢复了这个读法。笔者按：最后一句颂文中的"他"可能指国王，但更可能指法官。不过，前文第 30 句确实提到了国王因僭越自身特定的法导致种姓混杂，这里提到国王确立他们"世代从事一职"以避免交混本身是合乎情理甚至是必要的，因此，奥利维勒说在语境上可以得到一定的支持。但仅仅从文字上来说，国王绝不可能将"世代从事一职"这一应然之事（das Sollen）确立为他们特定的法（而且 dharmān 为复数！），而只能确定各种职业为他们特定的法。奥利维勒的译文悄然加进了"规则"并将其改为复数，以贯通文意，但已经破坏了原文，因而其纠正显得可疑。本译文仍从 KA。

⑤ 包含两层意思：（一）杂种姓与首陀罗同一个性质；（二）他们行相同的法（参见上文第 8 句及注释）。

[38]只有如此行治的国王方得生天处，否则生地狱。[①]

[39]对于所有杂种姓来说，[遗产应]平分。

[40]不论各地、各种姓、各团众或各村落惯行的**法**是什么，他只凭这个**法**[②]来实行遗产的[分割]。

——以上是第三篇“法律”第七章“儿子的分类”（属于“遗产之分割”目）。

第八章

第61目：不动产相关[③]

[1]有关不动产的纠纷[应]由邻人裁夺。

[2]居宅、田地、园林、堤坝、水池、水库。——这是不动产。

(1)居宅

[3]沿居宅应有腊肠树桩或铁质物事结构而成的界标。[④][4]

---

① 坎格尔认为这一句是窜入文中的批注。

② 指第39句中提到的“杂种姓应平分遗产”。

③ 不动产（vāstuka）：来源于vāstu（地皮、家宅、建筑）。CŚ解释说：“居宅、园林、田地等为不动产（vāstu）；本章与之相关（tatsambadhaṃ），故为‘不动产相关’（vāstukam）。”

④ KA读法为：karṇakīlāyasasambandho 'nugṛhaṃ setuḥ，奥利维勒根据诃利诃罗论师将其改为karṇakīlāyasasīmābandho 'nugṛhaṃ setuḥ（参见Harihara Sastri

他应令[各户]按照界线[①]来修建房屋。[5]或者，若之前没有界线，他应令人在离他人墙壁2生主肘或3足处划界[②]。

2011, 89)。奥利维勒认为，āyasa仅仅是“铁”而已，并不是坎格尔所说的铁丝；而sambandha（结构、连接）应改为sīmābandha（立界），同时他还为sīmābandha一词给出两个稍后来源（Mn 8.255；Bs 1.9.7），但笔者经过查找（同时克服了版本因素），并没有在相关段落发现他的依据（《摩奴法论》中相关段落确实讲了界限，但无bandha出现，只有“记录”[ni-√badh]）。基于各个写本的文本都写作sambandho的话，除非有相当充足的理由，否则改动就是一个较大的冒险（我们不能认为抄写会导致传下来的写本都把sīmābandha误作sambanda），因此，笔者保留了坎格尔的读法，只是理解上对坎格尔做了修正。奥利维勒认为karṇa是一种树（笔者按：即腊肠树[Cassia Fistula]），而非坎格尔说的“角落”，这是正确的，但āyasa却并不是像奥利维勒说的那样只能指“铁”，它完全可以指“铁质的物事”（它是来自ayas[铁]的形容词，再成为名词，完全可以指铁制物。可参见Bs 49.26, 53.117；*Raghuvaṃśa* 17.63；*Kumārasambhava* 6.55），因此坎格尔将其理解为铁丝，虽有些过于特殊，但并非错误。综上所述，这里说的是，沿着居宅应有腊肠树或铁（桩、丝）结构（sambandha）而成分界标志（setu）。这很可能是木质或铁质栅栏。另，译文“结构而成”中“结构”为动词，不是名词（如杜诗所谓“新亭结构罢”）。

① 界线（setubhoga）：奥利维勒正确地指出bhoga不是一个范围（extent），而是指实际中标界的“线”（bhoga有“蛇”或“曲线”的意思，可能因此而用于这个表达）。同时，需要在此指出，在《利论》中，sīman是宽泛的甚至抽象的“界”“界限”或“界际”，而setu则是指现实中实存的各种各样的“界子”“界标”（参见前面第3句），而setubhoga则是指这setu形成的“界线”。

② 划界（deśabandhaṃ）：划区、划界。原文读法不确定，CBh与CŚ本读作pāde bandhaṃ，而奥利维勒根据诃利诃罗论师将其改为pādabandhaṃ（地基墙[建筑术语]），说人造地基墙需要离他人墙2生主肘或3足（参见Harihara Sastri 2011, 89）。这看似符合情理，却有两个困难：原文中abhūtaṃ（未曾有过的、新的）应与这个词搭配，但在奥利维勒的译文中，它把abhūtaṃ理解为上一句中的“界线”（setubhogaṃ），译为“若没有它（笔者按：指界线），他应令人在离他人墙壁……造地基墙”，这显然讲不通。如果保留奥利维勒的读法，将abhūtaṃ与pādabandhaṃ结合起来，就要译为：他应令人在离对方墙壁……造新的地基墙。这样的话，这句话就显得太跳跃，和上文完全搭不上。所以，这里紧接上文，仍然说的是划界：上面说的是有现成界子的情况下，而（所以用了“或”[vā]）这里说的是原来没有，要划定（bandha）一个新（abhūtaṃ）界子。而新界线的标准就是离对方墙一定距离，不可能是砌墙。关于生主肘（aratni）与足（pada）两个长度单位，参见2.20.12。

［6］茅厕、排水沟或水井不当在对［他人］居宅不便的地方——产妇［在生子后］十天上［要用的］水坑除外。[①]［7］若违越之，处初等罚。

［8］有关劈柴火的活儿和各种节庆中接漱口水的沟［的规则］，可由此规则说明。[②]

［9］他应令［各户］在离［邻人］墙 3 足或 1.5 生主肘处造［那种］流得深的，或有小瀑布的水沟。[③]［10］若有违反，罚 54 波那。

［11］他应令［各户］在离［邻人］墙 1 足或 1 生主肘处造放置车辇的地方、四足动物的圈舍、炉灶、放置水缸的地方、碾坊或脱粒的地方。［12］若违越之，罚 24 波那。

［13］所有的两个建筑两个外凸的厅房之间，应有 1 前臂 (2.20.14) 或 3 足宽；［14］它们的屋檐［应］间隔 4 指，或可彼此交叠。[④]

［15］他应令［住户］在［两宅］之间造 1 前臂大小并且互不冲撞的侧门，以修缮缺漏。[⑤]［16］为了采光，他应令［各户］在屋顶开

① 即：这些设施不能令邻人不便，但刚生产的妇人（前十天一直在屋里，类似中国“坐月子”）用的“排水坑”（CŚ），即使可能对邻人造成不便，邻人也需要接受（十天）。

② 劈柴火的活儿适用于第 6 句中的普遍规则（其位置不能干扰到邻人），节庆日排漱口水的沟则适用例外（邻居需要忍受这几天）。——坎格尔。

③ 这仍然是防止水沟给邻人造成不便。水沟（udakamārga）：生活用水的进水道，与排水沟（bhrama，参见 2.4.2；2.36.43；3.8.6）相反。

④ 显然，两个屋檐若是等高，则应隔一定距离，若不等高，则允许重叠。

⑤ 这一句的争议主要集中在短语 khaṇḍaphullārtham asampātaṃ 上，迈耶认为是指“门叶（khaṇḍa）大开（phulla）时不至于互相碰撞（asampāta）”，奥利维勒从之；坎格尔根据注释（CBh；CŚ）将其理解为“为了修缮损坏（khaṇḍaphullārtham），且不至于拥挤（asampāta）”。迈耶与奥利维勒的解释乍看之下更符合情理，但实际讲不通：（一）khaṇḍa 作“门叶”或“门板”讲十分可疑；（二）khaṇḍaphullārtham 这一多财释复合词与“侧门”（āṇidvāram）搭配的，如果按照他们的理解，那么，这一复合词的理解就成问题：

一个小天窗。[17]若房子住了人，他应令[住户]遮住[窗户]。①

[18]或者，各房主可一起照[大家]希望的那样修建②；他们应排除令人不快的[做法]。

[19]另外，风干的缺漏上方的防护部分，他应令人用草垫盖或镶席来制作③，以避免雨水侵蚀。[20]若违越之，处初等罚。若反常[开置的]门窗[对他人]造成阻碍，亦处初等罚——在御道和

侧门的目的（artha）是为了门板大开（khaṇḍaphulla）吗？（三）即使两家同开侧门，难道一定是要相对着开吗？如果说担心侧门撞到对方的墙，就应该是限定两个居宅之间的距离，而不是门的大小。因此，对于复合词 khaṇḍaphullārtham，注家所说的虽略有增累（原文中无“修缮”），但总比迈耶与奥利维勒的说法好。因此，这里的意思是：为了修缮缺（khaṇḍa）漏（phulla），如果住户有必要开侧门的话，那么，侧门大小应在仅仅为 1 前臂见方大小，且不可冲撞（即两家不可对开，位置要错开）。

① 奥利维勒说，如果是掩盖上文的天窗的话，那么，采光的作用就消失了。显然，这里是指遮住窗户（坎格尔），这也是为什么需要顶上开天窗采光。

② 不仅是造屋，还有上面提到的所有设施。

③ 原文 vānalaṭyāś cordhvam āvāryabhāgaṃ kaṭapracchannam avamarśabhittiṃ vā：这一句句法明显，但字汇生疏，且各辞书无合适解释，因此注家与译家各有说法。vānalaṭī：vāna 意义太多，而 laṭī 各通行辞书无。注家（CBh[读为 -lāṭī]；CŚ）认为该复合词意为房屋的外廊（gṛhavaraṇḍaka）；而迈耶则认为是支撑草垫顶棚（vāna）的木柱（laṭi；yaṣṭi）。avamarśabhitti：注家认为是“细墙”；坎格尔（及奥利维勒）认为是“触及（顶棚）的墙”（笔者按：两位译者的意思是：墙直接顶棚，可防雨）。两位英译者的理解是：屋外的厅廊上方需要防护的部分，人们应用草垫遮盖，或造一个直接顶棚的墙。这看似合理，但问题是：假如厅廊上方需要防护，在垂直方向上造直接顶棚的墙又有什么意义呢？笔者认为，avamarśabhitti 不可能“直接（顶棚）的墙”，而是“相互镶接（avamarśa）的席子或板子”，bhitti 一般用作墙的意思，但也可作“席子”或“板子”讲，而且主要是指竹苇席（参见 *Śatapatha-brāhmaṇa* 3.5.3.9；*Śāṃkhyāyana-gṛhyasūtra* 1.28.7）。至于 vānalaṭī（或 vānalāṭī），vāna 可指风吹走或被风干。laṭa 为缺漏，则其阴性 laṭī 似可同义。故复合词意思应为“刮风导致的缺漏”或“风干导致的缺漏”（后者似更可能），而非“厅廊”。因此，这里的意思是：风干导致的缺陷，其上面需要铺垫的部分，应该是用草垫盖或相互镶接的竹苇席，以防止雨水。但总之，这一句的确切意思已难以知晓，在没有更有说服力的解释的情况下，姑且一说，供学者参考。

街道上除外[1]。[21]同样,因壕沟、台阶、水沟、梯子或茅厕某部分在居宅外[对他人]造成阻碍,或是阻碍[他人]使用[2],亦处初等罚。

[22]以水损坏他人墙垣者,罚12波那;若是以便溺[损坏],罚2倍。[3]

[23]雨时[应]让水沟畅通,否则罚12波那;

[24]另外,被禁止居住却仍然居留者,撵出租户者——除非[租户]有侵犯、盗窃、抢劫、通奸,或使用[房屋]不当情形——[亦罚12波那]。[4][25]主动搬离者,应付清剩余的年租。

[26]同住一个房舍却不[向他人]提供帮助者、阻塞共用[物事和设施][5]者、阻止[他人]使用这些[物事和设施]者[6],罚12波那。[27]毁坏[它们]者,罚2倍。

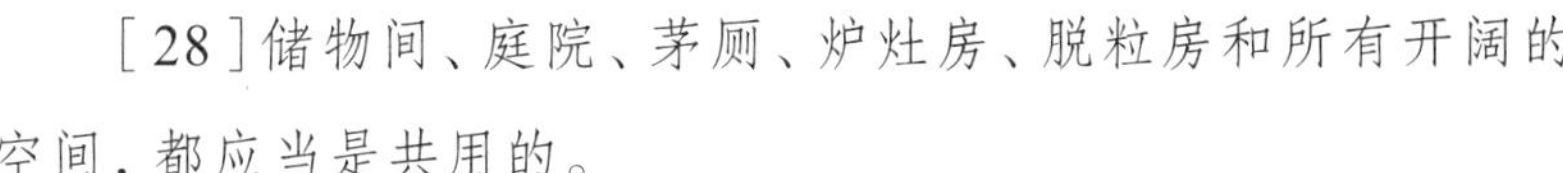
[28]储物间、庭院、茅厕、炉灶房、脱粒房和所有开阔的空间,都应当是共用的。

---

① 这一例外显得费解。这到底是说御道(rājamārga)和街道(rathyā)两旁的房舍允许门窗阻碍他人,还是说会有更严厉的处罚?文中并没有明说。

② 文中未明说到底阻碍他人使用什么。CŚ 认为是阻碍他人使用人家自己的土地。这是可能的:既然第一种情况是自家修建这类设施导致阻碍他人,那么这里可能是说阻止他人正当修建或使用其自家这类设施。

③ 上文第6、9句提到茅厕、水沟之类设施要离他人墙垣一定距离(所以这里的损坏不一定是故意的)。

④ 这里说的是租赁关系:东家不愿意继续租给他或时间期限到了,租户若仍然居留,则受罚(CŚ);东家在租户无过的情形下撵出租户,亦同罚。

⑤ 共用(sāmānyam):即公共的。指下文第28句中提到的那些物事和设施。

⑥ 奥利维勒根据其他写本,将这句话看成是对"阻塞共用(物事和设施)"的说明,是一句批注。这也是可能的,但是,在笔者看来,前面是阻塞这些设施本身(与第27句的"毁坏"形成呼应),后一句是阻止别人使用,违规内容并不重合,坎格尔的读法也是合理的。

——以上是第三篇“法律”第八章“居宅”（属于“不动产相关”目）。

第九章

第 61 目：不动产相关（续）

（2）不动产之出售

［1］亲戚、邻人、债权人，可按次第优先购买地产。［2］然后才是其他的外人。

［3］［若出售］居宅：［卖主们］应于自己［将出让的］居宅前，当着四十户邻居[①]的面宣称［出售］；［若出售］田地、园林、堤坝、水池或水库，他们应于［这类产业的］边界[②]上，当着邻人中的村长老[③]

① 四十户（catvāriṃśatkulyeṣu）：这里的 40 户可能是一个具有行政意义的单位（2.36.2 说一个集牧可能管 10、20 或 40 户）。另外，按照奥利维勒的说法，这 40 户可能是一个“街坊”或“社区”，而街坊之间彼此负有此类义务，这或许是正确的（但奥利维勒引用 3.8.18 中一起商量建房的规则来证明既没有必要，也没有说服力，因为建房的事情只可能涉及左邻右舍或一个大家族，一般不可能到 40 户），但他们在场的目的还不是义务，而是表明优先购买房产的权利（本章第 1 句），房产一般不卖给外人，因而他们在场很有必要。

② 边界（maryādāsu）：maryādā 一词是除了 setu、setubhoga、sīman 之外另外一个表示“界”的词。相对于 setu 等词，这个词更为灵活，它既指物理的界限或界线（参见 3.9.3），也可指道德、制度的界限甚至界域，从而引申为秩序、礼制（参见 1.3.17；1.7.8；2.25.4）。

③ 邻人中的村长老（sāmantagrāmavṛddheṣu）：笔者认为坎格尔在注释中的提醒（sāmanta 限定 grāmavṛddha，而非 grāma）是正确的，这一复合词有必要理解为“邻人中的村长老”，而非奥利维勒所说的“邻村的长老”。

宣称："按照[这个]界线[①]，谁[愿]以这个价购买？"。[4]若[买家]喊出[出价]三次且无人反对，即可购买之。

[5]或者，若因竞购导致价格增长，则增长的部分和随之[产生的]市易税(2.21)都归府库。[6]出价胜出者[②]应缴付市易税。[7]不是主人却出价的情形[③]，罚24波那。[8]七日之后若[出价者]不前来[交割]，则出让者可卖[与他人]。[9]出让者违约的情形[④]：若是不动产，罚200波那；若是其他，罚24波那。

——以上是"不动产之出售"。

(3)界际纠纷

[10]两个村落之间的界际纠纷，可由相邻的5个或10个村落[一同]通过固定的——或人为划定的——界标来解决。[11]农人和牛倌中的长者，或原来[在此]有产业的外人——这些可识别界标的人，不管是多人还是仅仅一人——可先指说出界际的标志，再

① 界线(setubhoga)：指实际的划界标志，非较为宽泛的"界"或"界限"(sīman；maryādā)，参见3.8.4及注释。

② 出价胜出者(vikrayapratikroṣṭṛ)：字面为"喊出卖[价]者"，即喊出成交价的人，亦即竞价胜出者。

③ 不是主人却出价的情形(asvāmipratikrośe)："非主人却喊价的情形"。它被理解为"无资格拥有地产的人"(CŚ)或"在主人不在场时出价"(迈耶：Auf Erbietung zum Kauf in Abwesenheit des Eigentümers)。这是一个准确的直译，也没加注释，但坎格尔和奥利维勒却将迈耶的译文理解为"中间人"或"代理"，不知道从何说起。这不可能是代理或中间人，而是指前文中提到的那些"依附于他人者"(apāśrayavat)，他们与人办理的交割不成立(参见3.1.12)，因而不能出价竞购。

④ 出让者违约的情形(prakruṣṭātikrame)：若出让者有过错，即拒绝将出让物交割给出价者。

身着异常衣物[①]，去确认界际。[②]［12］若是找不到他们指说的界标，罚 1000 波那；［13］一旦［界标］被确认，侵占界际[③]或毁坏界标者，应受同样的处罚。

［14］或者，国王应根据有益的方式去划定失去界线的界际[④]。

——以上是“界际纠纷”。

(4) 田地纠纷

［15］邻人中的各位村长老 $_{(3.9.3)}$ 应解决田地纠纷。［16］若他们之间有分歧，那么，多数人——或端直的人，或为［双方］所认可的人——［支持］哪一边，他们就应判哪一边胜诉。[⑤] 或者，他们可

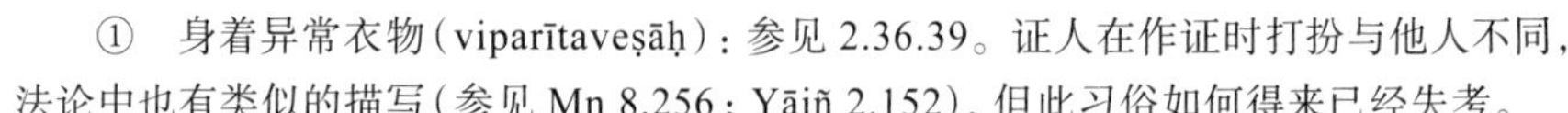

① 身着异常衣物（viparītaveṣāḥ）：参见 2.36.39。证人在作证时打扮与他人不同，法论中也有类似的描写（参见 Mn 8.256；Yājñ 2.152），但此习俗如何得来已经失考。

② “指说”（nir-√diś，第 11 句；ud-√diś，第 12 句）和“确认”（√nī）两个动词：前者只是说出，后者去现场确认、决定。

③ 侵占界际（sīmāpahāriṇām）：这一复合词被各家理解为“移除界限”，看似合理，但经不起推敲。sīman 是宽泛意义上的界限、界际。我们知道，人们只能移除界标（setu），却无法移除界限或界际（sīman）。当我们将其理解为“移除界限”时，其实是理解为“移除界标”（比如 CŚ 说的砍界际的树），而这样的话，这个复合词就和后面紧接的“毁坏界标”完全重合，变得完全没有必要。因此，在这里，apahārin（apa-√hṛ）应被理解为侵夺、侵占，而 sīman 的那种宽泛的、区别与界标的意义应该得到恢复，整个复合词应是“侵占界际”或“越界”的意思。这样理解不仅在文字本身上更合理，于上下文也更契合：背景为双方的界际纠纷，纠纷的来由必然是一方认为另一方侵占或越界（sīmāpahārin）。因此，双方需要证人，如果证人作伪证，将罚 1000 波那，而一旦证人的指认是确实的，那么，之前侵占界际的一方，或毁坏界标的一方受同样处罚。

④ 失去界线的界际（pranaṣṭasetubhogaṃ vā sīmānaṃ）：这一短语有力地显示了实际的“界线”（setubhoga）与抽象的“界际”的区别，“界线”是“界标”（setu，如树、石头，土坎等）形成的可见的“线”，而“界际”则不可见。因此，无论界标或界线实存（exists）与否，界际一直都在（is）。

⑤ 即：若是村长老之间本身有分歧，那么，法官们就有三个依据可以对争讼双方做判断：更多的村长老支持哪一方；人品更端直的村长老支持哪一方；争讼双方都认可

折中[而断]。[17]当双方都败诉，则国王收取相关不动产；失去主人的不动产亦同；[18]或者，国王可根据有益的方式将其分赐。

[19]强行夺取不动产的情形，按盗窃论罚。[20]若是有原因地取走，他应在算定劳力和产出之后，支付给[原主]清算后的那笔财物。①

——以上是“田地纠纷”。

(5)边界②之确立

[21]侵占边界③的情形，处初等罚。[22]破坏界限的情形，罚24波那。

[23][确立]苦修林、草场、大道、火葬场、神庙、祭祀场和圣地[的边界]，可由此规则说明。

——以上是“边界之确立”。

的人(anumatā;参见3.11.26,39)支持哪一方,法官们就应支持哪一方。其中,第一个“他们”(teṣāṃ)指“村长老”;第二个“他们”很可能是三个法官(3.1.1)。

① 原因(kāraṇa):“基于债务等原因”(CŚ),即若是因原主欠债或质押,则可按约定获取不动产。这里说的是田地里有庄稼的情形:要先算好这块田地以及其出产物的价格和原主人所付出的劳力工钱,扣除原主欠自己的债务,有结余的话,应将这笔结余(bandha)付给原主,然后才能得到这块地。

② 这里的边界原文为maryādā,关于这一词的说明,参见3.9.3及注释。

③ 侵占边界的情形(maryādāpaharaṇe):正如上文第13句中的apahārin不能理解为“移除”而应理解为“侵占”,这里也是一样(只不过,上面说的是村与村的界际,这里说的是私人田产之间的界子)。坎格尔将maryādā译为“边界的[标志]”(boundary [marks]),加入了“标”,如果要说“界标”,那作者完全可以直接用setu。再对比这一行为与下一句中“破坏界限”的处罚,不应认为maryādāpaharaṇe仅仅是移除了界标,而是实际的越界行为(比如一人越界在另一人的田地上播种)。

(6)损坏与占用

[24]所有纠纷[1]都[应]由邻人裁夺。

[25]草场、旱地、水田、菜地、打谷场、房舍、车辇房[这类用地中],每靠前的一个应任由[靠后者]的占用。[2][26]旱地要除了[以下场所]:诵学吠陀和行苏摩祭的林地、神庙、祭祀场和圣地。[3]

[27]因使用水库、沟渠或水田而对他人耕地或[播下的]种子造成损害的情形,应根据损失等值赔偿。[28]水田、园林以及堤坝[这类设施导致的]互相损害的情形,罚损害的2倍。[4]

[29]一个后来建造且较低的水池,不可用水淹没了为较高水池所灌溉的水田;[30]造得较高的水池,不应阻止水流灌注入较低的水池——除非[较低水池]已停用了3年。[31]若违越之,处初等罚,并排干池水。

[32]停用了5年的水池应被剥夺所有权——但发生灾患[5]的情况除外。

[33]对于水池或堤坝:若新建成,[可得到]5年的[税费]豁免;破损或废置的[水池或堤坝]若被修复,可得4年的豁免;[蔓草]丛生的[水池或堤坝]若被清理,可得3年的豁免。[芜秽的]

---

① 这里的"纠纷"(vivāda)不再是界际纠纷,而是指下面将要提到的损害和侵占等纠纷(坎格尔)。

② 这里说的是对土地的使用方式:罗列得越靠前,越应为罗列靠后的让出位置。

③ 即:句中提到的这类旱地不应为第25句中罗列在旱地之后的用地(水田……)所占用或挤压。坎格尔认为这可能是某个婆罗门教人士的批注,窜入了正文。

④ 第27句中提到的是单方面的损害,这种情况只需要按损失赔偿给原主人。但这里的互相损害,需要缴付的是给国王的罚金,而且可能是双方都要向国王缴纳这笔罚金,这种情形似乎被认为比较恶劣。

⑤ 灾患(āpad):指"敌王(进犯)等"(CŚ)。

旱地若得重耕，可得 2 年豁免。[34] [他可任由] 他们自己质押或出售之。[①]

[35] 它们应向那些依赖于沟渠、河坝的水池、水田、园林以及菜园的播种者们供 [水]，以增进庄稼的质量与产量；[②] 或者，它们应按照有益的方式向其他人供水。

① 即：所有者的变化不影响得到的优惠（坎格尔）。

② 原文 khāta-prāvṛttima-nadī-nibandhāyatana-taṭāka-kedārārāma-ṣaṇḍa-vāpānāṃ sasyavarṇabhāgottarikaṃ [dadyuḥ]：奥利维勒认为这句话有脱误，而且认为无法在破坏原文的情况下对之进行修正。迈耶、坎格尔和奥利维勒都理解为：水利设施的拥有者们可以利用沟渠（khātaprāvṛttima）、河坝（nadīnibandhāyatana）以及水库（或水池；taṭāka）向水田、园林和菜园供水，以期分取各种庄稼（sasyavarṇa）的份额。诚然，这是一个可能的解释，而且看起来很合理。但笔者结合语境、句法和字词仔细辨析，发现读不出这个意思。坎格尔在译文中还保留了"播种"（vāpa）（虽然有些蹩脚），奥利维勒为了调适句意，连播种这个尾词都省略了。三位译者都将句首的长复合词分为两段，前一段（khātaprāvṛttimanadīnibandhāyatanataṭāka）为供水设施，后一段（kedārārāmaṣaṇḍa）为用水的地方（所以坎格尔认为这句话最好是 -taṭākodakam 或至少是 -taṭākam，将它分为两个不同的复合词）。这种分割实际上是接受了坎格尔的修正，这无异于奥利维勒所说的"破坏性的修正"。这个复合词的核心问题是对 āyatana 的理解。三位译者都将其理解为与"水池"（taṭāka）并列为供水设施，但是，如果将其理解为"依赖"，并将 taṭāka 也理解为需水的地方（参见上文第 29—31 句，水池需要别的地方供水），整个复合词就是：依赖于沟渠、河坝的水池、水田、园林和菜园的播种者们（vāpa 应被理解为"播种者"，和后半句的"他人"对应）。那么，这句话不经任何修正可理解为：它们应给予 / 带来（dadyus）……播种者们庄稼质量和数量上的增进（uttarika，来源于 ut-√tṝ，增进）。如果将 sasyavarṇabhāgottarikaṃ 与下半句中的 yathopakāraṃ 一样理解为副词，那么，就可理解为：它们应以增进庄稼质量和数量 [的方式] 给……播种者供 [水]。在这种情况下，句首复合词的词尾应改为 -vāpebhyaḥ。实际上，无论如何，这句话不能理解为水利主人们通过供水来获取收成分红，而只是像后半句那样说明它们的作用：要么向那些播种者供水，以增进庄稼的质量和数量；要么"按照有益的方式"向主人之外的其他人供水。这些主人的报酬是下一句的主题：我们可以看到，水利的主人获取报酬的方式有很多（租赁等），不仅仅从庄稼收成中取得分红。综上所述，笔者给出一个改进后的读法：khāta-prāvṛttima-nadī-nibandhāyatana-taṭāka-kedārārāma-ṣaṇḍavāpebhyaḥ sasyavarṇabhāgottarikaṃ，供学者参考。

[36]那些通过租赁、雇用、质押、分红以及取得许可[这类方式]使用它们的人，应对它们进行修缮；[37]若不进行修缮，罚损失的2倍。

[38]不依轮次而从堤坝放水者，罚6波那；或者，因为自己的疏忽而阻止他人在其轮次上放水者，亦同。

——以上是第三篇“法律”第九章“不动产之出售”“界际纠纷”“田地纠纷”“边界之确立”“损坏与占用”（属于“不动产相关”目）。

第十章

第 61 目：不动产相关（续）

（7）破坏草地、田地和道路

[1]阻碍习用的劳力取水(2.24.19)的水道[①]者，或建造不习用的[劳力取水的水道]者，处初等罚；在他人土地上建造堤坝、水井、圣地、支提或神庙者，亦同。[2]亲自或令人将前人所建的法堤[②]质押或

① 劳力取水的水道（karmodakamārgaṃ）：凭劳力取水的水道与凭气候获得的雨水相反，因而可以被认为是灌溉水。水道（mārga）即沟渠之类设施。有了沟渠还要靠劳力取水，是因为沟渠不总是能到需要用水的地方，因此人们往往需要用工具去沟渠和堤坝这类水道去取水（参见 2.24.18）。

② 法堤（dharmasetu）：“为着法（笔者按：即虔诚、慈善）目的而建的堤坝、水井、水池等”（CŚ），类似于中国的“功德堤”或“功德水利”。

出售者，处中等罚；而且相关证人处高等罚——除非［法堤］已破损或废置。

［3］若没有主人，村落民或品性虔诚的人可［对之］进行修缮。

［4］道路的规制已经在“要塞之布局”中解说过(2.4.3-5)。［5］阻塞小牲畜或人的路，罚 12 波那；阻塞大牲畜的路，罚 24 波那；阻塞象的路或田间的路，罚 54 波那；阻塞堤坝或林间的路，罚 106 波那；阻塞火葬场或村落的路，罚 200 波那；阻塞区会(2.1.4)中的道路，罚 500 波那；阻塞郡会(2.1.4)、郡邑(1.12.22)或草场的道路，罚 1000 波那。

［6］侵蚀这些道路［致其变狭窄］的情形，分别罚［上述罚金］的 1/4；［7］在道路上耕作的情形，罚如上述。

［8］在播种时节上，［从佃户手中］收回田地的田主，或弃田地［不播种］的佃户，都罚 24 波那——除非是［田地］有缺陷、出变故或［交易］不可行(3.15.1-4)。

［9］税户应向［其他］税户质押或出售［田产］；持有功德田(2.1.7)者［应向其他］持有功德田者［质押或出售田产］，［10］否则处初等罚。或者，税户若落户于免税的村落，亦［处初等罚］。［12］［税户］若落户纳税的村落，则可随意置办各种财产——房屋除外；［13］［但］即便是房屋，他也可以［转让］给他。①

［14］一个人若不耕种他的私地，那么，另外一个人可以使用 5

① 第 12—13 句：这里说的是税户通过购买田产移居到另一纳税的村落（这是合法的），他有权购买该卖家的一切物事（除了房屋，因为房屋的第一选择并不是这个移居的人。参见 3.9.1-2）。但即便如此，若卖田的人愿意转让房屋，他可以把房屋卖给移居这个人（CŚ）。坎格尔与奥利维勒似乎把“给予”（dadyāt）理解为真正意义上的赐予。因而认为第 13 句中的主语要么是村落头人，要么是法官。

年，并在收取劳力赎酬后再将这块私地退回［原主］。[①]

［15］住在别处的免税户，可以以［自己免税田地］的收入为生。[②]

［16］佃户们应轮流陪随为村落事务而奔走的村落头人，［17］不陪随者，按每由旬1.5波那缴付罚金。

［18］将未盗窃或通奸的人逐出村落的村落头人[③]，罚24波那，同时对该村落处高等罚。［19］关于被逐出者［重新］进入村落［的规则］，可由［有关］僭越的规则说明。[④]

［20］［村落头人］应令人于村落周围100弓开外用立柱造围墙。

［21］他们应通过割取放养牲畜的草场［的草］为生。

［22］他们可向在草场吃草后就离去的［动物］收取［费用］：骆驼和水牛，每头收1/4波那；牛、马、驴，每头收1/8波那；各种小牲畜，每头收1/16波那。［23］吃完草后躺下来的动物，每头罚上述的2倍；［在草场］过夜的，罚4倍。[⑤]

① 私地（anādeyam）：“不可被夺走的（田地）”，即自留地，意译为“私地”。如果一个人不利用这块地，那么，他必须让愿意耕种者5年内耕种它，期满后田主应补偿他一些“劳力赎酬”（prayāsaniṣkraya），要回这块地。“劳力赎酬”可能是指耕种者让这块地保持为熟地而未荒芜，从而获得的报酬，它带有赎金和酬金的双重性质。

② 免税户（akarada）若住在其他纳税的村落，他们仍然可以享用自己免税田的收入（比如出租）。坎格尔认为这可能是暗示：免税户可以在本人不在场的情况下出租其田地，而税户则不可在不在场的情况下出租田地。

③ 这半句可理解为两个意思：（一）唯有盗窃和通奸这两种罪方可被逐出村落；（二）一个人未盗窃和通奸，却被村落头人逐出。但第一种意思更可能。

④ 僭越（adhigama）：它可能是指4.13.3-4的两条规则。但4.13的章名却是“越轨之处罚”（aticāradaṇḍāḥ）。

⑤ 第21—23句：坎格尔认为这几句的主语是那些“割草人”（类似于2.17.3中砍伐林木的人），而非国王的官员。但是，问题在于，普通看管草场的人是无法向人课罚的。因此，这些割草人可能是草场官（2.34）手下的雇员：打理草场、割草、收取课罚。另外需要注意的是：第22句中收取的是正常的报酬，而第23句中说的是罚金。也就是说，如果出现第23句中的情形，除了正常给予报酬外，另缴2倍或4倍的罚金。

[24]或者，村落神庙的公牛、产仔不出 10 天的母牛或种牛则不应被课罚。

[25]若啃食庄稼，他应先根据收成情况算出损失，再令[牲畜]主人缴 2 倍罚金。[26]而且，未先行通知主人而在其土地上遛养[牲畜]者，罚 12 波那；放养者，罚 24 波那。[1][27]牧人的罚金为上述的 1/2。[28]若啃食菜园，他应课以同样的罚金；[29]若打破栅栏，罚 2 倍；同样，若进入房舍、打谷场圜啃食粮食，[亦同]。

[30]他应采取措施以避免伤害[牲畜]。[31]一旦无畏林中的动物或家畜啃食[庄稼或菜园]，应先通知[庄稼或菜园的]主人，然后再以不对其造成伤害的方式阻止它们。

[32]应用绳或棍驱赶牲畜。[33]用其他方式对它们造成伤害的情形，以“身体侵犯”(3.19.26-27)罪论罚。[34]那些攻击[人]的，或明显会冲犯人的[牲畜][2]，应当用所有办法来制服。

——以上是“破坏田地和道路”。[3]

第 62 目：不履行协约

[35]一个与某村落订了约却不践约的农人[4]，对他的处分由该村落收取。[36]若不做工，他应缴付该工薪酬的 2 倍；若不凑钱，他应缴付每个单份的 2 倍；若在聚会场合不凑食物和饮料，他应缴

① 遛养(cārato)和放养(pramuñcataś)的区别是：前者由缰绳等控制，后者则是任由牲畜移动(CŚ)。

② 即：“攻击阻止它们的人的，或之前伤过人的[牲畜]”(CŚ)。

③ 这一节的标题是“破坏草地、田地和道路”，这里少了“草场”。

④ 这个农人以订约的方式住进该村，成为村落一员(坎格尔)，他的义务见下一句。

付每单份的2倍。

［37］不为表演凑份财者，他本人和亲朋不得观看。［38］若偷偷听或看，应强制性地缴付每单份的2倍；对所有人都有利益的事业，亦同。[①]

［39］他们[②]应执行那个提出了对大家都有益的［建议］的人的命令。［40］若不执行［他的命令］，罚12波那；［41］或者，如果他们纠集起来阻止[③]他，那么，他们每个人都处该过错[④]2倍的罚金；［42］打伤他的人应加以严惩。

［43］他们之中，应从婆罗门开始定威望。［44］另外，在聚会场合，他们中的婆罗门若不情愿，可不做事，而且可以获得其份额。

［45］不遵守一地、一种姓、一家族或一团众之协约，［其规则］可由此规则说明。

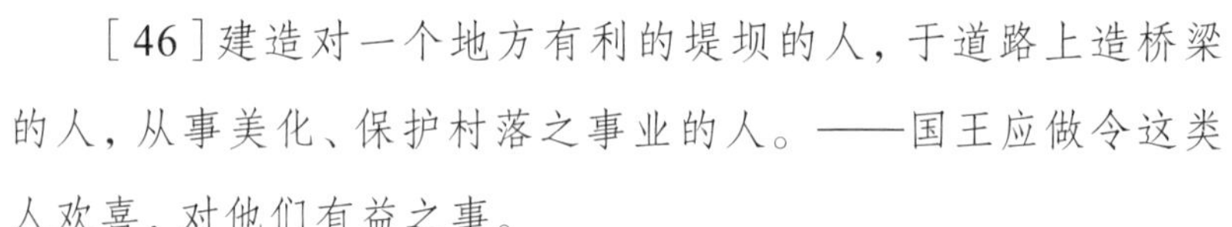

［46］建造对一个地方有利的堤坝的人，于道路上造桥梁的人，从事美化、保护村落之事业的人。——国王应做令这类人欢喜，对他们有益之事。

① 即：某些公益事业，若他不缴份子不出力，到时候却参与使用，那么应缴2倍。

② 文中未说明主语，可能单指那些和村落订了约的农人（CŚ 在下文第43句中将“他们”训为“缔约的人”），也可能指全体村民。

③ 阻止（hanyuḥ）：各译家都理解为“打”。实际这里应当取 √han 这个动词“阻止”和“抵制”的意思（类似用法见 *Rājataraṅgiṇī* 2.253），因为罚金仅仅为上句中“不执行”的2倍，对于犯上去打一个德高望重的人，这个罚金太少。而后一句的 upahantṛ 方才是“打他的人”，这样的人将会被严办。这三句所说事情在性质上有一个递进。

④ 指上句中的“不执行其命令”这一过错。

——以上是第三篇“法律”第十章“破坏草地、田地和道路”（属于“不动产相关”目）、“不履行协约”。

第十一章

第 63 目：欠债不还

【甲】利息

[1]对于 100 波那来说，合乎法的月息为 1.25 波那；若用于商货，月息为 5 波那；[借给]来往于丛林中的人，月息为 10 波那；[借给]出海者，月息为 20 波那。[2]收取或令人收取超出上述[利率]利息的人，处初等罚；证人们每人罚[当事人罚金的]1/2。[3]在国王不能带来获取与持守(1.4.3)的情况下[①]，[法官]应考虑贷借双方的习俗。

[4]在收割季，粮食的息为 1/2；此后便转为粮值，并产生利息。[②][5]投贷[③]的息为利润的 1/2；这个息钱应保存起来，一年一付。

---

① 即：“国王因陷入困境或处于敌王（攻击）等灾难而不能带来获取与持守”（CŚ），实际是指国王自顾不暇、不能维持秩序时。

② 即：若在收割季归还粮食，则只需还借得粮食的 1.5 倍（本粮加 1/2 的粮息）。过了收割季，这 1.5 倍的粮食就转化为其所值的银钱，以此为本金，根据本章第 1 句所说的那样产生利息。

③ 投贷（prakṣepa）：“投放”“合伙”，即投资性本金、股份。贷方（投放）同时是股东（合伙）：作为贷方，其息为利润的 1/2；作为合伙人，其红利为 1/2。这种投资行为，在这里被当作借贷关系的一种。一般译家译为“资本”或“投资”，抛开时代错乱的问题，也是没错的，但未尽其意义：仅仅是资本或投资的话，那可以向任何债主借得，而债主未必参与分红。而 prakṣepa 特殊之处在于，它的主人（prakṣeptṛ）本人既是名义

[6]长期外出或赖息者，应缴还 2 倍本金。①

[7]先不定利率后来又收取利息者，或增加[既定的]利率者，或利用证人硬说本金带[他自己所强加之]利息者②，罚涉讼财物
(2.7.21)的 4 倍；[8]若通过证人求证的财物是一小笔③，罚该笔不存在财物的 4 倍；[9]索债者缴付其中的 1/3，助其[索债]者缴付其余。④

[10]因长的祭祀期、疾病、住在师尊家而[与他人]隔绝者，以及年幼者或贫者，他们的债务不应生息。

【 乙 】收债

[11]贷方若不接受借方[意在]清偿债务的还款，罚 12 波那；

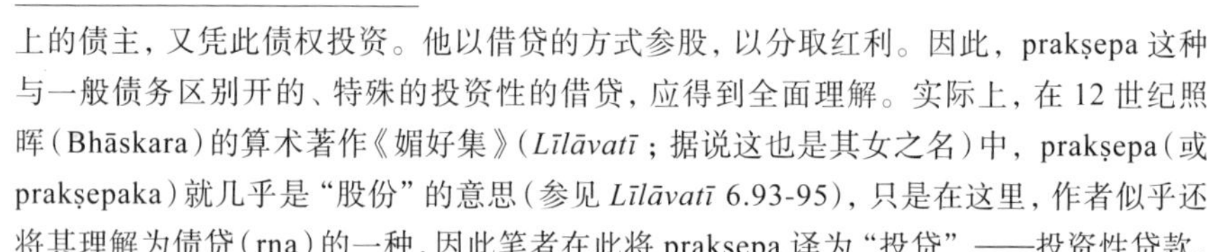

上的债主，又凭此债权投资。他以借贷的方式参股，以分取红利。因此，prakṣepa 这种与一般债务区别开的、特殊的投资性的借贷，应得到全面理解。实际上，在 12 世纪照晖（Bhāskara）的算术著作《媚好集》（*Līlāvatī*；据说这也是其女之名）中，prakṣepa（或 prakṣepaka）就几乎是“股份”的意思（参见 *Līlāvatī* 6.93-95），只是在这里，作者似乎还将其理解为债贷（ṛṇa）的一种，因此笔者在此将 prakṣepa 译为“投贷”——投资性贷款。

① 投资性借贷若长期不付利息，借方应付还本金的 2 倍。因为印度古俗，借一还二是钱贷（其他物事，比如果、粮等则不同）的最高利息，无论借多久，利息不得超过本金（参见 Mn 8.151；*Gautamadharmasūtra* 2.3.28-29）。这条规则名为 dāmdupaṭ，在近现代仍然发生作用（参见 Vicajee 1900）。

② 或利用证人硬说本金带他自己所强加之利息者（mūlyaṃ vā vṛddhim āropya śrāvayato）：未先定利率（或定好了利率），后来单方面强加一个本身不存在的利率（或更高的利率），并用证人来证明这一点。

③ 两种理解：（一）借了一笔钱，但贷方试图用证人证明借了更大的一笔（CŚ）；（二）完全没借出，却通过证人硬说对方借了（坎格尔）。从下一句的索债者（ādātṛ）来看，似乎前者更可能。不过，无论是哪种，涉事的都是一小笔不存在的财物（tuccham abhūtam）。

④ 索债人缴付全额（涉讼财物的 4 倍）的 1/3，助其索债者（主要是证人）缴付其余。奥利维勒惊讶于这个责任与罚金的分割方式，他认为对索债者与证人的罚金比例不当，他把 tribhāga 理解为 3/4（bhāga 也可以作 1/4 讲），这也是可能的。不过，作者本意如何并不好判断。因为证人比当事人受到更严厉的课罚，《利论》中有类似情形（参见 3.10.2）。

[12]若指出充分的理由，则这笔债务停止生息，并存放在第三方处。

[13]被忽略了 10 年的债务不可再收回。——[贷方]为孩童、老人、病人、遭灾患、离家在外、去国[①]或王国发生动荡这类情况除外。

[14]对于死者来说：高利贷应由其儿子偿还；或由遗产继承人，或由与他一同担责的保人[②]偿付；[15]其他的保责就不存在了[③]。[16—17]但是，若保责关乎贫者或孩童，[即便]未明确规定地点和时间，应由他的诸子、诸孙或取得其遗产的人偿付。[④]

① 去国（deśatyāga）：抛弃本地（或国）、离乡。两位英译者直接译为“迁移”。

② 与他一同担责的保人（sahagrāhiṇaḥ pratibhuvaḥ）：奥利维勒在译文的注释中令人信服地说明，sahagrāhiṇaḥ 并不是“同借”，而是“共责”（修饰 pratibhuvaḥ），这一词组的意思是“共责保人”。这类人也叫“付保”（dānapratibhū，参见 Mn 8.160），他们替高利贷（kusīda）的借方担保：如果借方无法偿还，他们就必须偿还高利贷。关于高利贷，另参见 Mn 8.151-152。

③ na prātibhāvyam anyat：“[死者]作除了‘钱保’之外的保——如‘见保’的话，可不偿还”（CŚ）。首先，关于“保人”（pratibhū）和“保责”（prātibhāvya），法论中提到过三种：“付保”（dānapratibhū）、“见（xiàn）保”（darśanapratibhū）、“信保”（pratyayapratibhū）（参见 Mn 8.160；Yājñ 2.53），以上三种保人的保责分别是：替借高利贷的人作保（付保；与高利贷密切相关，见上注）、借贷和官司中需要露面（见保），保证借方的信誉（信保）。上一句说的是死者本人借的高利贷，而这里开始说死者生前为他人作的保：如果是付保（即 CŚ 所说的“钱保”）且借方未还的话，死者子孙应为死者所作的保继续负责，替他为借方偿付高利贷。而如果作的“其他”保，如见保或信保，则本人死后，不再有相关保责。

④ 第 16—17 句：KA 原读法为：asāraṃ bālaprātibhāvyam（16），asaṃkhyātadeśakālaṃ tu putrāḥ pautrā dāyādā vā rikthaṃ haramāṇā dadyuḥ（17）。译文据奥利维勒的改进读法译出：asārabālaprātibhāvyam asaṃkhyātadeśakālaṃ tu putrāḥ pautrā dāyādā vā rikthaṃ haramāṇā dadyuḥ（16-17）。首先应明确，人死保责（除了付保的保责）随之不在，其子孙后代若不愿意，可不替死者偿付（参见 3.16.9），但这里提出了一个例外：死者的保责（无论作的什么保），如果牵涉到贫者和孩童的利益（比如借贷者变穷困或去世留下孤儿，而原借方也未偿还债务），那么，他的儿孙们应该替死者负保责偿付债务。

[18]若保责有关性命、婚姻或土地，[即便]未明确规定地点和时间，应由其诸子或诸孙承担。[①]

[19]多笔债务[还期]赶到一起的情况下，两个[债权人]不能同时控告一个[债务人][②]——除非是[债务人]要离开。[20]即便是在这种情况下，他应按借贷先后顺序偿还；或者，应先偿还欠国王和吠陀师的债务。

[21]夫妻、父子或未分家的兄弟，彼此之间的借贷不可收回。[③]

[22]农人和国王臣仆在从事其职事期间不应被收捕[④]；[23]或者，妻子若未同意其夫主所借某笔债，不应为[该笔债务被收捕]——牛倌(2.29)和二一农(2.24.16)[的妻子]除外。[⑤][24]但是，

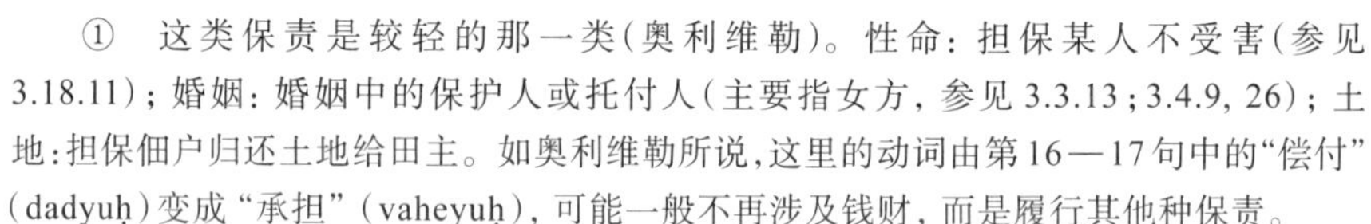

① 这类保责是较轻的那一类(奥利维勒)。性命：担保某人不受害(参见3.18.11)；婚姻：婚姻中的保护人或托付人(主要指女方，参见3.3.13；3.4.9, 26)；土地：担保佃户归还土地给田主。如奥利维勒所说，这里的动词由第16—17句中的“偿付”(dadyuḥ)变成“承担”(vaheyuḥ)，可能一般不再涉及钱财，而是履行其他种保责。

② 同一个人不同时吃两桩官司，参见3.1.26及Yājñ 2.9。

③ 如果出现纠纷，国王和法官不会支持贷方。或者说，这类人彼此之间根本就不应有借贷关系。

④ 不应被收捕(agrāhyāḥ)：grāhya意为“应被抓捕的”。坎格尔认为这里是指“追责”(held liable)，在接下来两个句子，理解为“追责”说得通，甚至更好，但在这一句中，坎格尔自己的译文仍然还是“收捕”(held)。在这句话中，译为“收捕”是必须的，因为农人和国王的差役不可能因为在工作期间就不能被“追责”。同一个词在连着的三句话中，意思不可能差异这么大，因此三句中的grāhya统一译为“收捕”。另外，CŚ说得很清楚：这里说的是债务人(ṛṇin)在被债权人(dhanika)控告后，有关执捕(grahaṇa)的特殊规则。

⑤ 这一般是指丈夫不在或去世的情况下：如果妻子同意丈夫借债，当债权人逼债或起诉，则妻子替丈夫负连带责任。若未同意，则不需要。牛倌(gopālaka)和二一农(ardhasītika)这两类人的妻子，即使未同意其丈夫借债，在丈夫不在的情况下，也需要为债务负责，原因则不明。在《利论》中，两者相同的一点是：主要的生产资料(牛群、土地)都是国家提供，而自己仅仅是出力，然后分利。

丈夫若在离家前未安顿好妻子[的生计],就应为她所借的债被收捕。

【丙】关于作证

[25]若是[自行]承认,这是最好的。[①][26]但是,若未[自行]承认,则由证人决定:至少要有三个可信赖的、端直的或为[双方]所认可的证人(3.9.16);[27]或者,若各方同意,两个[这样的证人亦可];不过,关于债务[的案件],不应只有一个证人。

[28]以下人被禁止[成为证人]:舅子、合伙人、仆从、放贷人、借贷人、[与当事人]有过节的人、残疾人以及被定罪的人;还有前面[提到的那些]不能办理交割的人(3.1.12)。[29]国王、吠陀师、村落雇工、麻风病人以及身有溃烂的人;丧失种姓的人、旃荼罗以及贱役;盲人、聋子、哑巴以及自荐者;还有女人和国王臣仆。——除非事关他们本群体,[这些人亦不得为证人]。[30]但是,在侵犯(3.18-19)、盗窃或通奸案件中,除了[与当事人]有过节者、舅子和合伙人,[其他人都可成为证人]。[31]在[有关]秘密交割的案件中,一个听到或看到的男人或女人可以成为证人——国王和苦行者除外。

[32]只要不是强迫,主人可为仆从作证,祭司和师尊可为生徒作证,母亲和父亲可为儿子作证;或者,后者亦可为前者作证。[33]另外,在他们之间互讼的情形下,处尊位的若败诉,罚涉讼财物的1/10;处卑位的若败诉,罚涉讼财物的1/5。

① 即:被告(一般是债务人)自行承认原告所控诉的,这样最好。

[34][法官]应在众婆罗门、一罐水以及火面前诫勉各位证人。[35]在这种情形下，他应对婆罗门证人说："请说实话！"[36]对刹帝利或吠舍证人说："假如不说实话，你不会得到祭祀与功行的果；你会手持乞钵到你敌人家去乞讨！"[1][37]对首陀罗证人说："[假如不说实话]，在你们生与死之间，无论有何功德的果报，都将归于国王；而且国王的罪过都会归于你们！[2]惩罚将随之而来。而且，在这之后，[事实]会如其被看到或听到的那样为人们所知晓。因此，要一心一意地说出实话。"[3][38]对于那些未说出实话的证人，七日后，罚12波那；3半月之后，应缴付涉讼财物[作为罚金]。

[39]若诸位证人之间有分歧，那么，多数人——或端直的人，或为[双方]所认可的人——[支持]哪一边，他们就应判哪一边胜诉；或者，他们应折中[而断]。[40]或者，国王可收取此物(3.9.16-17)。

[41]若诸位证人证说[数目]比涉讼财物少，则原告应缴付多出的那一笔作为课罚。[42]若[证人证说]比[涉讼财物]多，则国王应取得多出的部分。

[43]因原告的糊涂所导致的[某些]未被见证明白或未写清

---

① 功行(pūrta)：善行，有功德的行为，如"掘井"(CŚ)。这句话省略的条件见下句，并参考下句注释。

② 从人称"你们"可知，对其他种姓是一个一个地诫勉，对首陀罗则是一起(坎格尔)。"生与死之间"，是指首陀罗为"一生族"(ekajanman)，而三个高种姓则为"再生族"(dvija)。

③ "假如不说实话"不针对婆罗门，而是针对刹帝利、吠舍和首陀罗三个种姓，故而第36—37句形成了一个完整的句子(奥利维勒)。

的［东西］，或由死者［生前提供］的陈述[①]，应先进行检查，然后只能由证人裁夺。

［44］优散那派说："若证人自己犯糊涂，以至于在地点、时间或案情上的回答各各不同，应分别处初等、中等、高等罚。"[②]［45］摩奴派说："那些把无的事情说成是有，或把有的事情说成无的伪证证人，应缴付涉讼财物10倍的罚金。"［46］祈主派说："或者，那些因自己的糊涂而说假话的，应被复刑处死$_{(4.11)}$。"［47］憍底利耶说："不。［48］因为，一定要证人们诚实作证：[③]［49］未诚实作证者，罚24波那；不说出证词者，罚此数的1/2。"

［50］［法官］应去找来那些在地域和时间上处得不远的证人；他应凭国王的口谕找来那些［在地域和时间上］处得远的或不愿来的证人。

——以上是第三篇"法律"第十一章"欠债不还"。

① 因原告本人的糊涂导致某些细节未清楚地为证人所见证，或未被写清（多数是原告本人自己口授的问题）；或者由某个死者生前提供的证词。这两类糊涂账只能由证人说了算。死者的陈述（pretābhiniveśaṃ）：显然是指死者生前提供的一个书面证词。

② 三个等级的罚金分别对应证人在地点、时间、案情上犯的错。

③ 憍底利耶的意思是：不必处死，因为可以用办法迫使证人说真话。他提供的方法即第49句中的课罚。

第十二章

第 64 目：关于寄存物

[1]寄存物可由债务规则说明。[④]

[2]要塞或郡邑为敌王或丛蛮酋魁劫掠；或者，村落、商队或畜群为劫匪所掠；或者，车舆丢失；或者，村落中间发生火灾或水灾时，[寄存物]被困在火或水中；[⑤]船沉没或被劫。——以上情形下，若他[⑥]本人亦遭逢其事，就可不对寄存物负责。

[3]使用寄存物者，应根据地点和时间偿付相应的使用报酬，并缴 12 波那罚金。[4]如使用寄存物，他应为因使用而导致的丢失或毁坏负责，并罚 24 波那；或者，若[寄存物]因其他原因出逃，

④ 有关债务的规则，同样适于寄存，那么，一般规则已经在债务一章中明确，下面都是一些特殊的规则。同时，奥利维勒正确地指出，《利论》中，债务（ṛṇa）是一个基本类型（prakṛti；archetype），这也是为何在债务一章中还处理了一般的司法过程（比如证人）。笔者按：前面我们看到过“投贷”（prakṣepa）这单纯的投资合伙关系被当成债务关系（参见 2.11.5 及注释），而在这里，寄存、质押等关系也都被看成债务关系。这是值得玩味的。

⑤ 这一小分句，笔者根据 KA 原文（grāmamadhyāgnyudakābādhe jvālāvegoparuddhe vā）译出。奥利维勒将坎格尔在校勘时删去的一部分词组又恢复为：grāmamadhyāgnyudakābādhe kiṃcid amokṣayamāṇe ekadeśamuktadravye vā jvālāvegoparuddhe vā，就应译为：村落中间发生火灾或水灾（在这灾中，什么也没抢救出，或仅抢救出一部分财物）时（寄存物）被困在火或水中。显然，奥利维勒恢复的部分确实更大程度上可能是窜入正文的批注，奥利维勒这一恢复显得可疑。但无论如何，两种读法在意思上几乎没差别。

⑥ 指被托付者、保管人或收寄人。

亦同。[①][5]他不必为死去或遭灾的寄存物负责。[②]

[6]另外，若有质押、出售或不承认接收过寄存物的情形，罚该[寄存]物的4/5。[③][7]若有调换[寄存物]或使其出逃[④]的情形，处该物等值罚金。

【甲】质押物

[8]丢失、使用、出售、质押[⑤]以及侵夺质押物[的情形]可以通过上述规则说明。

[9]能生利的质押物不得堕失[⑥]；同时，它对应的本金亦不得生息——除非是得到允许。[⑦][10]不能生利的质押物可堕失；同时，它对应的本金亦可生息。

[11]质权人若不将质押物交还给前来赎质的[出质人]，罚

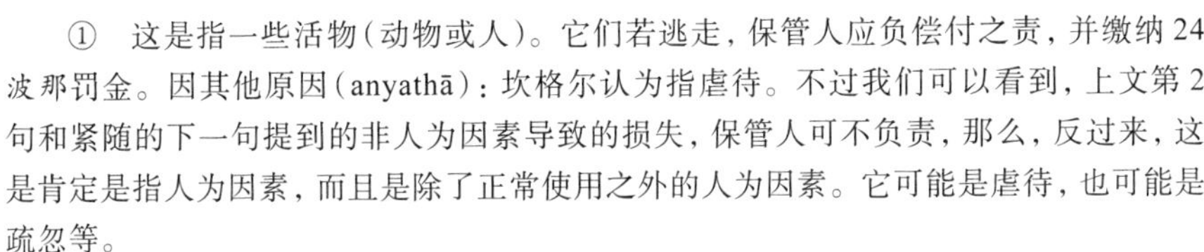

① 这是指一些活物（动物或人）。它们若逃走，保管人应负偿付之责，并缴纳24波那罚金。因其他原因（anyathā）：坎格尔认为指虐待。不过我们可以看到，上文第2句和紧随的下一句提到的非人为因素导致的损失，保管人可不负责，那么，反过来，这是肯定是指人为因素，而且是除了正常使用之外的人为因素。它可能是虐待，也可能是疏忽等。

② 这两种不幸，与上文第2句中提到的那些情形一样，是纯粹的非人为因素。

③ 罚该寄存物的4/5（asya caturguṇapañcabandho daṇḍaḥ）：直译为“罚该寄存物1/5的4倍”。bandha为“涉事物”，pañcabandha为涉事物的1/5（参见2.7.21, 38）。另外，这是给国王的课罚，对原主赔偿是另一回事。

④ 使其出逃（niṣpātane）：即因保管人之过错而致使寄存物逃走，奥利维勒译文处理为“为其出逃负责”，于字面虽不合，但显示了这一词的意图，甚好。

⑤ 即：甲把某物质押给乙，乙再将其质押给丙。

⑥ 能生利的（sopakāra）：比如“具有载重、挤奶等能力的牛”（CŚ）；不得堕失（na sīdet）：sīdet来自√sad（堕落、消失、被牺牲掉），“不得堕失”是指质押者绝对拥有赎回的权利。

⑦ 即：甲质押了能生利的东西给乙以获取贷款，乙可以享受该质押物产生的利益，但除非甲同意，乙借出的本金亦不应产生利息。当然，可以猜想，可生息的情况，可能是指质押物生的利不能冲抵本金的利息，那么，乙可能会要求甲补足利息。

12 波那。[12]或者，在质权人不在场的情况下，[出质人]应将赎金存放在诸位村落长老处，然后取得质押物；[13]或者，质押物[的本金]停止生息，算定其即时价值后[①]，可以就留在那里，或交与防毁失衙署托管。[②][14]或者，在借方[③]不在场的情况下，质权人若担心毁坏质押物，可以经法官允许——或在取得质护[④]的许可后——以最高的价格出售之。

[15]但是，若是不动的[质押物]——无论是经劳作后方可享用[成果]，还是[直接有]成果可享用，在不减少其价值的前提下，可以给[质权人]带来扣除投贷利息和本金后的收益。[⑤][16]未经

① nivṛttavṛddhiko vādhis tatkālakṛtamūlyas：坎格尔与奥利维勒都将 nivṛttavṛddhika 理解为质押物本身停止生息，似有偏差。vṛddhi（息）是一个非常术语化的词，它对应的是债务或本金。前面提到质押物时，说的是"生利"（sopakāra），而不是"生息"。质押物本身既然不可能生息，怎么会"停止生息"呢？因此 nivṛttavṛddhika 中虽然没有出现"本金"（mūlya），但应被理解为质押的本金不再生息（即赎金不再增长）。这一点也为 CŚ 注所支持。而 tatkālakṛtamūlya 则是指算定质押物的即时（出质人前来赎回时）价格，以避免质押物在将来受到损害（CŚ）。

② 这一条规则是相对上一条规则的另一个选择：如果质权人不在，出质人要么将赎金交与村落长老，然后带走质押物。假如不那样，就有了这里所说的选择。质权人不在，虽然不能交割，但赎金仍然按出质人前来赎质时结算，以免赎金在将来继续增长。同时，出质人不将质押物领走，而是要么留在质权人家，要么交与可信赖的第三方托管。以便质权人方便时再正式交割。这条规则既避免了出质人因质权人不能交割而继续承受息钱，也避免质权人自己不在场时出质人将质押物带走造成某些问题，它对双方都有利。防毁失衙署（anāśavināśakaraṇa）：防止丢失与毁坏的机构。很难说这到底是何种机构，这似乎是官方的寄存机构（karaṇa：衙署，参见 2.5.8；2.7.8 等），但奥利维勒提到，这多半是民间那些第三方保管人。

③ 借方（dhāraṇika）：即出质抵押的人。

④ 质护（ādhipāla）：质押物的保护者。这应当是专门管理质押这类事务的政府官员，坎格尔提到他可能是上一句中那个"防毁失衙署"的主事官员。

⑤ sthāvaras tu prayāsabhogyaḥ phalabhogyo vā prakṣepavṛddhimūlyaśuddham ājīvam amūlyakṣayeṇopanayet：各译家都将这一句其理解为：不动的质押物——无论是

许可而享用[该不动产质押物]者，应偿还扣除本金后的[所有]收益，并缴付与涉事财物[等值的罚金]。[①]

经劳作后方可享用(成果)，还是(直接有)成果可享用，可能会产生高于所借贷款利息价值的收益，但不能减少本金。意思是：一个不动的质押物，如果产生高于债务利息的收益，扣除利息后，剩余的仍旧由质权人享用，而不得危及质权人所借出的本金。这种理解仅就本句话字面来说，也是勉强可以的，但和前后文完全接不上，也损害了作者的意图。

这句话被误解的关键就在于prakṣepa这一术语的意义尚未得到认真发掘。实际上，这句仍接上句，说的是借方不在场的情况：一般的可移动的质押物，质权人可以在取得官员许可后将其出售，而第15—16句说的则是不动产质押物(土地[经劳作后可享用]、居宅[直接可享用])。对于不动产质押物，在借方不能亲自回收的情况下，质权人可以使用，以获取收益，但首先不能损害其价值(mūlya)，同时要付给出质人投贷利息(prakṣepavṛddhi，一般为利润的1/2，参见3.11.5)和本金(mūlya)，最后剩余的收益(ājīva)才是自己的。也就是说，此时质权人使用不动产质押的性质就发生了变化：不动产本身变成借方给质权人的一种投贷，质权人进行经营，扣除投贷利息和本金，剩余的收益归他自己，同时不得损害不动产的价值。这条规则的立意在于保证双方的利益。借方一旦回来交割，他可以选择偿还债务，可以得到质权人给他的投贷利息和不动产本身(完好无损，因为规定质权人使用不得损害其价值)；如果他不偿还债务，那么，他得到的是原来借到的本金和投贷利息。相对应地，对于质权人来说：或是获得借方偿还的债务以及自己经营不动产利润的1/2，或是获得不动产以及自己经营所得利润的1/2。

我们能看到，在这一关系中，本金和不动产这两个完全对等的因素可以拿掉，双方实际上是一种合伙经营，经营所得利润各分一半，作为投贷利息或分红。当然，在表达方面，原文比较曲折，尤其是质权人自己还“扣除本金”。实际上，对于质权人来说，他在借给对方本金时已经算是扣除了本金，实际操作中他只需要将投贷利息存放起来给借方即可(参见3.11.5)。因此，这句话不是孤立地说一个不动产质押物产生高于利息的收益，但不能减少本金。而是规定，在借方不在的情况下，质权方如何正确地使用本应交还给借方但无法交还的不动产。两个mūlya，前一个指质权人的本金，后一个指不动产的价值。

① 这一句中的mūlya指质权人的本金。上一句说的是合法使用借方不动产质押物的方法，这里开始说不当使用：若没有得到许可(可能指借方或官员)而继续使用此质押物，那么，他要将扣除了本金(mūlyaśuddha)之外的所有收益(ājīva)都吐出来，还得交与涉事财物相当的(bandha，在这里指“收益”)罚金。也就是说，在这种情况下，他仅仅能收回本金(收益全部交出)，并且还要缴与收益相等的罚金。各译家因为对上一句的孤立理解，译文在此也出现问题，尤其是bandha一词的翻译。奥利维勒在其他

[17]其余可以由寄存物规则说明。

【乙】转交物和护送物[①]

[18]转交物和护送物可以由上述规则说明。

[19]或者，若某人带着护送物随商队一起走，却并未达到指定的地方，或是为强盗所劫掠和抛弃，他无需为该护送物负责。[20]或者，他若中途去世，他的后代亦无需负责。

[21]其余可以由寄存物规则说明。

【丙】借入物和租入物

[22]无论是借入物还是租借物，取走是什么样，人们就应原样交还；[23]限定地点和时间交付的[东西]，若因变质或变故而丢失或毁坏，人们无需对之负责。

[24]其余可以由寄存物规则说明。

【丁】代销

[25]至于代销：根据合适地点和时间销售货物的代销者，应支付原货款[②]和利润。[26]或者，若错过合适地点或时间而导致[卖

地方对于 bandha 的解释十分明白，但在这里，他却又陷入了猜测，并用“保证金”一词来译。但其实 bandha 这里就是指擅自使用借方不动产为自己生利的这一笔“涉事财物”，这是一笔不当的“收益”。

① 原文 ādeśo 'nvādhiś ca：ādeśa 指“说明‘将此物给某某人’后，再托付给人的东西”；anvādhi 指“（叮嘱）‘一路上保护它，然后交给（某某）’后，托付给人的东西”（CŚ），但两者似乎区别不大。坎格尔说 ādeśa 是让仆人转交东西给他人，一般为短距离；而 anvādhi 则是长距离运送。奥利维勒则认为前者为委托他人在别处办理某事，而后者则是长距离转交实物给某人，但问题是本章大标题为“寄存物”，无实物则于理不通。另外，各家解说这两个词时都认为是行为，实际这两者和前面的寄存物、质押物和后面的代工物一样，是物品，而且 CŚ 就是将其当物品来解说的。译文综合 CŚ 与坎格尔说，分别译为“转交物”与“护送物”。

② 原货款（yathājātaṃ mūlyam）：“如其产生的价值”（CŚ），即原货值，亦即货物所费成本货款（本金）。请注意，mūlya 不是“价格”，而是实实在在得到的钱、得到实

得货款]减少,他们应根据派货时价格支付货款和利润。[①] [27]或者,若他们根据商定[方式]去出售货物却并未取得利润,他们可以只支付原货款。[28]或者,若价格下降导致[卖得货款]减少,他们应根据减少的量支付被减少的货款。[②] [29]或者,若是那些信誉好而且从未受过国王责罚的[③]生意人,因变质或变故造成的货物丢失或毁坏,他们甚至可以不支付原货款;[30]但是,对于那些[销售的]地点远或时限长的货物,他们应支付扣除损失与耗费后的原货款与利润;多[种]货物一起的话,[他们应支付]各自的份额。[④]

[31]其余可以由寄存物规则说明。[32]代销可以由此规则说明。

【戊】代工物

[33]另外,代工物亦可由寄存物规则说明。[34]一个人若把他人给自己的代工物交给另外一个人,他就会失去[此物]。[⑤]

[35]若有侵占代工物的情形,[工匠的]侵占前科和出代人[⑥]

现的货值。

① 庄家在派货(sampradāna)时规定出售的地点和时间,如果代销自己错过这个地点和时间,导致实际收到的货款下降,那么,他们应按照派货时庄家要求他们所去的地点和时间那里的价格来上交货款交给庄家。

② "应根据减少的量"在汉语中看来似乎多余。实际他是强调价格下降的情况下,代销者们应该把实际卖得的货款不多不少地交给庄家。

③ 未受过国王责罚的(arājavācyeṣu):"未被国王禁止过的"(CŚ),实际是指未被官府责罚过。值得注意的是,前面"信誉好"(prātyayikeṣv)是指于礼法(dharma)上能自律,而这是指于王法(vyavahāra, rājadharma)无干犯。

④ 即:若是集合了多种货物,有的货物受到了损失,有的没有,有的受损失大,有的小,就各自结算,然后把货款和利润支付给庄家。

⑤ 即:甲将某物交给乙代工,乙方后来将代工物(通常成品)交给丙,那么,乙就"失去"或"被剥夺"(hīyeta)此物,他应向甲赔偿,可能还会被课罚。

⑥ 出代人(nikṣeptāraḥ):即那些委托别人代工的人,拿出代工物的一方。

［自己的品行］是［判案的］标准；［36］因为，工匠们都不端直；［37］再者，对于他们来说，事前立据并非代工物之法。[①]

［38］当一个不承认收受过代工物时，出代人若无证据[②]，可以将一些证人安置于暗墙中，再通过私下央求此人以便让证人们了解［情况］；[③]或在林园饮酒聚会以取得此人信任，［以便让证人们了解情况］。[④]

［39］或者，一个老迈或得病的贾人可将某件做好标记的物事交托到此人手上，然后离去。［40］他的儿子或兄弟可按他的指示前去索回此代工物。［41］若交还，则此人端直；否则，此人应交还代工物，并缴盗窃罪的罚金。[⑤]

① 即：对于工匠们来说，代工物的委托过程压根就不存在事前准备证据（证人、字据）这回事。事前立据（karaṇapūrva）：即“事先请证人或立字据”（CŚ）；代工物之法：（nikṣpadharma）：这里的法（dharma）指方式或习惯。

② 原文 karaṇahīnaṃ nikṣepam apavyayamānaṃ：直译应为“不承认收受缺乏证据的代工物的［人］”，但于汉语不通，故译文略作变通。即：甲将某物交给乙，嘱咐其代工，而当时没有任何证人没立任何字据，后来乙不承认接受过此物。

③ 即：把证人布置在暗墙中，再私下求恳，对方以为周围无人，言语就不会有顾忌，对于求恳者自然是另一番话。当然，这些话会被藏在暗墙中的证人听去。暗墙（gūḍhabhitti）：这一词在《利论》中通常指中空可藏匿事物和人的墙（如 1.20.2；2.3.22；12.5.43,47），仅有一处是指本身被隐蔽的墙（12.5.3），因此，证人们多半是藏在墙内偷听外面说话。迈耶甚至认为这些证人可能会是暗差（应当是受法官差遣来取证）。

④ 这是另一种方法：在酒筵欢会，说漏嘴的情形比比皆是，这些话也会被藏在周围树林里的证人们听去。林园（vanānta）：这是多财释复合词，“周遭有树林的……”，指园林中的空地，酒会在空地上进行，而证人们埋伏在周围的树林中。

⑤ 第 39—41 句：奥利维勒认为，这可能是官府用以试探这个人是否端直的手段。这是一个有趣的观察，而且结合下面的段落（第 42—50 句），这一说法最可能接近事实：（一）这里直接用的“此人”（asya），显然是接上句而说；（二）对于有贪心的工匠来说，这里提到的出代人都几乎是有机可乘的（老人、病人、蠢人），他们委托的东西，后来再去取，最能试出工匠的本性；（三）第 38 句已经涉及暗差的行为。既然如此，第 39—51 句中介绍的就是官府使用暗差破案的手法；（四）第 35 句提到了“侵占前科”是断案的

［42］或者，一个可靠的、即将离家的人可将某件做好标记的物事交托到此人手上，然后离开。［43］然后，过段时间回来后再去索回。［44］若交还，则此人端直；否则，此人应交还代工物，并缴盗窃罪的罚金。

［45］或者，他［自己］可以通过做好标记的物事将其收回。①

［46］或者，一个看着就愚蠢的人，因为害怕国王纳捐或宵禁②，可将一个贵重物交托到此人手上，然后离去。［47］他进监狱后可［向此人］索回此物。［48］若交还，则此人端直；否则，此人应交还代工物，并缴盗窃罪的罚金。

［49］另外，他可以到此人家中通过可识别的标记向其眷属索回两者。③［50］若不交还任何一个，如前面所说④。

［51］［法官］应就其所占有的各种财物的来源讯问此人；［并

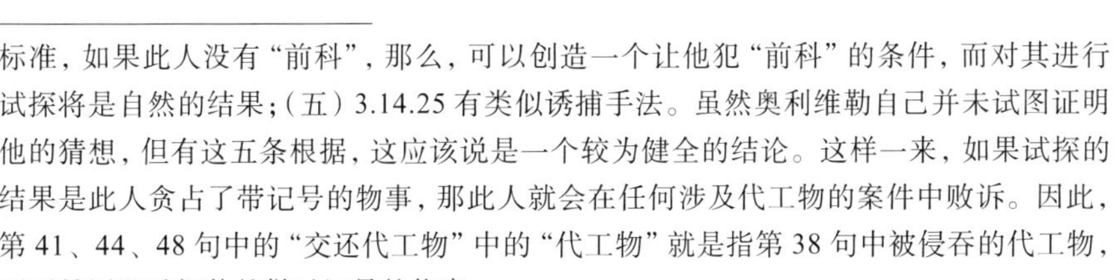

标准，如果此人没有“前科”，那么，可以创造一个让他犯“前科”的条件，而对其进行试探将是自然的结果；（五）3.14.25 有类似诱捕手法。虽然奥利维勒自己并未试图证明他的猜想，但有这五条根据，这应该说是一个较为健全的结论。这样一来，如果试探的结果是此人贪占了带记号的物事，那此人就会在任何涉及代工物的案件中败诉。因此，第 41、44、48 句中的“交还代工物”中的“代工物”就是指第 38 句中被侵吞的代工物，而不是用以试探他的做过记号的物事。

① 这个人可能是法官自己：他自己通过做标记的物事去试探工匠，以查知其端直与否，然后通过这个试探，将他在第 38 句中抵赖的那个（enam）代工物索回。

② 因害怕国王纳捐或宵禁（rājadāyikākṣaṇabhītaḥ）：意义不明，译文从坎格尔说。鉴于他带的是贵重物，他在晚上有理由害怕被盘查而被迫向国王纳捐（dāyika），同时，干犯宵禁（akṣaṇa，参见 2.36.35, 40）会被收捕，身上带的东西多半会被没收。应注意，这个人虽然“看着就愚蠢”（bāliśajātīya），但他实际是去试探工匠的暗差，而这句话说的将是他向工匠陈述的交托理由。

③ 这是指接受代工物的工匠死之后（CŚ）。“他”应当指法官；两者（ubhayaṃ）：显然是指用以引诱工匠的那件做好标记的物事，以及第 38 句中提到的那个工匠自己不承认的代工物。

④ 如前面所说（yathoktaṃ purastāt）：指“交还代工物，并缴盗窃罪的罚金”。

明确］涉及此物的交割的迹象，以及原告［是否］应该拥有此物。[①]

［52］秘密的结合［中办理的交割］可由此规则说明。[②]

［53］因此，一个人和本群类或其他群类的人办理这样的［交割］：有证人在场；公开；合适地说清了其地点、时间、总量和成色。

——以上是第三篇“法律”第十二章“关于寄存物”。

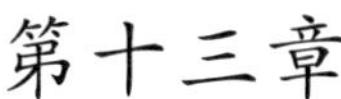

第十三章

第 65 目：奴隶与雇工之规则

(1) 奴隶之规则

① 整句话说的是双方对簿公堂，法官先对被告（接受代工物者，“此人”）进行讯问，然后对各种一般性证据进行考虑，再明确如何判决。这句话一般译家将后面两条内容（交割迹象、原告所有权的认定）都当成“讯问”的对象，不妥。这里法官讯问的是被告“所占有的各种财物的来源”（dravyabhogānām āgamaṃ），而后两者则是法官自己需要考量的内容。从文本上来说，后面两条内容，和前面已经断开，CŚ 解释说“这句应补充‘应被确定［或定案］’”（vibhāvanīyam iti śeṣaḥ），显然，是指进入断案考量。迹象（upaliṅgana）：指一些非决定性但帮助的证据，一些细节和迹象（参见 3.13.37；3.19.21；4.6.12—13；4.12.35）。原告是否应当拥有此物（abhiyoktuś cārthasāmarthyam）：原告［拥有］此物的正当性（或合适性）。

② 即：某些秘密的交割中，某方有抵赖情形时，原告（如第 38 句）和法官（如第 39—50 句）可以使用以上这类方法来断案。秘密的结合（mithaḥsamavāya）：“秘密订立的债约、乾达婆婚等”（CŚ），另参见 3.1.11。

[1]除非是作为"腹奴"[①]，否则，亲戚朋友出售或质押未成立的贵种姓人[会被课罚]：若是首陀罗，罚12波那；若是吠舍，罚2倍；若是刹帝利，罚3倍；若是婆罗门，罚4倍。[②][2]若是陌生人[这么做]，分别处初等罚、中等罚、高等罚、死刑；买家与证人亦同。

[3]蛮人[③]出售或抵押其后人则无过。[4]但贵种姓[④]无论如何不可成为奴隶。

[5]或许，若家族在发生于贵种姓的灾患中都遭羁系[⑤]，[他们可以]质押一个[未成立的]贵种姓人，而且在获得了赎金之后，他们应首先赎出孩童或为自己提供过帮助的人。

① "腹奴"（udaradāsa）：指不能果腹者为了衣食而充作奴隶者（CŚ）。迦奈认为这是"胎奴"（garbhadāsa），即由男女奴一起生下来的天生的奴隶（参见 Kane 1990, II, 183），有误。udara 与 garbha 均为肚腹，两者俱可称"腹奴"，不过前者指肠胃腹，后者为胎藏腹，似不能混为一谈。另外，诸法论中，为衣食而做奴者，为"食奴"（bhaktadāsa，参见 Mn 8. 415；*Nārada-smṛti* 5.26, 34）。

② 按种姓罚金分别为12、24、36、48。应注意两点：（一）在《利论》中，首陀罗亦为"贵种姓"（ārya）；（二）未成立（或成年）的贵种，可作"腹奴"。关于印度古代奴隶问题的讨论，另参见 Kane 1990, II, 180-187。

③ 蛮人（mleccha）：古译为"蔑戾车"或"弥离车"，与种姓与行期制度内的"贵种姓"（ārya）相对。坎格尔认为，"蛮人"可能是指代外国人或那些为融入种姓制的部落（笔者按：《利论》中谓之"丛蛮"[aṭavī]），同时不能忘记，杂种姓（除了旃荼罗）仍然属于首陀罗（3.7.37）。

④ 这里的"贵种姓"仍然是说那些"未成立的"（aprāptavyavahāra）贵种姓人（奥利维勒），而非所有贵种姓。成年的贵种姓人，可为奴隶（见本章下文第6—7句）。

⑤ 即：在某次较大型的灾患中，某家族将全部成员都质押出去，因此，那个"（未成立的）贵种姓人"（原文中作 āryam）也随之被质押（因为这违反本章第1、4两句的规则，因此才特地提到），当他们之后获得赎金，他们应先赎出这个未成立的或先赎出（在灾患中）给予过本家族帮助的人（帮助过本家族的人中，也可能有质押自己的）。家族遭羁系（kulabandhane）：CŚ 认为是"家族陷入困境"，坎格尔认为是整个家族都质押给状况好一些的人家。从文中描述看，坎格尔似乎是正确的。发生于贵种姓的灾患（āryāṇām āpadi）：实际就是指饥荒、刀兵、时疫之类的灾患，影响到很多的贵种姓人。

［6］自质者若出逃一次，即堕失[①]；为他人所质押者，出逃两次即堕失；这两者，若是去向他国或偷走［主人］财物[②]，［出逃］一次［即堕失］。［7］褫夺奴隶之贵种位份者，罚［上述罚金］的1/2。[③]

［8］出逃、去世或遭灾患［的人质］，出质人应偿付本金。[④]

［9］以下行为导致［质权人］丧失本金：令一个男性人质收拾尸体、溺、粪或残食；令女性人质为裸者洗澡，或体罚、奸淫她们。［同样行为］导致以下类人获得自由：保姆、女仆、二一农(2.24.16)以及侍婢。[⑤]［10］育有后代的仆从，可以离开［主人的］家。[⑥]

① 堕失（sīdet）：指失去、丧失，在此指失去赎回自己的权利，彻底沦为奴隶（另参见3.12.9及注释）。

② KA读作sakṛd ubhau paraviṣayābhimukhau（6），vittāpahāriṇo vā…（7）。奥利维勒对此做了改进，文意更通畅：…sakṛd ubhau paraviṣayābhimukhau vittāpahāriṇau vā（6）。否则第7句就要理解为：若某人褫夺一个偷钱财的人质的贵种姓位份，要被处罚（“偷走钱财”在这句话里缺乏相关性［relevance］）。

③ 成年贵种姓人可为奴，但仍保留“贵种姓位份”（āryabhāva）。褫夺某贵种姓人的贵种姓位份，可能是指让他做一些与他贵种姓身份不相宜的事情，比如某些由贱民从事的劳动。ardhadaṇḍaḥ：1/2的罚金，这可能是指本章第1句中提到的那些罚金。那么，褫夺四种姓贵种姓的位份的罚金就分别6、12、18、24波那。

④ 这是指质押人质以借债的情况。陷入灾患（vyasanin）：对于人来说，一般指疾病、意外事故或失散等。

⑤ 即：对这类女性做出同样行为（令女性人质为裸者洗澡、体罚她们或奸淫她们）的话，那受到这种对待的妇女就自动解脱仆隶身份，成为自由人。二一农（ardhasītikā）一般为男性，但这里显然指农妇。坎格尔认为，女仆（paricārikā）与侍婢（upacārikā）的区别在于：后者可能是更贴身的。

⑥ 按照CŚ，这是指某仆从成为某女奴的丈夫，他扶养该女奴，并以（与女奴）同样的薪酬侍奉女奴的主人，他若同女奴生下儿子后，就可以离去。坎格尔认为这“太复杂”。他给出的解释是，这里的仆从（paricārakasya）虽然是阳性，但应理解为女仆：她若诞下后代，就可以无需新人质而直接离去。但很难相信作者和抄写者会出现这类问题。奥利维勒则认为这个仆从（也是人质）在听说家中妻子生产之后，就可以离开主人家而回家，这显然更难以理解，除非说的是暂离探视。这里“离去”用的apakramaṇa，它通常有“引退”之意，生下后代代替自己是关键。或许这仅仅就是指一个仆从与主人

［11］一个人奸淫身为人质且不情愿的保姆：若她在他本人的控制下，处初等罚；若她在他人控制下，处中等罚。[①]［12］亲自或致使他人玷污身为人质的童女者，失去本金，［支付］聘礼以及2倍于［聘礼的］罚金。

［13］应当明白，出售自身者，其后代为贵种姓。［14］在不损害主人［所分派］职事的情况下，他可以得到自己所挣得的财物和父产。［15］另外，他应通过［支付］本金而成为贵种姓。

［16］“腹奴”和人质两者可以由此规则说明。［17］其赎金根据投贷［方式］算。[②]

家的女性生一子代替他，他就可离去。

① 在他本人的控制下（svavaśām）：指奸淫者本人同时是质权人。相反，“在他人控制下”（paravaśāṃ）则指他人是质权人。从这句来看，奸淫他人手中的女性人质，过犯更重。

② 这一句里“根据投贷［方式］”（prakṣepānurūpa）和前面3.12.15中的prakṣepavṛddhi一样，其中prakṣepa的特殊含义被各注家与译家忽视，认为prakṣepānurūpa仅仅指赎金与买家当时给他的本金相等，这似乎是天经地义的。但如果是这样，作者直接用“本金”（mūlya）即可，完全没必要使用prakṣepa。笔者在3.11.5（及3.12.15）的注释中说过，prakṣepa不是一般的借债，实际是有特殊利率（即利润的1/2）的投资行为，这一点必须得到明确。如果用例子说明情况，那就是：甲以1000波那向乙自卖为奴，那么，乙向甲支付的钱就成为一种“投贷”（prakṣepa），乙将获取甲所得任何利润的1/2（投贷的利息为利润的1/2，参见3.11.5）。甲方的收入来自替乙做工的薪酬，同时可做别的事情赚钱（参见上文第14句）。但每一种收入都和乙各一半。当甲想赎身时，他需要付乙当时买他的那1000波那，但他实际付出的赎金则是这1000波那与乙从他那里分得的工资（作为投贷利息）。甲赎身的时间越长，乙分得的工钱越多。乙的理想状态是：甲仅仅凭自己做工赚够刚好可赎身的1000波那（此时乙也分得了1000波那），然后用这笔钱赎身。那么，甲实际赎金是2000波那，而这刚好是乙购买甲时本金的2倍。因此，我们可以这样理解：他借了乙1000波那，还了2000波那。我们前面说过，古代印度债务利息不得超过本金，因此对赖息或不还的人的处罚就是还本金的2倍（参见3.11.6及注释）。我们可以看到赎金“按照投贷的方式”（prakṣepānurūpa）设定这一规则，与债务来往中从古到今都有效的dāmdupaṭ规则（参见3.11.6注释）的底线

[18]被课罚者，可以凭做工付清罚金。

[19]一个在战阵中被俘的贵种姓人，可以凭一定时期的劳役或[奴]价的一半获释。[①]

[20]家中出生的、作为遗产继承的、受赠的以及买来的[奴隶][②]，[这四者]中任何一个，在他没有亲属且未满八岁的情况下，若违背他的意愿令他做贱役，或在外地[做役]，处初等罚。或者，在未安顿好其妊娠期的情况下，出售或质押一个有孕的女奴，[亦处初等罚]；买主与证人亦同。

[21][在被提供]相应赎金的情形下不让奴隶[恢复]贵种姓[位份]者，罚12波那，并处羁押，直至他办成此事。

[22]奴隶的财物由其亲戚继承；若无亲戚，由主人继承。

[23]应明白，主人和自己女奴所生的后代，连同其母亲一起，都不再为奴。[24]若该母亲仍依附主家[③]并为其操持家事，那么她

暗合。也许有人会说，假如甲攒的钱超过1000波那（这时乙方也从他那里分得了多余1000波那），那么，当他想赎身时，他支付的就是2000多波那了，岂不是与dāmdupaṭ规则不符吗？笔者认为，我们不能设想这样的人：他生性愿意为奴，享受为对方控制、为对方做工，并将工钱分给对方的生活。因此，在这种关系中，对于甲方来说，较为理想的是有其他来源的钱替他赎身，他赎身越早，乙从自己这里获得的工钱分成（也是乙的"投贷利息"）就越少，他自己就越早获得自由。

① 一定时期的劳役（karmakālānurūpa）：anurūpa（按照）似乎提示karmakāla（做劳役的时间）会因种姓不同；奴价的一半（mūlyārdha）：坎格尔说，这里的mūlya是指奴隶价格（笔者按：更准确地表述，是买一个奴隶的钱款），那么，这就是指普通奴隶赎金的一半了。

② 法论中列举多种奴隶（参见Mn 8.415；*Nārada-smṛti* 5.24-26；Kane 1990, II, 184-185），这四种似乎地位略高。

③ 依附主家（gṛhyā）："与[主]家紧密相连"（CŚ）。不过，gṛhya一词意义较复杂且互相关联，它可能是指"依附和从属主家"，也可以指"被接受为主家的一员"，还可以指"被主家仰赖"，不过有一点可以确定：这位母亲与主人诞下后代后，虽然恢复了

的兄弟和姊妹均不应再为奴。

［25］一个人在为某男奴或女奴赎身之后，若再次将其出售或质押，罚 12 波那——除非是他们自己同意。

——以上是“奴隶之规则”。

(2)雇工之规则

［26］在近处的人应注意雇工们的做役情况。

［27］他可获得议定的薪酬；若未议定薪酬，则应获得与所作事役与工时相符的［薪酬］。［28］若未议定薪酬，农人、牛倌或商贩可分别获得他自己所操持的粮食、酥油或货物的 1/10 为薪酬。［29］但若已议定了薪酬，则可获得议定的薪酬。

［30］但是，像工匠、艺师、伶工、医生、颂唱人或仆役等事人求酬[①]的群体，应像其他同类人那样——或根据行家所决定的那样——获取报酬。

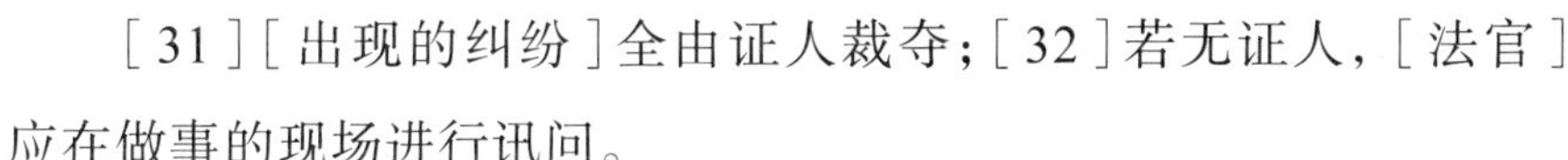

［31］［出现的纠纷］全由证人裁夺；［32］若无证人，［法官］应在做事的现场进行讯问。

［33］不付薪酬的情形，罚涉事财物的 1/10，或 6 波那。[②]［34］若不承认，罚 12 波那，或涉事财物的 1/5。[③]

自由身，但她自己仍愿意留在主人家。

① 事人求酬(āśākārika)：“因希望而作业者”(CŚ)。笔者按：希望(āśā)指愿望、希求的事物(things hoped for)，显然是指报酬。这类人和中国古代卖艺之人差不多，做事虽然有报酬，但报酬不是一定的，由东家按惯例给。

② 当涉事财物(bandha)少于 60 波那时，罚 6 波那(坎格尔)。

③ 若不承认(apavyayamāne)：指不承认自己欠工钱。显然，这里的罚金仍然是：涉事财物少于 60 波那时，罚 12 波那；多余 60 波那时，罚涉事财物的 1/5。

[35]一个不幸被河流、大火、盗匪或猛兽所困，并通过[承诺]献出自己所有财产、妻儿和本人以招延救护者的人，当他得救后，应按照行家所指定的那样给[救护者]报酬。[36]所有情形下的受难者悔赠，可以由此规则说明。

> [37]妓女应以行房迹象为根据取得酬资；但是，若她索取太过，则应被剥夺[酬资]；若心性恶毒或不柔顺，[亦被剥夺酬资]。[1]

——以上是第三篇“法律”第十三章“奴隶之规则”“雇工之规则”（属于“奴隶与雇工之规则”目）。

第十四章

第 65 目：奴隶与雇工之规则（续）

(2)雇工之规则(续)：雇用相关[2]

[1]收过薪酬后却不做役的雇工，罚 12 波那，并处羁押，直至

---

① 这是指嫖客与妓女之间的酬资(bhoga)纠纷。迹象就是非直接、无决定性但能说明一定问题的证据(参见 3.12.51)。显然，在这类私密性很强的交割中，法官多数时候不可能寄望于有证人在场。因此，妓女需要用“迹象”来证明行过房，以争取属于自己的酬资。

② 雇工相关(bhṛtakādhikāraḥ)：这个主题属于第三级主题，但它从属上一章中第二个话题“雇工之规则”，从而又从属于“奴隶与雇工之规则”。这种分解章节的做法，也给我们现代读者造成一些不便。

他做成此事。

[2]若不能胜任，或事役下贱，或患病，或遭灾患，则可以悔约；或者，他应令其他人做成此事。[3]或者，雇主可以用[雇]他的成本做成此事。①

[4]若限定“你不得令别人做[此事]”或“我不会做他人之事”，那么，令他人做此事的雇主，或未做此事的雇工，罚12波那。[5]完成此事后，若雇工不情愿，而且从别的雇主处预支得薪酬，他可不[继续为原雇主]做事。

[6]诸先师说：“不将事役交给前来自荐的雇工去做[的雇主]，他的事役应按完工算。”②[7]憍底利耶说：“不。[8]完工的事才有薪酬，完全没做过的事则没有。[9]如果他让雇工做了哪怕一小点，却不让他完工，那么，他的事役应按完工算。”③

[10]在[雇工]错过事役的地点或时间，或以其他的方式做事的情况下，他若不情愿，可以不认为雇工完工。[11]若雇工做的事比议定的多，他不得让他的劳力白费。

[12]团众雇工④可以由以上规则解说。[13]他们中，作人质

---

① 第2—3句：说的是收取工酬后却不做事的情况：(一)悔约；(二)雇工自己请人代自己完成；(三)：雇主自己以同样价格请人代替原雇工完成。

② 这里虽然是“诸先师”的话，但仍然接着上面说。从本章开始所提到的“雇工”与“雇主”似乎是一对较为固定的人，他们关系似乎也很稳定。所以上一句说，雇工自己若不情愿了，另择新雇主不为过。而这里，诸先师认为，雇主如果在自己经常使用的雇工前来自荐的情况下，另择新雇工，那么，他的工作就算已经做成。也就是说，老雇工若自荐而雇主不用的话，雇主要白付给这个老雇工薪酬。“诸先师”要么是倾向为雇工考虑，要么是较为赞赏一种比较稳定的雇佣关系。

③ 即：若雇主开始让雇工做了一点，后来不用他了，那么，他就得向该雇工付整份工钱。

④ 团众雇工(saṃghabhṛtā)：“团众”(saṃgha)应该是雇工结成团体，坎格尔认

者应[被质押]七夜[①]。[14]这之后，[团众]应送来另外一名[人质]，以保证完工。

[15] 未先告知雇主的话，团众不得清退或招录任何人；[16] 若违越之，罚 24 波那。[17] 被团众所清退者，罚其 1/2。[②]

——以上是雇工[这个]主题。[③]

第 66 目：合伙兴事[④]

[18] 团众雇工或合伙兴事者，应按议定的方式，或平均地分配薪酬。

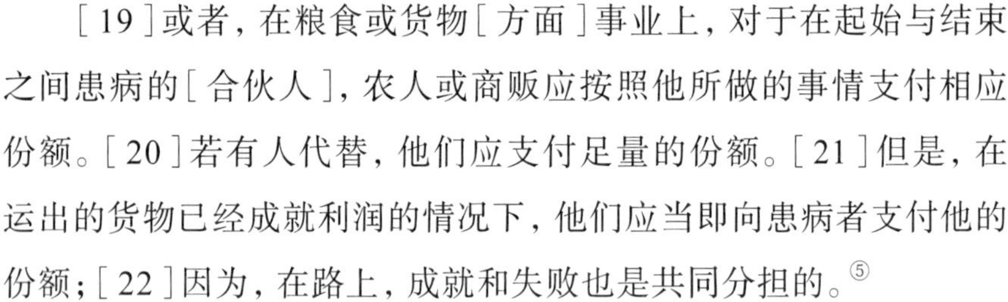

[19] 或者，在粮食或货物[方面]事业上，对于在起始与结束之间患病的[合伙人]，农人或商贩应按照他所做的事情支付相应份额。[20] 若有人代替，他们应支付足量的份额。[21] 但是，在运出的货物已经成就利润的情况下，他们应当即向患病者支付他的份额；[22] 因为，在路上，成就和失败也是共同分担的。[⑤]

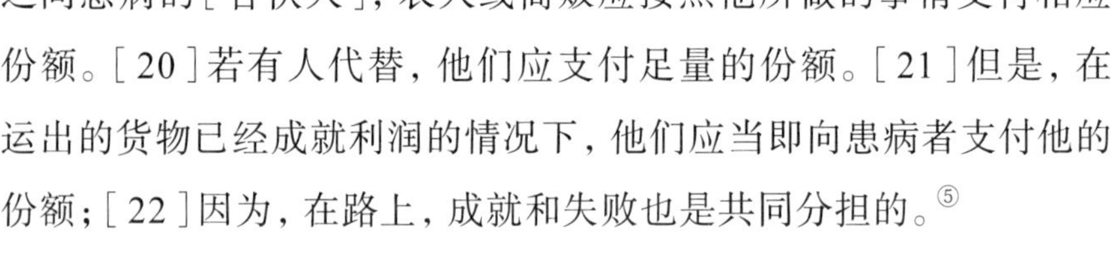

为，团众中的雇工不和雇主直接联系，团众向他们分派工作和发放工钱。坎格尔将其译为“工会”，奥利维勒译为“协会”。

① 七夜（saptarātram）：即七日（参见 2.30.8 及注释）。另外，坎格尔提醒说，人质只留七日，可能是担心雇工与雇主越过团众直接产生联系。

② 被团众清退的雇工也要被罚 12 波那。CŚ 解释说：这里的意思是他未通知雇主而离去（笔者按：既然团众清退他未通知雇主，他离去自然也不会为雇主所知）；又或者，此雇工自己的过错导致团众清退他，故而有此罚金。

③ 以上是雇工这个主题（iti bhṛtakādhikāraḥ）：这个结语与节题“雇工之规则”（karmakarakalpaḥ）不同。

④ 合伙兴事（sambhūyasamutthānam）：sambhūya 为一同、合作、合伙；samutthāna 为兴举。复合词意思是指合伙开办农商等事业（也包括某些宗教性质的服务，见下文第 28 句以下）。

⑤ 第 20—21 句：根据上文第 19 句的普遍规则，患病者若在中途病倒，商贩们只需要支付给他与所做贡献相应的份额。而这里的情况是：某合伙人或是在一起置办的

[23]然而，在事业已经开始之后，身体无恙[却]退出者，罚12波那；[24]并且，任何人不得随意退出。[①]

[25]不过，他应如此令[合伙人们]识别窃贼：[先许诺]给予此人身安全与事业的相应份额，并[确实地]给予他相应份额与人身安全；[②][26]若此人再次行窃或离去，应流放。[27]然而，若是重大罪衅，应以[处置]奸人方式对待之。[③]

[28]除了凭本职得到的物事[④]，祭司们应按议定的方式，或平均地分配薪酬。

[29]另外，在赞火祭[⑤]等祭祀中，在[开祭的]供奉仪式之后

货物运出前或运送途中病倒，他不能参与以下的运送与销售工作，但一旦货物获得利润，其他合伙人仍旧应该向他的份额。原因就是：病倒的合伙人也分担了途中的风险，他也应分享达成目的后的成功。

① 即：即便缴了罚金，仍旧要和其他合伙人做完剩余的事。

② 第25句：这是指合伙人中某一人被怀疑窃取团众财物的情形。“他”（从后两句来看，应是法官）为避免打草惊蛇，先要让其他合伙人许诺给予其人身安全与所举办事业收益的相应份额，并真正地做到。以此试探他是否真的窃贼。识别（grāhayet）：令……[被]抓捕、令……[被识别]。这里解作“令……识别”较好，因为在对他许诺时，人们只是怀疑他，需进一步确认。奥利维勒译为“诱陷之”，集识别与抓捕二义。

③ 重大罪衅（mahāparādha）：可能涉及针危害国王或王国利益的行为。[处置]奸人方式（dūṣyavad）：奸人（dūṣya）在5.1-2中指为害王国的臣工，一般被译为叛徒或叛臣。但这类人不一定涉及实际的反叛行为，凡是对国王不利、为害民人者，都可称dūṣya。汉语的“奸”有个方便，可以指称叛徒和一般邪恶之人，故译为奸人。对这种人，一般使用秘惩之法（upāṃśudaṇḍa；参见5.1-2）。

④ 专业祭司们各司其职，随祭祀的不同，他们会因为自己的本职得到一些特殊的财物，比如《摩奴法论》说：“在置祭火仪式中：置祭者应得车，督祭者应得骏马，或献祭者应得马；或者，在买苏摩仪式中，歌者应得车。”（Mn 8.209）。

⑤ 赞火祭（agniṣṭoma）：或赞火神祭，为苏摩祭中较为简略且最重要的一种，一般持续五天。关于吠陀祭祀一般性介绍见Jamison & Witzel 1992；关于苏摩祭，可参见Gonda 1982；另外，关于赞火神祭，还可参考更为细节的研究（参见Caland & Henry 1906-1907）。

[即]患病的祭司，应得[其本人]份额的1/5；在卖苏摩仪式之后患病，应得[他本人]份额的1/4；在中间敬拜日的烧祭勺仪式之后患病，应得[他本人]份额的1/3；在中间敬拜日之后患病，应得[其本人]份额的1/2；在榨苏摩日当天的晨榨之后患病，应得[其本人]份额的3/4；[30]在日中榨之后患病，应得[其本人]足量份额。[①][31]因为，祭礼已经完全得到。[32]因为[②]，除了祈主进行的榨苏摩汁[仪式][③]，祭礼都是榨一次给一次。

[33]持续多天的[祭祀]，祭礼可以由上述规则说明。

[34]患病的祭司们的事，应由其余被聘的祭司来做，直到十个日夜；或者由其他那些他们信得过的祭祀[来做]。

[35]但是，在祭祀尚未完成的情况下，若祭主[④]本人病倒，祭司们应完成祭祀，然后收取祭礼。

[36]然而，在祭祀尚未完成的情况下，抛弃祭主或祭司者，[⑤]处初等罚。

[37—38]有百头牛却不置祭火的人、有千头牛却不祭祀

① 以五天的赞火神祭祀为例：第一天开祭供奉仪式（dīkṣaṇa 或 dīkṣā）后，就是烧祭勺（pravargya）和敬拜仪式（upasad）（中间三天中，这两种仪式日出日落均两次），最后是榨苏摩日（sutya）。其中，第二、三、四天被称为“敬拜日”（upasad），因此“中间敬拜日”（madhyamopasad）实际上是第三天。在这天烧祭勺（往烧热的祭勺中泼奶）之后才病倒，可得到1/3的份额；在中间敬拜日之后（第四天日落后）病倒，得1/2的份额。第五天榨苏摩，为祭祀的结尾，故晨榨后才病倒者，几乎得到全部份额。

② 坎格尔说，这里的这个“因为”（hi）和前文形不成因果关系，故没必要。

③ 榨苏摩汁仪式（bṛhaspatisava）：这是一种仅持续一天的苏摩祭，故祭礼应当是一次付清。

④ 祭主（yajamāna）：延请祭司为自己行祭祀者。

⑤ 即：祭主和祭司中一方抛弃任何一方。

的人、酒徒、首陀罗妇人的夫婿、杀婆罗门的人、玷污师尊床第的人、热衷于从恶人处收取货贿的人、盗贼以及为低贱之人祭祀的人。——［涉及这类人的祭祀］，互相抛弃不是过错[①]，因为那一定会玷污［祭祀］仪式本身。

——以上是第三篇“法律”第十四章“雇工之规则（续）：雇用相关”（属于“奴隶与雇工之规则”目）、“合伙兴事”。

第十五章

第 67 目：悔售与悔购

【甲】悔售

［1］出售了货物却不交付［货物］者，罚 12 波那——除非是［货物］有缺陷、出变故或［交易］不可行。[②]［2］货物的缺陷。——这是缺陷；［3］国王、盗贼或水火［造成的］障难。——这是变故；［4］［交割］缺乏诸多次级要素，或［是某一方］在不幸中成办。——这是不可行。[③]

① 即：无论是祭主还是祭司，若一方有上述情形，则另一方弃绝则无过。

② 这是可以取消交割的三个例外。除了这里，另外可参见 3.10.8 以及下文第 9 句。

③ 三个例外中，前两个（缺陷、变故）很好理解，第三个 viṣahya，在注家与译家中却有很多分歧。按照词意，可以理解为“不能忍受”。至于是谁不能忍受什么，假如作者未在第 4 句中进行规定，那么对它的解释可以很开放。这一句对 viṣahya 的规定，各家理解不同。bahuguṇahīnaḥ：“缺乏多种德性（或品质）”；ārtakṛtaṃ：“在不幸中成办（或订立）的交割”。这样来看，这整句似乎就应该理解为：货物有诸多质量问题，或在不幸中成办（交割），这就是不合适（viṣahyam）。不过，奥利维勒发现这样理解有两个问题：

［5］对商贩来说，反悔的时间是 1 夜；对农人来说，反悔的时间是 3 夜；对牛倌来说，反悔的时间是 5 夜；［6］对于出卖生计手段的杂种姓和高种姓人来说，［反悔的时间］是 7 夜。

［7］易腐坏的货物，可通过“［此物］不得在别处出售”这一限制［性条款］悔售。[①]［8］若违越之，罚 24 波那或货物的 1/10。[②]

【乙】悔购

［9］购买了货物却不交割者，罚 12 波那——除非是［货物］有缺陷、出变故或［交易］不可行。［10］另外，［买方］反悔与卖方的反悔［规则］相通(3.15.5-8)。

［11］而至于婚娶：对于前三个种姓来说，执手礼[③]之前退婚可得成立；另外，对于首陀罗来说，圆房之前［退婚可得成立］。［12］

(一)货物质量有问题，这正是“缺陷”的内容，这里再说就重复了；(二)本句中第一种情形说的是货物，第二种情形说的是交割本身，如果如此理解，原文在句法上不整饬。因此，他认为不应将 bahuguṇahīṇaḥ 理解为是货物的问题，而同样是交割本身的问题。笔者认为他的猜测是正确的，遗憾的是他未能在注释中为这个猜测提供依据。而且，他仍将 guṇa 理解为“特性”或“特征”，认为 bahuguṇahīṇa 这个多财释复合词是指交割本身缺乏很多“必要的特性(或特征)”。但实际上，这里的 guṇa 是指“次级要素”“细目”或“件目”。《如意宝字书》将其训为“次要之物”(upasarjana，apradhāna——参见 Ac 1441)。另外，天启经中多次在这一意义上使用本词(参见 ĀŚS 12.4.18；ŚŚS 3.20.17；KŚS 1.3.28，1.4.17，1.5.13)。其中，KŚS 1.3.28 中的 sarvaguṇa 即“直至所有非紧要的部分”，亦即“完全地成立”。因此，这里所说的 bahuguṇahīna 是指“缺乏诸多次级因素”。次级要素(参见 3.1.15)如果缺乏得多，那么，卖方可以取消此交易。另外，某一方在不幸中成办的交割，极为不公者可取消，《利论》中亦有例证(参见 3.13.35-36 的悔诸条款)。

① 显然，这是避免卖家嫌之前的价格低，悔售后再转卖他人。

② 即：当货值少于 240 波那时，罚 24 波那；高于 240 波那时，罚货物的 1/10。

③ 执手礼(pāṇigrahaṇa)是指在新郎家，新郎牵着新娘的手沿家祭火绕行。它是婆罗门教婚礼的最重要部分，象征两人正式结婚。

双方即便已完成执手礼，若发现[对方]床第之上的缺陷[①]，退婚亦得成立。[13]然而，若两人已经生育，[则不得退婚]。

[14]不先说明女方在床第之上的缺陷而将她嫁出者，罚96波那，并且退还聘礼和奁产。[15]男方不先说明自身在床第之上的缺陷而娶妇，罚上述[罚金]2倍，并且失去聘礼和奁产。[②]

[16]而至于双足或四足的[动物]：若分别把迟钝、患病或不净的说成是精猛、康健或洁净的，罚12波那。[17]对于四足[动物]来说，3半月内可退还；对于人来说，1年内可退还。[18]因为，要花这么长的时间，方能知道其性质邪恶与否[③]。

> [19]庭上官员们应按照能令出让方和接手方都不受损的方式办理悔赠或悔购[案件]。[④]

——以上是第三篇“法律”第十五章“悔售与悔购”。

① 床第之上的缺陷（doṣam aupaśāyikaṃ）：aupaśāyika来自upaśāya（寝、卧），引申为床第之事，似为婉语。指“诸如女方失贞、男方不能尽人道等缺陷”（CŚ）。

② 第14—15句：两句的主语分别是女方的父亲、男方自己。嫁女的是父亲，女方父亲承担责任；娶妇的男方自己，他承担责任。

③ 性质邪恶与否（śaucāśauce）：奥利维勒说，śauca与aśauca于动物为温良与凶恶，于人为忠与奸。CŚ训之为“性质邪恶与否”（duṣṭatvam aduṣṭatvaṃ ca），可能是考虑到这个复合词既说动物又说人，译文采用此说。

④ 或者：如何可让出让方与接手方都不受损，庭上的官员们就应如何去办理悔赠与悔购案件。显然，这首颂是3.16.5这句散文的韵文化。这里提到的悔赠是下一章的内容。

第十六章

第 68 目：不予赠物[①]

［1］不交付赠物可由欠债不还说明。

［2］不适合交割的赠物，唯有反悔[②]。［3］先［承诺］献出所有财产、妻儿或本人，后来又反悔者，［法官］应许可之；［4］施于恶人或用于为害之事的法赠；施于无帮助甚或有害之人的利赠；施于不值当之人的欲赠。[③]——［这类交割唯有反悔］[④]。

［5］明达之人应按照能令赠方和受方都不受损的方式判断反悔［案件］(3.15.19)。

［6］接受惧赠[⑤]——［无论对方］是惧于被打，或是惧于被责骂，或是惧于损害——者，以盗窃罪论罚；赠予者同罚。[⑥]［7］另外，［志

① 不予赠物（dattasyānapākarma）："先告诉别人'我会给你'，却不交付赠物"（CŚ），即不给予承诺赠送的东西。另，第 62 节标题"不履行协约"（samayasyānapākarma）。可见 anapākarman 有"不履行"和"不践行"之意。

② 唯有反悔（ekatrānuśaye varteta）：只能反悔（或取消）（CŚ）。这是指口头承诺赠送的事物若具有不能交割的性质，唯有（ekatra；eva）取消（anuśaye）一条路可行（varteta）。例证见下两句以及 3.13.35-36。

③ 法赠（dharmadāna）、利赠（arthadāna）、欲赠（kāmadāna）：指由于（或为了）法、利、欲而做出的赠送行为。欲赠：给优伶、妓女这类人的礼物。

④ 这一句据 CŚ 加。显然，3—4 是配合说明第 2 句的。

⑤ 惧赠（bhayadāna）：因为害怕而做出的赠送行为。同法赠、利赠、欲赠一样，笔者对此采取了直译，似乎比"因害怕而做出的赠送"这类曲折的表达，在文气上更精简。下文怨赠（roṣadāna）、慢赠（darpadāna）同。

⑥ 赠予者（prayacchataś ca）：赠予者与［接受者］同罚。因为被人胁迫而赠送求解免者，与胁迫者同罚，这看起来似乎有些不合情理，所以奥利维勒认为这两个词属于

在]害人的怨赠,或[志在超]出诸国王之上的慢赠,亦同[①]。[8]——而像后者这类情形,[授受双方均]处高等罚。

[9][一个人的]儿子——或取得其产业的遗产继承人——如果不情愿,可不支付他的保责[②]、罚金和聘礼的欠负、赌债、酒债以及欲赠。

——以上是"不予赠物"。

第69目:非物主之出售行为

[10]至于非物主之出售行为:失主发现自己丢失或失窃的物

下一句。按照他的处理,第7句固然在句法上自足,但如此一来,施予(prayacchan)人怨赠、慢赠,即按盗窃论罚,而不是高等罚,则第8句的"高等罚"则无从安放。因此,奥利维勒的改进也有问题。而问题关键在于对prayacchataś(pra-√yam;施予、授)的误解。我们知道,一般来说,这里谈到的"赠"(datta;√dā)是指"口头赠送"(用CŚ的词为vāgdatta),而pra-√yam是在现实中交付与施予。文中一直在强调这两者的区别,所以才会为"不予赠物"制立规则。明确这一区分,"施予者同罚"就没那么不合情理了:人们可以在受胁迫的时候口头承诺赠送,但事后必须反悔(见上文第2句!),一旦真正履行赠约,那就与接受者同处盗窃罪的罚。这条规则实际是想从授受两方面禁止因为胁迫而发生的赠送现象,或者鼓励受胁迫者反悔(anuśaya)。其合理性与公正性得到了确立,那么,奥利维勒以规则不合理为根据而提出的文本改进就不成立。

① 亦同(ca):这指授受双方受同样的罚,而不是像几位译家理解的那样,指这类行为应该按上文提到的盗窃罪来罚。毕竟,下一句规定了是"高等罚"。因此,整句应这样理解:志在害人的"怨赠"(予人财物让人为自己出头)与志在与国王们争高下的"慢赠"(因骄慢、矜心而赠送礼物给他人),其赠予者与接受者同样受高等罚。明确这一点后可以确定,志在害人的怨赠(roṣadānaṃ parahiṃsāyāṃ),接受者不应为赠者怨恨的对象,而应为第三方,换句话说,这个短语应理解为买凶害人。超出诸国王之上的慢赠(rājñām upari darpadānaṃ):CŚ举例说,对那些优伶艺人,某人给的酬金比国王多。另外,坎格尔说,rājñām(国王)为复数,多指王族中人,并非一定指国王。

② 保责(pratibhāvya):参见3.11.15-17。另,关于整句话,参见3.11.14-18的相关规则。

事后，应令法官收取之。[11]或者，若在地点和时间方面急迫[①]，他可自行收取后呈交[法官]。[12]而法官应讯问物主[②]："你从何物得到此物？"[13]若他指出一个惯常的[获得]方式，却未指出卖家，可凭交出该物得解免。[③][14]卖家一旦被找出，就应偿付该物价值，并缴盗窃罪罚金。[15]他若能找到开脱根据[④]，可得脱罪，直至开脱根据终止。[⑤][16]一旦[开脱根据]终止，则此人应偿付该物价值，并缴盗窃罪罚金。

[17]另外，失主在做出所有权证明之后，应得到丢失后又被找回的财物。[18]若无所有权证明，则缴涉事财物1/5的罚金；[19]而且，此物应是国王合乎法的财物[⑥]。[20]未先行通知[法官]而[自行]取回丢失或失窃的物事的失主，处初等罚。

[21]丢失或失窃后又被找到的物事应留在市易税税衙(2.21.21)。[22]3半月之后无人前来领走的，由国王取得；或者，失主可凭所有权证明取得；[23]他应为之缴付赎金：双足[动物][⑦]，每只5波那；

① 若在时间和地点方面急迫(deśakālātipatau)：atipatti为错过，直译应为"若要错过地点和时间"。

② 这里的物主是现物主，他被失主(上文第10句)发现持有其财物，失主将其告发，故被讯问。

③ 现物主只是说了一般最普通的获得方式，又指不出具体的卖家(可能的窃贼)，他交出此物后可得自保。

④ 开脱根据(apasāram)：可令人遁脱、解免或脱罪的(人或物)。笔者为避免辞费，译为"开脱根据"。

⑤ 即：找到了那个无法为自己开脱的人。

⑥ 国王合乎法的财物(rājadharmyaṃ)：两种理解方法：与国王一个"性质"(dharmya)——王家的；属于国王且合乎法的……(rājño dharmyaṃ)。两种理解都指这个东西属于国王。

⑦ 双足动物(dvipada)：指"男女奴隶"(CŚ)。虽然在3.15.16-17中，双足动物似乎已经和人区别开了。但从这里的赎金看，应当是指奴隶或仆隶。

单蹄的四足[动物]，每只 4 波那；牛或水牛，每只 2 波那；小牲畜，每只 1/4 波那；[24]若是宝石、贵重物、廉值物或林产，则应缴付 5%[的赎金]。

[25]然而，被敌王或从蛮酋魁劫掠去的财物，国王在收复之后，应归还原主。[26]被盗贼偷去且找不到的〔或[国王]不能收复的财物〕，国王应从自己的财物中偿付[原主]。[27]被以自行劫掠[①]的方式夺去的财物，他应将其收复后归还[原主]；或[等值]偿付原主[②]。

[28]或者，一个人可以按照国王的指示享用自己凭勇力从敌国夺来的财物——贵种姓人、神庙、婆罗门和苦行者的财物除外。

——以上是非物主之出售行为。

第 70 目：所有物与所有人之关系

[29]至于所有物与所有权之关系：[相关]文书已经毁失的[③]财物，对它的持续使用构成其所有权[④]。

[30]一个人若听任他人享用自己的某件财物 10 年，他就被剥夺此物。——[所有者]为孩童、老人、病人、遭灾患、离家在外、去国或王国发生动荡这类情况除外(3.11.13)。

① 自行劫掠(svayaṃgrāha)：这是军队让兵士任意掳掠的行为(从下一句也能看出一点端倪)，在《利论》中多次出现，具有术语地位(参见 8.1.44 及注释)。

② 原文为：[国王]应偿付赎金。但这赎金显然是赔付给本国国民的，因而译为“等值偿付原主”。

③ 文书已经毁失的(ucchinnadeśānāṃ)：指与此财物相关交割的文件已经不存(deśa 指文书，见 3.1.15 及注释)。

④ 即：这类财物，谁在持续使用，谁就是所有者。

[31]对于被听任空置了20年的不动产，[法官]不应讯问。[①]

[32]在诸国王不在的情况下[②]，住在他人不动产中的亲戚、吠陀师或外道不得凭使用获取[其所有权][③]；寄存物、质押物、宝藏、妇人、界际、国王和吠陀师的财物亦同。[④]

[33]隐修者[⑤]或外道应住在大的空间中，互不相扰。[34]他们应忍受琐碎的干扰。[35]或者，先到者应让出居住的轮次。[⑥][36]不出让者应被逐出。

[37]林居者、苦行者和梵行者的遗产，依师尊、生徒、法友、同修[⑦][这个]次第分割。

[38]另外，在纠纷中，他们被处罚多少波那，就应为国王行多少天斋戒、沐浴、火祭以及祭海(4.3.12)这类有增益的事。[39]无钱和金子的外道，为善者[⑧]。[40]他们应根据各自[情形]以斋戒或誓愿抵消处罚。[⑨]——侵害、盗窃、抢劫或通奸除外。[41]在这类情形中，规定的课罚应予执行。

---

① 即：这类不动产无所谓所有权，故法官不应讯问。

② 在诸国王不在的情况下（rājñām asaṃniddhau）：这句话意义不详，奥利维勒认为它可能是窜入正文的批注。

③ 凭使用获取所有权是通则（见上文第29句），但这些人不可以。

④ 即：这类物事，人们不得凭实际的使用而得到所有权。

⑤ 隐修者（āśramiṇaḥ）：可指四行期（āśrama）中任何一期的人，但更多指净修林的婆罗门教隐居者。在此与外道（pāṣaṇḍa，即佛教和耆那教等）对举。

⑥ 出让居住的轮次（vāsaparyāyaṃ dadyāt）：把居住的权利给后来的人。

⑦ 法友（dharmabhrātṛ）：在法方面的兄弟，即道友、道兄。同修（samānatīrthya）：是指住在同一师尊家的同学（CŚ）。

⑧ 善者（sādhavaḥ）：善人或高士，CŚ 训之为“虔信之人”。

⑨ 第37—38句说的是婆罗门教人士如何以道术代替处罚，这里说的是“外道”卷入纠纷并败诉后如何代替处罚。

［42］国王应以刑惩阻止各类道人中的那些行为不端者；因为，任由**法**为**非法**所损斫，则惩戒者[1]［本人］亦会为**非法**所损斫。

——以上是第三篇“法律”第十六章“不予赠物”“非物主之出售行为”“所有物与所有人之关系”。

第十七章

第71目：强盗[2]

［1］当面行凶为强盗[3]。［2］背着人［取物］为盗窃；［取］后否认[4]亦同。

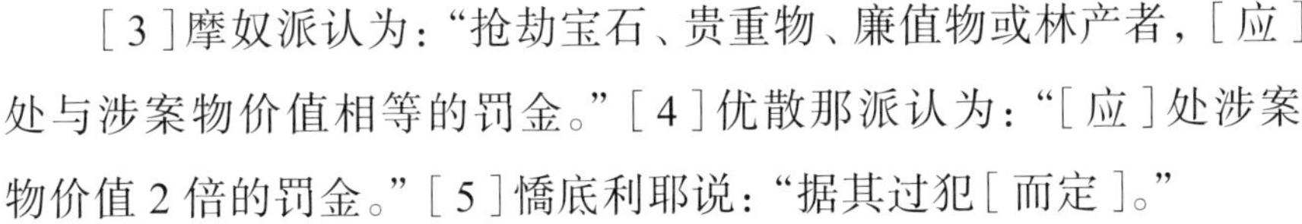

［3］摩奴派认为：“抢劫宝石、贵重物、廉值物或林产者，［应］处与涉案物价值相等的罚金。”［4］优散那派认为：“［应］处涉案物价值2倍的罚金。”［5］憍底利耶说：“据其过犯［而定］。”

---

① 惩戒者（śāstāraṃ）：施予刑惩的人，即国王。

② 强盗（sāhasa）：狭义上仅仅指强夺、劫剞、抢劫，广义上指涉及暴力罪行的通称，即强盗、暴凌。它强调“当面”，与盗窃相对。关于此术语意蕴，罗切论之甚详（Rocher 2012, 565-579）。下面译文为符合汉语语境会对该词适当地调整为“强盗”“强盗罪”“抢劫”等。

③ 当面（anvayavat）：不变词，意为“当面”。另外第1、2句在《摩奴法论》中有相类的句（参见Mn 8.332）；《摩奴法论》汉文译本作“当众强行是强盗行为；背着人干以及干了以后矢口否认是盗窃行为”（蒋忠新 2007, 169）。

④ 即：可能是指当着人面取走（奥利维勒说，比如借贷），事后却否认。

[6]诸先师说[①]:“抢劫花、果、蔬菜、根、块茎、熟粮和皮革、竹苇、土陶所制器具等细小物事,最低罚12波那,最高24波那。[7][抢劫]铁器、木料、绳带、小牲畜以及衣布等大物事,最低罚24波那,最高48波那。[8][抢劫]铜、钢、青铜、琉璃、象牙制具等大物事,最低罚48波那,最高96波那;这也是强盗罪初等罚。[9][抢劫]大牲畜、人、田地、房屋、钱、金以及精制衣布等大物事,最低罚200波那,最高500波那;这也是强盗罪中等罚。[10]一个人若强行羁系,或令人强行羁系一个男人或女人,或者强行放脱一个羁系中的男人或女人,最低罚500波那,最高1000波那;这也是强盗罪的高等罚。”

[11]一个说“我负责”[②]而令他人做出强盗行为的人,应缴2倍罚金。[12]一个说“需要多少钱我就出多少钱”而令他人做出强盗行为的人,应缴4倍罚金。[13]祈主派说:“一个人说出‘我会出多少多少[让你替我做]’之后,再令他人做出强盗行为,应缴他说出那个数量再加[应有的]罚金。”[14]憍底利耶说:“他若以愤怒、激动或愚昧作借口自辩,那么[法官]应对他做出上述的相应处罚。”

[15]在所有处罚规则中[③],每人都应知道,[罚金在100波那以内的话],要缴相应罚金8%的核验费(2.12.28);罚金多于

① 原文中“诸先师”在第10句中,因汉语结构需要而提前。另外,憍底利耶未对此做出反驳,即为同意。

② 即:对人说:“你做,我来承认”(CŚ)。

③ 在所有处罚规则中(daṇḍakarmasu):直译为“在所有处罚行为中”(CŚ)。

100 波那的话，则在铸币捐基础上再缴 5% 的补缺捐。

［16］因为臣民的罪衅众多，或诸国王行为的过错才有了核验费和补缺捐[①]，［它们本身］是有悖法的；然而基本的罚金是符合圣统且正当的。

——以上是第三篇“法律”第十七章“强盗”。

第十八章

第 72 目：口头侵犯

［1］诋毁、辱骂、威胁。[②]——这是口头侵犯。

［2］针对身体、品性、学问、生计或地域的［口头侵犯中］，对身体［缺陷］——如独眼、跛足等——诋毁，若实有其事，罚 3 波那；若并无其事，罚 6 波那。

［3］对独眼、跛足等明褒实贬的诋毁——如［称独眼为］“美目人儿”，罚 12 波那。

［4］而平等人[③]之间，以麻风、疯癫或性无能来辱骂，按照实有其事、并无其事和明褒实贬三种情况，处以逐次增加 12 波那的［三种］罚金[④]；［5］要是针对比本人贵重的人，罚金为 2 倍；若是针对

① 臣民的罪衅与国王行为的过错，分别指臣民惯于作弊，国王巧立名目横征暴敛，这才有了这两种费用，这正是孟轲所谓的“上下交征利”。

② 在本章中，第 2—3 句说的是诋毁；第 4—6 句说的是辱骂；第 9—11 句说的是威胁。

③ 即：平辈、同种姓或同地位（CŚ）。

④ 即：实有其事的话，罚 12 波那；并无其事，罚 24 波那；明褒实贬，罚 36 波那。

比本人低贱的人，罚金为 1/2；若是针对别人的妻室，罚金为 2 倍；但若是出于大意、激动或昏昧之类而［犯辱骂罪］，则罚金为 1/2。

［6］麻风和疯癫由医生和邻人判定；性无能则由女人、尿液的泡沫或者其粪便沉入水中来判断。[1]

［7］婆罗门、刹帝利、吠舍、首陀罗以及旃荼罗之间，以品性［相互］诋毁的情形：若是靠后者针对靠前者，则对各人处以逐次增加 3 波那的罚金；若是靠前者针对靠后者，则对各人处以逐次减少 2 波那的罚金[2]；同样地，若是以“可鄙的婆罗门”这类话辱骂，则处以逐次增加或减少 2 波那的罚金。[3]

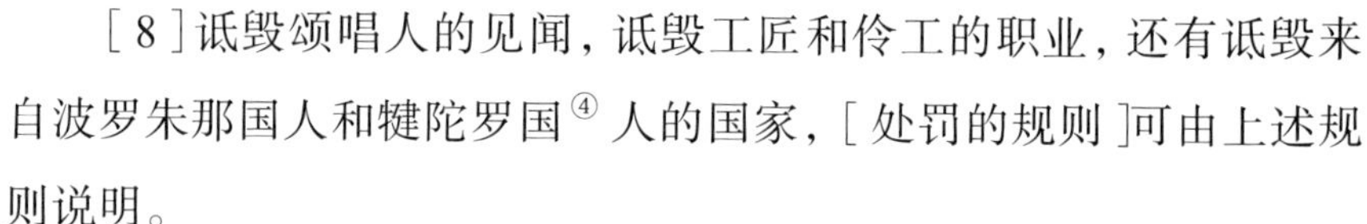

［8］诋毁颂唱人的见闻，诋毁工匠和伶工的职业，还有诋毁来自波罗朱那国人和犍陀罗国[4]人的国家，［处罚的规则］可由上述规则说明。

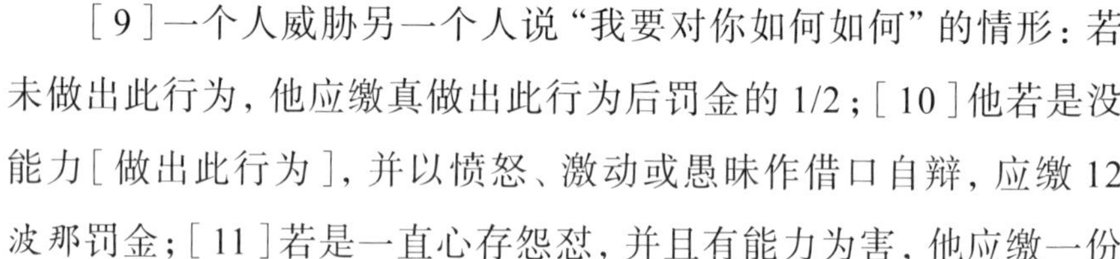

［9］一个人威胁另一个人说“我要对你如何如何”的情形：若未做出此行为，他应缴真做出此行为后罚金的 1/2；［10］他若是没能力［做出此行为］，并以愤怒、激动或愚昧作借口自辩，应缴 12 波那罚金；［11］若是一直心存怨怼，并且有能力为害，他应缴一份

---

① 即：若尿着地无泡沫，粪便浮于水面，则此人为性无能；反之则否（参见 *Nāradasmṛti* 12.10）。

② 即：一个旃荼罗用品性嘲谑首陀罗、吠舍、刹帝利和婆罗门，分别要被罚 3、6、9 和 12 波那，以此类推；反过来，一个婆罗门若以品性嘲谑刹帝利、吠舍、首陀罗和旃荼罗，分别要被罚 8、6、4 和 2 波那，以此类推。

③ 比如某旃荼罗骂“可鄙的婆罗门”“可鄙的刹帝利”“可鄙的吠舍”和“可鄙的首陀罗”，罚金分别为：8、6、4 和 2 波那。坎格尔认为，这类骂法不再涉及“品性”了，处罚不再那么严厉，罚金加减的基数变为 2。

④ 波罗朱那国和犍陀罗国原文分别为：Prājjūṇa、Gandhāra。为何单独提到这两个国家则不清楚。

毕生[不为害]的保金。

[12]咒骂本国和本村落者，应处初等罚；咒骂自己种姓和团众者，应处中等罚；咒骂天神和支提者，处高等罚。

——以上是第三篇"法律"第十八章"口头侵犯"。

第十九章

第73目：身体侵犯

[1]触摸、胁击[①]、殴打。——这是身体侵犯。

[2]以手、泥、灰和土触摸别人肚脐以下的部分者，处3波那罚金；若是以不净的[手、泥、灰和土]，还有足和唾液触人者，罚6波那；以呕吐物、尿液和粪便触人者，罚12波那。[3]若是在肚脐以上部分，罚金为2倍；若是在头部，又是平等人$_{(3.18.4)}$之间发生的话，罚金为4倍。[4]若是针对比自己贵重的人，罚金为2倍；若是针对比本人低贱的人，罚金为1/2；若是针对别人的妻室，罚金为2倍；但若是出于大意、激动或昏昧等而[犯下这些过错]，罚金为1/2。

[5]抓人的脚、衣、手或发，处[6波那起]并依次序逐次增加6波那的罚款。

[6]按压、掐、掰[弯]、拉拽别人和坐别人身上，处初等罚。[7]

① 胁击（avagūrṇa）：ava-√gur，带威胁性地攻击或威胁要攻击（参见Mn 4.169类似说法）。

致人摔倒之后跑开者，处［初等罚］1/2 罚金。

［8］［法官］应令人斩去首陀罗用来殴打婆罗门的手。［9］胁击可以赎金［抵罪］，触摸罚金为［殴打］的 1/2。［10］旃荼罗及其他不洁人等，［其规则］可由此说明。[①]

［11］以手胁击，处最低 3 波那最高 12 波那的罚金；以足胁击罚 2 倍；以可造成痛楚之物胁击，处初等罚；以致命之物胁击，处中等罚。

［12］用木料、土块、石块、金属、棍杖以及绳索制物中的任何一种致人痛楚但未见流血者，罚 24 波那；若见血——污血[②]除外，则罚 2 倍。［13］打人致其濒死但未见血者，或使人手脚脱臼者，处初等罚；同样地：断人手、足或齿，割人耳、鼻，以及致人裂出伤口[③]者，除非是［原就有］溃烂伤口，否则亦处初等罚。［14］断人腿或颈；坏人眼；伤人致其说话、运动及进食有障碍。［这三种情况］处中等罚，并［承担］治疗费用。［15］若伤人致死，应被带到去刺[④]［的裁判官那里］。

［16］多人殴打一人，则每人处 2 倍罚金。

［17］诸先师说："已过去很久的殴斗或侵入$_{(3.1.8)}$不应被诉讼。"

① 学者们一般认为第 8—10 句是窜入的文句。主要是因为在讨论完"触摸"之后，应该讨论"胁击"。而且《利论》在种姓方面，把首陀罗也看成"贵种"（ārya）而没有特别的歧视（参见本书 2.13.1）。而这几句可能是后人从《摩奴法论》或《祭言法论》里抄过来的（参见 Mn 8.279-84；Yājñ 2.215）。

② 污血（duṣṭaśoṇita）："因麻风病等流的坏血污血"（CŚ），这种情况罚金不加倍。

③ 裂出伤口（vraṇavidāraṇa）：字面上可以是"使人裂出新伤"，也可以理解为"使人旧伤开裂"。不过从第 12 句来看，当指前者。

④ 去刺（kaṇṭakaśodhana）：参见下一篇。"去刺"即惩治恶性犯罪人员（现代法律中所谓的刑事），那么这里的意思实际是将此人带到裁判官那里去接受处罚。

［18］憍底利耶说："不放过为害之人。"

［19］诸先师说："在殴斗中，先来［告状］者胜［诉］，因为不能忍受的人才会前去告状。"［20］憍底利耶说："不。［21］一个人无论是先来还是后来告状，都以证人为准；若无证人，则以伤口和殴斗迹象［为准］。"

［22］被诉伤害罪而不应诉者，当日即判败诉。

［23］在殴斗中，夺走别人财物者，处10波那罚金；若毁坏［他人的］小物事(3.17.6)，赔偿原物并缴［与原物］等值的罚金；若毁坏［他人的］大物事(3.17.7-8)，赔偿原物并缴［原物价值］2倍的罚金；若毁坏［别人］衣服、首饰、钱以及金器，赔偿原物并处初等罚。

［24］击打别人墙垣致其动摇者，罚3波那；断毁人墙垣者，罚6波那，并［负责］修复。［25］往别人房屋内投掷物体致人痛楚者，罚12波那；投掷致命物体者，处初等罚。

［26］以木头等击打小牲畜而致其痛楚者，罚1或2波那；若见血，罚2倍。［27］若如此对待大牲畜，罚金为2倍，并承担治疗费用。

［28］对于城市园林中带花果的和能遮阴的树，若断其新芽，罚6波那；若断其细枝，罚12波那；若断其粗枝，罚24波那；若戕损其干，处初等罚；若毁伐之，处中等罚。［29］［这些行为若是针对城市园林中］带花果的和能遮阴的灌木，那么罚金为上述1/2；圣地、苦修林以及火葬场的树[①]，亦同。

① 树（druma）：也泛指树木。此处接上文，应该是针对这些地方的大树和灌木来说的。

[30]若是针对界际(3.9.10-14)的树、支提处的树、具有显名的[1]树，以及国王园林里的树，那么应处上述2倍的罚金。

——以上是第三篇“法律”第十九章“身体侵犯”。

第二十章

第74目：赌对[2]

[1]赌对官应令博戏在一处进行；[2]在他处赌掷骰子者，罚12波那；[这是]为了找出有秘密收入者(4.4)。[3]

[3]有些论师说：“在有关赌对的诉讼中，赢家应处初等罚；输家应处中等罚。[4]因为，输家既然本身愚蠢又想赢，便不能忍受输局。”[4][5]憍底利耶说：“不。[6]若是输家被处以2倍罚金，那就没人来向国王诉告了。[7]因为，赌徒一般都习惯作弊。”[5]

---

① 《祭言法论》中有语意相同的句子，并将此处的 ālakṣita 改写成了 viśruta（有名的，显著的），参见 Yājñ 2.234。

② 赌对（dyūtasamāhvāya）：CŚ 说，dyūta 指赌博（如掷骰子）；samāhvāya 指对赛、打赌（比如角羊、斗鸡之类）。译文为符合汉语文习惯，有时会对这些带“赌博”含义的词做适当的变通。

③ 坎格尔引《祭言法论》中的句子认为这句应该跟在第1句后面解释为何赌博要在一个地方进行。

④ “赢家”与“输家”指赌博中的输赢家。两人打官司，赢家若败诉，处初等罚，输家败诉，处中等罚。

⑤ 意思是：赢家一般都是靠作弊，那么，对输家这么严厉，那就没人找国王申诉了。

[8]诸掌局官[①]应确保[作为赌具的]贝币[②]和骰子没有被动过手脚。[9]若换贝币和骰子，罚12波那；若以抛掷手法作弊，处初等罚并没收赢得的赌资；若以盘外法作弊，以盗窃论罚。[③]

[10]掌局官要从赢得的财物中提取5%，并收取贝币、骰子、皮带[④]和象牙筹的租金，以及水饮、场地和服务的费用。[11]他可以[接受赌徒的]质押，还可以出售物品。[12]他若不禁止骰子、场地以及[赌徒]手方面的问题，罚[作弊者本人罚金的]2倍[⑤]。

[13]对赛——学问和技艺方面的对赛除外[⑥]——的规则可由此说明。

第75目：杂事[⑦]

[14]至于诸杂事：未按时间和地点交还所借、所租、所质押和

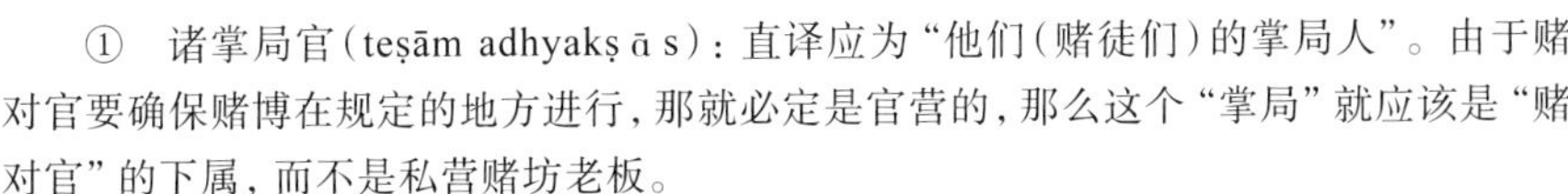

① 诸掌局官(teṣām adhyakṣ ā s)：直译应为“他们(赌徒们)的掌局人”。由于赌对官要确保赌博在规定的地方进行，那就必定是官营的，那么这个“掌局”就应该是“赌对官”的下属，而不是私营赌坊老板。

② 贝币(kākaṇī)：关于作为货币的贝，参见2.12.24。这是指用贝这种铜币(kaparda)来作赌具(CŚ)。

③ 抛掷手法作弊(kūṭakarman)：直译“狡诈的作为/手法”，也就是在要手法的局内作弊；盘外法作弊(upadhi)：对既定的赌具动手脚，或用磁铁、咒语或者幻术等盘外招(CŚ)。CBh认为kūṭakarman是赌局中作弊，与CŚ同，但认为upadhi是在赌资方面作弊，较为牵强，译文从CŚ说。

④ 皮带(arālā)：CBh训之为paṭṭa，即板或片。CŚ本读作aralā，并将其解释为“皮革带一类东西，用以分割[桌面上]赢得的赌注”(本译文从之)。坎格尔采用了CŚ的注释，但是并未把原文从arālā改为aralā。另外arālā也可能来自aralā，即“弯”或者“弯的手臂”，可能是指赌局中庄家用来推送筹码和赌注的带钩的推杆一类的东西。

⑤ 2倍(dviguṇo)：“5%抽成的2倍”(CŚ)；作弊者罚金的2倍(坎格尔)。抽成是掌局官为国王收取的，和掌局官本人无关，因此，坎格尔说法较为合情理。

⑥ 即：关于学问和技艺的赌赛可随意进行(坎格尔)。

⑦ 杂事一目中，各种事情是按照罚金的数目归在一起的。

委托代工的物事；[商定好了]会面或聚集的夜[鼓]时刻和[晷]影时刻，[1]却错过地点或时间；令婆罗门缴陆路和水路岗哨费与渡资(2.28.18)；[家有事时]略过对门邻居和紧挨的邻居而不邀请[2]。——以上情形罚12波那。

[15]不交出被指定交到[某人手上]的物事者；以手触碰兄弟的妻室者；去找一个被他人拘养着的妓女者；购买为人所指责的物品[3]者；私破贴符印的房屋者；为害于40家近邻者。——以上人罚48波那。

[16]取走家族的共同财产却抵赖者；强奸守节寡妇者；触碰贵种姓妇女的旃荼罗；见[邻]人身陷灾患而不冲过去救护者；毫无原因地跑过去者；在奉祀天神和祖先的仪式上给佛教徒和末伽黎子派等[外道][4]施食者。——以上人罚100波那。

[17]未经[法官]许可而向发过誓的证人提问者；身非官员却履行官员的职事者；阉掉用作种畜的小牲畜的；用药给女奴打胎者。——以上人处初等罚。

---

① 夜鼓(yāma)：即巡鼓，指晚上的时间，性质类似于中国的“更”(参见2.36.34)；晷影(chāyā)：指白天的时间，类似于“时”。

② 比如，对门的和紧挨着的邻居里若有精通吠陀的人，家里有事时不邀请他们而邀请别人(CŚ)。

③ 为人所指责的物品(paravaktavyaṃ paṇyaṃ)：直译为“会被他人说/议论的物品”，CŚ认为是“被人指责的物品”，迈耶认为是“归别人所有的物品”，而坎格尔认为是“许给别人的或归别人所有的物品”。另外，坎格尔又认为这两种情况都应是卖家受罚而非买家，因此他认为应该把买家改成卖家。相比之下，CŚ的解释更直接和合理，本译文从之。

④ 佛教徒和末伽黎子派等外道(śākyājīvakādīn)：śākya指佛教徒，ājīvaka指拘舍罗·末伽黎子(Gośāla Makkhaliputra)的门徒，佛教徒一般称之为“邪命外道”。同时，对于婆罗门教正宗来说，这两者又都是外道。

[18]父子、夫妻、兄妹[姐弟]、舅甥以及师徒之间，除非对方丧失种姓，否则：弃绝对方者，结伴同行途中将对方抛弃在村落中间者，处初等罚；将对方抛弃在荒野[①]中者，处中等罚；因此而造成对方死伤者，处高等罚；对于其他结伴同行的人[有以上过犯者]，处相应处罚1/2的罚金。

[19]羁押或令人羁押不应被羁押的人，放脱一个[应]被羁押的人，以及羁押或令人羁押未成立者(3.3.1)，罚1000波那。

[20]不同的罚金应根据不同的人和罪衅来定。

[21]慷慨的施主、苦行者、病人、被饥渴和路途所困者、外国人、为课罚所苦者，以及一贫如洗者，可得到宽大[处理]。

[22]神[②]、婆罗门、苦行者、女人、孩童、老迈者以及病人，他们中间的无依无靠者，如不能亲自来法庭，法官们应主动去处理他们的事务，而且他们不得以地点、时间、享乐作托辞[不予受理]。

[23]人们因学识、聪明、勇猛、好家世以及行为方面的优越而受到尊敬。

[24]如此这般无欺地办理讼案，平等对待众人，法官们方值得信任，并为世人所爱戴。

——以上是第三篇“法律”第二十章“赌对”“杂事”。

——以上是憍底利耶《利论》第三篇“法律”。

① 荒野(kāntāra)：这个词有“森林”和“荒野”两义。

② 《利论》中关于神的事情一般是指神庙之类的事务。神在“无依无靠”的行列里，是因为神庙假如遭到人破坏这类事情发生，神自己是没办法亲自来申诉的。

第四篇　去刺*

第一章

第 76 目：防范百工

［1］三个均具有辅臣资质的裁判官应主持去刺。

【甲】工匠

［2］生性诚实的工匠师、善于交付代工物者①、以本人资财经营的工匠②，这些人在行会作担保的情况下可以接受代工物③。［3］［接受代工物的工匠］若去世，那么行会应赔付该物。

［4］而且他们应按指定好的地点、时间和工作内容来做工；若有工作内容方面的原因，也可以不设定地点和时间规定(2.14.2)。［5］

---

*　去刺（kaṇṭakaśodhana）：清除荆刺、除刺。形象的说法，指打击危害社会安全的恶性犯罪人员。用现代的法律术语来说，上一篇说的民事，本篇则说刑事。

①　即：在左邻右舍做证人的情况下收取代工物且诚实归还的人，他们应该是在顾客和工匠之间的中间人（坎格尔）。

②　字面意思为：用自己的本钱和原材料经营的手工业者。

③　关于代工之类的事情，参见 2.13-14；3.13.33-50。这是描述了接受代工物的门槛：既要有好的声誉、雄厚的本钱，还要有行会的担保。

若超过时限，扣除工酬的1/4，并处2倍的罚金(2.4.4)。[6]除非因变质或变故造成的丢失和毁坏(3.12.23, 29)，否则他们应负责偿还。[7]若工作完成的与所指定的[情形]相异，则尽数扣除工酬，并罚[工酬]2倍(2.14.3)。

【乙】织工

[8]织工应用10秸丝线增织出11秸[成品]。[9]若短了[应]增加的量，罚短少量的2倍。

[10]织事工酬[一般应]与丝线价相同；织亚麻布(2.11.106)和野蚕绢(2.11.114)的工酬为丝线价的1.5倍；织"叶线"绢(2.11.107)、毛毯以及睹拘罗布(2.11.102)的工酬为丝线价的2倍。

[11]若是短了体积，那么工酬也相应减去短去的那部分，并罚短少量的2倍；若是短了重量，罚短少量的4倍；若调换丝线，处原丝线价格的2倍的罚金。[12]双纱线布(2.11.105)[的纺织和工钱规则]可由此说明。

[13]1秤重的羊毛，梳拈工序可造成5秸的折损，毛发也是一样。

【丙】浣染工[①]

[14]浣染工应在木板和光滑的石头上洗衣服。[15]在别处洗的，要赔付衣服的损伤和6波那罚金。

[16]除了带捣棒记号的衣服之外，浣染工若身着任何别的衣服，罚3波那。[②][17]若出售、租出和抵押出别人的衣服，罚12波那；

① 浣染工(rajaka)：字面为"洗衣工"，奥利维勒正确地指出，这类匠人不仅洗衣，还替衣服染色，这从下面的规则可看出。

② 浣染工衣服上带捣棒记号，可能是为了和所加工的衣服进行区分(奥利维勒)。

若调换衣服，处衣服价值 2 倍的罚金，并交还衣服。

[18]浣染工每天交回去的衣服，颜色按天数应逐步如下：新芽白、在石板上清洗过的[那样白]、浣洗过的丝线[那种]颜色、打磨过的白。[①][19][浣染]成淡红色要 5 天；[浣染]成靛蓝色要 6 天；一件染成[藏红]花、紫胶或茜草[②][色]的名贵衣服，其工序繁多且做工考究，需要 7 天。[20]超过这个时间，就可能要扣工钱。[21]在有关染色的纠纷中，应由可靠的行家里手来判定工钱。

[22][浣染]最名贵的衣服，工钱为 1 波那；[浣染]中等的衣服，工钱为 1/2 波那；[浣染]下等衣服，工钱为 1/4 波那；[浣染]粗布衣服，工钱为 1 豆或 2 豆；[浣染]染过的衣服，工钱为 2 倍。[③]

[23]衣服经过首次浣洗，损失 1/4 的价值；第二次洗，损失 1/5 的价值。[24]再后面的损失可由此说明。[④]

[25]裁缝[的规则]可由浣染工[的规则]说明。

【丁】金匠

[26]金匠若在未通知[金工师]$_{(2.14)}$的情况下从无德之人手中

一是免得衣服被浣染工掉包，二浣染工可借此表明自己未穿顾客的衣服。

① 即：衣服洗染成新芽白 1 天内交还，……洗染成打磨过的白 4 天内交还。

② 茜草（mañjiṣṭhā）：Rubia Munjista。

③ CŚ 认为前面那三种衣服都是染衣服的工钱，而后面“大衣”（sthūla）和染衣为浣洗的工钱（迈耶采用了此说）。坎格尔未做任何注释，译文也没有说到底是什么工钱，但作者把这段内容放在一个句子里，显然认为是同种工作的工酬。另外我们看到，上一条已经说了，染衣服的工钱由行家来定，本条的下文仍然说浣染工，那么，这条应该是讲浣染的工钱。若都是浣洗衣服的话，那么，按道理，sthūla 不再是“大衣”，而应该是“粗布衣”了。浣染染过的衣服需要 2 倍工钱，可能是因为浣染染过的衣服会更费事（迈耶）。

④ 第 23—24 句：首次浣洗衣服的损失是购买时价值的 1/4，再次浣洗的损失是在首次浣洗损失后的基础上再损失 1/5，而第三次浣洗会在第二次浣洗损失后的基础上再损失 1/6，以此类推（CŚ）。

购买金银原器，罚 12 波那；若购买变形的金银［器］，罚 24 波那；若从盗贼手中购买，罚 48 波那。［27］私下购买［金银］、购买不成形的［金银］、以低价购买［金银］，以盗窃论罚；在金银器具上行骗[①]者，亦同。

［28］金匠中，若有从 1 金［金子］中侵盗 1 豆者，罚 200 波那；有从 1 稻［银］中侵盗 1 豆者，罚 12 波那。［29］［有关侵盗的］更多［的情形］可由此说明。

［30］人为地给赝金上色或施展替换手法(2.14.20-24)的人，罚 500 波那。［31］若发生这两种作弊，［金工师］应将其看作对真金去色[②]。

［32］加工 1 稻银的工酬为 1 豆；加工 1 金金子的工酬为 1/8 波那。［33］根据不同的手艺，工酬可增加到 2 倍。［34］其他的工酬可由此说明。

［35］加工 100 秮的铜、钢、青铜、毗犍陀迦或黄铜(2.12.23)，工酬为 5 波那。

［36］加工一个铜团允许损失 1/10；［37］若损失 1 秮，罚损失的 2 倍；［38］损失 1 秮以上的情形可由此说明。［39］加工铅团或锡团［允许］1/20 的损失；［40］加工 1 秮［铅或锡］的工钱为 1 贝。［41］加工铁团［允许］1/5 的损失；［42］加工 1 秮［铁］的工钱为 2 贝。［43］数量更大的情形可由此说明。

【戊】钱币方面的工匠、吏员

① 即："调换金银器成品"（CŚ）。

② 对真金去色（rāgāpahāra）：即金匠从真金中抽掉一部分，另换上贱金属，这属于第 28—29 句描述的侵盗情形。金工师应按第 28—29 句的条款进行裁处。

[44]验币师$_{(2.12.25)}$若把确定无瑕疵的波那币当成有问题的处理，或把有问题的当无瑕疵的处理，罚 12 波那。[45]缴清了补缺捐的波那币可以进入流通。[46]靠每 1 波那赚 1 豆的[验钱师]，[①] 罚 12 波那。[47]数量更大的情形可由此说明。

[48]令人制造伪币、收取伪币以及使其流通者，罚 1000 波那；将伪币掺入府库者，处死。

【 己 】府库之工匠、吏员

[49]杂役与洁尘工$_{(2.13.33)}$若找回任何物事，可得此物[价值]的 1/3，国王取 2/3；宝石亦同。[50]若有侵盗宝石之情形，处高等罚。

[51]若报告有关开采矿、宝石和宝藏的消息，报信人可得到 1/6；若他是王国雇员，得 1/12。[52]超过 10000 波那的宝藏归国王；[53]若是少于此数，则国王应赏赐 1/6 给报信人。[54]操行无亏缺的本国人，可以通过证明所有权而尽数取得[自己]先人所埋藏的宝藏；[55]若不能证明，罚 500 波那；若私下偷偷攫取，罚 1000 波那。

【 庚 】医生

[56]医生在未先行通知[裁判官]的情况下若对病人采取危

① CŚ 认为这是钱币督造（Lakṣaṇādhyakṣa[2.12.24]）在铸币的时候从每 1 个波那币中侵盗 1 豆的银子。但坎格尔认为此处并没有提到钱币督造，并且对于这种铸币中的侵盗行为有更严厉的惩罚，因此他推断，这种从每个波那中赚 1 豆的情形，应该是别人以每 1 波那 1 豆的比例（即 1/16）贿赂验币师，令自己的钱通过检查，而逃避 5% 的补缺捐（vyājī）、8% 铸币捐（rūpika）以及 0.25% 的核验费（pārīkṣaka）。如此，则贿赂者每 1 波那可以省 11/160（5%+8%+1/8%–1/16）波那，而验钱师可以得到 1 豆（即 1/16 波那）。这是一个合理的推测，本译文采用。

及生命的医治手段：一旦造成死亡，处初等罚；若因医治手段本身的错误造成死亡，处中等罚；[57]若弄伤关键部位或者造成残疾，[裁判官]应将此情形当作身体侵犯(3.19)来对待。

【辛】伶工、弄人等

[58]伶工整个雨季应住在一个地方。[59]他们应拒绝某一个人所给的太多欲赠(3.16.4)，或对他们中某一人太多的褒赞；[60]若违越之，罚 12 波那。[61]他们尽可以随意用各地域、各种姓、各族姓、各学派[1]以及[各种]风流韵事来打趣。

[62]吟游者(2.27.25)和乞食道人(3.4.4)可由关于伶工[的相关规则]说明。[63][裁判官]铁锥刺向他们似的[2]宣判多少波那的罚金，他们就要挨多少次鞭笞[3]。

[64]在其余的事务中，他应根据诸艺师所做的活计来计定其工酬。

[65]他应如此这般地禁止那些有盗贼之实而无盗贼之名

① 学派(caraṇa)：这主要是指各种吠陀支派(śākhā)，这类学派往往自称为吠陀时代某仙人之后，世代专学一书(奥利维勒)。笔者按：自称某仙人之后则成一族姓(gotra)，而印度古人确实常将“族姓”与“学派”(gotracaraṇa)合而说之(如 MBh 13.62.18；*Pañcatantra* 4.3)，这里也是如此。当然，一门一族墨守一经，则各支各派不免门户之争，辩论中可笑之事往往而有，后来婆罗门沙门宗徒之辩论，亦是如此。学究之争，往往为市井之人所笑，古印度戏剧中有“笑剧”，其中一类则专门揶揄此类人事。

② 原文 teṣām ayaḥśūlena：“对于他们来说，(裁判官)用铁椎……宣判”，显然，这是用罚金类比铁椎，并非真用铁椎刺人。裁判官宣判对他们的罚金，亦即像用“铁锥”去“刺向”他们一样。

③ 这似乎是说，这类人以承受鞭打代替罚金。2.27.19 提到了 1000 鞭或 500 波那，是 2∶1 比例。3.3.27-29 也提到了鞭笞代替波那币罚金，但 CŚ 在那里说 1 鞭代 1 波那。具体情形为何无法确知。

的商贩、工匠、伶工、乞食道人(3.4.4)和江湖术士(1.20.18)之类的人为害各个地区。

——以上是第四篇“去刺”第一章“防范百工”。

第二章

第 77 目：防范商贾

[1]市监可让[人]在市集中抵押和出售已有效证明了所有权的旧货。[2]由于度量衡方面存在欺诈[情形]，所以他应检查衡具和量具。

[3]每 1 周量秤和 1 斛[1]，允许多或少 1/2 秸。[4]若多出或短少 1 秸，罚 12 波那。[5]多出或短少的秸数增加[导致的]罚金增加数可由此说明。[2][6]每 1 秤允许多出或者短少 1 稼。[7]若多出或短少 2 稼，罚 6 波那。[8]多出或短少的稼数增加[导致的]罚金增加数，可由此说明。[9]每 1 升允许多出或短少 1/2 稼。[10]若多或少 1 稼，罚 3 波那。[11]多出或短少的稼数增加[导致的]罚金增加数，可由此说明。[12]除上述外，他应估定其他各种衡具与量具[在有差错的情况下]的罚金。

---

① 周量秤(parimāṇī tulā)：请注意作为最大的衡具的“周量”秤与作为重量单位的周量秤之间的差别：“周量”秤是量具，可称到 200 秸(参见 2.19.17-18)；周量秤是重量单位，1 周量秤为 200 秸。斛(droṇa)为容量单位，亦为 200 秸(参见 2.19.29)。这里的意思是，称重或容量中，200 秸最多能悬殊 1/2 秸，即 1/400 的误差。

② 即：若是多或者少 2 秸，则罚金为 24 波那，以此类推(CŚ)。

[13]以有涨头[1]的衡具和量具买进之后，再以有缺头[2]的[衡具与量具]卖出，[这样的商贩]，处以上罚金的2倍。[14]按数量买卖的货物，贪昧[应交割]货物价值之1/8[的商贩]，罚96波那。[15]木材、金属或宝石所造的货物；绳索、皮革或陶土所造的货物；或者丝线、树皮或毛发所造的货物。——商贩若把[这类货物中]并非真品的东西当真品出售或抵押出去，处货值8倍的罚金。[16]把非贵重器物当贵重器物出售或抵押；把并非某种品级的货物当成该种品级的货物出售或抵押；把外表修饰得很好的、有诈的和换掉了筐篮的货物出售或抵押。——[以上情形]，若货物价值极低，罚54波那；若[货物价值]上1波那，罚108波那；若[货物价值]上2波那，罚200波那。[17][这类情形下]价格增长导致的罚金增长可由此说明。

[18]诸工匠若和艺师串通一气，以降低做工的质量而获利，或障碍[他人]买卖，处1000波那罚金。

[19]或者，商贩们若串通一气囤积货物，或以不[公道的]价格出售，处1000波那罚金。

[20]关于有问题的衡具与量具，或有问题的价格与成色[3]：掌

① 有涨头(tulāmānābhyām atiriktābhyāṃ)：即货物的实际量比衡器与量器所显示的要多，利于买进。

② 有缺头(tulāmānābhyāṃ hīnābhyāṃ)：与“有涨头”相反，货物的实际量比衡器与量器显示的要少，利于卖出。

③ 有问题的……成色(tulāmānāntaram arghavarṇāntaraṃ)：字面为“另外的衡具量具，或另外的价格或成色(或质量)”，这种“另外”就是指上文提到的各种作弊手法导致的差异。因此，“另外”表示一种对“正常”的偏离，是指“反常”或“有问题”，因此笔者将其译为“有问题的衡具与量具或有问题的价格价格与成色”。

秤人或测量人若以手上的诈术从价值为1波那的货物中昧掉1/8，处200波那罚金。[①] [21]罚金再往200波那以上增长[的情况]可由此说明。[②] [22]往谷物、油脂、糖、盐、香和药草等物事中掺入货色差不多[③] [但实际上不同]的货物，处12波那罚金。

[23]一个商人应在算出他派出的贩夫们每天所得利润之后，再确定他们可以凭什么过活。[④]

① 在此处，虽然前面用了argha而后面说明中用了mūlya，但两者分别指价格与价值/物值的这种区分依然成立：价值1波那的货物，卖价应当为1波那，当价值1波那的货物被昧掉一部分价值（如这里的1/8）时，其价格仍然为1波那，因此，“价格”高于“价值”这种现象，构成了“有问题的价格”（arghāntara）。可以类比的：衡具和量具所显示的量（非现实的、度量上的东西，可类比价格）高于实际所称得的量（现实的、实际的东西，可类比价值），这构成“有问题的衡具与量具”；同理，货物若掺入成色（varṇa）差不多但实际质量（guṇa，德、性质）不同的东西后，其成色（类比为价格）高于其质量（类比于价值），这就构成“有问题成色”。《利论》的译家一般不区分“价格”（argha）与“价值”（mūlya）（参见2.16.18及注释），也将varṇa译为“质量”（除此处外，另参见各译家于以下等处的译文：2.8.21；2.12.53；2.14.5；10，31，43），但实际上，varṇa只是“成色”，guṇa才是实在的“质量”（成色好并不代表质量一定高）。反过来看，作者在这里对argha与mūlya的使用并非表明它们同义，而是证明了它们之间的区分，这一点应这样理解。

② 有两种可能的情况：一是昧掉价值1波那货物的1/4，罚400波那，以此类推；一是昧掉价值2波那货物的1/8，罚400波那，以此类推。坎格尔认为是后者。虽未说明原因，但参考本章第16句可知。

③ 掺入……货物（samavarṇopadhāne）：迈耶在德译本注释中引《祭言法论》（Yājñ 2.245）中类似的意思认为，该复合词改为asamavarṇopadhāne较好，即“掺入和原物货色不同的东西”，也就是把质量差的货掺入质量好一点的里面。但坎格尔认为假如是掺入质量差的东西，那么12波那罚金似乎显得很少，因此他猜测可能是“掺入质量类似的东西”，这是一个合理的推测，本译文从之。

④ 即：商人所委派小贩的报酬和小贩每天能为东家挣得的利润紧密相关。坎格尔从本书“商货官”一节某些内容（2.16.14-16）推测此处的“商人”在此应该是商货官本人。这显然是没必要的，因为这种经商行为并不非得是官方性质，稍大的私商也可以像商货官那样用报酬让贩夫替自己卖货。

[24]未售完[的货物][①]不能作为遗产[被继承]。[②][25]商贾们得到市监允许后，可将其囤积起来。[26]若未经市监允许而将其囤积，则商货官(2.16)可将他们的货物没收[③]。[27]然后商货官来主持这些货物的售卖，以惠及[王国的]臣民。[④]

[28]而且，对于商贾们的本地货物，市监可厘定高于买进价5%的利润；对于外国的货物，可厘定10%的利润。[29]在买卖中，增长价格或获得[利润]超过此限者，则针对100波那中每多得的5个波那的罚金为200波那。[⑤][30]价格增长导致的罚金增长可由此说明。[⑥]

[31]商人们合伙买进[的货物]若未销售，市监不应许可[他们]

① 未售完的货物(kretṛvikretrayorantarapatitam)：直译为“落在买方和卖方间的[货物]”，实际就是尚未售出的货物。

② 这一句CŚ本读作kretṛvikretrayorantarapatitamadāyādanyaṃ bhavati，并解释说，落在买方和卖方的货物(即未售出货物)不能作为遗产被人继承而应归国王所有。KA读作kretṛvikretrayorantarapatitamādāyādanyaṃ bhavati，坎格尔的译文是：“落在买方和卖方之间的[货物]和获得的利润是不同的”。他说，这些未售出的货物，不能被当作收益而给上面提到的贩夫们计酬，也能说通，但是和上下文关系不紧密。联系上下文，似乎CŚ的读法和注释比较说得通，本译文采取CŚ本的原文和注释，认为作者意思是这些货物不能被当作遗产传之后人，但联系下文，笔者并不认为这些东西会无条件地归国王所有。

③ 这里才提到未售出货物归国王所有的条件。

④ 第24—27句：整个的意思似乎是，普通私商的货物不能当作遗产被继承，而必须要留在市场上流通。因此滞销的话，只能经市监允许而堆存起来(可能是令其伺机再销售)；未经市监允许而堆存起来的，则由商货官没收(归国王所有)，然后商货官可能会以比较低廉的价格卖给百姓。

⑤ 原文为paṇaśate pañcapaṇād dviśato daṇḍaḥ：译文采取了直译，实际意思是：价格或获利超过规定利润限度的5%，罚金为200波那。

⑥ 即：若超过厘定利润的10%，罚400波那，以此类推(CŚ)。

再行合伙买进[①]。[32]若他们的货物受损，市监应对其予以照顾。

[33]若有很多货物，商货官应在一处(2.16.4)[②]销售所有货物。[34]若是这些货物未售完，别的商人不可出售[同样的]货物。[35]贩夫们应为了每日的报酬去售卖货物，以惠及[王国的]臣民。[③]

> [36]但对于在地点和时间跨度较大的货物来说，通晓定价的市监[④]可以在计算了投贷(3.11.5)、货物损失[⑤]、市易税、利息[⑥]，以及租金和其他支出之后，来确定货物的价格。

——以上是第四篇"去刺"第二章"防范商贾"。

① 既可能是市监不许可他们再次买进，也可能是不许可[别的商贾]再行合伙买进——两者都有可能(CŚ)。

② "一处"是复数，即很多个"一处"(ekamukhāni)。这可能是指各地有不止一个商货官，而在每个商货官管辖范围内只能有"一处"，但王国本身可以有多个"一处"；也有可能是不同的货物，也分别有自己的"一处"销售点。

③ 这里说的是国营性质的商业行为。商货官用每日的报酬请贩夫们出售国王的货物。但总的来说，本节从第23句开始，主语稍显混乱，也对我们正确理解作者意图造成障碍。

④ 坎格尔认为主语是商货官(Paṇyādhyakṣa)。但笔者认为应是本章开始出现的"市监"：本章前面描述他的一些执法行为也涉及商品和价格等事务，这也需要他具有很高的专业知识，并非必定是商货官才能具有这些知识。

⑤ 货物损失(paṇyaniṣpatti)："生产该货物花的时间"(CŚ)；"货量"(坎格尔)；迈耶认为是"货物的损失"(他引用了德文Ausfall这个和niṣpatti结构类似的词，另有详细注释)。相比之下，迈耶的解释比较合理，坎格尔的解释与文意虽通畅，但很难说"货量"是在"成本支出"范围内的。

⑥ 这可能是暗示某些商贾是借贷在经营(参见3.11相关内容)。

第三章

第 78 目：灾异之应对[①]

［1］大的灾异有八种：火灾、洪灾、疾病、饥荒、鼠灾、猛兽、蛇灾以及恶鬼[②]。［2］他[③]应保护王国免于这些灾害。

【甲】火

［3］在夏季，村落居民们应该在屋外行炊，或者在十户长指定的地方[④]。

［4］防火［相关规则］可由"司市之规则"$_{(2.36.15\text{-}27)}$以及"王宫之规则"$_{(1.20.4)}$说明。

① 坎格尔认为本节内容放在这一篇比较怪。不过 CŚ 解释说：刺有两类，人刺（manuṣyakaṇṭaka）与天刺（devakaṇṭaka）。这章之前谈到的百工等为人刺（人作孽），现在来谈天刺（天作孽），也是顺理成章。

② 恶鬼（rakṣas）：又作 rākṣasa，为阿修罗（asura）之一种，另外两种是夜叉（yakṣa）和底提耶（daitya），汉译佛经中一般将其译作"恶鬼""罗刹"和"罗刹娑"。

③ 这里的主语到底是指裁判官还是国王不明确。坎格尔认为，裁判官虽然和其中的某些措施相关，但似乎国王才是直接发号施令的人。

④ KA 本作 daśamūlīsaṃgraheṇādhiṣṭhitā，且坎格尔译文（根据 Law 1914, I, 101）将 daśamūlī 理解为 2.36.18 中提到的 10 种救火工具，但他自己也明白 2.36.18 只提到了 9 种救火工具，而非罗（Law）所说的 10 种，因此说不通。adhiṣṭhita（在……监督下、在……指定下）的执行者不应是物而应是人，因此笔者采用了 CŚ（及 CBh）本的读法（daśakulīsaṅgraheṇādhiṣṭhitā），将 daśakulīsaṅgraha 理解为人——即十户长。CŚ 及 CBh 认为这可能是集牧（gopa）本人。但集牧管理 10 村或 5 村（2.35.3），而不是 10 户，因此不太可能。他可能是集牧手下的吏员：集牧将自己辖区以 10 户（kula）为单位分开管理，每十户就成了一"集"（saṃgraha），那么 daśakulīsaṅgraha 则为管理十户的"十户长"。当然这也仅仅是猜测，具体情形不得而知。

［5］并且，在各个月相变化日[①]，他应令人举行礼敬火的仪式，奉献供品和祭品，并诵念祷词。

【乙】水

［6］整个雨季，村落居民应离水域而居。［7］他们应备些木［板］、竹子以及船只。［8］他们可以用葫芦、革囊、筏子、树干以及绳网救起被水流冲走的人。［9］除了没有小筏子的，［见到被水流冲走的人］而不去［救护］的人，罚 12 波那。

［10］并且，在各个月相变化日 (4.3.5)，他应令人举行礼敬河的仪式。［11］那些精通幻术和吠陀的人应施术，以令雨水停息。

【丙】旱灾

［12］若是有旱灾，他应令人举行礼敬因陀罗、恒河、山［的仪式］，还有祭海[②]的仪式。

【丁】疾病和瘟疫

［13］他们应以秘方应对疾病；医生使用药草，或者由得道的苦行者举行息灾和祛罪的仪式。

［14］瘟疫［的应对之策］可由此说明。［15］他应令人在圣地沐浴、举行礼敬海的仪式、在焚尸场给奶牛挤奶、焚烧无头人身[③]，

---

① 月相变化日（parvan）：即新月、半月、满月这三个月相变化的日子，那么一月之中月相有四变新月、满月各 1 次，半月 2 次。若印度传统历法以半月（pakṣa）为单位算，每个半月的第 8 日和第 14 日就有一次月相变化，一月之中有四次。参见 *Sāṃkyāyanaśrautasūtra* 13.24.4；*Āpstambagṛhyasūtra* 7.17, 23；Mn 4.128。

② 祭海（mahākaccha）：海神伐楼那（Varuṇa）。祭海或伐楼那，意在求雨。

③ 焚烧无头人身（kabandhadahana）：在火葬场焚烧用粮食或粮食粉末做成的无头人身（CŚ）；烧无头的尸体（迈耶）；坎格尔译为“烧画像”，他没有解释是烧什么画像或者雕像，不过推测可能是一些厉鬼之类的画像。另外，kabandha 一般指“无头的躯体”（*Śrīmad Bhāgavatam* 8.9.25）。

还有对诸天神举行夜祭。

[16]在牲畜患疾病或瘟疫的情况下，他应令人对牲畜圈和[其他相关]物事做大净礼(2.30.46, 51)，还有礼敬各自神灵①的仪式。

【戊】饥荒

[17]若有饥荒，国王应收集种子和粮食，再加恩惠于[臣民]；或可赐食，令这些人兴建要塞和水利；或可向臣民派发食物；或可将[灾]区托付②于[邻国国王]。[18]或者，他可托庇于盟国；或可令人口迁出或移徙。③[19]或者，国王可以和臣民一起移徙到庄稼成熟的地方；或托居于海、湖以及池塘附近。[20]他可在水利设施里种植谷物、蔬菜、根类以及果类，并猎取鹿、小兽、鸟类、猛兽以及鱼类。

【己】鼠、蝗、鸟和虫

[21]若鼠成灾，应放出猫和獴(2.5.6)。[22]若有捕捉、伤害它们的情形，罚12波那；另外，除山林野人(2.1.6)之外，那些不约束[自己]狗④的人，也罚12波那。[23]他应撒上涂过火殃勒浆汁(2.24.25)的谷物，或者用秘方制成的药拌过[的谷物]。[24]或者，他可以[对

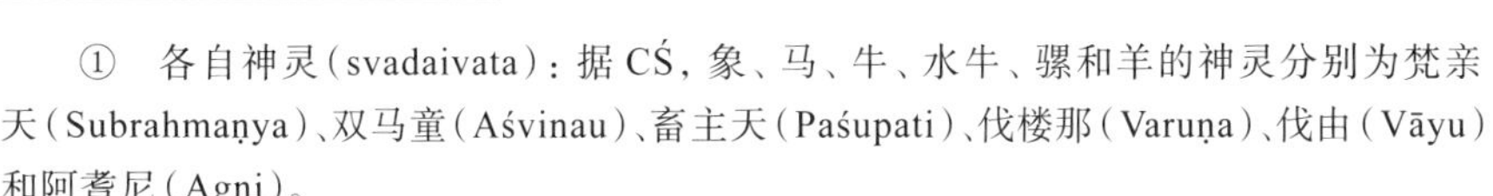

① 各自神灵(svadaivata)：据CŚ，象、马、牛、水牛、骡和羊的神灵分别为梵亲天(Subrahmaṇya)、双马童(Aśvinau)、畜主天(Paśupati)、伐楼那(Varuṇa)、伐由(Vāyu)和阿耆尼(Agni)。

② 托付(nikṣepa)：在前文中一般为“代工物”，这显然是类比：将国土暂时托邻王照管，一旦好转将收回。

③ 据CŚ，迁出(karśana)：将人口往外国迁移；迁徙(vamana)：指在王国之内，令灾区人口往非灾区迁移。

④ 这是因为狗可能会驱走猫(坎格尔)。

臣民]厘定鼠赋[1]。[25]或者由得道的苦行者来举行息灾仪式。[26]并且，在各个月相变化日$_{(4.3.5)}$，他应令人举行礼敬鼠的仪式。

[27]应对蝗灾、鸟灾以及虫灾可由此说明。

【庚】猛兽等

[28]若猛兽成灾，他应布置些下了迷醉药$_{(14.1.16\text{-}17)}$的牲畜尸体，或布置些充塞稗草籽的[牲畜肠胃]。[29]猎户和犬户$_{(1.21.23)}$应凭带机关的笼子和陷阱行动起来。[30]人们应身着盔甲、手持武器，以击杀猛兽。[31][见野兽伤人]而未前去救护者，罚12波那；[32]同时，这罚金可作为击杀猛兽者的奖赏。[33]在各个月相变化日$_{(4.3.5)}$，他应令人举行敬山的仪式。

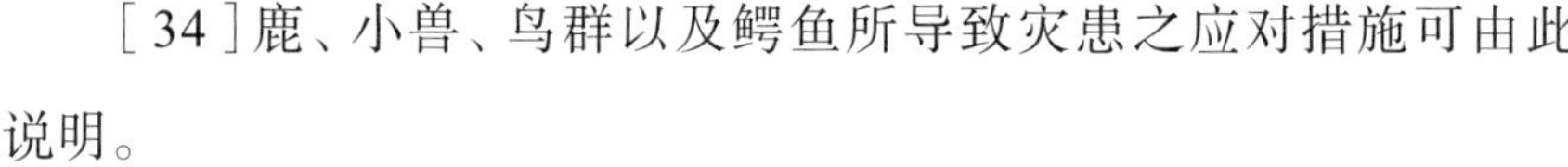

[34]鹿、小兽、鸟群以及鳄鱼所导致灾患之应对措施可由此说明。

【辛】蛇

[35]若蛇成灾，善疗蛇伤的人应以吉咒和药草应对之；[36]或者，人们应集中起来一同杀蛇；[37]又或者，精通阿闼婆吠陀的人应施展其法术。

[38]在各个月相变化日$_{(4.3.5)}$，他应令人举行敬蛇的仪式。

[39]水生动物所致灾患的应对措施可由此说明。

【壬】恶鬼

[40]若恶鬼成灾，精通阿闼婆吠陀的人或各类术师应做祛杀恶鬼的各种法事。[41]而且，在各个月相变化日$_{(4.3.5)}$，他应令人举

① 即：上缴（多少只）老鼠代替（多少）赋税（CŚ）。

行敬支提的仪式，奉献祭坛、伞盖、食物、手旗[①]以及羊。

［42］在所有灾异中，他们在白天和黑夜都应这般献祭："我们向您奉献遮卢(1.17.24)"。［43］所有情况下，国王都应如父亲一般扶助受灾的臣民。

［44］因此，那些能应对灾异的术师和得道的苦行者应居于王国中；国王亦应遵奉他们。

——以上是第四篇"去刺"第三章"灾异之应对"。

第四章

第79目：防范有秘密收入者[②]

［1］在"总督之规则"[③]里已谈到过对聚落的保护。［2］下面我们来谈聚落中的"去刺"。

［3］总督应往聚落中派遣假充为下列人物的暗差：得道苦行者、

---

① 手旗（hastapatākā）：CŚ 释为"小旗"（kṣudradhvaja），旗帜上可能是某些神或鬼的标志。

② 有秘密收入者（gūḍhājīvin）：字面意思为"作秘密生计或行业者"，但迈耶和坎格尔都译为"有秘密收入者"，这是有道理的。因为本章中的 gūḍhājīvin 不一定都是操持秘密职业，他也可能是一个职业公开或表面看起来体面的人，在背地里做见不得光的勾当。那么，译为"有秘密收入者"会更贴切一点。

③ "总督之规则"（Samāhartṛpraṇidhi）：这个词组不见于《利论》，应当是指"总督之职守"(2.35.1-7)。

游方道人、“轮行者”[①]、吟游者$_{(2.27.25)}$、江湖术士$_{(1.20.18)}$、遂愿师[②]、算命师、卜度师、占星师、医生、疯子、哑巴、聋人、白痴、盲人、商贩、工匠、艺师、伶工、妓院老板、酒店掌柜、糕饼贩、熟肉贩、熟粮贩。[4]他们应该查明村落长官和部门督官的端直与否。[5]并且，国王怀疑村落中谁有秘密收入，就可以用密探去查探谁。

[6]取得了其信任后，一个密使$_{(1.12.1)}$可对某法官说：“某某被告是我亲戚，请解决他的麻烦，并收下这钱财。”[7]如果这法官这么做了，就应作为受贿者而被流放。[8]对裁判官[的查探]可由此说明。

[9]一个密使可对某村落长官或奸诈的部门督官[③]说：“某某

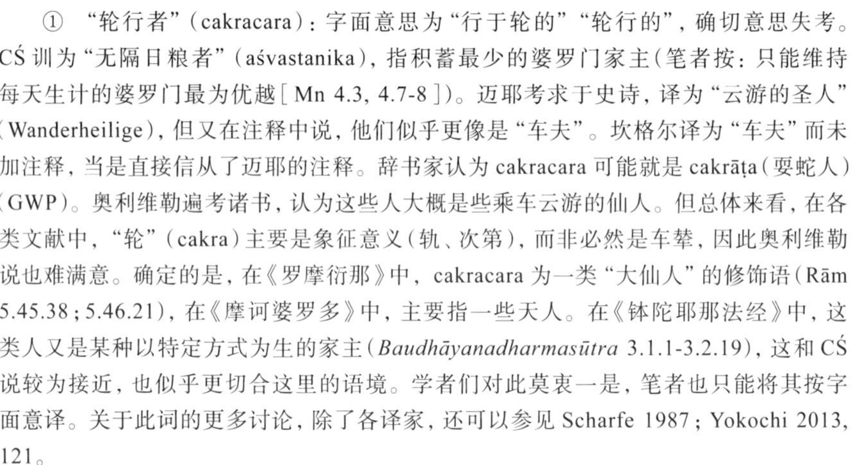

① “轮行者”（cakracara）：字面意思为“行于轮的”“轮行的”，确切意思失考。CŚ 训为“无隔日粮者”（aśvastanika），指积蓄最少的婆罗门家主（笔者按：只能维持每天生计的婆罗门最为优越[Mn 4.3, 4.7-8]）。迈耶考求于史诗，译为“云游的圣人”（Wanderheilige），但又在注释中说，他们似乎更像是“车夫”。坎格尔译为“车夫”而未加注释，当是直接信从了迈耶的注释。辞书家认为 cakracara 可能就是 cakrāṭa（耍蛇人）（GWP）。奥利维勒遍考诸书，认为这些人大概是些乘车云游的仙人。但总体来看，在各类文献中，“轮”（cakra）主要是象征意义（轨、次第），而非必然是车辇，因此奥利维勒说也难满意。确定的是，在《罗摩衍那》中，cakracara 为一类“大仙人”的修饰语（Rām 5.45.38；5.46.21），在《摩诃婆罗多》中，主要指一些天人。在《钵陀耶那法经》中，这类人又是某种以特定方式为生的家主（*Baudhāyanadharmasūtra* 3.1.1-3.2.19），这和 CŚ 说较为接近，也似乎更切合这里的语境。学者们对此莫衷一是，笔者也只能将其按字面意译。关于此词的更多讨论，除了各译家，还可以参见 Scharfe 1987；Yokochi 2013, 121。

② 遂愿师（pracchandaka）：确切意义失考。chandayati（√chad）加人（宾格）和物（具格）在史诗中经常表示“助人遂某愿”。迈耶推测这类人可能是用魔术帮人完成心愿的江湖人士。这个推测从下文看较合理。

③ 某村落长官或奸诈的部门督官（grāmaṃ kūṭādhyakṣaṃ vā）：KA 读作 grāmakūṭam adhyakṣaṃ vā，但文意扞格难通，因为 grāmakūṭa 不可解（CŚ 和坎格尔解为村落首长，很牵强），据奥利维勒提议改。grāma 既为村落，也可作村落长官讲（如本章第 4 句）。kūṭa（奸诈）为 adhyakṣa 形容词，既合情理，文意亦大畅。

泼皮是个殷实户，［现在］他有麻烦了，你要趁机多勒索他。"［10］如果这村落首领这么做了，就应作为勒索者而被流放。

［11］或者，一个密使可装作被告去用大量钱财引诱那些做过伪证的证人，［让他们为自己做伪证］。［12］如果这些证人这么做了，他们就应作为做伪证者而被流放。［13］对令人做伪证之人［的查探］，可由此说明。

［14］或者，一个密使若认为谁在使用咒语和药草咒术，或以火葬场作法的方式令人癫迷，① 他就可对此人说："我爱上了某某的妻室〔或儿媳；或女儿〕，请让她也爱上我，并收下这些钱财。"［15］要是他这么做，就应作为行癫迷术者而被流放。［16］对擅用巫术和恶咒者②［的查探］，可由此说明。

［17］或者，一个密使若认为谁配制、购买和出售毒药，谁经营药草和食品的行当且下毒，他就可对此人说："某某是我的仇人，把他害了，并收下这些钱财。"［18］如果这人这么做了，就应作为下毒者而被流放。［19］对经营迷醉药(14.1.16-17)这一行的人［的查探］，可由此说明。

［20］一个密探若认为谁在造伪币（［比如看到某人］经常购买各种金属和酸性物、炭、风囊、镊子、手钳、铁砧、模具以及錾子和坩埚，手和衣服上染有炭尘、炭灰③ 和烟的印记，且配有铁匠用的

① 火葬场作法（śmāśānika）：具体办法失考，注家也没有提供有效信息。令人癫迷（saṃvadanakāraka）："令人受制／摆布……"（CŚ），在本书中，"癫迷"更多指让人产生爱欲，各译家也都理解为"令人生爱欲"。

② 巫术和恶咒者（kṛtyābhicāraśīlau）：据 CŚ，kṛtyā 是让鬼魅缠身的巫术；abhicāra 是以咒术让人丧命。那么，kṛtyābhicāraśīlau 则为擅用或醉心此两种技艺者。

③ 炭尘、炭灰（maṣībhasma-）：maṣī 是未完全燃烧的那种黑烟尘，bhasman 是烧

什具），那么他可通过做学徒并与他共操持此业的方法取得其信任，然后［向国王］揭发。［21］此人被揭露之后，就应作为造伪币者而被流放。［22］对给真金去色和制贩赝金者[①]［的查探］，可由此说明。

［23］这十三种[②]为害世人、有秘密收入的人，应被流放或者根据其罪衅缴赎罪的财物。

——以上是第四篇“去刺”第四章“防范有秘密收入者”。

第80目：通过假充高人[③]的暗差侦知邪徒

［1］除使用密使之外，假充得道高人的［暗差］应以邪术[④]诱动

过后的灰。

① 参见4.1.31。同时，坎格尔正确地指出，因为文中“说明”（vyākhyātaḥ）是单数，这里说的是一种人：他既给真金去色（即从真金中盗取一部分，让真金“失色”，成色降低），又制贩赝金。

② 十三种：只有把第22句中所说的人的作为一种人看，才会是十三种。

③ 高人（siddha）：成就者、得道高人。真正意义上的高人，是修学进德的高人，与神通无关。不过，古今中外，民间信仰中的高人却尽和神通有关，这也造成民间社会三教九流各行各业的“高人”。本章甚至本书中的高人，都是在这个意义上的“高人”。衰弱的灵魂才会迷信有神通的“高人”，《利论》作者对此社会现实洞若观火，因此，他建议国王利用“高人”的号召力去查探潜在的、现实的邪徒。最后，这里有个有趣的地方：由于大众信仰中的高人是假高人，假充高人的才是真明白人。

④ 邪术（māṇavavidyā）：māṇava为罪犯、邪人、邪徒；vidyā为知识、技艺。māṇavavidyā可指种种邪术。迈耶和坎格尔均译为“邪徒所喜爱的法术”。

邪徒；比如以催眠咒、隐身咒以及启户咒诱动盗贼，以癫迷咒诱动奸淫之徒。

［2］［假充得道高人的暗差］，可在晚上带一大群受到鼓舞［而想借助这些高人遂愿］的邪徒[①]，说是去某某村庄，但实际去到事先安排好男女人手的另一个村庄，然后应对他们说：“去别的村子是难事，你们就在这里见识我的神通吧。”［3］然后，用启户咒把门打开后，应对他们说：“请进。”［4］他可用隐身咒令诸邪徒越过醒着的卫士。［5］用催眠咒使诸卫士入睡后，再令诸邪徒［随意］动他们的床。[②]［6］［诸高人］可以再用癫迷咒让诸邪徒享用假充他人妻室的女子。[③]［7］当诸邪徒了解到咒术的效力后，高人们就应把［咒术的］预备仪式等一并教给邪徒，以便［到时候］认出他们。[④]

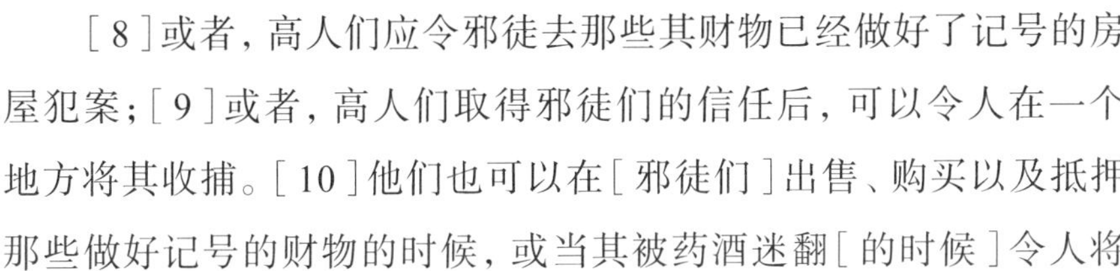

［8］或者，高人们应令邪徒去那些其财物已经做好了记号的房屋犯案；［9］或者，高人们取得邪徒们的信任后，可以令人在一个地方将其收捕。［10］他们也可以在［邪徒们］出售、购买以及抵押那些做好记号的财物的时候，或当其被药酒迷翻［的时候］令人将

① 即：这些“高人”向那些邪徒展示自己能让他们安全作案的能力，得到“高人”的帮助，让那些邪徒心生鼓舞（CŚ）。

② 这句话直译应该是：用催眠咒使诸卫士入睡后，再令诸邪徒以随意动他们床的方法让诸卫士动起来，但比较拗口。隐含的意思应该是：高人们令卫士入睡后，再让邪徒们随意动这些卫士的床，他们也不会醒，以此证明自己咒术的高明。

③ 第3—6句：显然，从用启户咒到令卫士入睡，再到让这些人享用他人妻室，一切都是暗差们用男女人手安排好的。另外，CŚ 解释说，被邪徒们“享用”的妇人事先和暗差们有协议。

④ 密探们引诱的邪徒有很多种，各个邪徒需求的咒术不一样。密探们教各个邪徒这些仪式，假如某个邪徒在行这些仪式的话，就很好认出来。坎格尔认为，教给邪徒这些仪式，他们在行这些仪式的时候会没有防备，会容易抓捕。显得略微牵强，但也是可能的。

其收捕。

［11］他们应讯问这些被抓捕的邪徒，［问出］他们以前犯过的事和自己的同伙。

［12］或者，假充惯盗(2.35.14)的暗差在取得盗贼的信任后，可令诸盗贼也那样[①]犯个案子，然后再令人将其收捕。［13］总督(2.35)应将这些抓获的盗贼在城市民和村民面前示众，［并宣称］："国王精通擒贼术，这些盗贼就是因着他的指导抓获的。我还要抓贼，你等应自行约束好行为恶劣的眷属。"

［14］他若是通过密探(1.12.17)报信得知这里[②]有谁偷了个轭销或赶棒等之类的［小东西］，他应在他们面前公布出来，［并说］："这是国王的神通。"

［15］假充惯盗、牛倌、猎户和犬户的暗差们，在取得山贼和丛蛮的信任后，应令他们打劫满载着伪钱和林产的商队、畜群以及村落。［16］一旦这些人真去打劫，他们可以通过暗藏的军队——或通过在路途粮食中下迷醉药(14.1.16-17)——将其剿灭。［17］他们也可以在群盗因长途跋涉负运偷抢来赃物而累倒入睡时——或者聚会中被药酒迷翻时——令人将其收捕。

［18］将他们抓捕之后，总督应像之前那样(4.5.13)将这些人示众，以便令国王无所不晓［的能力］为臣民所周知。

① 即：像这位假充的惯盗偷东西那样，也去做一票。显然，假充的惯盗犯案都是安排好的。

② 这里（atra）：城中或者聚落中（CŚ）。本句后文的"他们"是指城市民或聚落民。

——以上是第四篇“去刺”第五章“通过假充高人的暗差侦知邪徒”。

第六章

第 81 目：因怀疑、赃物和异常行为而抓捕[①]

［1］除使用高人之外，［再来说］“因怀疑、赃物、异常行为而抓捕”。

【甲】因怀疑而抓捕

［2］他[②]可怀疑以下各色人等要么是杀人犯，要么是盗贼，要么是通过盗挖宝藏、贪没代工物或替敌人效劳的秘密收入者[③]：遗产和家计耗尽者；所得工钱极微薄者；谎报其国家、种姓、族姓、名字及职业者；生计和职业见不得光者；沉溺于肉、酒、嚼食和软食、香料、花环、服装、首饰者；出手阔绰者；热衷于妓女、赌博和去酒馆者；经常出［远］门者；去留行踪不为人所知者；非［正常］时间在僻远的地方、树林和私家园林游荡者；在被遮掩的地方或有目标的地方[④]多次筹谋和碰头者；令人秘密疗治自己新伤者；总是居于内

① 因怀疑、赃物、异常行为而抓捕（śaṅkārūpakarmābhigrahaḥ）：本目标题。CŚ 说，śaṅkā（疑、惧）分两说：一是有司对可能罪犯的怀疑；一是可能的罪犯对有司的疑惧。这两种都在可抓捕之列。rūpa 指“赃物”；karma 是指凿墙掘洞等异常行为。

② 从结篇的颂来看，这里的主语应该是裁判官。

③ 这里实际说的三种人：杀人犯，盗贼，通过盗取宝藏、贪没代工物、为敌人效力而取得秘密收入者。

④ 有目标的地方（sāmiṣe）：“有肉、有猎物的”。即有财货、有作案目标的地方（CŚ）。

室不出者；对面来人时走掉然后再回来者[①]；一心系于爱人者[②]；一再探问他人的产业、女人、财物和房屋者；拥有与邪门术业相关之什具者；夜半秘行于墙垣之阴影中者；非其地非其时而出售变形的物事者；心里产生敌意者；从事贱业或身为贱种姓者；隐匿自身形体者[③]；非修道人却带着修道人标记，或身为修道人而行止［与誓愿］相异者；有犯禁前科者；因自身行止而暴露者[④]；看到司市或大官而隐藏自己〔或遁走、坐着不出气、手足无措、声音和脸色发干或异常〕者；遇见手持兵器的人就害怕者[⑤]。——以上是“因怀疑而抓捕［疑犯］”。

【乙】因赃物而抓捕

［3］至于因赃物而抓捕：对于因丢失、失窃而找不到的物事，他[⑥]应知会经营这类物事的人。［4］若他们找到被知会的那件物事后却藏起来，应以协同犯罪论处；［5］若他们不知情，交出该物可

① 即：有人朝对面走来时突然转过身（CBh）。参考前面提到的两种怀疑，这属于潜在的罪犯对别人的疑惧。

② 一心系于爱人者（kāntāparaṃ）：坎格尔译为“溺爱所爱之人”；CŚ 解为“为妇人或爱人所摆布”（strīlolaṃ）。奥利维勒认为应根据诃利诃罗论师的看法（Pohlus 2011, 90），将其改回 kāntāraparaṃ，并理解为“常出没于荒野（kātāra）者”。但 para 一般都是指心念“为……所占据”，理解为“出没”有些穿凿，因此译文不予采用，仍按 KA 及 CŚ 本读法译出。

③ 坎格尔将这个短语与前一个结合起来理解为“从事贱业、身为贱种姓却隐匿形体（标记）者”，与意亦可。

④ 迈耶将这个词和前一个结合起来理解为“因自己行止暴露以前有过的过犯者”，似无必要。

⑤ 遇见手持兵器的人就害怕者（śastrahastamanuṣyasampāta）：迈耶、坎格尔及奥利维勒都将 sampāta 理解为“一群”，但这个词本身是“碰到”“遇见”的意思，理解为“遇见手持兵器的人害怕者”更合理：（一）这也是属于可能的罪犯对别人的疑惧；（二）CŚ 将其训为“因手持兵器的人前来而害怕”。

⑥ 很难说这个“他”是指谁，可能是“总督”，也可能是“裁判官”，也可能都指，但不确定。

得解免。[6]他们不可在未先行通知市监$_{(4.2.1)}$的情况下抵押或出售旧器物。

[7]若被知会的物事被找到，他应向因这件赃物而被捕者查问其来源："你从哪里得到的？"[8]那人若说："从遗产中得的"〔或"从那谁谁那里得的"；或"买的"；或"我让人做的"；或"某人暗地抵押给我的"；或"这是我得到的地点和时间"；或"其标价几何、其数量几何、其特征如何以及其货值几何"〕，若所说来源能被证明为事实，可得解免。[9]若失主也能证明这些[①]，那他就应认为：谁先拥有且拥有时间更长，或其[证据]细节更可靠，那么该物事就是谁的。[10]因为，即使是四足或两足的动物，其形貌和特征都有相似，那么，出自同一产源和同一工师的林产、首饰或器具，[形貌和特征相似者]肯定又更多。

[11]那人若说："这是某某处借来的"〔或"这是从某某处租来的"；或"这是某某的抵押物"；或"这是某某的代工物"；或"这是某某的寄存物"；或"这是某某委托我代销的"〕，若经原事主[②]证明为事实，则他可得解免。[12]若原事主说："不是这样的。"那么，因赃物被捕者就应通过交付者、令人交付者、书记、接受者，以及旁观或听闻[到该交易]的证人指出原事主把该物交给自己的理由，自己接受该物的理由，或者[该交易的其他]迹象[③]。

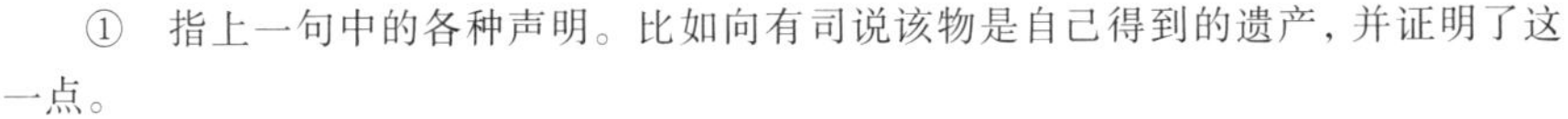

① 指上一句中的各种声明。比如向有司说该物是自己得到的遗产，并证明了这一点。

② 开脱人（apasāra）：能令人脱罪的人、物、事。在3.16.15中，笔者译为"开脱根据"，但这里显然指可以或可能给被捕者提供开脱依据的人，即原事主。

③ 迹象（upaliṅgana）：非直接证据的某些细节（3.12.51）。整句话是说，假如原事主不承认是自己借（或租、抵押……）给被捕者的，那么被捕者就应以其他的方式提

[13]落下的、丢失的和出走的财物[①]若失而复得，则应以地点、时间和获取途径等方面的迹象来自证清白。[②][14]若不能自证清白，则赔付原物并缴相等罚金。[15]否则，就应以盗窃论。

【丙】因异常行为而抓捕

[16]至于因异常行为而抓捕：一所被盗劫过的房子，有除了门之外的其他入口或出口；用开洞隙或拆除[③]的办法破门；破开顶层阁楼的格子窗、天窗或屋檐[④]；为[方便]上下墙而破坏墙；或掘地[洞]以做存取秘密物事的方法；可得到的线索[如]切割[口]、碎屑、打磨[痕迹]以及工具在[房屋]里面，那么，他可以认为是屋子内部的人所为。[17]若恰好相反，则为屋子外部的人所为；若是内外都有[这类线索]，那么，则为屋内和屋外的人共同所为。

[18]若是内部人作案，他应仔细追查密切相关的人，[比如]

供该物事确实是原事主借（或租、抵押……）给自己的证据。

① 据CŚ：落下的，如衣物、首饰等；丢失的，如失群之牛和水牛等；出走的，如暗地逃走的男女奴隶等。

② 即：一个人财物若失而复得，也需要失主用各种方式证明该物为自己所有后才能合法拥有。

③ 开洞隙或拆除（saṃdhinā bījena vā）：迈耶认为saṃdhi是两个门扇的结合部，而bīja是门槛，盗贼由这两处破门。坎格尔不是很确定地推测saṃdhi是（在门上凿出的）洞，并更不确定地推测bīja是“连根拔除”。实际上，坎格尔所说很有道理，因为saṃdhi确实有“洞隙”之意。不过bīja的意思并不确定。笔者推测，既然破门有打洞隙这种方式，也可能有干脆把门拆掉这种可能，因此将其处理为“（直接）拆除”，近似于坎格尔的“连根拔除”。

④ 格子窗、天窗或屋檐（jālavātāyananīpra）：迈耶和坎格尔都将jālavātāyana看成是一个东西：“格子窗”。但实际上jāla一词就有“格子窗”的意思（参见Yājñ 1.361），可能开在顶楼侧。vātāyana则是屋顶用来采光的小天窗（参见3.8.16）。另外，nīpra即屋檐、屋顶缘（参见3.8.14）。

邪恶放纵、与恶汉混作一处、藏用盗贼所用械具的人；或出身贫家，或执着于他人的女人；或者仆役中有类似情状者[①]；睡眠过多者；睡意极浓者；手足无措者；声音和脸色发干或异常者；心神不宁者；说话颠三倒四者；肢体因攀爬高处而红肿者；身体和衣服割损、磨损、破碎或撕裂者；手足有伤痕或红肿者；头发指尖满是尘土，或割损和扭拧者；细细沐浴并涂膏者；肢体抹上麻油，或手足刚经过清洗者；足迹与尘土和泥泞上留下的足迹吻合者；或者其花、酒、香、衣服碎片、油膏和汗味与在进出口处［所找到的］相同的人。［19］——他可认为这类人是盗贼或淫徒。

［20］裁判官应与集牧和肆一牧(2.35.1-6)一道搜寻城外的盗贼，而司市则在城内根据上述可疑迹象来搜寻。

——以上是第四篇“去刺”第六章“因怀疑、赃物和异常行为而抓捕”。

第七章

第 82 目：猝死者之查验

［1］给猝死者涂过油之后，他[②]应对之进行查验。

① 即上述“行为不端”到“执着于他人”这类异常举止（CŚ）。

② 他应该是 4.6.20 里面提到的“裁判官”（负责聚落）和“司市”（负责城市）（坎格尔）。

[2]便溺遗出、腹部皮肤充气、手脚浮肿、眼睛睁开、喉头上有印记。——[有这些特点的死者],他可认为是因勒扼窒息而死。[3]同上,且手臂和大腿收缩,则可认为是绞吊致死。

[4]手足和腹部浮肿、眼珠陷入、肚脐往外翻出。——[有这些特点的死者],他可以认为是刺斫致死。

[5]肛门和眼睛僵缩、舌头回缩、腹部鼓胀。——[有这些特点的死者],他可以认为是溺水致死。

[6][身上]溅有血迹、肢体残破或错乱。——[有这些特点的死者],他可以认为是因棍棒或石块打击致死。

[7]全身身体破碎爆裂。——[有这样特点的死者],他可以认为是被从高处抛掷致死。

[8]手、足、齿和指趾呈黑色;肉、体毛和皮肤松弛;嘴上粘有泡沫。——[有这些特点的死者],他可以认为是因中毒致死。[9]同上,且有带血的噬咬口[的死者],他可以认为是因蛇虫[噬咬]致死。

[10]衣衫和肢体散落、呕吐太过导致[腹内]空虚。——[有这些特点的死者],他可以认为是迷醉药致死。

[11]另外,他应查明[死者是因上述因由中的]任何一种而死亡,还是被杀死过后,[凶手]为逃避惩罚再将其吊起或割喉。

[12][可能]被毒杀者,他可用鸟来查验其残食[是否有毒]。[13]从心脏上取出[一小块]再置于火上灼烧,若吱嗤吱嗤作响或呈彩虹色,那么他可认为它带毒;或者在焚尸时见到心脏没烧化,[也可认为心脏带毒]。

[14]他应该找出那个被死者严厉训斥或体罚过的近侍女；或者，那个为悲痛所打击或执着于别人的女眷[①]；或者那个渴求这个[死者的]遗产、家计和女眷的亲戚。

[15]对于被谋杀之后再被吊起的死者，他应该做同样的查探。[16]对于上吊自杀者，他应追查他是否遭受过不当的对待。

[17]或者，在所有命案中，女人和财产方面的过犯、同行的竞争、对对手的恨意、市集中的冲突，或争讼各方的任何一方，都可能产生愤恨。[18]凶杀因愤恨而起。

[19]他可以通过[死者]近旁的人来查探死者的死因：或是他人亲自行凶，或是买凶杀人，或是盗贼为钱财而杀人，或是因为[面貌]相似而被他人的仇家误杀[②]。[20]他应查问死者是被谁叫走，和谁处在一起，和谁离开，或者被谁带到命案地点的。[21]他应该对在命案地点附近活动的人一个一个地进行询问，[比如]："他是被谁带到这里来的？"或"他是被谁杀的？"或"你们看到谁手里拿着武器？"或"[你们]看到谁鬼鬼祟祟的？"或"[你们]看到谁慌慌张张的？"[22]他们会怎么回答，他就应怎么[继续]盘问。

[23—24]在检视了死者[③]身上的东西，[比如]他所用的

① 即：两者可能都是死者的女眷，前者会因失宠之类而下毒手，后者可能因为爱上别人而下毒手。

② 即：假如一个人长得像某人，而该人有仇家，则可能被误杀。

③ 死者（anātha）：原意为"无人照顾的"或"无怙的"，借指死者（CŚ）。

物事、鞋帽[①]、衣服、标记[②]，以及首饰之后，他应盘问那些和死者有过交往的人[③]，［查出死者的[④]］人际关系、居住处、居留原因、职业以及［各种］往来情况，然后再进行追查。

［25—26］若任何人因爱欲和愤恨驱使〔或一个女人因罪恶昏头〕，要用绳索、武器或毒药自杀，他应令旃荼罗用绳索将他们在王道上拖拽；不能给他们举行焚化仪式，亲属也不可给他们举行丧葬仪式。

［27］然而，若他们的亲属中有谁为他们举行丧葬的各种仪式，那这亲属随后就应步［自杀者的］后尘[⑤]，或者他应从亲属中被排除。

［28］一个人和丧失种姓者往来——比如为其祭祀、教授其吠陀或结亲，若满一年，也丧失其种姓；同样，另外不管谁和这些人往来，也会如此。

——以上是第四篇“去刺”第七章“猝死者之查验”。

---

① 鞋帽（paricchada）：paricchada 指衣服、鞋帽（CŚ），但后文有衣服，故此地为鞋帽。

② 即：“苦行者和修道者等身份的标志”（CŚ），另参见 4.6.2。

③ 和死者有过交往的人（tadvyavahārin）：既可以指“与死者有交往或交易的人”，也可指“做（上面提到那些东西）生意的人”。

④ CŚ 认为是裁判官向制造那些东西（鞋帽、衣服、首饰等）生意的人询问死者的人际关系、居住处、居住原因、职业和与人往来的情况；坎格尔认为是裁判官向经营那些东西（鞋帽、衣服、首饰……）生意的人询问他们和死者见面（saṃyoga）、居住处、居住原因、职业以及其经营情况。

⑤ 应步自杀者的后尘（tadgatiṃ sa caret）：得到自杀者的同样待遇，即死后尸体被旃荼罗在王道上拖拽。

第八章

第 83 目：审讯与刑讯

[1]裁判官应在劫案受害人和内外证人都在场的情况下讯问疑犯的地域、种姓、族姓、姓名、职业、资财和居处。[2]他应将问讯结果和[他人的]陈述结合起来考察。[3]然后，他应讯问疑犯被捕前一天的行止和当晚的居留处。[4]若经原事主(4.6.11)证明为事实，则疑犯可得解免；否则将受刑。

[5]过了三天就不可再拘执疑犯，因为[过了这个时间]就不再适合审讯[①]——除非[疑犯]被查到[有作案]工具。

[6]将不是盗贼的人称为盗贼者，以盗贼论罪；窝藏盗贼者亦同。

[7]疑犯若是因仇恨被指证为盗贼，可获清白。[8]若拘执获得清白的人，处初等罚。

[9]他若[对某人]产生怀疑，则应找出作案工具、筹谋人、同伙、赃物和代为销赃者。[10]他应将被怀疑人的各种行为和藏赃、取赃以及分赃[行为]结合起来考察。

[11]若不能证实[被怀疑人的举动就是上述行为]，那么，即使此人前言不搭后语，也应认为他不是盗贼。[12]因为我们看到，一个人即使不是盗贼，却在路上碰巧遇到盗贼[而被抓捕]；或要

① 即：由于疑犯可能会忘记劫案前一天之内的所作所为，因此不再适合讯问(CŚ)。

么因标记、武器、物件与盗贼相同，要么因在赃物附近而被抓捕——好比“矛尖”曼笃毗耶，虽然不是盗贼，但因为害怕受刑的苦楚而承认“我是盗贼”。[①] [13] 他只能惩罚有充分证据证明其罪行的人。

[14] 他不应对以下的人动刑：仅犯小过者；孩童；老人；病人；醉酒者；疯癫者；被饥饿、干渴或旅程所折磨者；进食过多者；食物未消化者；[身体] 虚弱者。[15] 他可以用与他们同样性格的人、妓女、侍水人[②]以及向他们提供建议、住宿和食物的人去对他们秘密查探。[16] 他应如此这般地骗过这些人；或者按照在“侵占代工物”(3.12.33-51)那里所说的那样去做。

[17] 他应对确定有罪过的人动刑，但绝不可对怀有身孕和生产后不满一月的女人动刑。[18] 对女人只用一半的刑，或者仅仅使用口头的审讯。

[19] 对于身为吠陀师或苦行者的婆罗门，应用密探对进行侦捕。[③] [20] 若违越之，亲为者、令人为此者处高等罚；若用刑致其死，

① “矛尖”曼笃毗耶（Aṇi Māṇḍavya）本事见 MBh 1.101：婆罗门曼笃毗耶在苦行时信守禁语戒，一帮被官兵所追赶的强盗把赃物藏匿在他的屋内，然后躲了起来。官兵赶到时询问曼笃毗耶，得不到回答。他们搜出赃物，便将他与群盗一同抓捕，而且将它挑于矛尖上。真相大白后，矛却不能完全拔出来，于是国王只得下令斩断铁矛，让一截矛留在曼笃毗耶体内。他由是获得了“矛尖”（Aṇi）这个诨名。不过，在这里作者提到了他因害怕刑讯而招供，与 MBh 有所不同。

② 侍水人（prāpāvika）：来自动词 pra-√pā，即在道上或其他场所卖水的人。

③ 原文为 brāhmaṇasya sattriparigrahaḥ śrutavatas tapasvinaś ca：汉译据 CŚ。坎格尔认为“吠陀师”（śrutavatas）要和“婆罗门”（brahmaṇasya）搭配，因此认为是“对精通吠陀的婆罗门要用密探进行侦捕，对苦行者也是”；迈耶则认为“婆罗门”“吠陀师”和“苦行者”（tapasvinas）三者是分列的，因而认为是“对婆罗门要用密探进行侦捕，而且对吠陀师和苦行者也是”。包括译文正文的这三种理解在文法上都说得通，但作者本意如何难以确定。一般来说，《利论》中绝大多数规则并未特地宽待婆罗门，而且刹帝利与吠舍也可学吠陀和行苦行，这样来看，作者意图极可能是：一个人既是婆罗门又是吠陀师，或既是婆罗门又是苦行者，才可能得到这种较温和的待遇。

亦处高等罚。

[21]通行的刑罚有4种：杖击6次；鞭挞7次；顶悬[①]2次；还有水筒[②]。

[22]另外，对犯重罪的人有[如下刑罚]：藤杖9次；鞭挞12次；箍足2种[③]；水黄皮杖[④]击打20次；掌嘴32次；蝎子绑[⑤]2种；悬吊[⑥]2种；手针[⑦]；罪人饮下燕麦粥后，焚烧其指节；罪人饮下脂油后，于日下暴晒整天；冬夜令罪人卧于牛筋草[⑧]草尖床。[23]以上共18种$_{(21\text{-}22)}$刑罚。

[24]他应向羯洛波吒[⑨]学习关于刑具、[刑具]规格、手法、掌刑[⑩]和定量。

① 顶悬（uparinibandha）：有两种，一是绑着双手悬吊，一是绑着头悬吊（CŚ）。

② 水筒（udakanālikā）：用水筒导盐水进鼻子（CŚ）。

③ 即：用绳索箍绑双足，以及（用绳索）箍绑头，是为两种箍绑（CŚ）。但也可以理解为“箍足两次”，而且从这里叙述的其他刑罚看，都是刑罚名加次数，笔者认为后者的可能性较大。

④ 水黄皮杖（naktamālalatā）：naktamāla 又名 karañja，即无毛水黄皮树或水黄皮（MW：Pongamia Glabra；PDP：Pongamia pinnata）。latā 为枝条，那么“水黄皮杖”可能是由水黄皮树枝捆束而成。

⑤ 蝎子绑（vṛścikabandha）：将左手左足合起反绑，此其一；又将右手右脚合起反绑，此其二（CŚ）。坎格尔认为这种刑罚也可能是“将双手双足合起反绑二次”，和上文中的“箍足”刑情形一样，也是可能的。

⑥ 悬吊（ullambane）：一是双手合绑，自上垂直悬吊；一是双足合绑，（反过来）自上垂直悬吊（CŚ）。当然，也可以理解为某一种的悬吊执行两次。

⑦ 手针（sūcī hastasya）：将针从手指甲处钉入（CŚ）。

⑧ 牛筋草（balbaja）：Eleusine indica，这种草较为粗硬，强度也较大。

⑨ 羯罗波吒（Kharapaṭṭa）：据 CŚ，这是一部以作者而得名的、讲强盗术的书。但从这里语境看，似乎应该是讲刑讯术的。不过，该书已经失传，具体情形失考。

⑩ 掌刑（pradharaṇam avadhāraṇaṃ ca）：pradhāraṇa 似乎指“确定行刑方式”（CŚ）或“决定适合的刑罚”（坎格尔；奥利维勒）；avadhāraṇa 指“根据[罪人]身体确定何时停止用刑”（CŚ）或“限定用刑量”（坎格尔；奥利维勒）。这是一对词，从词缀 pra 和 ava 的含义来看，呈一进发一遏止的关系。德译者迈耶将其译为“刑罚的施放和停止”，

[25]他应令人隔天[向罪人]行刑，而且每次只用一种刑。

[26]对于有犯禁前科者、招供后又翻供者、手头有部分[别人丢失]财物者、因异常行为和赃物被收捕者、贪墨国王库财者和为国王命令处死者，他应令人多重用刑[①]、单一用刑或反复用刑。

[27]无论婆罗门有何种罪衅，都不得对其用刑。[28]应在他额上烙罪过的印记，以避免别人与之办理任何交割$_{(2.1)}$：若犯盗窃罪，烙狗印；若杀人，烙无头人身$_{(4.3.15)}$印；若玷污师长床笫，烙女根印；若饮酒，烙酒旗印。[②]

[29][在城市和村落中]宣示这个婆罗门的罪行之后，国王应[令人在其额上]烙印记疤痕，将他流放到国外或置于矿场[做工]。

——以上是第四篇“去刺”第八章“审讯与刑讯”。

第九章

第 84 目：防范百官

[1]诸总督和诸裁判官首先应约束各部门督官以及他们的僚属。

是比较合理的。当然，汉语可以将这一对词合起来模糊地处理为“掌刑”。

① 即一次用多种刑。

② 迈耶认为第 27—28 句可能是后来从《摩奴法论》抄进来的（参见 Mn 2.237）。坎格尔也认为这几句所含观念虽显古朴，但似乎并非出自原作者，因为本章主要讲审问和刑讯，而这几句与主题不怎么符合。

【甲】部门督官及其属僚

［2］从生产宝石和贵重物的厂坊侵盗宝石或贵重物者，直接处死(4.11)。［3］从生产廉值物的厂坊侵盗廉值物或工具者，处初等罚。

［4］从货物产地盗取价值自 1 豆到 1/4［波那］的王家物产者，罚 12 波那；若价值达 1/2［波那］[①]，则罚 24 波那；若价值达 3/4 波那，罚 36 波那；若价值达 1 波那，罚 48 波那；若价值达 2 波那，处初等罚；若价值达 4 波那，处中等罚；若价值达 8 波那，处高等罚；若价值达 10 波那，处死。［5］从储库、货物库、林产库或军械库(2.5.1)侵盗林产、器物或工具者，价值为上述价值 1/2 的情况下，罚金也与上述罚金分别相等。［6］从府库、器物仓、金银作坊院侵盗价值为上述 1/4 的情况下，罚金为上述的 2 倍；[②]［7］盗取后做成盗贼入室抢劫假象者[③]，处复刑死(4.11)。［8］［侵盗］王家产业的情形，可由此说明。

［9］至于上述之外[④]的财产：若白天私下从田地、打谷场、房屋或商铺盗取价值从 1 豆到 1/4 波那的林产、器物或工具，罚 3 波那，或身涂牛粪后宣示［其罪行］[⑤]；若价值达 1/2［波那］，罚 6 波那，

① 1/2 波那：字面为“2 个 1/4［波那］”。这实际是一个区间：1/4—1/2 波那，都罚 24 波那，以下可类推。

② 第 5—6 句都是与第四句中规定的罚金相比：侵盗相同价值的东西，罚金为第四句中所规定的 2 倍。比如从林产库中盗取价值 1/4 波那的林产，罚金则为 24 波那。比如从府库盗取价值 1/4 波那的财物，罚金则相应则为 96 波那。

③ 此句和 2.5.20 完全一样，但 CŚ 的解释却大不同。在 2.5.20 中，CŚ 说是盗贼自己坏墙垣而入室盗劫，此处又说是公务员监守自盗之后，做成盗贼入室的假象。迈耶在注释中认为是官吏蛊惑盗贼行窃，坎格尔认为这句话本身应该和 2.5.20 一样，仅仅指盗贼本身来行劫。不过，本章讲的是防范百官，因此笔者采用 CŚ 的解释。

④ 指官家财产之外，即城市民和聚落民的财产（CŚ）。

⑤ 即游走示众。鼓手在前，（犯人随其后）在城内四周游走（CŚ）。

或身涂牛粪和灰之后,宣示[其罪行];若价值达 3/4 波那,罚 9 波那,或身涂牛粪和灰之后,宣示[其罪行],又或佩陶片带示众[①];若价值达 1 波那,罚 12 波那,或剃发流放;若价值达 2 波那,罚 24 波那,或先将他剃发,再向其掷砖块撵出本国;若价值达 4 波那,罚 36 波那;若价值达 5 波那,罚 48 波那;若价值达 10 波那,处初等罚;若价值达 20 波那,罚 200 波那;若价值达 30 波那,罚 500 波那;若价值达 40 波那,罚 1000 波那;若价值达 50 波那,处死。[10]在白日或夜中的宵禁(2.36.34-35)期间强抢者,[所劫财物]价值为上述 1/2 的情况下,罚金与上述分别相同。[11]白日或夜中的[宵禁期间]持械强抢者,[所劫财物]价值为上述 1/4 的情况下,罚金分别为上述 2 倍。

[12]若伪造家主、督官、枢机官员或国王的书信和符印,分别处初等罚、中等罚、高等罚、死刑;或据罪行轻重处罚。

【乙】法官及其属僚

[13]若法官威胁、训斥、驱逐或弹压诉讼人,那么总督应对该法官处初等罚;若[对诉讼人]口头侵犯(3.18),罚 2 倍。[14]若法官未询问应被询问者;询问不应被询问者;问完[口供]却又将[口供]弃之不顾;教示、提醒或提点[被讯问者]。——[这类情形],他应对该法官处中等罚。[15]若法官不查问应当被提供的细节;查问不应当被提供的细节;在缺乏细节的情况下断案;借故敷衍而不受理[讼案](3.20.22);拖延时间令讼者疲倦而致其离去;忽略适当

① 用贯串陶片的腰带缠于犯人颈项上后,游行示众(CŚ)。坎格尔译文无“示众”(avaghoṣaṇa),似乎认为佩戴陶片腰带(可能表示下贱)是前面两种经济处罚和游行示众的替代惩罚。但佩戴陶片腰带只能作为涂牛粪和灰的替代方法更合理,佩戴之后仍然是要游行示众的。

的证词；为证人陈述提供建议［之类的］帮助；重审已经判定的案子。——［这类情形］，他应对该法官处高等罚；［16］再犯则罚金翻倍，且撤去其法官之职。

［17］书吏若未记录说过的话、记录未说过的话、把说得糟糕的话记录得很好、把说得很好的话记录得糟糕、篡改话的意思，那么他应对该书吏处以初等罚；或根据罪衅［大小而加以惩罚］。

［18］法官或裁判官若对不应被罚者处以罚金，他应对法官或裁判官处以该罚金2倍的罚金；或者处［应处罚金和实际罚金］差额[①]8倍的罚金。［19］若法官或裁判官对人实施体罚，那么该法官或裁判官应受同样体罚；或者缴相应体罚赎金的2倍［作为罚金］。［20］若法官或裁判官致人失去正当利益，或致人得到不正当利益，他自己应缴该利益8倍的罚金。

【丙】监狱官员

［21］在法官监狱或［裁判官］监狱中(2.5.5及注释)，若阻止［犯人］躺卧、坐下、进食、如厕、活动，或者［一直］捆绑，那么，亲为者和令人为此事者均应处3波那起，且按3波那逐次增加的罚金[②]。

［22］从法官监狱中放走被告或致使被告逃走者，处中等罚，或罚被告原本应缴之财物；从裁判官监狱中［放走囚犯或致使囚犯逃走］者，没收全部财物并处死。

［23］典狱长若在未告知［法官或裁判官］的情况下让囚犯活

① 即应处罚金和实际罚金的差额，包括两种情况：应处罚金多余实际罚金，应处罚金少于实际罚金。

② 这仍然是按照上文中过错顺序排列的，比如阻止犯人躺卧的人和唆使人罚3波那，阻止犯人坐下的人和唆使人罚6波那，以此类推。

动[1]，罚 24 波那；若对囚犯用刑，则罚金为 2 倍；改变囚犯的秩级[2]或阻碍囚犯饮食者，罚 96 波那；虐待或伤害囚犯，处中等罚；杀囚犯者，处 1000 波那罚金。

［24］奸淫已婚女囚的情形：若对方是女奴或人质，处初等罚；若对方是盗贼或暴徒妻室，处中等罚；若对方是贵种姓妇女，处高等罚。［25］或者，若囚犯干犯此禁，则当场处死。[3]［26］若奸淫因犯宵禁(2.36.34-35)被捕的贵种姓妇女，应同样处罚(4.9.25)；若奸淫女奴，处初等罚。

［27］助［在押之人］逃跑者，若未毁坏羁押室，处中等罚；若毁坏羁押室，处死。

［28］国王应如此这般地以刑惩来匡纠经管钱财的官差，［然后］这些被匡纠过的官差再以刑惩去匡纠城市和聚落的民人。

——以上是第四篇“去刺”第九章“防范百官”。

---

① 很难确定典狱长（Bandhāgārādhyakṣa）是让在押者在哪里以及如何活动。坎格尔推测是令其活动自由，只是不释放。

② 改变囚犯的秩级（sthānānyatvaṃ gamayatas）：坎格尔认为这里可能不仅仅是改变犯人的地点（笔者按：比如囚室），而是涉及犯人人身状态或级别的改变（笔者按：比如将轻罪犯人当成重罪犯人对待，或反过来），结合 sthāna（秩级、地位、位秩）这个词的含义，该推测较为合理，译文采用。

③ 坎格尔指出，第 25 句这条规则可能只适用于奸淫贵种姓妇女，而不包括前两种情况。从 2.36.41 及下文来看，这个推测较合情理。

第十章

第85目：断肢体刑罚之赎刑

［1］在［圣浴］津渡$_{(1.13.2)}$顺手牵羊者[①]、割人褡裢者[②]或扒窃者[③]：若初犯，应断去拇指和中指，或处54波那罚金；若再犯，则断去五指，或处100波那罚金；若三犯，则断其右手，或处400波那罚金；若四犯，听由［裁判官］随意处死[④]。

［2］若盗窃或杀害价值低于25波那的公鸡、獴、猫、狗或猪，罚54波那，或割去鼻尖；旃荼罗和林居野人$_{(2.1.5)}$罚［上述的］1/2。

［3］若擅取被［他人］圈套、罗网或陷阱捕到的鹿、小兽、鸟、猛兽和鱼，赔付原物，并处等值罚金。［4］若从育鹿林或物产林中盗取鹿或林产，罚100波那。

［5］若为展示或游乐的目的而盗取——或杀害——其中的鹿或鸟，处［上述］2倍罚金。

［6］若盗取工匠、艺师、伶工、苦行者的小物事$_{(3.17.6)}$，罚100

① 在圣浴津渡顺手牵羊者（tīrthaghāta）：在津渡偷衣服之类的人（CŚ）。

② 割人褡裢者（granthibheda）：granthi是结束在上衣末端用以装钱的袋子之类，类似于中国人放在腰间的小褡裢。

③ 扒窃者（ūrdhvakara）：字面为“举着手的”。CŚ认为是破人囊袋或坏人屋顶（而偷窃）的人，但较勉强。坎格尔认为应该直接理解为“举着手偷窃的人”；迈耶译为“扒手”。准确的意思难以确定。前面罗列了顺手牵羊和割褡裢两种行为，后者可能是扒窃人衣袋、钱包的人（CŚ，迈耶）。笔者猜测：之所以要“举手”可能是一只手拿东西扬起手来遮挡，另一只好办事。

④ 即：随裁判官意愿，直接处死或者复刑处死（CŚ）。

波那；若盗取他们的大物事(3.17.7-8)，罚200波那；若盗取农产，亦[罚200波那]。

[7]未经允许而擅入要塞者，或收取代工物后从护墙(2.3.7-9)洞隙中出[城]者，断[脚]筋[①]，或罚200波那。

[8]盗人车驾、舟船或小牲畜者，断一足，或罚300波那。

[9]用贝币、骰子、皮带、象牙筹(3.20.10)或手作弊者，断一手，或罚400波那。

[10]协助盗贼与奸夫——或被禁足之淫妇(4.12.30-31)——者，割耳鼻，或罚500波那；[协助]该奸夫，罚2倍。[②]

[11]盗取大牲畜者、盗取一名男奴或女奴者、出售死者器物者，断双足，或罚600波那。

[12]若以手或足击打最高种姓的人[③]或长者，攀爬国王车辇和坐骑等，断一手一足，或罚700波那。

[13]首陀罗之自称婆罗门者、贪墨神庙物事者、教说国王所憎之事者[④]、坏人双目[致盲]者，罚以毒眼药坏眼，或罚800波那。

① 断脚筋(kāṇḍarāvadha)：kaṇḍarā为筋，但原文中的kāṇḍarā不见于各古代梵文字书和现代辞书，可能是脚筋一词的异体(或传抄舛误)。CBh认为是“斩断生于足背上的两条筋”。

② 协助该奸夫，罚2倍(puṃṣo dviguṇaḥ)：直译为“男子，罚2倍”，意思不确定。4.12.30-33提到了奸夫淫妇之事及其处罚。这类事情被发觉后，在夫婿回家之前，妇人被禁足看管(saṃgṛhītā)，但未明说男子在这期间如何处置。不过，男子在这期间也可能会被拘禁。因此，这条规则可能是针对协助被拘禁的奸夫出逃。

③ 迈耶猜测“最高种姓的人”(varṇottamānām)是后来窜入文中的，原因是《祭言法论》(Yājñ 2.303)类似规则中没有“最高种姓的人”，而只有“长者”(guru)。

④ 教说国王所憎之事者(rājadviṣṭam ādiśato)：“宣说或预言国王所不悦之事，如[国王]将死或敌国将进犯之类”(CŚ)；“唆使叛变或谋反”(坎格尔)；“教唆人做国王所憎恨之行为”(奥利维勒)。笔者按：ā-√diś一般指宣说、开示，或许可以理解为“教

［14］放脱盗贼或奸夫者、草拟国王文书时增减［内容］者、连钱带童女或女奴一起拐走者、交割中行骗者、售卖不洁肉者，断左手及双足，或罚 900 波那。

［15］若售卖人肉，处死。

［16］盗取神庙之牲畜、神像、人、土地、房屋、钱、金、宝石以及粮食者，处高等罚，或直接处死。

［17—18］处于国王和臣民之间的裁判官，应当在仔细考量［罪犯］本人与其罪衅、其［犯罪］原因、［罪过之］轻重、对将来之影响、眼前之结果，以及地点和时间之后，再定夺［对罪犯使用］轻刑罚、中刑罚或重刑罚。

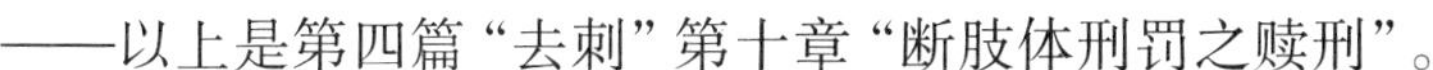

——以上是第四篇“去刺”第十章“断肢体刑罚之赎刑”。

第十一章

第 86 目：直接处死与复刑处死[①]之规则

［1］殴斗中致人［当场］死亡，复刑处死。［2］致人 7 日之内死，直接处死；半月之内死亡，处高等罚；1 月之内死亡，罚 500 波那，并承担治疗支出。

唆”。但从惩罚来看“国王所憎之事”（rājadviṣṭa）肯定不是叛变或谋反，否则惩罚远比这里规定的严厉。同时，2.28.14 和 3.3.32 都提到“国王所憎之事”，处罚相对温和，可见只是平常的过犯。

① 复刑处死（citra）：以多种刑罚处死（CŚ：citro ghātaḥ）。

［3］以武器攻击人者，处高等罚；［4］因激动［攻击人］者，断手；因昏昧［攻击人者］，罚200波那。［5］致人身亡者，抵命。

［6］以击打令［孕妇］流产者，处高等罚；以药物［令孕妇流产］者，处中等罚；令［孕妇］痛苦［而致其流产］者，处初等罚。

［7］以暴力杀害、冲撞、欺凌、［以死］威胁、攻击、斫刺男人和女人者；劫道或入室之盗贼；杀伤或偷抢国王的象、马、车者。——他应将这类人钉在柱子上。［8］把［上述］这类人火化或［从柱子上］取下者，应受同样处罚(4.7.27)，或处高等罚。

［9］若为凶犯和盗贼提供食物、住宿、工具、火、建议，或为其代销(3.12.25-31)［赃物］，处高等罚；若不知情，则加以申饬。［10］凶犯和盗贼的妻室、儿子，若非同谋，则应放还；若是同谋，应［一同］抓捕。

［11］图谋王位者；攻侵大内者；鼓动丛蛮及敌人者；在要塞、聚落或军伍中激起叛乱者，他应令人放火灼烧这类人的头和手至死。［12］若是婆罗门，则应令人使其目盲。[①]

［13］杀害母亲、父亲、儿子、兄弟、师尊、苦行者的人，他应令人将其头皮去掉后用火灼烧至死。［14］若谩骂他们，则割舌；若损伤他们的肢体，则应断去相应的部位。

［15］意外地将人杀死者，或盗窃畜群者，直接处死。［16］当然，

---

① “将其关入暗室不复出室”（CŚ）；法经中有与此规则相关的条目（*Āpastambadharmasūtra* 2.10.27.16-17），谓其他种姓若犯杀人、盗窃、取人土地等罪过时，需要抵命，唯婆罗门可以瞎眼抵罪。坎格尔认为这句只是窜入原文的批注，并且这批注的来源可能就是上面提到的法经中的相关条目。真实情形难以确知，但总的来说，《利论》总体上并未对婆罗门表现出特别的宽容，前文中也有类似的与婆罗门特权以及法论相关的句子，作为规则的例外出现在文中，极可能是后人动的手脚。

他应明白，不少于10头牲畜才是畜群。

[17]破坏水利者，罚将其在该[水利]处溺死；若该处无水，则处高等罚；若该水利已废弃，则处中等罚。

[18]男子给人下毒，[处溺死][1]。或妇人杀男人，若无身孕，处溺死；若有身孕，生产至少1月之后再行刑。[19]杀夫婿、长辈、子女的妇人；放火、下毒、破[墙]入室的妇人。——他应令人以牛裂其身。

[20]放火烧草场、田地[2]、打谷场、物产林以及象林者，他应令人将其烧死(2.36.25)。

[21]谩骂国王和泄露谋议者；散播[关于国王之]坏消息者；在婆罗门庖厨中舔食者[3]。——他应令人拔其舌。

[22]盗窃军器和盔甲者，若非军士，则他应令人用箭射死；[23]若是军士，处高等罚。

[24]伤残[他人]生殖器或睾丸者，他应令人割截其相同部位。

[25]若伤害[他人]舌和鼻，[应]断拇指和中指(4.10.1)。

[26]这些刑罚术由圣贤们在各种经典中制定。不过，对于罪衅不顶恶劣的[犯人]，[根据]诸圣贤教导，直接处死是合乎法[4]的。

① 按原文行文顺序直译应为：“男子给人下毒，或妇人杀男人——若无身孕——处溺死”，译文略有变通。

② 可以推测，这是指有庄稼的田地。

③ 《祭言法论》中对应段落（参见 Yājñ 2.278-279），因此迈耶猜测“在婆罗门庖厨中舔食者”属于后来窜入部分。考虑到本节前文中的疑似句子，这是较合理的推测。

④ 合乎法（dharmya）：有合乎礼法、合乎习惯、合理、合乎正义的等多重意思，

——以上是第四篇“去刺”第十一章“直接处死与复刑处死之规则”。

第十二章

第 87 目：奸淫童女

[1]奸淫未来初潮的同种姓童女者，断手，或罚 400 波那；[2]若致其死亡，处死。

[3]奸淫已有月信的童女者，断中指和食指，或罚 200 波那；[4]同时应缴纳赔偿给女方父亲。①[5]若她本人不情愿，他就不得遂愿②。[6]若她本人情愿，那么应罚 54 波那，而且女方也罚此数的 1/2。[7]若她已经被另一人以聘金聘定，则断手或罚 400 波那，并偿付聘金。③

[8]订婚之后，女方若过了七个佳期而男方未能亲近她，那么男方可在与她同房之后，成为她的夫婿，而且不用缴纳赔偿给她的父亲。[9]因为[她父亲]耽误了她的佳期(1.3.9)，就丧失了对她的支配权。④

[10]月信已经来三年的童女与同种姓[男子]亲近，不是过错；

注意和现代意义上的“合法”区别开。

① 应记住：罚金交给裁判官（背后是国王）；赔偿当事人是另外一回事。

② 他就不得遂愿(prākāmyaṃ labheta na ca)：即得不到她，娶不到她(CŚ：prākāmyaṃ icchāpūrtiṃ)。下同。

③ 斩断奸淫者的手或缴纳 400 波那罚金，同时赔付第三方（之前订婚的男方）聘金。

④ 耽误她的佳期，即耽误她怀孕生子。《摩奴法论》中有类似规则（参见 Mn 9.93）。

此后[①]，[只要]她不加妆点[②]，即使和不同种姓的男子亲近，也非过错。[11]若带走父家财物，以盗窃论罪。[③]

[12]以为别人[求亲]的名义，将该童女据为己有，罚 200 波那[④]；[13]若女方不同意，他就不得遂愿。

[14]用一个童女示人却交出另一个童女者：若[后者和前者]是同种姓的，罚 100 波那；若后者种姓比前者低，罚 2 倍。

[15]圆房时已非处女者，罚 54 波那，并退还聘礼和婚仪花销。[16]女子若被精通这类事务的行家证明[并非处女]，应向托付人赔 2 倍的财物。[⑤][17]若女子用别的血代替[⑥]，罚 200 波那；男子若

① 此后(tataḥ param)：三年之后(CŚ：varṣatrayād ūrdhvam)。CŚ 的解释可能是合理的，但应想到，本条规则前面说女子来月信三年之后与同种姓男子亲近是无过的，但假如这里仍然规定三年之后，即使和不同种姓男子亲近也无过，那就会有矛盾。笔者推测这中间似乎应该有一段时期留给了同种姓男子。在这个时期之后，才能和不同种姓男子亲近。坎格尔在注释中也说作者未明言"女子应等同种姓男子多久"。当然，从同一句后文来看，我们似乎也可以理解为：女子月信来了三年之后，与同种姓男子亲近，并携带首饰和嫁妆去夫家，也是无过的；而和不同种姓男子亲近，不携带首饰和嫁妆去夫家(指该不同种姓男子)方是无过的，否则便是有过。另参见 Mn 9.90-92 中类似规则。

② 指携带父家财物(首饰和妆奁之类)。

③ 这是接上一条后半部分说的，即：和不同种姓的男子亲近，并嫁去他家，不能携带父家财物，否则以盗窃论罪。

④ 即：跟女家说自己是他们同意亲事的那个人，然后自己占有该童女(CŚ)。

⑤ KA 读作 avasthāya tajjātaṃ paścātkṛtā dviguṇaṃ dadyāt，坎格尔译为："女子若坚称(avasthāya)自己仍然是那一种(童女)却又败诉，则缴付 2 倍"。奥利维勒根据 CŚ 对这句话做了改进：avasthāya tajjātapaścātkṛtā dviguṇaṃ dadyāt，较令人信服。avasthāya 不是动词 avasthā 的独立式，而是指前文(3.4.6, 26, 30)中提到的"托付人"(sukhāvastha)。从那里的语境来看，托付人是婚姻中的保人，他似乎有义务向男方保证女子在各方面都表里如一，如果女子在诉讼中被行家证明了不是处女而败诉(paścātkṛtā)，托付人也有责任。之所以赔付 2 倍，可能托付人要将其中一份赔付男方。也就是说，撒谎的女方要向男方和托付人各赔一份。

⑥ 即：女方为了看着像是初夜，把别的血涂在衣物上(CŚ)。

诬指[童女]已失贞，[亦罚200波那]。[18][同时]，他应被剥夺聘礼和婚仪花销，[19]而且，若女方不情愿，他不得遂愿。[①]

[20]童女在自己情愿的情况下若被同种姓妇人夺去贞操，罚12波那，该妇人罚2倍。[21][女子]为满足自己的情欲而猥亵本身不情愿的童女，罚100波那，并赔付聘礼。[②]

[22]若童女本人让自己失贞，应成为国王的女奴。

[23]若在村外猥亵童女，或有诬赖[③]情形，处2倍罚金。

[24]强行劫走童女者，罚200波那；若连童女带金子一齐劫走，处高等罚。[25]多人诱拐童女，分别都罚所规定的罚金。

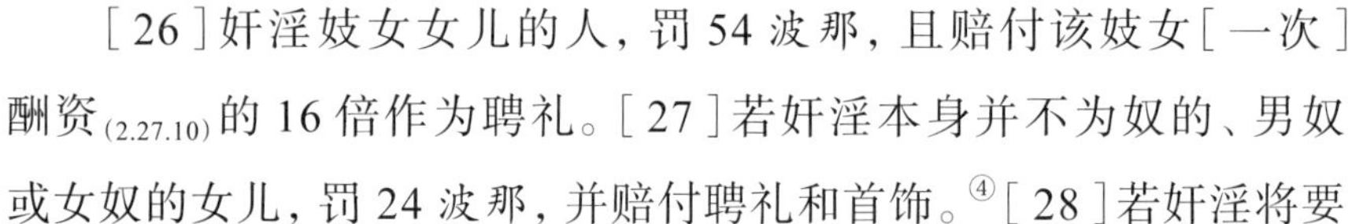

[26]奸淫妓女女儿的人，罚54波那，且赔付该妓女[一次]酬资(2.27.10)的16倍作为聘礼。[27]若奸淫本身并不为奴的、男奴或女奴的女儿，罚24波那，并赔付聘礼和首饰。[④][28]若奸淫将要

① 即：女方若被冤枉，可以决定自己是否还归适男方，而且即使不愿意，也不用退还聘金和婚仪花销。

② KA原文为akāmāyāḥ śatyo daṇḍa ātmarāgārtham。几位译家都把这句话理解为：妇人为了自己的情欲而猥亵不情愿的童女，罚100波那。这个理解看似合理，却在文法上有不可克服的困难：100波那罚金针对的是akāmāyāḥ(不情愿的)，如果akāmāyāḥ指“不情愿的”童女，那么被害者反倒缴纳罚金，这说不通；如果这个词指妇人，那么就应该理解为：[本来]无故意的妇人，因为自己的情欲[而猥亵童女]，罚100波那(CŚ)，和上文不很契合。笔者认为，这句话的akāmāyāḥ很可能是akāmāyāṃ的舛误，这样改过来后，才是各位译家理解的意思，也符合上文语境：上面提到童女自己情愿的话，将和猥亵人一同受罚；这里是说童女不同意的情况下(akāmāyāṃ)，因情欲而猥亵童女的妇人罚100波那，并向该童女赔付聘礼。

③ 诬赖指男子猥亵了童女，却谎称没有(CŚ)。也可能指男子猥亵了童女，却声称她早已失贞。

④ 男女奴隶的女儿可以被赎身，故不一定为奴。另外，我们可以看到，聘礼、首饰之类对于已出嫁的女子很重要(参见3.2.14-37)。这里的意思是，令童女失贞，则对方应被处以相当于聘其为妻的经济处罚，但极可能得不到人(按前面所说，比如被侵犯的童女本身不同意)。

赎身的女奴，罚 12 波那，并赔付衣物和首饰。

［29］若［为奸淫童女者］提供帮助或场所，处犯者同样的惩罚。

［30］夫婿外出期间行为不端的妇人，其夫家亲属或仆从应将她看管起来。［31］妇人被看管起来后，应等候自己的夫婿。［32］若其夫婿能宽宥，［奸夫和淫妇］俱可得解免；［33］若夫婿不能宽宥，则割淫妇耳鼻，奸夫处死。

［34］诬指奸夫为盗贼者，罚 500 波那；为钱财放脱奸夫者，处［该金额］[①]8 倍的罚金。

［35］互相抚弄头发[②]［即可认为是通奸］；也可通过身体享乐的迹象(3.13.37)、通过精通此类事务的行家或通过妇人［自己的］话［来判断男女是否通奸］。

［36］他人的妻室[③]，若被敌军或从蛮掳去、被水流冲走、被弃于山野中或在饥馑中被弃，或被当作死人抛弃，而另一个人如将她解救，可以根据议定的条件[④]享用她。［37］女方若是种姓更高、不情愿或者已有子女，那男方应在收取赎金后交出女方。

［38—40］一个人从盗贼手中、河流中、饥馑中、国家的动乱中，或山野中解救了他人的妻室，在她走失或被当作死人

① 这是指奸夫的贿赂，而不是前文的 500 波那（坎格尔）。

② 互相抚弄头发（keśākeśika）：“头发对头发”。CŚ 解释说，（男女）交合是以互相抚弄头发开始的，“头发对头发”就是互相抚弄头发，看见有人这么做，就（可认为）是通奸。当然，keśākeśi 不光是指“头发对头发”，也有“头对头”的意思，keśākeśika 也可以指耳鬓厮磨。

③ 他人的妻室（parastrī）：这个词还可以指别的长辈监护下且未婚的女子。

④ 即：双方约定，男方娶其为妻或者收其为奴之后，再享用她（CŚ）。但坎格尔认为不必如此，可能是说，只要是提供食物、钱或者其他条件也可以。

而被抛弃的情况下救了她，那么他可以根据议定的条件享用她。但是，凭借国王的威势被解救的、被自己亲戚解救的[①]、种姓比救护者高的、不情愿［委身于救护者］的，以及已经有了子女的。——这类女人，他就不能那么做，而应在收取合适的赎金后将女人交还。[②]

——以上是第四篇“去刺”第十二章“奸淫童女”。

第十三章

第 88 目：越轨之处罚

［1］令婆罗门饮用不当饮之物或食用不当食之物者，处高等罚；令刹帝利如此者，处中等罚；令吠舍如此者，处初等罚；令首陀罗如此者，罚 54 波那。［2］亲自饮用不当饮之物或食用［不当食之物］者，应流放。[③]

---

① 即：对方因本国国王的震怒而放脱被掳女子，或被女子的亲属（逼促）而放脱被掳女子（CŚ）。前一种情况是，坎格尔认为是公职人员（包括军士等）若解救女人，不得私自和女子议定条件然后享用该女子。后一种情况是，若一个男人解救了一个女人，这女人却刚好是自己的亲戚，那这个男人也没有这类权利。

② 最后一句直译应为：“他应［收取］合适的赎金让这女人被［她自己的亲属］带走”。另外，这三颂，前一半重复了第 36—37 句的内容，后一半讲述了规则的例外。坎格尔推测这三颂比第 36—37 句要古老，且两句散文是这韵文前一半的转写。

③ 第 1—2 句：这两句在《祭言法论》原封不动地出现（Yājñ 2.296）。奥利维勒认为这两条规则显得十分突兀，并推测是后来窜入，且受法论影响。奥利维勒的看法受自己在导言中提出的“法论编订”说影响，并不令人信服。坎格尔有一个很敏锐且重要的观察：这里所谓的“不当饮之物”和“不当食之物”可能并不是基于神圣法的规定（那些

[3]白日擅入他人房屋者，处初等罚；夜晚[擅入他人房屋]者，处中等罚；[4]白日或夜晚携武器进入[他人房屋]者，处高等罚。[5]乞食道人(3.4.4)和商贩、醉酒的人和疯癫的人、为暴力所逼迫或落难的近邻，以及常在家进[出的人][①]，除非是被禁止，否则进入房屋，则不应受罚。[6]夜半攀爬自己房屋的墙垣者，处初等罚；[夜半攀爬]他人房屋的[墙垣]者，或破毁村落苑囿之藩篱者，处中等罚。

[7]商队中的人应在声明了贵重物后，再住在村落中。[8]商队的财物若晚上没有出村却被抢劫或毁损[②]，那么，村主[③]要[按损失]赔付商队。[9]或者，[商队]在村落和村落之间被抢劫和带走的东西，应由草场官赔付[④]。[10]在无草场的地带，应由捕役[⑤]赔付。[11]得不到这类保护的话，各村应许可他们根据村落界际障碍物

规定几乎只适用于婆罗门，与其他种姓无涉，而这里却涉及所有种姓）。坎格尔所说较好，这里的“不当饮”或“不当食”可能仅仅出于对个人身体健康、习俗之类的考虑，而并非神圣法的影响。如此一来，这两句在这个语境中也不算突兀了。

① 常在家进出的人（pravṛttapraveśa）：字面意思为“经常进屋来的人”。“带着善意而进屋的人”（CŚ），可见是指经常出入的亲朋宾客或仆人奴隶之类。

② 毁损（pravāsita）：CŚ 将这个词理解为“被带或藏到别处”。不过，《祭言法论》中有意思类似的颂（参见 Yājñ 2.271），以“遭杀害 / 毁损”（ghātita）替换 pravāsita。而且 pravāsita 在下文第 20 句中指杀害或毁损。

③ 村主（grāmasvāmin）：坎格尔认为这个“村主”类似于德里苏丹国时期的领主（Jāgīrdār）。要是这样，那么他就具有封建的贵族特性，有自己土地，能收取赋税，在国家部门有职事，甚至有私人武装。但这样一个地方势力，在《利论》中描述的国家中是不太可能出现的。因此，这个“村主”到底是什么身份和地位，为什么他需要对村中发生的案件负责，并不清楚。

④ 根据 2.34.6-7，草场设立于村与村之间的，草场官要负责这个区域的治安。

⑤ 捕役（corarajjuka）：字面为“用绳绑盗贼的人”，CŚ 训为“捕贼的小吏员”（coragrahaṇaniyuktaḥ）。

(2.1.3)进行搜寻。[12]若没有村落界际障碍物，则 5 个村落或 10 个村落[作为整体][①] 应许可他们进行搜寻。

[13]造不牢固的房屋、顶梁不固的车、无套罩的兵器、无覆盖的沟井或陷阱。——[这类情形]，若造成伤害，他应将它们当作身体侵犯(3.19)[来处置]。

[14][一个人]在伐树时，用绳索牵着待驯的动物时，驱使或骑乘不驯良的四足动物时，抛掷木头、土块、石块、棍杖时，射箭和甩手时，或[骑]象行走遇[人]时，若高喊“让开”了，就不应被惩罚。

[15]想被怒象处死的人，需要交 1 斛粮、1 罐酒、花环和药膏，以及擦拭象牙的布。[②][16]被象处死与马祭结束时沐浴相同，都要先濯足[③]。[17]若旁人遭杀害，则象夫处高等罚。

[18]有角或尖牙的牲畜在伤人时，主人若不去解救，处初等罚；若被呼救[仍然不去解救]，罚 2 倍。[19]若有人令有角或尖牙的动物相斗造成死亡，罚缴原物，且处等值罚金。

[20]骑乘神庙牲畜、种牛或未生产过的牝牛者，罚 500 波那；杀害它们的人，处高等罚。[21]若为了毛和奶、为了骑乘、为了作种畜而取走[他人的]小牲畜，罚缴原物，且处等值罚金；若杀死这类小牲畜，亦同——用作天神和父祖祭祀的除外。

[22]当拉车力畜的鼻绳断掉、车轭破开、车侧里朝人转来，或

---

① 5 个村落或 10 个村落，是集牧(gopa)的辖区(参见 2.35.2)。

② 被象处死是死刑的一种：国王判处死刑后，罪犯者选择象为凶手，能在死后得生天处(迈耶)。

③ 濯足(pādaprakṣālana)：通常为很多仪式中最先做的(参见 *Āpastambadharmasūtra* 1.3.11.12)。另外，CŚ 解释说，让象处死，其功德与马祭的功德相等。

往后退；又或者牲畜和人挤在一起。——［这类情况下］若发生伤害，车夫不受罚。［23］否则，车夫应按伤害人畜［的情形］缴规定的罚金。［24］若致动物死亡，则［赔付］该动物。

［25］若车夫未成年(3.3.1)，则坐在车里的车主人应受罚；若车主人不在，则在车内的［其他］人或者车夫自己——在他已成年的情况下——应受罚。［26］国王可收缴由未成立者驾驭的或无责任人[①]［乘坐］的车。

［27］若用巫术和恶咒(4.4.16)给别人造成伤害，应被施以同样的伤害。［28］丈夫［可以］对不喜欢自己的妻子施癫迷术(4.4.14-15)，求偶者可对［自己想要的］童女施癫迷术，或妻子也可以对丈夫施癫迷术。［29］否则，若造成伤害，处中等罚。

［30］与母亲或父亲的姊妹、舅妈、师母、儿媳、女儿或［同胞］姐妹乱伦者，去三根[②]［后］再处死。［31］女方若是情愿的，则应受同样处罚；妇人同奴隶、近侍仆役或人质行淫，亦同。

［32］刹帝利同出来抛头露面的[③]婆罗门女行淫，处高等罚；若是吠舍，没收全部财产；若是首陀罗，应用草烧［死］。

［33］所有情况下[④]，若与国王的后妃行淫，罐烹。

［34］与什婆啵迦女(3.7.33)行淫，则［额上烙］无头人身(4.3.15)印

① 无责任人的(apuruṣa)：没管事人的，没主事人的(CŚ：apradhānapuruṣa)。

② 去三根(triliṅgacchedana)：割去男根和两个睾丸(CŚ：triliṅgacchedanaṃ meḍhramuṣkacchedanaṃ)。

③ 出来抛头露面的(agupta)：自专由的、无人管束的、失怙的(CŚ)。这类女性有时候需要自己出来谋生之类，并不在严格的保护之下(参见2.23.11；Mn 8.374-378)。

④ 所有情况下(sarvatra)：CŚ认为这是指上句中的刹帝利到首陀罗(没有婆罗门)。从字面来看，本句直接上句，似乎说得通。前面提到婆罗门即使谋反也不会死(参见4.11.12)，那么，淫垢后妃不处死也是可能的。

记后，流放国外；若身为首陀罗，则自己成为什婆啵迦。[1][35]什婆啵迦若与贵种女子行淫，处死；女子割去耳鼻。

[36]与女出家人[2]行淫，罚24波那；[37]女方若是情愿的，则应同样处罚。

[38]强奸妓女，罚12波那。[39]多人[强奸]一个妓女，每人罚24波那。

[40]与女子行淫而不入女根者，处初等罚；鸡奸男人者，亦同。

[41]依先圣所说，失去自我的恶人若与[雌]兽行淫，罚12波那；若用神像行淫，罚2倍。

[42]若国王罚了不该罚的人，那么国王应将该罚金30倍的[钱财]置于水中献给伐楼那，然后再布施给婆罗门。

[43]用这个方法，国王因误罚而产生的罪过可得袪除；因为，冤枉臣民的国王由伐楼那来惩罚。

① 可见首陀罗种姓在此时仍然还属于贵种（ārya），只有在犯这种罪之后才堕落为贱民。

② 女出家人（pravrajitā）：坎格尔认为这里和2.23.2中的pravrajitā不太可能指“出家人”，因为对于和女出家人通奸的人来说，这点惩罚似乎太轻了。他因此把pravrajitā理解为“离家在外的女人”，这很可疑。因为《摩奴法论》也提到了和pravrajitā通奸，各注家都认为pravrajitā为“女出家人”或者“女尼”（参见Mn 8.363及Rāghavānanda、Kullūkabhaṭṭa两家之注文。笔者按：虽然摩奴只说到和女出家人“交谈”，但在8.357中明确地说：“献殷勤、玩闹、触衣饰……依礼俱为通奸。”因此，交谈实际也是通奸），而且摩奴对这种过错的罚款仅仅是“一点罚金”。相对来说，《摩奴法论》比《利论》在这方面要严厉得多，因此《利论》对于女出家人通奸采取轻罚的态度，是极可能的。另外值得一提的是，《那罗陀法论》也谈到了和女出家人通奸，但是以乱伦罪对待，惩罚是去势（参见*Nāradasmṛti* 2.12.74）。

——以上是第四篇“去刺”第十三章“越轨之处罚”。

——以上是憍底利耶《利论》第四篇“去刺”。

第五篇　秘行*

第一章

第 89 目：秘惩[①]之施行

[1]前面谈到了要塞和郡邑中的去刺$_{(4)}$。[2]下面我们将谈国王与王权[②]的去刺。

[3]对于那些把国王控制在手中进行利用的，或同时也为敌王服务的[③]枢臣们，正如前面所谈的那样，[应]向他们派遣暗差$_{(1.12)}$，

* 秘行(yogavṛtta)：yoga(音"瑜伽")一词意义十分丰富，在这里，它指"欺诈""狡计""欺诈手段的"，这种含义在史诗中出现尤其多(参见 MBh 1.122.13；1.145.25；3.113.8。Mn 8.165)，《利论》中大量出现这种用法，比如"秘差"(yogapuruṣa［参见 1.21.29；5.2.32；5.6.35；9.3.26, 30；12.1.26］)就是指从事秘密差使的特务。所以，CŚ 甚至直接将 yoga 解释为"密使、刺客、下毒者等"。yoga 是否可以指"秘差"本人尚存疑，但 yoga 涉及各种特务手段则无疑。

① 关于秘惩之施行(dāṇḍakarmika)："daṇḍa 即暗杀(upāṃśuvadha)，本章讲暗杀行动(daṇḍakarman)，故云"(CŚ)。另外，CŚ 还说，前面谈到了直接处死和复刑处死等刑罚，都是明面上的，而在明面刑罚用不到的地方清除不顺从者，应使用秘惩。

② 王权(rājya)：这个词也有"王位""王国"的意思。

③ 同时也为敌王服务的(śatrusādhāraṇā)：字面为"为敌王所共通的"，即为本方和敌王两边服务者，即贰于敌王者，或者至少并非与本方国王十分同心同德的人。CŚ

或收买他们变节(1.13)；又或者像我们后面在“夺取他人聚落”(13.1, 3)将要谈到的那样，进行煽动或刺探。

[4]而那些对王权造成破坏的、奸恶的枢臣，或因受宠或因彼此联合而无法公开除去的，那么，乐于行使法的[1][国王]应对他们使用秘惩(1.11.21)。

【甲】利用眷属

[5]某奸恶的大臣若有同他不睦[2]的兄弟，那么密使应先鼓动他的兄弟，再带他去见国王。[6]国王可以通过准许他享用该奸臣财产的条件，令他对付该奸恶大臣。[7]若他用武器或毒药除去此人，那么，国王可当即在现场又将他处死，说他是“杀兄弟者”。[8][利用]啵罗舍弗(3.7.21)子以及近侍婢女所生儿子[除去此奸臣的办法]，可由此说明。[3]

[9]或者：这个奸恶大臣的兄弟受到密使的鼓动后，可向[该奸臣]索要遗产。[4][10]当他兄弟夜间躺在这个奸臣的门口[5]〔或别

解释说，这类人是辅臣、国师、将帅以及储君等枢机人物。

① 乐于行使其法的(dharmaruci)：“通过为国除害而希求王国之安定的”(CŚ)，显然这是指国王。而这里的法(dharma)，主要是指维持王国安定秩序的义务。

② 不睦(asatkṛta)：CŚ举例说，这个兄(或弟)“未得到其遗产份额”(alabdhadāyāṃśam)。参考下一句以及前面关于遗产分割的规定(如3.5.30)，可能这位兄弟因为种姓和其他的原因不能享受祖产。

③ 即：若该奸臣有这两类儿子，那么密使就可按上面的办法唆使其弑父，然后再除去他本人。另外，啵罗舍弗在此并非一定指婆罗门与首陀罗女所生儿子，而仅仅是表明该儿子的庶出身份(迈耶)。同近侍婢女所生儿子的遗产份额，会基于其母亲归适是否法婚、是否童女等因素的考量(参见3.6.13；CŚ)。这两类人在分割遗产及平时生活中得到的待遇会低于其他儿子。而这类区别以及他在当事人之间产生的怨怼，正是国王可以施展其狡计的着手处。

④ 这里的背景是：该奸臣与兄弟住在一个大家，遗产尚未分割，而其兄弟想分得遗产独过，而此奸臣不愿意(奥利维勒)。

⑤ 这可能是指绝食静坐(prāyopaveśa)的习俗：有正当诉求的一方(如债主)当

的地方〕时，一个刺客可将其杀死，然后宣称："这个想要遗产的人被杀了！"［11］于是，国王可支持被杀者，然后辖制另一方。[①]

［12］又或者：在奸臣家附近驻留的密使，也可以死威胁他想分遗产的兄弟。［13］夜里……，其余同前述(10-11)。

［14］又或者：父子、兄弟同为奸恶大臣，且子淫父妻、父淫子妻〔或兄淫弟妻，或弟淫兄妻〕，那么，由一黠生(1.10.11)从中挑拨令其相斗［的办法］，可由前［例］说明。

［15］又或者：密使可对该奸恶大臣自视甚高的儿子说："你本是国王之子，因为害怕敌人才把你寄养在此。"［16］待其信以为真，国王可私下抬举他："虽说到了该立你为储君的时候，但因为害怕某大臣[②]而不得给你灌顶。"［17］密使可劝诱他杀死该大臣。［18］若他除去此人，那么，国王可当即在现场将他处死，说他是"弑父者"。

［19］又或者：某乞食女道人(1.11.1)可凭癫迷药草(4.4.14-15)取得该奸臣妻子的信任，再以毒药骗过她，［从而杀死该奸恶大臣］。[③]

［20］以上说的是利用眷属。

【乙】秘密除奸法

［21］又或者：国王可派遣这个奸恶大臣带一支混有刺客的弱

着某人发誓绝食静坐到死，直到对方满足自己的要求。如果对方真听任有诉求的一方死亡，那么在道义上会承受极大的压力（参见 Renou 1943；迈耶；Scharfe 1993, 150-151）；另外，《摩奴法论》（参见 Mn 8.49）说这是要回欠债的五种方法之一。

① 即：密探唆使大臣兄弟相争，然后杀死其兄弟，嫁祸于大臣，然后再以弑兄或杀弟之罪除掉大臣。

② 显然，这个大臣就是那个被哄骗的人自己的父亲。

③ 即：乞食女道人用提供癫迷药为诱饵，获得想得到丈夫宠爱的妻子的信任，然后再把毒药当癫迷药给她，从而鸩杀该大臣。

旅去征剿丛蛮或他人聚落[1]〔或在孤悬荒野之外的地区设郡守或边守$_{(1.12.6)}$；或去弹压发生叛乱的城守辖区；或去边地在容易易手的[2]地区护送商队[3]〕，［22］夜里或日间若发生战事，刺客们可扮成盗贼将其杀死，并宣称："他战死了。"

［23］又或者：国王若去游行$_{(1.21.28)}$或行乐时，可以邀请那些奸恶大臣前来一见。［24］当他们和身上暗藏武器的刺客进来时，入内室前，应任人在中庭处对他们搜身，［25］然后，被司阍$_{(1.12.6)}$所抓捕的刺客们[4]可以说："我们是这些奸臣所指使的。"［26］他们应杀死这些被刺客们指证的奸臣。［27］然后再应处死其他一些人来代替这些刺客。[5]

［28］又或者：国王若外出行乐，可以抬举［这些］奸臣，赐他们自己近旁的居所。［29］夜间，可令一个假充王后的恶妇在奸臣们居处被抓，其余如前述。[6]

---

① 他人聚落（paragrāma）：即敌王的城镇。不过，grāma 一般指村落、聚落，也有军队之意（参见 Ṛv 3.33.11；10.27.19），这里将其与丛蛮并列，也可以指敌军。不过无论理解为哪一种，对总体意思影响不大。

② 容易易手的（pratyādeya）：对双方来说都容易被夺回的，这是易攻难守的地盘（参见 7.11.43；9.4.4；9.4.6-7）。在这种地方去要冒很大风险（参见 9.4.4-7）。

③ 护送商队（sārthātivāhya）：《利论》前文中（参见 2.16.18；2.28.25；2.35.12）经常提到了商队（sārtha）的"护送费"（ātivāhya）。

④ 省略了情节：他们身上藏的武器被卫士搜出来，从而被逮捕，司阍会问他们："为什么你们带武器"（CŚ）。

⑤ 这些刺客是为国王效命的，在除奸过程中他们要自称是奸臣指使行刺国王的刺客。除奸之后，也要作为"被奸臣指使的"刺客被处死，而国王不能处死为自己效命的这些刺客，因此要找其他人作为替罪羊（坎格尔认为用一些死刑犯代替这些假刺客去死），这可能是出于舆论考虑。

⑥ 即：诸"奸臣"会被除去，这位恶妇也会被处死。而且这恶妇大概也是死刑犯。

[30]又或者：国王在外时，可以通过称赞“你的汤汁厨子(1.12.9)或饭食厨子很好”而要求[那些奸恶大臣]进献嚼食或软食。[31]他应先将嚼食或软食都下毒，再令两者品尝。[32][国王]宣告[此事]后，可令人将两者作为“下毒者”处死。[①]

[33]又或者：假充高人的暗差可以如此告诉醉心于恶咒术的[奸臣]：“带吉祥标记的鬣蜥(2.3.31)、龟、蟹或裂了角的牛，得任何一种而食之，可达成意愿。”[34]待其信以为真，他可在做法事时用毒药或铁棒将其杀死，并说：“他在法事中遭遇不虞而死。”

[35]又或者：假充医生的暗差，可先确认奸臣患上恶疾或绝症，再在配制药物或食物时以毒药骗过他，[从而鸩杀之]。

[36]又或者：可派假充汤汁厨子或饭食厨子的暗差，直接以毒药骗过某奸臣，[从而鸩杀之]。

[37]以上是秘密除奸法。

[38]至于除去两个奸臣：[39][国王]可派其中一个奸臣带一支混有刺客的弱旅到另一个应被除去的奸臣那里，[对他说][②]：“去吧，去某要塞或某郡邑筹集军队或钱款〔或向某宠臣勒索[钱财]；或强抢某宠臣的闺女；或做以下事情的任何一件：造要塞、造水利、辟商道，或开辟新居点、开矿场、经营物产林或育象林，或行使郡守或边守之职事〕，而且，谁若阻止你或不施以援手，你便将谁

① 第31—32句：第31句中的“两者”指两种厨子，第32句中的“两者”指分别提供两种厨子的奸臣们（CŚ）。显然，国王宣布的是某某想对自己下毒，从而名正言顺地除去那些臣子。

② 下面的话是国王对被派遣的这个奸臣说的，让他去干某事。

收监。”［40］同样地，［国王］可给另外那些人[①]带话：“你等应阻止某某的逆行。”［41］当这个奸臣因纠纷或行事遭受挫折而与人争辩时，诸刺客应投掷武器，隐蔽地将其杀死。［42］因这罪过[②]，另外那些人应受罚。

［43］或者，若是叛乱的城市、村落或家族的话：在因界际(3.9.10-14)、田地、打谷场或房舍的划界问题导致［双方］财物、工具、粮食或力畜损失的情形下〔或在表演、仪式或节庆中〕，发生了〔或由刺客挑拨而产生了〕争斗的话，诸刺客应投掷武器，然后喊：“这就是那些和某某争斗的人的下场。”[③]［44］因这罪过，另外那些人也应受罚。

［45］又或者：若那些奸臣们彼此间有根深蒂固的争斗，刺客们可向他们的田地、打谷场或房舍放火，或向其眷属、亲戚或力畜投掷武器，并声称：“我们受某某所指使。”［46］因这罪过，另外那些人也应受罚。

［47］又或者：密使可令在城市和郡邑中的奸臣们互相做客。［48］在这过程中，下毒人可下毒。［49］因这罪过，另外那些人也

① 另外那些人（itare）：指被派遣的到目的地的奸臣及其僚属（国王都想除去）。他们和上面所说的事情（筹集军队、钱款等一系列事情）利害关系很大。比如被派遣的奸臣真受国王命令而去某要塞筹集钱款，则国王可以带话给该城的官吏、将领或其他人，让他们阻止此人筹集钱款。

② 这个罪过是指杀死钦差之罪（CŚ：niyuktarājapuruṣaghātāparādha）。显然，这包含一个嫁祸的过程，梵文的叙述和指代都比较简略，总结起来是：国王派奸臣甲去奸臣乙的地盘办事，同时又让奸臣乙阻止奸臣甲。再用刺客将奸臣甲杀死，并嫁祸于奸臣乙，然后顺便将奸臣乙除去。

③ 刺客在这争斗中自己也杀人，然后再用喊“这就是那些和某某争斗的人的下场”的方式把杀人的罪过嫁祸于“某某”（也是国王想除的奸臣），“某某”再被国王依国法处罚。这就达到除去敌对奸臣双方的目的。

应受罚。

［50］又或者：乞食女道人(1.11.1)可煽惑一个奸恶的郡邑长官说："某某奸恶[①]郡守的妻子〔或儿媳；或女儿〕爱您。"［51］待其信以为真，她可以把他的饰物给她的夫主看[②]："那位大人年少气盛，在打您妻子〔或儿媳；或女儿〕的主意。"［52］当二者在夜晚争斗时……，其余同前述。

［53］至于有叛心的领兵归顺者(7.2.9)：王储或军队统帅可先犯事［假装］逃走，然后来进攻。［54］于是国王正好可派遣那些有叛心的领兵归顺者带着混有刺客的弱旅前去弹压……，然后一切同前述。［55］另外，诸叛王那些哀念［自己亡父的］儿子中，无异心的可得到乃父的遗产。

［56］如此，其王国可去除人祸[③]，于子子孙孙中绵延下去。

［57］着眼于将来和现在，国王应忍耐地、毫不犹豫地对本方或对方使用秘惩。

——以上是第五篇"秘行"第一章"秘惩之施行"。

① 这里的"奸恶"二字不应该是直接引语。因为在真正用这个策略的过程中，这位密使怂恿这位奸恶郡守时，不可能直接说那位郡守是"奸恶"的。

② 即：该奸臣信以为真，把首饰交给女修道人带去向对方女眷致意，而这女修道人会将此首饰给对方郡守，并从中挑拨。夫主(svāmin)：这是相对前面的"妻子(或儿媳；或女儿)"而言。

③ 去除人祸(apāstapuruṣadoṣa)：坎格尔所理解为"能免于人祸(如叛乱)"，实际上这里应当是说，即使有人祸，但可以(通过各种办法——比如本文所教授的)化险为夷。

第二章

第 90 目：府库之补充[①]

［1］国库空虚的国王，当出现财力上的困难时，应该积攒库财。

【甲】向农人索取

［2］在水量丰沛[②]、粮食产量丰足的地区，不论地域大小，国王可索取粮食收成 1/3 或 1/4 的粮捐[③]；中等或下等［地区］，则根据产出而定。

［3］对营造要塞、水利设施、商道、新居点、矿场、物产林以及育象林事业有助益的地区，或处于边陲的小地区，［国王］不可向其索取粮捐。

［4］国王应向开辟新居点者提供粮食、牲畜、钱等［帮助］。

［5］国王应用钱购买刨去种子和口粮后的那 1/4 的粮捐。[④]［6］

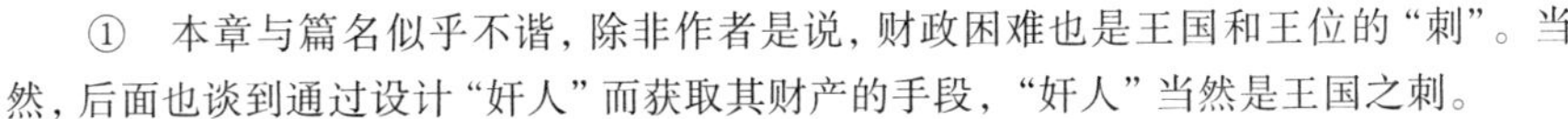

① 本章与篇名似乎不谐，除非作者是说，财政困难也是王国和王位的“刺”。当然，后面也谈到通过设计“奸人”而获取其财产的手段，“奸人”当然是王国之刺。

② 水量丰沛（adevamātṛka）：字面为“不以天神和云为母的”，指水源充沛、可引水灌溉（CŚ 训为“有恒常水源或丰富河湖而产粮为主的地区”）。反之，devamātṛka（如 MBh 2.5.67），指依靠降水滋润的地区。

③ 粮捐（aṃśa）：这似乎是国王在财政困难的时候，于“六一份税”（bhāga［1.13.6］；ṣaḍbhāga［2.15.3］）外再向臣民加征的粮食。它似乎随地区而变动，不同于比率基本固定的“六一份税”。

④ 接第 4 句，说的是国王对新辟居点的支持：新居点产的粮，也要上交 1/4 的“粮捐”（aṃśa），但计算的时候，国王要让新居点留足种子和口粮之后再算，而且国王要以购买的方式得到新居点的“粮捐”。

国王应豁免野粮[①]和吠陀师私产的[粮捐]。[7]即使[要收取粮捐],也应以购买的方式,以示王恩。[②]

[8]如果这样还不行,总督下面的吏员应于夏季解散农人[③]。[9]在播种的时候,他们应记录好[所派发]种子[的数量],并规定:因疏忽而造成的损失,罚预期产出的2倍。[10]若庄稼长成结实,他们应禁止人们取走青实或熟实。——用手扯一些蔬菜或庄稼苗去敬奉天神和祖先、施舍或喂牛[这类情形]除外。[11][收割时]他们应为乞食道人和村落雇工留些"堆底"$_{(2.24.30)}$。

[12]私自收割自己粮食者[④],相应补偿$_{(2.26.8)}$是[国王]损失[⑤]的8倍。[13]盗收别人粮食者,若是同群类,罚[涉案粮食的]50倍;

---

① 野粮(araṇyajāta):"林中出产的",即区别于人为种植的粮食(见下面第14句)。CŚ训为"林中所产的粮食,如三叶菜豆(varaka[2.15.25])等",坎格尔译为"林产",看成是kupyadravya的同义词。我们看到,这里一直说的是关于为充实国库而收取"粮捐"的事情,那么译为"林产"过于宽泛,不如CŚ所说精确,并且吠陀师的私产也应该主要是指粮食。

② 和第5句对新居点的支持政策一样,当国王想充实国库里的粮食而不得不向野粮收取"粮捐",以及向吠陀师们收取"粮捐"时,应用钱购买。迈耶和坎格尔的译文略含糊,似乎是将这句话理解为:国王买粮食来恩赐他们。看起来合理,但"他们"是谁呢?前文并列的是"野粮"和"吠陀师私产",这两者是没办法接受恩赐的。所以,第6、7句合起来只能理解为:野粮(只要是林中产的,获取者可能是农人、猎人、苦行者等)和吠陀师的粮食一般来说不需要纳"粮捐"(这是恩惠),但一旦国王在非常条件下十分需要粮食因而不得不收取时,须得用钱购买,以显示王恩。

③ 解散农人(karṣakāṇām udvāpaṃ):有赖于沙费的研究,这里的udvāpa指扔出、解除,与之前各译家所理解的"播种"(vāpa)无关(参见Scharfe 1993, 163-166)。国王在急需库存粮食,若前面所说的仍达不到要求,他必须让官员赶走王田上的佃农(这些农民要获得一部分粮食),再作为纯粹的劳力接受雇用,纯粹为国王种粮。

④ 私自收割自己粮食者(svasasyāpahāriṇ):"盗取自己粮食"。将收割自己的粮食也叫盗取,是因为这些粮食本来是要向交"份税"和"粮捐"的,私自收割会导致王国遭受赋税损失。所有后面说这么做要对国王作"相应补偿"(pratipāta)。

⑤ 即:盗收粮食,应缴的盗收粮食之份税的8倍给国王。

若是外人，处死。[①]

［14］他们应收取粮食的1/4；野粮的1/6；丝绵、紫胶、亚麻、树皮、棉、毛、野蚕绢(2.11.114)、药草、香料、花、果和蔬菜［这类］货物，以及木材、竹苇、肉、和肉干的1/6；象牙和［兽］皮的1/2。［15］未经许可而售卖［以上货物］，处初等罚。

［16］以上是向农人索取[②]。

【乙】向生意人索取

［17］［经营］金、银、金刚石、宝石、珍珠、珊瑚、马以及象［的人］应缴1/50[③]的税。［18］［经营］绳线、衣布、铜、钢、青铜、香料、药以及酒［的人］应缴1/40的税。［19］［经营］粮食、浆汁、金属［的人］，还有用车做买卖的人，应缴1/30的税。［20］经营琉璃者和大工匠应缴1/20的税。［21］小工匠[④]和蓄妓人应缴1/10的税。［22］［经营］木材、竹苇、石器、土陶器、熟食以及蔬菜[⑤]［的人］应缴1/5的税。［23］伶工及妓女应缴酬资的1/2。

① 本句中，同群类（svavarga）与外人（bāhya）所指不详。CŚ 认为同群类指“同村住的”，那么，外人指别村落的。坎格尔认为同群类指同为农民，如此，外人则指非农事人员。

② 索取（praṇaya）：请求，要求。但据坎格尔引用 Rudradāman 的《朱纳加德石铭》(*Junagadh Inscription*)，praṇaya 与“税”（kara）和“役”（viṣṭi）并列，指代一种向国王缴纳的赋税。从上文来看，这里既可以直接理解为“请求”或“要求”（见第2句中 yāceta），也可以理解为税种，亦即这里所说的“粮捐”（aṃśa）。

③ 1/50 的税（pañcāśatkarāḥ）：“五十税一”（CBh/CŚ：pañcāśadbhāgakarāḥ）；50 % 的利润（迈耶）；坎格尔认为是50波那的定额。沙费通过对《利论》的文本分析认为这是一种行文上省略，pañcāśatkarāḥ 完整形式应是 pañcāśadbhāgakarāḥ（Scharfe 1993, 98）。而这正和 CBh 与 CŚ 的解释相同，本译文采用。

④ 大工匠是指金匠、造大船的工匠等；小工匠是指木工、铁匠及浣染工等（CŚ）。

⑤ 蔬菜（harita）：“青色”，引申为未熟谷物或蔬菜（参见 *Viṣṇusmṛti* 5.85）。

［24］他们应设法从不端的［经营者］那里收取现金税款[①]，并且不可宽贷他们的过犯。［25］因为，这些人可以卖了东西却装得［好像］没有卖出。[②]

［26］以上是向生意人索取。

【丙】向畜养人索取

［27］［畜养］鸡和猪者，应缴［所得的］1/2；［畜养］小牲畜者，应缴［所得的］1/6；［蓄养］牛、水牛、骡、驴或驼者，应缴［所得的］1/10。

［28］畜妓人$_{(5.2.21)}$应用国王那些年轻美貌的侍婢去充实国库。[③]

［29］上面谈的是向畜养人[④]索取。

［30］他只应索取一次，而不应再次［索取］。

【丁】其他秘行

［31］或者，如果这样还是不够，总督应以从事某事业为借口，要求城市民与聚落民来捐献［财物］。［32］于是，暗差$_{(1.21.29)}$们可首先捐缴大量［财物］。［33］国王可要求城市民和聚落民以此为例来捐献［财物］。［34］黠生们$_{(1.11.1)}$应指责那些捐献得很少的人。

［35］或者，国王可根据富户的财产情况或受恩惠情况而向富户索求；或者任其自愿进献。［36］国王应因［他们进献］钱财而赐

① 从下一句可看出，因为精于其行当的经营者总是有偷漏税的办法。

② 直译应为：他们可以卖出假装不是自己的财物。即：卖出东西却不让官吏知道，使国王收不到税。

③ 即：畜妓人让国王身边那些侍婢来自己这里招嫖，然后把酬资缴给国王。

④ 畜养人（yonipoṣaka）：《毗湿奴法论》中有 yonipoṣaṇa，与这个词同义（参见 *Viṣṇusmṛti* 2.13）。值得注意的是，畜妓和畜养牲畜被相提并论。另外，金月（Hemacandra）《瑜伽论》中有 asatīpoṣaṇa（参见 *Yogaśāstra* 3.111），亦指畜养牲口和妓女的人。

予他们职位、伞盖、头巾或饰物。

[37]差役[1]们应将那些外道教团的财物,或并非吠陀师所用的神庙财物收进[国库],并声称是寄存在某死者或房子被烧毁的人手上。[2]

[38]神庙官应将城市和郡邑中那些神庙的财物按各自所有的分开放在一处[3],并像上面说的那样(5.2.37)将它进献到国库。

[39]或者,他在夜间建起一个[敬奉某]神的支提,或[敬奉某]成就者的圣地之后,可通过举行游行和集会为生。[40]又或者,他可通过在支提林的树上[装点]不应季的花果而宣称神附树身。[41]又或者,假充高人的暗差们可先宣说树上有要求"人赋"[4]的恶鬼,再令城市民和聚落民出钱让他们消灾。[42]又或者,他可让人在一个连着地道的井中看到一条多头的蛇,以此获取钱财。[5][43]

① 差役(kṛtyakara):字面上为"做应做之事的人"。但它作为术语时,精确意义不详。不过,虽然学者们各有各的理解,但大致上都认为这类人是"办事的"(坎格尔译为"行政官";奥利维勒译为"执行官员")。这个词在《大乘庄严经论》中意为"忙于做事的"(参见 *Mahāyānasūtrālaṃkāra* 11.8),因此,笔者结合其字面意思,将其理解为在衙门办事的差役(他们做的事情不怎么光彩,因此不太可能是中高级官员)。

② 即:将东西带走,悄悄运入国库,但对教团的人谎称说已寄存。然后宣称接受寄存的人已故去,或者接受寄存的人房屋被烧。在这两种情况下,这些财物都要不回来。外道教团主要指佛教、耆那教之类。

③ 即:每个神庙的财物分开放,但总体放在一个地方。神庙官(Devatādhyakṣa):关门打理神庙事务的官员,同时也担负着以各种不怎么光彩的手段为国王创收的任务(见紧接的下文)。

④ "人赋"(manuṣyakara):以人为"税"。恶鬼要吃人,需要像缴纳赋税一样每天给它贡献一个人。CŚ 解释了这一过程:假充高人的暗差们先向众人说诸如"每天像缴税一样向我供奉一个人,否则我一下子将你们全吃光"这类话,然后再说这是自己从罗刹嘴里听到的。城市民与聚落民听到后会为了解决恶鬼威胁而出钱要求"高人"消灾,这些"高人"自然可获得大量财物充实国库。

⑤ 即:蛇在井中,而神庙官在连着井的地道中操控这条蛇,然后通过这类神异现

又或者，在一个内空的蛇塑像中〔或支提洞中；或蚁垤洞中〕里藏一条用食物缚住知觉的蛇，再让虔信之人看。[①][44]对于不信的人，可在他们饮水或冲洗时下毒[②]〔或让某死刑犯$_{(2.5.4)}$被蛇咬死〕，然后说他们遭了天罚。

[45]或者，他可以通过应对这些秘行所造成的异象[③]来充实府库$_{(13.2.38)}$。

[46]又或者，假充商贾的暗差可用很多货物和伙计来做生意。[47]一旦他用货物价值作保而集聚起代工物和贷款时，他就可让自己在夜晚被劫。[④][48]验币师和金匠[的做法]可由此说明。[⑤]

[49]又或者，假充商贾的暗差，生意做得很有名气，可以以举行聚会为由借或租大量金银器。[50]又或者，他可以在聚会上用

象要挟人进奉钱财。

① 即：中空的蛇塑像、支提洞或蚁垤洞中藏一条活蛇（自己事先以食物让蛇失去知觉），展示给人，让虔信的人认为那是蛇精，以此神异向这些虔信的人谋取钱财。

② 这里的毒只是将人迷翻，而不是致死，如果目的是毒死这些人，那让死刑犯（！）被蛇咬死作为另一个选择就没有意义（CŚ；奥利维勒）。再说，神庙官的目的是图财，而非害命。

③ 秘行所造成的异象（yogadarśana）：“秘方毒”（CŚ）；“异象或显灵”（坎格尔）；“秘密现象”（奥利维勒）。显然，这里的 yoga 仅仅指国王的特务及特务行为，而不是任何专业术语意义上的“秘密”“神奇”（《利论》作者在对国王说话，而非学者和其他普通人）。因此，准确地说，yogadarśana 就是简单的“秘行所造成的异象”，而非专业行话中的“神秘现象”：这些现象（darśana）由特务行为所导致，而国王在放鬼捉鬼之间正好赚钱（参见 13.2.38）。

④ 即：密探装作一个成功的商人，通过货物作保而获得代工物、贷款，累积到一定程度后，他可让自己被抢。也就是和国王派出的“强盗”演出一幕双簧，让这些代工品和贷款直接归国王所有。

⑤ 即：利用自己的职业，让一般人的钱或金银放在他们那里，然后让自己在夜晚被抢。

大量的货物作保，借贷大量钱与金子，并取得这些作保货物[①]的货款。[51]他应令这两者都在夜晚被劫。

[52]他们先用假充贞妇[②]的暗差迷倒了奸臣们，并直接在这些妇人的寓处将他们抓获，然后没收他们一切财产。

[53]若奸臣家族中若发生纠纷，被安插在那里的下毒人就可下毒。[54]因这罪过，另外那些人则被没收全部财产(5.1.38-52)。

[55]或者，某死刑犯可编个可信的借口找某奸臣要[回]货物〔或钱；或代工品；或借贷本金〕。[56]或称该奸人为奴，或称其妻〔或儿媳；或女儿〕为女奴〔或妻〕。[③][57]当他夜晚躺在这个奸人的门口〔或别的地方〕时，刺客可杀死他，然后宣称："这个想要……[④]

① 作保货物(pratibhāṇḍa)：CŚ 训为 pratipaṇya(即前半句中所说的用来作保的货物)，并解释后半句说"将来从买家手里取得的、(卖出)作保货物的货款"，这是很合理的解释。因为 bhāṇḍa 可以和 paṇya 同义，同指"货物"(参见 Mn 8.405 及 Kullūkabhaṭṭa 注)，pratibhāṇḍa 指前半句中用来骗贷的货物无疑。整句的意思是：该乔装的商贾在公开场合用自己的货物作保，骗取借贷(包括金子)。不仅如此，他还要将自己手头这些作保的货物的货款也卖掉，最后让借的贷和这些货款一起都被抢。奥利维勒认为是预收这些作保货物的货款，并承诺第二天送货，但刚好当天晚上被抢。但如此一来，那这个人就凭骗局取得了三者：借贷、作保货物的货款，同时留下了作保货物。迈耶似乎认为 pratibhāṇḍa 是别人预支给该商贾生意本钱委托他买的货物，然后该商贾再让骗到的贷款和这些本钱都被劫。但这个理解，在前后半句在语义上不如 CŚ 来得密实顺畅。

② 贞妇(sādhvī)：高洁的、神圣的或具有美德的女人。坎格尔认为或许是女尼；奥利维勒认为这就是前面的乞食女道人。这到底是婆罗门教所认可的"好"(sādhu)，还是出家的外道妇女，似乎很难说。

③ 第 55—56 句：作者所教的狡计总体是两种选择，第 55 句是讨债(或货物，或钱……)；第 56 句是指出对方男主为奴，或指出对方女眷(或妻室；或儿媳……)为女奴(或为自己妻室)。另外，奥利维勒认为在这个情形中，死刑犯可能得到国王的赦免诺言，所以甘心为国王所驱使，不知道自己会遭横死。

④ 想要……(itthaṃkāmukas)：此处笔者按 CŚ 本(奥利维勒改进)读法译出。KA 作 arthakāmukaḥ，坎格尔译为"想要财产的人"。奥利维勒依据其他各本认为应保

的人被杀了！”(5.1.9-11)[58]因这罪过，另外那些人就应被没收全部财产。[①]

[59]又或者，假充高人的暗差先以幻术引诱某奸臣，并对他说：“我会作能得无尽金钱〔或能开启王宫大门；或能俘获妇人之心；或能令敌人患疾病；或能得长生；或能得子〕的法术。”[60]待其信以为真，他应令该奸臣夜里于支提处供奉许多酒、肉及香料。[61][事先]在这里埋下由只含一个币种的[②]钱，并在埋钱处放置死尸的肢体〔或死婴〕，[他找到钱后]可展示给这奸人看，并说：“这钱太少了。[62]若想得大量的钱，须得再做一次供奉。你自己明日正好用这个钱去买多的供品。”[63]一旦他用这个钱去买供品，就被抓捕。[③]

留 ittham（如是），并说 ittham 与古语 itthā（正当、正当地［Ṛv 8.4.20］）相似，在这里符合语境：“这个有正当诉求的人被杀了！”奥利维勒对文本的改进有道理，但在理解上，笔者觉得这里的 ittham 不必要有“正当”的意思，而仅仅是指代“这个、那个”（死刑犯所要求的对象），相当于汉语用省略号代替各种选择。实际上，无论是在这里，还是之前同类手法中，“正当”并不直接体现在语言上，而体现在诉求本身：在这些陷阱中，“想要……”的要求在旁人看来都是正当的，无需刺客再专门强调。

① 这句话在这里显得较突兀。因为另外那些人（itare）通常指两边都是奸臣的情形，在这里落不到实处。

② 一个币种的（ekarūpaṃ）：多财释，意为“由同一种构成的”。迈耶认为这个读法较可怪，建议读作 kūṭarūpam（伪币）：这个奸臣在后面使用这钱的时候被国王的人抓捕，正好以伪币为由头。坎格尔与奥利维勒认为这里的 ekarūpa 指“一个钱币”，这正好是高人说“这钱太少了”的理由。实际这里不可能只指“一个钱币”，而是由“一种钱币”构成的钱财。因为奸臣求的是无尽的金钱，这点钱（且只含一个币种）相比他的愿望显然“太少了”。而且高人不太可能让他用“一个钱币”去购买做法事需要的东西。

③ 坎格尔认为，被抓可能是因为私下施行妖法这种罪过（参见 4.4.14-16）。当然，前面第 61 句提到了埋钱处放死尸肢体或孩童尸体，这显然不是坎格尔所说的用来做记号（为何要用这种可怪的办法做记号？），更可能是因为这类妖法涉及害人性命（至少是侮辱尸体）的劣行。所以，当此人去购买那些法事所需要的物事时，国王可对他进行抓捕。

［64］或者，假充［某人］母亲的暗差可指控［某奸臣］说："你杀了我儿子。"［65］若［该奸臣］在做夜祭、林祭或在林间嬉玩，刺客可将安排停当的[①]死刑犯杀死之后，再把尸体带到那里。

［66］又或者，暗差充作某奸臣雇工，先在收到的工钱中放一个伪币，再指出来。

［67］又或者，暗差充作某奸臣的仆工，做事的时候，可在屋内放置盗贼或铸伪币者的工具；又或者，暗差充作给某奸臣的医生，可把毒药当成药［放置在奸臣那里］。[②]

［68］又或者，一个在某奸臣近旁的密使，先将灌顶用的物事和敌王的信件［放在奸臣家中］，然后通过黠生之口把这事儿传出来，并说出其原因[③]。

［69］国王可如此这般地对待奸臣和不持正法的邪徒，但不［可如此对待］另外的人。

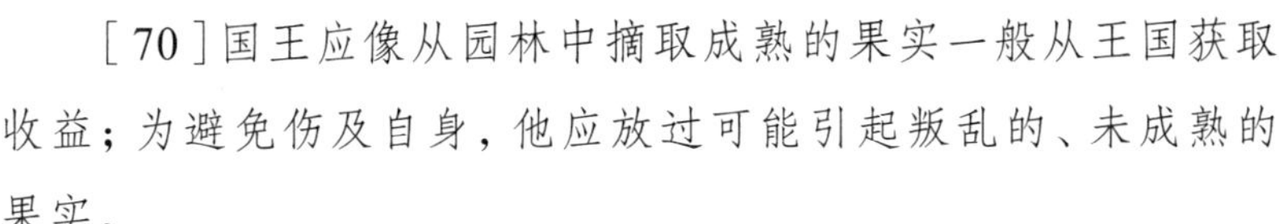
［70］国王应像从园林中摘取成熟的果实一般从王国获取收益；为避免伤及自身，他应放过可能引起叛乱的、未成熟的果实。

——以上是第五篇"秘行"第二章"府库之补充"。

---

① 安排停当的（saṃsiddhaṃ）："随时可［被处决］"（坎格尔）；奥利维勒认为是指做好准备，让这个死刑犯更像上一句那位"母亲"的儿子。笔者按：奥利维勒说挖掘似乎过深，刺客们完全没有必要把这个死刑犯装扮得像谁，因为自己儿子长什么样，当然是随"母亲"说。这里的准备停当可能是指其他方面。

② 放置毒药不是为了害死奸臣，而是为了栽赃陷害：这个人是下毒人。

③ 原因（kāraṇa）：显然指篡位称王。黠生要在这里装明白人："某某家有灌顶用的物事和敌王的信件，这可不是要谋反吗？"

第三章

第91目：官吏之俸给

[1]国王应根据要塞和聚落的能力，确定收入的1/4为官吏当差[的薪俸]；或以办成事情[为准，来确定官吏的薪俸]。[2]他应考虑到[收入的]整体[①]，而不可损害法与利。

[3]祭司、轨范师、宰辅、国师、军队统帅、王储、太后、王后领俸48000波那。[②][4]凭这数量的年俸，他们不会成为[敌人策反的]目标(1.13.21)，也不会叛乱。

[5]司阍、后宫侍卫长、宫主事、总督、府库总管(1.12.6)领俸24000波那。[6]凭这数量的年俸，他们会诚心用事。

[7]诸王子、诸王子之母、领军、市裁判官、厂坊官、谋臣、郡守(5.1.21)、边守领俸12000波那。[8]因为，凭这数量的年俸，他们可成为围绕在国王身边的干臣。

[9]团伍军[③]、象兵、马兵和车兵的统领、裁判官(4)领俸8000

---

① 收入的整体（śarīra）：显然这里就是2.6.9中的“收入之‘体’”（āyaśarīra）。包含了2.6.2-8所说的各种来源的收入。迈耶认为是“[财政]收支二者作为整体”，因此将śarīra译为“政治体”（Staatskörper），有误。

② N.N.罗（Mittal & Dua 2010, 416）认为，考虑到最低的数额是60，这里说的是月俸。但如果这是月俸（波那的造法见2.12.24），那会给王国财政造成极大负担，肯定会“损害利”（参见5.3.2），因此必须理解为年俸。

③ 团伍军（śreṇī）：这个词在《利论》中指行会、贼伙或团伍，在这里指“团伍军”。从2.33.8中列出的几种军队的等次来看，它排在世职军和雇佣军之后，在丛蛮军之前。从9.2.16来看，它似乎是一种在聚落中成长起来的半正规军武装，极可能是被政府收编

波那。[10]因为，凭这数量的年俸，他们可以把自己的队伍带好。

[11]步兵督官(2.33.7)、马监(2.30)、车驾督造(2.33.1-6)、象监(2.31-32)、物产林和育象林的护卫官领俸4000波那。

[12]参乘(2.33.6)、驯象师、医师、驯马师、木工师、畜养人(5.2.29)领俸2000波那。

[13]算命师、卜度师、占星师、掌故师、御者、颂歌人、国师之僚属、所有部衙督官(2)领俸1000波那。①

[14]武技兵②、计师、书吏等(2.9.28)领俸500波那。

[15][宫廷]伶工领俸250波那；各个乐器制造师领俸为伶工2倍。

[16]工匠与艺师领俸120波那。

[17]四足动物和两足动物的随行、帮工(2.2.10)、身侍、看管、监工领俸60波那；③贵种[监工]节制下的攀爬人、健儿和开山工亦同。④

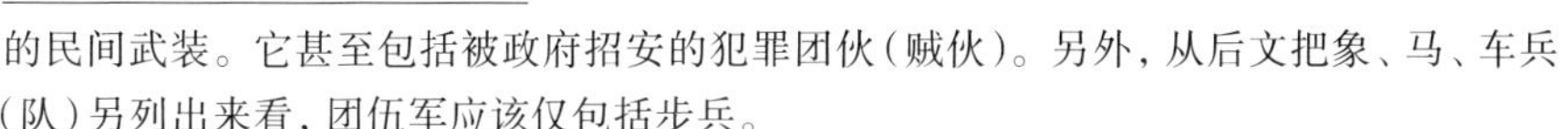

的民间武装。它甚至包括被政府招安的犯罪团伙（贼伙）。另外，从后文把象、马、车兵（队）另列出来看，团伍军应该仅包括步兵。

① 掌故师（paurāṇika）：指熟悉往世书的人，他们可能承担给国王提供史鉴类咨询；御者（sūta）：特指为国王驾车的御者；颂歌人（māgadha）：歌颂国王功绩、为国王唱赞歌的人。

② 武技兵（śilpavat）：武技突出的步兵（CŚ），他们可能负责操练一般的兵士。śilpa为技战术（下文第35句）。

③ 随行（paricāraka）："跟随者"（CŚ：anucara），可能指随时看守这些动物的人；身侍（aupasthāyika）：可能指给这些牲畜打理身体卫生之类的仆隶（CŚ：śarīraparicāraka）；监工（viṣṭibandhaka）：苦役和劳役的头。

④ 攀爬人（ārohaka）、健儿（māṇavaka）和开山工（śailakhanaka）都是那种桀骜不驯的健儿，他们在贵种监工（āryayukta）节制下为国王做事。māṇavaka为恶汉、惯盗或健儿（CŚ：kupuruṣo vṛddhacorādi）。

［18］轨范师和硕学之士应领不少于500波那但不多于1000波那的敬仪。

［19］中等的使者每由旬领10波那；若行程在10由旬到100由旬之间，则每由旬可得2倍薪俸。

［20］在灌顶祭等祭祀中，“国王”[①]［得到］的酬仪应是与他学问一样之人所得的3倍。

［21］国王的御戎$_{(2.33.6)}$领1000波那。

［22］黠生；背誓苦行者；假充家主、商贾或苦行者的暗差。——以上人领1000波那。

［23］村落雇工$_{(2.1.11)}$、密使、刺客、下毒人以及乞食女尼$_{(1.12.1\text{-}4)}$领500波那。

［24］密报传递人$_{(1.12.11\text{-}12,\ 24)}$领250波那；或薪俸随其努力而增加。

［25］百人队和千人队的督官，应该［负责向兵士］发放禄粮与薪俸、负责［分配］任务以及下令解散。[②]［26］当要保护国王产业、要塞或郡邑时，［军队］不得解散；［27］如此则应有常任的统领，并且要有多个这样的统领$_{(2.4.29\text{-}30)}$。

［28］若［官吏］在履职中去世，妻儿可领禄粮和薪俸。［29］［国王］应对他们的老人、孩童和病人予以恩惠。［30］他应在他们去世、患病、生子等仪式时，给予他们财物与尊荣。

［31］若国王府库财少，可赐予［他们］一些林产、牲畜、土地和少量的钱。［32］若国王在着手开辟新居点，那么只应给钱，而不

① 这里不指真正的国王，而是冗长祭祀中国王的替身（参见*Baudhāyanaśrautasūtra* 15.4；Kane 1990, III, 28）。

② 这里是说军队（参见2.6.21；2.15.10；7.9.22；8.5.15）。

是村落——这是为了维持有关村落赋税律则$_{(2.7.2)}$的稳定。[①]

[33]国王可通过这个[②]，并根据臣工们的技能和职事来增加常任雇工和临时雇工的禄粮和薪俸。

[34]他应给每个年俸为60波那的雇工[每日]1升禄粮，[其他人每日]禄粮应根据他们的年俸来算。[③]

[35]除朔望日外，步兵、马兵、车兵和象兵应在日出时在城外操练技战术。[④][36]国王应对他们保持密切注意，并应经常检视其技战术。

[37]他应令人将带有国王符记的武器和盔甲进入武备库房。

[38]除非有带符印的许可，否则各种人不可携带武器走动。[39]对于丢失或毁坏的[武器和盔甲]，他[⑤]应赔付双倍。[40]他

① 原文为grāmasaṃjātavyavahārasthāpanārtham：即维持原村庄有关赋税收入总额(saṃjāta)的律则(vyavahāra)的稳定性。2.6-7中提到了王国各种税收来源，2.7.2则提到官员要对各个村落的法、律则、习俗等熟悉和掌握，以便收取赋税。可见无论是律则，还是在收入总计方面，每个村落都较为固定，如果将村庄赐封给功臣，那么这些官员可能改变这些情形，引起不稳定。

② 通过这个(etena)：可能是指本章第29—32句对臣工们的恩惠条款。

③ 一个贵种姓男子的一餐要吃去1薮(prastha)粮食(参见2.15.43)，而1薮为1/4升，1升粮食只够雇工们吃四餐，因此1升粮食是他们一天的禄粮。而且年俸为60波那的人每天领1升禄粮，那么，可推出年俸为120波那的人每天可领禄粮2升。由此可知，本章第3句中提到的那些年俸为48000波那的人，每天可领800升禄米，这将是一个惊人的数字。所以坎格尔认为仅仅是从事手工劳动的雇工会被提供禄粮，而不包括前面的高级官吏，这似乎是一个合理的推测：从上一句我们看到，确实只是提高了“常年的雇工和临时的雇工”(bhṛtānāmabhṛtānām ca)，bhṛta虽是说领报酬的人，但一般似乎专门指低级雇工。另外，在本章中，从第25句说到给军士发粮饷的时候才将禄粮和薪酬并为一谈，似乎给人这样的印象：军士以下，至于一般低薪的雇工，才会有禄粮和少量的薪酬(参见2.24.28)。

④ 第35—44句和第47句的内容，似乎和本章主旨无关(坎格尔)；奥利维勒认为这些内容有其他来源。

⑤ 第39—40句及下一句的“他”应当指武备官(2.18)。

应统计出已损毁的［兵器和盔甲］。

［41］边守应收缴商队的武器或盔甲，或者封上符印之后放行。

［42］或者，［国王］若欲征伐，则先整饬军伍。［43］在启程之际，假充商贾的暗差可将所有货物交给兵士，［待征伐结束可回收］2倍。［44］这样，国王的货物得以秘密售出，［并且付给兵士的工资］也得以收回。[①]

［45］［国王］如此这般考虑到收入和支出，就不会遭遇到与府库和军队［相关的］灾患。

［46］以上［说的是］各种等秩的禄粮和薪俸。

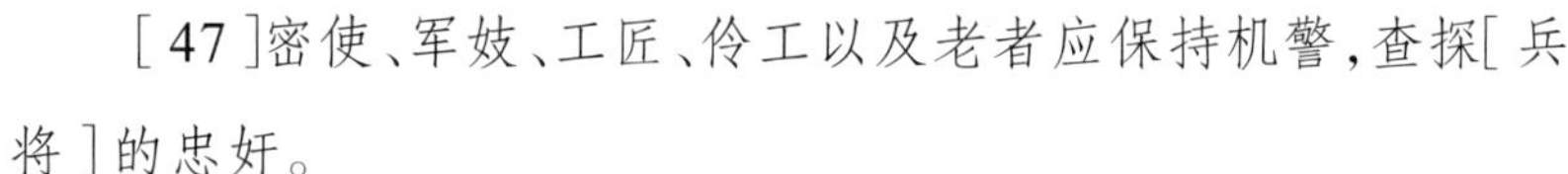

［47］密使、军妓、工匠、伶工以及老者应保持机警，查探［兵将］的忠奸。

——以上是第五篇“秘行”第三章“官吏之俸给”。

第四章

第 92 目：侍臣之行止

［1］一个通晓世务的人，应通过一个对自己亲善且有益的人，

① 第 43—44 句：兵士出征，需向商贾借货物养家，待返回时再向商贩们还双倍。如若遇难，则兵士的家人需偿还货值。这些商贩由国王派出，因此这实际是国王向自己的兵士放高利贷。国王不仅把自己的货物卖出，在兵士返回时还给那些商贩两倍的货物（或钱）时，国王又回收了一大笔财物，抵消了给兵士的粮饷。

去投靠不仅具有个人资质(6.1.6)，也具有[各种]物力要素之资质(6.1.8-11；6.2.28)的国王。[2]或者，若他对一个国王的看法是："他希求我的教化，好像我希求投靠他一样，而且他也有易于被接近这种德性。"那么他也可以投靠一个缺乏物力要素之资质的国王，但他绝不可投靠一个缺乏个人资质的国王。[3]因为，缺乏个人资质的国王，即使获得至尊之位，也会因为漠视政术[①]，或与无益之人交结而无法久居其位。

[4]他在一个具有个人资质的国王那里获得机会后，应就[治理]术进行奏对。[②][5]因为，只有不与政术相抵牾，他的地位方得稳固。[6]当被问到涉及智谋的事务时，他应毫不惧怕四座的人，并着眼于眼下与将来，行家里手般地去讲论能促进法与利的事[③]。

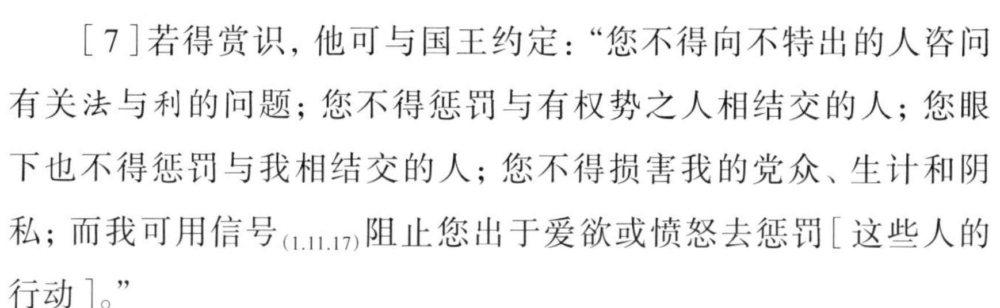

[7]若得赏识，他可与国王约定："您不得向不特出的人咨问有关法与利的问题；您不得惩罚与有权势之人相结交的人；您眼下也不得惩罚与我相结交的人；您不得损害我的党众、生计和阴私；而我可用信号(1.11.17)阻止您出于爱欲或愤怒去惩罚[这些人的行动]。"

[8]若得任职，他可在经允许后，进入国王指定的地方。而且，

---

① 政术（nītiśāstra）：即治理术，和"王法"（rājadharma）、"利论"（arthaśāstra）、"国王术"（rājaśāstra）等是同义词。

② 应就治理术进行奏对（śāstrānuyogaṃ dadyāt）：让国王对自己的知识进行查问。这"知识"（śāstra）就是第3句中的"政术"（nītiśāstrā），而这种"查问"（anuyoga），实际就是国王向其请教，类似中国古代的奏对。

③ 原文 dharmārthasaṃyuktaṃ samarthaṃ kathayet：直译应为"讲述和法与利相关且能够达成（或适合做）的事情"。前面第4句提到了他获得了"机会"（avakāśa），那么，这个奏对实际是一个面试。

他应坐在国王座旁的另外一座位上，离国王既不近也不远。[①]［9］他不得盛气凌人地说话；不得说粗鄙、无稽、不可信或不实的言语；不得在不好笑时放声大笑，亦不得在出虚恭和吐唾时带声响。［10］他应避免以下情形：与他人私下交谈；与人讨论时争吵；穿戴似国王、似招摇之人[②]，或似术士；公开索要宝石或格外的恩惠；挤动一只眼睛或一边嘴唇；拧着眉毛；别人说话时插嘴；同那些与权势人物相结交的人作对；与下面这类人物结交、共举一事或结党：妇人、与妇人厮混者、邻国使者、［国王］敌党中人、被弃用之人、无益之人。

［11］他应总是说［能促进］法与利之事：于国王有利之事，他应毫不耽误地说；于自身有利之事，他应在对自己亲善且有益之人的陪同下说；于他人有利之事，他应在合适的地点和时间说。

［12］被咨问时，他应说既顺耳且有益之事，而不可说虽顺耳却无益之事。或者，他可以在得到允许后，私下里向愿意听取的国王说那些虽不顺耳却有益的事。

［13—14］或者，回话时他可以保持沉默，而不可提到［国王］的敌人等。可以看到，那些被他排除在心意之外的人，即便能干，也为他所不喜爱；而那些根据对他心意的了解而行事

① 原文 upaviśec ca pārśvataḥ asaṃnikṛṣṭaviprakṛṣṭaḥ parāsanam：这是采用了坎格尔在译本注释中对各个写本做了改进后的读法。不过奇怪的是，坎格尔虽然在自己的译文中采用了这个意思，在 KA 本中却读作 upaviśec ca pārśvataḥ saṃnikṛṣṭaviprakṛṣṭaḥ parāsanam（他应坐在国王旁边或远或近的另一个座位）。

② 招摇之人（uddhata）：既有招摇虚骄之意，又有粗俗鲁莽之意。CŚ 训为“外道等”（pāṣaṇḍa），不恰。

的无益之人，却为他所喜爱。[①] 有好笑的事情时，他也可以发笑，但应避免骇人的笑声。

[15]他应忽略对方口中难听的话，且不应向对方说难听的话；他应像能忍耐的大地一般，忍受针对他自己的那些难听的话。[②]

[16]因为，自保永远是聪明人首先要做的事：那些侍奉君王的人的举动，据说正如在火上[的人的举动]。[③]

[17]火烧到一个人时，或烧一处，或烧全身；但国王既可将一个人连其妻儿都杀死，又可令其发达。

——以上是第五篇“秘行”第四章“侍臣之行止”。

第五章

第93目：侍臣之适时而动

[1]他被指派职事后，应将除去支出后的收入示人。[2]无论内部事务或外部事务、秘密事务或公开事务、迫切的事务或可暂缓的事务，他应一一详述：“某事如此如此。”

① 即：人即使能干，若是不了解国王的意图，可能反而为国王所不喜欢；相反，无益之人，因为能知晓国王心意并以此行事，反而得到国王的喜欢。这仍然是在讨论如何向国王回话的问题。

② 这里的对方（para）是指国王：忽略国王口中难听的话（不一定是针对自己的）；不对国王说难听的话；而且即使国王对自己说难听的话，也应忍受。

③ 这个类比主旨在于：人若侍奉君王，就像在火上烤一般。这和中国“伴君如伴虎”一样强调危险和自保之难，同时还强调“忍耐”（见上一颂）的意思。

［3］若国王沉溺于田猎、赌对或醇酒妇人时，他不可［反而］以谀辞放任纵容［国王］。［4］他应在国王近旁努力除去国王恶习，并保护他免于敌人的煽动、欺骗和诡计。[①]

［5］而且，他应观察国王的手势和眼色(1.15.7-9)。［6］因为，智者为隐藏自己的谋略，用手势与眼色来表现出成对情绪的转换：比如喜爱和憎恨、欢欣和抑郁、果敢和畏惧。

［7］［国王］看见他时很喜悦；听取他的谈话；给他赐座；让他单独觐见；于有疑处不过分怀疑；与他谈话时感到愉悦；别人要告请［国王］的事，［国王］能为他先做好[②]；听任他说有助益的话；微笑着给他指派职事；用手碰触他；［他做的］一件可称赏的事，［国王］不会嘲笑他；国王在他不在场时数说他的德性；进食中想起［他］；同他一起去行乐；困苦中提携帮助他；礼遇忠于他的人[③]；将秘密告诉他；增多他的尊荣；给予他的财利；阻止对他有害的。——由以上可知［国王］对他满意。

［8］［国王对他］不满意，会和以上［表现］刚好相反。我们且举更多的［表现］：［9］一见到他就生气；不听或禁止他说话；不给他赐座，也不看他；脸色和声音发生变化；挤着一只眼睛、拧着一边眉毛或撇着一边嘴唇；无故出汗、叹气或微笑；与他人谋议[④]；突

① 免于煽动实际是指免于敌人煽动本国臣民所导致的危险。欺骗(atisaṃdhāna)：占先(7.4.4)、占优、占便宜或抢得先机。这个词在后面会经常碰到。诡计(upadhi)："行刺或下毒等"(CŚ)。

② 即：别的人需要告请国王然后才得遂愿的事情，国王对与自己亲近友善的人，能提前考虑办到(CŚ)。

③ 即：国王对依附于这个臣子的人也加以礼遇。

④ 即：向别人问计，与别人商议，不向这位臣子咨询了。迈耶直接译为："国王与他没话可说。"

然[无端]离去；提携别人；在地下或[自己]身上划拉；唆使别人[针对]他；菲薄他的学问、种姓和地域；责备他[与别人]同犯的错；数落他个人犯的错；称赞他的对头；忽略他的善行；提他的恶行；对他转背相向①；对他极度冷漠；跟他讲假话；宠臣②对他的举止[也有]异样。

[10]甚至连动物行为的变化，他也得留意。[11]当迦旃衍那想到"这人[居然]从高处浇水"时，就离去了；③当迦宁迦·婆罗堕遮④想到"赤颈鹤[居然]往左边"时，就离去了；⑤当底罗劫·揭罗

① pṛṣṭhāvadhāna：当他向国王走去，国王以背来注意（CŚ：pratigacchatas tasya pṛṣṭhato vilokanam）。此即"以背相迎"，表现对他冷漠和忽略。迈耶认为是当他进来或在场的时候，国王完全不在意他。而坎格尔认为是国王只是在他转背后注意他，而不是在他面前表现出自己的关注。本译文从 CŚ 说。

② 宠臣（rājadarśin）：常去见国王的人，即廷臣、宠臣。CŚ 训为"侍君者"（rājasevaka）。

③ 据 CŚ，本事如下：賁志罗国（Puṇḍradeśa）国王苏摩赐（Somadatta）王子犯罪，苏摩赐王与谋臣迦旃延那（Kātyāyana）议将其收监。飞鸟从两人暗语中得知此议，将王子领往别处。国王疑谋臣迦旃延那泄密，秘令众园丁杀迦吒衍那。其中某园丁得令后，至迦吒衍那处，从高处浇水。迦旃延那想到："此人昨日为避免水珠溅我身上，从低处轻浇，今日却从高处浇水，让水溅到我身上。此人举止异常，可见国王恼恨我。"遂离国王而去。

④ 迦宁迦·婆罗堕遮（Kaṇiṅka Bhāradvāja）："迦宁迦"（Kaṇiṅka）为本名，"婆罗堕遮"（Bhāradvāja）为族姓（CŚ）。婆罗堕遮在《利论》中数次出现（参见 1.8.1；1.5.14；1.17.6；5.6.24；8.3.8；12.1.2 等），《摩诃婆罗多》中有个名攘敌（Śatruṃtapa）的国王也向一个叫迦宁迦的婆罗堕遮族仙人请教过政术（参见 MBh 12. 138），有可能是指同一个人。

⑤ 据 CŚ，本事如下：憍萨罗国（Kosala）国王波楞多钵（Parantapa）有谋臣名迦宁迦（Kaṇiṅka），精通利论，迦宁迦每诣王所，王所畜赤颈鹤皆右飞。国王尝念及某日居后宫，迦宁迦迳来相见，遂心生恼愤，背地责骂迦宁迦。赤颈鹤听闻，再见迦宁迦来则往左飞。迦宁迦见此，知道国王迁怒于己，于是舍王而去。

衍那想到“诶，是草！”时，就离去了。[①] 当窟吒木枷想到“衣是冷的”时，就离去了；[②] 当靳斫罗迦想到“此象居然向我喷水”时，就离去了；[③] 当畀戌那想到“他赞赏此车的马”时，就离去了；[④] 当畀戌那子见到犬吠时，就离去了。[⑤]

［12］若被国王褫夺财利和尊荣，他应离去。［13］或者，在知悉主公心性与自身过错之后，他应救正之。［14］或者，他可以去投

---

① 底罗劫（Dīrgha）为名，揭罗衍那（Cārāyaṇa）为族姓。据 CŚ，本事如下：昔日，摩羯陀国幼主有傅相名底罗劫，与先王相亲厚。太后系念故去夫主，每见底罗劫来访，恒礼揖备至。及幼主成立，心怀倨慢，见其母后事底罗劫极恭谨，遂问其母后：“彼婆罗门何以如此受恭敬？”太后答言：“彼圣哲之人，为我等师尊，与尔父王最亲善，我儿当厚其恩遇，且遣人往送衣食等布施敬奉之。”王听闻太后此言，遂令人以草覆食物赐底罗劫。底罗劫见知国王不悦，遂离国王而去。

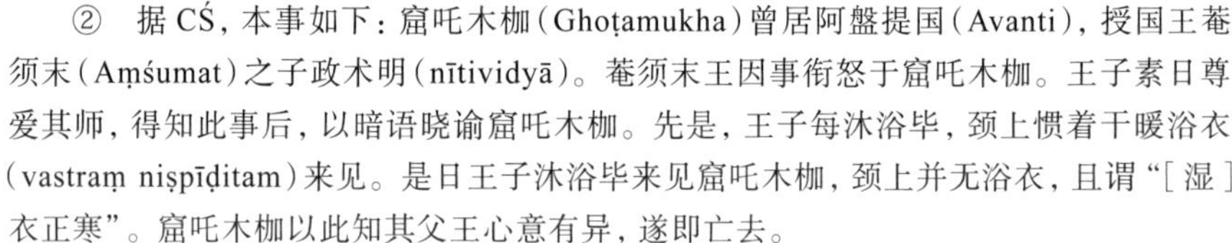

② 据 CŚ，本事如下：窟吒木枷（Ghoṭamukha）曾居阿盘提国（Avanti），授国王菴须末（Aṃśumat）之子政术明（nītividyā）。菴须末王因事衔怒于窟吒木枷。王子素日尊爱其师，得知此事后，以暗语晓谕窟吒木枷。先是，王子每沐浴毕，颈上惯着干暖浴衣（vastraṃ niṣpīḍitam）来见。是日王子沐浴毕来见窟吒木枷，颈上并无浴衣，且谓“［湿］衣正寒”。窟吒木枷以此知其父王心意有异，遂即亡去。

③ 据 CŚ，本事如下：靳斫罗迦（Kiñjalka）为贲迦国（Vaṅga）国王百喜（Śatānda）傅相。百喜王畜有一象，作骑乘及狎玩用，靳斫罗迦每觐见国王，则必先逗弄国王爱象片刻，方入见王。一日，王骑象上与人密谋加害靳斫罗迦。象闻得此事，以莲池水洒靳斫罗迦。靳斫罗迦是以知国王心意有异，遂离王而去。

④ 畀戌那（Piśuna）也在《利论》中多次出现（参见 1.8.11；1.15.27；1.17.12；8.1.33；8.3.39）；另外，迦梨陀娑戏剧《沙恭达罗》中，豆扇陀王亦有辅臣名畀戌那。据 CŚ，本事如下：畀戌那为优禅尼（Ujjayinī［“最胜城”］）国王胜光（Pradyota）王子世护（Pālaka）之师，授其政术。待王子业成，胜光王与人于王子近旁密议夺畀戌那钱财，为王子世护所闻。王子欲为恩师解免此祸，遂驾马车停畀戌那前，称赏此马道：“此马可日行三百由旬。”畀戌那知王子有意令自己出逃，遂登车亡去。

⑤ 畀戌那子（Piśunaputra）有可能就是上一句畀戌那的儿子。据 CŚ，本事如下：畀戌那子为畀戌那大师之子，冲幼即通达政术精义，并侍于王廷。国王服膺其明智无匹，言听计从。某日国王与人密议：“畀戌那子方今年幼，不得厕谋臣之列。自今日起至其成立，应监禁后深藏，以免其出走他国。”有犬闻此密议，遂吠于畀戌那子前。畀戌那子以此知国王心意有异，遂即亡去。

奔与主公走得近的人。[1]

［15］在那里，他应该通过［国王的］盟友救正自己对故主所犯的过失；这样，无论故主在生还是去世，他都可回来。

——以上是第五篇“秘行”第五章“侍臣之适时而动”。

第六章

第 94 目：王权之更生 [2]

［1］在王国有难时，辅臣 [3] 应如此应对：

［2］就在国王出现可能驾崩的危险之前，他就应凭借那些对国王亲善且有益的人的支持，推说“国王在行为国禳灾〔或杀敌；或求长生；或求子〕的法事”，确保臣民一到两个月见到国王一次。［3］他应在不能辨形貌的时段，让臣民、友邦或敌邦的使节见到假充的“国王”。［4］此“国王”可通过辅臣的嘴 [4] 与他们得体地交谈。［5］

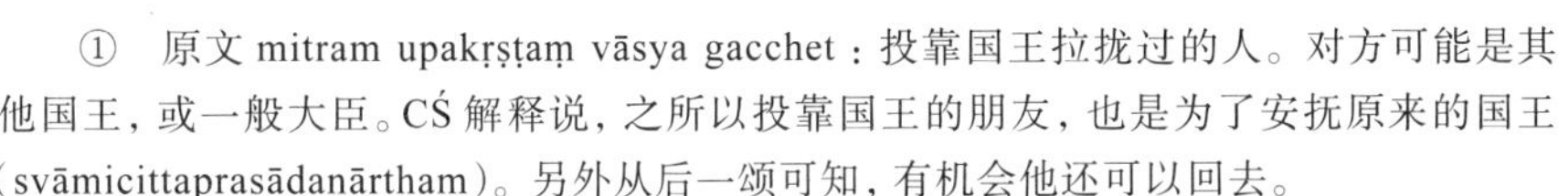

① 原文 mitram upakṛṣṭaṃ vāsya gacchet：投靠国王拉拢过的人。对方可能是其他国王，或一般大臣。CŚ 解释说，之所以投靠国王的朋友，也是为了安抚原来的国王（svāmicittaprasādanārtham）。另外从后一颂可知，有机会他还可以回去。

② 王权之更生（rājyapratisaṃdhānam）：指有“王难”（rājavyasana［即国王晏驾］）时，如何使王权不中断。pratisaṃdhāna 是指交替的关节或重新恢复行使权力（坎格尔译为“王国之延续”），这一目主要说王权在内政外交方面的实际操持，及如何行使。

③ 辅臣（amātya）：从下面他做的事情和第 28 句的“独操权柄”（ekapragraha）来看，本章的“辅臣”是指辅臣中掌握较大权力者，即辅臣的首揆、宰辅这类人物。

④ CŚ 解释说，让“国王”借口已经发静默誓愿（maunavratam apadiśya），而让辅臣与他们交谈。当然，另一种可能是通过辅臣的近身提示与人交谈。

“国王”应通过司阍及后宫侍卫长$_{(1.12.6)}$的安排来按照前面说过[的方式]履行国王的常务$_{(1.19)}$。[6]对为害的人，他[①]应以臣民欢喜为准，对对方或惩罚或褒奖；但对有助益的人，只可褒奖。

[7]他可令人将库财与军队集于一处，在可靠的人监护之下，或置于要塞，或置于边境；他也可令人以另外一些借口将王族之人、王子以及众枢臣[安置于一处]。

[8]有党众的枢臣，若聚于要塞或丛莽且有反意的话，他应将他拉拢过来；[9]或派遣他作一次危险重重的征伐；又或[派遣他]到盟友家族。[②]

[10]他若从某邻王那里感到威胁，他应以贺节、赐婚、捕象、市马或封地[之类]的借口将其捉拿；或通过自己的盟王[将其捉拿]。[11]于是，他可以使[该藩王和自己]订立不得违反的和约[③]$_{(7.14.7)}$；[12]或者，他可以令丛蛮酋魁和敌王与[这个邻王]产生敌意；[13]又或者，他可以用赐封土地为由，拉拢[该邻王]王族中觊觎大位者，或[该邻王]的某个失宠王子。[④]

① 本句及下面的“他”，最直接是指第1句中那个当权的辅臣。他以国王地位来操持这些事情，实际是代理将死国王行使职权，并具有国王的位份。不过有趣的是，我们还可以将“他”理解为前面提到的那个假充的、受辅臣控制的傀儡“国王”，甚至真正的、将死的国王。这种主语的混淆折射出两点意思：(一)从人身层面来看，国王本人在王国中并不是最重要的，只需要有这么一个“国王”(哪怕是假的)在那里就行；(二)从王国层面来看，国王不仅仅是其个人，也是行使最高权力的机构，一个让王国得以行动起来的灵魂。在这种意义上，作为最高权力象征的国王是王国所必需的。

② 前半句所说的借刀杀人之法比较好理解。关于后半句，CŚ说派遣他到自己盟友(或本国盟王)家族去，是可以使此枢臣为盟友出力。我们猜测，也有可能是借盟友之手除掉这位枢臣。

③ 不得违反的和约(siṃdhim adūṣyam)：“令该邻王不会叛变的和约”(坎格尔)。

④ 赐封的这块土地(bhūmyekadeśa)应该也是指该邻王国土的一部分(注意：这

[14]或者①，在获得了王族人、王子和枢臣的支持后，他可将某个王子立为新王。②

[15]或者，他可像“秘惩之施行”(5.1)所说的那样先拔除王国之“刺”，再对王国进行治理。

[16]或者，若哪个枢臣或哪个邻王想作乱，他可以用[诸如]“你来吧，我将立你为王”这类的话先将他邀来，再杀死他。[17]或者，他可凭“应对威胁之办法”(9.5)除去他。

[18]或者，等到逐步把治理王国之责放在王储身上之后，他可以宣布国王的驾崩。

[19]若国王在他国境内驾崩，他应先通过一个假充敌王的盟王与敌人缔约③，然后撤走。[20]他应将邻王等④中的某一个安置在要塞⑤中，然后再撤退。[21]或者⑥，他可以给王储灌顶之后，再

个邻王此刻在本方“国王”的控制之下——参见上文第10句）。

① 请注意：这里的或者不是直接接第13句，而是相对于第2—13句所提供办法的一个变化。第10—13句说的是如何控制邻王，说的又是本国的事情。

② 原文 kumāram abhiṣiktam eva darśayet：直译应为“他可向人展示一个已灌顶的王子（新君）”。

③ 通过一个假充自己敌王的盟王与敌人缔约，可能是令对方乐意接受，而自己不至于吃大亏。CŚ 解释说，之所以要缔约，是为了“保护深入敌境的库财和军队”（paraviṣayagatakośadaṇḍarakṣārtham）。

④ 邻王等（sāmantādi）：即《利论》中常提到的那些可能触摸到王位的人：邻王、丛蛮酋魁、王族中觊觎大位者、失宠王子之类（sāmantāṭavikatatkulīnāparuddhās；参见1.13.18；7.15.12；7.16.7；9.3.24；9.6.71；12.4.1）。

⑤ 坎格尔认为这是敌方的要塞，在国王死前夺得的，似乎是没有直接根据。当然，安排一个藩王驻守要塞，是为了防备敌军缔约之后再因愤怒而进行攻击（CŚ: paścātkopādyapadeśenetyartham），这是一定的。但这似乎并不是非得在敌方的要塞中。

⑥ 这个或者，是相对于安排邻王等中的某个在要塞中驻防而言的另一种选择。

进行反击。[22]或者，假如被敌方攻击，他可应用上面说的“应对威胁之办法”(9.5)。

第95目：大位之继承[1]

[23]憍底利耶说：“[一个]辅臣就应该按这种方式来完成大位的继承。”

[24]婆罗堕遮不这么认为。[2][25][他说：]“当国王将驾崩时，辅臣应当挑动王室之人、诸王子以及诸枢臣之间彼此争斗，或者一起和其他一些枢臣相争。[26]无论谁起而相争，他可以利用臣民的暴乱将其杀死；[27]或者，他也可先以秘惩(5.1)除去王族之人、诸王子以及诸枢臣，再自行夺取大位。[28]因为，为了王位，父攻其子，子攻其父，更何况是作为独操王国权柄的辅臣？[29]若王位送上门来，他不应拒绝。[30]因为俗谚有云：‘送上门的妇人[3]，却之不祥。’[再说]：

① 大位之继承(ekaiśvarya)：国王之权威、王位、大位的一贯和延续。本章主要针对王位本身该如何确立和维持。本目与前一目内容联系紧密，置于一章，界限都无(姑且将第22句当成是分开两目的界限)。另外，CŚ说，前面两章说了侍臣、谋臣自身的举止与动向，都是对辅臣自身(的利益)而言。但现在要说的是侍臣、谋臣如何操持王国中诸种事务，是对王国(的繁荣)而言。

② 原文“naivam” iti bhāradvājaḥ：直译应为：婆罗堕遮认为：“并非如此。”但这么译，显得婆罗堕遮和憍底利耶有直接的对话，而这是不太可能的(前者比憍底利耶早，不会有直接对话)。婆罗堕遮的否定在文中以直接引语出现，似乎给读者一个困难：“并非如此”(naivam)似乎和后面第25—31句都是出自婆罗堕遮的著作，这会导致一种“年代错乱”(anachronism)。但我们也可以想象，这段隔着时间的辩论无论是作为婆罗堕遮后学的憍底利耶所报告，还是憍底利耶自己的后学所报告，都可以当作是报告者替婆罗堕遮说的，为引出婆罗堕遮截然相反的观点著作而做的一个先导性的铺垫，而并非来自其著作。

③ 妇人(strī)：双关语，一方面实指妇人，一方面又指王位(rājyaśrī)。rājyaśrī是“王位”的拟人化——王位或者国王的荣耀好似一个女人(参见 *Rāmāyaṇa* 2.18.2)。

[31]对于等待时机的人，时机只会靠近一次；当他[失去后再]想行事时，时机就难再得了。”[①]

[32]憍底利耶说：“这激起臣民叛乱，有悖正法，且结局难定。[33]他应立一个具有个人资质(6.1.6)的王子为新君。[34]若是没有这样的王子，他应在召集大臣之后，把一个不放纵邪恶的王子〔或公主；或怀有身孕的王妃〕带到他们面前，并说：‘他就托付给诸位了。请诸位顾念他父亲和他自身的品质与家世。他仅是个徽号，诸位才是正主。不然，我们该怎么做？！’[35]当辅臣这么说时，秘差们(1.21.29)可对辅臣说：‘除了这位由您教导的国王，还有谁能保护四种姓？’[36][这时辅臣们就可以说]：‘那就这样吧。’再将这个王子〔或公主；或怀有身孕的王妃〕灌顶，并将其引荐给眷属、亲戚以及盟国和敌国的使节。”

[37]他应令人提高辅臣及军士的禄粮和薪俸，并说：“待幼主成立，还会增加[诸位的俸禄]。”[38]对要塞与郡邑的长官，他也应该如此这么说；至于友党和敌党，他应据情况而对他们说话。

[39]他应努力地教化新君。

[40]或者，在公主和同种姓的男子诞下子嗣之后，他可将这个传人灌顶。[41]为防其母亲心思不定，他应在她身边安插一个懦弱无能的王室成员，并为[这个传人]安排一个带吉祥标记的[同龄]侍伴。[②][42]在她佳期(1.3.9)中，他应防备她。

① 从第24句起到这里，都是婆罗堕遮的看法。另外，最后一颂可参见MBh 12.104.20。

② 母亲指这位诞下王位传人的公主。心思动摇不定，指按自己意愿找情人生子

［43］另外，他不得为着自己享用而筹备奢侈物事。［44］但为着国王，他应当备齐车辇、坐骑、首饰、衣物、女眷以及家什。

［45］当国王长成青年，他应为了解国王心意而［故意］乞休①；若国王对其不满意，则他应离去；若国王对他满意，他应［留下继续］辅佐国王。

［46］或者，若他招致国王猜忌，那么，他可以交代一些秘密的、得力的家丁保护国王，然后自己入林间［苦修］，或举行一次长时间的苏摩祭。

［47］或者，若国王为枢臣所辖制，那么，通晓利论的辅臣，在得到对国王亲善的人的支持下，应用如是说吠陀(1.3.1)和往世书(1.5.13—14)来教导国王。

［48］或者，他可以假充高人(4.5)，先假施法术赢得国王［的

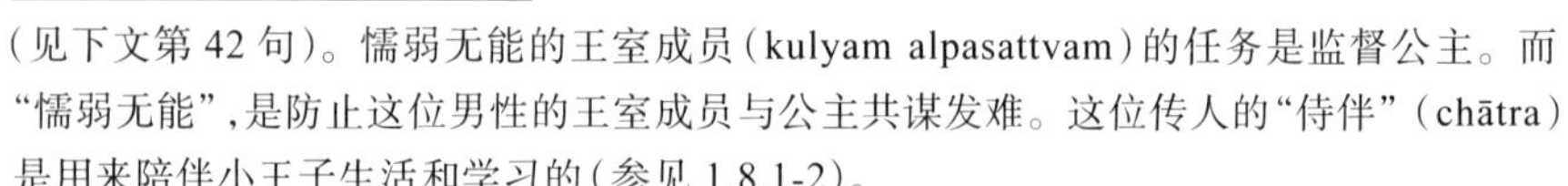
（见下文第42句）。懦弱无能的王室成员（kulyam alpasattvam）的任务是监督公主。而“懦弱无能”，是防止这位男性的王室成员与公主共谋发难。这位传人的“侍伴”（chātra）是用来陪伴小王子生活和学习的（参见1.8.1-2）。

① 为了解国王心意（cittakāraṇāt）：“为知晓［国王］心意的目的”（CŚ：tadabhiprāyajñānārtham），最契合文意。迈耶认为这是辅臣为“自身精神生活之故而告老乞休”（dann bitte er für sich um den Ruhestand zum Besten seines Geistes），坎格尔继续了这一理解，译为“为寻求自身志趣之故”（to find his inclination）。这种理解显然是受后一颂的影响，却忽略了本颂下半句。本颂下半句说，若国王猜忌，则离去；若满意，则留下继续侍奉。显然，辅臣告老乞休是对国王心意（citta）的一个试探，而不是为了自己的精神追求而当真要离去，而这种试探是职业政治家的惯用手段。随后一颂虽然说归山林苦修或祭祀，但这是在失宠之后全身远害的无奈之举，并非主动追求。而且更宽泛地说，本篇前面两章（5.4-5），都是专门针对职业政治家的训诲，假如将citta理解为精神生活，搞得好像职业政治家突然要为了灵魂而放弃尘世的事业（这使得我们想到马基雅维利1527年给Francesco Vettori信中那句著名的话：amo la patria mia più dell'anima），实在太突兀，也不符合《利论》教诲的一般风格。综上所述，CŚ说最佳。

信任]，然后再对那些奸臣采取“秘惩之施行”(5.1)。

——以上是第五篇“秘行”第六章“王权之更生”“大位之继承”。

——以上是憍底利耶《利论》第五篇“秘行”。

第六篇　曼荼罗*作为基础

第一章

第 96 目：王国各要素之资质[①]

[1]国主[②]、辅臣、聚落、要塞、库财、军队、盟王。——这是构成王国之要素。

[2]这些要素中，国主的资质为：

---

* 曼荼罗(maṇḍala)：音译。原文意为“圆”、[日月之]“轮”“轨”“域”，又可类比宇宙。它在《利论》中的字面意思是欲胜王(即前半部中的国王)与其他国王组成的一个“国际社会”(参见 6.2.13-23)，是欲胜王施展手段和力量的行动场域。后来的《摩奴法论》等在讨论国际关系时，也直接沿用了这一术语，它也成了印度古人求索国际关系秩序的一个重要象征。笔者认为，《利论》中所描述的曼荼罗秩序过程，是对数论(Sāṃkhya)中的宇宙发生过程的类比：作为“神我”的欲胜王，在与诸要素(即曼荼罗中各个国王及其要素)结合的过程中，创造了有秩序的宇宙。这一术语意义丰富，故用音译，不采用“圈子”“国王圈”之类俗译。

① 要素(prakṛti)：指组成王国的要素(人和物，作人时可译为“臣民”“臣工”)，笔者认为它是向数论和瑜伽(参见 1.2.10)借用的术语。资质(sampad)：卓越的特征，或需要具备的特质(参见 1.9.1)。

② 国主(svāmin)：一般指国王。CŚ 认为指国王和王储(sa dvidhā rājā yuvarājaś ca)。

[3]出身高贵；受天命、具才智，且心志精坚；[①] 在意长者[的意见]；[②] 守正法；如实语；重诺言；感念[他人]恩意；慷慨大方；精猛；不延宕；能摧服众邻；[③] 果决；能令贤臣盈朝；[④] 常欲增进自身教养。——这是能令人亲近的诸种资质。

[4]愿听闻；勤于听闻；能领会；能受持；能了别与拣择；能举一反三；能去伪知；能致力真知$_{(1.5.5)}$。——这是心智上的诸种资质。

[5]英勇；义愤；迅捷；灵敏。——这是精进力上的诸种资质。

[6]善言；有胆量；[⑤] 有记性、见地和力量[⑥]；高尚；易于规导；[⑦] 精通诸艺；不放纵邪乱；能统率军队；能按规定报恩和报仇；有羞耻心；灾时和平时举措得当；眼界长远且开阔；[⑧] 善于以适当的人力

① 受天命、具才智，且心志精坚（daivabuddhisattvasampanna）：具有好的命运、才智与精猛。据注家，“受天命”中的“天”（daiva）指只需要很少努力便可以成事，因此可知其过去世曾做非凡事业（笔者按：他之所以此世为国王且能做大事业，乃是因为过去世所作所为导致，这就是“受天命”。但注意和中国古代“应天受命”区别开）。“具才智”指具有好学多闻等品质。而“心志精坚”是指无论逆境顺境，心志坚韧不稍变。

② 在意长者的意见（vṛddhadarśin）：在意长者（的看法），顾及长者（的意见）。即：习惯或善于（征求）智识特出之人的看法（CŚ）。这种重视“硕学高才”的作风，也是君王所必备的特质（另参见 1.5）。

③ 能摧服众邻（śakyasāmanta）：其邻国均能被他打压、削弱和摧毁（CŚ）。亦即：能摧服邻国的国王。同时，见本章第 8 句“毗邻皆弱国”。这里强调“我强”，而彼处强调“他弱”，这是同一意思的两个侧面。

④ 能令贤臣盈朝（akṣudrapariṣatka）：直译为“咨议团中（或身边）没有奸佞小人”，即身边尽是贤臣（CŚ）。参考下面第 13 句对敌国或敌王的描写。

⑤ 有胆量（pragalbha）：不害怕在众人面前说话（CŚ）。

⑥ 力量（bala）：注家认为是指身体的健全和根器的敏锐（CŚ）。

⑦ 易于规导（svavagraha）：易为人所制的，易为人所引导的。“不当做之事，可轻易被（别人）阻止”（CŚ）。

⑧ 眼界长远且开阔（dīrghadūradarśin）：直译似乎就是“看得长远”。但 CŚ 解释说，dīrgha 是指时间上的长远；而 dūra 是指地域空间上的阔远。这些都是梵汉语文在语词上的细微差别，读者不可不察。

在合适的地点和时间成办事业；[①] 能了别和与战、进献与拒献 [②]；订立条约与进击对方之弱点；[③] 善保守；[④] 不苦笑；眼光直视且不皱眉；免于爱欲、愤怒、贪婪、傲慢 [⑤]、鲁莽、爱生事端以及造谣；和蔼；说话时端庄且带微笑；依长者之教导行事。——这是［国主的］诸种个人资质。

［7］辅臣的资质，前面已经说过(1.9.1)。

［8］中部和边关都有险可守；[⑥] 灾时能自足且能供给他处；易守卫；其民人易为生计；其民人能同仇敌忾；毗邻皆弱国；[⑦] 其土地无

① 善于……事业（deśakālapuruṣakārakāryapradhāna）：对这个多财释复合词的理解分歧较大。能将重点（pradhāna）放在合适的地点、合适的时间、适当的人力和该做的事情上（CŚ）；能在合适的地点和合适的时间将人力用在各种事情中的主要事情上（迈耶）；能把重点放在合适的地点和合适的时间，以合适的人力做的事业上（坎格尔）。以上三种理解方法都不尽令人满意，问题似乎在于他们都把这个复合词后词 pradhāna 理解为“主要”“重点”或“重要性”，以致文意不尽通明。pradhāna 此处作为后词指“善于”“以……为要”“以……著”或“一心……的”（如 Mn 4.243 中有 dharmapradhānam，而 Kullūkabhaṭṭa 训为 dharmaparam），因此这里说的是：以合适的人力，在合适的地点和时间做事的这种能力和特质，是国王所（应当）擅长的。

② 进献与拒献（tyāgasaṃyama）：指同意或拒绝向他国进献（土地、财物）。

③ 订立……弱点（paṇaparacchidravibhāgin）：paṇa 指条约或和议；paracchidra 指对方之弱点。复合词意为能区分合议和对方弱点。意谓能在己方弱小时与对方订约或守约，同时在实力发生改变或某些机会出现时又进击。

④ 善保守（saṃvṛta）：能妥善守卫有威胁之处，以及能秘密计划谋议（CŚ）。

⑤ 傲慢（stambha）：有骄傲、做作等意思。坎格尔译作 stiffness，似乎是受了英文辞书的影响。stambha 在辞书中固然有 stiffness 的义项，而且英文 stiffness 确实也有“强直”及“顽固”之意，但这不代表 stambha 也有英文词 stiffness 所有的意思，也可以指人性格。stambha 实际仅仅指“身体或肢体的僵硬或麻痹”（GPW；另 Ak 3.3.630 将其训为僵硬［jaḍībhāva］）。英文辞书将其解释为 stiffness，仅仅取 stiffness 的“僵硬”之意。stambha 在指意志方面的特征时，是傲慢，而非木强固执。

⑥ 中部……可守（madhye cānte ca sthānavān）：在中部和边境上都有要塞或天险（CŚ）。另参见 2.3.1-2 的各种要塞。

⑦ 毗邻皆弱国（śakyasāmanta）：“以弱国相邻的”（CŚ），见本章第 3 句中“能摧服众邻”。

淤泥、乱石、盐碱地、崎岖之地、贼伙[①]、猛兽、鹿类以及丛蛮；宜人；富有耕地、矿藏、物产林及育象林；适宜育牛；适宜人生活；有护卫得很好的草场；牲畜繁盛；水量丰沛$_{(5.2.2)}$；有水路和陆路可通；盛产多种且大量的贵重货物；能承担课罚及赋税；农人勤劳；国王睿智；民人多低种姓；[民人]忠笃纯良。——这是聚落的诸种资质。

[9]要塞的诸种资质如前述$_{(2.3)}$。

[10]由先人或本人合乎法地取得；多数为金银；有各种粗大的宝石与钱币；能挺过无收入且长时间的灾荒。——这是府库的诸种资质。

[11]由父祖传下来；稳固；服从[国王]命令；军将之妻室和儿子均满意；军将对出征在外[②]不抱怨；无论处何地都不可阻挡；能克服困难；多历战阵；精通各种战术及诸般武艺[③]；因与[国王]休戚与共，故无二志；主要由刹帝利构成。——这是军队的诸种资质。

[12]从父祖时就已联盟；稳固；顺服；无异心；强盛；可迅速动员。——这是盟王的诸种资质。

[13]非王族血脉；贪婪；奸佞盈朝；臣民离心；行止不端；无所事事；[④]放纵邪恶；懈怠懒散；听天由命；作为随意；[⑤]没有庇护；[⑥]

① 贼伙（kaṇṭakaśreṇī）：犯罪团伙。据 CŚ，kaṇṭaka 即强盗、淫徒等蟊贼，śreṇī 为专事反对国王之团伙。

② 出征在外（pravāsa）：在《利论》下半部中，出征在外与损失（kṣaya）、耗费（vyaya）这两个因素一样，是国王在事业中需要着重考虑的。

③ 原文 sarvayuddhapraharaṇavidyāviśārada：直译应为“精通一切关于战争和关于武器的技艺”。

④ 无所事事（ayukta）：不精勤（CŚ：anutthāna）。

⑤ 作为随意（yatkiṃcanakārin）：这不是指任意妄为，而是指做事缺乏判断力和欠考虑（CŚ：avivekānuṣṭhāna）。这一点从 7.11.34-38 中的讨论也可以看出来。

⑥ 没有庇护（agati）：gati 指庇护（如 Mn 8.84），agati 则为“无庇护之人”。即：一旦被击溃或摧毁，无有可托庇之所（CŚ：ucchinnatāyām aśaraṇaḥ）。

没有跟随者；懦弱无能；为患于人。——这是敌王资质。［14］因为，这样的敌王很容易被摧毁。

［15］除了敌王[①]，王国有七种各具自身德性的构成要素。据说，当他们各自发生作用[②]时，均有赖于国王之个人资质。[③]

［16］一个具有个人资质的国王，可以令［原本］不具有自身资质的各要素具有这些资质；一个不具有个人资质的国王，可以毁掉这些［原本］发展充分且效忠于他的要素。

［17］因此，国王若不具有个人资质，且各要素又有缺陷，那么，即便他广有四极，要么为其臣民所害，要么为敌人所征服。

［18］但［国王］若本身具有个人资质，善于治理，且各要素均具有各自资质，那么，即使其国狭小，则定可征服整个大地，而不会失去它。

——以上是第六篇“曼荼罗作为基础”第一章“王国各要素之资质”。

① 第1句中罗列组成王国的要素时没有提到敌王（敌王不是王国的构成要素，而是曼荼罗的要素），但作者在罗列各要素的资质时，同时也罗列了敌人的资质（本章第13—14句）。

② 发生作用（prakṛta）：各司其职（CŚ：svasvakarmasu vyāpṛtāḥ）。通俗地说，就是“运转起来时”。

③ 此颂极言国王个人资质的重要性，紧随的三颂又是对此颂的阐释，值得注意。

第二章

第 97 目：安享与从事[①]

［1］安享与从事，是获取与持守$_{(1.4.3)}$之基础。［2］令正在进行的事业达到获取［的目的］，为从事。［3］令对事业成果的享受达成持守［的目的］，为安享。[②]

［4］安享与从事之基础为六策。[③]［5］衰落、住滞以及增进，为六策之结果。［6］人事有得策与失策；神功则有吉与凶。[④]［7］因

① 安享与从事（śamavyāyāmika）：源于相违释复合词 śamavyāyāmau（安享和从事）。根据正文下文及 CŚ 解释，śama 指安享事业之果实和成就，故可译为“安享”；vyāyāma 指勉力进行某事业，故为“从事”。在文中，“安享”和“从事”都用作专有名词，来描述王国行为。笔者按：“从事”虽然在现代汉语中是个及物动词，需要带宾语。但它本身是一个完整的动宾结构词，指“从事事业”（如《诗· 小雅· 北山》：“朝夕从事。”），在现代汉语词汇不尽符合要求的情况下，笔者只能抛开现代汉语习惯，向古人寻求字汇。另外需要说明的是，本章章名虽然为“安享与从事”，但绝大部分内容谈的是“曼荼罗”秩序。从第 1 句和第 4 句来看，作者认为“六策”为王国“安享与从事”的本源，而“六策”又是凭借“曼荼罗秩序”而展开，可见王国之“安享与从事”也是依赖“曼荼罗”秩序的。因此，章名“安享与从事”只是作为楔子引出对“曼荼罗”体系的具体描述。最后，本章在介绍“曼荼罗”秩序时，术语较多，需读者细加留意和体会。

② 即：正在进行的事业，要取得成果；对事业成果的享受，要一直持续下去。

③ 六策（ṣāḍguṇya）：也可译为“六德”，参见 7.1.2-12。这句应注意和本章第 1 句联系起来看：既然安享与从事是获取与持守之源，而“六策”又为安享与从事之源。那么，可见六策最为根本。

④ 得策（naya）：指有效的治理和策略；失策（apanaya）：与 naya 相反，为拙劣的行为、策略，故为失策——两者均言人事，好比中国人讲“休咎”。aya 为幸运，anaya 为不幸，两者俱言神功，合为“吉凶”。另外，根据 CŚ，上面说到六策的三种结果，那么这句开始说导致这三种结果的原因：一是人事的休咎得失；二是运气的好坏吉凶。这里“事”与“功”在梵文均为 karman（事、业）。

为，人事与神功使世界运行。[8]由不可见力量导致的，为神功；[9]在这意义上，获得所希求的结果，为吉；获得并非所希求的结果，为凶。[10]由可见力量导致的，为人事；[11]在此意义上，获取与持守得以实现，为得策；[获取与持守的]遭到挫败，为失策。[12]人事可测度，而神功不可测度。

[13]具有个人资质$_{(6.1.6)}$和物力要素$_{(6.1.1)}$的国王，为得策之渊薮，为欲胜王[①]。[14]其国土[与欲胜王]紧邻，且从四周将欲胜王环绕的国家，为敌王要素[②]。[15]其国土同样[从四周环绕]，但[与欲胜王]中间隔着一个国家的，为盟王要素。

[16]一个具有敌王资质$_{(6.1.13)}$的邻王，为敌王；遭遇灾患的邻王，为可伐之王[③]；无庇依或庇依孱弱的邻王，为可灭之王；反之，则为应遏制之王，或应削弱之王。[17]——这是各种不同的敌王[④]。

[18]根据国土接壤之顺序，在他[⑤]之外：若是在正面[⑥]，依次为

① 欲胜王（vijigīṣu）：欲求胜利的、渴求征服的国王。欲胜王是下半部《利论》中的“主角”，后面的篇章都是在为这样一个欲胜王提供建议——而且尤其需要注意的是：欲胜王不特指某一个国王或某一类国王，而是被作者建言的任何国王（无论他在具体情形中的地位、国力如何）。前半部说内政，故只称“国王”或“圣王”（rājarṣi），下半部说外事，故而言必称“欲胜王”。

② 敌王要素（ariprakṛti）：敌王这种要素，或叫作敌人的这种要素。请注意，这里的“要素”并非王国的组成要素，而是曼荼罗国际体系中的要素。

③ 可伐之王（yātavya）：可以或应该被讨伐的，应当被其他国王前往征伐的敌王（7.5）。

④ 各种不同的敌王：邻王即是敌王（广义的），而不同的邻王又按照其国君与国力的情形分为可伐之王、可灭之王、应遏制之王、应削弱之王四种。其中，从可伐之王到应削弱之王的各种敌王中，“伐”“灭”“遏制”以及“削弱”都是针对欲胜王而言：欲胜王应该对其征伐、毁灭、遏制以及削弱。

⑤ 即：欲胜王紧邻的这个敌王（这点需要十分注意）。

⑥ 正面（purastāt）：前部。具体指与紧邻的敌人交战的正面（CŚ：purastād

盟王、敌王之盟王、盟王之盟王、敌王之盟王的盟王；若是在背面，则依次为背面攻击者[①]、吁助王[②]、背面攻击者之增援王[③]、吁助王之增援王[④]。

［19］［与欲胜王］国土接壤的［国王］为天然的敌王；［与欲胜王］同等家世的国王为与生俱来的敌王；一个为［欲胜王］所反对，或反对［欲胜王］的国王，是后天的敌王。

［20］［与欲胜王］相隔一个国家的国王为天然的盟王；［与欲胜王］有母系或父系亲缘的国王，为与生俱来的盟王；因钱财与性命而托庇者[⑤]，为后天的盟王。

vijigīṣor arim abhiyoktuṃ pravṛttasyāgrataḥ）。因此这里的“正面”和同一句中下文的“背面”不是指绝对的那一个方位，是相对和动态的，它预设了有事发生：比如欲胜王与其东方紧邻之国交兵时，东方为前部和正面，西方为后部和背面。

① 背面攻击者（pārṣṇigrāha）：从背面来攻击的。这里的“背面”参考上注。即：当欲胜王与别的国王作战时，他可以从背面对之进行攻击，因此，他实际是欲胜王在背面的敌王。

② 吁助王（ākranda）：本意为吁号（比如人求助），在这里，他处在欲胜王的背面攻击者的后面，可以在背面攻击者攻击欲胜王的时候又从背面攻击背面攻击王，以此帮助欲胜王。所以，他实际是欲胜王在背面的盟王。笔者按字面将其译为“吁助王”——被欲胜王吁请求助的国王。

③ 背面攻击者之增援王（pārṣṇigrāhāsāra）：āsāra，来自 ā-√sṛ，为“赶来（相助）”之意。他在欲胜王的吁助王攻击欲胜王的背面攻击者时，可以赶去帮助欲胜王的背面攻击者，所以实际上是欲胜王背面攻击者在背面的盟王。

④ 吁助王之增援王（ākrandāsāra）：可以推知，当欲胜王的吁助王被“背面攻击者之增援王”（pārṣṇigrāhāsāra）攻击时，他赶来相助，因此是吁助王在背面的盟王，也是欲胜王在背面的盟王的盟王。另外，以上这几种王虽然名字看起来复杂，但实际上关系很简单。读者需要弄清楚：这是作者所构建的一种国家关系的模型，所谓正面、背面，都是动态的。当欲胜王与某个邻王（敌王）形成敌对状态或有战事起来时，欲胜王面临的情势为：在正面，依次为敌王、盟王、敌王之盟王、盟王之盟王、敌王之盟王的盟王……；在背面，依次为背面攻击者、吁助王、背面攻击者之增援王、吁助王之增援王……。

⑤ 因钱财与性命而托庇者（dhanajīvitahetor āśritam）：两种可能：一是别的国王向欲胜王寻求庇护；一是欲胜王向别的国王寻求庇护。

［21］［其国土］与敌王和欲胜王的国土均接壤，在两者[①]联盟或分散时可施惠于两者，并且在两者分散时能制服两者的国王，为中王。

［22］［其国土］在敌王、欲胜王和中王之外，比［曼荼罗中其他］诸要素都强大[②]，在敌王、欲胜王和中王联盟或分散时候可施惠于他们，并且在他们分散时可制服他们的国王，是中立王。

［23］以上是［组成］曼荼罗的诸要素。

［24］或者，它[③]只由欲胜王、盟王以及盟王之盟王三个要素构成。［25］他们三者，再结合各自的辅臣、聚落、要塞、府库以及军队5个组成要素，形成一个包含18［要素］的曼荼罗。［26］敌王、中王以及中立王各自的曼荼罗［之构成］，可由此说明。［27］如此就形成了一个由4个曼荼罗形成的群。

［28］这个曼荼罗群有12个王要素、60个物力要素，共72个要素。[④]［29］这72个要素，各有其资质。

［30］［关于］能力与成就[⑤]。［31］［拥有］力量，为能力；［32］

① 指敌王和欲胜王两者。

② 比……强大（prakṛtibhyo balavattaraḥ）：各个注家和学者对这里的“要素”指称的对象众说纷纭，似乎都不令人满意。我们看到，本章第13—21句，作者先引出欲胜王之后，随后介绍了“敌王”“盟王”这两种“要素”，随后又引申出各种不同的“敌王”和“盟王”以至于第21句中的“中王”，这显然是在描述曼荼罗的构成。另外，第23句的iti prakṛtayaḥ也证明这一点。因此，这里所说的“要素”应当就是组成“曼荼罗”的要素，即包括欲胜王和与其有着不同关系的诸王。因此这个词组的意思是：比曼荼罗中其他诸王都要强大的［那个国王］。

③ 它（asya）：指曼荼罗。

④ 每个曼荼罗有欲胜王、盟王以及盟王之盟王3个王要素，15个物力要素，那么，4个曼荼罗共12个王要素，以及60个物力要素：共得72个要素。

⑤ 成就（siddhi）：成功、达成。笔者按：这里的“成就”不是指事业的成绩（纯粹

［获得］福祉，为成就。

［33］能力分三方面：知识的力量，为谋略能力；府库与军队的力量，为主宰能力；勇决的力量，为精进能力。

［34］同样地，成就也刚好分三方面：凭谋略能力达成者，为谋略成就；凭主宰能力达成者，为主宰成就；凭精进能力达成者，为精进力成就。

［35］若这些增多，他就成为强王；若减少，他就成为弱王；若具有相等能力，他就是等齐王。[①]［36］因此，他应勉力令自身具有能力与成就；或者，若［与对方相比，国王个人资质[②]］相当，那么，他应该根据使本国的物力要素的排列次序$_{(6.1.1)}$或效忠情况来加强这些要素的能力与成就。[③]［37］他也应该尽力剥夺奸人与敌王的能力和成就。

［38］或者[④]，假如他看到[⑤]：

名词），而是指"成功"或"成立"（具有动词性质的名词，如《后汉书·安帝纪》："夙夜瞻仰日月，冀其成就。"）。

① 强王（jyāyas）、弱王（hīna）、等齐王（sama）三者，是在与各种敌王相比时，欲胜王所处的位置：较强一方、较弱一方、彼此相当。这三个词具有术语意义，后文中会大量出现。

② 文中并未明说是"国王的个人资质"（ātmasampad），但这个暗示可以从后面句子中的"物力要素"（dravyaprakṛti）看出来，因为"物力要素"是除了国王和盟王外的其他五个要素（参见 6.1.1 与本章第 25 句）。

③ 即：假如国王和对方相比，国王资质相当，那么，就应当按照辅臣、聚落、要塞、府库以及军队的"排列先后顺序（ānataryeṇa）"增强这 5 个物力要素的能力和利用它们成就事业；或者按照这 5 个物力要素的效忠程度顺序来增强它们的能力和利用它们来成就事业。从这里我们可以看出，6.1.1 中，作者对王国组成要素是按照重要程度的顺序来排列的。

④ "或者"是针对上一句破坏敌人的能力和成就而言，而下面将说到某些需要扶持敌人的情况。

⑤ 看到（paśyet）：实际上这是国王所想到的、考量到的。另外，这些考量涉及

〔一〕这个敌王，虽然拥有能力，将会以口头侵犯、身体侵犯、搜刮财物[这些方式]损害其臣民；或虽然有所成就，将会因为沉溺于田猎、赌对、醇酒、妇人而陷入疏怠，然后就招致民怨，或耗散自身，或玩忽，于是变得容易为我击败。

〔二〕或者，这个敌王在交兵中被攻击时，他调集举国兵力，处于某一处，或不在要塞中，他集中了兵力，却脱离了盟友和要塞，于是变得容易为我击败。

〔三〕或者，在以下情况中他将会给予我帮助：当我被一个强大的国王所攻击时，[这个敌王]想到："这位强大的国王渴望在别的地方摧毁我的敌人①，他将他摧毁之后，就会来摧毁我。"②或者，当我从事某项事业失败时。再者，若我想要攫服中王，[也有赖于这个敌王助我]。

——在这类情形下，他亦可寻求增进敌王的能力与成就。

[39]让[与自己]每隔着一个国家的各国国王成为轮缘，并让[与自己]紧邻诸国国王成为轮辐，然后，在这个由诸要素构成的曼荼罗中，导者③应将自身当作轮轴。④

大量复杂的情形，多次出现"或"，如果不加以分类，势必影响文本理解，因此笔者加"〔一〕"之类的标号略作区分，以方便阅读。它们在原文中为完整的一大段，这种情形后面会多次出现，特此说明。

① 这是欲胜王的"敌王"所想到的，因此"我的敌人"，则正是欲胜王。

② 这是敌王可能会帮助欲胜王的一种情况：我方为另一个强大的国王攻击，敌王起唇亡齿寒之念，就会给欲胜王帮助。

③ 导者（netṛ）：眼睛、领袖、引导者。实际就是指这个由十二国王构成的曼荼罗之"导者"，即欲胜王。

④ 车轮类比曼荼罗：每隔着一个国家的诸国王为欲胜王之盟王（轮缘），而紧邻国家的诸国王为欲胜王之敌王（轮辐），而欲胜王是这个曼荼罗（宇宙）的中心（轮轴）。

[40]因为，敌王处于导者与盟王两者之间，即便强大，也变得易摧毁或遏制。

——以上是第六篇“曼荼罗作为基础”第二章“安享与从事”。

——以上是憍底利耶《利论》第六篇“曼荼罗作为基础”。

第七篇　六策

第一章

第 98 目：标列六策

[1]由诸要素构成的曼荼罗，为六策之基础。

[2]诸先师说："和、战、静待、往征、托庇、贰端。——这是六策。"

[3]风疾说："[只有]二策。[4]因为，六策均出自和与战二策。"

[5]憍底利耶说："根据情势的不同，外事确有六策。"

[6]此六策中：缔约为和；[7]扰害为战[①]；[8]漠然置之为静待；[9]增拓[力量]为往征；[②][10]委身于人为托庇；[11]似和实战为

---

① 战（vigraha）：它只标志一种敌对状态、敌意，不必然指实际的开战，而且多数时候只是指"宣战""以……为敌"，这一层意思在下一章中很明显。

② CŚ 解释说：筹谋优化力量、地点、时间等为增拓。增拓以征伐为目的或动因，而事情本身又着眼于目的，故将"增拓"称为"往征"。这似乎是说，因为"增拓（力量等）"的目的去征伐对方，所以把"增拓（力量等）"这种策略直接称为"往征"。

贰端[①]。[12]以上是六策。

[13]与对方相比，若国势在衰弱，他应议和；[14]若国势在增强，他应求战；[15]若他认为“敌人既不能击败我，我也不能击败敌人”，他应静待；[16]若具有明显优势，他应往征；[17]若力量弱小，他应托庇于人；[18]若需要帮助方能成就事业，他应诉诸贰端之策。[19]以上是六策之成立。

第99目：国势衰落、住滞、增进时之不同决策

[20]六策中，他可施行的那一策[②]，应能让他看到如下情形：“若选择此策，我将能推动我自己的事业——诸如营建要塞、堤坝、商道、新居点、矿场、物产林以及育象林等，并能妨害敌王这类事业。”[21]这就是增进。[22]当他明白：“我国的增进更快速、更卓著〔或将带来比对方更大的增进〕，而对方则相反。”那么，他也可以忽略对方的增进[③]。[23][若双方的]增进花去相同的时间且得到相同的结果，那么，他应与对方议和。

[24]他施行某一策若只让他看到自己事业的败落，而非对方[事业的败落]，那么他不应施行这一策。[25]这就是衰落。[26]当他明白：“我国的衰落更慢、更小〔或将带来以后的增进〕，而对

① 贰端（dvaidhībhāva）：字面意思为“一分为二”。有两种解释都说得通：(一)对两方：与一方和，与另一方战（坎格尔；Scharfe 1989, 208）；(二)对一方：表面和，暗地备战（Ensink 1972, 46-56）。

② 他可施行的那一策（yasmin vā guṇe sthitaḥ）：直译为“他可住于的那一策”。实际就是让国王在现实中据不同情况选择不同策略。

③ 第20句提到要妨害对方的“增进”，那么，假如自己国力增长更快，那就可以忽视对方国力的增长，就不用想方设法去妨害对方的事业了。

方则相反。”那么，他也可以忽略自己的衰落。[27]若双方的衰落花去相同的时间且得到相同的结果，那么，他应与对方议和。

[28]若他施行的某一策令他既觉察不到自己事业的增进，也觉察不到衰落，那这就是住滞。[29]当他明白：“我国的住滞时间会更短〔或将带来今后的增进〕，而对方则相反。”那么，他也可以忽略自己的住滞。[30]诸先师说：“[若双方的]住滞停留相同的时间且得到相同的结果，那么，他应与对方议和。”[31]憍底利耶说：“这是没有二话可说的。”①

[32]或者，若他可以看到以下情形，他应通过施行和策增进[国力]：

〔一〕我将凭自己这些能获得丰实成果的事业，去阻碍对方的事业；

〔二〕或者，我将享用自己这些能获得丰实成果的事业，并享用对方的事业；

〔三〕又或者，我凭着以和约取得的信任，将可以运用秘行(5)和秘术(14)去损害对方的事业；

〔四〕又或者，我自己的事业有更多的成果和收益，通过这个，我可以利用恩惠和豁免的便利，轻易地将为对方劳作的人引纳过来；

① 这是没有二话可说的（naitad vibhāṣitam）：vibhāṣita 意为“有其他选择的”“可以变通的”（亦即：有二话可说的），那么，整句话似乎是指“这是毫无争议的”。但迈耶认为 vibhāṣita 是指“选择”本身，将这句话理解为“这并非一个选择”（奥利维勒从迈耶说），似乎不恰。毕竟，这都是可能发生的情形，而且欲胜王在这种情形下，不可能有别的选择。这里似乎仅仅是憍底利耶对诸先师表示同意。

〔五〕又或者，对方与某个过于强大的国王联盟，将导致对方妨害他自己的事业；

〔六〕又或者，任何国王与他开战而同我议和，我将使他与这国王的战争时间拉长；①

〔七〕又或者，对方将会侵扰那个与我缔约却又恨我的国王的聚落；

〔八〕又或者，属于对方但为别的国王所劫掠过的聚落将会归我所有，而后我将在我的事业中获得增进；

〔九〕又或者，对方的事业遭受毁败，正处于困境中，不会来扰乱我的事业；

〔十〕又或者，我在对方［国土之外］从事事业，与他们两者②联盟，我将在我的事业中获得增进；

〔十一〕又或者，与对方议和之后，我将令对方和与他相呼应的曼荼罗断绝，再将其曼荼罗收归我自己；③

〔十二〕又或者，若对方想攫服曼荼罗，我可借兵给予他支持，使得他招致曼荼罗的敌视，我正好利用曼荼罗消灭他。

［33］或者，若他可以看到以下情形，他应通过施行战策增进［国力］：

① 这个国王是区别于欲胜王与“对方”的第三方。

② 欲胜王在“对方［的国土］之外”（parataḥ）从事事业，则必定牵涉到第三国（参见6.2中关于曼荼罗之描写），为推进自己的事业，欲胜王、“对方”以及相关的第三国应议和。

③ CŚ认为是欲胜王将被隔绝后的“对方”收归到自己的曼荼罗。但可以推断，也有可能欲胜王将对方的曼荼罗变成自己的曼荼罗，因为紧接的下一分句提到了国王可以“攫服曼荼罗”（maṇḍalalipsā）这种情况。

〔一〕我聚落中多武人〔或团伍〕，且由一道由山岳要塞〔或林泽要塞；或江河要塞〕(2.3.1-2)形成的门户保护着，可击退对方的进攻；

〔二〕或者，我遁入国境上一坚不可摧的要塞中，可损害对方的事业；

〔三〕又或者，对方的精进因灾患导致的损失而衰竭，其事业也到了毁败的时候；

〔四〕又或者，对方在别处［与人］交兵，我将迁走其聚落的人口(2.1.1)。

［34］或者，若他认为局势如下，他应通过与施行静待之策增进［国力］：

〔一〕对方既不能损害我的事业，我也不能损害他的事业；

〔二〕或者，若对方遭受灾患；

〔三〕又或者，对方与另一国王作猎狗与野猪之斗[①]；

〔四〕我可以专注于自己的事业，从而增进［国力］。

［35］或者，若他认为："我往征的话可致使对方事业的毁败，而且我已经确保自己事业之安全。"那么，他应通过与施行往征之策增进［国力］。

［36］或者，若他认为："我既不能损害对方之事业，且不能保护自己的事业不受对方毁败。"那么，他应托庇于一强大国王，通过从事自己的事业，以期国力从衰落到住滞，再从住滞到增进。

［37］或者，若他认为："一方面我通过和策推动自己的事业，

① 猎狗与野猪之斗（śvavarāhayor iva kalahe）：9.2.6 提到猎狗与野猪作生死相斗，旃荼罗得利。这类似于中国鹬蚌相争而渔翁得利一类平常的话。

一方面通过战策损害对方的事业。”那么，他应通过施行贰端之策增进[国力]。

[38]他处于这个由诸要素构成的曼荼罗中，应如此这般地通过这六种策略，在自己的事业中，寻求[国势]从衰落到住滞，再从住滞到增进。

——以上是第七篇“六策”第一章“标列六策”“国势衰落、住滞、增进时之不同决策”。

第二章

第 100 目：托庇

[1]若和与战两策能达成相等的增进，则他应施行和策。[2]因为，战争中会有损失、耗费$_{(9.4.1\text{-}2)}$、出征在外$_{(6.1.11)}$和险阻。[3]静待与往征两策中[施行]静待之策[的情形]，可由此说明。

[4]贰端与托庇两策中，他应施行贰端之策。[5]因为，实行贰端之策，他可以专注于自身的事业[①]，只为自己谋利益；若托庇于人，则要为对方谋利益，而不是自己。

[6]他应该向一个比邻王$_{(6.2.14)}$力量更特出的国王寻求庇护。

① 专注于自身的事业（svakarmapradhāna）：这里的 pradhāna 应理解为“专注于”“一心”，而不是“以……为主要”（这也正好为 6.1.6 中“善于……成办事业”短语中 pradhāna 的意思提供了佐证）。

[7]若没有比邻王力量更特出的国王，那么他应托庇于邻王，但本人应当为邻王所不见[①]，而仅仅尽力以库财、军队和土地三者中的任何一种去侍奉邻王。[8]因为，除非对方在和敌人交战，否则，与一个比自己强的国王会盟是大过错(5.6.10-13)。

[9]若做不到这一点，那么，他应领兵前去归顺对方(7.3.23-26)。[10]一旦他看到那人身患绝症〔或那人国中发生内乱；或那人敌王的国力增进；或那人盟王遭受灾患〕，因而可以看到自身国力增进的机会，那么，他可利用患病或[履行]法方面的义务(3.2.16)为合适的借口而离去。[11]或者，若他居于本国国土，则不应靠近对方。[12]或者，他也可以先靠近他，再对打击其弱点。

[13]若居于两强之间，则他应托庇于能保护他的那个国王；或应托庇于那个能将他当成*掩护王*[②]的国王；或这托庇于两者。[14][具体做法是]：他可订立“土陶”和约(7.3.30-31)，再对其中一个国王宣扬另外那个国王要夺取其基业[③]。[15]或者，他可用两强彼

① 但……为邻王所不见(adṛṣṭaḥ)：直译为“不让[邻王]看到”。即：远离邻王，不和邻王会见(CŚ：dūrastho 'samāgata eva)。也就是说，虽然托庇于邻王，但欲胜王本人人身不能受到邻王辖制。

② *掩护王*(antardhi)：原意为消失、隐藏、掩护，在《利论》中似乎是指具有掩护其他国王属性的国王。从7.13.25来看，他居于互为敌王的两个国王之间，假如他有森林或要塞可固守的话，他对强大的国王会是一个障碍或威胁。从这里看，他托庇于那个把他当作antardhi的国王，意在保全自身，这是肯定的。但对方凭什么给他庇护呢？结合7.13.25和这里的描述，可以推测：在两个敌王之间，他有义务为自己所投靠的国王担任掩护。坎格尔译为“缓冲[王]”，认为他是一个强大国王(与其他国王中间的)一个能提供缓冲的国王，似乎不很确切。笔者认为：他在两个强大国王(至少比他自己强大)之间，为弱的一方担任掩护，假如更强的国王想进攻稍弱的一方，需要经过他，而他要是有要塞或森林可固守的话，那必然对更强的国王是一个障碍甚至威胁。这样解释的话，则此处和7.13.25都可通。

③ 夺取其基业(mūlahara)：mūla为基业、后方或大本营，即一国王宫所在要塞、

此之间的流言[①]来离间之，再对两者运用秘惩(5.1)。

［16］若居于两强之侧，则他应防备迫切的危险。［17］或者，他应遁入一个要塞后，再施行贰端之策。［18］他应以和与战二策为目的[②]来采取行动。［19］他应对两强的奸臣、敌王以及丛蛮酋魁施以援手。［20］或者，他可靠近两强中某一个，再与他们一起，趁另一强发生灾患而打击之。

［21］或者，若同时为两强所侵扰，他应托庇于曼荼罗；或托庇于中王(6.2.21)；或托庇于中立王(6.2.22)。［22］与他[③]一起对［两强中］某一个施以援手，再摧毁另一强；或者将两者一并摧毁。

［23］或者，他若被两强摧毁，可向中王、中立王或与其阵营[④]

都城（参见 7.3.33）。夺取基业，即完全消灭对方。这一句是阐述上一句中"或托庇于两者"这个策略的具体做法。CŚ 解释道："（居于两强之间的国王）分别对两强国的国王说：'您是我的保护者，因着您的保护，另外那个国王才不得灭我。'然后再托庇于两强。"即先托庇于两强，然后再挑拨两强的关系。

① 彼此之间的流言（parasparāpadeśam）：直译应为"［对两强］分别强加彼此之敌意"。即：对两者都谎称彼此要为害对方，强加两者彼此间的敌意（CŚ：parasparāpadeśaṃ parasparasyāpakartṛtvāropo nimittam）。

② 以和与战二策为目的（saṃdhivigrahakramahetubhir）：直译应为"以和与战二策为因由……"。实际上，"目的"和"因由"在这里指一回事（行动之所起者）：眼前采取贰端之策是不得已，将来还是需要达到能与诸强或和或战的地步。据坎格尔，krama 在复合词中没什么用，因此他认为 CBh 本中出现的异文 saṃdhivikramahetubhir（凭借和与战的原因）可能更符合作者意图。根据 CŚ，这句话实际是指前一章谈到的关于和与战的时机：何种情况，应选择和策致兴盛；以及何种情况，应选择战策致兴盛（参见 7.1.32-33）。

③ 指欲胜王自己所托庇的中王或者中立王。

④ 其阵营（tatpakṣīyānāṃ）：直译为"倾向于他的""与他一党的"。这里的"其"，可能指欲胜王自己（在两强相迫之下，托庇于自己一派中那行止正直的国王），也可能是指中王或中立王（托庇于与中王或中立王一派的国王），但更可能是指眼下正逼迫欲胜王的两强中的某一个，即：欲胜王托庇于两强一党中某个行止正直的国王，可以借着该国王与两强的关系免于毁灭——找一个正直的国王，免于被对方直接出卖。

中那个行止正直的国王寻求庇护。[24]在诸多同等正直的国王中，他应托庇于这样的[国王]：其王国的诸要素$_{(6.1.1)}$能给他带来福祉；或者居留于该国能让自己重新兴起；或者该国是自己先人惯于去的〔或其国王与自己有很近的关系；或其国王有很多极强大的盟王〕。[①]

[25]喜爱他的国王和他所喜爱的国王，两者中他应向谁托庇呢？[②]他应去喜爱他的国王那里寻求庇护。——这是最好的托庇之道。

——以上是第七篇“六策”第二章“托庇”。

第三章

第101目：对等齐王、弱王、强王采取不同策略

[1]欲胜王应考虑到自己的能力$_{(6.2.31,\ 33)}$来运用六策。[2]他应与等齐王或强王议和，与弱王求战。[3]因为，与强王交战，好比[人]徒步与象相斗。[4]与等齐王交战，好比两个陶钵生坯相碰撞，对彼此都造成损失。[5]与弱王交战，好似石头与陶罐相碰，他可以获得完全的成功。

① 原文中：从“或者该国是自己先人惯于去的”到结束的整句话，和前面两个分号连接的句子并列，为第三种情形(即：方括号中的内容是与“该国是自己先人惯于去的”平行的选择)，读者须细致看过。

② 直译应为：“对他亲善的国王和他对之亲善的国王，两者中他应向谁托庇呢？”但略拗口。

［6］若强王不肯议和，则他应采取“领兵归顺者之行止”(7.15.21-30)或“弱王”(12)［中所说的策略］。

［7］若等齐王不肯议和，那么，对方给他造成多少损害，他也应以牙还牙。［8］因为，炽热乃是和合之因。[①]［9］一块未烧红热的铁不会与另一块铁相和合。

［10］若弱王在各方面都保持顺从，他应该对其采取和策。［11］因为，悲痛和激愤触发的奋勇好比森林之火焰，令人奋勇向前。［12］再说，曼荼罗中其他诸王会对他施以援手。

［13］处于和平时，若他看到：“对方的臣民贪婪、穷困并且好作乱[②]，只因为害怕又被抓回才不投靠我。”那么，他即使是弱王，也应向对方求战。

［14］处于战时，若他看到：“对方的臣民贪婪、穷困且好作乱，只因为害怕战事才不来投靠我。”那么，他即使是强王，也应与对方议和；或者，他应平息他们对战事的恐惧。[③]

［15］若两国同遭灾患，若他看到：“我的灾患严重，而对方的灾患轻微。他轻易应对了自己的灾患后，就可以来攻打我。”那么，他即使是强王，也应与对方议和。

① 炽热乃是和合之因（tejo hi saṃdhāna.kāraṇam）：tejas 既指光焰、炽热，也指力量、强力或英勇；saṃdhāna（saṃ-√dhā）既指物理意义的接合，也指缔约。下文第 11 句中，tejas 为奋勇，亦为火焰。

② 作乱（apacarita）：来自 apa-√car，指行为不端或犯罪（参见 1.8.17；4.12.30），坎格尔认为这是臣民们对国王不忠和有叛意，似乎略有些过于引申。贪婪且穷困的话，确实易于作乱，但不一定都是谋反。

③ 即：若对方的民人有意投靠欲胜王，但又害怕战事，那么，（一）欲胜王即便是更强的一方，应当与对方议和，以争取那些人的投靠；（二）不议和的话，也要消除这些想投靠过来的人对战事的恐惧。

［16］无论是实行和策还是战策，若不能看到对方的衰落或自身的增进，他即使是强王，也应静待。

［17］若看到对方遭受无法应付的灾患，他即使是弱王，也可以往征。

［18］他即使是强王，若遭受无法应付的、迫切的灾患，也应托庇于人。

［19］他若看到：一方面实行和策、一方面实行战策可令自身事业增进，即使是强王，他也应采取二端之策。

［20］对等齐王来说，六策的运用也是如此。

第 102 目：弱王之和约

［21］但这中间有特别的情形：

［22］弱王若被一个开动了军队的强王击败，他应马上以库财、军队、本人以及土地向对方求和。

［23］国王亲自［为质］，连同一定数量的军队〔或以全部军力］侍奉对方，这被认为是“自充鱼肉”和约[①]。

［24］以军队统帅或王子［为质］侍奉对方，这可以称作“他人为质”和约，因不是亲自为质，故国王自身得以保全。

［25］国王本人或军队单独开到别的地方，这可以称作“不

① “自充鱼肉”和约（saṃdhir ātmāmiṣo）：ātmāmiṣa 为“自身作肉作食”（与中国古语“我为鱼肉”同一机杼）。另外，以下提到的和约，都是站在弱王的立场上命名，这也是为呼应本目的标题。

见人”和约[1]，如此，军队统帅和国王本人都得以保全。[2]

[26]在前两种和约中，他应[用本国]枢臣与对方女子联姻[3]；在后一种和约中，他可以秘密除去敌王。——这就是领兵归顺这种和约的几种情形。

[27—28]通过交出库财而令王国其他要素(6.1.1)获得解免，这就成了“赎买”和约；而同样的和约：随一方方便，一批一批地分多次缴清，被认为是“恩赎”和约；而限定地点和时间缴清的，为“罚赎”和约。[4]

[29]如果需贡献的财物数量[对弱王来说]在将来可承受，又因为女子和亲让双方好歹可因信任而结为一体。——这就成了“黄金”和约。[5]

[30]与此相反的是“土陶”和约，之所以这么叫，是因为[一

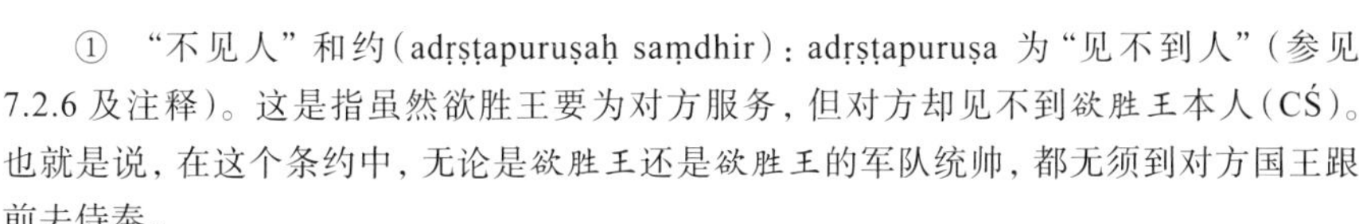

① “不见人”和约(adṛṣṭapuruṣaḥ saṃdhir)：adṛṣṭapuruṣa 为“见不到人”(参见 7.2.6 及注释)。这是指虽然欲胜王要为对方服务，但对方却见不到欲胜王本人(CŚ)。也就是说，在这个条约中，无论是欲胜王还是欲胜王的军队统帅，都无须到对方国王跟前去侍奉。

② 坎格尔解释说，假如欲胜王领小部分军队去另一个地方，而军队到另一个地方去(由军队统帅或王储统领)。这种和前面几个和约相比，特点在于：国王或者军队统帅的任何一个都可以为质，而且为质者不需要到对方国王近前，而是去别的地方去(为对方做事)。

③ 这里明显是指第 24 句中的王子或军队统帅与对方强王家的女子联姻。CŚ 认为是为赢取强王信任，本国枢臣之女往适强王，似与前文不谐。

④ 第 27—31 句五颂说的是四种用“贡献库财”(kośadāna)的方法求和的“赎买和约”(parikrayasaṃdhi)。第 27—28 句介绍了其中两种：根据交付贡献规定的宽严不同，一是“恩赎”和约(upagrahasaṃdhi)，可以根据进贡方的方便而随意缴付；一是“罚赎和约”(atyayasaṃdhi)，限定了地点和时间，是相对严厉的一种(CBh)。

⑤ 这一颂直译出来比较拗口。大致意思是：强王所要求的贡献是弱王可负担的，因而弱王也乐于接受。在这种情况下，即使哪一方(一般是弱王)被要求用女子和亲做人质，但双方至少能达成互相信任而制造出和平局面，这就是“黄金”和约。

方]索取太过。[①] 在前两种和约中，他应进贡林产，或下过药的象和马[②]。

[31]在第三种和约$_{(7.3.29)}$中，他应[如实]交割财物；在第四种和约$_{(7.3.30)}$中，他应告诉对方自己事业不顺利，以此拖延。——这是以库财奉人的各种和约。

[32]为保护王国其他要素$_{(6.1.1)}$而割让国土的一部分，是"指定"和约[③]；这是意图用暗差和盗贼损害对方的国王所希望的[那种和约]。

[33]将除了基业$_{(7.2.14)}$之外所有土地的财富都带走之后，再割让出去，为"焦土"和约[④]；这是意图让对方遭受灾患的国王所希望的[那种和约]。

[34]通过贡献[土地上]的收益，以期[对方]放弃割占土地，为"租赁"和约；土地所出所有收益均被贡献出去，为"竭损"和约[⑤]。

[35]在前两种和约$_{(7.3.32-33)}$中，他应观望；而在后两种和

① 比如，强王让弱王立即交出全部的库财（CBh），这和上面所说的弱王可以负担的"黄金和约"刚好相反，叫"土陶"和约。

② 即第27—28句中的"'恩赎'和约"和"'罚赎'和约"。另外，据注家，下毒的技巧在于：给贡献的象和马下两三个月内能死去的毒（CŚ：dvitramāsāntaramaraṇānukūlaviṣaproyogayuktam）。

③ "指定"和约（ādiṣṭasaṃdhi）：ādiṣṭa意为"被指点/命令"。各注家与译家均为详细解说为何割让一块土地的合约叫"'指定'和约"。《治术精要》也提到这类和约，似乎是说，之所以为"指定"和约，是因为胜利一方"指定"一块土地（*Nītisāra* 9.15）。

④ "焦土"和约（ucchinnasaṃdhi）：ucchinna本来指"被摧毁了的"，这个复合词直译应该是：用被摧毁了的土地订立的和约。

⑤ "竭损"和约（paridūṣaṇa）：dūṣaṇa意为"为害、为恶"；paridūṣaṇa则是尽力为害之意。

约中，他应采取“弱王”(12)［中所说的策略］，取走土地的收益。——这是以国土奉人的各种和约。

［36］在这里，结合了地点和时间，并根据事业之情势而解说了三类［适用于］**弱王**的和约，应与“弱王”(12)［中所说的策略］结合使用①。

——以上是第七篇“六策”第三章“对等齐王、弱王、强王采取不同策略”“弱王之和约”。

第四章

第 103 目：战后静待

［1］现在来说和与战［两种局面下的］静待与往征。

［2］静住、静待、观望是静待的同义词。②［3］区别则是：只具有某一方面的优势③时，［采取的静待之策］为静住；为达成自身国

① 应与……使用(ābalīyasikāḥ kāryās)：“应放到‘弱王之行止’中去”(坎格尔)；“应当与‘弱王之行止’配合使用”(奥利维勒)。笔者按：ābalīyasika 指“与弱王行止(ābalīyasa)相关的”(“弱王之行止”当指第十二篇全篇内容)，那么，结合整颂的意思，作者似乎想对自己的教导对象(作为弱王的欲胜王)，这应当与第十二篇内容结合起来理解和使用。——奥利维勒说似乎更好。

② 静住、静待以及观望原词分别为：sthāna、āsana 以及 upekṣaṇa。另外，似乎作者把静住、静待和观望都看成是“静待”策略中的三个略有些区别的做法。前一个“静待”(āsana)似乎是狭义的(下一句对这一策略含义有专门解释)，而后一个是广义的“静待”，它包含前三种策略。

③ 某一方面的优势(guṇaikedeśa)：某一方面或某一部分的卓越、德性或优势。7.1.16 有类似复合词 guṇātiśaya，意谓具有全面的优势。在这里，都是针对构成王国的

力增进之目的，[采取的静待之策]为静待；不运用任何策略，[这种静待之策]，为观望。

[4]敌人与欲胜王两者，若都想对对方占先[①]，且都不能损害对方，那么，应在求战后再采取静待之策；或应在议和之后采取静待之策。

[5]一旦他看到“凭我自己的军队，或盟王与丛蛮酋魁的军队，我就能削弱[这个]等齐王或强王”，那么，他在完成内外地区的事务后，可先对对方采取战策，然后静待。

[6]或者，一旦他看到“我国的要素具有精进力、紧密联系且十分强大，将会毫无阻碍地进行我自己的事业，或将损害对方的事业”，那么，他可先对对方采取战策，然后静待。

[7]或者，一旦他看到以下情形，那么，为了阻止对方的增进，并显示自己的威势，他应先对对方采取战策，然后静待：

〔一〕对方的臣民好作乱、穷困、贪婪〔或为他们本国军队、盗贼以及丛蛮所侵扰〕，将主动〔或经过我的煽动后〕来投靠我；

〔二〕我国的生计手段充裕，而对方的生计手段匮乏，其臣民为饥荒所苦，将会来投靠我；

〔三〕我国生计手段匮乏，对方生计手段充裕，而我方臣民不

那几种要素而言。这句话的意思可能是说：因为只有某一方面的优势，因而虽不至于为人所攻击，但也不能进取，只能“静住”。

① 占先（atisaṃdhāna）：来源于动词 ati-saṃ-√dhā，在《利论》中含有占先、占优、欺骗、骗过、得胜、（计谋）得售等丰富含义。也是欲胜王在外事中各种策略的目标。因此，这个词的名词、动词等各种形式会在后半部分大量出现，笔者在译文中会根据表达的合适选择汉语字汇，并加楷体标出。另外需要注意的是，saṃ-√dhā 指缔约、议和、和约，而加上 ati 之后，它在字面上指一段关系中的“过约”“出格的条约”这类意思。因此，ati 实际带有很强的策略意味。

会去投靠他，如果对其采取战策，我将可以去掠取其粮食、牲畜和钱财；

〔四〕或者，一旦双方采取战策，我将抵制住对方那些损害我国货物的货物[①]，或者，贵重的货物会由他的商道到我这里，而不会到对方那里；

〔五〕或者，对对方采取战策后，他将无暇弹压其奸臣、敌王、从蛮酋魁，或者他倒和他们[②]开战了；

〔六〕他已往征我真正的盟王(7.9.43)，将在极短时间内以极微小的损失和耗费(9.4.1-2)获得财利，或取得易于夺取的丰饶土地；

〔七〕或者，他对我毫无顾忌，调集举国兵力而意欲往征，如何他才不往征？[③]

[8]诸先师说："对方会转过身来将他吞噬。"[9]憍底利耶说："不。[10]如果他自己没有遭受灾患，那么仅仅是被削弱；但若对方因[获取了]其敌王增进[的果实]而更加强盛，那倒是可能摧毁他。"[11]如此一来，对方的可伐之王(6.2.16)未被摧毁，就会对他施以援手。[12]因此，他对调集举国兵力的敌王应采取战策，然后静待。[④]

① 这个损害就是：对方进来的货物影响了欲胜王自己货物的销售（CŚ）。

② 指前半句中对方本国的那些"奸臣、敌王、从蛮酋魁"。

③ 如何他才不往征？（kathaṃ na yāyāt）：这是欲胜王问自己的话，答案当然是向对方求战，从而阻止对方往征。坎格尔把这句话看成陈述句，理解为"无论如何他不可往征"，似误。

④ 第8—12句：诸先师和憍底利耶讨论的背景是〔七〕中提到的情况：对方若完全不顾忌欲胜王，而调集举国兵力往征其敌王（欲胜王的盟王；亦即第11句中"对方的可伐之王"），欲胜王因此对之采取战策并静待。诸先师认为这样不行，因为对方转过身来就会消灭欲胜王。憍底利耶认为欲胜王不能对此坐视不管，他的理由是：欲胜王只要

第 104 目：和后静待

[13]采取战策然后静待的机由[如上述]，若是相反，他应与对方议和，然后静待。[①]

第 105 目：战后往征

[14]他若凭战策后静待的各种机由积聚了国力，就可对已调集举国兵力[准备往征的国王]之外的[国王]采取战策，然后往征。[②]

[15]或者，一旦他看到如下情况，他应先向对方采取战策，然后往征：

〔一〕对方遭遇灾患；

〔二〕或者，对方某一要素遭到灾患，无法凭其他要素来应对周济；

〔三〕或者，其臣民为本国军队侵扰、离心、疲敝、缺乏精进力，

没有遭受灾患，那么，对方就只能削弱欲胜王，而不是消灭；反倒是听任对方往征得胜并强大了，欲胜王才有覆灭的危险。而欲胜王如果对对方采取战策，则对方的可伐之王则得以保全，然后对欲胜王施以援手。笔者按：第 8—12 句中的“他”均指欲胜王；对方指欲胜王敌王；第 10 句中的“其敌王”与第 11 句中“对方的可伐之王”是第三国：即欲胜王的盟王，“对方”的敌王。

① 这句话直译应为：若与采取战策后静待机由相反……。上面第 7 句中说到的各种情况是欲胜王需要采取开战然后静待策略的，这些都是为了妨碍敌王的事业。那么，相反的情况就是，假如欲胜王为了保全自己的事业，则需要与对方议和，然后静待（CBh）。

② 采取战策然后静待，而并非实际打仗，这样积累了国力之后，就可以某个国王为敌，然后就“往征”（即着手准备征伐）。其中，sarvasaṃdohavarjaṃ 应该是指“已经调集所有兵力[准备往征的国王]之外的[国王]”，因为前面第 7 句提到，对于“已调集举国之兵意欲往征的国王”，欲胜王应采取战策后静待（坎格尔）。但奥利维勒认为是在告诫欲胜王自己：不要调集举国之兵，似乎将这个短语理解为状语。两种理解在字面上都说得通，但作者意图不确定。译文从坎格尔说。

或彼此分散，易被我诱来相投；

〔四〕对方的力畜、人口、储积以及防御措施因火、水、瘟疫或饥荒灾害而衰敝。

［16］或者，一旦他看到如下情形，他应先向对方采取战策，然后往征：

我的盟王和吁助王(6.2.18)，其臣民都勇武、强大且忠诚，而敌王、背面攻击者(6.2.18)和背面攻击者之增援王(6.2.18)，其臣民刚好相反。盟王向背面攻击者之增援王求战，或吁助王与背面攻击者开战之后，我便可以往征了。[①]

［17］一旦他看到自己能在短时间单独夺取的果实，他可以先对背面攻击者及背面攻击者之增援王采取战策，然后往征。

第106目：和后往征

［18］相反的情况下，他应先与对方议和，然后往征。

第107目：共同往征

［19］或者，一旦他看到“我应往征，但又无能单独往征”，这种［情况下］，他应先与联盟(7.5.38-49)中的等齐王、弱王、强王联合起来，然后往征：若是只往征一处，则分取的份额是［事先］约定好的；若是往征不止一处，则分取的份额不［必事先］约定好。［20］若是他们之间没有联盟关系，他可凭约定的份额向诸王中任何一个请求

---

① 以欲胜王为中心的诸国国王的关系，请详细参见6.2.18及相关注释。这里说的是，欲胜王先令自己的盟王与自己背面攻击者之增援王开战，或者吁助王（从背面）牵制住自己的背面攻击者之后，没有什么顾虑，便可以往征了。

[出]兵；[21]或者，他可[承诺]以联合往征的[方式]回报他们：收益若一定，分约定的份额；收益若不定的，分收益的一部分。[①]

> [22]按兵力定份额是第一种[②]做法，按功劳定份额是最好的做法；或者，各自所掠得的战利品，各归各；又或者，就按各自投入定份额。

——以上是第七篇“六策”第四章“战后静待”“和后静待”“战后往征”“和后往征”“共同往征”。

第五章

第108目：对于进攻可伐之王和敌王的考量

[1]若两个邻王都陷入灾患，他应去往征可伐之王(6.2.16)还是敌王？他应先往征敌王；待功成，再往征可伐之王。[2]因为，在讨伐敌王时，可伐之王会对他施以援手；[而反过来，在征服可伐之王时]，敌王则不会[对他施以援手]。

---

① 即：在这种情况中，实际是欲胜王雇用其他国王来进行征伐，雇用的成本就是征伐的战利品。站在欲胜王的立场上，若他认为往征的预期收益是一定的，他应该分给对方谈好的份额（这也是不变的）；若收益不一定，则分实际收益的一部分给对方（这是可变的）。

② 第一种（pūrva）：最初的、第一的。它似乎和后面的 uttama（最好的）略有比较的意思，因此可以理解为“最低的”（坎格尔注释；奥利维勒）。同时，应注意的是，“最低的”来源于“最初”“最原始”这类意思，因此这里也可以理解为“惯常的、古老的、原始的”这类意思（类似用法见 Ṛv 1.89.3；1.123.2）。

［3］［他应往征］遭受严重灾患的可伐之王，还是往征遭受轻微灾患的敌王？诸先师说：“他应往征遭受严重灾患的可伐之王，因为这样更容易。”［4］憍底利耶说：“不。［5］他应往征遭受轻微灾患的敌王。［6］因为，对于受攻击一方来说，即使是轻微的灾患，也会变得严峻。［7］当然，严重的灾患，会变得更加严重。［8］但是，遭受轻微灾患的敌王若未受攻，那么他就会轻松地应付灾患，然后增援可伐之王；或在背面攻击欲胜王。”

［9］若同时有多个可伐之王，他应往征哪一个：是遭受严重灾患但行止正直的那个，还是往征遭受轻微灾害但行止不端且遭其臣民离心的那个？如果是这样，他应往征遭其臣民离心的那个。［10］［因为］，遭受严重灾患但行止正直的那个可伐之王遭到攻击，臣民们会对其施以援手；遭受轻微灾害但行止不端的那个可伐之王［遭到攻击］，臣民会漠然置之。国王再强大，离心的臣民也会令其覆灭。［11］因此，他应往征那个遭其臣民离心的国王。

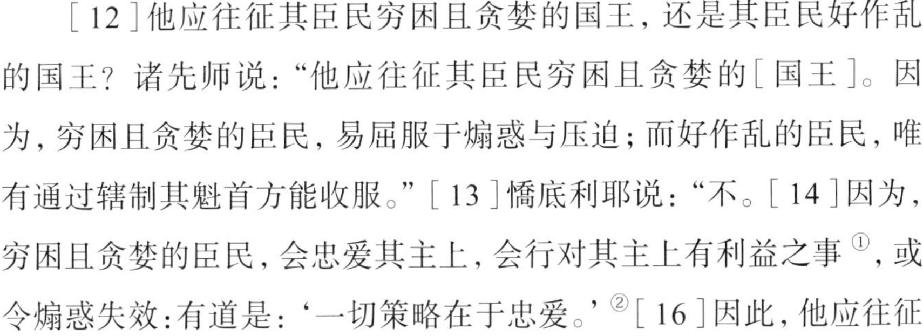

［12］他应往征其臣民穷困且贪婪的国王，还是其臣民好作乱的国王？诸先师说：“他应往征其臣民穷困且贪婪的［国王］。因为，穷困且贪婪的臣民，易屈服于煽惑与压迫；而好作乱的臣民，唯有通过辖制其魁首方能收服。”［13］憍底利耶说：“不。［14］因为，穷困且贪婪的臣民，会忠爱其主上，会行对其主上有利益之事①，或令煽惑失效：有道是：‘一切策略在于忠爱。’②［16］因此，他应往征

① 会行对其主上有利益之事（bhartṛhite tiṣṭhanti）：直译应为“会坚持于其主上的利益”。

② 一切策略在于忠爱（anurāge sārvaguṇyam）：guṇa 为德性、功德（aretē），迈耶、坎格尔都将其译为“一切德性在于忠爱”。奥利维勒说，这里的 guṇa 可能是“策略”的

其臣民好作乱的国王。”

［17］他应往征那个强大但行止不端的国王，还是那个弱小但行止正直的国王？他应往征那个强大但行止不端的国王。［18］［因为］，强大但行止不端的国王遭到攻击，臣民不会对其施以援手，他们会将其驱逐或投靠其敌王；而弱小但行止正直的国王遭到攻击，臣民会尽全力助他，或跟随他出奔。

第 109 目：臣民穷困、贪婪、离心之原因

［19—26］因为，漠视良善之人与宠遇小人、开未曾有且不合乎**法**的伤害之端；废止一直存在且合乎**法**的习俗、溺于非**法**与障碍**法**；行不当行之事、毁败当行之事、当偿付［与人］而不偿付、不当攫取而攫取；不惩罚当被惩罚者、惩罚不当被惩罚者、拘执不当被拘执者、放过应被拘执者；[①] 行无利之事、妨碍有利之事、不能护臣民免于盗贼、亲自劫掠［臣民］；隳废

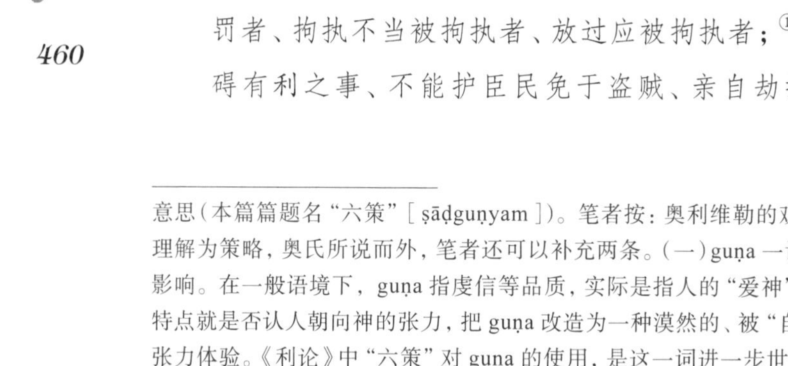

意思（本篇篇题名“六策”［ṣāḍguṇyam］）。笔者按：奥利维勒的观察很敏锐，这里应被理解为策略，奥氏所说而外，笔者还可以补充两条。（一）guṇa 一词受数论“三德”之说影响。在一般语境下，guṇa 指虔信等品质，实际是指人的“爱神”张力，而数论的最大特点就是否认人朝向神的张力，把 guṇa 改造为一种漠然的、被“自性”（prakṛti）强加的张力体验。《利论》中“六策”对 guṇa 的使用，是这一词进一步世俗化、内在化的后果：人神间张力（相信、爱）→我与非我、我国与非我国之间的张力（手段、策略）。在这个过程中，无限的目的（神）转变为有限的目的（世事），作为德性的虔信也成为了作为手段的策略。（二）憍底利耶认为一旦臣民忠爱其主上，则不得随意讨伐，将这句话作为原因提出，这是指对方即便什么策略也不使，但臣民忠爱国君，也胜于使用一切策略。如此解释方得通畅。但如果将其译为德性，则在这个语境中毫无着落。另外，要注意后面还有大段文字来讨论忠爱的问题。

① “不惩罚……拘执者”：史诗与法论有类似的话，参见 MBh 12 附录 I（8.17）及 Mn 8.128。

臣民之劳力、毁败已成之事功、打击势人[①]、不尊奉当被尊奉之人；忤逆长者、处事不公、欺谬诡诈、于既成之事当应对而不应对[②]、于已决定之事而不执行；国王的疏忽和懒惰，以及毁坏获取与持守(1.4.3)。——[因这些缘由]，臣民的贫困、贪婪、离心得以产生。

[27]民穷则贪，贪则离心，离心则或投敌王，或弑其主上。

[28]因此，他不可让[这类令臣民]穷困、贪婪和离心的机由出现；或者，若已出现，他应立即对治之。[③]

[29]穷困、贪婪、离心的臣民[分别又如何]？[④][30]穷困的臣民，因害怕侵扰和毁灭，更倾向于立即议和、开战或逃离；[31]贪婪的臣民，因贪欲强而无餍足，会积极响应对方的煽动；[32]离心的臣民，会倒戈以策应对方的进攻。

[33]三者中，钱粮的匮乏破坏一切，且补救最难；力畜和人的匮乏则可以通过钱粮来补救。[34]贪婪发生于局部，只限于其魁

① 势人(pradhāna)："主持营修水利或要塞等事务的长官"(CŚ：setudurgādikarmādhyakṣāṇām)。也可能是指聚落中那些不一定是官员的大人物(参见1.13.15-21；1.13.26)。

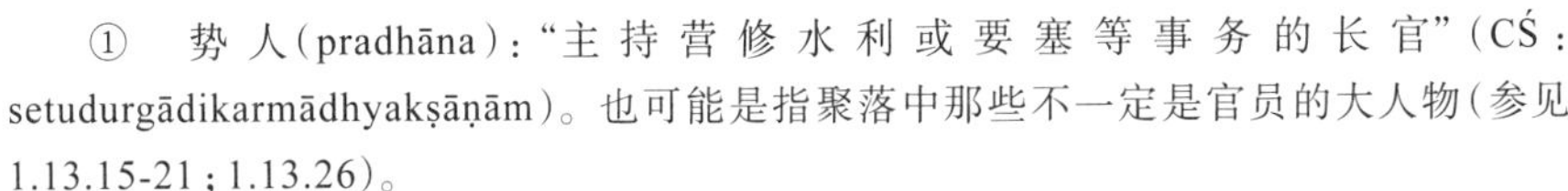

② 不应对(apratikāra)：可以指不应对已发生的灾患，也可以指不报答人恩义，或者不报仇。

③ 这段讨论臣民的离心等问题，是呼应了上文第14句中的格言"一切策略在于忠爱"。奥利维勒看到了guṇa应为"策略"，却认为这段异常，是后来的编订插进去的部分，是不深思之故(奥利维勒译本导言中的"编订"一说本属无稽。而且他一提出"编订"说后，但凡遇见略显"异常"的段落篇章，都往"编订"上轻轻一推。须知《利论》不是为现代《利论》学者所作。学者研习《利论》，不能只顾眼底金屑，而不知水中盐味。离作者意图而漫说篇章文法，俱为戏论)。实际上，本篇说策略，而憍底利耶又认同忠爱为一切策略之首，自然要说离心机由，以为欲胜王戒。

④ 三者是按照后果严重性的顺序列出(CŚ：gauravakrama)。

首，能借敌王的财物平息[①]，或能控制[②]下来。[35][臣民的]离心可以通过弹压其魁首来解决。[36]因为，没有魁首的臣民容易制服，不易被敌人离间，但同时也不能忍受危局[③]。[37]不过，通过施惠于诸长官而将臣民分成多个群体后，就得到了保护，从而能忍受危局。

第110目：对联盟之思考

[38]即使在联盟[诸王中]，他也应先在考察战与和的诸般因由[④]之后，再与强大且端直的国王会盟，然后再行往征。[39]因为，强大的国王有能力从背面攻击，或在征伐中给予帮助；而端直的国王，无论是成功还是失败，都会为其所当为[⑤]。[⑥]

① “可以用往征等方法获取财物，再以这些财物平息这部分人的贪婪”（CŚ）；“将贪婪转嫁到敌人财物上”，两者相较，奥利维勒说胜。因为欲胜王可以利用这些人的贪婪来攻打敌王。

② 控制（ādātum）：这个不定式意义略晦涩。CŚ解释为“能被诸官长自己控制”（mukhyapuruṣaiḥ svayaṃ grahītuṃ ca śakyaḥ），但这是不可能的。而坎格尔译为“能被消除”，让ādā具有“消除”的意义还是略生硬，于情理也不通，所以他自己也在注释中解释说，兴许ādātum是指国王通过“给予”（dā）来满足这一小部分人的贪欲，但这句话的主语是“贪欲”（lobha），而ādātum既没有“给予”的意思，也没有“满足”的意思，因此他注释中的话也难以成立。相反，CŚ虽意思理解有问题，但将ādātum训为grahītum（控制）是较满意的。

③ 不能忍受危局（anāpatsahās）：一旦发生灾患，臣民会弃国王而去（CŚ）。

④ 战与和的诸般因由（saṃdhivigrahakāraṇāni）：与联盟中诸王到底是战还是和？以及为什么？这是欲胜王在会盟前应先考虑的。

⑤ 为其所当为（yathāsthitakārin）：“为其所当为”（CŚ/CBh：nyāyyam anutiṣṭhati）；“行得体之事”（迈耶），似乎采用了CŚ的意思；“按事先约定行事”（坎格尔；奥利维勒），仅仅就字面来说，三者都各有其道理。不过，在这个语境下，既然作者提到正直这种品质，又提到无论成功还是失败，似乎暗示了另外一种背信弃义的做法（比如41句提到和强王一同往征的威胁），在这个意义上，CŚ/CBh和迈耶的理解较好。再者，“为其所当为”已经将“按事先约定行事”包括在内。相较之下，坎格尔和奥利维勒的理解反而显得局限。

⑥ 欲胜王要强大的国王和端直的国王一同往征。选择强大的国王，是为了避免

［40］［在联盟诸王中］，他应与一个强王[①]还是与两个等齐王(6.2.35)会盟之后往征？与两个等齐王会盟后往征更好。［41］因为，他会被强王所辖制；而与两个等齐王往征，有更多占先(7.4.4)的机会。［42］因为，二者能轻易被离间；而且，有异心者能轻易被另外两个节制，或能轻易被离间计挫败[②]。

［43］［在联盟诸王中］，他应与一个等齐王，还是与两个弱王会盟后往征？与两个弱王会盟后往征更好。［44］因为，两个弱王可以做成两件事，且保持顺服。

［45］但是，若［往征］事业取得成功：

达到了目的的强王若是奸诈的，他自己应以借口秘密地离开；若是端直的，他可等到这强王放他走。

［46］或者，先将女眷带到别处后，应奋力从伏击位置[③]撤

强大的国王趁自己出征时候从背面来袭，同时强大的国王也是征事中的好帮手；选择端直的国王，则是因为这样的国王靠得住。

① 上一句“强大的国王”是 śaktimān，是泛指有力量的国王；这里的“强王”是 jyāyān，是指比欲胜王自己强一些的国王。两者不必定等同，还请读者注意。

② 被离间计挫败（bhedopagrahaṃ copagantum）：bhedopagraha 字面上可理解为“为离间计所抓”，实际就是“中离间计”，因此，这一小句或许可以直接译为“中离间计”（upagam 只是“遭受”或“经历”之意，可不译出）。另外，upagraha 也有“失败”和“被挫”之意（参见 *Mudrārākṣasa* 4.2）。

③ 伏击位置（sattra）：隐蔽［自己］并伏击［敌人］的位置。从 10.3.24 所列举来看，是指可以掩护自己对对方发动突袭的地点、时间或天气条件等。坎格尔认为 sattra 泛指“危险情势”，既不确切，也不准确。首先，这么说不确切。10.3.24 确切地列举了多种 sattra，它们本身并不具有危险性：欲胜王与等齐王一同往征别国，获得成功后，作者建议欲胜王先转移女眷，再把军队从 sattra 撤出，不是因为 sattra 本身危险，而是因为害怕等齐王在 sattra 对自己又反戈一击，所以这危险并不是 sattra 本身的属性，而在于等

出。因为，即使对方只是一个**等齐王**，若达到了自己目的，信任他的人也会有危险。

[47]即使只是**等齐王**，达到了目的之后也会变成**强王**；实力得到增拓后，就变得不可靠，而国势增进会令人心意改变。

[48]从一个更强的国王那里，即使只分得少许份额，甚至没分到份额，他也应面带满足地离开；然后，当对方在他控制下[①]时，先对其发动打击，再双倍夺回。

[49]然而，如果[**曼荼罗**]的**导者**(6.2.39-40)自己达到了目的，应遣回联盟诸王；他可以放弃[自己的份额]，且不压制诸王，如此，他会被**曼荼罗**中诸王所爱戴。

——以上是第七篇“六策”第五章“对于进攻可伐之王和敌王的考量”“臣民穷困、贪婪、离心之原因”“对联盟之思考”。

齐王。再者，这么说不准确。sattra 仅仅只是一个埋伏地点（或时间），它本身作为欲胜王及其等齐王伏击别人的掩护，恰恰是安全的。所以，文中意思是：两个国王联手伏击对方成功后，欲胜王应该防着等齐王的暗算，先要转移自己的女眷，然后把军队从自己原来和等齐王伏击别人的掩护地点（或时间）撤出，以防等齐王如法炮制又打击自己。

① 在他控制下（tasyāṅke）：CŚ 将 aṅka 训为“弱点”（randhra）。aṅka 一般指人坐着（尤其指女人坐着抱孩子，如 MBh 3.73.24）的时候，大腿和上身下部形成的弧，也指怀抱、心脏。引申的意义有可能是指“脆弱地带”和“弱点”，也有可能是指“控制之下”（调弄于怀抱之中，参见 *Mālatīmādhava* 5.8）。坎格尔举出了这个词在本书外两处的用法（参见 1.17.10；7.19.40），都是取“控制之下”的意思，这种解释较 CŚ 满意。

第六章

第 111 目：缔盟国之往征

[1]欲胜王可如是这般地对曼荼罗中第二个要素[①]占先(7.4.4)。[2]他可以劝诱邻王与自己缔约之后往征："你从这里出征；我将从那里出征；[我们]获利相等。"[3]若获利相等，则和；若获利不等，则战。[②]

第 112 目：有限制与无限制的和约、与背弃者的和约

[4]有有限制的和约，也有无限制的和约。

【甲】有限制的和约

[5]"你出征到这个地区，我将出征到那个地区。"——这是限制地域的和约；[6]"你在这期间行动，我将在那一期间行动。"——这是限制时间的和约；[7]"你完成这么多事情，我将完成那么多事情。"——这是限制事务的和约。[③]

---

① 第二个要素(dvitīyāṃ prakṛtim)：即国土与欲胜王的国土紧邻的任何国王(6.2.14)，他是欲胜王的邻王，也是天然的敌王(6.2.19)。下文第二句中的"邻王"，亦即第一句中的"第二个要素"。

② CŚ/CBh 解释这两种情况说：获利相同，则双方国力亦相同，故应和；若欲胜王获利较多则变强，故可以战。坎格尔所说，假如欲胜王获利更多的话，已经达到了占先的目的，似乎不必再战。但获利更多则变强，变强了再战，也是自然而然的事情。

③ 这是欲胜王在与自己的邻王(亦即天然的敌王)缔结各种协约。这里面的"这""那"，一个是 etad，一个是 idam，其实都是近指"这"，etad 所指比 idam 更近，所以将前一个译为"这"，后一个译为"那"。

［8］或者，如果他认为："对方将往征这样的地区：带山岳要塞、林泽要塞或江河要塞(2.3.1-2)；为丛林所阻隔；粮食人力补给与援军(10.2.6-7)被切断；草料、柴火和水极匮乏；完全陌生、偏远且其民人含敌意；或其地不适合军队行动。[①]而我则相反。"那么，在这种情形下，他应同对方订立限制地域的和约。

［9］或者，如果他认为："对方将在这样的时间出征：其间有过多雨水、过热或过冷；其间充斥各种疫病；其间粮食和其他物用耗尽；其间不利于军队行动；对于完成事功来说不够或太冗长。而我则相反。"那么，在这种情形下，他应同对方订立限制时间的和约。

［10］又或者，如果他认为："对方将完成这样的事业：容易得而复失[②]；招致臣民叛乱；花去太长时间；［造成］很大损失与耗费(9.4.1-2)；微不足道；贻害于将来；或导致痛苦[③]、不合乎法、为中王或中立王所反对，或损害盟王。而我则相反。"那么，在这种情形下，他应同对方订立限制事务的和约。

［11］如此，通过限定地域和时间两者、时间和事务两者、地域和事务两者，以及地域、时间和事务三者，［再加上述三种］，共有七种有限制的和约。

［12］订立了这样和约的情况下，他应提前着手和建立自己的事业，再对对方的事业进行攻击。

---

① 以上分号隔开的短语都是描述对方将要往征的"地区"的。

② 容易得而复失（pratyādeya）：因难以守护而（复）为人所夺返（CŚ/CBh），亦即"容易易手的"（参见 5.1.21）。

③ 导致痛苦（akalya）：实行之时产生痛苦（或苦难）（CŚ：anuṣṭhānakāle 'pi duḥkhakaram）。

【乙】无限制的合约

[13]或者，[欲胜王]若想对一个或邪僻，或轻率，或惯于蔑弃他人，或懒惰，或无知的敌王占先(7.4.4)，可与对方订立一个不限制地域、时间或事务，而只说“我们双方缔约”[1]的和约，以取得信任，发现对方的弱点之后，再对其进行攻击。——这就是无限制的和约。

[14]关于这个，还有：

[15]聪明的[欲胜王]可令自己某个邻王和另一个邻王交兵，将再一个邻王的友党完全割裂，[2]然后再夺取其土地。[3]

[16]和约[有以下情形]：欲要订立一个尚未订立之和约；遵守已订立之和约；违干已订立之和约；修复被破坏之和约。[17]战争[有以下情形]：公开战、诡计战[4]、秘密战。[18]以上[说的是]和约与战争。

① “我们双方缔约”（‘saṃhitau svaḥ’ iti）：即“我们双方为盟国”，这是一个能让对方产生信任的，仅仅在口头的和约（CŚ：vāṅmātrakṛtena sandhinā viśvāsam utpādya）。

② CŚ/CBh 认为，欲胜王让自己的一个邻王与另一个邻王处于战争状态，自己就可以乘机攻打第三个邻王（“再一个邻王”）。在这里，第三个邻王是欲胜王的目标。而那两个交兵的邻王，很可能是欲胜王想打的那个邻王的盟王，所以欲胜王需要他们互相交兵，断绝这位邻王可能获得的援助。

③ 坎格尔认为第 14—15 句并不符合这里的语境，但放在 7.4.16 倒很适合；另外他认为这两句也有可能是窜入正文的后人批注。

④ 诡计战（kūṭayuddha）：运用诡计的战争（参见 *Raghuvaṃśa* 17.69，在此意为“战斗中运用诡计”）。《罗摩衍那》中有“运用诡计战斗的人”（kūṭayodhin，参见 *Rāmāyaṇa* 1.19.7；6.36.20；6.40.15）。坎格尔译为“隐蔽的战争”，有误。另外，关于诡计战，可参见 10.3.1-25。

[19]对于之前没有的和约，通过和解等四法[①]以及后果来考察，并根据力量来确定等齐王、弱王、强王。——这是欲要订立一个尚未订立之和约。

[20]对于已订立之和约，双方都以对彼此亲善的方式来维护，按照彼此议定的限制[条款]来遵守，并通过[确定]“如何做才能不与对方破裂”这种方式来保持，这是遵守已订立之和约。

[21]通过奸臣欺骗的手段确定应该和对方破裂[②]之后违背和约，这是违犯已订立之和约。

【丙】与背弃者的和约

[22]与因过错而背弃[③]自己的臣工或盟王重归于好，这是修好被破坏之和约。

[23]在这种情况下[④]，去而复返[⑤]有四种情形：弃去和归返都有充分理由，还有与此相反的[情形]；弃去有充分理由但归返无充分理由，还有与此相反的[情形]。

① 和解等四法（sāmādi）：和解、施予、离间、惩治四种手法（即 sāmadānabhedadaṇḍās［详见 7.16.5-8］）。

② CŚ 认为，欲胜王与人订立和约之后，要以假充的本方奸臣去试探对方，假如发现对方有异心，便可以“确定对方不再值得联盟”（parasya sandhānānarhatvaṃ sthāpayitvā），然后决定违反这个和约。这个做法和前面对臣工的试探如出一辙（参见 1.10）。

③ 背弃（apasṛta）：为“弃……而去”之意。涉及臣工为“背弃”，涉及盟王则为“背约”。

④ 指“修复被破坏之和约”。

⑤ 去而复返（gatāgata）：先弃之而去，又重归于好（CŚ：gatvā pratyāgataḥ），指背弃或背约后又回头修好。

[24]因主公[①]之过恶而弃去，又因其德性而归返；因对方[②]的德性而弃去，又因其过恶而归返。——这是弃去和归返都有[充分]理由者，宜与之修好[③]。

[25]完全无视两者的德性[④]，[仅仅]因本人之过恶弃去与归返。——这是弃去与归返都无充分理由者，其为人心性动摇，不宜与之修好。

[26]因主公之过恶而弃去，又因自身之过恶而归返。——这是弃去有充分理由，但归返无充分理由者。对于此人，他应如是考虑："他是对方遣来为害于我，或是纯粹因自己的坏心眼[⑤]来为害于我？或者是他知道了我的敌王会加害对方的人[⑥]，因为怕被害而归返来？又或是敌人欲要摧毁我，他便弃其而去，因怜悯我而归返来？"[27]知悉[真相]之后，他应尊奉怀着好意的归返者，而远

① 主公(svāmin)：主人。这个词似乎暗示这四种情形仅仅是针对欲胜王的臣仆而言，但实际上，也针对别国国王(很可能是藩王)。

② 对方(para)：显然，这是指该臣仆或盟王弃去而投靠的有德性的其他国王。

③ 宜与之修好(saṃdheya)：适于订立和约的，适于议和的。这里也说到臣仆，因此泛泛地译为"修好"。

④ 即：归顺与弃去欲胜王及其敌王中的任何一方时，都不以人主德性为准。

⑤ 即："还是因为他惦记我之前伤害过他，从而因为自己的坏心眼而回来欲伤害我？"(CŚ：athavā mayā pūrvakṛtam apakāraṃ smaran svenaiva buddhidoṣeṇa mām apakṛtumkāma āgataḥ.)

⑥ 这里"对方"是指欲胜王自己。语境是：弃欲胜王而去的人投靠的人恰好是欲胜王的敌王，而欲胜王的这个敌王又惯于杀害从对方那里来的人(欲胜王与该敌王互为"对方"，故这里的para是指欲胜王自己)，该人就害怕欲胜王的敌人加害自己，因而回来寻求与欲胜王修好。如CŚ所说："他看到了我的敌人惯于杀害从他自己敌人身边来的人，而他自己刚好就是来自对方敌人那里的人(即来自欲胜王身边的人)，恐被加害故又归来投靠我(mamāmitraṃ śatrusakāśāgatapuruṣavadhapravṛttaṃ dṛṣṭvā svāmino 'pi śatrusakāśāgatatvād vadham āśāṅkamāna āgataḥ)。"

离怀着恶意的归返者。

［28］因自身之过恶而弃去，又因敌王之过错而归返。——这是弃去无充分理由，但归返有充分理由者。对于此人，他应如是考虑："他能救正我的缺陷[①]吗？对他来说，他习惯住在这里吗？他的眷属在敌国是不是生活得不舒服？他是否与我的盟王也缔约了？他是否与我的敌王也处于敌对状态？他是否忌惮对方的贪婪与凶暴，或忌惮与他［自己］敌人缔约了的对方[②]？"［29］知悉［真相］之后，他应根据他的心意来对待他。

［30］诸先师说："毁掉已做成之事、能力衰减、视学问为货物、因希望而产生怨望[③]、急切想周游列国、不被信任或与权势人物有隙。——这些是弃去的机由。"［31］憍底利耶说："畏惧、缺乏生计手段、愤懑，［这些都是弃去的机由］。"

［32］他应与在此为害者相绝；应与为害对方者修好；两边都为害者，他应像前面那样进行考量。

［33］然而，若必须要与一个不宜结盟的对象结好，那么，对方哪处有能力，他就应防着他哪处。

［34］在修复被破坏之和约时，他应将属于对方阵营但对

① 救正我的缺陷（chidraṃ me pūrayiṣyati）：直译为"他将能填补我的漏洞吗？"

② 这里牵涉到四方：欲胜王、这人（或国王）、欲胜王的敌王、这人（国王）自己的敌王。这个人（或国王）忌惮欲胜王的敌王与自己的敌王联盟，从而弃欲胜王的敌王而去，来与欲胜王修好。

③ 因希望而产生怨望（āśānirvedo）：本带着希望，因未得到满足而产生失落怨望。CŚ 举例：某人有某愿望，便请国王恩赐，而国王未赐予，于是就产生了失落怨望。

自己有帮助的人[①]安置于远处，一直保护到他寿命结束。

[35]或者，他可令此人攻击其主公；或者，若此人可靠[②]，可令此人统军对付敌王和丛蛮；或者，除此之外，也可将此人派遣到边地的一隅。

[36]或者，若此人不可靠，他应将此人当货物[出售给对方]，或者将一个可靠的人与此人一起[出售给对方]，假称[那个可靠的人]犯了这人所犯的过恶，以便他能与对方重修旧好。[③]

[37]要么，他应为了将来[不节外生枝]而将此人秘密处死；若发现归返者[回来]是为了将来杀害自己，他应将其杀死。

[38]从敌王处归返的人是一个危险，这是由于和敌王共处造成的；[与这样的归返者共处]等于与蛇共处，会为一直存在的恐惧所折磨。

[39]这样的归返者令人产生恐惧，即使以后也仍然会带

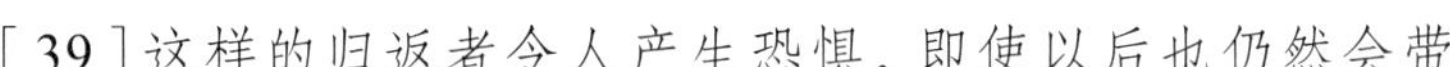

① 据 CŚ，这就是指先离欲胜王而去，又从欲胜王的敌人那里回来投靠的臣子或盟王。

② 可靠（siddham）：迈耶和坎格尔都理解为“他证明了自己牢靠”；CŚ 理解为“证明了自己具有军事才能”；从情理上来说，是否可靠似乎应该是更重要的因素。

③ 这一颂比较复杂。首先，假如一位归返者不可靠，欲胜王可以顺利将其卖给对方。或者，欲胜王也可以将一个可靠的归返者和这位不可靠的一起（siddhaṃ vā tena saṃvṛttam）卖给对方。怎么卖呢？就先谎称（ādūṣya）这位可靠的归返者犯下了那位不可靠的归返者犯的过错（tasyaiva doṣeṇādūṣya）。这么做，乃是为了证明这位可靠的归返者对欲胜王自己来说是不可靠的。对欲胜王不忠正好足够他和对方国王修好，欲胜王就能顺利地卖掉任何归返者，无论可靠还是不可靠。笔者按：卖掉不可靠的归返者是可理解的，但他卖掉可靠的归返者，有可能纯粹是为了经济原因（这是不可忽视的），当然，也有可能是为了去充当间谍，为害对方（参见第 26 句）。

来危险，好比从吃无花果籽的鸽子产生对丝绵树的危险[①]。

［40—41］公开战就是在特定的地点和时间［进行的］战争；制造恐慌、突袭、趁［对方］疏忽或灾患的时候进行攻击，在同一处撤退和歼灭[②]。——［这类行动］造就了诡计战[③]；以秘行(5)和暗差煽动［这种作战行为］标志着秘密战。

——以上是第七篇“六策”第六章“缔盟国之往征”“有限制与无限制的和约、与背弃者的和约”。

第七章

第113目：贰端之策中的战与和

［1］欲胜王应如是这般地支持曼荼罗中的第二个要素(7.6.1)：［2］欲胜王若认为情形如下述，可先与某个邻王会盟后，再往征另一

① 在这个比喻中，鸽子是归返者，无花果树是敌王，而丝绵树则是欲胜王。吃无花果的鸽子为什么会对丝绵树产生危险，并且在以后也会有危险呢？先是现实的危险：因为丝绵树只有一个有实的果子，假如这个果实被鸽子所食，那将导致丝绵树活不成（CŚ：tūlaikasāraphalatvenānupajīvyasya śālmalitaror）；其次是将来的危险：鸽子将无花果籽掉在丝棉树下，发芽生长起来会破坏丝棉树的根。

② 在同一处撤退和歼灭（ekatra tyāgaghātau）：撤退（tyāga）和歼灭（ghāta）都在一处完成，那么这应该是一个连贯的行为。可能是指在一个（比如易攻难守的地方），先佯装败走，待敌军占领之后，再行歼灭之。

③ kūṭayuddhasya mātṛkā：迈耶和坎格尔都将 mātṛkā 理解为“形式”或“类型”；CŚ 将之理解为“标志”（lakṣaṇam）；这里是指战争中若出现以上这类作战行为，就可以定性为“诡计战”。从这个意义上来说，以上的行为是“造就了诡计战”。这样来看，CŚ 解释成“这类行为标志着诡计战”，是接近原意的。

邻王：

〔一〕他[①]不会从背面攻击我；

〔二〕他会为我抵挡来自背后的攻击；

〔三〕他不会去援助我的可伐之王；

〔四〕我将会有两支军队；[②]

〔五〕他会为我输送补给与援军(10.2.6-7)，而且会阻断对方的［补给输送］；

〔六〕他会在我满是险阻的道路上为我去除荆刺[③]；

〔七〕他会率领军队［组织对方］遁入要塞或丛林；[④]

〔八〕他会致使可伐之王受无法忍受的伤害，或逼迫其议和；

〔九〕或者，他得到战利品的份额后，会使得其他那些敌王信任我。

［3］实行贰端之策的话，他可以向诸邻王中任何一个寻求以库财换取军队，或以军队换取库财。［4］在各个邻王中，从强王处用更多的、从等齐王处用相等的、从弱王处用更少的收益份额［换取军队或库财］，这是平等条约。[⑤]［5］与此相反则是不平等条约。［6］

① “他”指欲胜王准备接纳为盟王的那个邻王。也就是说，如果他的动向满足后面所说的条件，欲胜王就能放心去往征另一位邻王了。

② 显然，这是指对方接受欲胜王的邀请，一起会盟后往征另一邻王，如此，欲胜王就有了“两支军队”。

③ 荆刺（kaṇṭaka）：刺，引申为有害之人（参考“去刺篇”中的“刺”）或事。指盗贼或阻碍欲胜王的其他力量。

④ CŚ 认为是欲胜王要撤到要塞或森林，而这位盟王从边境领兵过来掩护，使欲胜王免于对方的袭击阻碍。坎格尔认为是指欲胜王所征伐的对象要遁入要塞或丛林。笔者按：《利论》常说弱王若遭受强国攻击，可退入要塞坚城自守（7.15.1-20），故而这里应当是欲胜王的可伐之王逃遁。

⑤ 这里的更多（adhika）、等于（sama）、更少（hīna）是就交易时军队和成事后收

两者中，获得殊胜的收益[①]，为占先。[②]

[7]若强王遭受灾患，或沉溺于邪僻之行，或有了危险[③]，则弱王可凭等于军队[价值]的收益向强王换取[军队][④]。[8]被请求交易者[⑤]若有能力为害对方，可对其开战，否则就应与其议和。

益份额而言。兵和收益份额的交换以等齐王之间的交易比例为标准，即俗话“行情”。在这里，比如欲胜王向强王、等齐王和弱王分别借同样多的兵，向等齐王给的回报则是据行情，而给强王的回报则比行情高一些，给弱王的回报则比行情低一些。同样，若三者以同样的财物向他借兵，则他按行情给等齐王借兵，而给强王借较多的兵，给弱王借少的兵。

① 殊胜的收益(viśeṣalābha)：超出一般的、殊胜的收获。既可能指量方面(比如想办法以极少量的军队获得了极多的财物)，也可能指质方面(比如本来借兵以获得钱财，结果想办法获得了土地之类)。

② 占先(atisaṃdhi)：来源于动词 ati-saṃ-√dhā(“欺诈”“占优”“占便宜”)，字面意思为“过(度/格)条约”，故按照其动词意思译为“占先”。议和、和约、缔约为 saṃdhi，平等条约为 samasaṃdhi，不平等条约为 viṣamasaṃdhi。而从两种条约中取得殊胜收益，则为“过约”，即占先。第4—6句很重要，因为后面将介绍的情形只是这几句的一个推演。

③ 有了危险(anarthin)：“为非利之事者”。CŚ 训为“沉溺于戕害身体一类事”(śarīranāśādihetau ratam)，谓国王者惑溺于嬉乐，不能励精图治，这从1.7整章可以看出来。9.7.7将 anartha 的规定为“来自自己或别人的危险为非利”，似乎是说，非利本身是指一种危险。坎格尔用这个规定把 anarthin 解释为“陷入麻烦的”(奥利维勒译为“陷入危险的”)。

④ 用等于军队价值的收益(balasamena lābhena)：“与军队相等的”，即等齐王之间军队和财物的交易行情。即：等齐王之间交易时，多少军队该付出多少财物，这必然一个相对稳定的比例。以下的“更多”和“更少”也是相对这个行情而言。从本章第4句可知，弱王向强王借兵的话，应向强王提供高于行情的收益回报。但此处弱王以行情本身的收益回报向强王借兵，这是将强王当作等齐王来对待，也是一种“不平等条约”或“占先”(见本章第5句)，同时也算是一种“欺诈”(因为通过这个“不平等条约”获得了多余的利益)。

⑤ 被请求交易者(paṇita)：指强王。作者换了一个立场，又开始说假如强王遇到弱王向他提这种交易要求的情况下该如何做：假如能制服对方，就应开战，否则就按照弱王的条件进行交易。作者通常变换角度，给两方面都提供建议，下面也是一样。

［9］遇到同样情况[①]的弱王，为了充实自己衰弱的国力和威势，或在追逐某个可能达成的目的时为了掩护自己的基业(7.2.14)和背面，可凭远超军队［价值］的收益[②]向强王换取［军队］。［10］若［对方］心怀善意[③]，则被请求交易者可对其施以援手，否则应对其开战。

［11］或者，当一个强王遭遇灾患、诸要素(6.1.1)中有弱点，或有危险逼近，而一个依托要塞或盟王的弱王，想经捷径往征敌王，或想获取一个无需战斗即可得到〔或准定能得到〕的收益，那么，这个弱王可凭少于军队［价值］的收益向该强王换取［军队］。［12］被请求交易者若有能力为害对方，则可对其开战，否则应与其议和。

［13］一个强王即使没有弱点或遭遇灾患，若想令弱王[④]开端就不顺的事业遭受更大的损失与耗费(9.4.1-2)〔或若想除去自己有叛心的军队；或若想招纳对方有叛心的军队；或若想通过弱王扳倒本应由自己去扰害和毁灭的敌王；或若自己心怀善意而以和为贵〕，那么，他可凭少于军队［价值］的收益对弱王施以援手。［14］若弱王心怀善意，那他可在与其会盟后，再寻求达成［自己的］目的[⑤]，否

① 指上文第 7 句中的“遭受灾患，或沉溺于邪僻之行，或有了危险”。

② 凭远超军队价值的收益（balasamād viśiṣṭena lābhena）：超出行情的回报。“远超”（viśiṣṭa）是相对上文第 4 句中普通的“更多”（adhikena）而言。据本章第 4—6 句可知，弱王向强王借兵，一般情况只需要提供比行情“更多”的回报即可（平等条约），但这里是“远超”行情的回报。那么这个条约对双方来说，就属于不平等条约（见本章第 5 句），对于获利的强王来说，这就是“占先”（见本章第 6 句）。

③ “对方”指弱王；心怀善意（kalyāṇabuddhim）：CŚ 训为“若无祸心”（apacikīrṣārahitam）。

④ 该弱王从事某项事业，但开始就不顺利。他找强王借兵，强王若是认为借兵给他，会让他遭受更大损失，花去更多成本，那么，即使是只能收到低于行情的回报，那也可以给弱王借。因为这可以让弱王更弱，或通过弱王达到自己的目的。

⑤ 目的（artha）：指上一句中提到强王想通过给弱王借兵而达成的愿望。

则应对其开战。

[15]等齐王之间也可如此这般地对对方占先$_{(7.4.4)}$，或对对方施以援手。

[16]等齐王为了[得到]能专门反制对方军阵的$_{(2.33.10)}$、盟王军及从蛮军[1]的军队〔或能在不利于敌王的地势中给本方作向导军队；或能保护自己的基业$_{(7.2.14)}$和背面的军队〕，可凭等于军队[价值]的收益向等齐王换取[军队]。[17]若他心怀善意，则被请求交易者可对其施以援手，否则应对其开战。

[18]当某国王遭遇灾患、诸要素$_{(6.1.1)}$中有弱点，或与多国为敌，或者正从别处获取收益[2]，那么，他的等齐王可凭少于军队[价值]的收益向这个国王换取[军队]。[19]被请求交易者若有能力为害对方，则可对其开战，否则他应与其议和。

[20]或者，遇到同样情况的等齐王[3]，若事业有赖于邻王，或筹建军队，可凭远超军队[价值]的收益$_{(7.7.9)}$向对方换取[军队]。[21]若他心怀善意，则被请求交易者可对其施以援手，否则应对其开战。

[22]某国王若想攻击一个遭遇灾患、诸要素$_{(6.1.1)}$有弱点的国王〔或想妨碍该国王开局很顺利或一定能成就的事业；或想在其基业所在地或于征途中打击该国王；或能从该国王的可伐之王那里获

---

① 这里盟王军与从蛮军可能是指对方的盟王军及为对方效力的从蛮军。

② 这是指被请求交易的国王，如果能有别的收入，也可以考虑把军队以低于行情的回报借给自己的等齐王。

③ 这是指上一句想要借兵的那个国王自己若“遭遇灾患，或诸要素中有弱点……”。上一句是说对方国王（与前者互为等齐王）的情况，这里换位置说自己。

得更多收益］，[①] 那么，无论此国王是强王、弱王，还是等齐王，［被请求交易者］均可以索要更多［财物］。［23］被索取更多财物的一方，若想借重对方 [②] 的军队攻掠难以攻克的他人要塞、其援军或丛蛮军〔或若想令对方军队在长途或长时间的征途中遭到损失与耗费(9.4.1-2)；[③] 或若想利用对方的军队增强实力后［干脆］消灭对方 [④]；或若想将对方军队据为己有〕，那么，他为了保护自己的军队 [⑤]，可［按对方要求］给出更多财物。

［24］或者，一个强王若想以攻击自己的可伐之王为借口控制弱王自己 [⑥]〔或若想在消灭敌王之后又消灭该弱王；或若想从弱王身上先弃后取 [⑦]〕，那么，他可凭远超军队［价值］的收益向弱王换取［军队］。［25］被请求交易者若有能力为害于对方，则可对其开战，否则应与其议和。［26］或者，他可以与［该强王的］可伐之王缔盟；

① 以上四点，都是对对方国王的威胁，从而作为索求“更多财物”的条件。前三个威胁很好理解，第四个威胁内容是：对方国王和他自己的可伐之王交战，而这个可伐之王以丰厚的回报来拉拢欲胜王施以援手，那么，欲胜王可以以此威胁对方国王，迫使其至少提供更多的回报，否则就会帮助可伐之王来攻击他。在这种情况下，他有理由向对方国王（无论是强王、弱王，还是等齐王）索要更多财物。

② 这里的“对方”（para）指索取“更多财物”的国王。

③ 可以推想，借兵的交易中，维持军队的费用应该还是借出军队的国王负担。借进军队的国王只是在完事之后才会给予对方回报。

④ 用借到的军队消灭借出兵的国王（即本句中的“对方”）。CN 认为是借兵国王的可伐之王，有误。

⑤ 为了保护自己的军队（svabalarakṣārthaṃ）：这是为什么他花大价钱借兵：让别人的兵去完成上面所说的那些艰巨的任务。

⑥ 强王以对付自己可伐之王为借口向弱王借兵，实际是想将弱王的兵借走后控制弱王本身。

⑦ 想……先弃后取（tyāgaṃ vā kṛtvā pratyādātukāmaḥ）：先向弱王提供极为优厚的条件借到兵（先弃），待时机成熟，再攻击弱王，把之前付出的夺回来（后取）。

又或者，他可以把有叛心的军队、敌王军或丛蛮军交易给该强王。

[27]或者，一个强王若遭遇灾患、诸要素中有弱点，可凭等于军队[价值]的收益向弱王换取[军队]。[28]被请求交易者若有能力为害对方，则可对其开战，否则应与其议和。

[29]若弱王遇到同样情况，则强王可凭少于军队[价值]的收益向他换取[军队]。[30]被请求交易者若有能力为害对方，则可对其开战，否则应与其议和。

[31]被请求交易者与提出交易者首先应注意[对方这么做的]根据，先从双方角度进行考虑，如何做更好他就如何行动。

——以上是第七篇“六策”第七章“贰端之策中的战与和”。

第八章

第 114 目：可伐之王之行止

[1]将要被征伐的可伐之王，若想去除或削弱[对方诸王]联盟的根据[①]，可以[其预计]收益的两倍为条件，和该联盟中的任何一国进行交易。[2]请求交易时，他应[向对方]说明可能的损失、

① 联盟的根据（saṃdhikāraṇa）：和议或联盟的原因。即：其他诸王所以联合起来进攻这位可伐之王的原因，而这位将要被对方联盟征伐的国王（亦即被建言的欲胜王）应设法破坏对方诸王联合的根据。

耗费、出征在外、险阻(6.2.2)、对敌人的好处和对该［国王］本人的危险。［3］待其首肯，那么他应将［许诺的］财物交割给［国王］。［4］或者，他可先使对方与［联盟中］其他诸王产生敌意，再让对方与他们破裂。

［5］［一个国王］若想令［另一国王］开端就不顺的事业遭受更大的损失和耗费(9.4.1-2)〔或若想阻碍对方成就开端顺利的事业；或若想在其基业(7.2.14)所在地或在其征途中打击对方；或在与可伐之王联盟后再向对方索取更多［的财物］；或自身出现了财力上的困难；或不再信任对方〕，那他也应接受眼下的少量收益，以及将来的大量收益。[①]

［6］［一个国王］若看到帮助盟王、损害敌王，能带来后续利益的机会〔或想使以前帮助过［自己的国王继续］帮助自己〕，那么，他应该放弃眼下的更多收益，而寻求将来的少量收益。

［7］［一个国王］若想援救一个同奸臣与敌王〔或想攫取其基业的强王〕开战的国王〔或想令该国王也给予自己同样的帮助；或考虑亲缘关系〕，那么，他在眼下和将来都可不索取收益。

［8］［一个国王］若想违反已订立的和约〔或想令对方臣民穷困；或令对方与其盟王或敌王的和约破裂；或担心对方攻打自己[②]〕，那么，他可向对方索要尚未达成或超出［已经达成收益］的报酬。［9］那么，对于这样一个国王，另外一方就应着眼于眼下和

① 假如出现以上情形，他也应该以很少的眼前收益完成目前的交易，因为在未来会有更多收益。

② 即：对方想用财物向这位国王借兵（见上一章），但这位国王怕对方借兵是为了攻打自己，于是就故意抬高价码，让对方知难而退（坎格尔）。

将来考察[行事的]次第①。[10]前面诸种情形$_{(7.8.5-7)}$可由此说明。②

第115目：应予以援助的诸类盟王

[11]对于帮助各自盟王的敌王和欲胜王来说，从如下盟王中[可获得]殊胜的收益：着手力所能及之事业者；着手健全之事业者；着手有成果之事业者；坚决从事其事业者；其臣民忠爱者。[12]着手力所能及之事业者，开展自己能胜任的事业；着手健全之事业者，做没有过错的事业；着手有成果之事业者，做能得到好结果的事业；[13]坚决从事其事业者，没完成[其事业]就不会停止；[14]其臣民忠爱者，因为有了得力的帮助，哪怕只得到盟王极少帮助，也能成就事业。[15]这样的[盟王]，当他们达成了自己的目的，就会很轻易地[向对方]施以援手。[16]与此相反的则不应予以援助。

[17]两者同时援助同一人的情况下，那个帮助盟王或更亲密的盟王者，得以对[另外一位]占先$_{(7.4.4)}$。③[18]因为，[通过帮助]

① 即：被索取高价码的国王就第8句中的各种情况的两方面进行考虑，比如，是按对方要求给出财物，还是任凭对方撕毁和约。面对这种情形，他应着眼于现在和将来，对两者孰轻孰重的次第进行研究。

② 第1—4句明显是在说可伐之王的行止，但第5—10句似乎和主题无关。CN和CŚ（以及迈耶）认为本目题目“yātavyavṛttiḥ”说的既是“可伐之王之行止”（第1—4句），也说了“对可伐之王之举措”（“行止”与“举措”在梵文中都是vṛtti）。那么，就要把第5—10句理解为“对可伐之王之举措”。也就是说，第5—10句中所讨论的，是准备征伐可伐之王的诸王联盟中某个国王要在可伐之王、自己的盟王、利益瓜葛中进行梳理和算计。但仅仅从字面来看，这个解释似乎也有些勉强。所以坎格尔和奥利维勒都把第5—10句当成一个与主题无关的插入部分。

③ “两者”指第11句中的敌王和与欲胜王。两者帮助同一人，但一个得到殊胜的收益，而另一个所得很少。定语从句 yo mitraṃ mitrataraṃ vānugṛhṇāti so 'tisaṃdhatte 意思是：那个帮助盟王或关系更好的盟王的国王，他可以得到殊胜的收益。也就是说他们两者和他们帮助的那个国王的相互关系在这里具有决定性：假如欲胜王的敌王也是

盟王，他达成自身国力的增进；而另一个，[得到的则是]损失、耗费、远离国土，以及徒然帮助他人[这些结果]。[①][19]再说，敌王若达到自己目的，就会反目。[②]

[20]两者同时援助同一个中王的情况下，那个帮助中王、盟王或更亲密的盟王者，得以对[另外一位]占先。[③][21]因为，[通过帮助]盟王，他达成自身国力的增进；而另一个，[得到的则是]损失、耗费、远离国土，以及徒然帮助他人[这些结果]。[22]若中王得到帮助后反目，则敌王得以[对欲胜王]占先。[23]因为，敌王得到了这样一个盟王：他费尽辛苦去帮助中王，在成为中王的敌王后离弃中王，转而投奔有同一个目的的人。[④]

该国王的敌王，而欲胜王是该国王的盟王，则欲胜王得以占先，反之也成立；假如敌王和该国王是一般盟友关系，而欲胜王是该国王关系更好的盟王，则欲胜王得以占先，反之也成立。这里的占先，即“获得殊胜的收获”（参见7.7.6；CŚ）。可见，受到两方帮助的国王也会在回报的时候分别亲疏。

① 这一句解释上句“占先”的原因。欲胜王和敌王一同帮助同一个国王（欲胜王及其敌王和这位国王的关系可以都是盟王，或一个是敌王一个是盟王），但该国王在回报的时候对自己的盟王（或更亲近的盟王）会更丰厚，这就是所谓“（通过帮助）盟王，他达成自身国力的增进”；而对另外一个来说，他可能是该国王的敌王，可能是一般性的盟友，会得到较少或很少回报，所以他得到的是“损耗、成本、出征在外，以及徒然帮助别人”这样一种为人作嫁的结果。这在这个三国关系中，帮助了自己盟王的那位国王（假定是欲胜王）则实现了占先（获得了殊胜收益）；而（出于其他目的）帮助了自己敌王或一般盟友的那位国王（欲胜王的敌王）则为人作嫁，是被占先！

② 即：欲胜王及自己的敌王共同帮助同一个国王。假设这位国王是欲胜王的盟王，是欲胜王敌王的敌王，那么，这位国王接受帮助后，会对欲胜王的敌王反目。

③ “那个帮助中王、盟王或更亲密的盟王者”，仍然是对帮助对方的两个国王中的任意一个而言：他和帮助对象的关系按亲疏排列：（敌王）、中王、盟王、更亲密的盟王。若两者一个是中王一个是盟王，则是盟王的那个帮助者可欺诈，作为被帮助者中王的那位则可能捞不到什么好处。其他情形可排列推知。

④ 第22—23句：若得到帮助的中王对欲胜王和欲胜王的敌王两者反目，则欲胜王的敌王得以对欲胜王占先。后面紧接着说了原因：欲胜王不辞劳苦去帮助中王，但中

［24］对中立王的帮助可由此说明。

［25］在给中王或中立王部分军队时，那个把勇武的、善用武器的、善忍耐痛苦的、忠诚于自己的军队交付出去的国王，被占先。［26］而做法与此相反的国王得以占先。

［27］但是，军队派出后能完成其目的以及其他［事业］的地方：若地点和时间是可知的，他可将世职军、雇佣军、团伍军(5.3.9)、盟王军以及从蛮军(9.2.1-12)中任意一种交付［给对方］；或者，若地点偏僻和时间漫长，他应将敌王军与从蛮军［交付给对方］。[①]

［28］若他认为对方会做出如下事情，那么，他应以军队忙不过来为借口[②]而不帮助对方：

〔一〕他达到自己的目的后，会将我的军队据为己有；

〔二〕或者，他会将其安置于敌王军或从蛮军之中，或安置在不利的地形和时节；

〔三〕或者，他会令其［徒劳］无功。

［29］但若对方是自己必须要援助的，那么，他可以将能熬过该时段的[③]军队交付给对方。［30］一直到完成事功之前，他应［亲

王对其反目，互相成了敌王，欲胜王必然要离弃中王，被迫与自己的敌王（也和中王反目了）联合。欲胜王的敌王之所以能得以对欲胜王占先，要点在于，欲胜王的敌王将被中王欺骗的欲胜王收服为盟王。

① 这里说的是用军队帮助盟王：大背景是军队派出去之后一定能完成事业，获得收益。那么，在这种情形下，如果地点和时间是欲胜王自己所清楚的，则派好一些的军队给对方用；如果地点偏僻，时间长，则派敌王军与从蛮军给对方用。另外注意，敌王军与从蛮军在这里指为欲胜王所用的不同军队（参见 9.2.1-12）。

② 以军队忙不过来为借口（daṇḍavyāsaṅgāpadeśena）：直译为应为“以军队专力于某事为借口……”。

③ 能熬过该时段的（tatkālasahaṃ）：即上一句中列举的那些不利情形。

自]指挥军队的驻扎与战斗，并保护它免于发生于军队的各类灾患(8.5.1-21)。[31]待对方达到目的，他应以借口带军队离开。[32]或者[①]，他[索性]将有叛心的军队、敌王军以及从蛮军交付给对方。[33]又或者，他可先与可伐之王议和，以实现对对方占先。[②]

[34]因为，对于等齐王、弱王和强王来说，当收益与[所给予的帮助]相等，则应议和；若不相等，则可考虑开战。以上说的是和与战。

——以上是第七篇“六策”第八章“可伐之王之行止”“应予以援助的诸类盟王”。

第九章

第116目：有关盟王、钱财、土地和事业之和约

[1]会盟后出征，所获取盟王、钱财以及土地[三者中]，后者相对各自的前者来说，是更好的收益。[③][2]因为，盟王和钱财两者可以由获取土地[而得到]，盟王可以由获取钱财[而得到]。[3]

① 这个“或者”，是针对第29句的另一个选项：假如有一个自己必须帮助的国王。

② 欲胜王必须借兵给某国王，并与该国王一起讨伐另一位国王(可伐之王)。在这种情况下，欲胜王可私下与可伐之王议和，这就实现了对借兵的国王占先。

③ 即：钱比盟王更可欲、土地比钱更可欲，当然，土地比盟王更可欲。

或者，那个能成就其余两种收益的收益更好。

(1)有关盟王之和约与有关钱财之和约

[4]“你和我，我们俩去获取[各自的]盟王。”——像这样的，还有这一类的[和约]，为平等和约。[①][5]“你[去获取]一个盟王，[而我，则……[②]]。”——像这样的，还有这一类的[和约]，为不平等和约。[6]两者[③]中，获得殊胜的收益，就是占先(7.7.6; 7.4.4)。

[7]然而，在平等和约中，那个获得具有资质的盟王(6.1.12)——或处于困境中的盟王——的国王，得以占先。[8]因为，困境令友谊坚固。

[9]即使当盟王处于困境：[那么对于他来说]，一个稳固但不顺服，一个不稳固但顺服，[哪个更好]？诸先师说：“稳固但不顺服那个更好。因为，他即便不相助，但也不至于相害。”[10]憍底利耶说：“不。[11]不稳固但顺服那个更好，[12]只要他能相助，他就是盟王，因为，盟王以相帮为标志。”[④]

[13]即使是两个顺服的盟王：一个能堪大用但不稳固，或一个只堪小用但稳固，[哪个更好]？诸先师说：“能堪大用但不稳固

① 注意这里的前提是两者会盟后出征，两者在就各自的目的商谈和约定。

② 意思是：我俩出征，你去获取盟王，而我去获取钱(或土地)。

③ “两者”是指上面的“平等和约”和“不平等和约”。

④ 这里讨论的两种类型的盟王：一种是稳固但不顺服的，一种是不稳固但顺服的。先师们认可前者，理由是：稳固的话，即使不能在自己需要帮助的时候不能强迫其相助(因为不顺服)，但好歹不会相害(因为稳固)；而憍底利耶认可后者，理由是：只要在自己掌控之中，即使盟友关系不稳固，但在自己需要帮助的时候可以强迫他帮忙。只要能帮忙，这对于盟友关系来说就够了。憍底利耶的论点更注重力量对比导致的现实利害。

的盟王更好；能堪大用但不稳固的盟王可以在短时间予以大的帮助，并能帮助恢复各处的耗费。”［14］憍底利耶说：“不。［15］稳固但只堪小用的盟王更好。［16］能堪大用但不稳固的盟王，会因为害怕帮助［对方这个义务］而弃盟；或者，相助之后便尽力索要回报；［17］稳固但只堪小用的盟王，不间断地给予小帮助，时间长了，帮助就大。”

［18］一个动员慢的大盟王，或一个动员快的小盟王，［哪个更好］？诸先师说：“动员慢的大盟王能制造威势[①]，并且一旦动员起来，即可成就事业。”［19］憍底利耶说：“不。［20］一个动员快的小盟王更好。［21］动员快的小盟王，不会耽搁行动的时间，并且因其势弱，可随自己心意用。另外，那个国土广大，则不可［随自己心意用］。”

［22］分散的军队或不顺服的军队，［哪个更好］？诸先师说：“分散各处的军队因为是顺服的，可以重新集中起来。”［23］憍底利耶说：“不。［24］不顺服的军队更好。［25］因为，不顺服的军队可以通过和解等四法(7.16.5-8)令其变得顺服。另一种军队专力于各种事业，不能集中起来。”[②]

［26］提供人力帮助的盟王，或提供钱财帮助的盟王，［哪个更好］？诸先师说：“提供人力帮助的盟王更好。因为提供人力帮助的

① 制造威势（pratāpakara）：pratāpa 指热、光、光彩、勇武、尊威、力量、能量等。pratāpakara 则指能造成这类现象的。德译者迈耶认为是“有威望的”，这也可以和 7.10.4 中的 pratāpa 相印证。

② 这段讨论的实际是盟王的军队，即：其军队分散的盟王，和其军队不受控制的盟王，哪一个好？另外，这里提到了“分散的军队”（vikṣiptasainya），似乎这类军士是平时从事农牧等生产，战时方才动员。

盟王能产生威势，而且一旦动员起来，即可成就事业。”[27]憍底利耶说：“不，[28]提供钱财帮助的盟王更好。[29][因为]对钱财的使用是恒常的；而对军队[的使用]只是偶然的。[30]再说，军队与其他想要的东西，可以用钱财买到。”

[31]提供钱财帮助的盟王，或提供土地帮助的盟王，[哪个更好]？诸先师说：“[前者更好，因为]提供钱财帮助的盟王，因为善于动员，可以恢复一切耗费。”[32]憍底利耶说：“不。[33]前面说到过：‘盟王和钱财两者可以由获取土地[而得到]。’(7.9.2)[34]因此，提供土地帮助的盟王更好。”

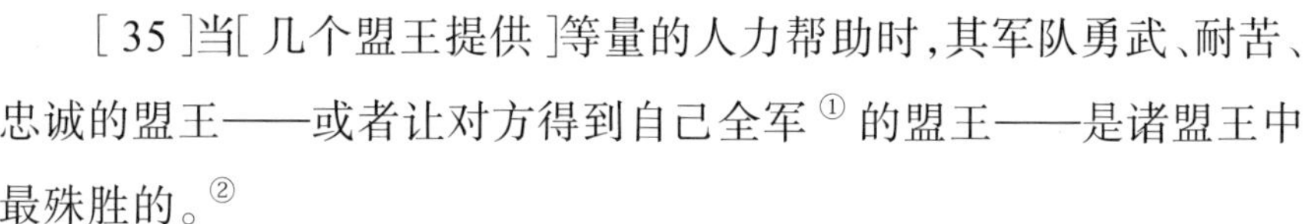

[35]当[几个盟王提供]等量的人力帮助时，其军队勇武、耐苦、忠诚的盟王——或者让对方得到自己全军[①]的盟王——是诸盟王中最殊胜的。[②]

[36]当[几个盟王提供]等量的钱财帮助时，[提供被帮助者]想要的财物、其财物量丰足、[获取]费力少且持续[提供]的盟王，是最殊胜的。

[37]关于这个，还有：[③]

[38]据说，具有资质的盟王有六种德性：稳固、顺服、便

---

① 得到自己全军(sarvabalalābha)：CŚ认为sarvabala是“全部军种”(参见2.33.8；7.8.27)，坎格尔认为还有可能是指“国中所有军队”，两种解释都说得通。

② 这里仍然是说好的盟王：在几个盟王同时提供数量相等的人力(军队)时，提供的军队勇武、耐苦、忠诚的盟王，以及让被帮助者得到自己全部军队的盟王，是诸位盟王之中最特出者(mitrakulād viśeṣaḥ)。

③ 应当注意，在以下各颂中，“盟王”这个象征似乎获得了更宽泛的意义：任何一个国王(甚至包括中立王)都被纳入盟王涵义中。这似乎折射出一个现实：任何国家都是潜在的盟王(当然，相反也成立)。

于动员、从父祖时就已联盟、强盛、无二志(6.1.12)。

［39］不［计］财利，无论被［对方］保护还是保护［对方］均出于友情，且从先人起就培植起亲缘关系。——这被称作稳固的盟王。

［40］据说顺服的盟王有三种：堪一切用的、堪多用的、堪大用的；另外［一种三分法是］：能堪一面之用者、能堪两面之用者、能堪全面之用者(7.16.10-15)。

［41］或者，［一个国王］无论接受还是给予帮助，都以为害敌人为务；或者有要塞或森林作遁避之所(2.3.2)。——这是一个稳固但不顺服的盟王。

［42］［一个国王］，别人对他一采取战策——或只遭遇轻微的灾患——就订约求助。这是顺服但不稳固的盟王。

［43］再就是，因相同的目标而结合、提供帮助且不变改的盟王，是真正的盟王[①]。这样的盟王，在困境中也不会有二志。

［44］一个国王因为具有盟友本性，故而是恒稳的盟王；因为同时为敌王共有，因此是摇摆的盟王；非任何一方盟王的国王，为中立王。对于两方来说，他可能成为［敌或友］两者。[②]

① 真正的盟王（mitrabhāvin）："具有朋友的本性 / 心意"，即真正的盟友、铁杆盟王。"利害与共、互相扶持、忠诚不渝的盟王"（CŚ）。

② 对这句话的理解，诸注家、译家各不相同。这句话总体上仍然是在对盟王和中立王进行描述，从文气上来说，"因为具有盟王本性"（mitrabhāvāt）仍承接上一句"真正的盟王"（mitrabhāvin），这是"恒稳盟王"（dhruvaṃ mitraṃ）的条件：一个（国王）因为具有盟王的本性，所以是恒稳的盟王；但若既侍奉欲胜王，又侍奉其敌王（śatrusādhāraṇāt），所以是善变的、摇摆的盟王。但谁的盟王都不是的国王（na kasyacid），就是中立王（udāsina）。颂文最后还对中立王做了一个补充说明：他"能成为两者"（ubhayabhāvin［或"具有……两者的本性"］）。那么，这个"两者"是指前半

［45］欲胜王的一个敌王，若因作为欲胜王的掩护王(7.2.13; 7.13.25)而成为欲胜王的盟王，或是不被要求提供帮助，或是没有能力帮助，故而是无助力的盟王。[①]

［46］［一个国王］，与对方亲善、为对方所保护和尊奉，或仅仅是与对方联系在一起，［但也对欲胜王］施以援手。——这是［欲胜王与］敌王共有的盟王。

［47］拥有广大国土、满足、强大并怠惰的国王，为中立王；一个因遭遇灾患而被轻看的国王也是中立王。

［48］一个国王，若因国力孱弱，俯仰皆随导者(6.2.39-40)及其敌王国力的增进［而定］，却也不为双方仇视，那么，应认为他具有［敌友］两者的本性[②]。

［49］［一个国王］，无论盟王有根据或无根据地背弃他，还是有根据或无根据地归返来，他要是都掉以轻心的话，就死定了[③]。

［50］可速得却微小的收益，或耗时长却巨大的收益，［哪个更

颂中提到的两种盟王，还是“敌友”呢？从下文第47—48句来看，他的俯仰（anuvartate）随欲胜王（导者）与其敌王的强弱而定，这似乎是说他随欲胜王及其敌王的国力而调节自己与强国的关系，那么，对于两强来说，他可能成为敌或友的任何一种。

① 即：欲胜王的邻王（亦即敌王），若夹在欲胜王及其敌王之间作为两强缓冲，那么，他就也成了欲胜王的盟王。但是这种盟王可能不被要求提供帮助，或没有能力提供帮助，因此被叫作“无助力的盟王”（anupakāri［mitra］）。但他毕竟也是盟王的一种。

② 具有敌友两者的本性（ubhayabhāvin）：亦可理解为“能成为敌或友两者”。见本章第44句及相关注释。这样的国王，对于欲胜王及其敌王任何一方，根据两强实力变化，具有成为敌王或盟王的可能性。

③ 死定了（mṛtyam upagūhati）：直译应为“他拥死亡入怀”。

好]？诸先师说："若不和事业、地点、时间相协，那么速得却微小的收益更好。"[51]憍底利耶说："不。[52]若不会落空，或具种子特性[①]，那么耗时但巨大的收益更好；若是相反，则前者更好。"

[53]如此这般地看到[基于]稳定收益和收益份额[②]之上的殊胜好处之后，他应专心于自身的目的，与联盟诸王会盟之后往征。

——以上是第七篇"六策"第九章"有关盟王之和约与有关钱财之和约"（属于"有关盟王、钱财、土地和事业之和约"目）。

第十章

第116目：有关盟王、钱财、土地和事业之和约（续）

(2)有关土地之和约

[1]"你和我，我们俩去获取[③]土地。"——这是有关土地之和约。

① 具种子特性（bījasadharman）：具有种子的性质，即将来能带来更多的收益。

② 稳定收益和收益份额（dhruve lābhe lābhāṃśe ca）：稳定的收益和稳定的收益份额。这个"或"暗示两种情况：一是他独得往征的利益；一是他和别的盟王共享往征的利益。

③ 前提是和盟王会盟后一同往征，但是似乎是各自求取各自的目标（上一章最后的颂文有"专心于自身目的"），所以才有可能出现一方得到极好的土地，另一方得到不好的土地，这也才会有占先与否的问题。

[2]两者中，以此为目的[1]，且得到了具备资质的土地(6.1.8)的国王，得以占先(7.4.4)。

[3]若获取具有资质的土地的机会等同，那个攻击了一个强大国王后再获得土地者，得以占先[2]。[4]因为，他达成了[三件事]：获得土地、削弱敌人、取得尊威。[5]从一个弱小的国王那里获取土地确实是件易事，[3][6]但土地的收益本身恰恰也微小，而且他的邻王原本是[欲胜王的]盟王，[如今]转而成了敌王。[4]

[7]若彼此力量相当，那么，那个摧毁了有坚可守的敌王[5]之后获得了土地者，得以占先。[8]因为，获得要塞可保护自己的国土，而且还遏阻敌王和丛蛮酋魁。

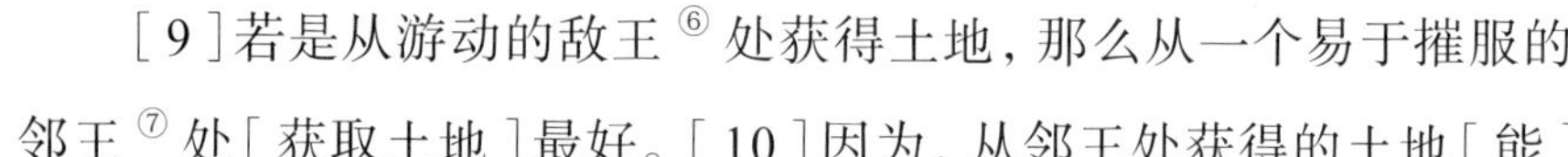

[9]若是从游动的敌王[6]处获得土地，那么从一个易于摧服的邻王[7]处[获取土地]最好。[10]因为，从邻王处获得的土地[能]

① 以此为目的(pratyupasthitārtha)：多财释复合词。这是指对国王而言，土地刚好是目的(artha)。这和上一章最后一颂中的“专心于自己的目的”呼应。整句意思是：几个国王一起往征，其中某位刚好需要具有资质的土地，也得到了，他就占先。因为与他一起往征的其他国王不一定需要的是土地。CN 和 CŚ 将此复合词理解为“不久且不怎么费事就靠近了目的的”，似不恰。

② 这是说，在掠取土地的过程中，战胜一个强大的对手，较之用一般手段取得这块土地，更具有殊胜的收益。

③ 请注意，第 3 句中的强大国王(balavantam)和这里弱小的国王(durbala)与强王(jyāyān)、等齐王、弱王三者没有关系。那三者是一个相对的衡量系统，而这里是用的绝对衡量系统。

④ 欲胜王和弱小国王互为邻王(也是敌王)，与弱小国王的邻王互为盟王，但在获取该弱王的土地后，便和原来弱王的邻王毗邻了，自然就成了曾经盟王的敌王。

⑤ 有坚可守的敌王(sthitaśatrum)：“有要塞等以固守的”(CŚ)，另参见 7.13.8-9，22；9.6.53。这类敌王刚好与无要塞的、游动的敌王(calāmitra；7.10.9)相对。

⑥ 游动的敌王：游动的、无坚可守的敌王。“无要塞等以固守的敌王”(CŚ)。

⑦ 易于摧服的邻王(śakyasāmanta)：能被收服的邻王，即比(欲胜王)弱小的邻王。

快速促进获取与持守(1.4.3)。[11]而强大邻王的土地则与此相反，而且还耗尽库财和军队。

[12][两块土地]，一块具备资质却恒有敌人，另一块乏善可陈但偶有敌人，[哪块更好]？诸先师说："具备资质但恒有敌人这块更好。因为，好的土地能充实库财和军队；这两者足以御敌。"[13]憍底利耶说："不。[14]在获取恒有敌人的土地时，也会树敌更多。[15]并且，一个恒定的敌人，无论你去帮助他还是损害他，他还会是一个敌人。但不恒定的敌人，可以通过施以援手或停止为害而平息[其敌意]。"

[16]因为，一块土地，其边境有很多[对方]要塞[1]，并且始终不免有贼伙、蛮夷(1.12.21)和丛蛮，这就是恒有敌人的土地；而与此相反的，则是偶有敌人的土地。

[17]一块很小但离得近的土地，或一块大但离得远土地，[哪块更好]？小但离得近这块更好。[18]因为，它易被得到、易被保护、易成为退守之所。[19]而离得远的那块土地则相反。

[20]即使是两块离得远的土地，一块为军队所维持，另一块可自给自足[2]，[哪个更好]？自给自足的这块更好。[21]因为，它凭自身所产出的库财和军队维持。[22]为军队所维持的那块土地则相反，[因为]它不过是一个驻军的地方。

在 6.1.3 中，这个复合词所描述的内容是国主资质（请注意，这不是国王的个人资质！）的一部分。

① 很多对方要塞（bahudurgāś）：CŚ 说这些要塞是"战败撤退之所"，也就是说，这些要塞属于敌王、贼伙或蛮人部落，他们有机会就过来骚扰劫掠，战败则退入坚城自守。

② 自给自足（ātmadhāraṇā）：直译应为"为自身所维持"。

［23］从昏君处获取土地，或从明君处获取土地，［那个更好］？从昏君处获取土地更好。［24］因为，从昏君处获得的土地易得、易守，而且不会被夺回。［25］从明君处获得的土地，［其民人］忠爱，则相反。

［26］应遏制之王与可灭之王(6.2.16)两者：从可灭之王处获取土地更好。［27］因为，可灭之王无人相庇，或仅有弱小国王相庇，一受到攻击便欲带着库财与军队遁避，会为其臣民所弃；而应遏制之王，以要塞或盟王为依托，则不［至于此］。

［28］即便是两个均有要塞作依托的敌王，一个以陆地要塞为依托，一个以江河要塞为依托：［那么］，从以陆地要塞为依托者那里获取土地更好。［29］因为，陆地要塞易于围困、强攻(13.4.25-63)和突袭，而且令对方无法出逃。［30］而攻克江河要塞则要费事两倍，并且对敌人来说，水可供饮用，还能提供生计①。

［31］一个以江河要塞为依托，另一个以山岳要塞为依托，从以江河要塞为依托的国王处获取土地更好。［32］因为，水要塞毕竟可以用象、桩上架板桥、水坝和船只等攻破(10.2.14)；并且，水要塞各处的水深浅不一；再说，这些水还可以被放走(13.4.9)。②［33］然而，山岳要塞则易守难攻，难于登攀；并且，即使一处被攻破也不足以

① 水可饮用，水里的物产可供敌人维持生计，即使围住这个要塞，敌人也不会被困。不比陆地要塞，围住的话，时间一长久，敌军会有水和粮的问题，就容易攻打。

② CŚ 对深浅不一（anityagambhīryam）的解释是："其水流经各种斜坡，故易于攻克"，可能是指深浅不一的话，有的地方（比如接近要塞的地方）便可以供攻方立足了。水还可以被放走（avasrāvyudakaṃ）较好理解：水要塞的水一旦被放走，那就相当于攻打陆地要塞了。

攻占整个要塞；再说，［对方可以向］那些给要塞造成很大损害的［攻城者］抛释礌石和滚木。

［34］习于水战者与习于陆战者两者中，从习于水战者那里获取土地更好。［35］因为，习于水战者受限于地域和时间，而习于陆战者在所有地域和时间都能作战。

［36］习于堑壕战者与习于旷地战者两者中，从习于堑壕战者那里获取土地更好。［37］因为，习于堑壕战者须得凭战壕与武器作战，而习于旷地战者就凭武器［即可作战］。

［38］通晓利论、如此这般地获取土地的［欲胜王］，可从联盟及敌对诸国处获得殊胜［的利益］。

——以上是第七篇“六策”第十章“有关土地之和约”（属于“有关盟王、钱财、土地和事业之和约”目）。

第十一章

第116目：有关盟王、钱财、土地和事业之和约（续）

(3)关于土地之和约（续）：有关未垦地之和约

［1］“你和我，我俩去无人烟之地开辟新居地。”——这是关于未垦地之和约。

［2］两者中，以此为目的$_{(7.10.2)}$，在具备上述$_{(6.1.8)}$资质的土地上设立新居点者，得以占先$_{(7.4.4)}$。

[3]即便如此[①]，干旱的土地和富有水的土地[哪个好]？一小块富有水的土地也比一大块干旱的土地好，因为[富有水的土地]的产出持续且有保证。

[4]即便是两块干旱的土地，能产前后[几季][②]粮食的，粮食只需少许雨水便能成熟的，不会使事业受耽误的那块[土地]要更好。

[5]即使是两块富有水的土地，能播种粮食的那块[土地]比不宜播种粮食的那块[土地]更好。

[6]若两者一大一小：大却不宜种粮的那块[土地]，比小却适宜种粮的那块[土地]好。[7]因为，在一大块地上，可生长各种陆生和水生的植物。[8]凭着这种丰足，可以从事修筑要塞等事业。[9]毕竟，土地的优点都是人造就的。

[10][将土地]用作开采场(1.10.15; 2.6.4)和用作产粮两者中，用作开采场可充实库财，而用作产粮则可充实库财和储库(2.5.1)。[③][11]毕竟，营筑要塞等事业，都以粮食为根基。[12]或者，用作开采场(1.10.15)，大量销售其制品更好。[④]

[13]诸先师说："[将土地]用作物产林和用作育象林两者：

① 即便如此(tatrāpi)：这是指第2句中所说的情形：即便满足了这个条件。

② 前后几季粮食(pūrvāparasasya)："前面的作物与后面的作物"，即一年内能熟几次，能产几季。

③ 这里，作者似乎是倾向于将土地用作粮食生产更好，紧随的下一句也说明了原因。

④ 大量销售其制品(mahāviṣayavikraya)："销售将土地利用为开采场后的产出，如盐类等"(CŚ/CBh)。前面是倾向于将土地用作产粮，这句是对前面的一个补充：假如能大量售卖开采场的产品，那么，将土地用作开采场会比用作粮食生产更好。

用作物产林可孕育一切事业[①]，并足以充实大量库存；而用作育象林则相反。”[14]憍底利耶说：“不。[15]一块土地上，多处可以营建多个物产林，育象林则未必。[16]因为[②]，杀伤敌军主要靠象。”

[17][关于一块土地]是用作水路还是用作陆路：用作水路只能是断续的，而用作陆路是恒常的。

[18][两块土地]，一块住民松散，另一块住民相结为伙，[哪个更好]？其住民松散的那块更好。[19]其住民松散的那块土地易于享用，[其住民]也不易为人煽动，不过同时也不能忍受危局(7.5.36)。[20]其住民相结为伙的土地则相反：一旦发生暴乱，就有巨大危险。

[21]关于四种姓在此土的定居：住民主要由低种姓构成的土地更好，因为能生产出一切用品；有农人的土地更好，因为其农事必兴盛且稳定；有牛倌的土地更好，因为它能带动农事及其他各种事业；有富商的土地更好，因为货物的积聚和债务[往来]可产生利益[③]。

[22]土地的各种德性中，能给予庇依[④][则又较其他的德性]更好。

① 孕育一切事业（sarvakarmaṇāṃ yoniḥ）：直译为“一切事业之源”或“一切事业之基础”。

② 因为（hi）：这是针对第14句的“不”（na）。其要点是：物产林在哪里建都行，但育象林只能在合适的地方建造。所以，在适合营建育象林的地方，一定要营建育象林，因为大象对于军伍建设很重要。

③ 因为货物……利益（paṇyanicayarṇānugrahād）：CŚ 将 anugraha 解释为“因帮助诸富商（而从他们处获得）收益”，这似乎在说，王国除了税收之外，还通过提供服务和放贷（ṛṇa）方式以获取利益。

④ 庇依（apāśraya）：一般是指灾难中给国王提供庇依。

[23]以要塞作庇依的土地，或以人作庇依的土地，[哪个更好]？以人作庇依的土地更好。[24]毕竟，有人方有王国。[①][25]无人的土地，好比不孕的牛，能出产什么呢？

[26]但是，[欲胜王]若想得到一块开辟起来会造成很大损失和耗费$_{(9.4.1-2)}$的土地，他可以先将土地交易给这样一个买家[②]：或弱小；或非王族血脉；或懈怠懒散；或没有友党；或行止不端；或放纵邪恶；或听天由命；或作为随意。[③]

[27]因为，在一块开辟起来会造成很大损失和耗费的土地上，一个完成开辟的弱小国王，即使是王族血脉，也会因为承担了大的损失和耗费，而连同与之"同气"的[④]臣民们一同败亡。[28]若是强大的国王，却非王族血脉，那么，不与之"同气"的臣民们会因为害怕承担大的损失和耗费而离弃他。

[29]然而，懈怠懒散的国王即使有军队，却不调用军队[⑤]，他就连同自己的军队因这损失和耗费而崩溃。

① 原文 puruṣavad dhi rājyam：直译应为"毕竟王国是有人的（地方）"或"毕竟王国由人构成"。

② 欲胜王将未开垦和定居的土地卖给对方之后，让对方来经营，然后再伺机夺回。

③ 买家也是国王，而这些特点也大致符合 6.1.13 中对敌王资质的描述。将土地交易给这类国王，将会有机可乘，下面会陈述这类情形。

④ "同气的"（sagandha）：参见 1.8.17 [sagandhatvāt] 词条注释。在这里修饰臣民（prakṛti）。臣民是否具有与自己国君"同气"的品质，和国君自己是否具有王族血脉相关（下句话中体现明显）。因此，sagandha 应该理解为一种广义的眷属关系，即效忠关系。奥利维勒将 sagandha 理解为国王眷属，与"臣民"分开理解，有误（如果是这样，两个词后应加 ca）。

⑤ 不调用军队（daṇḍasyāpraṇetṛ）：直译应为"不做军队的领导者"，即不调用、使用军队开辟事业。坎格尔译为"不使用强力"，意思差不多，但在此似乎没有必要变换 daṇḍa 的词意。

［30］没有友党的国王，即使有库财，会因为所投入的损失和耗费产生微薄的利益，从这块土地中什么也捞不到。

［31］行止不端的国王甚至连开辟好的土地都能毁掉，［32］又如何能开辟未开辟的土地？［33］邪恶放纵的国王可由此说明。

［34］听天由命而不治人事的国王，或懒于开展事业，或事业中途流产，从而败亡。

［35］作为随意的国王办不成任何事。［36］他是这类人中最不济的。［37］诸先师说："［不］。因为，一个国王但凡开展了什么事业，好歹还是可以找到欲胜王弱点的。"①［38］憍底利耶说："［找到欲胜王］弱点之时，便是他自己遭覆灭之时。"②

［39］若是找不到这类国王［做买主］，他可以按我们关于"争取背面之敌"所说的(7.16.16)那样去处置这块土地。

［40］这是劝服和约③。

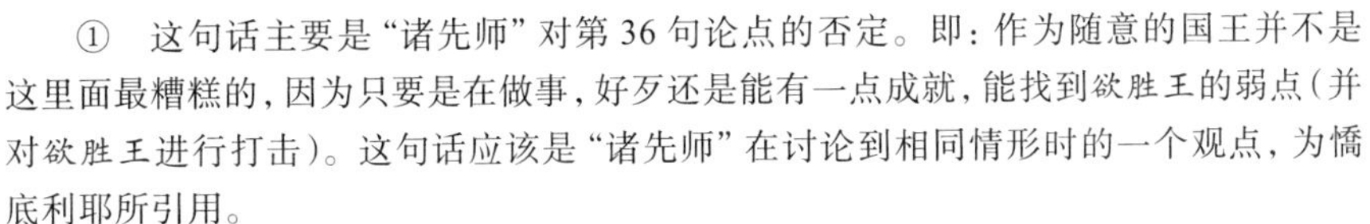

① 这句话主要是"诸先师"对第36句论点的否定。即：作为随意的国王并不是这里面最糟糕的，因为只要是在做事，好歹还是能有一点成就，能找到欲胜王的弱点（并对欲胜王进行打击）。这句话应该是"诸先师"在讨论到相同情形时的一个观点，为憍底利耶所引用。

② 这是憍底利耶对"诸先师"的回应，这里一改全书冷峻直切的语气，少见地带了些嘲讽。我们也可以看到，作者对于那种缺乏判断力和考量能力因而作为随意的国王是最看轻的，这也是他为何对国王的个人资质极度看重。

③ 劝服和约（abhihitasaṃdhi）：abhihita在此意思不确，CŚ解释是：所谓abhihita，即确定（baddha）。因为给出或者得到土地都由此（和约）而发生，所以不可改变（abhihito baddhaḥ bhūmidānādānanirvṛttatvād avicālyaḥ sandhir ityarthaḥ），意思是说，这种和约是为了确定土地归谁。坎格尔采用了这一说法，译为："为着确定（土地归属）的和约"。但将abhihita理解为"确定"（baddha）很可疑。迈耶译为"劝服和约"，奥利维勒译为"恳求和约"。另外，从本章第26句中试图为土地找到买主和7.16.16的描述来看，这是说服或恳求的行为，因此笔者采用后两者的译法。欲胜王通过这种和约，让他人在开辟过程中自取灭亡。

［41］一块优质的或能被夺回的[①]土地，若遭到一个强大国王的索购，他应该与之订约后将土地交割。［42］这是强霸和约[②]。［43］若遭到一个等齐王的索买，他应先考虑如下根据，再将土地交割：[③]

〔一〕这块土地容易易手(5.1.21)或由我控制；

〔二〕对方与这块土地相联系，也将会受我的控制；

〔三〕或者，通过出售这块土地，我可以获得盟王和钱财，以便我能开展事业。

［44］弱王为买家时，可由此说明。

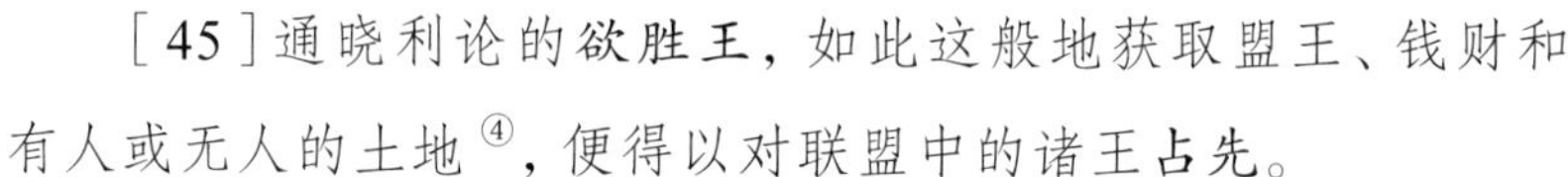
［45］通晓利论的欲胜王，如此这般地获取盟王、钱财和

有人或无人的土地[④]，便得以对联盟中的诸王占先。

① 能被夺回的(ādeya)：能被得到或拿到的。CŚ 解释为：可以在以趁买方国王疏忽而再次夺回的(ādeyāṃ vā kretur upekṣayā kālāntare punaḥ pratyādānayogyāṃ vā)。

② 强霸和约(anibhṛtasaṃdhi)：CŚ 认为是“［导致互相］猜忌的和约”(aviśvastasaṃdhi)；迈耶将 anibhṛta 理解为“冒失、肆意”，因而将 anibhṛtasaṃdhi 译为“纵肆和约”(das unbescheidene Abkommen)，并在注释中引婆罗毗(Bhāravi)《野人与阿周那》中的诗句(*Kirātārjunīya* 13.66)从侧面说明，对方国王提出这种要求，实际上是对欲胜王的莽撞和冒犯，而这又是免不了的情形，因此，所谓“纵肆”，是针对对方国王的行为而言。坎格尔译为“公开和约”，并解释说，所谓公开，乃是说欲胜王在遭到索买时，并没有对对方占先(未占对方便宜)的意图，但我们看到前面说到涉及占先的和约，和和约的公开与否并无关系。相较之下，CŚ 的解释和迈耶的理解有相通之处：CŚ 认为是“猜忌和约”，是因为“它导致国家交往中强国欺压弱国”(durbalaṃ prati prabalasya samayalaṅghanasambhavād iti)，迈耶将之理解为强国的纵肆。笔者认为将 anibhṛta 理解为“纵肆”比“公开”要好。可以看到，无论是上面的“劝服”，还是这里的“纵肆”，都是就对方而言。

③ 需要注意：下面的根据很重要，如果这些根据不成立，他可能会拒绝这个等齐王，而对其采取战策。

④ “有人或无人的土地”对应上一章中的别国土地和需要开辟的土地而言。

——以上是第七篇“六策”第十一章“关于土地之和约(续)：有关未垦地之和约”(属于“有关盟王、钱财、土地和事业之和约”目)。

第十二章

第116目：有关盟王、钱财、土地和事业之和约(续)

(4)有关事业之和约

[1]“你和我，我俩去建造一个要塞。”——这是关于事业之和约。

[2]两个[国王]之间，谁令人建造了一个天然形成、坚不可摧且成本微小的要塞，谁就得以占先。[3]即便如此，陆地要塞、江河要塞和山岳要塞[这三者]，后者相对前者来说要更好。

[4]即使是两个水利设施，自然有水的比需要蓄水的那个更好。[5]即使是两个自然有水的水利设施，有宽广的地区可供播种的那个更好。

[6]即使是两个物产林，谁在国境上获取得[①]一个面积大、带

① 取得(chedayati)：√chid指“砍”“伐”，假如用这个意思理解，则文意扞格难通。坎格尔译为“砍伐(以为己用)”，但是又在注释中说，“彼虽言砍伐以明此林之用，但读者则可能认为是指营建物产林，而非砍伐”；奥利维勒译为“收割”“收获”。√chid指砍伐，那么chedayati便是“令砍伐”，即“收割”了，但这种理解是错误的。作者说“收获”，不是国王令人砍伐物产林(“收获”了被砍伐的东西)，而是指国王“收获”了一片树林。也就是说，√chid不能理解为“砍”或“伐”，而应理解为“带走”或“占取”，虽然一般辞书并未给出，但√chid恰好有这个意思。比如商羯罗(Śaṃkara)的《梵经疏》中有所谓na naḥ kiñcicchidyeta(*Śārīrakamīmāṃsābhāṣya* 1.4.3)，这里√chid就是“带走”或“占取”的意思。因此，笔者认为chedayati是“(他令人)获得”。

产贵重物的林子[①],以河流灌溉的物产林,谁就得以占先。[7]因为,以河流灌溉的[物产林]易为生计,而且还是灾难中的庇依。

[8]即使是两个育象林,谁在国境上营建了一个有很多猛兽、邻王弱小,而且能不断损害[敌人]的育象林,谁就得以占先。[9]即便如此,诸先师说:"有众多钝象的育象林和仅有少数猛象的育象林,这两者中仅有少数猛象的育象林更好;因为战阵需要依靠猛象;少数的猛象可击溃众多的拙象,这些被击溃的拙象则会损害自己的军队。"[10]憍底利耶说:"不。[11]众多的钝象更好,因为可以为军队所用:它们可做很多的事情,在战阵之中成为己方的庇依,而且它们对对方来说,是坚不可摧并且骇人的。[12]因为,钝象可由训练而变得勇猛,但少数的猛象却无法变得多起来。"

[13]即使是两个开采场,谁开凿了一个有很多珍贵矿石、有不难通行的道路,并且开凿成本微小的开采场,谁就得以占先。[14]即便如此,一个有些许极珍贵的矿石,或一个有很多不怎么珍贵的矿石,哪个更好?[②][15]诸先师说:"些许极珍贵的矿石更好。因为,金刚石、宝石、珍珠、珊瑚、金、银矿物凭着极高的价格就可淹掉很多不怎么珍贵的矿石。"[15]憍底利耶说:"不。[16]极珍贵矿石的买主很少且找起来花时间,而不怎么珍贵的矿石,买家很多且一直会有。"

---

① 带……林子(sāravaddravyāṭavīka):带有能出产贵重物的林子的……,这个多财释复合词修饰物产林(dravyavana)。也就是说"物产林"中间还包括一些"能出产贵重物的林子",可见vana和aṭavika虽然都指"林",但vana所指似乎更广泛。

② 即:一个产些许极其珍贵矿石的开采场,或一个产很多不怎么珍贵矿石的矿场,哪一个更好。

［17］商道［的营建］可由此说明。

［18］即便如此，诸先师说："水道和陆道两者中，水道更好。成本微小且费力少，并且能带来很多的货物。"［19］憍底利耶说："不。［20］水道的运送易受阻滞，并非任何时候都通，会导致极大的凶险，而且还不可补救；而陆道则相反。"

［21］但若是水道[①]，沿海岸的水道和出海的水道两者中，沿海水道更好，因为沿途有许多商埠；或者，河道更好，因为河道一直可通，并且其险难可克服。

［22］即使是陆道，诸先师说："靠雪山的[②]道路比南部的道路好[③]，因为象、马、香料、象牙、兽皮、银、金都是极珍贵的货物。"［23］憍底利耶说："不。［24］南部道路除了没有毛毯、兽皮、马，像螺贝、金刚石、宝石、珍珠、金这类货物还是相当丰富的。"[④]

［25］即使是南部的道路，沿途有很多开采场、珍贵货物、有熟路，或者成本微小且费力少的道路更好；或者，即使只有普通货物，但有大量买主的道路更好。

［26］东部或西部道路的［选择］可由此说明。

［27］即便如此，在车辇道和行脚道[⑤]两者中，车辇道更好，因

① 上面说了水路没陆路好，这里转折了一下，即：若定要说哪一种水道好的话。

② 靠雪山的（haimavat）："北部的道路"（CŚ：haimavataḥ uttarāpathaḥ）。

③ 迈耶直接将这两条路线译为"喜马拉雅商道"（der Himālayaweg）和"德干高原商道"（der Dekhanweg）。

④ 坎格尔在注释中认为：这段讨论表明，憍底利耶时代南方的贸易已经超过诸先师时代。

⑤ 行脚道（pādapatha）：与车道相对。鉴于下文中提到的肩荷道（aṃsapatha）专门指人，这里可能是指适合牛马等力畜行走但又不适合车辇通行的商道。

为它能作大宗运送之用;或者,根据地点和时间,驴驼道更好[①]。[28]肩荷道[②]由这两者可说明。[③]

[29]对方事业的兴盛,便是导者$_{(6.2.39\text{-}40)}$的衰落,反之,便是导者的增进;若彼此事业成果相当,**欲胜王**应明白这是他自身[国势的]住滞$_{(6.2.5)}$。

[30]收入少而支出多,为衰落;反之则为增进;**欲胜王**应明白,在事业中收支相当的话,便是他自身[国势]的住滞。

[31]因此,[**欲胜王**]应在营筑要塞等事业中找到一件仅需少量支出却有极大收益的事业,然后变得特出于诸王之上。——上面是关于事业的各种和约。

——以上是第七篇“六策”第十二章“有关事业之和约”(属于“有关盟王、钱财、土地和事业之和约”目)。

第十三章

第117目:背面攻击者之考量

[1]**欲胜王**及其敌王两者,彼此都从背面攻击各自敌王,同时

① 即:太偏远的地区、想运送大量货物或想照顾对货物有利的时间,则驴驼商道更好(CŚ)。当然,可以看到,像比较严寒的时节,或者干燥的沙漠戈壁这类地区的路,牛马不能胜任,是必须要用驴或驼运输的。

② 肩荷道(aṃsapatha):“肩道”,这应该是指人用肩挑、扛和抬等方式运送货物。

③ 即:这几种道路的选择,要综合运量、成本和可行性等来进行。

这两个敌王又在与他们各自的敌王交战。——在这种情形下，谁从背面攻击一个强大的国王，谁就得以占先$_{(7.4.4)}$。[①] [2]因为，强大的敌王，在消灭正面之敌之后，就会回过头来消灭其背面的敌王；而弱小的敌王，从战事中得不到什么收获，就不会这样。[②]

[3]若彼此力量相当[③]，谁从背面攻击那个广有各种事业的敌王，谁就得以占先。[4]因为，广有各种事业的敌王，在消灭正面之敌之后，就会回过头来消灭其背面的敌王；而少有事业的敌王，其军队无法抽身，就不会这样。

[5]若彼此事业相当，则谁从背面攻击那个调集了举国兵力的敌王而往征的国王，谁就得以占先。[6]因为，调集举国兵力的敌王，其基业$_{(7.2.14)}$所在地空虚，对他来说[④]，从背面攻击就变得容易成功；而只调集部分军队往征，并对背面受攻做好防范的[⑤]国王，对他

① 欲胜王及其敌王彼此都能从背面攻击各自敌王的情况下，看谁获利更多（即占先），这个比较存在于欲胜王和欲胜王的敌王之间，一般会牵涉六个国王（第 11 句中只牵涉五个国王），欲胜王及其敌王、他们各自的敌王，以及他们各自敌王本身各自的敌王。假如以甲乙、丙丁、戊己代替这六者，丙与戊互为敌王并交战，丁与己互为敌王并交战，而丙又是甲的敌王，乙又是丁的敌王，甲和乙分别想从背面攻击丙和丁。在这种情形下，对于甲和乙来说，谁从背面攻击了一个强大的国王，谁就能获得殊胜的收益。

② 这里解释为什么从背面攻击强大国王能获得殊胜利益：假如欲胜王的敌王是强大国王，这个强大国王在消灭了自己的敌王（并获得很多收益并增强了力量）后，便能转过身来消灭（作为自己背面之敌的）欲胜王，因此，在强大国王与别人开战时，欲胜王从其后方进行攻击是极其必要的。而假如是弱小的国王，则没法（从正面敌王处）获得收益，因而没力量再转过身来对付（作为自己背面之敌的）欲胜王，这种情况下，欲胜王对其后方进行攻击便不是很迫切。因此，从王国的必要性来看，从背面攻击一个强大敌王算是获得殊胜收益，即得以占先。

③ 指欲胜王和其敌王各自的攻击目标力量相当，按照第 1 句注释中的例子，则是丙和丁力量相当。

④ 对他来说（asya）：对欲胜王或其敌王来说。

⑤ 原文 kṛtapārṣṇipratividhāna：已为后方受到攻击做好对策的（CŚ：

来说，从背面攻击之就不容易成功。

[7] 若彼此所调集兵力相当，谁从背面攻击那个往征他自己游动敌王$_{(7.10.9)}$的国王，谁就得以占先。[8] 因为，往征游动敌王$_{(7.10.9)}$的国王，能轻易获得胜利，然后就会回过头来再消灭其背面的敌王；而往征有坚可守敌王$_{(7.10.7)}$的国王，就不会如此。[9] 因为[①]，那个国王会受困于要塞攻坚战，而且，他若回过头来对付背面之敌，那么他又会为有坚可守的敌王$_{(7.10.7)}$所打击。[②]

[10] 前面所说诸国王[的情形]，可由此说明。[③]

[11] 若两者的敌王实力相当，谁从背面攻击那个与守正法的国王交兵的敌王，谁就得以占先。[12] 因为，与守正法的国王交兵者，会为本国臣民及他人所憎恨；而与不守正法的国王交兵者，将为他们所爱戴。

[13] 从背面攻击一个与败坏祖宗基业的、即入即出的、守财奴的$_{(2.9.21\text{-}23)}$国王交兵的敌王，可由此说明。[④]

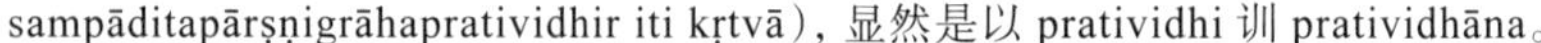

sampāditapārṣṇigrāhapratividhir iti kṛtvā)，显然是以 pratividhi 训 pratividhāna。

① 这里会解释为什么往征有坚可守敌王的那个国王不能做到这一点。

② 这里说的是那个攻击有坚可守之敌的国王的困局：他在正面战场上受困于攻坚战，所以完全腾不出手来照顾自己的后方，更不用说去攻击背面之敌了。而且，即使他回撤攻击自己背面的敌王（欲胜王或欲胜王的敌王），那么，原先被他攻击的那个有坚可守的敌王又会从背面来攻击他。所以，攻击有坚可守的敌王的那个国王，无法做到攻击无坚可守敌王的那个国王能做到的。因此，对于欲胜王或者欲胜王的敌王来说，从背面攻击这样一个敌王，完全没有必要，因为他受困于正面的战局，威胁更小。也正因为此，能从背面攻击那个往征游动之敌的敌王，是一件更有必要的事情。

③ 这是指“弱小敌王”“少有事业的敌王”和“只调集部分军队往征的敌王”（见本章第 2、4、6 句中），他们的困境和那个攻击有坚可守敌王的国王一样：一旦回过头来攻击自己背面之敌（欲胜王或欲胜王的敌王），则会为自己原先攻击但没攻下的敌王所攻击。

④ 这三类国王与不守法的国王一样，为世人所憎恨，因此即便自己的敌王与之交

[14]同样的根据，也适用于从背面攻击与自己盟王交兵的敌王。[①]

[15]与自己盟王交兵者，和与自己敌王交兵者，这两者中，谁从后面攻击那个与自己盟王交兵者，谁得以占先。[16]因为，与自己盟王交兵者，能轻易获得胜利，然后就会回过头来再消灭其背面的敌王。[17]毕竟，与盟王议和容易，而与敌王议和不容易。[②]

[18]消灭自己盟王者，和消灭自己敌王者，这两者中，谁从后面攻击那个消灭自己敌王者，谁得以占先。[19]因为，消灭自己敌王者，其盟王亦得以增进，然后就会回过头来再消灭其背面的敌王；而另一个消灭自己的友党，就不会这样。

[20]在两者都未获得收益而离开的情况下，谁的敌王未能取得大的收益，或遭受更多的损失和耗费，谁作为背面之敌就得以占先。[③][21]在两者都获得收益而离开的情况下，谁的敌王在收益和力量上弱小些，谁作为背面之敌就得以占先；或者，谁的敌王被[其

兵，欲胜王或者欲胜王的敌王从背面对之进行攻击，并不可取，得不到殊胜的利益。

① 第1—13句中的讨论，对于从背面攻击与自己盟友交兵的国王同样适用。下面将会解释这一点。

② 这三句的情况是：某国王攻击自己的盟王，而欲胜王从背后攻击这个国王可得占先。因为该国王可以轻易完成攻击，然后回头再来消灭欲胜王，所以欲胜王必须在他进行攻击的时候从背面进行攻击，以防止此事。那么，为什么该国王可以轻易完成攻击呢？因为他攻击自己的盟王，他们双方彼此可以很轻易地达成协议，而和自己的敌王则没那么容易达成协议。

③ 两者是指欲胜王和欲胜王的敌王各自想算计的那个“消灭自己盟王或敌王的两个国王”（CŚ/CN）。这两个国王都没能取得收益的话，作为他们两者“背面之敌”的欲胜王或欲胜王的敌王，他们俩谁的算计对象没能得到较多的收益，或遭损失更多和花去成本更多，谁就占先。也就是说，欲胜王和欲胜王的敌王谁占先，是和他们各自的算计对象相关的：谁的算计对象不能国力大进，或衰弱更多，对谁就有利。

可伐之王]造成损害，谁就得以占先。[①]

[22]即使两者[②]都从背面攻击[各自敌王]，谁调集更多能令自己事业成就的兵力、谁是有坚可守的敌王(7.10.7)[③]或谁驻伺[于其敌王之]侧翼，谁就得以占先。[23]因为，驻伺[于其敌王之]侧翼既可往救[敌王的]可伐之王，又可侵扰敌王基业(7.2.14)；而驻伺于后方则仅能侵扰其基业。

[24]应明白，能阻碍敌王行动的背面攻击者有三种：一个邻王作为一方[居于敌王]背面[④]，还有两个邻王[分居敌王]两侧。

[25]处于导者(6.2.39-40)及其敌王之间的弱小国王，被称为**掩护王**(7.2.13)；他若是有要塞或森林作为遁避之所(2.3.2)，便是强大国王的障碍。

[26]但是，若欲胜王及其敌王两者都想攫服中王，并从背面

---

① 欲胜王和欲胜王的敌王各自算计的对象在攻打自己的可伐之王，那么，对欲胜王和欲胜王的敌王来说，谁的敌王被他自己的可伐之王损害更多，谁就更获利占先，这是显而易见的。

② 两者指同作为背面攻击者的欲胜王及其敌王。

③ 即：被从背面攻击的敌王是游动之敌的情况下，而本方(作为对方的敌王)有要塞等可固守(CŚ)。

④ 原文 sāmantaḥ pṛṣṭhato vargaḥ：各家均将 varga 理解为“一群”，译为“一群邻王在背面”，略牵强。笔者认为，此处介绍的是对三个邻王，一个在后，另两个在两侧，对敌王形成包围之势，均能在敌王与另外的国王交战时从其背面袭击之。假如将背面的邻王理解为“一群”，那为什么两侧的国王只是两个，而背面的非得是一群邻王呢？所以，varga 这里理解为“方”或“方面”更契合文意：背面的邻王作为一方，两个侧翼的是另外两方。varga 作“一方”讲，见迦梨陀娑(Kālidāsa)之《鸠摩罗出世》(*Kumārasambhava* 7.53: vargāv ubhau devamahīdharāṇāṃ dvāre purasyoddhaṭitāpidhāne)。

攻击中王：那么，在中王获得收益而离开的情况下，谁能令中王与其盟王分裂，将自己之前的敌王变为盟王，谁就得以占先。[27]因为，可以和帮助自己的敌王议和，但不可与背盟的盟王议和。[1]

[28]攫服中立王可由此说明。

[29]诸先师说："但是，在从背面攻击[敌王]与往征敌王这两件事情中，国力的增拓(7.1.9)源于谋略战(12.2.1-7)。[30]因为，在搏斗战中，由于损失和耗费，双方国力都不会增进。[31]因为，即使战胜，胜方耗费了兵力和库财，也变成败者。"[32]憍底利耶说："不。[33]即使需要极大的损失和耗费，也应消灭敌王。"

[34]若双方损失和耗费相当，谁预先剪除了自己的叛军从而消除内患[2]，之后能用顺服的军队作战，谁就得以占先。[35]即使

① 关于这两句，坎格尔的解释是：欲胜王及其敌王（其中一个是中王的盟王，另一个是中王的敌王！）均想攫服中王(6.2.38)，并在中王与别国交战时从背面攻击中王。在中王获得了收益而归的情况下，那么，原先是中王敌王的那一个将占先：将中王与其原先的盟王离间，并成功将中王变为自己的盟王。原因是：中王可以原谅之前是敌王的那个国王的背面攻击，但是对之前是自己盟王的那个国王的背面攻击感到愤怒，因而离弃他，转而亲善原先是敌王的这个国王。这个解释，各方面看起来都很合理，但是一个重要的前提并未得到保证，那就是：欲胜王和敌王两者，是否之前一定和中王有盟王和敌王的关系。欲胜王及其敌王都从背面攻击一个中王而不是各自的中王，这是肯定的。因为根据6.2.21，中王的国土是和欲胜王及其敌王的国土都接壤的（可见中王和掩护王唯一不同的可能只是中王更强大），应该是指一个中王。但很难说他在之前就一定会与欲胜王及其敌王保持明晰的盟王或敌王关系。而且，与之保持盟王关系的想要攫服他，从背面攻击他，缺乏必要的动机。因此，坎格尔的这个前提是可疑的。但是，只有这个理解，才能让第27句和第26句保持一种紧密的关联性：一方作为敌王从背面进攻中王是可以原谅的，可以订立和议，但一方作为盟王从背面进攻中王，则势必与中王反目为敌王。但这样的话，对中王来说，"帮助自己的敌王"（śatrur upakurvāṇo）却似乎不存在，两者都从背面攻击中王，很难说其中一方是在帮助他，除非是中途转变立场，和中王联合起来共同对付中王原来的盟王。只有这样，这两句才能说得通。但总体上来讲，这两句话所说内容的背景并不完全清楚，对现代读者理解会造成一些困难。

② 消除内患（niḥśalya）："没有刺的"，即没有内患的。

双方在之前都剪除了自己的叛军，谁能剪除更多、更强且极为悖逆的叛军，谁就得以占先。

［36］剪除敌王军与从蛮军$_{(7.7.26)}$，可由此说明。

［37］**欲胜王**一旦成为**背面攻击者**、正面的攻击者或被往征者，在这类情形下，他作为**导者**$_{(6.2.39-40)}$应执行下述行动：

［38］**导者**可先让**吁助王**与前来支援敌王者开战，自己再从背面攻击那个与**导者**的盟王交兵的敌王。[①]

［39］**欲胜王**若要［进行正面］攻击，应先以**吁助王**防住自己的**背面攻击者**；同样地，用前来相助**吁助王**者防住前来相助其**背面攻击者**的国王。[②]

［40］而在正面，他应令盟王与敌王之盟王相斗，以自己盟王之盟王防住敌人的盟王之盟王。

［41］当**欲胜王**被攻击时，他应让自己的盟王攻击敌王的后方，并让自己盟王之盟王为从背面攻击敌王的盟王防住敌王的**吁助王**。[③]

---

① 这一颂主要是说欲胜王若想作为敌王的背面攻击者，需要做的准备工作是：敌王在攻击欲胜王的盟王，欲胜王于是从背后攻击敌王。但就这样开始攻击的话，自己的背面攻击者（他是敌王在背面的盟王）就会从背面攻击自己。因此欲胜王为了断除背面的威胁，先要让自己的吁助王和自己的背面攻击者打起来。细心的读者会想到：这是一个环环相扣的关系，欲胜王要从背后攻击自己的敌王，得先让自己的吁助王与敌王的吁助王（即原文中“赶来相助敌王者”）打起来，自己好放开手从背面攻击敌王。

② 欲胜王要对敌王做正面攻击时，需要在背面进行准备，这个准备发生类似于连锁反应的情形。根据6.2.18，可以看到：欲胜王先令吁助王缠住自己的背面攻击者，而背面攻击者的盟王（背面攻击者之增援王）会前来增援，于是他又要令吁助王之增援王拖住这个前来增援的国王。如此，才能放心地进攻敌王，而不用担心后方。

③ 欲胜王处于被攻击地位时，这个反应链条转到欲胜王的正面（也是正面攻击他

［42］欲胜王为了自己的利益，应如此这般地在正面和背面以众多的盟王要素[①]建立起自己的曼荼罗。

［43］欲胜王应在整个曼荼罗内一直安置使节和密探，［明里］成为诸对手的盟友，暗里不断杀伤［对手］。

［44］未暗里行动的人，即便卓异地达成了一些共识，好比海上破损的[②]小舟，无疑会覆灭。

——以上是第七篇“六策”第十三章“背面攻击者之考量”。

第十四章

第 118 目：国力衰退后之补救

［1］欲胜王若如此这般地[③]为诸王联盟攻打，他应对诸王中的

的敌王的背面）：欲胜王此时要迎战正面之敌，同时，他应该令自己的盟王（参见 6.2.18 对盟王的解释）从背面攻击敌王；而对敌王来说，他的背面被攻击，他就要让他自己的吁助王从背面攻击欲胜王的盟王。那么，欲胜王此时又要让自己盟王之盟王来攻击敌王吁助王的背面，以防其从背面攻击欲胜王的盟王。

① 以众多的盟王要素（mitraprakṛtisampadā）：字面上意为“以盟王要素的资质”。盟王是欲胜王建立曼荼罗的一个最重要的要素，欲胜王可以用盟王构建曼荼罗，但无法凭“盟王要素的资质”构建，所以 sampdad 必须理解为“众多”而不是“资质”，毕竟前面的铺垫描述提到有很多盟王。另外，“众多的盟王要素”是直译，念起来比较拗口。因为“盟王”本身就是“要素”（mitraprakṛti 为同位持业释复合词，盟王即要素），因此“众多的盟王要素”说得更符合汉语表达的话实际就是“众多的盟王”。

② 破损的（bhinna）：与前半句中“未暗里……”asaṃvṛta（“不密实”）相呼应：欲胜王处于局势波诡云谲的曼荼罗中，好比处于风潮涌动的海上，若不密实（行事不秘密）则必然灭亡。

③ 如此这般地（evam）：这个词放在这里似乎显得很突兀。它可能是指前一章所

盟主说："我要与你议和；我给你这些钱，并成为你的盟王；你得到两方面[①]的增进；你不值得以自己的损失[②]来令这些说话像盟友[③]的敌人获得增进；因为，他们一旦增强了，将来正好辖制你。"

［2］或者，他可以这么说以离间诸王联盟："正如我并未为害诸王，却遭诸王会盟起来围攻一般，待他们国势昌隆或陷入灾患时，他们将会联合兵力来进攻你，因为，力量让人改变心意。你得摧毁他们的力量！"

［3］若他们分裂，他可支持盟主[④]去攻打较弱的诸王；或者支持较弱的诸王去攻打盟主；或者他认为怎么更好，他就怎么做。［4］又或者，他可先使某王与其他诸王产生敌意，再让他与诸王分裂。

［5］或者，他可先以更多的收益去秘密游说盟主，然后让他促成［自己与其他诸王］议和。［6］然后，双面暗差$_{(1.12.17\text{-}25)}$可以指出［欲胜王许给盟主的］收益更多，并误导诸王说："你们被占先$_{(7.4.4)}$了。"［7］一旦诸王受到误导，他就可以违反和约。［8］然后，双面暗差可在他们中间制造更多的不和："我们说过了的，果然如此！"[⑤]［9］

描述的各种混乱的交战情形：如果欲胜王遭到曼荼罗联盟中诸王以各种方式的攻打。

① 两方面（dviguṇa）：在此指两种或两方面（钱和盟王），并非两倍。

② 损失（kṣaya）：既指损失，也指 6.2.5 中的衰落，与后面的 vardhayitum（vṛddhi［增进］）形成对比。

③ 说话像盟友（mitramukha）：嘴巴上的朋友，说话像朋友（而实则是不是）。CŚ 理解为"仅仅在言语上装作友好的"（vāṅmātramitratābhinayavato）。坎格尔译为"假充盟友的"，意思相差不多，但似乎是将 mukha 理解为"脸"了，但实际则是"嘴"或"言语"，《摩诃婆罗多》中亦有此语，应理解为"嘴巴上的朋友"（MBh 8. 27.28）。

④ 盟主（pradhāna）：首要的、魁首。在这里指联盟的盟主。

⑤ "我们说过了的，果然如此！"（evaṃ tad yadasmābhir darśitam）："我们早就指出过了，还真就是这样！"或者"我们说过的，说对了吧！"当然，这里的前提是：欲胜王已经拒绝履行和约了，这会让诸王更愤怒，尤其是考虑到他们认为盟主得到了更多

或者，待他们一分裂，他可以支持他们中某一个，然后像上面那样(7.14.3)行动。

［10］若诸王中没有盟主，他应争取诸王中这样的国王：动员诸王来征伐者；坚决从事征伐者；其臣民忠爱者；因贪欲或害怕而加入联盟者；惧怕欲胜王者；依托于其王国者；盟王；或游动的敌王(7.10.9)。——［这些国王中］，如没有后者，才选择前者[1]［进行争取］。——对动员诸王者，应委身侍奉之；对坚决从事其事业者，应恭顺地服属之；对其臣民忠爱者，应迎娶和嫁出女子［与之和亲］；对有贪欲者，应给他两倍份额[2]；对害怕诸王者，应给予其财力和兵力支持；对害怕欲胜王自己者，应给予其保证，以获取其信任；对依托于其王国者，应与其成为一体[3]；对盟王，应行对彼此亲善和有益之事，或放弃［从对方处得到过的］利益；对游动的敌王(7.10.9)，应向其保证不再为害且提供帮助。［11］或者，但凡能以何种办法使诸王中的谁脱离联盟，他就可以那样地去争取谁；或者，如同在关于各种威胁方面我们将要说到的那样，以和解、施予、离间、惩治的办法(9.5-7)［去争取他们］。

［12］或者，若因灾患的打击而变得仓促，他可以库财和军队为代价，与对方订立和约，并在地点、时间、事务方面做出限制。(7.6.5-7)［13］订约之后，他应弥补自己的衰退［之处］。

的好处，而自己一点也没有得到。

① 如没有后者，才选择前者（pūrvān uttarābhāve）：即：在列出的各种国王中，优先争取靠后的国王。

② 前面谈到过“共同往征”，并谈到了份额的问题（参见 7.4.19-22），这里的“份额”，应该是指诸王在往征之前就商定好的。现在欲胜王给这个国王两倍让其放弃进攻。

③ 与其成为一体（ekībhāvopagamana）：通过各种方式成为一国，结为亲密盟友。

［14］若是友党衰退，他应经营由亲属和盟王组成的友党，或营造一座坚不可摧的要塞。［15］因为，以要塞或盟王为依托的国王，为自己臣民和敌人所尊敬。

［16］若谋略能力(6.2.33)衰退，他应招揽聪睿之士，或亲近有学问的长者。［17］因为，如此他可以马上得到助益。

［18］若主宰能力①衰退，他应努力达成臣民的获取与持守(1.4.3)。［19］聚落为一切事业的基础，主宰能力即来自它。［20］在危局中，它②与国王本人的避难所是要塞。［21］水利设施是农作物的基础。［22］因为，以水利设施灌溉耕种，与以充沛的雨水耕种一样，收获持续不断。［23］商道是对对方占先(7.4.4)的基础。［24］因为，军队与暗差的渗透，购买武器、盔甲、车辇、力畜可沿商道进行，包括进入和运出。［25］矿场为战阵中诸配饰之源；物产林为要塞营筑、车辇以及战车之源；育象林为象之源；厩圉为牛、马、驴、驼之源。［26］若未获得这些，那么可从亲属或盟王家中获取。

［27］若精进能力(6.2.33)衰退，他可以尽量募集团伍中的猛士、贼伙、丛蛮、蛮夷以及能为害于敌人的暗差。

［28］或者，他可以对敌人使用应对“敌友混合威胁”(9.6.11)的措施，或“弱王”(12)［中所说的策略］。

［29］如此这般地具有了友党、盟王、物力、兵力［之后］，他应出战，以摧毁敌人对自己的辖制。

① 主宰能力（prabhāva）：即 prabhuśakti，指财力和兵力等（6.2.33; CŚ：kośadaṇḍādi）。

② 它（tasya）：即聚落，并泛指其中的财力和人力等。

——以上是第七篇“六策”第十四章“国力衰退后之补救”。

第十五章

第119目：与强王开战后坚城自守之机由

[1]受到强大国王攻击的弱小国王，可托庇于一个国力超出该强大国王的国王。并且这个国王不会为对方[①]的谋略能力$_{(6.2.33)}$所占先$_{(7.4.4)}$。[2]谋略能力相当的话，臣属[②]的资质和亲近长者导致优胜。

[3]若没有国力超出该国王者，他可同一个国力与之相当的国王或联盟来结盟，然后保持[这种状况]。他们[③]不可被该国王的谋略能力与主宰能力$_{(6.2.33)}$所占先。[4]谋略能力与主宰能力相当的话，广有各种事业导致优胜。

[5]若没有[国力与该国王]相当者，他应与那些正派、精进并且与该强大国王为敌的弱王结盟，然后保持[这种状况]；他们不可被该[强大]国王的谋略能力、主宰能力以及精进能力$_{(6.2.33)}$所占先。[6]精进能力相当的话，获得适于自身作战的地形导致优胜；[7]如果同样获得适于自身作战的地形，获得适于自身作战的时节导致优胜；[8]同样[获得]适于自身作战的地形和时间的话，好的力畜、兵器、盔甲导致优胜。

① 对方（itaro）：指第1句中的强大国王，采取攻势的一方。

② 臣属（āyattā）：依靠，附着。在这里，似乎是指依附于国王的智囊团成员，即宾客、僚属、“谋臣等”（CŚ：āyattā amātyādayas）。

③ 指与其结盟的国王或国王联盟。

[9]若没有帮手，他应托庇于要塞；在这里，敌王即便兵力众多，也不能切断他的粮食、草料、柴火和水源，自己反而会遭受损失和耗费(9.4.1-2)。[10]若同是这样的要塞的话，拥有储积和遁避之所(2.3.2)导致优胜。[11]憍底利耶说："因为他应求得一个因有人保卫而坚不可摧的要塞，并且该要塞拥有储积和遁避之所。"

[12]他可凭如下机由①而托庇于这种要塞：

〔一〕我将要争取我的背面攻击者，或他的增援王(6.2.18)，或中王，或中立王；我将令以下人中的任意一个攫取或摧毁该国：他的邻王、丛蛮酋魁、他家族中觊觎大位者或失宠王子；

〔二〕或者，我将通过支持[其国中]可被收买的党众，令其要塞、聚落或大本营中发生叛乱；

〔三〕当他在近处时，我将随心所愿地用兵器、火、毒或秘术(14)将他杀死；

〔四〕或者，我将以自己亲自领头的秘行手段令他遭受损失、花费成本；②

〔五〕或者，当他的盟王们或他们的军队为损失、耗费以及远离国土所苦时，我将逐渐地成功煽动他们；

〔六〕通过截断其补给、杀伤其援军和打粮队(10.2.5-7)，我将可以

① 以下情形为欲胜王的考虑事项，实际上也就是他进入要塞固守的条件。也就是说，托庇于要塞之后，能做到下列描述中的某一项，就可以放心地托庇于要塞中。

② 秘行(yogapraṇidhāna)：直译为"秘行的运用"。与上一句中aupaniṣadikapraṇidhāna相比，yoga指秘密的战争或刺杀行动，或者说特务战(见第五篇)，而后者指一些秘密伤敌的法术。这句是说欲胜王将亲自带领本方的人对来犯之敌实行特务战。CŚ解释说：[欲胜王]亲领心腹杀手，[前去劫杀]，令来犯之敌人畜减少，财物蒙受损失。

制服其大本营［的军队］；

〔七〕或者，我先提兵前去令他出现弱点，然后再调集全部兵力打击之；

〔八〕或者，通过打击他的气焰，我将可以随心所愿地与他议和订约；

〔九〕或者，与我缠斗时，反对他的叛乱到处发生；[1]

〔十〕或者，我将令盟王军或丛蛮军摧毁他那没有援军的基业(7.2.14)所在地；

〔十一〕或者，我居于此处[2]，将可以保证大片土地的获取与持守(1.4.3)；

〔十二〕我居于此处，将我自己或盟王的那些分散的兵力集结在一处，将变得战无不胜；

〔十三〕或者，我这些习于水战、沟壕战和夜战的军队，在行军途中遇不到麻烦，一旦［对方］靠近[3]，［我的军队］将采取行动；

〔十四〕或者，对方来到此处，地形与时节都对他不利，他自己会因为损失和耗费(9.4.1-2)而覆灭；这个地区因为满是要塞和丛林作为遁避之所(2.3.2)，所以对方要蒙受极大的损失和耗费才能靠近；［另外］，对对方来说，会有很多疾病，并且没有对他军队的行动有利的

① CŚ 认为，该国王正在攻打欲胜王时，他自己的四邻将可能开始针对他的攻击。

② 即居于要塞之中，意思是：如若欲胜王想着自己居于要塞之中，可以保证很大块土地臣民的福利，也可以满意了，于是就可以托庇于要塞之中。

③ 因为假设的情况是欲胜王在要塞中，所以他没有行军的劳累和途中的危险，而且以逸待劳，一旦对方靠近，就能打击对方——这样的话，他托庇于要塞中，是能占先的。

地形；他一旦进入，便陷入危势，或者一进去就出不来。

[13]诸先师说："若没有这些机由，或对方太强大，他应放弃要塞而撤走；[14]或者，他可以像飞蛾扑火一般地扑向敌王，[15]因为，绝望之人必能有这个或那个成就。"[16]憍底利耶说："不。[17]确定自己与对方议和意向之后，他可以与对方议和。[18]若情形相反，则应通过战斗求和或逃走。[19]有议和意向者，他可以派遣使者前往；[20]或者，他应先以财利和尊荣接待对方派遣的使者，然后说：'这是送给贵国国王陛下的贡品[1]；这是敝国王后及王子送贵国王后及王子的贡品；敝国及我本人随您处置。'"

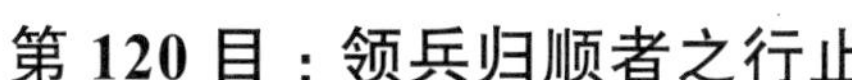

第120目：领兵归顺者之行止

[21]获得庇护之后[2]，他应按照"侍臣之适时而动"(5.5)所说的那样去侍奉其主上。[22]在得到应允之后，他才可以[做下述事情]：营筑要塞等、迎娶和嫁出女子、为王子灌顶、购马、捕象、进入伏击位置[3]、出征以及出游。[23]与本国境内臣民的和约，或惩处背弃者之类[4]，一切在得到应允后方可进行。

[24]或者，即便他行止正直，其城市和聚落的民人仍然对他

① 贡品(paṇyāgāra)：货贿，进奉物(CŚ：arpaṇīyaṃ prābhṛtam)。

② 这就是"领军归顺者"，欲胜王现在成了该强大国王的藩王，其国也成了该国的属国，因此他要像侍臣一样侍奉自己所投靠的国王。

③ 进入伏击位置(sattragamana)：关于"伏击位置"(sattra)，参见7.5.46与10.3.24及相关注释。去这类地方，需要取得允许，否则对方会怀疑他针对自己。

④ 本国境内臣民与背弃者主要是指谋臣之类。关于这类人与国王的关系，参见7.6.22-39。

视若仇寇，他可另索求土地［而居］；［25］或者，他可像对付奸臣那般，以秘惩(5.1)应对之。［26］一块给他的土地，若是从［自己原来］盟王处得来，即使很合意，他也不可接受。[①]

［27］若不能见主上本人，则应见其宰辅、国师、军队统帅或储君中的任何一个，并且根据自己能力帮助他。

［28］在敬神和祈福的场合，他应令人为其祈愿。[②]［29］无论何处，他应称道自己归降的举动。

［30］领兵归顺者应如此这般地行事：对主上言听计从、侍奉权势人物，反对受猜疑的人或其他类似的人。[③]

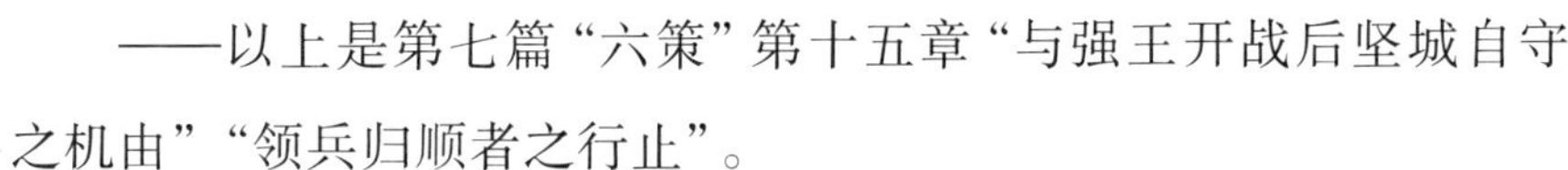

——以上是第七篇“六策”第十五章“与强王开战后坚城自守之机由”“领兵归顺者之行止”。

第十六章

第121目：令人领兵归顺者之行止

［1］一个强大的国王，若想征服一个违反已议定之和约的国王，

① 若宗主国国王给他一块土地（从欲胜王自己原来盟王处得来），即使他自己很中意，也不可接受。这大概是怕激怒自己原来的盟王。

② 为其主上。虽然是他让人做仪式和祈祷，但这些仪式的“果”（phala）属于宗主国国王而不是他自己。

③ 对主上言听计从（bhartari avasthitaḥ）：avasthita带依格意为“遵从”（参见*Bhāgavatapurāṇa* 3.1.45）。

那么，他应朝如下地方往征之：该地地形、时节、生计有利于本方军队，敌王没有要塞作遁避之所(2.3.2)、无背面的支持，且没有援军相助[①]。[2]若是情形相反，他应先做好应对措施，再行往征。

[3]他应以和解和施予二法降服弱小的国王；以离间和惩治二法降服强大的国王。[4]他可以必然、两可、并合的方式(9.7.73-76)使用此四法，以争取那些与自己紧邻以及与自己隔着一个国家的那些要素(6.2.14-15)。

[5]他应如此这般地施行和解之法：保护村落和丛莽之住民；保护畜群和商道；交还被弃绝者、背弃者以及为害者[②]。[6]他应如此这般地施行施予之法：给予对方土地、财物、女子以及安定[③]。[7]他应如此这般地施行离间之法：通过帮助邻王、丛蛮酋魁、王族中觊觎大位者以及失宠王子中的任何一人，以便向对方索取库财、军队、土地或祖业。[8]他应如此这般地施行惩治之法：以公开战(7.6.17)、诡计战(10.3.1-25)、秘密战(12.4-5)或夺城诸法(13)等打击敌王。

[9]如此，他应令具精进能力者对军队有益，令具有自身能力

① 且没有援军相助(apārṣṇir anāsāraś ca)：这两个多财释复合词无疑都是用来描述强大国王想攻击的那个毁约敌王。但 apārṣṇi 与 anāsāra 意思却并不明显。从 6.2.18 的介绍来看，这个毁约敌王背面是其背面攻击者，然后是吁助王，再是其背面攻击者之增援王，再次是其吁助王之增援王。那么，可以推测，apārṣṇi 是指无吁助王(ākranda，即该敌王背面的盟王)，而 anāsāra 则指无吁助王之增援王(ākrandāsāra，即该敌王背面盟王的盟王)。

② 被弃绝者、背弃者以及为害者(ujjhitāpasṛtāpakāriṇāṃ ca)：这三类人都是针对对方国王而言：被对方弃绝的、主动背弃对方的以及为害对方的臣民。显然，将这类人交还对方，是为了表示善意和和解。

③ 给予女子(kanyādāna)：应当是指和亲。给予安定(abhayadāna)：直译为“给予无畏”，即保证对方的安全(佛教所谓“无畏布施”)。

者对库财有益，令具有才智者对国土有益。[①]

［10］在他们中，能以以下物产给予多种帮助者，是能堪多用的盟王：从商埠、村落和开采场$_{(1.10.15)}$产出的宝石、贵重物、廉值物及林产；从物产林、育象林、畜群中产出的车辇和力畜；［11］能以军队和库财大力相助者，为能堪大用的盟王；［12］能以军队、库财和土地相助者，为能堪一切用的盟王。

［13］能从一面抵挡敌王者，为能堪一面之用［的盟王］；［14］能从两面抵挡敌王及其援军者，为能堪两面之用［的盟王］；［15］能从各方面抵挡敌王及其援军、邻王以及丛蛮酋魁者，为能堪全面之用［的盟王］。

［16］另外，若他发现可以通过施予土地将某个背面攻击者——比如丛蛮酋魁、敌王之枢臣或敌王本人——争取过来，那么，他应给予其劣等土地以获取其支持：

对居于要塞中者，他应给予其与本土不相接的土地；对丛蛮酋魁，他应给予其不生生计和资财的土地；对敌王王族中觊觎大位者，他应给予其易于夺回的土地；对在敌王处失宠之王子，他应给予其从敌王处割得的土地；对于拥有团伍军$_{(5.3.9)}$者，他应给予其恒有敌

① 除了第一种精进能力，后两种“自己的能力”（svaprabhāva）与“才智”（prajñā）实际仍然分别指 6.2.33-34 中的“主宰能力”与“谋略能力”，只是用字不同（mantraśakti → prajñāvat；prabhuśakti → svaprabhāvavat）。另外，上文说的是如何降服对方国王或争取对方为盟王，结合标题，可以认为是让对方成为“领兵归顺者”。而这里开始说如何处置“领兵归顺者”：使勇猛有精进力者对军队有助益，使富于财富人力者（“主宰力”包括财力和军队，即财力和人力）对财富有助益，使有才智者对（治理或获取）国土有助益。从下面来看，“领兵归顺者”以及被“争取到的”国王，既是欲胜王的藩王，也是广泛意义上的盟王。

人的土地(7.10.16)；对于集中了兵力者，他应给予其有强邻的土地；对于战场上的对手，他应给予其集两者于一身的土地[①]；对精进者，他应给予其无法进行军事行动的土地；对敌王之友党，他应给予其荒芜的土地以获取其支持；对于诱致者[②]，他应给予其贫瘠的土地以获取其支持；对背弃后又归返者，他应给予开辟起来会造成大量损失和耗费的土地；对背弃敌王归顺本方者，他应给予其无从托庇的土地；不能为他人所占的土地，他应获取其原主的支持[③]。

[17]他们中间，有很大助益且没有异志者，他应令其继续保持。[18]他应秘密地除掉作对者。[19]他应根据其帮助的能力[的大小]去取悦那些给予自己帮助者；[20]根据其出力[的多少]给予其财物和尊荣，并在其逆境中对其施以恩惠。[21]对于主动前来者[④]，他应许其随其所愿地觐见[⑤]，并予以安排。[22]他不可对其加以侮辱、伤害、轻蔑或责骂性言语。[23]在给予其安全[⑥]后，他应像父亲一般地对其施以恩惠。

[24]对于为害于他的人，他可在令其过错周知后，再将其公开处死。[25]或者，为避免他人恐慌起见，他可依"秘惩之施行"(5.1)

① "既恒有敌人，又有强邻的土地"（CŚ）；"既是割取的，又有强邻的土地"（奥利维勒）。

② 诱致者（apavāhita）：从敌方引诱到本方者。参见 12.3.14 的描述。

③ 不能被人占有的土地，则保持其现状，以获取这块土地现有主人的支持。

④ 即：未经征召而前来为本方所用者（CŚ）。

⑤ 他应许其随其所愿地觐见（yatheṣṭadarśanam kuryāt）：直译为"他应使得他们可随他们的意愿得以见到他"。

⑥ 安全（abhaya）："无畏"，既指人身安全，也指内心安定。

所说的那样采取行动。[26]他不可贪求被处死者之土地、财产、子[女]以及妻室。[27]甚至应令其族人各安其位。[1][28]在战场上阵亡者[2]，他应令其子即王位。

[29]这样一来，领兵归顺者亦会如此地尽忠于他的子子孙孙。

[30]但是，谁若是将领兵归顺者杀害或收监之后再贪求其土地、财产、子[女]以及妻室，那么曼荼罗[中诸王]皆为儆惧，因此起而覆灭之。[31]而且，那些虽居于各自国土但都依附于他的各位辅臣[3]，亦皆为儆惧，转而托庇于曼荼罗[中其他诸王]。[32]或者，这些辅臣自己可能去索取他的王位或性命。[4]

[33]因此，各个藩王为和解之法所护持，各安居其国土，与欲胜王同心同德，并如此地尽忠于其子子孙孙。

——以上是第七篇“六策”第十六章“令人领兵归顺者之行止”。

① 欲胜王对领兵归顺的藩王，即使将其处死，也不得贪恋其土地、财物和妻儿，甚至还要恢复王族的秩序。CŚ 说：令诸人在比如国王等位置问题上各得其所（sveṣu pātreṣu svasvociteṣu rājādisthāneṣu sthāpayet）。

② 按照 CŚ，这是指为欲胜王打仗阵亡的藩王（karmaṇi upanāyy arthe yuddhe mṛtasya），不是指前面所说的那些为害于欲胜王者。

③ 这些辅臣是领兵归顺的诸位藩王的辅臣，他们虽然留在各自的国土中，但都依附于且忠于欲胜王。若欲胜王杀害其主公，并贪取其主公之土地、财物和妻儿，那么他们会儆惧，并托庇于曼荼罗中其他国王。

④ 这些辅臣的主公为欲胜王所杀，因此报仇。

第十七章

第 122 目：议和

［1］休息[①]、和约、人质[②]三者同一个意思；［2］诸国王之间产生的互信，［来自］休息、和约和人质。

［3］诸先师说：“诺或誓是不稳定的和约；保物或人质是稳定的和约。”[③]［4］憍底利耶说：“不。［5］诺或誓在彼世与此世都是稳定的和约；而保物或人质与力量相关，仅在此世有效。”

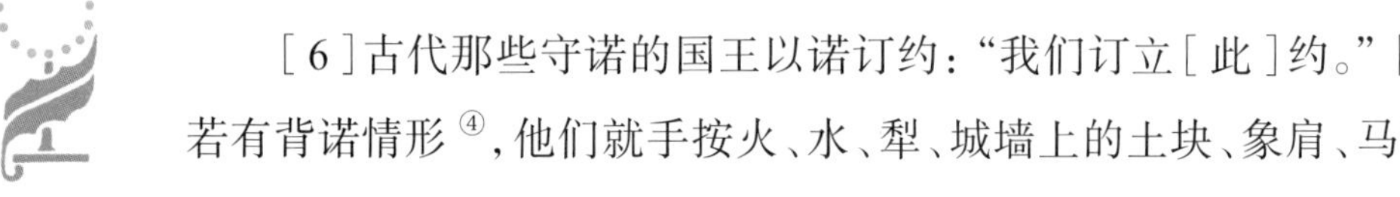

［6］古代那些守诺的国王以诺订约：“我们订立［此］约。”［7］若有背诺情形[④]，他们就手按火、水、犁、城墙上的土块、象肩、马背、

① 休息（śama）：从前面 6.2 中相关内容可知，śama 是一种与 vyāyāma（从事、努力）相对的状态，可以译为“和平”，但这么译就会取消其与 vyāyāma 相辅相成的这种意味（śama 本身就有“止”“息”“灭”的意思）。6.2 中，笔者将其译为“安享”，而在此处，将其处理为“休息”。笔者按：“休息”在现代汉语中已经类似于西语中的一个单词，意义相对狭窄，且辞气太甜熟，但笔者想从古代汉语中借其比较原始、普遍的意义，表达与劳作（“从事”）和争斗都不同的一种停止、和平和无事的状态（《汉书·昭帝纪赞》：“光知时务之要，轻徭薄赋，与民休息。”

② 人质（samādhi）：或质子。这个词在本文中 1、2、15 中作为“人质”出现，在其他地方（第 3—14、16—31 句），用来表达“人质”意思的词是 pratigraha。奥利维勒说（据汉堡大学 Wezler 教授），两者是同一意思，但 samādhi 表示“质与”，而 pratigraha 表示“受质”，一予一取不同而已。

③ 诺（satya）指互相允诺，指口头约定“就这样，不会是那样”（CŚ：idam evam eva nānyathā bhaviṣyati）；誓（śapatha）指互相盟誓；保物（pratibhū）指交换的保证物；人质（pratigraha）指交换的人质。前两种是口头的，后两种有人或物作为保证。

④ 若有背诺情形（tasyātikrame）：这里似乎应该是在违背之前起誓，而不是之后，以至于坎格尔译作“为［防止］违背诺言”。

车座、兵器、宝石、种子、香料、毒药、黄金或钱币起誓："背誓者，即为此物所害或所弃！"

[8]若有背誓情形，则以大人物、苦行者或枢臣为人质作保。[9]在这种情形下，谁获取了能辖制对方的保证，谁就占先(7.4.4)：[10]与此相反者，则为被占先。

[11]获得对方的亲属或枢臣，是接受人质。[12]在这种情形下，谁交给对方奸恶的辅臣或忤逆的子女，谁就占先；[13]与此相反者，则为被占先。[14]因为，谁若因得到人质而产生信任，对方会毫无顾忌地攻击其弱点。①

[15]至于以子女为人质，是交出女儿还是儿子的问题上，交出女儿者占先。[16]因为，女儿不是继承人，注定属于别人，并且也不至于被虐待。②[17]儿子则相反。

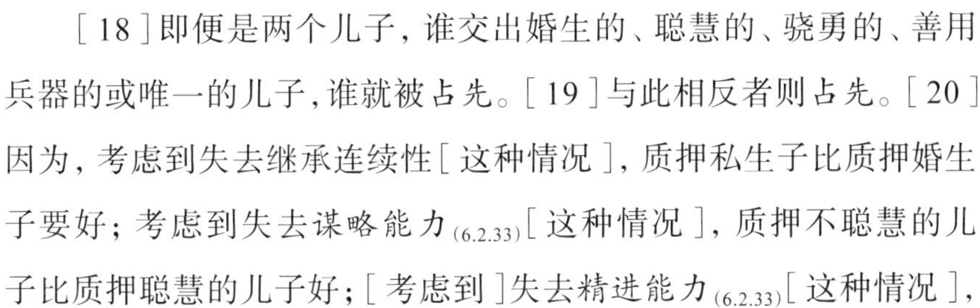

[18]即便是两个儿子，谁交出婚生的、聪慧的、骁勇的、善用兵器的或唯一的儿子，谁就被占先。[19]与此相反者则占先。[20]因为，考虑到失去继承连续性[这种情况]，质押私生子比质押婚生子要好；考虑到失去谋略能力(6.2.33)[这种情况]，质押不聪慧的儿子比质押聪慧的儿子好；[考虑到]失去精进能力(6.2.33)[这种情况]，

① 对方将自己的奸臣逆子给欲胜王作人质，而欲胜王因为这人质而对对方产生信任而疏于防备，那么对方完全不需要顾忌自己的人质安全，对欲胜王实施打击。

② 注定属于别人，并且不至于被虐待(pareṣām evārthāyākleśyā ca)：意思大概是：女儿反正不是继承人，而是为别人(笔者按：指女儿的丈夫和夫家)所享用(CŚ：pareṣāmeva, arthāya proyojanāya paropabhogyatvāt)，并且也不会像男性继承人那样被对方虐待。不会被虐待，可能是因为彼此都知道，虐待对方的女儿，并不足以引起对方的重视(因为不是继承人)。所以，接受对方的女儿为人质可能没有什么要挟效果。

质押怯懦的儿子比质押骁勇的儿子好；考虑到失去攻击能力[1][这种情况]，质押不善用兵器的儿子比质押善用兵器的儿子好；[考虑到]无需顾忌，质押诸子之一比质押独子好。

[21]在婚生的儿子和聪慧的儿子之间，大位的属性倾向于婚生但愚钝者，而谋略的职分倾向于聪慧但非婚生者。[22]但即使在谋略职分方面，因为有长者可亲近，婚生的儿子对聪慧的儿子占先。[2]

[23]在聪慧的儿子和骁勇的儿子之间，令智谋和事业相结合[3]倾向于聪慧但怯懦者，而勇武的职分倾向于骁勇但愚钝者。[24]但即使是在勇武的职分方面，聪慧的儿子对骁勇的儿子也要占先，好比猎人对大象占先。

[25]在骁勇的儿子和善用兵器的儿子之间，勇功[4]倾向于骁勇但并不善用兵器者，而打击[指定]目标的职分倾向于善用兵器但怯懦者。[26]但即使是在打击[指定]目标的职分方面，骁勇者因其坚韧、机智和警醒而对善用武器者占先。

---

① 失去攻击的能力（prahartyasampallopa）：奥利维勒认为 prahartavya 为被动意义，因此将这个复合词理解为“失去（原本有的）很多攻击对象”，即：善使武器的儿子成了人质的话，对方原来可以被攻击的对象变得不可以攻击了。这样理解也说得通，但 prahartavya 实际是主动意义而不是被动意义（意为“攻击”[如 MBh 1.128.18]），笔者认为，将其理解为“失去攻击的能力”会更契合文意，但总的说来，意义并无差别。

② 即：婚生子和聪慧的儿子之间，更应该质押后者。因为继承大位要靠前者，而且前者缺乏谋略力的缺点，可以通过亲近长者得到弥补。

③ 令智谋与事业相结合（matikarmaṇāṃ yogo）：或“智谋（想法）和行动（或事业）的结合”。若将 yoga 理解为“运用”，则这个复合词也可理解为“将智谋运用到行动（或事业）中”。

④ 勇功（vikramavyavasāya）：勇猛果敢的行为或事功，《孙子·形》：“故善战者之胜也，无智名，无勇功。”

［27］在有多子的国王和仅有独子的国王之间，有多子的国王交出一个儿子后，尚有剩下的儿子支撑，［因此］可以背约，但另外那个则不可。

［28］若和约基于给出自己的独子，此独子育有儿子导致优胜。[①]［29］其独子所育后代数量相等的两个国王之间，仍能生育导致优胜。[②]［30］即便在两个仍能生育的国王之间，马上就要生育导致优胜。

［31］然而，若国王只有一个能生育的独子，而他自己已失去生育能力，他应质押自己而不是独子。

第 123 目：人质之解救

［32］若国势得以增强，他应争取解救人质。

［33］假充工匠和艺师的暗差们，还有在王子近旁的密使们，可于夜间掘出地道，再将王子带走。

［34］或者，预先派出的优人、舞者、歌人、乐工、颂唱人、伶工、走索人或说戏人$_{(2.27.25)}$应服侍敌王；［35］他们应逐个地服侍王子。［36］而王子可令诸人进入、停留、离去不受时间限制。［37］然后，他可假充这些人中的某一个而离去。［38］用妓女或假充妻室的暗差［救出人质的办法］，可由此说明。[③]

① 一个国王，若订立条约并以自己唯一的儿子为质，那么，这个唯一的儿子有儿子的话（可以成为其祖父的继承人），那也是一件优胜之事（viśeṣa）。

② 这个比较建立在前一句的基础上：即两个国王，其独子（作为人质）都育有后代且数量相等，在这种情况下，国王本身还能生育导致优势或优胜。

③ 暗差假充妓女或王子的妻室，可以出入不受时间限制，然后王子再假充这个妓女或自己的“妻室”逃出。

［39］或者，他可以带着装乐器或其他器物的箱子出去。

［40］或者，汤汁厨子、饭食厨子、侍浴工、搓澡工、铺床工、理发工、侍妆人或侍水人(1.12.9)可以将他连同装物件、衣物和器物的箱子〔或用过的床和座〕带出去。

［41］或者，他可以在不辨形貌的时间[①]，要么假充侍仆，带着点什么东西出去，要么凭着夜祭物[②]从地道口离去。［42］或者，他可以在水中使用伐楼那术。[③]

［43］或者，假充商贩的暗差可以通过卖熟食和水果给守卫下毒。

［44］或者，在祭神、祭祖或聚会场合，他可以把下过迷醉药(14.1.16-17)或毒的饮食给守卫吃，然后逃走；又或者，他可以通过引诱守卫［而逃走］。

［45］或者，假充城市民、伶工、医生或糕饼贩的暗差可于夜间向富家或守卫的屋宅放火。［46］或者，假充商贩的暗差可在市集放火。［47］为防止追捕，他可以在自己住所扔下一具他人的尸体，

① 在不辨形貌的时间(arūpavelāyām)："白夜交接之时"(CŚ：sāndhakārāyāṃ velāyām)，即黎明或傍晚。坎格尔认为是夜里。

② 凭着夜祭物："以祭奠先人为由支开看守者，再从地道口离去"(CŚ)。坎格尔认为，带着夜祭品可能仅仅是王子离开住所(而去地道口)的借口。两者的差别在于：若是前者的话，地道口就在王子的住所，所以需要支开看守然后逃走；而按后者的说法，则地道口在别处，需要王子自己出去找到然后从那里逃走。但如果是后者，王子都离开住所了(考虑到前面的各种办法也只是帮助王子逃离其住所)，为什么还需要去进地道才能逃走呢？因此，CŚ 的解释更符合情理。

③ 在水中(toyāśaye)：即水库、河、湖之类(CŚ：nadanadīsarorūpe)。伐楼那术(vārunaṃ yogam)：CŚ 认为是指"夺城诸法"第一章中的相关办法(参见 13.1.3-4)。坎格尔推测说，可能仅仅只是假装在河湖中沐浴，然后潜入水中直到离原来的地方很远才起来，避过看守从而逃走。

再向自己住所放火。[48]然后马上通过墙洞、壕沟或地道逃出。

[49]或者，他可以假充一个用担杆挑着货罐担子的人在夜里离去。[①]

[50]或者，他可以先进入某个去发或蓄发道人(1.11.13)的居所，再假充这样一个道人于夜间离去；或者，通过易容(14.2.4)、装病或假充山林野人[这几种办法中的]任何一种[离去]。

[51]或者，他可以假充死人，让暗差给带走。[52]或者，他可以装作妇人，跟在死者后面。[②]

[53]或者，假充山林野人的暗差[被追捕者问起时[③]]，应当给他们指示与王子所走方向不同的方向。[54]然后，他还要走另外一个方向。[④]

[55]或者，他可以跟随"轮行者"(4.4.3)的车队逃出。

[56]在追捕者迫近的情况下，他应避入一个隐蔽的所在。[57]若没有这么一个隐蔽的所在，他应在路的两侧散落钱币和下过毒的食物，[58]再从另外一方向逃走。

[59]若被抓住，他可用和解等[四法](1.13.25)骗过追捕者；或者通过下过毒的路食[骗过他们]。

① 担杆(kāca)：类似于中国扁担一类的杆子，两头系绳，可挑重物。这里的意思是：用担杆挑着两个罐子(kumbha，不一定是陶罐，也可能是形似陶罐的篓子)，罐子里面装着货物(bhāṇḍa)，担杆和装着货物的罐子就形成一个担子(bhāra)，王子就装作挑着这样一个担子的人混出去。

② 即：装作死者的亲属混在葬礼队伍里面。

③ 据 CŚ 补足意思(anveṣakaiḥ pṛṣṭā iti śeṣaḥ)。

④ 即：王子本逃向某方向，而暗差给追捕者指向反方向，而最后王子可能还得再往第三个方向逃走。

[60]或者，若使用伐楼那术(7.17.42)或放火，他[①]可以先放置一具尸体，然后指责敌王："我儿子被你杀了！"

[61]又或者，[王子]可以拿起藏好的武器，在夜里攻击守卫，然后飞快地[②]与暗差们逃走。

——以上是第七篇"六策"第十七章"议和""人质之解救"。

第十八章

第124目：对中王之举措

[1]关于中王[③][这个主题]：[欲胜王]本身、第三和第五个要素为盟王要素；[2]第二、第四和第六个要素为敌王要素[④](6.2.19—20)。

---

① "他"应当是王子的父亲，即欲胜王本人。

② 飞快地(śīghrapātair)：śīghra为"快"，pāta为"飞"（名词），śīghrapāta可直译为"快地飞"，此处复数具格作状语，即"飞快地"。CŚ解释为"以行进得快的马等乘具"(śīghragāminbhir aśvādiyānaiḥ)，是更具体的说法。迈耶译为"快速的乘具"，坎格尔和奥利维勒都处理为"快[马]"。

③ 关于中王(madhyamasya)：原意是"中王的"。但这个词并不符合后文的语境，因为后文说的是欲胜王的敌和友，而不是中王的。因此，把它从这个句子中分割开，看作一个引出本主题的开篇语更好(奥利维勒)。

④ 敌王要素(vikṛti)：在这里，互为反义词是prakṛti(盟王要素)和vikṛti(敌王要素)。本来，prakṛti既指组成王国的各种"要素"(6.1.1)，又指构成曼荼罗的"要素"的各个王国(6.2.14-23)。而在这里仅仅指"盟王要素"，显然是在狭义上使用prakṛti。而且应当了解，从全书来看，无论是作为"盟王要素"的prakṛti和作为"敌王要素"的vikṛti，都是组成曼荼罗的prakṛti(要素)，即广义的prakṛti。

[3]若中王可对两者[①]都施以援手，欲胜王应对中王友好。[4]若中王两不相帮，则他应仅对盟王友好。

[5]若中王欲要攫服欲胜王的某个真正的盟王，欲胜王先动员自己和该盟王的诸位盟王，并离间中王和他的诸位盟王，然后保住自己的这位盟王。[6]或者，欲胜王可以挑动曼茶罗[诸王]："这中王已经过于强大，他要起来摧毁我们全部，让我们联合起来粉碎[中王]此举。"[7]若曼荼罗[诸王]支持此事，他可通过制服中王而壮大自身。[8]若曼荼罗[诸王]不支持此事，他可先用库财和军队支持该盟王[②]，然后以和解和施予二法$_{(7.16.5-6)}$把与中王为敌的诸王中首要的或最邻近的[③][国王]争取过来。这些[与中王为敌的]诸国王中，或者有很多是互相支持的；或者，争取到其中一个国王，就能争取到很多国王；又或者，诸王互相猜忌，而不起来[支持欲胜王]。[④][9]增倍之后，[他可再进一步争取]第二个；有了三倍，[他可以再进一步争取]第三个。[⑤][10]如此这般地增拓国势后，他可以将该中王制服。[11]若地点和时间方面急迫，他应先与该中

① 欲胜王及其盟王是一个阵营，欲胜王的敌王和敌王的那些盟王又是另一个阵营(参见6.2.21)，而不是像奥利维勒理解的，仅仅是欲胜王及其盟王这两者。

② 这里是继续就第5句的事情进行的讨论，这里的"盟王"仍然是中王想要攫服的那个盟王。

③ 离欲胜王或欲胜王想救的那个盟王最邻近的。

④ 这些国王虽然反对中王但又不响应欲胜王。而这里说的是为什么欲胜王要通过争取这类国王中首要的或最邻近的那个：争取到其中一个，其他的也就争取到了。

⑤ 将那些与中王为敌的国王都争取过来一同对抗中王。"增倍"是指本身只有欲胜王，争取到第一个国王之后，欲胜王一方就有了两个国王的联盟。"三倍"是指在前面基础上，争取到第二个国王之后，欲胜王一方就有了三个国王的联盟。以此类推。"增倍"和"三倍"都是将欲胜王自己算在内的，而后面的"第二个"和"第三个"则只是欲胜王的争取对象。

王议和，再对该盟王提供帮助；或者，他可以与［中王］的奸臣达成关于事业的和约。

［12］或者，若中王欲要攫服欲胜王的一个应被削弱的盟王①，他应支援他，对他说“我会救助你”，直到他被削弱。［13］当该盟王被削弱后，他应救助该盟王。②

［14］或者，若中王欲要攫服欲胜王的一个应被摧毁的盟王，他应在该盟王被削弱时加以救助，以免中王［国势］增进。［15］若该盟王被摧毁，他应通过赐给他土地的方式将其控制在手里，以免他逃往别处③。

［16］对于欲胜王来说应被削弱的盟王和应被摧毁的［盟王］④，这两者的盟王若对中王施以援手，他应［靠质押］另一个人(7.3.24)来与中王议和⑤。［17］或者，若这两者的盟王能摧服欲胜王，他应与他们议和。

［18］若中王欲要攫服欲胜王的敌王，则欲胜王应与中王议和。［19］就这样，他自己达到了目的，并且中王也乐意。

［20］若中王欲要攫服自己真正的盟王，他应［质押］另一个人

① 这个盟王需要被削弱，是对于欲胜王来说的。

② 先只是提供口头上的支援，直到其被削弱，才再进行救助——这似乎是某种均势策略。

③ 即：免其投奔敌方阵营（CŚ：śatrupakṣapraveśabhayaṃ parihartum）。

④ 被削弱的盟王和应被摧毁的盟王（karśanīyaucchedanīyayoś）：CŚ 将两者解释为欲胜王的盟王；坎格尔认为两者是欲胜王盟王的盟王；奥利维勒将两者泛泛地理解为任何应被削弱的和应被摧毁的国王。实际上这里的讨论应该是接着上面（第 12—15 句），所以两者应该还是指欲胜王的盟王。

⑤ 以质押军队统帅或王子（而不是国王本人）侍奉对方为条件的和约（CŚ）。

来与中王议和。[①][21]若他有[别的]考虑[②]，则应劝阻中王："摧毁盟王对你来说是不合适的。"[22]或者，他可以保持淡漠："且让整个曼荼罗都因为他残害友党而震怒。"

[23]若中王欲要攫服自己的敌王，他可以背地里用库财和军队对这个王施以援手。

[24]若中王欲要攫服中立王，他应[怀着]"就让他和中立王关系破裂"的想法，对中王施以援手。[25]在中王和中立王两者中，他应托庇于对曼荼罗亲善的那一个。

第125目：对中立王之举措

[26]对中立王的行动，可由对中王的行动说明。

[27]若中立王欲要攫服中王，[对欲胜王来说]，选择哪种方式能对敌王占先、对盟王有帮助或能[让自己]得到中立王在军队方面的帮助，他就应倾向于哪种方式。

① "他"指欲胜王。中王要攫服他自己的盟王，则欲胜王应质押自己的军队统帅或王子去侍奉这个中王，以达成和议。据CŚ的解释，实际是欲胜王派遣自己的军队统帅之类的去对中王施以援手。毕竟，中王要攫服自己的盟王，是欲胜王愿意看到的。坎格尔认为，这是欲胜王促使中王的盟王订立这种和约，这是不太可能的，而且就文本来说，要是作者想表达这个意思，动词就应该是致使式才行。

② 有别的考虑（sāpekṣam）：迈耶译为"周到地、尊敬地"；坎格尔理解为"若是该中王在意（欲胜王的意见）"；奥利维勒未明确表达这个词的含义，只是字面地译为"若他有所考虑"。实际我们可以看到，上一句提到中王要攫服自己的盟王，而欲胜王派人去施以援手，说明欲胜王乐意看到中王这么做。而这里是另一种情况（vā）：欲胜王不愿看到中王攫服中王自己的盟王，所以要劝阻中王。因此，sāpekṣam在此是指欲胜王对此事有别的考虑（比如害怕中王因此而强大；或者——从后一句中作壁上观的态度来看——他对中王的该盟王有所偏私，不希望其被摧毁；甚至，可能他对中王本身有偏私，诚心劝导他不要残害盟王）。

第126目：对曼荼罗之举措

［28］如此这般地增强了自身之后，他应削弱敌王要素(6.2.14)，并援助盟王要素(6.2.15)。

［29］对于欲胜王来说，敌意总归是无处不在[①]：［在欲胜王正面的］一个缺乏自制力的[②]，总是［对欲胜王］为害者；与［正面］敌王结成联盟的背面攻击者；陷入灾患的可伐之王；趁曼荼罗的导者(6.2.39-40)陷入灾患时实施攻击者。——以上是具有敌人性质的邻王。［与欲胜王］为同一目的而往征者；［与欲胜王］为各自目的而往征者；［与欲胜王］会盟之后往征者；［与欲胜王］订约之后往征者；为自己的目的而［共同］往征者[③]；［与欲胜王］一同起事者；一个实行贰端之策，买卖库财和军队者。——以上是具有盟友性质的邻王。能障碍强大国王，作为［欲胜王］掩护王(7.2.13)的邻王[④]；作为一个强大国王背面攻击者的邻王[⑤]；自愿或迫于威势而领兵归顺的

① 敌意总归是无处不在(saty apy amitrabhāve tasya)：这是指曼荼罗中，任何国王都对欲胜王(tasya)都可能有敌意。奥利维勒将“无处不在”理解为曼荼罗中任何两个国王之间都有可能带着敌意，这固然也是事实，但仅仅就作者这句话来说，有过度解释之嫌。

② 缺乏自制力的(anātmanvat)：仅就字面来说，是指“缺乏自制的”。当然，也有可能是指缺乏“国主个人资质”(6.1.6)。

③ 为自己的目的而共同往征者(svārthābhiprayātaḥ)：这里的“自己的”可以两解：“为达成欲胜王(自己的)目的而往征者”(CŚ)；另外可以理解为该国王为他自己目的而(与欲胜王共同)往征。前者更可能。

④ 这个国王是在欲胜王和一个强大的国王之间(因此是欲胜王和强大国王两者的邻王［sāmanta］)，作为欲胜王的掩护王的国王。

⑤ 作为一个强大国王背面攻击者的邻王(prativeśo vā balavataḥ pārṣṇigrāho)：这个国王，既是欲胜王的邻王，又是某个强大国王的背面攻击者。坎格尔和奥利维勒似乎都把 sāmanta 的同义词 prativeśo 断在了前一句，从句法上来说，紧接着的 vā 表明，

邻王。——以上是具有藩属性质的邻王。[30]隔着一个国家的那些国王，可由此说明。[①]

[31]诸王之中，他应以国力帮助那个在对抗敌王[的事情]上和自己有同一目的的盟王，以便该盟王能凭借这帮助制服对方。

[32]那个制服了敌王的[国力]增进且不顺服的盟王，他应令其与[曼荼罗中]的两个要素——其邻王与隔着邻王的那个国王——进行对抗。[②]

[33]或者，他可以令[该盟王]王族中觊觎大位者或失宠的王子攫取其国土；又或者，怎么样能[让该盟王]顾念之前得到的帮助而保持顺服，他就该怎么做。

[34]通晓利论的[欲胜王]，对一个被过度削弱，要么不能[对欲胜王]有所帮助，要么投奔敌王的盟王，应当既不令其[继续]削弱，也不令其国力增进。[③]

[35]一个为了利益而与[欲胜王]订约的、动摇的盟王，欲胜王应消除其背约的动因，使他不至于摇摆不定。

prativeśo 应该属于后一意群。

① 广义的敌王和盟王，请参见 6.2.14-15。上面谈的是紧挨着欲胜王的邻王（一般也是敌王），这里是说，隔着邻王的国王（一般为盟王）的情况，可由上面对邻王的讨论推知。

② 若原来与自己共同对敌的盟王国力增长并脱离自己的控制，欲胜王应该让该盟王与该盟王自己的邻王和隔着邻王的国王（即广义的“盟王”[参见 6.2.15]）发生对抗，以削弱其实力。

③ 这一颂意思可能是：既然该盟王已经过度削弱，就不必想办法再继续削弱，同时也不能帮助他，让他兴盛（因为他可能投奔敌王）。

[36]贰于敌王的盟王，他应令其与该敌王分裂；分裂之后，再将其摧毁，从而可以随即摧毁该敌王。

[37]**欲胜王**应令**中立王**(7.9.44, 47-48)与各个邻王相对抗；待他们为争斗所损耗，他可以令他们求助[于人[①]]。

[38]向敌王和**欲胜王**靠拢的弱小盟王，**欲胜王**应以军队对其施以援手，使他不至于背自己而去。

[39]或者，凭着自己给予该弱小盟王的兵力援助，他可以先把另一个盟王安置在这个[弱小盟王的]国土上，再把他迁出其国土，然后将他安置在另一块土地上。[②]

[40]对于可能为害他的盟王，或在他陷入灾患时原本能相帮却并未施以援手的盟王，他可在该盟王因信任而在自身掌控下时将其摧毁[③]。

[41]或者，一个因[**欲胜王**的]盟王陷入灾患而毫无阻碍地崛起的敌王，恰恰应该被这个克服了灾患的[④]盟王所制服。

---

① 令他们求助于人(upakāre niveśayet)："将其置于[需要]帮助的位置上"。欲胜王使得中立王和"各个邻王"(sāmantais)相斗，却没明确说这邻王到底是中立王自己的邻王，还是欲胜王的邻王。按照一般推测，应当是指欲胜王自己的邻王：让该中立王和欲胜王自己的邻王彼此消耗国力，然后让那些邻王再向自己求助，欲胜王便可将他们控制在手中。

② 欲胜王这么做，原因在上一句(见本章第38句)。这个弱小盟王和欲胜王的敌王也是有联系的，因此，欲胜王给他提供了兵力的帮助之后，要将别的盟王迁到这个弱小盟王的国土，然后将该弱小盟王迁到别处，应该是防止这个弱小盟王继续与敌王接触而背叛自己。

③ CŚ解释后半颂为：欲胜王设法使得该盟王信任自己，待其落在自己掌控中时，则毫不犹豫地摧毁之。

④ 克服了灾患的(chāditavyasanena)：多财释复合词，描述这个盟王。CŚ解释为"以自己的努力平息了灾患的，或以自己的努力让灾患不那么显著(严重？)的"。这一颂的意思是，(欲胜王的某个)盟王先陷入了灾患，敌王趁此崛起，但若盟王克服了灾患，

［42］一个因敌王陷入灾患而崛起，［并从而对**欲胜王**也］有了异心的盟王，恰恰应该被这个克服了灾患的敌王所制服。①

［43］通晓利论的［**欲胜王**］，应运用这一切方式：诸如增进、衰落、住滞、削弱、摧毁。

［44］谁看到六策如此这般地互相牵连，谁就能随心所欲地玩弄套在自己智谋之链上的诸国王。

——以上是第七篇“六策”第十八章“对中王之举措”“对中立王之举措”“对曼荼罗之举措”。

——以上是憍底利耶《利论》第七篇“六策”。

则可以或应该将这个崛起的敌王制服。

① 第41—42句：**欲胜王**的某个敌王和某个敌王的盟王因彼此的灾患而崛起的话，那么，这个崛起者，恰恰应该被克服了灾患的另一方所制服。可以看到，在这个过程中，一方崛起，另一方也克服了灾患，那么为了平衡，让两者相斗，也算是一种均势策略。

第八篇　灾厄

第一章

第 127 目：王国诸要素之灾患

［1］若［欲胜王与敌王］同时陷入灾患，从可行性来考虑到底是往征还是防御。——这就是对灾患进行考量。

［2］发生于某要素(6.1.1)的灾患，或天［灾］，或人［祸］，是因厄运或过咎[①]两者造成。

［3］恶质、缺乏、大过、沉湎、扰害。——以上是灾厄。[②]［4］

---

① 厄运或过咎（anayāpanayābhyāṃ）：anaya 相对指由天神导致的厄运（6.2.6 中译为“凶”），与 aya（好运、吉）相对；apanaya 指人事中错误的行事（6.2.6 中译为“咎”），与 naya（行事无过、得策）相对。

② 这里总体谈了发生于王国诸要素的各种灾患：恶质（guṇapratilomya）：德性的反面，恶德，即 6.1.2-14 中所描述诸种要素的各种资质（sampad）的反面。缺乏（abhāva）：即缺乏组成要素中的一个或几个。大过（prodoṣa）：“人主因殄害要素之资质而导致暴乱等事的大过错”（CŚ）；坎格尔也认为是殄害王国之要素，在物则被毁损，在人则起叛心。沉湎（prasaṅga）：指国王与其臣民沉湎或溺于恶习。扰害（pīḍā）：参见 8.4.1。

它将人的福祉剥夺，所以叫灾患。[①]

[5]诸先师说："发生于国主、辅臣、聚落、要塞、府库、军队、盟王的灾患，越靠前者越严重。"

[6]婆罗堕遮说："不。[7]发生于国主与发生于辅臣的灾患两者，发生于辅臣的灾患更严重。谋议、达成谋议之成果、履行职事、操持收支、实施刑惩、抵御敌王和丛蛮酋魁、保卫王国、应对灾患、护卫诸王子和有为王子灌顶。——这些事情都有赖于辅臣。[9]若没有众位辅臣，也不会有这些事情，那么国王就好比被去翼的鸟，无法行动。[10]另外，若灾患[发生于众位辅臣]，则敌方的煽惑也就迫近了。[11]若他们离德，国王的性命就有危险，因为他们在国王近前行事。"

[12]憍底利耶说："不。[13]任命宰辅、国师等臣工班子$_{(1.11.1)}$，规定诸部督官职守$_{(1.11.2)}$，应对发生于王国人力与物力要素的灾患，并保证[两者]的繁盛的，恰恰是国王。[14]若辅臣陷入灾患，则国王可任命其他未陷入灾患的人为辅臣。[15]国王一贯专注于尊奉值得尊奉的人，而弹压奸邪。[16]具有个人资质$_{(6.1.6)}$的国主，可令其他诸要素各自具备其资质$_{(6.1.16)}$。[17]他具有何种品性，则其他诸要素亦具有何种品性，因为他们的精进和怠惰均有赖于国主。[18]毕竟，国主居于他们的最顶上。"

[19]阔目说："发生于辅臣的灾患与发生于聚落的灾患两者，发生于聚落的灾患更严重：[20]库财、军队、林产、劳役$_{(2.6.11)}$、运

---

① 原文 vyasyaty enaṃ śreyasa iti vyasanam：这是对"vyasana"一词词源学性质的解释：vy-√as，分离开，vyasana 为灾患。直译为：将人从福祉分离（vyasyati）者，为灾患（vyasana）。

载力以及储积都出自聚落。[21]若没有聚落，就没有以上这些东西，紧跟着也就没有国主和辅臣。”

[22]憍底利耶说：“不。[23]辅臣为一切事功之基础：成就聚落中各种事业，从本国人及他国人那里实现获取与持守$_{(1.4.3)}$，应对灾患，开辟和发展新居地，还有收取课罚与赋税之实利。”

[24]波罗奢罗派说：“发生于聚落的灾患与发生于要塞的灾患两者，发生于要塞的灾患更严重。[25]因为，库财和军队在要塞中产生，并且当聚落陷入危局之中，要塞是庇护所。[26]而且，城市民比聚落民更有力量；况且，在危局之中，他们坚定地跟随国王。[27]而聚落民会贰于敌王。”

[28]憍底利耶说：“不。[29]与要塞、库财、军队、水利和治生相关的事功，均以聚落为基础。[30]在聚落民中，能找到勇悍、坚定、能干、众多[①][这些特质]。[31]而且，若没有聚落，那么山岳要塞和岛屿要塞中就不会有住民。[②][32]然而，在以农人为主的国家，发生于要塞的灾患更严重；而以武人为主的国家，发生于聚落的灾患更严重。”

[33]畀戍那说：“发生于要塞的灾患与发生于府库的灾患两者中，发生于府库的灾患更严重。[34]因为，要塞之营建，要塞之拱卫；对聚落、盟友和敌人的辖制；诱致去国之人[③]；以及军力之施

① 众多为名词。即：聚落民中勇悍、坚定、能干且众多。

② 即：山岳要塞与岛屿要塞之类若无聚落作依托，就不会有人力和物力，也就不成其为要塞了。

③ deśāntaritānām utsāhanaṃ：deśāntarita 为“去国者”。据坎格尔，这既可能是本国人去到外邦，亦可能是离开母邦来到此处的外邦人，CŚ 仅仅认为这是远离母邦到本国来的人。utsāhana 指劝诱人奋进，诱进。CŚ 将其解释为“勉励其（为本国）服务”。大致上可以确定，这是指用金钱鼓励外邦人为本国服务。

展①。——这些事情均以府库为基础。[35]而要塞易为对方以库财所煽惑。[36]况且,在灾患中库财可带走,而要塞则不[可带走]。"

[37]憍底利耶说:"不。[38]库财、军队、秘密战(12.4-5)、辖制本方阵营、军力之施展(8.1.34)、组织援军②,以及抵御敌王及丛蛮军,都以要塞为基础。[39]况且,若没有要塞,则库财亦落入敌手。[40]因为,我们可以看到,有要塞者不会被摧毁。"

[41]憍那波呾陀说:"发生于库财的灾患与发生于军队的灾患两者,发生于军队的灾患更严重。"[42]因为,辖制盟友和敌人、诱致他国军队③,还有组织援军(8.1.38),都以军队为基础。[43]若没有军队,则库财必失。[44][但是]④,若没有库财,尚能以林产、土地或到别国国土自行劫掠⑤[这些办法]来供养军队;并且,有军队者能积累起库财。[45]再说,军队和辅臣具有相同的特点,因为他

① 军力之施展(daṇḍabalavyavahāra):CŚ(及奥利维勒)将 vyavahāra 理解为买卖或交易,从 9.2.4 及 13.3.15 来看,这个理解有问题。坎格尔将这里的 vyavahāra 理解为"使用",但从这几处来看,它的意义似乎比"使用"意义更广,而应理解为"操持"。即:一切与军力或武力(daṇḍabala[6.2.33])相关的事务,诸如招募、维持或将军队投入事业或战争。

② 组织援军(āsārapratigraha):将来增援的友军变为自己的军队(CŚ)。据 10.5.58 来看,pratigraha 是指集结战阵上的溃兵,以便重上战场。因此,总的来说,pratigraha 是一种组织后备力量的行为。

③ 诱致他国军队(paradaṇḍotsāhanaṃ):CŚ 解释为"勉励(或促使)他国军队前来为自己服务"(paradaṇḍasya svopakārārtham āgatasya utsāhanaṃ)。坎格尔认为这个他国军队也属于本国军队(比如买来或者领兵归顺者——即藩王——的军队),似乎更合理。但不管怎么样,这都是指令他国军队为自己出力。因此,可以推想,这件事情也依赖于本国的军队的话,那么,这个 utsāhana(勉励或促使)可能是指武力的强迫。

④ 坎格尔也认为,这里需要一个"但是"(tu)或"并且"(ca)。

⑤ 自行劫掠(svayaṃgrāha):即军队(军士)自行劫掠,所得归自己所有(参见 3.16.27;8.4.23-24;9.3.17;9.6.24;10.3.45)。另外,法论中亦描述过此种情形(参见 Mn 7.96)。

们都在国主的近旁行事。

［46］憍底利耶说："不。［47］因为，库财以军队为基础。［48］若无库财，则军队转投他国，甚或弑杀国主。［49］库财促成一切事功[①]，还是法与欲之根基。［50］但是，根据地点、时间和事务的不同，库财和军队两者中任何一个会变得比另一个更重要。［51］因为，军队是获得和保护库财的工具；而库财是获得和保护库财以及军队两者的工具。［52］发生于府库的灾患更严重，因为一切物事来自府库。"

［53］风疾说："发生于军队的灾患与发生于盟王的灾患两者，发生于盟王的灾患更严重。［54］盟王在远地无偿地［为欲胜王］做事；为他抵御背面攻击者、其增援王、敌王以及丛蛮酋魁；而且，处于灾患局势中仍［与欲胜王］联合，用库财、军队和土地施以援手[②]。"

［55］憍底利耶说："不。［56］若有军队，则盟王保持友好，甚或敌王亦保持友好。［57］然而，若某事可同样被军队或盟王完成，则两者各自的优势，以及取得自身所擅长战争的地形和时间导致优

① 一切事功（sarvābhiyoga）：CŚ 将其理解为"能实现一切对邻王国土之侵扰"，奥利维勒从 CŚ 说，将 abhiyoga 理解为攻伐，但似乎略狭隘。不过，abhiyoga 也可以泛指一般的（需要努力从事的）事业，不必是战争。

② 这句话原文是 kośadaṇḍabhūmibhiś copakaroti vyasanāvasthāyogam，到底是指盟王本人处于灾患还是欲胜王处于灾患，仅就这里来看并不明晰。坎格尔从语法角度指出，vyasanāvasthāyogam 这个复合词描述盟王（mitra 为中性，且 upa-√kṛ 支配属格而非宾格），因此这句话应理解为：即使盟王本身处于灾患中，仍然与欲胜王相联合，以库财、军队和土地（对欲胜王）施以援手。而 vyasanāvasthāyogam 这个复合词可以拆为：vyasanāvasthāyām yogo yasya tanmitram（处于灾患状态中与欲胜王联合的盟王）。不过，从语境来看，需要财物和军队帮助的是困境中的欲胜王，另外从后面憍底利耶的反驳来看，将其理解为欲胜王本身处于灾患中似乎更为合理。

胜。[1][58]但是，在需要迅速地征伐敌王或丛蛮酋魁时、发生内部叛乱(9.3.12)时，就找不到盟王了[2]。[59]若欲胜王及其盟王同时陷入灾患，而敌国国势增进，那么盟王只会考虑他自己的利益。”

[60]以上是对发生于诸要素灾患的考量。

[61]但是，根据灾患的各自特点，各个要素各组成部分的[某些优点]——或众多，或忠诚，或精良——都足以成就某一事业。[3]

[62]然而，若相等的灾患发生于某两个要素，且没有造成其余要素的资质恶化，那么[两者本身]资质的衰败导致区别。[4]

[63]然而，发生于某一个要素——无论它是首要的要素还是别的某个要素——的灾患会导致余下要素的毁灭的话，这个灾患都更为严重。

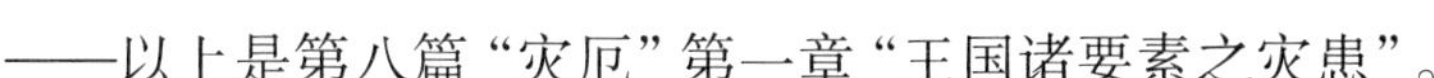

——以上是第八篇“灾厄”第一章“王国诸要素之灾患”。

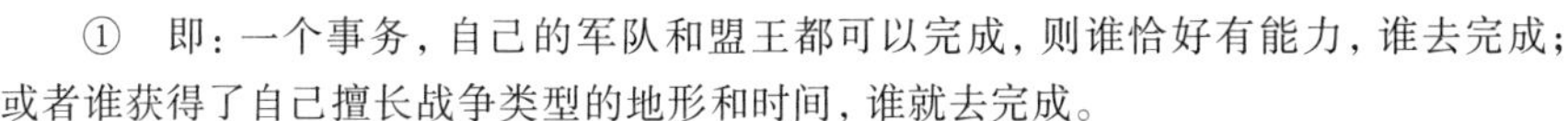

① 即：一个事务，自己的军队和盟王都可以完成，则谁恰好有能力，谁去完成；或者谁获得了自己擅长战争类型的地形和时间，谁就去完成。

② 找不到盟王了(na mitraṃ vidyate)：盟王就不在了。即：在这类情况下，盟王不来帮忙或帮不上忙。

③ 即：虽然某一要素发生了灾患，但其他的各要素仍然具有诸如众多、忠诚(这仅仅指臣民)或精良这些特点的话，仍然有可能克服灾患并成就事业。

④ 即：若某两个要素发生灾患，则在灾患不会令余下要素失去其资质的情况下，根据两者自身资质的恶化情况来判断哪个更严重，哪一个当优先得到应对。

第二章

第128目：对发生于国王与王权两者的灾厄之考量

[1]国王与王权是诸要素之和。①

[2]对于国王来说，有内部叛乱(9.3.12)与外部叛乱。[3]正如蛇的危险②，内部叛乱比外部叛乱更有害，而内部辅臣的叛乱比内部叛乱[更有害]。[4]因此，他应将库财和军队的力量置于自身掌控之下。

[5]诸先师说："关于二主共治与僭主为治③两者：二主共治，要么为彼此的党派间仇恨或偏私所毁，要么为相互倾轧所毁；而僭主统治，只要着眼于取悦臣民之心意，则其他人④可按现状享受之。"

[6]憍底利耶说："不。[7]父子或兄弟两主共治，共享获取与持守(1.4.3)且互为制衡，可以长久。[8]而僭主统治，是这个[僭主]从尚在世的对方国王那里篡取，想着'此国非我所有'，就或是耗竭

① 这里是强调国王和王权对于一个王国的极端重要性，其他要素都由国王节制。

② 蛇的危险(ahibhayād)：因为与近身之蛇的危险同一性质(CŚ)。即：内部叛乱比外部叛乱更有害，辅臣叛乱比普通内部叛乱更有害，是因为叛乱的危险好比蛇的危险，越近身越可怕。

③ 僭主为治(vairājya)："没有国王的[统治]"。以非正当手段取得统治权并实行统治，即僭主统治。从下文第8句看，多指攻取了某国土地的其他国王，来对某国进行实际的统治。

④ 其他人(anyair)：指那些有别于合法国王的僭主(可能不止一个)。即：僭主统治，若着眼于取悦臣民之心意(prakṛticittagrahaṇāpekṣi)，则诸位僭主可以就"按现状"(yathāsthitam)统治下去。

此国，或迁走其人口(2.1.1)，或将王国卖出；又或者，当他的统治为人所不满，他就会弃去。”

[9]关于“盲眼的”[①]国王与不遵循利论的国王。诸先师说：“‘盲眼的’国王，不能将利论当成眼睛(1.14.7)，或作为随意(6.1.13)，或刚愎自用，或为他人所操控，会以不义戕害王国。而不遵循利论的国王，一旦心思偏离利论，尚可加以规劝。”

[10]憍底利耶说：“不。[11]‘盲眼的’国王可被其辅佐者的资质[②]所引导到这里或哪里。[12]而不遵循利论的国王，其心智固执地要与利论[的教诲]相左，会以不义戕害自己的王国和他自己。”

[13][关于]患病的国王与新立的国王[③]。诸先师说：“患病的国王要么会遭遇由辅臣发起的篡权，要么因行使王权而危及性命。而新立的国王，可凭着履行其本法(1.3.4)、施予恩惠、豁免、赏赐以及尊荣的方法取悦臣民，行使王权。”

[14]憍底利耶说：“不。[15]患病的国王仍可以像以前那样行使其王权。[16]而新立的国王，想着‘这强夺的王位归我所有’，就会毫不被辖制，而随心所欲地行[使王权]。[17]或者，当他被一同举事者[④]辖制，他会纵容这些人损害王国。[18]他在臣民中立足未稳[⑤]，容易被推翻。”

① “盲眼的”(andha)：盲目的。这里取其比喻意，指完全不学习利论的国王(CŚ)。

② 辅佐者的资质(sahāyasampad)：sahāya 指辅臣等(CŚ/CN)，辅臣的“资质”见1.9.1。

③ 新立的国王(navo rājā)：指非王族成员而通过强力夺取王位的新国王。

④ 一同举事者(sāmutthāyikair)：一起举事的人，即参与其强夺王位的同谋。

⑤ 立足未稳(prakṛtiṣv arūḍhaḥ)：直译为“未扎根于臣民中”。

［19］关于患病的国王，有患恶疾[①]与未患恶疾之区分。［20］关于新立的国王，有出身高贵与出身低贱［之区分］。

［21］［关于］软弱而出身高贵之国王与强雄而出身低贱之国王，诸先师说："臣民们考虑到其软弱，而很难响应软弱但出身高贵之国王的煽动；而臣民考虑到其强雄，易于响应强雄但出身低贱之国王的煽动。"

［22］憍底利耶说："不。［23］臣民们自愿顺服软弱但出身高贵之国王，有道是：'大位的属性倾向于出身高贵者。'(7.17.21)［24］他们会使得强雄但出身低贱的国王的煽惑失效，有道是：'一切策略在于忠爱。'(7.5.14)［25］废弃庄稼比废弃播种更有害，因为前者废弃［已投入之］劳力；旱比涝更有害，因为前者完全剥夺生计。"

［26］发生于各个要素的灾患的严重与否，作为往征或静待的根据，已经按紧接的次第[②]两两地做了解说。[③]

——以上是第八篇"灾厄"第二章"对发生于国王与王权两者的灾厄之考量"。

① 患恶疾（pāparogin）："恶疾"指麻风等（CŚ: pāparogaḥ kuṣṭhādiḥ）。

② 按紧接的次第（pāramparyakrameṇa）：按照 6.1.1 中"国主、辅臣、聚落……"的顺序逐次地解说。

③ 这一颂和本章关系似乎不大，反而是放在上一章最后做结论比较合理。

第三章

第 129 目：各类人祸[4]

[1]缺乏诸明$_{(1.2\text{-}4)}$的教化是人祸之原因。[2]因为，未经教化者看不到祸患的危险[5]。[3]我们将会指出它们。

[4]三类[人祸]因愤怒而起，四类[人祸]因爱欲而起。

[5]两者中，愤怒更严重。[6]因为，愤怒到处作祟。[7]听说，屈服于愤怒的国王通常被臣民的叛乱所害死[6]，屈服于爱欲的国王，因衰落而被敌王或疾病害死。

[8]婆罗堕遮说："不。[9]愤怒是圣贤之行：它报复仇怨、消除侮辱，且令人心生畏惧。[10]而且，为了排抵罪恶，总是要诉诸愤怒。[11]爱欲[导致]成就、和解、慷慨的心性，还为人所亲爱。[12]为了享受已成就之事业的果实，总是要诉诸爱欲。"

[13]憍底利耶说："不。[14]愤怒等于被憎恨、树敌，且与不幸相连。[15]爱欲等于被羞辱、折损财物；与盗贼、赌徒、猎人、歌人、乐工这类无益之人交接。[16]两者中，被憎恨比被羞辱更严重：[17]被羞辱的人被自己人或对方所辖制；被憎恨的人则被完全

---

④　人祸（puruṣavyasana）：发生于人的灾患或灾厄。在《利论》中，"祸"或"灾患"（vyasana）既指发生于王国诸要素上的各种灾祸，也指人之过恶。两者实际联系紧密：比如国王的过恶导致王国灾难（奥利维勒）。

⑤　祸患的危险（vyasanadoṣān）：祸患的过错、祸患的恶果。doṣa 为"过""过错"，亦可作"危险"讲。

⑥　"愤怒"与"叛乱"都是 kopa。将其理解为"屈服于愤怒的国王亦为臣民之愤怒所害死"亦可。

消灭。[18]树敌比折损财物更严重：[19]折损财物危及府库，而树敌危及性命。[20]与不幸相连比与无益之人交接更严重：[21]与无益之人交接可瞬时得到匡救，与不幸相连则导致长久苦难。[22]因此，愤怒[之祸]更严重。"

[23]口头侵犯(3.18)、财产侵犯、身体侵犯(3.19)，[这三类人祸因愤怒而起](8.3.4)。

[24]阔目说："口头侵犯和财产侵犯两者中，口头侵犯更严重。[25]因为，一个性烈的人，若遭恶语，就会激烈地相报。[26]恶语的投枪扎在心上，激发烈性，并灼炙各种感官。"

[27]憍底利耶说："不。[28]供奉钱财可以拔除恶语的投枪，而财产侵害断人生计。[29]不交出、取走、损毁、抛弃[原本属于他人的财物]，是财产侵犯。"

[30]波罗奢罗派说："财产侵犯与身体侵犯两者中，财产侵犯更严重。[31]法与欲以利为根本。[32]世界依托利而得以运行。[①] [33]损害它更严重。"

[34]憍底利耶说："不。[35]即便是很大一笔财产，也没人愿为之丢掉性命。[36]况且，一个人会因为身体[被]侵害而在他人手中同样遭此灾殃[②]。"

[37]以上说的是因愤怒而起的三类[人祸]。

[38]而因爱欲而生的四类[人祸]为：田猎、赌对、女色、饮酒。[39]关于这个，毘戍那说："田猎和赌对两者中，田猎更严重。[40]

① 第 30—32 句："财产侵犯"中的"财产"与三目的（法、利、欲）中的"利"是同一个词：artha。

② 即：既然身体为人所侵犯，则财产也保不住。

在田猎之事中，强盗、敌人、猛兽、森林大火、踬踣之虞、迷路、饥渴。——这些都危及性命。[41]但在赌对之事中，通晓掷骰子的人一定只会赢，就像胜军与难敌二人。”

[42]憍底利耶说：“不。[43]那罗与坚战二人说明，两方中总有一方是输家。[1][44]正是这赢来的财物，成为诱饵与结仇的原因。[45]滥用来路正当的财利；获取来路不正的财利；失去尚未享用到的财利；因憋尿、忍便或饥饿等而患病。——这是赌对的各种弊端。[46]而在田猎之事中可以得到锻炼；祛除痰液、胆汁和肥肉；排汗；练习击中静止和运动的目标；知晓猎物在愤怒、恐惧和平静时的心意；以及仅仅时不时地出行[2]。”

[47]憍那波咀陀说：“赌对之祸与女色之祸两者中，赌对之祸更严重。[48]因为，在晚间的灯光下，甚或自己母亲去世时，赌徒都一直在赌。[49]一旦陷入困境而被人问起时，他就发怒。[50]若是女色之祸，那么在洗浴、装扮或进食时，尚可以问他有关法与利的问题。[3][51]再说，还能安排一个对国王有益的妇人，或用秘惩(5.1)或疾病将她隔离或赶走。”

[52]憍底利耶说：“不。[53]赌对之祸尚可救正，而女色之祸

① 第41、43句中，坚战（Yudhiṣṭhira）与难敌（Duryodhana）之事在《摩诃婆罗多·大会篇》（MBh 2）中，十分著名。而那罗与胜军之事则不详。不过，同样在《摩诃婆罗多》中（MBh 3.56），那罗（Nala）与乃兄补湿迦罗（Puṣkara）赌骰子，为后者算计，失去了一切。这里的胜军（Jayatsena），就是指补湿迦罗。

② 仅仅时不时地出行（anityayānaṃ）：不随时出行，或仅时不时出行。CŚ解释说，为狩猎而外出的话，雨季等时节不能行，因而只可时不时地从事；而赌对则不然，可以随时进行。

③ 第50、51句似乎是说：赌博之人（如国王）若陷入困境，被人问起（法与利相关）的事情时，会恼羞成怒，不接受规劝；而好色之徒则可以在某些场合被问起这些事情，并得到规劝。

无法救正。[①] [54] 它导致：不为人所见 [②]；厌恶理事；因错过时机而失利害法；治理无力；纵酒。”

[55] 风疾说：“女色之祸与饮酒之祸两者中，女色之祸更严重。[56] 因为，与女色相关的诸种愚昧已经在‘王宫之规则’$_{(1.20.14\text{-}17)}$中解说过。[57] 但是，在纵酒一事上，尚有声音等感官享受 [③]；出于爱意而布施；尊礼侍从；去除作事的疲乏。”

[58] 憍底利耶说：“不。[59] 在女色之祸一事上：若对方是家中的女眷，则可以诞下后代，且保护自己；若对象是外面的妇人，则与此相反；若对象是不当亲近的妇人，则一切都毁灭。[④] [60] 而在纵酒之祸一事上，这两种害处 [⑤] 都有。[61] 纵酒的后果 [⑥] 是：失去知觉；未疯之人变疯癫；未死之人成死尸；露出私处；失去所闻 [⑦]、

① 可救正（sapratyādeya）：“在赌对中输掉的，还可以通过赌对赢回来”（CŚ）。若溺于赌对，诸事尚可补救，而在溺于女色，则诸事无可补救（迈耶）。在赌对中，人尚可以自新，而惑溺于女色则无法自新（坎格尔；奥利维勒）。从后文中对“女色之祸”（strīvyasana）后果描述看，似乎重在表明女色之祸后果之恶劣，而不是描述失去的能否赚回，或者人是否能脱离此恶习而自新。因此迈耶的理解可能更胜一筹，笔者从之。

② 不为人所见（adarśana）：即不见别人。“沉溺于女色之国王，诸辅臣亦不得晤见”（CŚ）。

③ 尚有……享受（śabdādīnām indriyārthānām upabhogaḥ）：直译为“尚可享受声音等感官对象”。indriyārtha 即感官的对象，如声音、颜色、味道等。

④ 这一句的意思是：对于沉溺于女色的人来说，若对方是家中妻妾，那么尚可以生下后代，并且保护自己（免于疾病、夜间的危险和敌人等。——迈耶）；若对方是外面的女子（如妓女[CŚ]），则既不能有后代，还有危险；若对方是不当亲近的女子（如种姓比自己高的。——CŚ），那么，此人一切都毁了（失去性命和财产。——CŚ）。

⑤ 即：既不能有后代和保护自己，又一切都毁灭。

⑥ 纵酒的后果（pānasampad）：sampad 指资质、德性，所以坎格尔认为有讽刺意味：“纵酒的妙处”。不过 CŚ 将 sampad 训为中性的“后果”（意为：纵酒的诸般后果），奥利维勒与 CŚ 同（另参见 Bodewitz 2003）。

⑦ 失去所闻（śrutahāni）：失去所听闻到的。即：丢失掉学到的或记诵过的知识。

才智、活力、财富，朋友；远离圣贤；与无益之人交接；沉迷于弹琴唱歌这类消财的技艺。”

[62]赌和酒两者中，赌更严重。[63]因赌注而起的某一方之赢或输，让臣民们就活物或非活物[①][设赌]，从而分成两派并导致动乱。[64]再者，尤其是对于团众制(1.17.53)和具有团众制性质的王族来说，赌对导致分裂，从而导致毁灭。它眷顾恶徒，是诸种祸事中至恶者，因为它导致治理不力[②]。

[65]爱欲眷顾凶顽，愤怒辖制圣贤；由于它们所导致的祸患众多，人们认为两者都是无尽的灾患。

[66]因此，一个侍奉长者、控制了感官、善于自制的人应弃绝那开启灾患和堕坏基业(7.2.14)的愤怒和爱欲。

——以上是第八篇“灾厄”第三章“各类人祸”。

第四章

第 130 目：各类扰害

[1]来自天神的扰害有火灾、洪灾、疾病、饥荒以及瘟疫。

① 就活物或非活物（prāṇiṣu niścetaneṣu vā）：就活物设赌是指角羊、斗鸡之类，就非活物设赌如掷骰子之类。在赌局中，输赢皆因赌注而起，层出不穷的赌注导致输赢“两派”的冲突。

② 治理不力（tantradaurbalya）：可能包含两层意思：（一）国王若耽于赌对，则治国无方（CŚ）；（二）臣民耽于赌对则易生内乱（本章第 63 句），导致治理问题。

[2]诸先师说："火灾与洪灾两者中，火害无法相救，且焚毁一切；至于洪灾，则人既可从中逃脱，且其危害可克服。"[3]憍底利耶说："不。[4]火灾烧掉一个或半个村落，而洪灾冲毁一百个村落。"

[5]诸先师说："疾病与饥荒两者中，疾病妨害事业，因为人们或死，或病，或须照料病人，他们做事受阻[①]；但饥荒却不妨害事业，并且带来钱币和牲畜赋税[②]。"[6]憍底利耶说："不。[7]疾病仅扰害一地，尚可救止；而饥荒扰害全境，断众生之生计。"

[8]瘟疫可由此说明。

[9]诸先师说："折损小民和折损长官两者中，折损小民导致事业不能实现获取与持守$_{(1.4.3)}$；折损长官的特点则是事业之开展受阻。"[10]憍底利耶说："不。[11]折损小民的危害可以弥补，因为小民众多；而折损长官的危害则不能弥补。[12]因为千人之中仅有一个长官，或甚至一个也没有。因为，长官需要高度的精神力与才智，而且小民都依赖于他。"

[13]诸先师说："本方军队和敌方军队两者中，本方军队以过度的税赋扰害臣民，并且无法阻止；而敌方军队可以抗御，或者可

① 原文 pretavyādhitopasṛṣṭaparicārakavyāyāmoparodhena：此处据 CŚ 将 upasṛṣṭaparicāraka 断在一起，理解为"照顾病人者"（rogiparicāraka），从而将整个复合词理解为"因为死者、病者、照料受害者无法从事其事业"。迈耶（以及坎格尔、奥利维勒）都将 paricāraka 与 pretavyādhitopasṛṣṭa 断在一起，理解为"工役"，从而将整个复合词理解为："或死或病或受到扰害的工役做事受阻"。但问题是 paricāraka 在本书（以及辞书）中都解作"随侍""侍仆"等，并无"工役"的意思。这里是泛指发生疾疫时，一般人因疾病或死或病或自己要照料病人，不能从事自己的职事（比如务农、手工等）。

② 钱币与牲畜赋税（hiraṇyapaśukara）：指以现钱与牲畜形式的赋税（CŚ）。为什么是现钱和牲畜形式呢？因为饥荒中"无粮可纳"（CŚ/CN）。

通过逃遁或议和得到解免。”［14］憍底利耶说：“不。［15］本方军队的扰害，可以通过安抚——或除去高官或其统领(12.3.14)——来遏阻，或者它也只扰害一地；而敌方军队则通过劫掠、杀害、焚烧、毁坏以及掳走人口而扰害全境。”

［16］诸先师说：“臣民间相争与王族内相争两者中，臣民之间相争导致臣民分裂，并招致外敌入侵；而王族内相争则为臣民带来双倍的禄粮、薪俸(1.18.12)和豁免。”［17］憍底利耶说：“不。［18］臣民间相争可以通过安抚其魁首或消除争斗之机由来阻止；［19］而且，相争的臣民通过彼此的摩擦［于国王］有助益。［20］而王族内相争扰害或毁伤臣民，需双倍努力①才能平息。”

［21］诸先师说：“士民行乐与国王行乐两者中，士民行乐损害三时②事功之成果；而国王行乐则有助益于工匠、艺师、伶工、颂唱人、妓女以及商贾。”［22］憍底利耶说：“不。［23］士民行乐，为的是消除做工导致的疲乏，仅费去少许钱财，而且费去后可重新操持其职事；而国王行乐，导致国王本人及宠臣以自行劫掠(8.1.44)、索取③、索要贡品(7.15.20)、攘夺事功④的方式扰害臣民。”

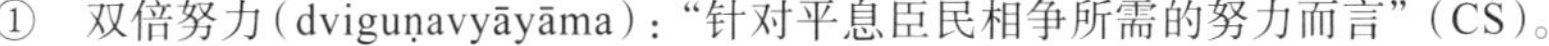

① 双倍努力(dviguṇavyāyāma)：“针对平息臣民相争所需的努力而言”(CŚ)。

② 三时(traikālyena)：整个三时。“损害三时事功之成果”是指“不打理已播撒的庄稼，不为现时当为之播种，不按将来当为之播种的要求整治土地(CŚ)。可见“三时”指过去、现在和将来，即所有时间。

③ 索取(praṇaya)：这不是普通的索要，指国王或官员除了普通税赋，额外向士民索要的钱物(参见5.2.16、26、29)。

④ 攘夺事功(kāryopagraha)：掠夺臣民工作的果实(迈耶；坎格尔；奥利维勒)。CŚ 解释为“收受(工匠等)为得到做某事之许可而进献的贿赂”。笔者按：诸译家都将 kārya 理解为“事业”或“事功”，不过 kārya 也有“进献物”的意思，那么 kāryopagraha 或许也可以理解为“收取贿赂”。前面所列举的几种(自行劫掠、索取以及贡品)都是非常的收入，那么将 kārya 理解为“贿赂”是可行的。

［24］诸先师说："内宠[①]和王子两者中，王子本人及宠臣以自行劫掠、索取、索要贡品、攘夺事功的方式扰害臣民；内宠则通过享受嬉乐[②]扰害臣民。"［25］憍底利耶说："不。［26］王子尚可由辅臣与国师两者节制，而内宠则不能，因为彼等愚昧，且与无益之人相交接。"

［27］诸先师说："团伍军$_{(5.3.9)}$和长官两者中，团伍军因人数众多而无法辖制，通过偷和抢扰害臣民；而长官通过成全和毁败事业[③]扰害臣民。"［28］憍底利耶说："不。［29］团伍军可通过安抚其魁首或某部分人得到遏制，因为其成员品性和恶习都相同；［30］而长官满是倨傲，通过毁伤他人性命和财产来扰害臣民。"

［31］诸先师说："府库总管$_{(2.5)}$和总督$_{(2.35)}$两者中，府库总管通过诋疵已成办的事情[④]与课以处罚来扰害臣民；总督受行家$_{(2.5.8;\ 2.11.1)}$监导，仅享用指定给他的。"［32］憍底利耶说："不。［33］府库总管收纳经他人查验、认为可以入库的物事；而总督首先为自己敛财，再才为国王征收取钱物，或任其消失[⑤]。而且，在他收取别人财物时凭自己裁夺来行事。"

---

① 内宠（subhāgā）："被爱的"，指国王的后妃或其他女伴。

② 通过享受嬉乐（vilāsopabhogena）："通过香、花等用以嬉玩的享受物……"（CŚ）。即：内宠所享用的东西，都搜刮自小民，会滋扰百姓。从这里看，诸先师认为王子之祸甚于内宠。

③ 通过……事业（kāryopagrahavighātābhyām）：为什么"成全"也要算扰害呢，CŚ 解释说：若行贿，则事成；若不行贿，则事败。

④ 诋疵……事情（kṛtavidūṣaṇa）：kṛta 为已经成办之事或物；vidūṣaṇa 不仅指吹毛求疵，还指黑白颠倒，因此译为"诋疵"。

⑤ 或任其消失（praṇāśayati）：指让赋税、罚金（物）等原本该归国王的钱财不能到国库。总督若失职、渎职和贪腐，都容易让国王的钱财"消失"。

[34]诸先师说："边守(1.12.6)与商贾两者中，边守通过纵容盗贼和过度索要扰害商道；而商贾则通过运出与运进货物带来的利益繁荣商道。"[35]憍底利耶说："不。[36]边守通过帮助[商贩]囤积货物经营商道；而商贩们则联合起来哄抬或压低货物价格，用1波那赚取100波那，用1坛(2.19.32)赚取100坛。"

[37]被出身高贵者圈占的土地，与被牲畜厩圉所圈占的土地，[哪个应当被收回]？诸先师说："被出生高贵者圈占的土地，即便[原本可能会]有大的收益，[若圈占者能]通过武人提供帮助，则不应被收回，因为存在灾患侵扰的危险；而被牲畜厩圉圈占的土地，若适合农事的话，应予收回。[38]因为，耕地可挤走牧地。"[39]憍底利耶说："不。[40]被出生高贵者圈占的土地，即便会带来极大的助益，也应收回，因为存在灾患侵扰的危险；而被牲畜厩圉圈占的土地，有助于增多库财与力畜，除非阻挠播种，否则不应收回。"①

[41]诸先师说："劫道强人和丛蛮两者中，劫道强人在夜间或

① 第37—40句的讨论主题很明确，但内容费解，各注家和笔者理解各不相同，此处不一一列举。总的来说，土地为出身高贵者(王族之人。——CŚ)所圈占或阻断，或者为牲畜厩圉所圈占或阻断，都是一种扰害。这里讨论哪一种扰害更为严重，更应该被解除掉。诸先师认为：被出身高贵者圈占的土地，即使可能带来很好的收成(如果用作耕地的话)，但要是圈占者用以豢养武人，那这个扰害不应被解除掉，因为怕万一有灾患发生(可能指在灾患——比如外敌入侵或其它灾患——时这些武人能为国王提供人力支持。(CN；CŚ)。也可能指收回这些土地时，国王可能和该圈占人的私人武装发生冲突，导致祸事。——坎格尔)。但若是被牲畜厩圉所圈占，而这土地原本适于农耕的话，那么，应该解除这一扰害，而将其用作农耕。憍底利耶不同意，反驳是：为出身高贵者圈占的土地，即使可能为国王带来极大的助益(指上面豢养武人能为国王所用)，但也应该解除掉而用作农耕，原因也是怕万一有灾患(大概指饥荒，或圈占者利用豢养的武人叛乱)发生；但若是被牲畜厩圉所圈占，能为府库提供收入，又能养育力畜，那这个扰害可以不用解除(除非是有碍于耕种)。

隐蔽处行动，攻击人的身体，无处不在[①]，抢走成千上万［的财物］，并挑唆势人$_{(1.13.26)}$作乱；而丛蛮则相隔甚远，在边地之丛莽中行动，行动公开，人们能看到；再说，他们仅侵扰一地。”［42］憍底利耶说：“不。［43］劫道强人仅抢劫疏忽大意者，人数少，愚钝，而且易于识别和捉拿；而丛蛮则盘踞其地，人数众多且勇悍，公然攻击、抢劫、摧毁各地，具有国王的特征[②]。”

［44］育鹿林和育象林两者中，鹿数量多，有助于生产大量肉与皮，极少有食料短缺的困扰，而且容易控制；［45］象则相反，而且在被捕捉的时候会变得凶恶，从而摧毁一个地方。

［46］本国郡会$_{(2.1.4;\ 2.3.3)}$与他国郡会产出的收益：本国郡会产出的收益——粮食、牲畜、钱、林产等收益——在危局之中能维持聚落民人的性命；［47］而他国郡会产出的收益则与此相反。

以上是“各类扰害”。

第 131 目：各类阻障

［48］内部的阻障是来自长官的阻障；外部的阻障是来自敌王与丛蛮的阻障。

以上是“各类阻障”。

第 132 目：各类滞碍库财之因由

［49］各类滞碍库财之因由如下：为两类阻障和上述扰害所扰

① 无处不在（nityāḥ）：一贯的，一直的。“无处不在”（CŚ: sarvadā sannihitāḥ）。

② 具有国王的特征（rājasadharmāṇaḥ）：“与国王共法”。显然，丛蛮有较为严密的组织，有根据地，和国王比，仅仅是缺乏合法性。憍底利耶看到这一点，可见其眼光犀利，这个洞见也颇堪玩味。

碍；滞留于各个长官处[①]；为各种豁免$_{(2.1.15)}$所减损、散落、错敛[②]；为邻王或丛蛮所劫掠。

[50]为了国势之增进，他应努力防止扰害发生，阻抑已出现之扰害，并消除各类阻障与滞碍。

——以上是第八篇“灾厄”第四章“各类扰害”“各类阻障”“各类滞碍库财之因由”。

第五章

第133目：发生于军队的各类灾患

[1]发生于军队的灾患有：不被尊重；被侮辱；未被提供薪俸；患病；新到[某地]；从远地来到[某地]；疲乏；残敝；被挫败；一触即溃；受困于不利时令；受困于不利地形；放弃希望；被弃；内有女眷；内有“投枪”[③]；其基地发生叛乱；内部分裂；逃跑；过于分散；驻扎于[敌军]近处；完全被[敌军]吸纳；被阻截；被包围；粮食与人力补给被切断；散落于本国境内；散落于盟国境内；内有叛徒；有奸恶的背面攻击者；其基业$_{(7.2.14)}$所在地空虚[④]；未同主公相联；失

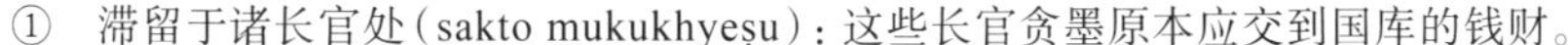

① 滞留于诸长官处（sakto mukukhyeṣu）：这些长官贪墨原本应交到国库的钱财。

② 错敛（mithyāsaṃhṛta）：“不按合理的量收取，或少或多”（CŚ）。所谓“错”（mithyā），原因很多，官员失职或贪婪，小民隐藏财物不纳税，都有可能。

③ 内有“投枪”（antaḥśalyaṃ）：即“内中有敌人（CN，CŚ）。

④ 在这种情况下，王国很容易为背面攻击者乘虚而入而击败（参见7.13.6）。

去主帅；“盲目”。

［2］这些灾患中：不被尊重的军队与被侮辱的军队两者中，不被尊重的军队在得到财利和尊荣后可作战；而被侮辱的军队内心有愤懑，不会去作战。

［3］未被提供薪俸的军队与患病的军队两者中，未被提供薪俸的军队在眼下得到薪俸后可作战；而患疾病的军队无法行动，不可作战。

［4］新到的军队与从远地来的军队两者中，新到的军队在从他人那里了解了本地，并且与老队伍杂在一起后，便可以作战；而从远地来的军队征途劳苦，不可作战。

［5］疲乏的军队与残敝的军队两者中，疲乏的军队在得到沐浴、进食和睡眠的休整后可作战；而残敝的军队，在其他战场上已令力畜与兵士力量衰竭，不可作战。

［6］被挫败的军队与一触即溃的军队两者中，被挫败的军队虽在首次对战中被打垮，但被勇悍之人集结起来后仍可作战；而一触即溃的军队，在首次对战即折损悍将，不可作战。

［7］受困于不利时令的军队与受困于不利地形的军队两者中，受困于不利时令的军队若配备适合该时令的武器和盔甲，即可作战；而受困于不利地形的军队，其打粮队(10.2.5-7)和作战行动受阻，不可作战。

［8］放弃希望的军队与被弃的军队两者中，放弃希望的军队在其愿望得到满足之后可以作战；而被弃的军队，其统领逃走，不可作战。

［9］内有女眷的军队与内有“投枪”的军队两者中，内有女眷

的军队在解除女眷之后可以作战；而内有“投枪”的军队，其中混有敌人，不可作战。

[10]其基地发生叛乱的军队与内部分裂的军队两者中，其基地发生叛乱的军队通过和解等四法(7.16.5-8)平息了叛乱之后，可以作战；而内部分裂的军队，互相分裂，不可作战。

[11]逃跑的军队与过于分散的军队两者中，逃跑的军队退到一国境内，在托庇于隐蔽处或盟王之后，可凭谋略与行动作战；而过于分散的军队，溃退到多国境内，不可作战，因为有多种危险。①

[12]驻扎于敌军近处的军队与被敌军吸纳的军队两者中，驻扎于敌军近处的军队能自行出征或停驻，对敌军占先(7.4.4)后便可作战；而被敌军吸纳的军队，出征与停驻与敌军一致，则不可作战。②

[13]被阻截的军队与被包围的军队两者中，被阻截的军队可从另一方向突破后对阻截者进行反击；而被包围的军队，各面被阻拦，则不可[对阻截者进行反击]。

[14]被切断粮食补给的军队与被切断人力补给的军队两者中，被切断粮食补给的军队在从别处得到粮食之后，可以作战；或以动物或植物为食，亦可以作战；③而被切断人力补给的军队，得不到支

① 溃退到一国之内，至少还是一支军队，休整后进入隐蔽位置或托庇于人，如此尚可作战；而溃退到多国境内，其散兵游勇吉凶难料（“有多重危险”），无法重新集结作战。

② 坎格尔认为这种情形出现在（与敌王）联合出征的过程中：扎营若在敌王军队近处，虽然也不甚安全，但至少军队行动自如，而且在使用计谋骗过敌军之后，仍可作战。但被敌军所吸纳的军队（如驻扎在敌军大营盘中），则行动不得自专，无法作战。

③ 这里说的是两种情况，一是从别处获得粮食之后，可以作战；一是就以动植物为食，可以作战。原文只是一句话，但汉语译文处理为两句话，会使得作者意思更清晰。动物或植物（jaṅgamasthāvare）：直译为“动的生物和不动的生物”。

援，不可作战。

［15］散落于本国境内的军队与散落于盟国境内的军队两者中，散落于本国境内的军队因为散在本国，能在危局中被召集起来；而散落于盟国境内的军队，因为地域和时间关系，则不能［被召集］。

［16］内有叛徒的军队与有奸恶的背面攻击者的军队两者中，内有叛徒的军队若有可靠之人统领，或不与叛徒相联，便可以作战；而有奸恶的背面攻击者的军队，惧怕背面受攻，不可作战。①

［17］其基业$_{(7.2.14)}$所在地空虚的军队与未同主公相联②的军队两者中，其基业所在地空虚的军队在完成对城市民与聚落民的保护之后，可集举国兵力作战；而未同主公相联的军队，少了国王或军队统帅，不可作战。

［18］失去主帅的军队与"盲目"的军队两者中，失去主帅的军队在他人统领下仍可作战；而"盲目"的军队，缺乏指挥，不可作战。

［19］清除缺点；补嵌军队$_{(10.5.20\text{-}22)}$；驻于伏击位置$_{(7.5.46)}$以形成**占先**$_{(7.4.4)}$之势；与更强大的阵营订约议和。——这些方式可克服发生于军队的灾患。

［20］在灾患中，他应时刻精勤，保护自己的军队免于敌人打击；他也应时刻精勤，打击敌方军队的弱点。

① 内有叛徒的（dūṣyayukta）：dūṣya 为奸人、叛徒。既指散于各个战斗单位中的叛徒，也可能是整个军队中的某一支队伍。不与叛徒相联，即将这些人或叛变的队伍分割开。

② 未同主公相联（asvāmisaṃhta）：即缺乏统帅。"主公"（svāmin）可能指国王、军队统帅（senāpati）或储君（yuvarājan）。

［21］他应保持警醒：发生于诸**要素**$_{(6.1.1)}$的灾患，无论原因是什么，他都应针对该原因提前做出应对。

第 134 目：发生于盟王的各类灾患

［22］这样的盟王：**欲胜王**亲自〔或是在与人会盟后；或是在别人胁迫之下〕往征过的盟王；[①] 或是因为弱小、收益或好意 [②] 而被他抛弃的盟王；

［23］被他出卖——或通过从战场上单独撤走，或因为要实行贰端之策，或通过共谋从别的方向往征别的敌人 [③]——给对方的盟王。

［24］或者，在各自或共同的往征中，被他——利用对方对自己的信任——**占先**$_{(7.4.4)}$的盟王；或者，未被他——出于惧怕、鄙吝或疏懒——从灾患中解救出来的盟王。

［25］或者，被阻隔于自己国土之外，因为恐惧而从他身

① 从这一颂开始讲“发生于盟王的各类灾患”。正如本章第 1 句中各个短语描述军队的灾患，这里的各个句子和短语也用于描述盟王。即：出现这类情况的盟王，都是陷入灾患的盟王。这都是站在盟王角度来看的，比如本句中，被欲胜王征伐过和被欲胜王抛弃，这些对于这个盟王来说都是“灾患”。

② 盟王因为弱小而被欲胜王抛弃，这较好理解。因为收益是指欲胜王为“从敌王那里获取财物”（CŚ）而将盟王抛弃。因为好意是指欲胜王为“向敌王示好”（CŚ）而将盟王抛弃。

③ 据 CŚ，第一种“出卖”的方式：敌方攻打盟王时，欲胜王不履行援助义务，从对方那里得到财物后单方面撤出战斗，让对方攻打盟王孤军。第二种：欲胜王要对攻打自己盟王的敌王实行贰端之策，他若是与对方议和（欲胜王与对方是议和还是求战，涉及的各种考量见 7.7），就剩下盟王孤军挨打。第三种：欲胜王与盟王共谋往征某敌王，但欲胜王与对方议和，只剩下盟王这支孤军面对敌王。

边逃离的盟王;[①]或者,因强夺或不施予[应施予的东西]被鄙弃,或者甚至施予[了应施予的东西]之后[②]仍被鄙弃的盟王。

[26]或者,被他亲自〔或通过别人〕过度索要过钱财的盟王;或者,被差遣到某个过于艰难的任务,失败之后投奔敌王的盟王。[③]

[27]或者,因为弱小而被他忽视,被他提出要求后,又被他引以为敌的盟王。[④]这类盟王难以争取,并且即使争取到了,也很快离心。[⑤]

[28]或者,为他做出了努力、本应被他尊敬,但他出于昏聩而未予以尊敬〔或未以合适的方式予以尊敬〕的盟王;或者,被阻止积聚力量的盟王。[⑥]

① 这个盟王被阻隔于自己的国土之外(在欲胜王身边),但是害怕欲胜王杀害或监禁他(CŚ),所以逃走。

② 这里未明说强夺、不施予和施予之后的对象,这三个动词都是针对欲胜王的。即:盟王强夺了欲胜王的东西、该给欲胜王的东西而不给,或者给了——但出于其他原因——还是被欲胜王鄙弃。

③ 即:被欲胜王勒索过的盟王;未完成欲胜王所委派的任务而投奔欲胜王敌王的盟王。

④ 原文 upekṣitam aśaktyā vā prārthayitvā virodhitam:这一句的意思现在看来仍不甚明晰,问题在于 prārthayitvā 的主语到底是该盟王还是欲胜王。若主语是盟王,则情形如下:盟王本身国力孱弱,因此被欲胜王忽视,但他又想找欲胜王修好(提出要求),但是被欲胜王引以为敌(CŚ)。若认为主语为欲胜王,则为如下情形:该盟王国力孱弱,因此被欲胜王忽视,而且欲胜王通过对其提出要求(领土、财物等)之后,得到了消极的反应,于是就被欲胜王引以为敌了(坎格尔;奥利维勒)。从后文的"难以被争取过来"来看,应是欲胜王想将其置于自己控制("争取")之下,向其提出要求,但对方不答应,欲胜王引以为敌。

⑤ 即:第22—27句所描述的盟王难以争取,并且在争取到了之后还容易与欲胜王离心。

⑥ 这一颂说了三种盟王:(一)盟王为欲胜王出了力(比如打仗。——CŚ),应被

［29］或者，因他损害其他盟王而惊惧的盟王；或者，担心他与敌王订约议和的盟王；或者，因奸人挑拨而与他关系破裂的盟王；这类盟王是可以争取的，并且一旦争取过来，就会保持［盟友关系］。①

［30］因此，他不可让这些有损盟王的过失产生；或者，对于已产生的过失，他应以能矫正这些过失的德性而去除之。②

——以上是第八篇“灾厄”第五章“发生于军队的各类灾患”“发生于盟王的各类灾患”。

——以上是憍底利耶《利论》第八篇“灾厄”。

欲胜王尊敬（以财物或其他的方式），但欲胜王出于昏聩而未予以尊敬；（二）在同样前提下，盟王虽然得到欲胜王尊敬，但方式不当；（三）盟王提升国力的努力被欲胜王阻止。

① 这里也说了三种盟王：（一）看到欲胜王对另一个盟王造成的损害，自身感到惊惧的盟王；（二）怀疑欲胜王会与（他们共同的或该盟王的）敌王议和；（三）因奸臣而与欲胜王生嫌隙的盟王。文中没有明确交代“因奸人”（dūṣyair）是指哪一方的，因此，既可能指欲胜王身边的奸臣煽惑欲胜王，也有可能是盟王身边的奸臣煽动盟王。而第29—30句所说的这六种盟王，容易争取，并且争取到了之后会一直保持稳固的关系。

② 从上文可以看出，虽然这里说的是盟王的灾患，但主要还是和欲胜王有关。作者在最后一颂说，欲胜王不应使得这类有损盟王的过失发生，并应对已经发生的过失进行弥补，虽然主题是“盟王”，实际仍是对欲胜王行事方式的规范性论述。

第九篇　征前预备

第一章

第 135 目：知悉国力、地点、时间方面的强弱

［1］欲胜王从国力、地点、适合发动征事与调集军队之时间、背面的动乱、损失、耗费、收益和危险方面知悉敌我双方的强弱点后，若力量胜出，则可往征，否则应静待。

【甲】三类能力（6.2.33）

［2］诸先师说："精进能力与主宰能力两者中，精进能力更重要[①]。［3］因为，国王若自身勇猛、强大、康健，且擅使兵器，即便只有军队，也能击败具有主宰能力的国王；[②]而且，即使他的军队规模小，他凭着英果也能成事。［5］但缺乏精进能力的国王，即便拥有

① 更重要（śreyas）：更好，更居上。这里讨论的是哪个是更重要的因素，因此译为"更重要"。

② 只有军队（daṇḍadvitīya）："（有且仅有）军队相伴（或相助）的"，指国王仅有军队，而没有库财或库财极少。另外，"主宰能力"（prabhāva，prabhuśakti）主要指府库和军队两者（参见 6.2.33）。仅仅只有军队的国王，若自身勇猛强悍，即使缺乏库财，也可击败库财军队齐备的国王。

主宰能力，也会屈服于勇悍，从而灭亡。”

[6]憍底利耶说：“不。[7]拥有主宰能力的国王会对拥有精进能力的国王占先(7.4.4)：凭主宰能力招纳在精进能力上胜过对方的国王；雇请或购买勇悍的人。[8]而且，他的军队有强大的力量、马、象、战车和辅具(2.18.18)，其所到之处，行动无法阻挡。[9]具有主宰能力的人——即使是妇人、孺子、跛人或盲人——在收服和买到那些有精进能力的人之后，便征服了整个大地。”

[10]诸先师说：“主宰能力与谋略能力(6.2.33)两者中，主宰能力更重要。[11]因为，一个具有谋略能力的人，若缺乏主宰能力，就徒有其智谋①。[12]对于他来说，主宰能力的缺乏必定损害他基于谋略能力的行动，好比雨水的缺乏损害结胎的谷物。”

[13]憍底利耶说：“不。[14]谋略能力更重要。[15]因为，国王以智谋与利论为眼睛(8.2.9)，即使只费些许努力，即可获取谋略，并通过和解等四法(7.16.5-8)以及秘行(5；12-13)与秘术(14)两者，对拥有精进能力和主宰能力的敌人占先。[16]如此，精进能力、主宰能力、谋略能力中，在靠后那一方面优胜者②得以占先。”

【乙】地

[17]地即土地。③[18]其中，转轮王④的国土自南向北，在雪

---

① 徒有其智谋（vandhyabuddhir）：“拥有不产生结果的智谋的人”（CŚ：niṣphalamantraḥ），即空有其智谋而无法施展。

② 在靠后那一方面优胜者（uttarottarādhika）：在三个因素中每后一个因素上占优者。即：有更多主宰能力者对有更多精进能力者占先，拥有更多谋略能力者对拥有更多主宰能力者占先，以此类推。

③ 地即土地（deśaḥ pṛthivī）：deśa 为地、国、地区、地形；pṛthivī 为土地、大地。在这一节讨论中，地既指土地，也指地形（尤其是作战的地形）。

④ 转轮王（cakravartin）：cakra 为战车轮毂，象征权威，故一般国王为“轮王”。“转

山与大海之间，宽1000由旬；[19]其中，分别有林地、村落地、山地、湿地、旱地、平地以及褶皱地[①]。[20]在这些地形中，他应从事能增进自身之国力的行动。[21]哪里的地形适合本方军队行动，而不适合敌方，哪里便是最佳的地形；反之则是最差的地形；对彼此来说一样的，是中等地形。

【丙】时

[22]时以冷、热、雨为征候。[23]它分别包括：一夜、一日、半月、月、季、半年、年、轮(2.20.37-65)。[24]在诸时中，他应从事能增进自身之国力的活动。[25]哪个季适合本方军队行动，而不适合敌方，这便是最佳的时；反之则是最差的时；对彼此来说一样的，是中等的时。

【丁】能力、地、时之辩

[26]诸先师说："然而，能力、地、时三者中，能力更重要。[27]因为，有能力的[国王]能应对分湿地和旱地的地形，也能应对分冷、热和雨的时。"[28]某些人又说："地更重要。[29]因为，旱地上的狗把鳄鱼撕碎，而在水里的鳄鱼则把狗撕碎。"[30]又有某些人说："时更重要：[31]白天里，乌鸦杀死夜枭；夜间，夜枭杀死乌鸦。"[32]憍底利耶说："不。[33]因为，能力、地、时三者间彼此相辅相成。"

第136目：适于征事之诸时节

[34]这些方面得到增拓后，他可派1/3或1/4的军队守住基业

轮王"则是指"其战车所到之处不受阻碍者"，象征世间至高无上的权威：王中王、大皇帝。后来文献也将普通国王称为"转轮王"。

① 褶皱地（viṣama）：不平的地，包括丘陵，但所指应比丘陵地更广。

(7.2.14)所在地、背面以及边境的丛莽地带，再带上足以成事的库财和军队，然后可在觜月[①]对耗尽旧粮且未收入新粮，且其要塞尚未修缮完毕的敌王发动征伐，以摧毁其雨季的庄稼和冬季的播种。[35]还可以在角月发动征伐，以摧毁其冬季的庄稼和春季的播种。[36]他可以在星月对耗尽了草料、木料和水，且其要塞尚未修缮完毕的敌王发动征伐，以摧毁其春季的庄稼和雨季的播种。

[37]他应在冬季往征极炎热或仅有少许草料、柴火和水的地区。[38]在夏季，他应往征经常结霜下雪、多深水地带或草木密实的地区。[39]在雨季，他应往征适于本方军队行动而不适合对方[军队行动]的地区。

[40]他可在觜月和鬼月的月望日间发动长时的征伐；在角月和氐月的月望日期间发动中时的征伐；在星月和箕月的月望日间发动短时的征伐；在[敌人陷入]灾患时，他想烧光对方，[可发动]第四类征伐[②]。[41]关于在对方陷入灾患时而往征之，在“战后往征”(7.4.14-17)中已经解说过了。

[42]另外，诸先师通常教诲说：“敌人陷入灾患时，他应前往征伐之。”[43]憍底利耶则说：“鉴于灾患的不确定性，他应于自身实力增长后往征。[③][44]或者，若发动征伐能够削弱或摧毁敌王时，

① 觜月（mārgaśīrṣīṃ）：“在觜月”（CŚ：mārgaśīrṣīṃ mārgaśīrṣe māsi）。坎格尔认为 mārgaśīrṣīṃ 为阴性，应该是具体指“觜月月望日”。觜月，一般为 11 月到 12 月之间。第 34—40 句中的月份请参见 2.20.54-60 及附录 II。

② 前面说到了长时、中时和短时的三种征伐，这里说的是第四种。这是在敌人陷入灾患时，欲胜王准备到敌境之后，仅仅是采取烧毁之类快而短促的行动，而不进行战斗（CŚ）。和前三种相比，这种征伐没有时令限制。

③ 即：当欲胜王和对方相比实力有增长时，可以征伐，因为自身实力的增长一定能成就好的结果，而敌方的灾患则不一定能给欲胜王带来好的结果（CŚ）。也就是说，

他可往征之。”

[45] 在炎热消退的时节，他应以象为主的军队往征。[46] 因为，象的汗出在体内，会成麻风。[47] 它们若不扎入水中或饮水，会因为体内的分泌物[①]而变瞎。[48] 因此，多水的地区，还有在下雨期间，他才可用以象为主的军队进行征伐。[49] 与之相反的情况，以及少雨和泥泞的地区，则可以用以驴、驼和马为主的军队进行征伐。[50] 在下雨的时候，他可用四兵$_{(2.33.9)}$构成的军队往征以沙漠为主的地区。

[51] 或者，他可根据地形的平坦或褶皱、多湿地或旱地，还有征伐的长短[②]来安排征伐。

> [52] 或者，若任务轻微，则所有征伐都应是短时的；若任务重要，则征伐都应是长时的；另外，他可在敌境扎雨营[③][而居]。

——以上是第九篇“征前预备”第一章“知悉国力、地点、时间方面的强弱”“适于征事之诸时节”。

即便对方陷入灾患，而欲胜王自身实力并未增长，如贸然征伐之，也不一定有好结果。

① 体内的分泌物（antaravakṣāra）：即上句所说的体内出汗。CŚ 训为“内热”（upajātāntardāhā）。

② 征伐的长短（hrasvadīrgha）：从 CŚ 的解释和下一颂来看，是指征伐时间，但也可能指征途长短。

③ 雨营（varṣāvāsa）：雨季的住所。指出征在外时若恰好遇到雨季，则应扎营安居，待雨季完再行动。

第二章

第 137 目：调用不同兵种之时机

［1］调用世职军、雇佣军、团伍军(5.3.9)、盟王军、敌王军以及丛蛮军的时机：

［2］使用世职军的时机如下：守护基业(7.2.14)所在地的世职军有多余；或者，世职军中混有“过嵌”(10.5.28)会导致基业所在地生变；或者，对方有众多且忠爱的世职军〔或一支精兵〕，必须以行动反击；或者，在征途遥远或征期长的情形下，世职军能承担相应的耗费和损失；还有，当需要集结大量忠爱的军队，而其他军队——如雇佣军等——因为有屈服于被征伐者煽动的危险而不可信任；[①] 或者，在所有其他军队军力残敝的情形下。

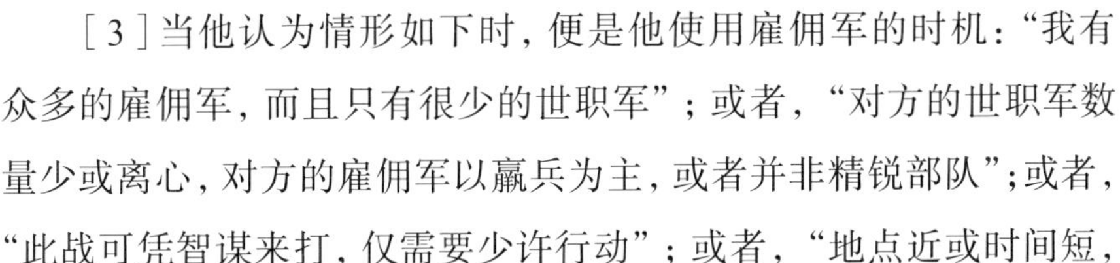

［3］当他认为情形如下时，便是他使用雇佣军的时机：“我有众多的雇佣军，而且只有很少的世职军”；或者，“对方的世职军数量少或离心，对方的雇佣军以羸兵为主，或者并非精锐部队”；或者，“此战可凭智谋来打，仅需要少许行动”；或者，“地点近或时间短，

① 即：欲胜王出征需要集结大量忠爱于自己的军队，但是觉得除世职军以外其他的军队（雇佣军等）可能会受到被攻打一方的煽惑，不能忠于自己，就需要调集世职军。言外之意是，世职军会比其他的军队更加忠爱，更符合自己的要求。bahulānuktasampāte，各译家似乎都把 sampāte 理解为一个完成的意味，从而将其译为“当大量忠爱的军队集结完毕的情形下”，但从语境来看，sampāte 不应是完成的意义，而应理解为待完成的意义，译为“当需要大量忠爱的军队集结的情形下”较为顺畅，亦合乎情理。

仅会造成少量损失和耗费”；或者，“我军队中仅有极少细作，煽惑亦被平息，可以信任”；或者，“只需粉碎对方的小股打粮队”。

［4］当他认为情形如下时，是他使用团伍军的时机：“我有众多的团伍军，可在基业$_{(7.2.14)}$所在地和征伐中来调用”；或者，“出征在外短[①]”；或者“对手以团伍军为主，且想以智谋和行动来作战”；或者“可施展军力”。

［5］当他认为情形如下时，是他使用盟王军的时机：“我有众多的盟王军，可在基业所在地和征伐中来调用”；或者，“出征在外短，以行动作战比以谋略作战更有效”；或者，“我先用盟王军同从蛮军、驻守城池的敌军[②]或敌军的援军作战，再用自己的军队作战”；[③]或者，“我的事业和盟王相同”；或者，“我要成事有赖于盟王”；或者，“我的盟王就在近旁，应对其施以援手”；或者，“我将为他清除‘过嵌’$_{(10.5.28)}$”。

［6］当他认为情形如下时，是他使用敌王军的时机：“我有众多的敌王军，我将用来攻打驻守城池的敌军或从蛮军。[④]在这种情

① 出征在外短（hrasvapravāsaḥ）：“短”可能指时间短，也可能指征途短（CN，CŚ）。

② 原文 nagarasthānam：CŚ 训为“驻守城池的敌军”（tan nagarāvasthitaṃ），坎格尔和奥利维勒忽视 CŚ 的理解，都将其译为“都城”而不注释，是不可靠的：（一）缺乏根据；（二）这里所列的三个作战对象，第一个和最后一个都是军队，唯独中间这个是地点，这是不合理的。而 CŚ 的解释显然更加合理。

③ 这种情况就是：先需要盟王军来牵制对方的援助力量（帮助敌王的从蛮军、要塞中的军队和前来增援的军队），然后可以再用自己的军队与“敌王本人”（奥利维勒）作战。

④ 敌王军（amitrabala）和盟王军（mitrabala）虽然属于别国，但都是欲胜王交易过来自己支配的（参见 7.7.26；7.8.27）。即：欲胜王与某王订约，以库财之类交换军队，再用来攻打其他敌王城池或从蛮军。

形下，任何后果对于我都有助益，好比猎狗同野猪相斗(7.1.34)，旃荼罗得利益”；或者，“我将令它为我清除援军和丛蛮军中之刺①”。除非是怕发生内部叛乱(9.3.12)，否则，鉴于敌王军叛乱的危险，他应总是将过于滋盛的敌王军安置在自己近旁；②或者，他用兵的时间在敌王作战之后。

[7]调用丛蛮军的时机可由此说明。[8]使用丛蛮军的时机如下：当他们能指路时；当他们适于在敌方国土上行动时；当他们能对制敌军战法时；或者，当敌军也以丛蛮军为主时，“用木苹果敲碎木苹果③”；只需粉碎小股打粮队时。

[9]不统一、调集自多处，无论是否得到许可都为劫掠目的而行动的军队，为狂进军④；狂进军没有禄粮和薪俸，做劫掠、苦役和争勇斗狠之事，易为敌方离间；若它以来自同地域、同种姓、操相同职事的人为主，团结而且数目大的话，就不易被离间。

[10]他应当给敌王军和丛蛮军林产或战利品作为俸酬。[11]

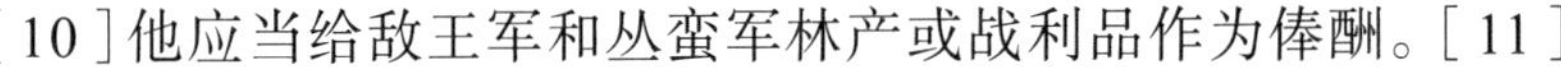

① 这里的援军与丛蛮军是指欲胜王自己军队中的组成部分：当这两者出现不顺从或叛乱时，用敌王军去予以镇压，这仍然是猎狗与野猪相斗而旃荼罗受益的立意。

② 本段应该主要是欲胜王的考虑内容，但这个分句以及下一分句都不是。坎格尔正确地指出，这句话应该放在第11句之后。其意思是：如果敌王军人数日益增多，力量增强，为防止其叛乱，应将其安置在身边以便节制。但如果欲胜王本人这边有内部叛乱（宰辅、国师、统帅、储君等）的可能，那就不应将敌王军也安置在近旁，以免被两面夹击。当然，坎格尔提出了不同的理解：如果将敌王军安置在近旁这一举措引起内部叛乱的话，那欲胜王就不应该这么做——但这似乎有点附会了。

③ 用木苹果敲碎木苹果（bilvaṃ bilvena hanyatām）：这大概是一句时谚。bilva为木苹果，亦名印度枳，外壳十分坚硬。

④ 狂进军（autsāhika）：来自utsāha（精进，进取），进取为狂，知进不知退为狂（邢昺《论语注疏·子路》），此辈没有组织，忽视国王的命令，以掳掠为业，适于“狂进”二字。这似乎是指上面任何军队都可能成为狂进军。

轮到敌王用兵时，他可将敌王军控制起来，或派遣到别处，或令其无功，或将其分散安置，或待其用兵时间已过时，再行发送。[①]

［12］而且，他应破坏对方对军队的调用，而保证自己对军队的调用。

第 138 目：各备用军队之优劣

［13］上述各种军队中，配有任意一支靠前的军队更好。[②]

［14］世职军与他存亡与共，而且由于常沐王恩而追随他[③]，故好过雇佣军。

［15］雇佣军随时侍于他近旁，动员迅速又顺服，故好过团伍军。

［16］团伍军于聚落中土生土长，有同一目的，并且有共同的仇雠、愤慨、功业以及收益，因此好过盟王军。

［17］由于盟王军不受限于地域和时间，又与他有同一目的，故好过敌王军。

［18］敌王军由贵种姓$_{(1.3.17)}$统领，故好过丛蛮军。［19］这两者

① 即：敌王用兵时，欲胜王应以各种办法避免自己手里这批军队为敌王自己所用。

② 即：从世职军到最后提到的狂进军这几种军队中，欲胜王拥有世职军好过拥有雇佣军……狂进军；而拥有雇佣军好过拥有团伍军……狂进军，以此类推。

③ “他”指欲胜王。存亡与共（tadbhāvabhāvitva）：“主公存则存，主公亡则亡”（CŚ）。nityasatkārānugama：因着常沐王恩的缘故而追随……。satkāra 一般指恩遇，而 CŚ 将 satkāra 作两解：主公对世职军为敬（dara），世职军对主公则为忠（anurāga），似无必要。另外，坎格尔与奥利维勒将 anugama 理解为“享受”，因此译为“因为他们总是享受他的恩宠”，这十分可疑。毕竟，anugama 完全没有“享受”或“承受”的意义，再者，他们享受主公欲胜王的恩宠，这和对欲胜王来说世职军比雇佣军好有什么关系呢？说世职军好过雇佣军，显然是因为欲胜王恩遇（satkāra）在前，而此辈武人生死相追随（anugama）在后。

都以劫掠为目的。[20]若不能劫掠，或发生灾患，那么两者都有蛇一般的危险(8.2.2)。

[21]诸先师说："由于精神气质上的优胜，在婆罗门、刹帝利、吠舍以及首陀罗这四种军队中，用一支靠前的军队作战更好。"[22]憍底利耶说："不。[23]对方可以用谦卑的礼数将婆罗门军队争取过去。[24]而通晓武艺的刹帝利军队更好；或者，多猛士的吠舍或首陀罗军队更好。"

第 139 目：调用反制军队

[25]因此，他调集军队时应想着："对方有某某军队，而这种军队可反制之。"

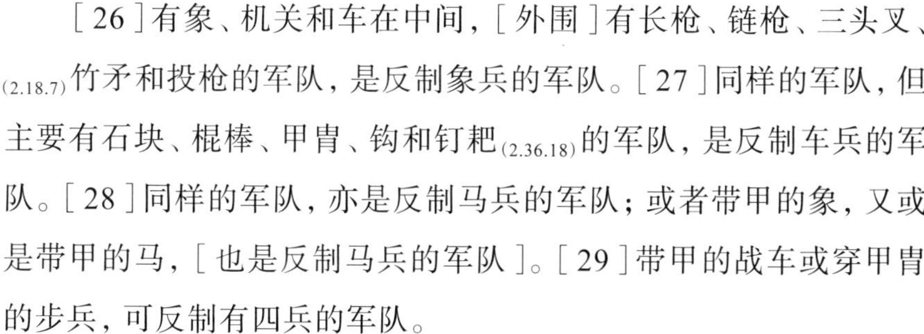

[26]有象、机关和车在中间，[外围]有长枪、链枪、三头叉、(2.18.7)竹矛和投枪的军队，是反制象兵的军队。[27]同样的军队，但主要有石块、棍棒、甲胄、钩和钉耙(2.36.18)的军队，是反制车兵的军队。[28]同样的军队，亦是反制马兵的军队；或者带甲的象，又或是带甲的马，[也是反制马兵的军队]。[29]带甲的战车或穿甲胄的步兵，可反制有四兵的军队。

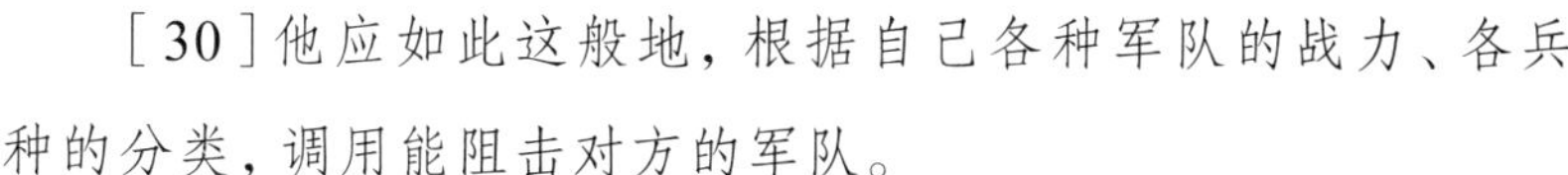

[30]他应如此这般地，根据自己各种军队的战力、各兵种的分类，调用能阻击对方的军队。

——以上是第九篇"征前预备"第二章"调用不同兵种之时机""各备用军队之优劣""调用反制军队"。

第三章

第 140 目：背面动乱之考量

[1]背面的微小动乱和正面的巨大收益两者中，背面的微小动乱更严重。[2]因为，对于已经出征的欲胜王来说，奸人、敌王或丛蛮酋魁〔甚或王国内臣民〕的叛乱，都会从各方面助长背面的微小动乱。[3]而且，若发生此事，即使在正面获得了巨大收益，也会被臣工、盟王、损失和耗费$_{(9.4.1\text{-}2)}$吞噬光。[4]因此，在背面发生微小动乱的情况下，正面获得的收益的好处就只有千分之一或百分之一了，因此他不可往征。[5]因为，俗话说："祸事的嘴巴针一样大。"①

[6]背面发生动乱的情况下，他应运用和解、施予、离间和惩治四法。[7]正面有利可图的情况下，他可令军队统帅或王子率军往征。[8]或者，若国王强大且能弹压背面的动乱，则他可以亲自往征，以攫取正面的收益。

第 141 目：外部与内部各要素叛乱之应对

[9]若担心发生内部叛乱，他可以带上有嫌疑的人，再行往征；若担心发生外部叛乱，他应带上他们的妻儿，[再行往征]。

---

① "祸事的嘴巴针一样大"(sūcīmukhā hy anarthā)：直译为"祸事有着针嘴一样尖的头"。在史诗中，sūcīmukha 指一种军阵(参见 MBh 6.19.5, 12.101.44)，尖头大尾。10.6.20 也提到了"针"阵(sūcī)，但与此不同。

［10］弹压内部叛乱后，设立一个虚护[①]，再带一个由多种军队组成且由多个统领的(2.4.29-30)兵团往征；或者，他不应往征。［11］前面已经说过，内部叛乱比外部叛乱更为有害(8.2.3)。

［12］宰辅、国师、军队统帅以及储君中任何一个发起的叛乱，为内部叛乱。［13］他可以通过弃绝自身的过错，或根据对方的能力和过咎平定此叛乱。［14］若是国师，即便犯下大过，应仅仅罚以监禁或流放；若是储君，则罚以监禁〔或死刑——若自己另有一个贤德的儿子〕。

［15］他应决绝地制服想要篡位的儿子、兄弟或其他王族成员；若缺乏精进力，鉴于对方与敌人订约议和的危险，他可通过认可其既得利益〔或与其订约〕来平定。［16］或者，他可通过向与对方一样的其他人[②]施予土地，以获取他们的信任。［17］或者，他可派遣一支胜过对方的，可自行劫掠的军队［去平定之］；或者，派遣邻王或丛蛮酋魁［前去平定］；待对方和这些人开战时，他可对其占先[③](7.4.4)。［18］又或者，他可以施行"争取失宠王子"(1.18.13-16)或"夺取他人聚落"的秘行(13.1)。［19］宰辅与军队统帅的叛乱可由此说明。

［20］除了宰辅等[④]的其他内部辅臣，其中任何一个发起的叛乱，为内部辅臣的叛乱。［21］在这种情况下，他可采用适当的办法［平定之］。

① 虚护（śūnyapāla）："国主伐敌往征，代之行政者为虚护"（CŚ）。这个"虚护"类似于中国古代的"监国"。

② 向与对方一样的其他人（anyebhyas tadvidhebhyaḥ）：与叛乱者一样的其他人，即其他王族成员（CŚ）。这么做大概是为了让这些人不会站在叛乱者一边。

③ 当图谋篡位者与这些军队纠缠时，欲胜王有机会克敌制胜。

④ 即前面提到的宰辅、国师、军队统帅及储君。

[22]郡守、边守、从蛮酋魁以及领兵归顺者(7.15.21-30)中的任何一个人发起的叛乱，为外部叛乱。[23]他可以令其中一个来弹压另外一个。[1][24]若对方以要塞作依托固守，他应令邻王、从蛮酋魁、家族中觊觎大位者或失宠的王子前往弹压之。[25]又或者，他可令盟王将他争取过去，如此他就不至于投奔敌王。

[26]或者，一个密使应[说如下的话]，将他同敌王离间开："此人把你当成内应[2]，将会让你攻打主上本人。他达到目的后，会命你率军[攻打他自己的]敌王或从蛮酋魁〔或从事艰难的事情〕；或者，将你安置在边地，远离妻儿。[27]一旦进攻被挫，他会用你和主上做交易[3]；或者，通过你求和之后，他自己将会同你的主上修和。[28]或者，你还是投奔与主上走得近的人吧！"(5.5.14)[29]这人若听信，他应通过满足对方意愿礼敬之。[30]若不听信，密使应[说如下的话]来离间对方所倚仗者："那人是被派来对付你的内应。"[31]另外，密使可通过死囚所送的密信[4]〔或直接用暗差〕将其杀死。[32]又或者，那些与该叛臣共同投敌的猛士，他可通过满足他们的

① 比如郡守造反，可用边守弹压之；边守造反，可用郡守弹压之（CN）。

② 内应（yogapuruṣa）：本意为从事特务行动的"秘差"（1.21.29），相当于现在的卧底。从第五篇来看，"秘行"极具策略性，因此，实施秘行者的"秘差"（yogapuruṣa），较之一般管传话的"密使"（sattrin）以及从事秘密刺探的"暗差"（gūḍhapuruṣa）更具有战略性，地位也更高。比如在这里，密使警告叛变投敌的郡守，边守这类高官会被敌王认为是 yogapuruṣa（而不会认为是密使或暗差）。笔者在这里将其译为"内应"。

③ 原文 tvāṃ bhartari paṇyaṃ kariṣyati：直译应为"他将会让你成为货物"。即：该叛臣投奔的国王会用该叛臣来与他的旧主（欲胜王）做交易。

④ 死囚所送的密信（abhityaktaśāsana）：坎格尔说，国王倾向于让死囚携带密信，因为敌人最容易杀死这类携带密信的人。这是一个借刀杀人的策略：用死刑犯带密信给叛臣，把叛臣说成自己在对方国王那里的内应，再让其他秘差将信捅到对方国王那里，该国王会怀疑这个叛臣并将其处决（并且连送信的死囚也杀死）。

意愿收招［过来］。［33］然后，密使可以宣称这些人为他所派遣，［34］如此，事就成了。[①]

［35］另外，针对敌王的这些叛乱，他应促使其发生；针对自己的，他应平息之。

［36］谁能够激起或平息一场叛乱，就应对谁进行煽动。[②]

［37］谁要是信守约定，能在实施行动和达成目的［这两件事情上］给予帮助，并能在失败的情形下给予［自己］保护，就应响应谁的煽动。还应考虑的是：对方是真心实意还是居心不良。[③]

［38］因为，一个居心不良的外官[④]会［因如下盘算而］煽动一个内臣[⑤]叛乱："如果他弑杀了主公之后而立我为王，我将得到有两层收获：除掉敌人[⑥]，还获得土地；或者，敌人将会杀死他，那么他的亲属友党，可能儆惧于因同样罪行被惩处的人，将会成为属于我的一个庞大且不会被收买的党众；或者，同样地，［敌人］会连其他的［官员］也怀疑，这样，我就可以通过用死囚所送密信把其他的

① 第33—34句：据CŚ，这也是一个借刀杀人的手段：叛臣带着自己的一些人（包括那些猛士）投奔敌王，而这些猛士又被收买归顺旧主（欲胜王），于是密使就可以告诉敌王："这些人本是欲胜王派来杀你的密探。"既然这些人是派来杀敌王的密探，那么，带领这些人过来的首领（即叛臣）也脱不了干系，他必然会被敌王所杀。所以，这事就顺理成章地"成了（siddhi）"。

② 从这里起，作者开始对挑拨叛乱者和有心作乱者给予建议。或许可以这样看：既然憍底利耶通篇都是在给欲胜王建议，那么，如下建议也不妨是看作是他给具有资质的夺权者——预备的欲胜王——的建议。

③ 本句是针对有心作乱者的建议，即：应当响应何种人的煽动，成事才会有把握。

④ 指第22句中"郡守、边守、野人酋魁以及领兵归顺者"中任何一个人。

⑤ 指第12句中"宰辅、国师、军队统帅以及储君"中任何一个人。

⑥ 指将会被篡权的国王，本段中下文的另外两个"敌人"同此。

官员一个一个地杀掉。”[①]

[39]或者，一个居心不良的内臣会[因如下的盘算而]煽动一个外官叛乱：“我将夺取他的库财；或者，我将摧毁其军队；我将利用他杀掉奸恶的主上；若该外官听信，我将令他攻打丛蛮酋魁，让他的军队被缠住，让他的敌意根深蒂固：这样，他就在我的控制之中，然后，我将会和主上修和，或者自己取王位而代之；或者，监禁此人[②]后，我将得到两者——该外官的辖地和主上的土地；或者，若该外官已经反了，又信任我的话，我可以邀约他，然后杀掉他；或者，我将夺取他的基业(7.2.14)所在地[③]。”[④]

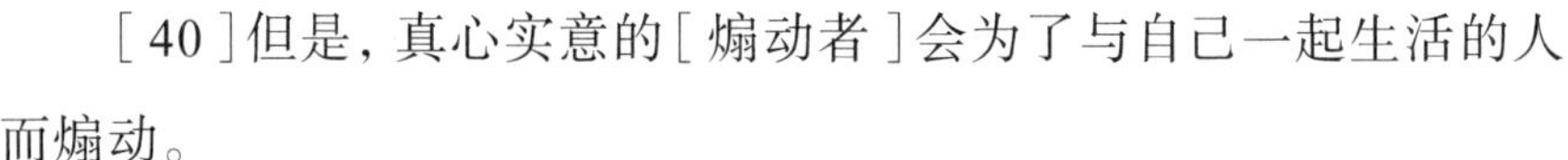

[40]但是，真心实意的[煽动者]会为了与自己一起生活的人而煽动。

[41]他应当与真心实意者订约；对居心不良者，他可以应承说“好，就这样做”，然后骗过他。

[42]知道了这一切之后[⑤]：

---

① 这里描述的是一个“居心不良的”煽动者的心思，他煽动一个内臣作乱，都是为了自己的好处(为自己当国王。被煽动者若失败，还增强自己的实力，还可以让国王为自己除去很多篡权的竞争对手或者能被国王用来镇压自己的人——见本章第23句)。根据第37句可以知道，作者的意思是：即使是有心篡权者，对这类自私自利的煽动者，也应有所预计和准备。

② 指被煽动的外官。

③ 最后一句是指直接夺取国王的基业(所在地)，这种机会出现在国王调集举国兵力征伐外敌之时。

④ 同样地，这里还是描述的是一个“居心不良的”煽动者的心思。当这种内臣建议一个有心叛乱的外官时，这个外官本人就危险了，因此他应予以预计和准备。因此，第38—39句实际都是对第37句最后一个分句的解释：图谋叛乱者，也应分外小心，否则自己的野心会被另外心怀不轨的人利用。

⑤ 指上文提到的各种危险的狡计。

智者应保护他人免于他人之害；保护自己人免于自己人之害；保护自己人免于他人之害；保护他人免于自己人之害；并永远保护自己免于自己人和他人之害。

——以上是第九篇“征前预备”第三章“背面动乱之考量”“外部与内部各要素叛乱之应对”。

第四章

第 142 目：对损失、耗费、收益之考量

[1]力畜和人的减少为损失。[2]钱与粮的减少为耗费。

[3]若收益超出这两者多倍，他应往征。

[4]收益的资质有：可得到；可被对方复得(5.1.21)；导致欣慰；导致叛乱；仅需短时间；仅蒙受少许损失；仅需少许耗费；巨大；能导致后续增长；安全；合乎法；首要(9.4.23)。

[5]易得到和保住，且不会被对方收复的，为可得到。[6]反之，则为可被对方复得。[7]——攫取它或留居于那里的人会遭覆亡。[①]

[8]或者，他若能看到如下情形，那么即使该收益能被对方复得，他也可攫取：“在攫取到某能被对方复得[的收益]之后：

〔一〕我将解除其库财、军队、储积以及各种防御措施；

〔二〕我将令其开采场、物产林、育象林、水利以及商道的贵重

---

① 这句是解释上一句的，即：某收益（主要指土地），易攻难守，经常易手，那么，无论是攫取它的人，还是留居于此的人都不安全。

物被抢光；

〔三〕我将削弱其臣民，或迁移(2.1.1)之，或者以仁政笼络之，然后对方将以苛政激怒他们；[①]

〔四〕或者，我将把这个卖给他的对手，或交给他的盟王或他的一个失宠的王子；

〔五〕或者，我将留在此地，以应对盗贼和他人对盟王及我自己国土的侵扰；

〔六〕或者，我将令其盟王或他所倚仗者知晓其失德[②]，然后那人就会与其离心，转而支持其家族中觊觎大位者；

〔七〕或者，我将客气地归还其土地，于是我将长久地拥有一个联合起来行事的盟王。

［9］以上说的是可得到的和可被对方复得的收益。

［10］一个守法的国王从一个不守法的国王那里获取的收益，会令自己人和他人都欣慰。［11］反之，则引起叛乱。

［12］一个依从众位谋臣的指点却未获得的收益，会导致叛乱——［诸谋臣会想］："我等令主上蒙受损失与耗费。"［13］一个通过忽略奸恶的谋臣而最终获得的收益，会导致叛乱——［众位奸恶的谋臣也会想］："他达到了目的，将会毁灭我等。"[③]［14］反之，

① 即：欲胜王在夺取了一块不容易得到也不容易守住的土地（即：能被对方复得的土地）之后，在那里施行仁政以取悦其民，那么，即使这块土地又被对方夺回，相对于之前自己的仁政，对方可能施行的是苛政，会激怒其民。如果是这样的话，这块土地终究还是会归自己所有，因此，即使是这样一块能被对方复得的土地，也值得夺取。āyoga与pratiyoga相对，前者为随顺应承（民心民意），姑且译为"仁政"，后者为违逆敷衍（民心民意），姑且译为"苛政"。

② 失德（vaiguṇya）：缺点，无德性。"不课取合理赋税等善政"（CŚ）。

③ 第12—13句：国王听从了谋臣的建议却未达到目的，那么，国王会迁怒于谋臣，

则是导致欣慰的收益。[①]

[15]以上说的是导致叛乱的收益和导致欣慰的收益。

[16]一个收益是：因为只要一去就能达成，故为仅需短时间的收益。[17]因为只需要谋略就能达成，故为仅蒙受少许损失的收益。[18]因为只需要费去口粮，故为仅需少许耗费的收益。[19]因为眼下就宽广[②]，故为巨大的收益。[20]因为能导致接连的利益，故为能导致后续增长的收益。[21]因为没有危险，故为安全的收益。[22]因为是凭可称道的方式获得的，故为合乎法的收益。[23]因为可以被联盟诸王毫无限制地均沾[③]，故为首得的收益。

[24]若收益相等，他应对地点与时间、能力与方法、令人称心与否[④]、快与慢、近与远、眼前与后续、贵重与连续(7.16.12)，还有数量与质量进行考量，然后应获取具有多个优点的那个收益。

而这些谋臣会为了自保而叛乱。国王忽视了奸恶谋臣的意见，反而得到了收益，从而也知道了这些人的奸恶，那么，这些谋臣也会为了自保而叛乱。

① 这两种情况的"反之"只有一种：国王通过听从贤良谋臣的意见而获得了预期收益。

② 因为……宽广（tadātvavaipulyān）：因为在目前（来说）就很宽广。这当然主要是指土地。之所以要说"目前"，乃是相对后面提到的，能导致后续收益的收益来说的（见下文第20句）。

③ 原文 sāmavāyikānām anirbandhagāmitvāt purogaḥ：这句话描述诸王会盟后联合往征的事情。问题在于如何理解 puroga，puroga 从字面上来看，是指"走在前面的"，从而引申出"主要""首先"等意思。CŚ、坎格尔认为是后者，即"较大的一份"，意思是：因为某利益可以毫无限制地归属于（gāmin）联盟中任何一方，所以收益必然有大有小，从而出现了"主要的"收益；而奥利维勒认为这种收益是联盟中诸王都可以毫无限制地受益，且又能导致各自后续份额的收益，故为前驱的、首得的收益。两者相较，奥利维勒说为胜。

④ 令人称心与否（priyāpriyau）：直译应为"可爱与不可爱"。

[25]阻碍获取收益的因素有：爱欲；愤怒；惊惶；慈悲[①]；羞涩；生性卑鄙；倨傲；不忍[②]；顾忌彼世；守正法；悭吝；沮丧；妒忌；轻贱已得手[之收益]；邪恶；缺乏信任；恐惧；不能应对[危急情况]；不堪忍受寒冷、炎热和雨；偏好吉日与吉宿。

[26]财利将过于[热衷]查卜星宿的愚人撇弃；因为对于财利来说，财利就是星宿[③]；众星辰又能做什么？

[27]没有财富的人，努力一百次仍然得不到财富；财利要凭财利方才套得，好比象要凭象才能套得。

——以上是第九篇“征前预备”第四章“对损失、耗费、收益之考量”。

第五章

第 143 目：来自外部和内部的威胁

[1]不按所规定的那样使用议和等六策(7)，为失策。[2]威胁由此产生。

[3]在外部产生，并在内部得到响应的煽动；在内部产生，并

① 据 CŚ，比如因为怀疑会杀生而阻挠战事。

② 据 CŚ，比如得到（对方）贡品等财物而产生怜悯，因而对（本应）严厉对待的对象采取温和行动。

③ 因为对于财利来说，财利就是星宿（artho hy arthasya nakṣatraṃ）：求财利与荣誉者应直接讲求如何获取财利与荣誉本身，而不必讲求吉日吉宿。

在外部得到响应的煽动；在外部产生，并在外部得到响应的煽动；在内部产生，并在内部得到响应的煽动。——这是四种威胁。

［4］但凡外官煽动内臣，或内臣煽动外官，在此种情形下，若内外两端勾结，则收服响应煽动者更好。[①]［5］因为，格外奸诈的是那些响应煽动者，而不是煽动者。［6］一旦他们被平定，煽动者就不能煽动别人了。［7］因为，对于外官来说，内臣很难煽动；或者，对内臣来说，外官很难煽动。［8］再说，对于对方来说，只会白白费掉很大的力气，而对自己来说，则是不断的利益。[②]

［9］对于响应煽动的内臣，他应使用和解与施予二法。［10］给予职位与荣宠，为和解；［11］给予赏赐和豁免，为施予。

［12］对于响应煽动的外官，他应使用离间与惩治二法。［13］或者，密使们装成外臣们的朋友，可向他们说出打探到的情报："这国王想用假充奸臣的密使来欺骗你们，你们要当心！"［14］或者，他可以派遣假充奸臣的密使到内部的众奸臣那里，将他们与外部的众奸臣离间开来；或者将外部的奸臣和他们分化开来。[③]［15］或者，

① 这一句说的是，当外官煽动内臣，或内臣煽动外官的情形发生时，国王需要对两者实行秘行（yoga，见第五篇），那么，用秘行"收服"或"争取"（siddhi，为 sādhayati［收服］的名词）响应者会更好。

② 第 6—8 句：第 7 句解释第 6 句所描述情形的原因，而第 8 句又在解释第 7 句所描述情况的原因。为什么响应煽动者被平定，那煽动者就不能煽动另外的人呢？因为对于外官和内臣来说，两者谁想煽动对方都很难。为什么？因为对于煽动者来说，举事的是响应煽动者，并且首先会遭到镇压的也是响应煽动者（第 4 句提到国王要优先平定和收服响应煽动者），而受益的是自己（参见 9.3.38-39）。因此，外官和内臣会发现，对方很难煽动。

③ 在这种内外勾结的情况下，国王可以派假充这些奸臣一伙的密使去离间内外的奸臣。到内部奸臣那里，去将内部奸臣与外部奸臣离间开，或者去将外部奸臣与内部奸臣分化开。这在汉语里看来似乎重复，但区别还是有的：密使自己装成奸臣，去内部

混入奸臣中的刺客可用武器和毒药杀死他们。[16]又或者，可先召集外部的众奸臣前来，然后杀之。

[17]但凡外官煽动外官，或内臣煽动内臣，在此种情形下，若只一端①的两者勾结，则收服煽动者更好。[18]因为，一旦肃清奸恶源头，便不再有奸臣。[19]但若仅肃清奸臣，则奸恶源头又会令其他人成为奸臣。

[20]因此，对于煽动他人的外官，他应使用离间与惩治二法。[21]或者，密使们假充[他们的]朋友，应对他们说："这国王本人想抓你们，你们已经是国王的敌人了，你们要当心！"[22]或者，混入响应众煽动者的使团或军队的刺客，可以用武器和毒药等打击其弱点。[23]于是，密使就可以诬指是响应煽动者[所为]。

[24]对于那些煽动别的内臣的内臣们，他应使用合适的办法。[25]对看起来满意而实际不满的人，或相反的人，他应使用和解之法。[26]以其忠纯或能干为由，或因顾念其逆境或顺境而予以礼敬②，为施予。[27]或者，假充他们朋友的密使可以对他们说："为了知晓你们的心意，国王将考验你们；你们应向他讲出来。"[28]或者，他可以离间他们彼此："某某和某某向国王进关于你的谗言。"——这就是离间。[29]惩治之法应按照"秘惩之施行"(5.1)那样使用。

奸臣那里，他们要游说的对象是内部奸臣；而在后一种情况中，他们要去外部奸臣那里游说外部奸臣。

① 外官勾结外官，内臣勾结内臣，这只是国土内一端两者勾结的，而不是内外两端（上文第4句）的勾结）。

② 因顾念……顺境（vyasanābhyudayāvekṣaṇena）：是指对方遭不幸时（如丧亲等）进行安抚，对方有喜事时（如得子等）则予以庆贺（CŚ；CN）。"礼敬"一般是送礼。

[30] 在这四类威胁中，他应首先平定内部的威胁。[①][31] 前面已经说过，内部叛乱比外部叛乱更为有害，因为这好比蛇的危险 (8.2.3)。

[32] 他应知道，各种威胁中 (9.5.3)，每靠前的一种威胁都较靠后的那种轻微；或者，由势力大的人所发起的威胁更为严重，反之则更轻微。

——以上是第九篇“征前预备”第五章“来自外部和内部的威胁”。

第六章

第 144 目：与奸人和敌人[②]相关的威胁

[1] 来自奸人们的威胁，来自敌人们的威胁，这是两种单一的威胁。

[2] 若出现来自奸人的单一威胁，他应对城市民和聚落民使用惩治之外的另外三种方法。[3] 因为，惩治不能施诸大众；[4] 或者，

---

① 这四种威胁见本章第 3 句。但优先平定内部的威胁，到底是仅仅指煽动者和响应煽动者都是内臣的那种威胁，还是指所有和内臣相关的那三种威胁，作者说得并不明确。

② 奸人（dūṣya）：主要但不限于指奸臣，因为城市与聚落中的一般人也可能是 dūṣya（参见 9.6.2）。敌人（śatru）则主要指其他国王，从 9.6.50 来看，也包括敌王的军政枢机官员。

即使施诸大众，也不能达到目的；而且还会导致另外的危害。[5]但对他们中的魁首，他应按照“秘惩之施行”(5.1)那样行动。

[6]若出现来自敌人的单一威胁，敌人——无论是盟主还是胁从[①]——无论来自哪里，他就应在哪里以和解等四法(7.16.5-8)收服之。[7]收服盟主有赖于主上；收服胁从的敌王有赖于谋臣；收服盟主和胁从的敌人有赖于两者。

[8]因为奸人[可能]与正人联手，故而又有混合的威胁。[9]若出现混合的威胁，应通过正人收服奸人。[10]因为，若没有支持，也就没有被支持者。

[11]因为盟友[可能]与敌人合一，故而又有敌友混合的威胁。[12]若出现敌友混合的威胁，应通过盟友收服敌人。[13]因为，与盟友议和易，与敌人议和难。(7.13.17)

[14]若盟友不欲议和，他应不断劝诱之，[15]于是，可以先用密使将他与敌人离间开，再将他争取过来。[16]或者，他应将处于联盟[②]外端者争取过来。[17]处于联盟外端者一旦被争取过来，那么处于联盟中间者也就被分化了。[18]或者，他可先争取处于联盟中间者。[19]处于联盟中间者一旦被争取过来，那么处于联

① 敌人——无论是盟主还是胁从(śatruḥ pradhānaḥ kāryo vā)：注家将其解释为三种人：敌王(śatru)、他的宰辅(pradhāna)、一般辅臣(kārya)。坎格尔与奥利维勒将其理解为“主要敌人”(大多数指国王)与“其辅助官员”。实际上，这里说的是欲胜王被联盟攻打(参见7.14.1)，而pradhāna就是指那个语境下的“盟主”(参见7.14.1、3、5等)，kārya(被人要求或动员做某事)是被盟主或其他成员动员甚至胁迫的国王，故为“胁从”。这一点，从后面的描述也可以看出来。这里不可能是指敌王或敌王的臣子。

② 联盟(mitrasaṃghasya)：直译应为“盟友众”“盟友联盟”，但在汉语中语义重复，只需“联盟”二字即可翻译。需要注意的是，这个联盟并非是欲胜王的盟友联盟，而是作为欲胜王对手的联盟，是欲胜王需要分化的对象。

盟外端者也就不复保持联合了。

［20］另外，他应使用各种方法，将他们与他们的倚仗者离间开来。[1]

［21］对于守法的国王，他可通过称道他的种姓、家族、学识、行止，通过提及双方先代的亲谊，或通过三时(8.4.21)都对其施以援手且不为害来安抚之。［22］他可通过和解之法收服具有如下特点的国王：失去精进力者；厌倦与人为敌者；策略遭受挫败者；被损失和耗费，或出征在外所苦者；欲凭着自身忠纯寻求另一个盟友者，或猜忌另一个盟友者；或真心诚意，且以友好为重者。

［23］对于一个贪婪的或穷困的国王，他可先将一个苦行者或枢臣质押给对方，然后以施予之法收服之。［24］施予分五种：放弃对方欠的；承认对方所取得的；归还从对方处所获得的；将自己以前没给出过的财物给对方；允许对方从别人那里自行劫掠(8.1.44)。［25］——这是施予。

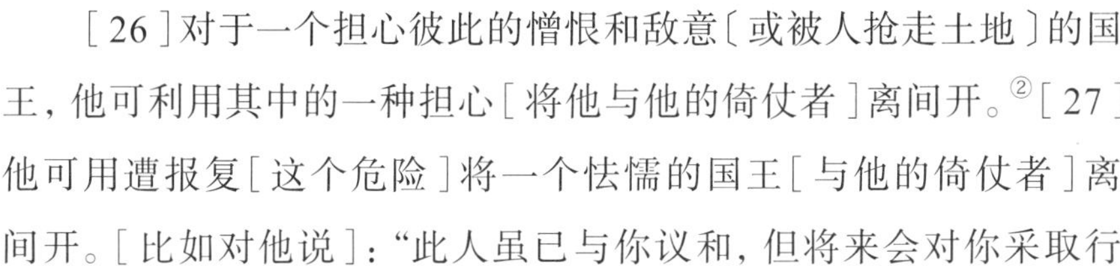

［26］对于一个担心彼此的憎恨和敌意〔或被人抢走土地〕的国王，他可利用其中的一种担心［将他与他的倚仗者］离间开。[2]［27］他可用遭报复［这个危险］将一个怯懦的国王［与他的倚仗者］离间开。［比如对他说］："此人虽已与你议和，但将来会对你采取行

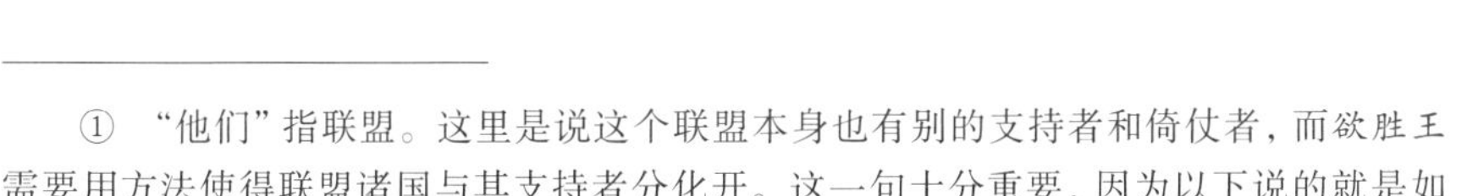

① "他们"指联盟。这里是说这个联盟本身也有别的支持者和倚仗者，而欲胜王需要用方法使得联盟诸国与其支持者分化开。这一句十分重要，因为以下说的就是如何将联盟的一个国王作为突破口而对敌王联盟进行分化离间的方法。

② 这仍然是对第20句的发挥。即：一个国王担心自己和别国的关系恶化，或担心别人夺取其土地，那么欲胜王可以利用这个国王的担心，比如谎称这个国王所倚仗者有心与其敌对或夺取其土地，这样来离间这个多疑的国王与其所倚仗者之间的关系。

动”“他已经送走了他的盟友”[①]或者“你并未被包括在和约之内”。

［28］若有从本国[②]或别的国家的财物作为贡品$_{(7.15.20)}$敬奉给联盟中的任何国王，密使们就可呈上“密报”：“这些财物出自我们将要征伐的国家。”[③]［29］一旦此“密报”传开，欲胜王就可通过死刑犯送密信：“这是给你的财物〔或贡品〕，你要么攻击联盟诸王，要么离弃之，那么你会得到约定中余下的财物。”[④]［30］然后，密使们可使得联盟中其他诸王意识到：“这财物是敌人所送的。”[⑤]

［31］或者，一件众所周知的属于敌王的财物不知不觉中到了欲胜王手里。［32］假充商贾的众暗差可将此财物出售给敌王的枢臣。［33］然后，诸位密使可令联盟中其他诸王意识到：“这财物已

① 这里的前提是：这个怯懦的国王与自己的倚仗者会盟，并且在自己倚仗者的控制之下。所以，分化的办法是告诉他：他的倚仗者已经将自己真正的盟友都放回去了，而将他留下，可能要继续控制或加害他。显然，这个办法会加重他的疑心和担忧。

② 这个是指欲胜王的本国（见下文第29句中“或者”之后文字），而不是接受贡物国王的本国。

③ 可呈上“密报”（cārayeyuḥ）：这些密使是在欲胜王的授意下假意为别的国王服务，并将流言当成情报提供给对方。这里的情况是：各国的联盟将要征伐欲胜王，而密使们声称欲胜王向联盟中第三国国王送上贡品，会导致联盟中其他国王做出消极的推测：收到贡品的国王和欲胜王“已秘密缔和”（CŚ）。这能起到分化作用。

④ 欲胜王在上一个流言发生作用之后，继续对这个分化对象煽风点火：“这些财物本来是我送给你的，但是却为那个国王所得。所以，你可以攻击联盟中诸王，或者离弃他们。我就可以给你剩余的财物。”其中“剩余的货物”暗示欲胜王和那个已经收到贡品的第三国国王的“秘密和议”的存在。所有这些都是欲胜王制造的流言。因此，他派遣一个死刑犯去送这个密信。结果是：要么被揭穿导致这个送信人被处死，要么对方听信此言，而自己计谋得售。

⑤ 即：死刑犯送的密信如果奏效，那么，欲胜王又让密使让联盟中其他诸王认为联盟中已经有两个国王收到了敌王（欲胜王）的财物，他们又会对这两个国王产生怀疑，从而引起分化。

经给敌王了。”①

[34]或者，他可以财利和尊荣恩遇犯下大罪之人，再派遣他们以武器、毒药、火对付敌人。[35]于是，他可将某位辅臣驱逐。②[36]将他的妻儿看护起来后，再对外宣称：“[我]已经在夜里把他们杀了。”[37]于是，这位辅臣应把这些犯下大罪之人一个一个地揭露出来。③[38]但如果这些人按照欲胜王所交代的那样行事，他不应任由他们被捕；[39]如果他们未能[按欲胜王交代那样行事]，则应任由他们被捕。④[40]取得对方的信任之后，他应嘱咐对方提防其盟主；[41]于是，某个双面暗差(1.12.17-25)应截取到[由对方]发出的、旨在杀害盟主的谕令。⑤

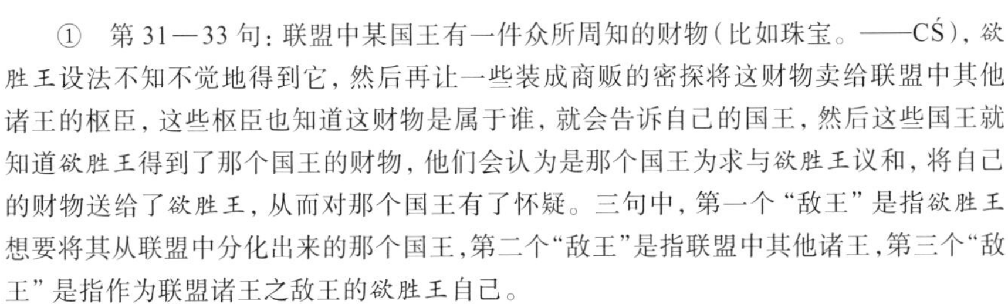

① 第31—33句：联盟中某国王有一件众所周知的财物(比如珠宝。——CŚ)，欲胜王设法不知不觉地得到它，然后再让一些装成商贩的密探将这财物卖给联盟中其他诸王的枢臣，这些枢臣也知道这财物是属于谁，就会告诉自己的国王，然后这些国王就知道欲胜王得到了那个国王的财物，他们会认为是那个国王为求与欲胜王议和，将自己的财物送给了欲胜王，从而对那个国王有了怀疑。三句中，第一个“敌王”是指欲胜王想要将其从联盟中分化出来的那个国王，第二个“敌王”是指联盟中其他诸王，第三个“敌王”是指作为联盟诸王之敌王的欲胜王自己。

② 即：令某位辅臣“弃绝”自己，或离自己而去。当然，这是假做给别人看的。

③ 第34句中，欲胜王以名利诱骗这些人为死士前去进行刺杀，此处是欲胜王指使辅臣出卖这些罪人以获取敌王的信任。

④ 坎格尔认为第38—39句为窜入正文的批注。这两句意思是，这些死士若按照指令执行刺杀任务，则辅臣可以不向敌王指出其身份，若不能，则指出其身份，使其被抓捕。

⑤ 第40—41句：辅臣取得敌王信任之后，就向敌王进谗言，警告联盟盟主将不利于这个敌王，这个敌王将会对自己的间谍机构发出刺杀盟主的指令。然后，一个双面暗差(与辅臣一样假装为这个敌王工作而实际为欲胜王服务)就设法截取这个谕令。双面暗差截取到这个谕令之后，会给盟主或其他人看。这样就可以达到离间那个敌王与其联盟的目的。

[42]或者，他[①]可以送密信给某个具有精进能力(6.2.33)的人：“夺取其王位，我们的和议照旧。”[43]然后，密使们可使得密信被联盟中其他诸王截取。[②]

[44]或者，[众密使][③]可摧毁联盟中某国王的大本营、补给或援军。[45]再与联盟中其他诸王谈交情，并煽动说：“他们是[被派来]摧毁你的。”[④]

[46]若联盟中哪个国王的悍将、象或马死掉，被欲胜王的暗差所杀或带走，众密使就应[散布流言]说是联盟内相互内斗而死。[⑤][47]然后，欲胜王可向被指切者送去密信：“多做[这类事情]，那么你可以得到约定中余下的财物。”[48][然后]，双面暗差(1.12.17-25)可以截取此信。[⑥]

① 这里的他是指欲胜王想要将其从联盟中分化出来的那个敌王，即自己辅臣佯装投靠的那个敌王。

② 这里仍然是第 34—41 句中计策的延续：假装叛变欲胜王的辅臣在敌王面前让敌王提防联盟盟主，该敌王就会想办法除掉盟主。第一种办法是刺杀（第 41 句），第二个办法是辅臣唆使别人夺取“联盟盟主的王位”（CŚ），而使自己与该国的和议不变（第 42 句）。第 41 句所说的法中，欲胜王的密使截取其刺杀密令给联盟其他国王看，从而离间之。这里的第二种方法是：密使们让联盟其他诸国王取得本方盟王（辅臣假装侍奉的那位国王）唆使别人篡盟主之位的密信，也能起到离间作用。“具有精进力的人”可能是联盟盟主国内有野心的大臣，或联盟中“其他任何国王”（CŚ）。

③ 这里的主语不容易确定，据 CŚ，应该是“诸密使”（sattriṇaḥ），但“密使”在本书中主要是起着传话和煽动的功能，执行这类实际任务的似乎更应该是各类暗差、刺客、死士，甚至军队。

④ 他们指第 44 句中被摧毁的任何一国的军队、兵力补充或援军。这些密使所说的意思是：这些军队本身是你的盟友派来摧毁你的，我们将其摧毁，帮你大忙了。

⑤ 即：联盟内甲王的猛将被欲胜王的暗差杀死，则密使们就散布流言说是联盟中乙王所为。

⑥ 第 47—48 句是第 46 句中布局的延续：前面提到甲王的猛将若被杀害，欲胜王的密探趁机散布流言说是乙王所为。然后欲胜王让人送出密信，唆使乙王继续为害甲

[49] 当联盟诸王分裂，他应争取其中某一个。

[50] 对军队统帅、王子以及将领的离间可以由此说明。

[51] 他应对团众制 (1.17.53) 国家采取离间之法。[52] ——以上是离间行动。

[53] 对凶悍、精进、陷入灾患或有坚可守的敌王 (7.10.7)，众暗差可用武器、火或毒药制服之；或者，根据易行程度，他们中任何一个人[来执行亦可][①]。[54]因为，一个独自[行动的]刺客可用武器、毒药或火制敌。[55] 这个人可成就举国之兵所成之事，甚或更多。

[56] 以上是四法。[57] 四法中，每靠前的那个比靠后的那个要轻巧。[58] 和解是单一的[②]；[59] 施予是二重的，以和解为其先；[③][60] 离间是三重的，以和解与施予为其先；[61] 惩治是四重的，以和解、施予及离间为其先。

[62] 以上是就来犯者而言。

[63] 而对付那些居于其本国的敌王，仍旧是这些方法。[64] 但特别要提到：[65] 对于那些居于其本国的敌王，他可向其中任何一个不断地派遣一些著名的主要使节，并携带贡品 (7.15.20)。[66] 这

王，并许诺对方若做更多这类事情，将会得到约定中剩余的财物，再让这封密信被双面暗差（表面上为甲王服务，实际是为欲胜王服务）所截取，呈给甲王看。于是甲王就会认为乙王与欲胜王之间有条约并在联合对付自己。

① 他们（teṣām）指上一句的“众暗差”。意思是：若一个人做这件事情更简便，就一个人来执行任务。

② 单一的（ekaguṇa）：单一即“它只是‘和解’之法本身的一个组成部分”（CŚ）。从后文也能看出来：它是被最先使用的，在使用它之前不使用别的办法，所以是“单一的”。

③ 即：施予之法由“和解”和“施予”两者所组成（CŚ）。“以和解为其先”即在使用“和解”不奏效的情况下，再使用“施予”，故为“二重的”。下面“离间之法”与“惩治之法”可类推。

些使节应促使对方缔约或杀伤［联盟中］其他国王。［67］若对方不听从，他们应散布流言：“我们已经缔约。”［68］双面暗差(1.12.17-25)应向［联盟中］其他国王带去这个消息：“你们这个盟王变节了。”④

［69］或者，［若联盟中］任何国王对另一个国王怀有恐惧、敌意或仇恨，他可令他与另一个离间开：“这个国王已经与你的敌王议和。在他对你占先之前，你自己赶紧与对方议和，并努力辖制住这个国王。”⑤

［70］或者，他可先通过迎娶或嫁出女子建立［姻亲］联系，再将没有此种联系者离间开。

［71］另外，他可通过其邻王、丛蛮酋魁、王族中觊觎大位者或失宠王子毁灭其王国；或摧毁其商队、畜群以及森林；或摧毁前来增援的军队。［72］互为倚恃的诸种姓和团众⑥可以打击他们的弱点；而暗差们则可用火、毒药以及武器［打击他们］。

④ 第65—66句：欲胜王派出著名使节的目的，是要让其他国王都知道这是欲胜王所派出的(CN)，这可增加他们所散布流言的公信力。第67—68句：若对方不听从，这些著名的使节可以散布流言，说欲胜王已经与该王缔约，然后安插在其他各国的双面暗差可以把这类假情报透露给各国国王，如此离间联盟诸王。

⑤ 欲胜王若想离间甲和乙。就派使节对甲说：你的敌王（笔者按：即欲胜王）已经与乙议和，为了防止乙占先，你还不如抢先与敌王（欲胜王）议和。

⑥ 诸种姓与团众(jātisaṃghāś)：各种姓与各团众。坎格尔将其理解为“基于种姓的各种行会”，不是十分妥当：（一）saṃgha不光指“行会”，而可以指一切带有政治、宗教或经济性质的共同体（比如佛教的“僧众”［saṃgha］）；（二）即使只是经济性质的行会，也不总是以种姓为基准形成的，因为某些行业允许有多种姓从事。这里的要害在于，种姓（基于神圣法和习俗）与各种团众（基于经济、宗教）都是超越领土界限的共同体，欲胜王蛊惑或收买自己境内的种姓或团众，让他们对对方境内的相同的种姓和团众进行煽动，以打击其弱点，不失为一种克敌制胜的办法。在这个实例中，“祖国”与超越“祖国”的某些价值之间的冲突为欲胜王所利用。

［73］面临混合的威胁$_{(9.6.11)}$时，他应保持巧诈，通过各种秘行击杀众敌人，好比用罗网和机关通过产生信任和诱饵［击杀鸟兽］。

——以上是第九篇“征前预备”第六章“与奸人和敌人相关的威胁”。

第七章

第145目：与利、害和利害未定相关的威胁①

［1］爱欲之类的不节制导致本国诸要素$_{(6.1.1)}$的叛乱；失策$_{(6.2.10)}$导致外部诸要素$_{(6.2.13\text{-}23)}$叛乱。［2］兼有二者，为阿修罗行②。［3］本国臣民之异动，为动乱。

［4］令对方增进的诸机由中，可能有：伴随危险的利、害以及利害不定［三种情形］。

［5］一个利益未得时会令他国增进，得到时又会被他国收复；或者，自己去获取时又令损失和耗费增长。——这是伴随危险的利。［6］比如，因某个邻王陷入灾患而产生，因而成为诸邻王之猎物的

① 与利、害和利害未定相关的威胁（arthānarthasaṃśayayuktāḥ）：artha为利；anartha为非利、无益，或害。saṃśaya为未定，即是利是害尚且存疑。这是核究术（1.2）的典型体现。

② 阿修罗行（āsurī vṛttiḥ）：阿修罗的行止或“阿修罗所行之道”（CŚ，CN），阿修罗（asura［简称“修罗”］）不节嗜欲，好勇斗狠，有天神（sura）之能，无天神之德，故为恶神、非天。

收益；[①]或者，为敌王所渴望，且因其本性[②]又可能为敌王所得的收益；在正面取得，却又因背面动乱或背面受攻而消耗的收益；[③]或者，因可能导致毁灭盟王或违背和约从而为曼荼罗所反对的收益。——以上是伴随危险的利。

[7]自本国或他国产生的危险，为害。

[8]关于两者若有如下问题：这是，或不是利？这是，或不是害？这是似利实害？这是似害实利？——这是利害未定。[9]去鼓动敌王的盟王[④]，或是利，或不是利。——这是利害未定。[10]以财利和尊荣招纳敌王军，或是害，或不是害。——这是利害未定。[11]从一个有着强大邻王的国王处夺取土地，或是利，或是害。[⑤]——这是利害未定。[12]与强王(6.2.35)会盟后共同往征，或是害，或是利。——这是利害未定。[13]这[四种]情形中，他应选

① 某个邻王陷入灾患，其他邻王都可趁机获益猎物。在这种情况下，欲胜王作为陷入灾患国王的邻王，若不出手攫取之，则让其他邻王获取好处，若出手，则必然面临与他国相争。这就是上文所谓“未得到时会令他国增进”的利。

② 因其本性(svabhāvāt)，是指该利益有某些固有特点，从而容易为敌王所得。这就是上文所谓“得到时又会被他国收复”的利益。比如一块嵌入敌王国土内部的土地，三面都为敌王所包围，即使得到，也“因其本性”很容易为敌王所收复。

③ 在正面……收益(paścāt kopena pārṣṇigrāheṇa vā vigṛhītaḥ purastāllābhaḥ)：坎格尔和奥利维勒将这句话中的vigrahīta理解为“开战”或“发生敌对行为”，因而译出——无论是在句子上还是在情理上——都不是很通的句子。实际这里的vigrahīta是指“被抢夺”“被消耗”或迈耶所译的“被损害”，即：正面所得的利益，为背面的动乱或背面受到攻而消耗(9.3.1-4是明证)。

④ 去鼓动敌王的盟王(śatrumitram utsāhayitum)：鼓动敌王的盟王倒戈，并打击敌王(CŚ/CN)。对欲胜王来说，这是利，因为可一起对付敌王。但也不一定是利，因为对方毕竟是敌王的盟王，“不一定可靠”(CN)。

⑤ 夺取其土地固然是利，但从此以后，那个强大的邻王就变成自己的邻王(亦即敌王)，这是害。

择可能的利[1][来行动]。

[14]有以利为后果的利；有不产生后果的利；有以害为后果的利；有以利为后果的害；有不产生后果的害；有以害为后果的害。——这是六种后果。[15]摧毁正面之敌后，又攫服背面攻击者$_{(6.2.18)}$，这是以利为后果的利；[16]用军队援助中立王$_{(6.2.22)}$，以换取收益，这是不产生后果的利；[17]摧毁对方的掩护王$_{(7.2.13)}$，这是以害为后果的利；[2][18]以库财和军队援助敌王之邻王，这是以利为后果的害；[19]鼓动了一个弱王$_{(6.2.35)}$共同行动之后，自身却不作为，这是不产生后果的害；[3][20]动员了一个强王之后，自身却不作为，这是以害为后果的害。[21]这些情形当中，达到每靠前的那个[比达到靠后的那个]要好。

[22]以上是事务[方面]。[4]

[23]四周同时有利出现，这就是伴随四周之利的危险。[5][24]

① 可能的利(arthasaṃśayam)：直译应为“与利相关的利害未定”，即：在某种利害未定的情况下，虽然也可能有害，但利的面比较大，因此译为“可能的利”，下文第24句中仍如此处理。另外，下文第27句中的anarthasaṃśaya，指与害相关的利害未定情形，被处理为“可能的害”。欲胜王应选择获利的可能较大的情形来行动，比如一、三种情形，多半会是能获得收益的。而二、四种的情形一般来说是害。

② 掩护王位于欲胜王与另一个强大国王之间，作为两强缓冲，假如欲胜王灭掉此国(这是利)，将正面面对强大的国王(这是害)，因小利得大害。

③ CŚ解释说：鼓动某弱王一同征伐某敌王，自己却停手，这是不会产生后果的危害。之所以有害，是因为鼓动弱王需贿赂对方。但既未完成对敌王的攻击和辖制，而弱王即使不满也不会有什么行动，因此没有任何有利或有害的后果。而下一句的动员强王之后自己罢手，那就有害了。

④ 即：以上说的是事务上的利、害以及利害未定的情形，下面要从地点(方位)和时间上来谈论。

⑤ 伴随四周之利的危险：因利益而产生的危险。与前文第4句中的āpadartha(伴随危险的利)，两个表达虽然中心词不同(前者言利益，后者言危险)，但所说情形是一个。

同样情形下，若因背面受攻受牵制，这就是伴随四周之可能的利的危险。[1][25]这两种情形下，[获利]成功有赖于盟王或吁助王的援助。[2]

[26]四周有来自诸敌王的威胁出现，这就是伴随四周之害的危险。[27]同样情形下，若为盟王所牵制，就是伴随四周之可能的害的危险。[28]这两种情形下，[避害]成功有赖于游动的敌王(7.10.9)或吁助王的援助；或应对“敌友混合威胁”(9.6.11 及以下)的措施。[3]

[29]一面有收益，另一面也有收益，这就是伴随两面之利的危险。[30]这种情形下，还有伴随四周之利的危险(9.7.23)之情形，他应往征攫取具有收益之德性[4]的利。[31]若两个收益的德性相当，那么，他应往征去攫取那个首要的〔或在近旁的，或经不起耽搁的，或他所欠缺的〕收益。

这句话的意思是：四周同时出现利益，但同时也出现危险（具体情形见第 5 句）。

① 伴随四周之可能的利的危险（samantato ’rthasaṃśayāpad）：四周出现下述情形：既有危险，但又伴随了与利相关的利害未定情形（即可能的利——见上文第 13 句及注释），这是伴随利害未定（可能的利）的危险。

② 第 23—25 句：吁助王（ākranda）位于欲胜王的背面攻击者后面，是欲胜王在背面的盟王（参见 6.2.18）。第 23 句中所说情形是，欲胜王在正面攫取利益直接面对的是邻王，所以需要（正面的）盟王的援助来取得成功；而在第 24 句中所说情形中，背面攻击者可能危及欲胜王在正面攫取利益，所以欲胜王需要吁助王的援助来取得成功。第 23—25 句提到的情形总的来说对欲胜王是危险，其中伴随着利或利害未定，而欲胜王需要获得外部援助才能克服危险并达成利。

③ 第 26 句描述的是比较纯粹的害，这害伴随着四周的危险。第 27 句中提到，若有盟王相助，予以抗衡，则又变得利害不定，那么这害就伴随着四周的与害相关的利害不定（可能的害）的危险。第 26—28 句提到的情形正好与第 23—25 句相反：对于欲胜王是危险，而这些危险伴随着害或可能的害，欲胜王需要获取援助以避害。

④ 收益之德性（lābhaguṇa）：收益的德性，即好的收益所具备的品质。9.4.4 列举了收益的资质，收益的德性则指“可得到”“令人欣慰”“仅需短时间”等美善方面。

［32］一面有害，另一面也有害，这就是伴随两面之害的危险。［33］这种情形下，还有伴随四周之害的危险(9.7.26)之情形，他应通过诸盟王来寻求成功［避害］。［34］若没有盟王，他可用较轻贱的要素去克服那个伴随一面之害的危险；用相对重要的要素去克服在伴随两面之害的危险；用基业(7.2.14)去克服伴随四周之害的危险。①［35］若是做不到，他应该舍弃一切后逃走。［36］因为，由苏耶多罗王和优填王两人②，我们看到活下去又复位的人。

［37］一面有收益，另一面王国受到攻击，这就是伴随两面之利与害的危险③。［38］在这种情形下，他应往征以攫取足以克服害的利。［39］因为，否则的话，他就只得抵御对王国的攻击。④［40］伴随四周之利与害的危险，可由此说明。

［41］一面有害，另一面有可能的利，这就是伴随两面之害与

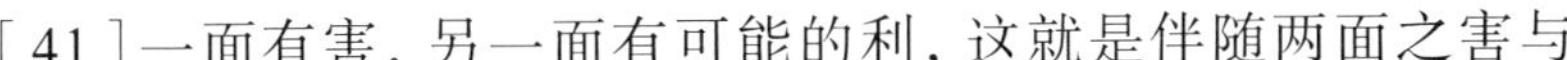

① 即：克服一面的危险时，可以舍弃较为轻贱的要素（参见 6.1.1），保留较为重要的要素，而当两面有因害而出现的危险时，必须牺牲较为重要的要素（王国各要素的相对的重要性在 8.1 中有详细讨论）。

② 苏耶多罗（Suyātra）即那罗（Nala）（CŚ）。那罗与兄弟赌对以至于失国，后又赢回国土复位（MBh 3.50-78）。优填王（Udayana）为伐蹉国（Vatsa）国王，为优禅尼国（Ujjayinī）国王旃多摩诃军（Chaṇḍamahāsena）设计所执，后在自己宰辅及优禅尼国公主帮助下归国复位，其事见《故事海》（参见 *Kathāsaritsāgara* 2.9-14）。

③ 伴随两面之利与害的危险（ubhayato 'arthānarthāpad）：这个危险伴随着利，还伴随着害。需要说明的是，两者分别来自不同的方面，一共是两面，并非说两面都有利与害。下面讨论到伴随着“两面／四周”的“利／害”与“可能的利／害”这类危险时，“两面／四周”亦是分别的意思。本章作者在逞核究之能事，尽量多地在穷究现实中的各种情形，因此分出多种情形。这类讨论固然是作者循循善诱，教导欲胜王的临机处事能力，但今人看来，难免枝蔓与学究气。

④ 第 38—39 句提到了两个选择：（一）往征以攫取一面的利，并克服另一面出现的攻击；（二）如若不然，他只有抵御一面的攻击而放弃另一面的利。

可能的利［的危险］。[①]［42］这种情形下，他应先平定害；平定害而成功的情况下，［再考虑］可能的利。［43］伴随四周之害与可能的利的危险，可由此说明。

［44］一面有利，另一面有可能的害，这就是伴随两面之利与可能的害的危险。［45］伴随四周之利与可能的害［的危险］，可由此说明。[②]［46］这种情形下，他应该努力将每靠前一个要素从可能的害中保全。[③]［47］因为，盟王处于可能的害［的威胁下］，比军队［处于其威胁下］好；或者，军队处于可能的害［的威胁下］，比库财［处于其威胁下］好。［48］若无法保全所有要素，他应尽量保全诸要素的某些组成部分。［49］其中，在由人构成的诸要素里，他应保全较众多的人或忠爱的人，抛弃那些狠毒和贪婪的人；在由物构成的诸要素里，他应保全贵重的或有大助益的。［50］他应通过议和、静待或贰端之策来保全较轻贱的要素，而通过相反的策略［来保全］较重要的［要素］。［51］在衰落、住滞和增进$_{(6.2.5)}$三者中，他应尽量寻求靠后的那个。［52］或者，若他看到衰落等三者在将来有殊胜的利益，也可以反其道而行之。[④]

［53］以上是地点［方面］。

［54］于征事开端、中途或结束遭遇到利、害或利害未定情形，

---

① 即：这个“危险”伴随着“害”，还有“可能的利”，且“害”与“可能的利”分别来自不同的方面。

② 一般来说，第 44—45 句之间应该还有一句话教欲胜王怎么应对这种情形。

③ 各要素及排序见 6.1.1。越靠前的要素越重要，因此加入有可能的害，要优先保全排位靠前的要素。

④ 第 51—52 句：一般来说，衰落、住滞和兴盛中，欲胜王应寻求每个靠后的。但他若看到目前寻求每个靠前者在将来有特殊利益的话，他也可以寻求靠前者。

可由此说明。

［55］另外，鉴于利、害或利害未定这三者会立即产生影响，在征事开端即在以下事务中获取利比较好：拒抵背面攻击者及其增援王(6.2.18)；弥补损失、耗费、出征在外[①]；保护基业(7.2.14)所在地。［56］同样，对于处于自己国土之内的国王来说，一个害或利害未定的情形是可以承担的。[②]

［57］在征事的中途遭遇到利、害、利害未定这三者［的情形］，可由此说明。

［58］然而，鉴于其他敌人阻挠的危险，当他削弱了应削弱之王〔或摧毁了应摧毁之王(6.2.16)〕，在征事结束时最好是获得利，而不是害或利害未定。[③]

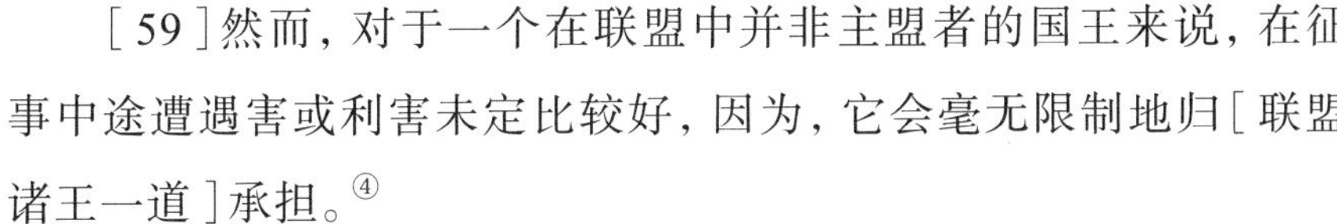

［59］然而，对于一个在联盟中并非主盟者的国王来说，在征事中途遭遇害或利害未定比较好，因为，它会毫无限制地归［联盟诸王一道］承担。[④]

---

① 损失、耗费、出征在外三者都是欲胜王征事中的“投入”，所以它们三者在这里都是“弥补”的宾语。“出征在外”如何弥补？那就是在尽量短的征途或尽量少的征伐时间中获取尽量多的收益。

② 第55—56句：对于外出征讨的国王来说，要尽量在一开始就获取利，而不是一开始就承受害与利害未定，这样的话，将来才会比较顺利。而对处于本国国土上的国王来说，一开始就面对害与利害未定不是什么特别严重的问题。

③ 征事结束时，最好是获得了利，因为当他削弱或摧毁敌王时，会面临其他敌王出来干涉的可能。在这种情况下，如果未获得利或面临利害未定的局势，很可能无力反击。

④ 这句话是说：在征事的中途遇到害或利害未定时，这害或利害未定并不是特别地只归某一个国王承担，而是要归联盟诸王一道承担（这对联盟中较弱小的国家尤其重要）。但是，在征事结束后再遇到，那可能就得独自承担害或利害未定了。anibandhagāmitva：“会没有限制地归属……”，即影响联盟中所有的国王。

[60] 利、法、欲。——这是三利。[1] [61] 其中，获得每个靠前的更好。

[62] 害、非法、忧[2]。——这是三害。[63] 其中，对治每个靠前的更好。

[64] 这是利，还是害？这是法，还是非法？这是欲，还是忧？——这是三未定。[65] 其中，在分别克服了后者的情况下获取前者[3]较好。

[66] 以上说的是时间 [方面]。

以上是 [关于] 危险。

第 146 目：平定它们的各种办法

[67] [再说] 对它们的平定。

[68] 若危险来自儿子、兄弟或亲属，平定它们合适的方法是和解与施予二法；若是城市民、聚落民或军队的首领，平定它们合适的方法是施予与离间二法；若是邻王或丛蛮酋魁，平定它们的合适的方法是离间与惩治二法。[69] 这是惯常的平定方法；反之，则是反常的平定方法。

[70] 若危险来自诸盟王或敌王，应合用诸法平定之。[71] 因

---

① 这句话需要注意两点：(一) 利、法、欲的排序；(二) 利、法、欲都被称为“利”。作者在这里构想的“利”，把通常所谓的法、利、欲三者都统摄进来。因此，后面的“利”有更广泛的意义。由于通常的法、利、欲包含着人与社会生活的整个实在，也可以说，作者在这里试图用广义的“利”来对个人与社会重新进行规范。而广义的“利”也成了作者求索秩序的一个十分重要的象征。

② 忧 (śoka)：在此与欲 (kāma) 相对，指一种爱欲不得满足或情志抑郁的状态。

③ 即：在克服了非利的情况下获取利较好，余下两个可类推。

为，诸法相辅相成。

［72］对于为敌王所猜疑的辅臣，用和解之法可令其余的方法歇止；[①] 施予之法用于有叛意的辅臣，［可令其余的方法歇止］；离间之法用于联盟，［可令其余的方法歇止］；惩治之法用于强大国王，［可令其余的方法歇止］。

［73］而且，因为要切合各种危险的严重与轻微，因而有了必然、两可、并合［三种使用方法］。［74］"就用此方式，而不用另一种方式。"——这是必然；［75］"用此方式，或用另一种方式。"——这是两可；［76］"用此方式，还用另一种方式。"——这是并合。

［77］其中，单用一法，有四种；合用三法，也有四种；合用两法，有六种；每次合用四法，有一种。［78］以上共有十五种方法。[②]［79］反常的［使用方式］[③] 也是这么多。

［80］其中，以一种方法平定，为单一平定[④]；以两种方法平定，为双平定；以三种方法平定，为三平定；以四种方法平定，为四平定。［81］鉴于利是法的根基，并且以欲为果实，在利上面的成就，若能持续带来法、利、欲，则为一切利成就。[⑤]

① 直译，意译可作：用以和解之法会令其余的方法没有必要。

② 第77—78句：对和解、施予、离间、惩治四法的分别单独使用、两个、三个和四个配合使用，其可能性组合起来，一共得出十五种（$C_4^1+C_4^2+C_4^3+C_4^4$）使用方式。

③ 反常使用，见上文第69句。意思是：应当用某个或某几个办法时却用另一个或另外几个办法。或者，当用单个时用多个，当用多个时用单个。

④ 平定（siddhi）：这个词又有"成就"之意，因此，也可以译为"以一种方法成就，为单一成就"，下同。

⑤ 原文 dharmamūlatvāt kāmaphalatvāc ca：dharmamūla 为依主释时，意为"法的根基"，而为多财释时，意为"以法为根基的"，这两者之间，法与利的地位刚好相反。鉴于上文第60—61句的话，应是指前者。奥利维勒从字汇和行文认为这两句话可能是后来窜入的，仍是"编订"说误导。作者紧接着说在利上成就，若能直接导致法、利、欲

以上说的是平定［危险］。

［82］天灾有：火灾、洪灾、疾病、瘟疫、大恐慌、饥荒、阿修罗作祟。[①]［83］通过敬奉天神和婆罗门，可平定之。

［84］或涝灾，或旱灾，或阿修罗作祟，其平定方法是：阿闼婆吠陀［所规定之］仪式，还有高人施术[②]。

——以上是第九篇“征前预备”第七章“与利、害和利害未定相关的威胁”“平定它们的各种办法”。

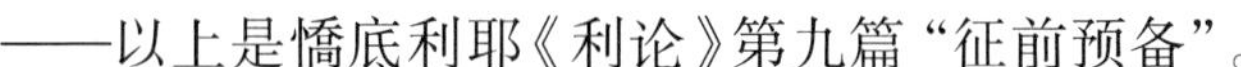

——以上是憍底利耶《利论》第九篇“征前预备”。

均成就，则为“一切利成就”（sarvārthasiddhi），仍然是承上文第60—65句之机杼，十分自然。前面的利为狭义的利，最后一个“一切利”（sarvārtha）显然是指广义的“利”，包括法、利、欲三者。

① 原文 āsurī sṛṣṭir：阿修罗的作怪、鬼祟。实际是指“鼠患等的出现”（CŚ）。这些灾患，另参见4.3.1; 8.4.1。

② 原文 siddhārambhāś：siddha 为“成就者”，或“苦行者及有法术的人”（CŚ），即高人；ārambha 为“息灾禳害之术”（CN/ CŚ）。

第十篇　兵法

第一章

第 147 目：造营

［1］在有危险和［军队需要］驻扎时，领军、木工、占星师应在精通营建之人所称荐的地方$_{(1.20.1)}$建立军营：或圆形，或长方形，或正方形，或视土地情形而定；［军营应］有四个门、通六条道、有九个分区；配备壕沟、土墉$_{(2.3.5)}$、护墙、大门以及城垛$_{(2.3.10)}$。

［2］国王行宫应位于在大营中心北面的 1/9 部分[①]，长 100 弓，宽为长的一半；内宫位于它的西半部分。［3］而且，它的周缘应驻扎内卫军。［4］它的前部应造议事厅；右侧造府库以及发布谕令和分配任务的衙署$_{(2.9.4)}$；左侧应造安置国王辇乘所用之象、马、车的处所。

［5］在它之外应造四个彼此相距 100 弓的别苑，分别以战车、刺树枝丫堆、木柱以及护墙围住。[②]

---

① 这和要塞（或国都）内的布局相似，参见 2.4.7。

② 分别……围住（śakaṭamethīpratatistambhasālaparikṣepāḥ）：这个复合词确切含

［6］在第一个别苑，前部为宰辅与国师住所；右侧为储库和膳房(2.4.8)；左侧为林产库和武备库(2.4.10)。［7］在第二个别苑，有安置世职军及雇佣军之处；安置马和车[①]之处；还有军队统帅的住所。［8］在第三个别苑，安置象、团伍军以及宫主事(5.3.5)。［9］在第四个别苑，安置劳役、领军[②]以及为他们各自将官所统领的盟王军、敌王军以及从蛮军。［10］商贩和娼妓应沿大道安置。

［11］大营外应安置配备着战鼓与火把的猎人与犬户[③]，还有暗哨。

［12］而且，在敌人进军的道路上，他应令人布置陷阱、暗套以及带刺的物事(2.3.15)。

［13］他应令十八组[④]哨兵轮流换岗，［14］并令［人］在日间

义极难确认，各注家与译家说法不一。笔者从 CŚ 译出。即：四个苑囿，第一个由战车围住；第二个为刺树枝丫堆围住；第三个为木柱围住；第四个为护墙围住。

① 谈到行伍时，马、车、象既可以是马、车、象，又可以是骑兵、车兵、象兵。这里应该是指前者（参见上文第 4 句）。

② 这里的 nāyaka 又被 CŚ 训为 senāpatidaśakapati，即“统领十个军统帅者”，即军队最高指挥官，这显然是根据 10.6.45 中的内容来注的。但这个解释和第一句中关于“领军”（nāyaka）的注释又相矛盾。从《利论》其他篇、章（参见 1.12.6；5.3.3；5.3.7），以及本章第 7、9 句来看，nāyaka 是 senāpati 的下级军官。关于它和 10.6.45 的矛盾，参见后文 10.6.45 及注释。

③ 配备着战鼓与火把的猎人与犬户（lubdhakaśvagaṇinaḥ satūryaāgnayaḥ）：这些人“将自己所探知到的敌军逼近，以擂鼓、放火或熏烟的方式向国王等通报”（CŚ）。tūrya：迈耶译为“乐器”，但坎格尔和奥利维勒译为“鼓”而未加说明。实际 tūrya 一般泛指乐器。在阵仗描写中，它一般指角号，比如《薄伽梵往世书》中，多处为军号、角号之意（*Bhāgavatapurāṇa* 1.11.18；8.8.27）。但从 12.4.21 中的“擂”（āhatya）来看，应是指鼓。

④ 十八组（aṣṭādaśavargāṇām）：根据坎格尔的解释，可能是指上述四个别苑中以下各个安置处的哨兵：宰辅、国师、储库、膳房、林产库、武备库、世职军、雇佣军、车马、军统帅、象、团伍军、宫主事、劳役、领军、盟王军、敌王军以及从蛮军。

巡查，以查出［敌人的］细作。

［15］他应防止争斗、饮酒、聚集及赌对之事，并以符印为守[①]。

［16］虚护$_{(9.3.10)}$应将一个从营中返回而且没携带国王文书的兵士收监。[②]

［17］宫主事应行在军前，并令木工和劳役妥当地做好各种防卫[③]与供水［方面的事情］。

——以上是第十篇“兵法”第一章“造营”。

第二章

第148目：自大营出征

［1］先根据草料、柴火和水的情况，对在沿途村落或林野的驻地，以及军队长驻、暂驻或还有宿营的时间[④]做出估算之后，他方

① 以符印为守（mudrārakṣaṇaṃ）：“出入须出示表明得到许可的国王符印，以为规制”（CŚ）；并将 rakṣaṇaṃ 训为“遵守”（anuvartanaṃ）。这个复合词的意思是“以符印为准来把守［出入口］”，或“遵守符印”，即：营中行动以符印为准。

② 国王征战在外，而兵士从营中返国，身上却没有国王的文书，可能会是逃兵或叛徒，在这种情形下，在国都摄政的虚护应将其收监。

③ 各种防卫（rakṣaṇāni）：指平整道路、去除荆棘、驱逐猛兽及盗贼等（CN/CŚ）。

④ 据 CŚ，这是说的驻扎的几种情形：sthāna 是指半月或一月的停留，译为“长驻”；āsana 是指五六天的停留，译为“暂驻”；而 gamana 是指一晚的停留，译为“宿营”。而欲胜王要根据自己的粮草、柴火以及水的情况对两者（地点和时间）进行估算：一个是征途中村庄和林地大约有哪些是“适于驻扎的地方”；另一个是驻扎、暂驻以及宿营的具体时间。然后，他方才可出兵。

可出兵从事征伐。[2]他应携带估算情形所需两倍的粮食和辅具。[3]或者，若无法做到这个，他可安排各支军队完成；或者，将这些东西囤积在途中各处。

[4]他们应如此行军或驻扎：领军在前；主公及其女眷居中；骑兵在两翼如双臂般抵抗攻击(10.4.13)；象兵或打粮队[①]在军队周端(10.5.31)；而军队统帅在后部。

[5]从森林各处获取给养，为打粮。[6]从本国源源不断地流来的[人与物]，为补给。[7]来自盟王的军队[②]，为援军。[8]安置女眷的地方，为遁避之所。[③]

[9]若正面可能遭受攻击，应以“鳄鱼阵”(10.6.27)行军；若背面[可能遭受攻击]，应以“车”阵(10.6.26)行军；若两翼可能遭受攻击，应以“闪电”阵(10.6.35)行军；若四周可能遭受攻击，应以“诸方妙善”阵(10.6.31)行军；在单人小道上，应以“针”阵(10.6.20)行军。

[10]若有两条路可行，他应在有利地形上行军。[11]因为，战阵之中，对处于不利地形上的军队来说，处于有利地形上的军队难以抵敌。

[12]最低速度为[每日][④]一由旬；中等速度为[每日]一由旬半；最高[速度]为[每日]二由旬；或者，以可能的速度行军。

---

① 打粮队(prasāravṛddhi)：prasāra 为征来或打来的给养粮食，而 vṛddhi 则是储积令其增多，原词作为多财释复合词，指打粮储粮的队伍，从 10.4.13 来看，这是骑兵的专职。

② 来自盟王的军队(mitrabala)：这个词与“盟王军”没有差别，但意义有别：“盟王军”是属于欲胜王全军的一个组成部分，且随欲胜王其他军队一起扎营行军，是原来就有的。而“援军”是中途才加入的。

③ 译家们怀疑第 5—8 句只是窜入正文的批注（坎格尔；奥利维勒）。

④ 每日原文中无，据 CŚ 加。CŚ 认为是“言一日之内所行之路程”。

［13］当他需要对付［给敌人］提供庇护、毁坏本方具备资质土地(7.10.2)的背面攻击者、其增援王(6.2.18)、中王以及中立王时；[1]需要清理一条险峻的道路时；需要等待库财、军队、盟王军、敌王军、丛蛮军、劳役时，或［需要等待］合适的时令时；［当他认为以下三者］——对方所造要塞、储积以及防守的衰颓，所购买军队士气的低落，或盟王军士气的低落——即将出现时；或者，当他认为“煽惑者行动并不迅速”[2]时；又或者，当他认为“敌王将满足我的意愿”时。——若有这类情形，他应缓慢行军。反之，则应快速行军。

［14］他应用以下方式渡水：象、桩上架板桥、水坝、船只、竹木浮桥；还有葫芦、皮篮、革囊、筏子、树干、绳网。［15］若渡口被敌人占据，他应于夜间在别处以象和马渡水，然后取得一个伏击位置(10.3.24)。

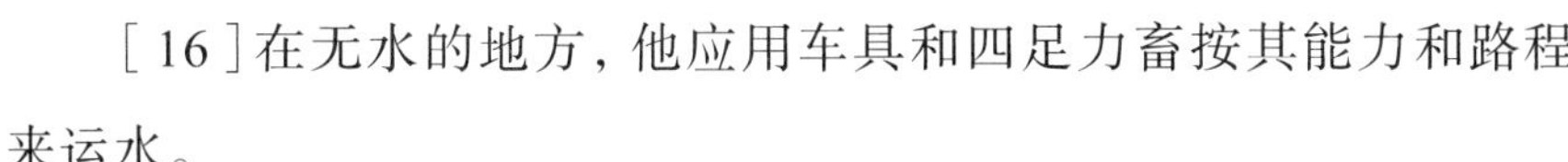

［16］在无水的地方，他应用车具和四足力畜按其能力和路程来运水。

第 149 目：遭遇灾患或袭击时对军队之保护

［17］当军队在宽广的荒野中时；在没有水的地区时，或缺乏草料、柴火和水时；在险道上时；被击散时；因饥饿、干渴和行军而筋疲力竭时；全力地在有着深深淤泥和水的河流、峡谷或山岳攀上爬下时；在单人道上、因山石而崎岖的地带或狭窄的地带聚集了许

---

① 欲胜王的背面攻击者、背面攻击者之增援王、中王以及中立王，可能会为欲胜王的敌王提供庇护，或者毁坏欲胜王的沃土，而欲胜王在这种情况下需要采取应对措施。

② 即：己方派去煽动对方（官员或百姓）的人没到位，或者煽动还没有发生好的效果。在这种情形下，应缓慢行军。

多人时；驻扎或行军中都没有装备时；全心全意进食时；因长途跋涉而疲乏不堪时；睡觉时；为疾病、瘟疫或饥荒所折磨时；出现病倒的步兵、马和象时；处于不利地形时；或军队陷入灾患时(8.5.1-18)。——在这类情形中，若是自己的军队，他应保护之；若是敌军，他应攻击之。

［18］在单人道上行军的敌军，通过点算兵士[①]、草料、粮食、所敷设的卧具、所陈设的炊火、旌旗以及武器，可知晓其军力。［19］当然，他应隐藏自己的［这类细节］。

［20］在自己的背面建成一个带遁避之所(2.3.2)和组织援军(8.1.38)之所的山岳要塞或林泽要塞之后，他可在有利地形上作战或扎营。

——以上是第十篇“兵法”第二章“自大营出征”“遭遇灾患或袭击时对军队之保护”。

第三章

第150目：各种诡计战

［1］若他的军队更为优胜、完成了煽动、就时令做好了安排

---

① 直译为“从军队发送出的”，较为形象的说法，实际指“行进中的兵士”（CŚ：niścaratsainika）。另外，这种点算较为方便时因为对方在单行道上行军。

(9.1.45-50)，并且处于有利地形时，他可采取公开战。[2]反之，他应采取诡计战。

[3]对方军队陷入灾患(8.5.1-18)时，或正好被袭击时(10.2.17)，他应攻击之；或者，若本方处于有利地形，而对方处于不利地形时，他应攻击之；或者，若本方有诸要素(6.1.1)支持，即便对方处于有利地形，他也可攻击之。

[4]或者，先造成自己被叛军、敌王军或丛蛮军击溃[的假象]，待[对方]到达对其不利的地形时，再攻杀之。

[5]他应以象兵打散对方紧凑的军阵[①]。

[6]对方先因本方佯溃而追击，待其阵形破散而本方并未破散时，可掉头攻杀之。

[7]先从正面攻击，待对方动摇或掉头时，再以象兵和骑兵自背面攻击之。[8]先从背面攻击，待对方动摇或掉头时，再以精兵自正面攻击之。[9]从两翼发动攻击可由上述两者说明。[10]或者，对方叛军和羸兵在哪里，他就应从哪里展开攻击。

[11]若敌军正面地形崎岖，他应从背面攻击之。[12]若背面地形崎岖，他应从正面攻击之。[13]若一翼地形崎岖，他应从另一翼攻击之。

[14]或者，先以叛军、敌王军或丛蛮军与之交战，待其筋疲力竭而本方并不疲惫时，再行攻击之。

[15]或者，本方先佯装被叛军所击溃，待对方相信他们“已经

---

① 军阵（anīka）：在 10.6.17 中，anīka 为“队”或“队列”，是比“阵”（vyūha）和“肢”（aṅga）小的单位（全军可以布为一个“阵”，一个“阵”可以包含多个“肢”，一个“肢”则由一个或多个“队”组成）。但在这里，应该是泛指成型的军阵。

得胜”，而本方却保持警惕时，可依托于伏击位置(10.3.24)而攻击之。

［16］当对方因劫掠商队、畜群、大营或集市而疏忽大意时，他自身应全神贯注，再行攻击之。

［17］或者，潜藏于羸兵中的精兵，可冲入对方悍兵阵中，再攻杀之。

［18］或者，以夺取牛和猎取野兽引诱敌军悍兵，再潜藏在伏击位置而攻击之。

［19］先以夜袭令对方保持清醒，待其日间为睡意所困或入睡时，再攻杀之。

［20］或者，他应以足上套有皮鞘的象攻击睡眠中的敌军。[①]

［21］他应在后半日攻击因整日备战[②]而筋疲力竭的敌军。

［22］或者，当敌军的象和马被受惊吓的、驮着干皮箱与卵石的牛群、水牛群和驼群瘫痪，被冲散且掉头［逃跑］时，他应攻杀之。

［23］他应攻击所有面向太阳和风的敌军(10.3.48)。

［24］戈壁、森林、窄道、泥泞、山陵、沼泽、崎岖之地、船只、牛群[③]、车阵(10.6.26)、雾霭、夜晚。——以上是伏击位置。

［25］另外，前面［提到过的那些］发动攻击的时机(10.2.17)，亦

---

① CŚ、迈耶和坎格尔都认为套上皮鞘是为了防止刺或者其他机关，这是可能的。但我们可以猜想，一般的金属刺或带刃口的机关可以轻松割破皮套。或许，象足上套上皮鞘是为了消音，以免象群的走动惊醒沉睡中的敌军。毕竟，敌军兵士伏在地上，很容易听到象甚至马的脚步声。

② 整日备战（ahaḥsaṃnāha）：坎格尔和奥利维勒都将 saṃnāha 理解为“武器装备”，译为“在日间携带武器装备”，这是小小的失察。而迈耶将其译为“在日间随时准备作战”，是正确的。因为 saṃnāha 固然有“武器装备”之意，但也有“整齐武备”甚至“备战”之意（如 MBh 3.237.15）。

③ 牛群（gāvaḥ）：“牛群”（CŚ）；“伏击者隐藏在牛群中间，伺机发难”（CN）。

是发动诡计战的机由。

第 151 目：本方军队之激励

[26] 然而，指定地点和时间的战斗是最合乎法的。

[27] 集合了军队后，他应该宣告："我与卿等同样的薪俸；我应与卿等共享此王国；我请求你们攻击敌人。"

[28] 即便是在吠陀中，若祭祀贽敬已奉迄，在完祭沐浴仪式上[①] 我们听到："勇士们的归趣，即是你的归趣。" [29] 关于此种情形，又有两句颂词道：

> [30] 渴求获得天趣的婆罗门凭诸多祭祀、苦行以及对多财之人的诸多布施所能达成的归趣，那些在恶战[②] 中舍命的勇士只消一刹那便可超越。
>
> [31] 一个不因为主公的供养而为主公战斗的人会堕入地狱；那装满了水、被圆满地加持过，而且为怛卢婆草所盖的新钵，亦不会属于他。[③]

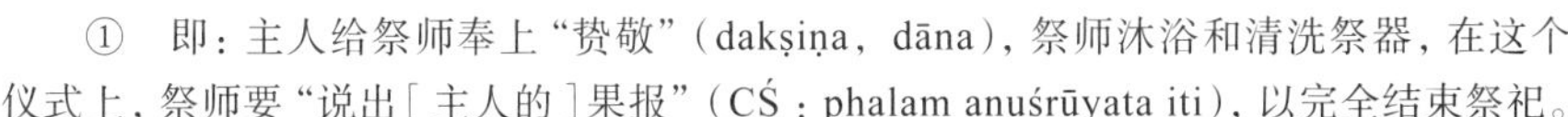

① 即：主人给祭师奉上"贽敬"（dakṣiṇa，dāna），祭师沐浴和清洗祭器，在这个仪式上，祭师要"说出[主人的]果报"（CŚ：phalam anuśrūyata iti），以完全结束祭祀。

② 恶战（suyuddha）：言兵士打得英勇；或"公平的战斗"（非诡计战）。但奥利维勒译为"在正义（或合乎法的）战斗"，十分可疑。

③ 即：主公供养武士，武士若不为主公战斗，则死后堕入地狱，且不能享受后人的祭祀。后半句说祭祖仪式中向祖先奠水。"圆满地加持过"（susaṃskṛta）是指"为善咒、真言与净仪加持过"（CŚ）。怛卢婆草（darbha）：Desmostachya bipinnat（PDP），佛经中一般作"茅"，即羽穗草。另外，跋娑（Bhāsa）戏剧《负轭氏的誓言》中亦有此颂（*Prajñāyaugandharāyana* 4）。坎格尔猜测为第 28—31 句极可能为窜入手稿正文的批注。因为国王在战前的讲话在第 27 句就结束了，他也不太可能继续说第 28—31 句这些学究气且蛇足的话，奥利维勒亦持此说。

[32]他应令宰辅和国师通过宣说本方阵形的优胜去激励将士。[33]而且，算命人之类，应通过宣称他的无所不知、与天神相亲近[①]来令本方阵营振奋，并令敌方阵营惊惧。

[34]宣布“明日作战”之后，他应斋戒，并就着武器和车骑而眠；[35]他也应以火献祭，颂阿闼婆吠陀之咒语；[36]他应令人诵念与祈胜和生天处相关的祷言；[37]他应将自己交付于诸婆罗门。

[38]他应令队列的核心由具备勇猛、武艺、高贵出身、忠爱并且在财物和尊荣上未被自己怠慢过的将士构成。

[39]由有父子、兄弟关系的兵士组成的诸多队列中，无旌旗的秃顶队列[②]，是国王的所在。[40]国王之乘具或为象或为车，有骑兵紧随其后。[41]军队中主要由何种乘具构成〔或他自己精熟于何种乘具〕，他就应坐上何种乘具。[42]一个假充国王的人，应出现在队伍的阵前。

[43]御者和颂歌人$_{(5.3.13)}$应陈说勇者生天、懦夫不得生天，并赞赏众将士之种姓、团众、家族、职事以及行止。[44]国师之随从应讲述巫术与恶咒$_{(4.4.16)}$之使用；而机关师、木工及众占星师则应讲述自身绩业之成就，还有对方绩业之失败。

[45]以财利和尊荣礼敬队伍完毕后，军队统帅应对全军讲话：“斩杀敌王者，赏十万波那；斩杀敌军统帅或王子者，五万；斩杀敌悍兵统领者，一万；斩杀象兵或车兵者，五千；斩杀骑兵者，一千；斩杀步兵统领者，一百；首功，二十。同时，薪俸加倍，还有自行劫

---

① 与天神相亲近（daivasaṃyoga）：“能令天神现前，或与天神相交”（CŚ）。

② 无旌旗的秃顶队列（adhvajaṃ muṇḍānīkaṃ）：“因队列无旌旗，如人秃头无顶发，故名”（CN）。

掠(8.1.44)所得。”［46］十夫长应确定军士们在这［方面的情形］。

［47］携带手术用具、药具、药物、油以及包扎用品的医师，照管饮食与激励将士的妇人，应居于军阵之后。

第152目：根据敌我双方兵力情形进行调配[①]

［48］他应在有利地形上以如下的方式列队：不面朝南；背对太阳；风向对本方有利。[②]［49］另外，若在有利于对方的地形上列阵，他应令本方的马到处游动。[③]

［50］一个地带既不适合他的军阵停次，又不适合他的军阵快速行动，那么，他在这里要么停次致败，要么快速行动致败。［51］反之，他在那里要么停次得胜，要么快速行动得胜。

［52］他应弄清正面、两翼及背面的地形是平坦、崎岖，还是平褶相杂。［53］于平坦地带，他应列“杖阵”或“圆阵”；于崎岖地带，他应列“蛇阵”或散阵；(10.6)于平褶相杂地带，他应列参差阵(10.5.17)。

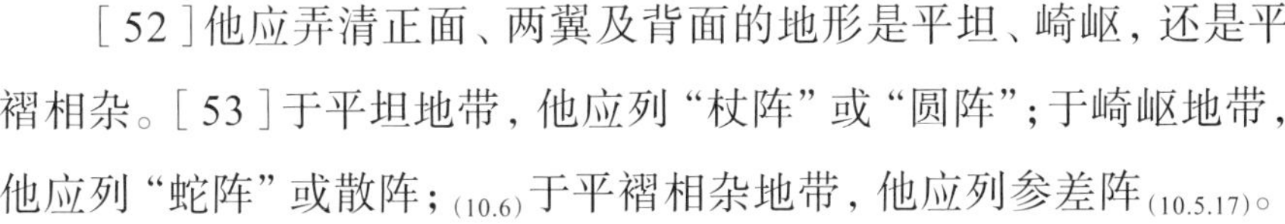

［54］击溃力量胜过［自己］的敌人后，他应求和；［55］若遇到力量等同者求和，他应议和；［56］弱于自己的敌人，他应乘胜攻击之；但是，若对方到达对他有利的地形或不顾惜性命，则不可［乘

① 根据敌我双方兵力情形进行调配（svabalānyabalavyāyogaḥ）：这个标题意义不很明确，主要是因为vyāyoga意思不确定。vyā-√yuj意为“分、离、将……散开”（GPW）。迈耶、坎格尔和奥利维勒大致上都将这个复合词理解为“针对敌军调配己方军队”，但并没有忠实于这个复合词的结构（因为这么理解的话，这个标题应该写作anyabalabhāvena svabalavyāyogaḥ）。笔者将其理解为：（根据）己方兵力和敌方兵力（情形）进行调配，译为“根据敌我（双方）兵力进行调配”。

② 背对太阳是为了让敌军睁不开眼；背朝风也是因为风影响敌军的眼睛，并导致其抛掷型武器失去准星（奥利维勒）。

③ 为了破坏敌方在他们习惯的地带上列阵（CŚ）。

胜攻击]。

[57]一个再次投入战斗，又对自己性命毫不顾惜的人，其凌厉不可阻挡。因此，不可侵迫已破[之敌]。[1]

——以上是第十篇“兵法”第三章“各种诡计战”“本方军队之激励”“根据敌我双方兵力情形进行调配”。

第四章

第153目：有利的作战地形

[1]对于步、骑、车、象四兵来说，无论是战斗还是扎营，都需要取得有利地形。[2]在戈壁、森林、水里以及旱地上作战的军士；日间和夜间在壕沟、旷地作战的军士；[来自]河流、山中、沼泽以及湖泊的象；以及马。——对以上四者来说，均各自需要取得[有利的]作战地形和时间。

[3]平坦、坚实、空旷[2]、无凹洼；不陷住车轮畜蹄，不缠阻轮轴；没有因树、灌丛、藤条、树干、水草地、坑、蚁垤、砂砾或泥泞导致的错戾杂乱；无罅隙。——这是[有利于]车的地形。这种地形也有利于象、马、人在战时列匀称阵或参差阵(10.5.14-17)，还[有利于]

① 此颂明“穷寇莫追”之意。另外，《摩诃婆罗多》“和平篇”中，毗湿摩(Bhīṣma)与坚战(Yuddhiṣṭhira)相谈，亦申此意，且语绝类似(MBh 12.100.13)。

② 空旷(abhikāśā)：“因无草(木)等遮掩，故而完全显露”(CŚ)，指该地空旷，视野很好。

扎营。

［4］上有细小的石块和树、有浅而可被跃过的坑，它的弊病是有小罅隙。——这是有利于马的地形。

［5］上有粗大的树干、石块、树、藤条、蚁垤、灌丛。——这是有利于步兵的地形。

［6］上有可被穿过的山陵、湖泽和坎坷；有可被踩碾掉的树；有可被撕扯掉的藤条；有因泥泞导致的错戾杂乱；没有罅隙。——这是有利于象的地形。

［7］上无［带］刺［的物事］；不过于崎岖；有退避之所。——对步兵来说，这是最有利的地形。

［8］上有两倍的退避之所；无淤泥、水、沼泽；无卵石。——对于马来说，这是最有利的地形。

［9］上有灰土、淤泥、水、芦苇和阇萝草①；没有"犬牙"②；没有大树的枝丫造成的阻碍。——对于象来说，这是最有利的地形。

［10］有蓄水处和托庇之所；无凹洼；无水草地；可转向。——对于车来说，这是最有利的地形。

［11］对于所有兵种的有利地形已解说完毕。［12］所有兵种的扎营和战斗可由此说明。

第154目：步、骑、车、象四兵之职事

［13］骑兵之职事如下：探查地形、营地和森林；夺取有平坦

① 阇萝草（śara）：一种可用来编织篮具的草，类似莎草，学名为 Saccharum Sara。汉译名不详，音译代之。

② "犬牙"（śvadaṃṣṭra）："牛刺"（CŚ：gokaṇṭaka），亦即 gokṣura（Tribulus Lanuginosus），是一种蒺藜。

的地貌、有水、有渡口、有有利风向或阳光的地带；摧毁［敌人的］并保护［本方的］补给和援军；清理和巩固[①]军队；增打粮草(10.2.4-5)；如双臂般抵御两翼之攻击(10.2.4)；发动首次攻击；突入；穿透；慰勉[②]；抓捕、解救[③]；令道路追击中发生换位[④]；劫取库财或王子；打击对方阵尾与阵头；追击羸兵；随护；集合军队。

［14］象兵之职事如下：行军在头阵；营筑道路、营地、渡口；如双臂般抵御两翼之攻击；渡河与下水；守住阵地、冲锋、俯冲锋；进入艰险[⑤]和拥挤的地区；放火和灭火；以单股兵力取得胜仗；衔合溃散的军阵；打散未溃散的军阵；于灾患中保护本方；摧折敌军；威慑、恫吓[⑥]；展示军威；抓捕；解救；破毁护墙、大门、墙垛；运送和运走库财[⑦]。

① 清理和巩固（viśuddhiḥ sthāpanā ca）：CŚ 认为 viśuddhi 是清理叛贼，坎格尔和奥利维勒认为是从前线撤走伤员；而 sthāpanā 则是“于敌军导致本军阵动摇之际而巩固之（CŚ）”。

② 慰勉（āśvāsa）：喘息、安慰，但在此意义不确。“令得喘息”（迈耶）；“安慰”（坎格尔）；“安定［军心］”（奥利维勒）。“慰勉，即本方军队过劳以致涣散时，在其身后给予后援”（CŚ）。

③ 抓捕、解救（grahaṇaṃ mokṣaṇaṃ）：抓捕对方俘虏和解救本方俘虏。奥利维勒引 10.5.2 中的 mokṣayitvā 认为 mokṣaṇa 是在军队从营地到战地列阵时分遣军队之意，而 grahaṇa 是指集合军队，这也是可能的。不过，如此理解的话，grahaṇa 和最后一个职能重合了。

④ 令道路追击中发生换位（mārgānusāravinimayaḥ）：当对方走本军道路以追击时，本方又以骑兵（从其后）追击对方（CŚ）。显然，这样会带来追击者于被追击者地位的“相互转变”（vinimaya）。

⑤ 艰险（viṣama）：不平、崎岖。但在这里不指崎岖，而是指艰险，比如“草蔓灌丛等难以行走之地”（CŚ/CN）。

⑥ 据 CŚ，威慑（vibhīṣikā）指“仅仅是看到便心生惧怕”；恫吓（trāsanam）是指“以处于发狂之类时的狂暴行动令对方恐惧”。

⑦ 运送和运走库财（kośavāhanāpavāhanam）：vāhana 是指运送本方国王的财物；apavāhana 是指在破敌之际运走对方的财物。

[15]车兵之职事如下：保护本方军队；于战阵中抵御[敌方]四兵；抓捕俘虏；解救俘虏；衔合溃散的军阵；打散未溃散的军阵；恫吓；展示军威；作令敌军惊惧之声响。

[16]步兵之职事如下：在所有地点与时间都携带武器[①]；作战。

[17]劳役之职事如下：清理营地、道路、水坝、水井、渡口；运送械具、兵器、盔甲、辅具、粮草；从战场上带走武器、盔甲、伤员。

[18]仅有少许马匹的国王应将牛和马套在车上；或者，同样地，只有少许象的国王，应将驴和驼拉的车置于军队中心。[②]

——以上是第十篇“兵法”第四章“有利的作战地形”“步、骑、车、象四兵之职事”。

第五章

第155目：根据兵力布置两翼、两肋、心腹[③]的列阵

[1]在500弓 (2.20.18) 开外——或据土地情况而定——建立一个

① 即：携带适于一切地形与时令的武器（CŚ），实际是指做好作战准备。

② 前半句意思是：拥有马匹少的话，牛也得用来拉车；后半句中 kharoṣṭraśakaṭānāṃ garbham 直译应为“驴和驼拉的车拥有军队中心[的位置]”，亦即：被置于军队中心。

③ 两翼、两肋、心腹（pakṣakakṣorasya）：据 CŚ，pakṣa 为“军队外侧和前部的两个阵头”，即“翼”；kakṣa 为“军队内侧和后部的两侧”，即“肋”；urasya（“胸、乳”）为“军队正中”（madhyama），即“心腹”。

堡垒[1]之后，他即可开战。

[2]将分遣给诸统领的各军调到[对方]视域所不及处之后，军队统帅和领军可对军队列阵。[2]

[3]每间隔 1 阇摩$_{(2.20.11)}$布置一个步兵；每间隔 3 阇摩布置一个骑兵；每间隔 5 阇摩布置一个车兵或象兵。[4]他可每间隔上述 2 倍或 3 倍的距离布阵。[5]这样，各自就能舒服地作战，不至于拥挤。

[6] 5 肘为 1 弓。[3][7]每间隔此距离布置一个弓箭手；每间隔 3 弓布置一个骑兵；每间隔 5 弓布置一个车兵或象兵。

[8]两翼、两肋、心腹的各队列结合部距离为 5 弓。

[9]一匹马前应有 3 个人作战；[10]一辆车或一头象前应有 15 个人和 5 匹马作战；[4][11]应给马、车、象配备这么多[5]徒步卫兵。

[12]他应布置 3 列车——每列 3 辆车——作为心腹队列，两肋与两翼亦是此数。[13]如此，每个车阵中便有 45 辆车、225 匹马、675 名兵士，以及同样数目的，保护马、车、象的徒步卫兵。

[14]这是匀称阵。[15]每次增加 2 列，直至 21 列。[16]这样，

---

① 堡垒（durga）：一般指要塞。注家认为是“军队大营”（CŚ：durgaṃ skandhāvāraḥ）。坎格尔也说，在前线不可能临时营筑一个真正的要塞（参见 2.3）。这应当只是一个一般的堡垒或战斗工事。另外，500 弓指“离战场的距离”（CŚ），坎格尔认为是军队背后的距离，意思差不多。

② 这一句中有三种武官：统领（mukhya）是指车兵、马兵、象兵、步兵、团伍军等各军种的头目（5.3.9）。军队统帅（senāpati）为主帅；领军（nāyaka）为大将或将军。视域所不及处（acakṣurviṣaye）应当是指“对方视线范围之外”（CŚ：paradṛṣṭyagocare）。

③ 2.20.18 中提到家主所用的 1 弓为 4 肘，这里涉及军事，则为 5 肘。

④ 即：每辆车或每头象前有 3 匹马，每匹马前有 5 个人，则每辆车或每头象前有 15 个人。

⑤ 即：给马配备 3 个卫兵，而车或象配 15 个卫兵。

这 10 个奇数便是匀称阵的基础。①

［17］若翼、肋、心腹队列数目彼此不同②，则为参差阵。［18］并且也可每次增加 2 列，直至 21 列。［19］这样，这 10 个奇数便是参差阵的基础。③

［20］此外，应对全军布阵余下的兵力进行补嵌。④［21］他应将其 2/3 的车补嵌于诸肢⑤，将余下的 1/3 布置于心腹。［22］这样，补嵌的车应少 1/3。⑥

［23］象和马的补嵌可由此说明。⑦［24］进行补嵌应以马、车、象的战斗不至于拥挤为准。

［25］兵力增多，为补嵌。［26］步兵增多，为对嵌。［27］某一

① 第 15—16 句：每列仍然是 3 辆车，但列数为 3、5、7、9、11……21，这个等差数列中有 10 个数字。如此，在心腹、两肋、两翼分别安排同样数目（10 个数中任何一个）的队列，便成了各种规模的匀称阵。

② 如：心腹队阵有 5 个队列，翼部有 9 个队列，而肋部有 3 个队列（虽然是参差阵，但文中未明言不同的话，两翼和两肋的数目应该是各自对称的）。

③ 即：参差阵只需满足以下条件：心腹、两翼、两肋的队列数为 3—21 中互不相同的奇数。

④ 补嵌（āvāpa）：插入、入嵌，在此指将剩余的兵力补充嵌入主阵。CŚ 对之有一个语源学的解释："被用来往四处嵌，故名入嵌"（ā samantād upyata ity vyutpattyā āvāpaḥ）。这样做，可能是在保持阵形的情况下，尽量利用剩余的兵力，弥补主阵的缺点或提高其战斗力。

⑤ 于诸肢（aṅgeṣv）：（军阵的）诸肢，指与心腹相对举的翼与肋。

⑥ 第 21—22 句："这样"似乎暗示两句话有因果关联，实际上没有。第 21 句说的是剩余的车辆，一般来说 2/3 用来编入到两翼和两肋，1/3 编入到心腹部。第 22 句说的是补嵌进主阵的车辆数目应该比已布置好的主阵中车数目少 1/3，即：主阵中车辆若为 45，则入嵌部车辆应该为 30，而其中 20 辆应编嵌到两翼和两肋部分，10 辆编嵌到心腹。

⑦ 从第 9—11 句可知，车或象、马、兵（步兵和卫兵）在队阵中互相配合的比例是定数，那么车和象的情况完全相同，而马、车、兵都按照与车（或象）的比例编嵌入阵中。

肢增多，为次嵌。[28]叛军增多，为过嵌。[①]

[29]根据兵力情况，对军队的补嵌应是敌军所作补嵌和对嵌的4倍到8倍。

[30]象阵可由车阵说明。

[31]或者，也有由象、车、马构成的混合军阵：象居军队周端[②]、马居两肋、车居心腹。[32]象居心腹、车居两肋、马居两

① 25. daṇḍabāhulyam āvāpaḥ ; 26. pattibāhulyaṃ pratyāpāvaḥ ;27. ekāṅgabāhulyam anvāvāpaḥ ;28. dūṣyabāhulyam atyāvāpaḥ：这四句话较为难解，笔者理解基本依据CŚ，与迈耶及两位英译者不同。首先，bāhulya为绝对的“丰富/多”，不能像诸译家那样理解为相对的“富余/剩余”。其次，āvāpa为补嵌行为，是带有动词意义的名词，不指军队中某个现成的部分。CŚ将bāhulya理解为“增多”（vardhana），较为合理。四个“-bāhulya”多财释复合词意为“兵力/步兵/某一肢/叛军的增多”，而“补/对/次/过嵌”则分别以这些“增多”为特征，或基于这类“增多”。因此，兵力增多为补嵌；……叛军增多为过嵌。CŚ解释说：布好的军阵，若再补充军队，导致军阵中兵力的正常“增多”为一般意义上的“补嵌”见本章第20句）。仅仅补充步兵进来，则为“对嵌”（pratyāvāpa）；补充一个肢（一翼或一肋）进来，则为“次嵌”（anvāvāpa）；补充叛军，则为“过嵌”（atyāvāpa）。我们可以看到，其余三“嵌”是“补嵌”的派生，甚至是对“补嵌”的偏离。其中“过嵌”较容易理解，在《利论》中，“ati-”这个词缀通常带有策略意义，指欺骗或对敌占先。若将叛军嵌入军阵，自己认为是“补嵌”增强了力量，实际弄巧成拙，未战已先输一头，故为“过嵌”（被占先），而“过嵌”是应被消除的（参见9.2.2，5）。而“对嵌”和“次嵌”两者意义不甚明晰。笔者推测：“对嵌”一词，prati置名词前表示“类似”（《利论》中亦多处如此），那么“对嵌”只是类似于“补嵌”而不是真正的“补嵌”（真正“补嵌”涉及各个兵种，并且步兵只是作为附属按比例补充进军阵中去的）。“次嵌”一词中：anu表示“随顺”或“次级”。称为“次嵌”，可能是因为在军阵排布好且各部分完整的情况下，再增加一个“肢”（一个翼或肋），那这个“肢”只是外在于这个军阵的，只是一个附着物。以上解释姑且一说，供学者参考。

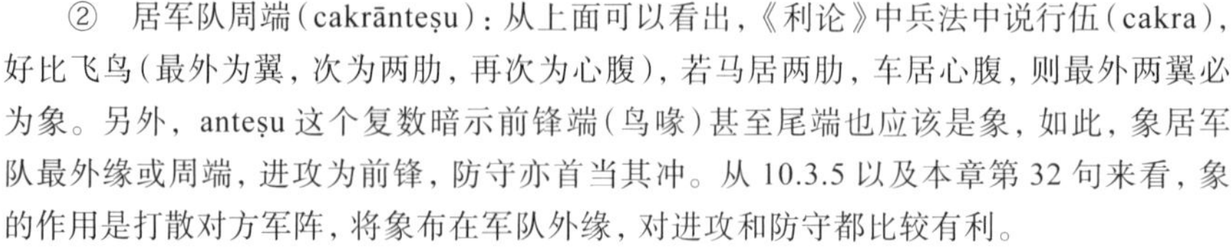

② 居军队周端（cakrānteṣu）：从上面可以看出，《利论》中兵法中说行伍（cakra），好比飞鸟（最外为翼，次为两肋，再次为心腹），若马居两肋，车居心腹，则最外两翼必为象。另外，anteṣu这个复数暗示前锋端（鸟喙）甚至尾端也应该是象，如此，象居军队最外缘或周端，进攻为前锋，防守亦首当其冲。从10.3.5以及本章第32句来看，象的作用是打散对方军阵，将象布在军队外缘，对进攻和防守都比较有利。

翼。——这是“中破”阵[①]。[33]反之，则为“端破阵”[②]。

[34]至于仅由象构成的单纯军阵：战象居心腹；骑乘象居阵尾；猛象居阵头。

[35]马阵：带甲马居心腹；无甲马居两肋和两翼。

[36]步兵阵：带甲步兵居前，弓箭手居后。[37]以上是各种单纯军阵。

[38]步兵居两翼、马居两肋、象居后、车居前；或者，视敌阵情形而[采用]相反[的布阵]。[39]这是排布有两肢的军阵。[③][40]排布有三肢的军阵[④]可由此说明。

第156目：精兵与羸兵之布置

[41]从人员角度说，具有军队资质$_{(6.1.11)}$[⑤]的部队是精兵。[42]从马与象角度说，殊胜之处在于以下方面：族系、品种、精坚、年轻、活力、身高、快速、悍猛、技艺、坚韧、神气、顺服、带有好标记、具

① “中破”阵(madhyabhedī)：破中以自己军阵的中部去打散对方。象是用来打散对方军阵的，而象又在本方军阵的心腹位置，则这个阵形，立意是要用心腹位置的象去冲击对方阵形，故名。

② 即：以自己军阵之端冲散敌阵。象在军阵最外(两翼和前端)，车在两肋，而马在心腹。

③ 意译应为：这是排布诸种拥有两肢的军阵的方法。“两肢”(dvyaṅga)指翼和肋，第38句介绍的两种布阵都是带有翼肋的，因此都是“有两肢的阵”。

④ 有三肢的军阵(tryaṅgabala)：除在第54、57句中之外，aṅga在本章中主要是指军阵除心腹之外的肋和翼，“两肢”是指拥有翼和肋的军阵，而有“三肢”的军阵则不详为何样式，也许是阵中再增添一对翼或者肋(如10.6.17)，形成两对翼加一对肋的军阵，或有两对肋加一对翼的军阵。

⑤ 军队资质(daṇḍasampat)：参见6.1.11，这些“资质”或“优点”都是从人的角度来说的。

有好行止。

[43]他应将步、马、车、象四兵中精兵的1/3布置在心腹，2/3布置在两边的双肋和双翼；次级精兵紧随其后；三级精兵逆序排列；羸兵逆序排列。[①][44]如此，他得以兵尽其用。

[45]将羸兵置于军队周端之后，军阵可以减弱对方猛攻。[②]

[46]将精兵置于最前后，他应再将次级精兵置于外缘，将三级精兵置于阵尾，并将羸兵置于中间。[47]这样，它就可以抵御敌军。

[48]然而，布阵完毕后，他应以两翼、两肋、心腹中的一队或两队发起攻击；以余部作后援。

[49]他应以大量的精兵攻击敌方这样的部队：孱弱的、缺象少马的、内中有变节辅臣的或煽动已经发生了效果的。[50]或者，对敌方最精良的部队，他应以两倍的精兵攻击之。[51]而本方缺乏精兵的那一支，他应以众多精兵充实之。[52]他或应在敌军受挫地附近列阵，或应在可能有危险处列阵。

第157目：步、骑、车、象四兵之战法

[53]前冲；环冲；穿冲；返冲；四处冲杀后重新集结；双股合围；"牛溺摆"；环围；分散出击；回马击身后；沿阵线接应阵前、两翼、

① 逆序(pratiloma)是相对前面次级精兵(anusāra)紧随精兵之后而言，那么，三级精兵(tritīyasāra)应置于精兵之前，而羸兵更置于三级精兵之前。这样的话，阵内外先后顺序为：弱兵→三级精兵→精兵→次级精兵。这也符合10.3.17所说的战术。

② 这样看来，将弱兵(以及三级精兵)放在外缘，是为敌方的冲击设置缓冲层，也就是说，尤其是弱兵，在战术意义上，似乎是可以随时牺牲掉。

阵尾溃散的[队列]；追击溃军。——这是马战法。[1]

[54]以上马战的各种技法〔“分散出击”除外〕；击杀有四支[2]——无论诸支是分散还是聚合的——的军队；打散敌军之翼、肋、心腹；发动突袭；攻击睡眠中的敌军$_{(10.3.20)}$。——这是象战法。

[55]以上马战的各种技法〔“四处冲杀后重新集结”除外〕；在有利于本方的地形上前冲、返冲、进行阵地战。——这是车战法。

[56]在一切地点和时间进行攻杀；秘惩。——这是步兵战法。

[57]他应按照此种规则布置奇或偶的军阵，以便使四支兵力俱尽其用。

[58]国王撤至200弓开外之后，应留在组织援军$_{(8.1.38)}$之所；职是之故[3]，溃兵可以重新集结；他不得在没有后援的情形下作战。

——以上是第十篇“兵法”第五章“根据兵力布置两翼、两肋、心腹的列阵”“精兵与羸兵之布置”“步、骑、车、象四兵之战法”。

---

① 以上马战（骑兵战）法翻译以CŚ为准，也参考了各译家的译法。其中“牛溺摆”（gomūtrikā）是一个形象的说法，这是说骑兵的行动犹如牛边走边排尿，无论是空中的尿线，还是地下的尿迹，都会呈现出一种弯曲的摆动状。

② 有四支的（caturṇām aṅgānāṃ）：此处及下文第57句中的aṅga不是指阵法中的“肢”（翼和肋），而是指军队中的步、马、车、象四个兵种（参见2.33.9），姑译为“支”以示区别。

③ 职是之故（tasmāt）：即“因为国王留在后方”（CŚ：rājñaḥ sainyapṛṣṭhāvasthānāt）。

第六章

第158目：布列“杖”阵、“蛇”阵、“环”阵及散阵

［1］双翼、心腹、后援。——这是优散那派的列阵。［2］双翼、双肋、心腹、后援。——这是祈主派的列阵。

［3］对于两者来说，“杖”阵、“蛇”阵、“环”阵、散阵都有翼、肋和心腹[①]，它们是基本阵形。［4］其中，横向行动，为“杖”阵；［5］聚合着的各部[②]依次行动，为“蛇”阵。［6］推进中的各部在四面八方行动，为“环”阵。［7］固守阵地的各部，其队列分别行动，为散阵。

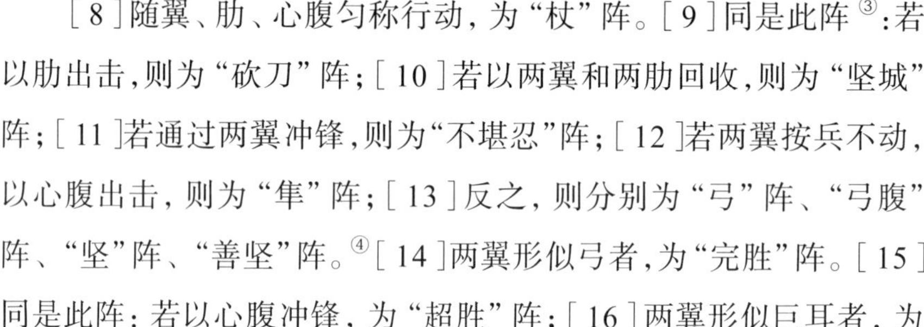

［8］随翼、肋、心腹匀称行动，为“杖”阵。［9］同是此阵[③]：若以肋出击，则为“砍刀”阵；［10］若以两翼和两肋回收，则为“坚城”阵；［11］若通过两翼冲锋，则为“不堪忍”阵；［12］若两翼按兵不动，以心腹出击，则为“隼”阵；［13］反之，则分别为“弓”阵、“弓腹”阵、“坚”阵、“善坚”阵。[④]［14］两翼形似弓者，为“完胜”阵。［15］同是此阵：若以心腹冲锋，为“超胜”阵；［16］两翼形似巨耳者，为

① 这里是照文意直译，实际上从第1句来看，优散那派的布阵没提到“肋”。

② 各部是指构成军阵翼、肋、心腹这些部分（肢），而各部（或肢）又包含多个队列（如10.5.12-13）。

③ 此阵（sa）指“杖”阵，下同。从这句话来看，“砍刀”阵及本段中以下所描述的各种阵都是“杖”阵的变体（CŚ：daṇḍavikāra）。

④ 反之是指第9—12句中所说的四个阵形按相反的方式移动。如此，则“弓”阵为肋部回收；“弓腹”阵为双翼和双肋出击；“坚”阵为两翼回收；“善坚”阵为两翼按兵不动，心腹回收。

“柱耳”阵；[17]若每只翼有两“柱”，为“广超胜”阵；①[18]若每翼到达三“柱”，为“军面”阵；[19]反之②，为“鱼嘴”阵；[20]“杖”阵若呈由下至上的直线③，为“针”阵；[21]两个“杖”阵，为“钳”阵；[22]四个“杖”阵，为“难克”阵；[23]以上说的是“杖”阵。

[24][军阵整体]随翼、肋、心腹不匀称行动，这是“蛇”阵。[25]它或作“蛇行”，或作“牛溺摆”(10.5.53)。[26]同是此阵：若心腹队列成双，而且翼作“杖”阵，则为“车”阵；[27]反之④，则为“鳄鱼”阵。[28]“车”阵若散布着象、马、车，则为“处处飞”阵。[29]以上说的是“蛇”阵。

[30]翼、肋、心腹[三肢]合一，这是“环”阵。[31]同是此阵：若朝向所有方位，为“诸方妙善”阵；[32]若有八个队列，为“难克”阵(10.6.22)。[33]以上说的是“环”阵。

[34]翼、肋、心腹各不相连接，故为散阵。[35]同是此阵，因五个队列可状之形〔或为金刚杵或为鬣蜥〕，或为“金刚杵”阵，或为“鬣蜥”阵；⑤[36]若是四个队列，则或为“灶台”阵，或为“鸦脚”

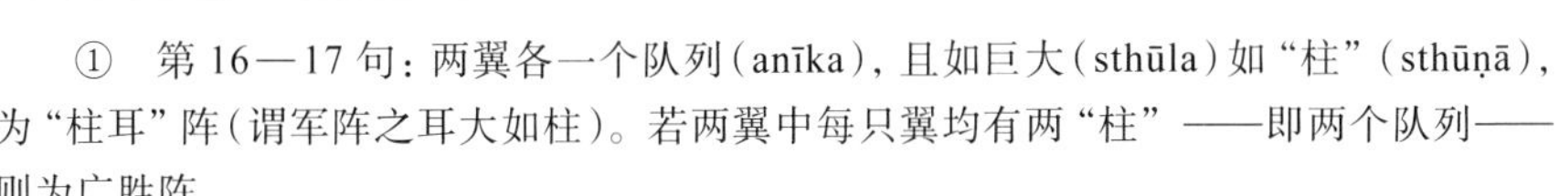

① 第16—17句：两翼各一个队列（anīka），且如巨大（sthūla）如“柱”（sthūṇā），为“柱耳”阵（谓军阵之耳大如柱）。若两翼中每只翼均有两“柱”——即两个队列——则为广胜阵。

② 反之是指心腹和两肋队列数达到三。

③ 由下至上的直线（ūrdhvarāji）：这里“由下至上”不可能是立体的“由下至上”，只可能是平面上的，因此，可能是说，“杖”阵的各“肢”或各队列不再横排，而是针对敌阵在纵向上先后排列，形成一根面朝敌阵的“针”。

④ 反之是指心腹为“杖”阵，而两翼各自队列都成双（中间为躯干[“杖”]，四条腿分居两侧，这确实是一个鳄鱼的形象）。

⑤ 金刚杵（vajra）：金刚杵顶部伸出五个尖头，一个在正中，另外四个均匀分布在四面，总体呈椭圆的球形。这里“金刚杵”阵，其五个队列排列成金刚杵顶的五个尖头。另外，据奥利维勒，吠陀文本中，也用anīka指称金刚杵顶的尖头。鬣蜥（godhā）：可能

阵；[37]若是三个队列，则或为“半月”阵，或为“蟹角”阵。[38]以上说的是散阵。

[39]车兵在心腹、象兵在肋、骑兵在后的[列阵]，为“无伤”阵。[40]步兵、骑兵、车兵、象兵顺次一个排列在另一个后面，则为“不动”阵。[41]象兵、骑兵、车兵和步兵顺次一个排列在另一个后面，则为“无敌”阵。

第 159 目：确定其反制阵形

[42]这些阵法之中，他应以“坚城”阵攻杀“砍刀”阵；以“不堪忍”阵攻杀“坚城”阵；以“弓”阵攻杀“隼”阵；以“善坚”阵攻杀“坚”阵；以“超胜”阵攻杀“完胜”阵；以“广超胜”阵攻杀“柱耳”阵；以“诸方妙善”阵攻杀“处处飞”阵；[43]他应列“难克”阵反制所有阵法。

[44]在步兵、骑兵、车兵、象兵中，他应以靠后的那个攻杀靠前者的那个；以优胜的那肢攻杀孱弱的那肢。

[45]统领 10 个分队者，为副将；统领 10 个副将者，为主将；统领 10 个主将者，为领军。[①] [46]他应用鼓声、旌帜、旗幡为军阵各肢确定信号：各肢的分散、聚合、停次、行进、回撤、进攻。

[47]若双方军阵一致，则制胜来自地点、时间和力量。

是说五个队列布阵类似鬣蜥的嘴与四足。

① 在 10.1.9 注释中提到，在《利论》其他篇章中，senāpati 一般指地位堪比储君的军统帅，而 nāyaka 是比 senāpati 级别低的领军、大将。但在这里，senāpati 由 nāyaka 节制，前者地位比后者低，这就出现了前后抵牾的情形。坎格尔认为此处的 senāpati 另有用法，并不是军统帅；奥利维勒据此推断本章和其他章节有不同的来源。但这些都难以确定。因此译文面临困难的选择：若认为本章中 senāpati 和 nāyaka 与《利论》其他地方所指一样，取一致的译名，就会导致下级军官统领上级军官的情形。笔者从坎格尔说，仍将 nāyaka 译为“领军”，为 senāpati 另选译名为“主将”。

［48—50］他应用如下方式造成敌方的恐慌：机关；秘术(14.1-4)；用刺客杀死心思涣散者①；幻术；显示国王与天神相亲近(13.1.1-3)；车；用象惊吓之；令有叛心者震怒；牛群；向其大营放火；攻杀其阵头和阵尾；用扮成使节的暗差进行分化，［告诉对方］“你的要塞已经被烧毁〔或被攻占〕”；“贵王族中某人〔或敌王；或丛蛮酋魁〕已掀起叛乱”。

［51］一支被弓箭手发射的箭或能杀或不能杀死一个人；而一个智者所释发的智谋，连尚在腹中的胎儿都能杀死。

——以上是第十篇“兵法”第六章“布列‘杖’阵、‘蛇’阵、‘环’阵及散阵”“确定其反制阵形”。

——以上是憍底利耶《利论》第十篇“兵法”。

① 心思涣散者（vyāsakta）：心思不在敌人身上的人（CN，CŚ），即注意力不集中的兵将。

第十一篇　对团众之举措

第一章

第 160 目：离间法之运用

[1] 对军队和盟友的获取中[①]，获取团众是最好的。[2] 因为，鉴于团众紧密联系，对敌人来说无法击败。[3] 他应通过和解与施予二法利用与自己亲善的团众，以离间和惩治二法利用与自己作对的团众。

[4] 靳劼遮(2.30.29)、苏罗悉吒罗、刹帝利耶、室赖利等团众，以操持治生之业和武器为生。[5] 利讫毗迦、毗利耆迦、摩勒迦、俱句罗、俱卢、般遮罗等 [团众]，则以"国王"名号为生。[②]

---

① 对军队和盟友的获取中（daṇḍamitralābhānām）：这个复合词似乎有一些问题，后面是"最好"（uttamaḥ），所以 saṃgha 也应该列于"daṇḍamitra-"里面，否则，就应该是"用比较级更好"（坎格尔），或者在"daṇḍamitra-"后面加上 ādi（奥利维勒）。不过，saṃgha 本来也是与国王平行的一种政制，将其归入 mitra（盟王 / 盟友）里面去，也是理所当然的，也可以化解句意"矛盾"。

② 第 4—5 句：这些团众名原文依次为：Kāmboja、Surāṣṭra、Kṣatriya、Śreṇī、Licchivika、Vṛjika、Madraka、Kukura、Kuru、Pāñcāla。它们同时或为族名，或为地名，或为国名（这几者名字联系通常紧密）。作为团众，他们在本族、本地或本国的经济和政

［6］对于所有这些团众，在它们近旁的众密使应先弄清各团众互相嘲诮、憎恨、敌视、争斗的机由，再通过其中那个逐渐被自己所诱导的人进行离间："那人讲你坏话。"［7］如此，一旦双方产生嫌隙，假充师傅的暗差们可以令众生徒在知识、技艺、赌对、游戏方面发生争斗。①

［8］或者，刺客们可在妓院或酒店，通过对团众首领的人称道其对头〔或通过支持可被收买的党众〕造成争斗。

［9］他们可以用殊胜的待遇去诱唆那些眼下只享受较低待遇的贵公子。②

［10］另外，他们应阻止显贵者和低微者共餐和通婚。［11］或者，他们可促使低微者与显贵者共餐与通婚。［12］又或者，他可以促使最低微者出于好家世、勇武或位秩③的改变而去追攀同等的地

治生活上具有支配的地位。其中"刹帝利耶"（Kṣatriya）与作种姓的"刹帝利"同形式，但在此是团众之名，因此在译名上稍加变化，以示区别。据阿里安《远征记》，一个居于印度河沿岸的"色特里"（*Xathroi*）部落为亚历山大造过战船（*Anabasis* 6.15）。有学者认为这个部落就是这里作为团众的刹帝利耶（Jayaswal 1924, 62-63）。另外，第5句中的"以'国王'名号为生"，即该国的国王是团众制的（参见8.3.64），他们行使国王权力（收取赋税等），并负责保护百姓。

① 即："师傅"（ācārya）教授互相有敌意的两个团众成员的儿子，并令他们之间发生争吵，这可能会加剧两家父辈间的敌意。

② 奥利维勒认为"他们"应该是指暗差所冒充的、所谓的"师傅"，因为他们做的事情涉及改变团众成员的思想、行为规范甚至团众的法律等，正是ācārya所当为（奥利维勒）。贵公子（kumārakān）："团众中某些首领［之子］，类似王子之类的普通贵族公子"（CŚ）。需要说明的是，这里扮成师傅的暗差们用殊胜的待遇（viśiṣṭacchandikā）去诱唆享受较低待遇（hīnacchandikā）的贵公子，是唆使他们自己向往和追逐这些高级的待遇，而不是密使本身用这种待遇去收买他们。当然，也可以将viśiṣṭa理解为"显贵者"，而hīna为"低微者"，那么这句话的意思会稍有变化，但总体差别不大：他们可以用显贵者所享受的优渥去诱唆只享受低微者待遇的公子们。

③ 好家世（kula）：高贵的家族、出身、世系（CN）。也就是说，这些人家世好，但

位。[13]又或者，他们可用相悖的律则(2.7.2)取消既定的律则。[14]在争讼事件中，刺客们可通过在晚间损害物事、牲畜和人，以制造争斗。

[15]而且，在所有的争斗事件中，国王可用库财和军队支持弱势方，然后促使其消灭对方。[16]或者，他可以将分裂出来人口迁走(2.1.1)，[17]并让他们五户或十户地定居在适合农耕的土地上。[18]因为，若聚居于一处，他们就能拿起武器了。[19]另外，若他们聚于一处①的话，他应课罚。

[20]他应立这样一个人为储君：家族显赫且出身高贵，但被带着"国王"名号的人软禁或驱逐。②[21]并且，他手下算命师之类的人，可在团众中宣称此人带王者的祥兆。[22]他可以煽诱守法的团众首领们说："向国王的这个儿子〔或兄弟〕完成你的本法(1.3.4)吧！"[23]若他们听信此言，他就应发送财物和军队去争取可被收买的党众。[24]开战期间，假充酒店掌柜的暗差们，可以死去妻儿为由，[向团众成员们]赠送成百坛掺有迷醉药(14.2.16-17)的酒，并称"这是祭奠用酒。"

[25]另外，密使们可在支提、神庙的大门或设防的地点指出为订约的寄存物——比如带符印的钱箱和装钱的罐子之类。[26]

地位低微。位秩（sthāna），主要是指官职、职权等。一个团众之中，低微者（hīna）和显贵者（viśiṣṭa）这两个阶层似乎是固化而不流通的：低微者不能因为自己高贵的家族、自身的勇武以及位秩的提升而让自己成为显贵阶层的成员。比如下文第20句中提到的这种家族显赫（可能出自王族之类）且出身很好（种姓高）的人，却被团众中自封为"国王"的人软禁或驱逐。同时也说明，这种固化也造成团众内部的不稳定，而前面第9—11句中提到的那些离间的手段，也是利用了这一点。

① 若他们聚于一处（samavāye）："原被迁移定居者[重新]组织成团众"（CŚ）。

② 这实际就是上文第15句中所说的"支持弱势方"。

一旦团众诸首领出现，密使们就应告诉他们："这是国王的。"[27] 于是，他就可以发动袭击。[1]

[28]或者，以定期利息从团众那里贷得力畜或钱之后，他可把商定的财物[作利息]呈交给某一个首领。[29]一旦他们索要[利息]，他可以说："已经交给某某首领了。"[2]

[30]在敌军大营与丛蛮酋魁进行的离间，可由此说明。

第 161 目：秘惩

[31]或者，密使可以告诉某团众首领的那个自视甚高的儿子："你本是国王的儿子，因为害怕敌人才将你寄养在此。"[32]待其听信，国王可用库财和军队施以援手，令其攻击团众众首领。[33] 待他达成目的，应杀掉此子(5.1.15-18)。

[34][欲胜王]派去的那些蓄妓人(5.2.21)，或走索人、优人、舞者、说戏人(2.27.25)，可用极年轻貌美的妇人令众位团众首领惑溺。[35]待这些人产生爱意，他们可用以下办法制造争斗：获得其中任何一人的信任后，去到另一人那里〔或被强抢去〕。[3][36]在争斗中，

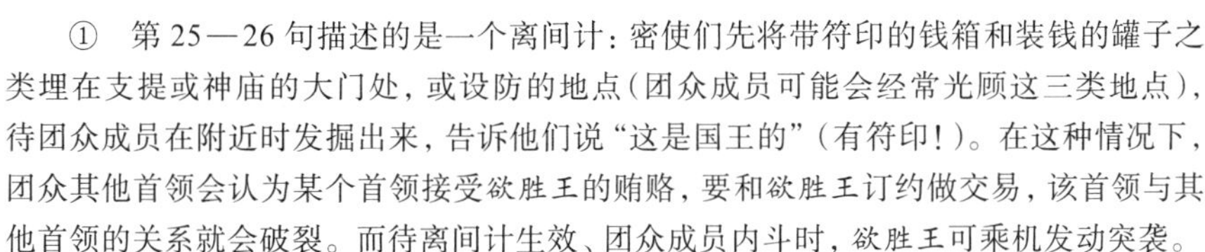

① 第 25—26 句描述的是一个离间计：密使们先将带符印的钱箱和装钱的罐子之类埋在支提或神庙的大门处，或设防的地点（团众成员可能会经常光顾这三类地点），待团众成员在附近时发掘出来，告诉他们说"这是国王的"（有符印！）。在这种情况下，团众其他首领会认为某个首领接受欲胜王的贿赂，要和欲胜王订约做交易，该首领与其他首领的关系就会破裂。而待离间计生效、团众成员内斗时，欲胜王可乘机发动突袭。

② 第 28—29 句仍然是一个离间计：向团众诸首领借贷，然后将利息还给其中一个，以引起争端。kālika：定期利息的借贷（CŚ：niyatakālapratideyam ṛṇaṃ kālikaṃ），另参见 *Nār* 1.87-89。

③ 团众诸首领对某一个妇人产生了爱意，密使有机可乘：或是密使让任何一个相信这女子会去见他，却又让妇人去另一个首领那里；或者制造假象，该妇人被另一个首领强抢走了。这会引起两者的争斗（CŚ）。

刺客们可采取行动，[然后说]：“这个想要……的人被杀了。”(5.2.57)[37]或者，若这个首领忍住失望不发作，那么该妇人则应走近他，对他说：“我爱的是你，但那个首领却骚扰我。只要他还活着，我就不会待在这里。”以此促使他杀死那个首领。[38]或者，被强抢走的妇人可让刺客晚间在园林边，或作乐的寓所里杀死行劫的那个首领；或亲自毒杀之。[39]然后再宣称：“我的爱人被某某杀死了。”

[40]或者，对于产生了爱意的某首领，假充高人的暗差可用癫迷药草取得其信任，以毒药骗而杀之，然后走掉(5.1.19)。[41]当他走脱之后，密使们应指称是他的情敌[①]所为。

[42]充作富孀〔或有秘密收入者〕的女暗差可[假装]正在为遗产或代工物争讼，并使团众诸首领受其迷惑；又或者，阿底提憍式迦(1.17.19)这类人的妻子或歌舞伎，[应使团众诸首领受其迷惑]。[43]当他们听信[这些女子的话]，夜间去密室幽会时，刺客们可杀死他们，或将他绑了劫走。

[44]或者，某密使可对一个好女色的团众首领报告：“某贫户迁到了某村落，他的妻室配得上国王，你去把她抢过来！”[45]一旦她被抢过来，假充高人的暗差在半月后应于此奸恶团众的诸首领中大喊：“某某人淫我妻室〔或儿媳，或姐妹，或女儿〕！”[46]团众若要惩办此人，国王则可对此人施以援手，令他攻击与自己为敌者。[47]若此人未被惩办，刺客们应于夜间将这个假充高人的暗差杀死。[48]然后，其他假充高人的暗差们就可以大喊：“某某杀

① 情敌(para)：即与被害首领争风吃醋的那位首领(CŚ：pratikāmuka)。

害婆罗门，某某[①]还是婆罗门妇人之奸夫！”

［49］或者，假充算命师的暗差可以将被某个首领所聘的童女报知另一个首领：“此女将成为王后，且将诞下国王；你应倾己所有得到她〔或应将她抢过来〕！”［50］若未得到，他招惹到了对方；［51］若得到了，则起争斗。

［52］或者，一个乞食女道人可以向某个眷爱其妻室的团众首领说：“那个首领年少气盛，遣我来［撮合他与］你的妻室。因为我怕他，所以拿了他的书信和饰物就来了。你的妻室并无过错，你应秘密地对付他。眼下我就去应付他[②]。”

［53］在此类争斗场合下，无论争斗自然而然发生还是由刺客们所引发，国王可用库财和军队支持弱势方，令其攻击与自己为敌者；或将其迁走。

［54］单一君主[③]应如此这般地对待各个团众。

［55］而各个团众亦应如此这般地防范来自单一君主的这类狡计。

［56］团众中的首领应保持：对团众成员应行为正派，对

① “某某”是那位未被惩处的团众首领，刺客将这个告状陈情的“高人”杀死后，将杀婆罗门和污辱婆罗门女这种大罪嫁祸于此团众首领。

② 我就去应付他（pratipatsyāmi）：应承、应付［某人］。这个乞食女道人假称首领甲在托自己撮合首领乙的妻子，她假意站在首领乙这方，提议首领乙秘害首领甲，眼下她会去对首领甲做些什么（pratipatsyāmi）——例如谎称女方答应了，安排晚间幽会——以便为首领乙创造秘害的条件。

③ 单一君主（ekarāja）：单一的君主。与团众（saṃgha）相对，可见团众为集体君主，并非严格的“共和”。关于这两者，另参见 *Mahābhāṣya* 2.268。

他们有益，与他们相亲善、恭顺，能团结其百姓[①]，且能随顺所有人的心意。

——以上是第十一篇“对团众之举措”第一章“离间法之运用”“秘惩”。

——以上是憍底利耶《利论》第十一篇“对团众之举措”。

① 团结其百姓（yuktajana）：多财释复合词，形容这位“首领”。“他被合适的人所侍奉”（迈耶）；“他有忠爱他的人”（坎格尔）；奥利维勒刚好和坎格尔相反，译为“对其百姓忠心耿耿”。CŚ 训为“把与自己同心之人团结起来”，译文从之。

第十二篇　弱王

第一章

第 162 目：使节之职事[①]

［1］一个被强王攻伐的弱王，应性同芦草，随时随地保持顺服。［2］因为，婆罗堕遮说过："顺从于强王者，即顺服于因陀罗。"

［3］阔目说："他应调集举国之兵以战。［4］因为，奋勇可消除灾患；［5］而且，或胜于战斗，或败于战斗，这也是刹帝利之本法。"(1.3.4)

［6］憍底利耶说："不。［7］随时随地顺服的人，活着毫无希望，好比失群的羊。［8］以少许军队作战必遭覆灭，好比身无筏子却投身入海。"［9］他应托庇于胜出敌方的国王或坚不可摧的要塞，再作行动。

［10］攻伐者有三种：法服者、利服者、阿修罗服者。[②]［11］其中，

---

① 本目标题为"使节之职事"（dūtakarma），但内容与使节职事关系不大。笔者推测，这里大概是专指弱王的使节：弱王应好好发挥使节的作用。

② 原文为 dharmalobhāsuravijayinas："法服者"（dharmavijayin）即"凭法、

法服者以对方臣服为满足。[12]他应向这[样的攻伐者]输诚——即便害怕其他诸敌王[①]。[13]利服者以劫夺土地、财物为满足。[14]他应向这[样的攻伐者]输利。[15]阿修罗服者，以劫夺土地、财物、儿女、妇女、性命为满足。[16]他应以土地和财物安抚这[样的攻伐者]，脱身之后[②]再图应对。

[17]当他们(12.1.10)中任何一个欲行攻伐时，他应通过议和、谋略战或诡计战来派兵反击之：[18]对于此人的敌对阵营，施行和解和施予二法，而对它的本方阵营施行离间和惩治二法。

[19]众暗差们应用武器、毒药、火去平定其要塞、聚落或大营。[20]他可令此人背面全面受攻。[21]或者，他可令丛蛮酋魁摧毁此人之王国；或令此人家族中觊觎大位者或失宠的王子篡夺之。[22]待破坏行动结束，他可向此人派出使节。[23]或者，未先作破坏，亦可议和。

[24]若即便如此，此人还要进兵，他应通过逐次增加所贡献库财和军队的1/4〔或逐次增加一日一夜[③][的使用时限]〕而向此

守法的征服者”；“利服者”(lobhavijayin)即“为了财利的征服者”；“阿修罗服者”(asuravijayin)即“阿修罗式的征服者”。

① 即：一般情况下他(欲胜王)应当臣服于法服者，即便这么做可能引起其他敌王不满，他仍应臣服于法服者。因为“法服者非但自己不侵害臣服者，还会保护臣服者免于其他敌人的威胁”(CŚ)。

② 脱身之后(agrāhyaḥ)：直译应为“不被捉拿的”，即通过贡献而保证自己人身未被对方拘执。

③ 增加一日一夜(ahorātrottaraṃ)：作者想表达的意思确定，但这个条件与将库财和军队逐次增加1/4的条件并列为选择。据奥利维勒推测是“将对方使用自己库财和军队的时限逐次增加一天”，译文从其说。未进行破坏的情况下向对方求和，只能用库财和军队。第一次提出求和条件后，假如对方还要进兵，那么，第二次就比原来的数目增加1/4，或使用时限增加一天。

人求和。

[25]若以军队求和，他应将钝象——或下过毒的猛象(7.3.30)——交割给此人。

[26]若以人求和，他应将由秘差(1.21.29)统领的叛军、敌王军、从蛮军交割给此人。[27]如何能消灭两者①，他就应如何做。[28]或者，他可以将狠毒的军队交割给此人——彼辈一被怠慢就会为害；又或者，他可以将忠诚的世职军交割给此人——他们在此人陷入灾患时，可为害于他。

[29]若以库财求和，他应将贵重物交割给此人，让他找不到买家；或者，他应交割不适用于作战的林产。

[30]若以土地求和，他应把如下土地交割给此人：可被收复的；恒有敌人的(7.10.16)；无法托庇的；或开辟起来会造成极大损失和耗费的。

[31]或者，他可用都城外的所有财产去向强王求和。

[32]但凡别人要强夺的东西，他都应将其呈送给人，以为权宜。他应保全自己身体，而不是财物；毕竟，财物又不是必要的②，有什么可惜的呢？

① 两者(ubhaya)：自己提供的军队(叛军、敌王军、从蛮军)，和将要进攻自己的这个敌王。

② 财物又不是必要的(anitye dhane)：迈耶、坎格尔和奥利维勒都将anitya理解为“无常”，但此处财物(dhana)和身命(svadeha)对举，那么，既然财物“无常”(anitya)，则身命就是“恒常”(nitya)的了，这显然是不合理的。这里的anitya应理解为“非必要的、非内在的”。即：身命是必要的，所以要保住，财物则不是，失去亦无需太可惜。

——以上是第十二篇“弱王”第一章“使节之职事”。

第二章

第 163 目：谋略战

［1］若此人[①]不达成和议，他[②]可以对此人说：“这些屈服于六贼(1.6)的国王已经覆灭了，他们不具备个人资质(6.1.6)，他们的道路不值得您追随着去走。［2］您应考虑的是法和利。［3］因为，那些使得您去做鲁莽、悖法、悖利之事的人，是说话像盟友的(7.14.1)敌人。［4］与不顾惜性命的猛士相斗，是鲁莽；令双方损失人，是悖法；抛弃得手的利和无过的盟友，是悖利。［5］并且，此王[③]有众多盟王，而且用这些财物[④]，他将诱动更多盟王；这些盟王将从四面向您进攻。［6］况且，他也并未被中王、中立王还有曼荼罗所抛弃。而您自己却被他们抛弃了。毕竟，他们无视您出兵[⑤]，心想着：‘且让他再多遭些损失和耗费；且让他与盟王相疏离！然后，一等他离开基业(7.2.14)所在地，我们可轻易地将他消灭！’［7］陛下呀！说话像朋友的敌人，不值得您听从；震慑盟友，却带给敌人好处，不值得您做；

---

① “此人”是上一章的“此人”，即攻伐弱王（欲胜王）的“强王”，下同。

② “他”是欲胜王派出求和的使节。

③ 使节所代理的国王，即弱王，亦即欲胜王。

④ 用这些财物（etena arthena）：即弱王向强王求和所许诺，但被强王所拒绝的财物。

⑤ 这里有一个前提：假如强王未被曼荼罗诸王所抛弃，那么，他一旦出兵，其他国王是会帮助他的。

以身犯险和悖利之事，不值得您做。”——他应以上面这类话说服此人。

第 164 目：行刺敌军统领

[8] 若即便如此此人还要来犯，他应按“对团众之举措”(11.1)和“以秘法出敌”(13.2)中所说的那样去造成此人各个要素的叛乱；[9] 并使用刺客和投毒人。[10] 在“国王之自全”(1.21)中所提及的那些需要防范的所在，正是他可使用刺客和投毒人的所在。

[11] 蓄妓人(5.2.21)可用极年轻貌美的妇人令[此王的]那些统领惑溺。[12] 一旦众多或两个敌军统领对某个妇人产生爱意，刺客们应制造争斗。[13] 对于在争斗中落败的一方，他们应促使其逃走，或为本方主公征战效力[①]。

[14] 对于被爱欲所控制的[敌军诸统领]，假充高人的暗差应先以癫迷药草骗过他们，再对他们用毒。[②]

[15] 或者，假充商贾的暗差可把大量财物给此人宠妃的近侍女婢，以表爱意，然后将她抛弃。[16] 由假充该商贾近仆的暗差引荐的一个假充高人的暗差，应将癫迷药草给[该女婢]：“可将此药草用在那商贾身上。”[17] 一旦成功，他可以进一步将此秘法指点

① “他们”指欲胜王派出的刺客或密使。“本方主公”是指会被强王攻击的弱王，亦即欲胜王。

② 值得注意的是，《利论》中所说的对颠迷药草的使用，一般来说是有爱意的一方对可能无动于衷的一方使用，以求对方爱上自己。那么，在这里，敌军统领自己是有爱欲的一方，这种药草似乎应该是要被他们用在那些妇人身上。这样的话，那被下毒的就会是这些妇人，而不是敌军统领了。所以，这句话在情理上有一定的问题。要么是传抄舛误，要么是作者失察。不过也许是如下情形：颠迷药草也带有催情功能，而这些统领们将它们用在自己身上。

给宠妃："可将此药草用在国王身上。"［18］于是，他就可以用毒药骗她。[①]

［19］或者，假充算命师的暗差可以对一位逐渐被自己诱导的大臣说他具有人主之兆。［20］乞食女道人也可以对其妻子说："您将成为王后〔或您将诞下国王〕。"

［21］一个假充妻子的女暗差可对某大员说："据说，国王将会将我禁纳［于后宫中］。而且这书信和饰物已由一个游方女道人(1.10.7)带到您家里。"[②]

［22］或者，假充汤汁厨子与饭食厨子(1.12.9)的暗差可将此人给该大臣下毒的指令，还有为这个差事开出的钱财告知该大臣。［23］假充商贩的暗差应该帮腔证实这一点，并向该大臣说［此药药到］事成。[③]

① "高人"将毒药当成颠迷药提供给王妃，王妃再将此毒药用于该强王（"此人"），可毒杀之。

② 假充妻子的女暗差（bhāryāvyañjanā）：这里的问题是："假充"该怎么解释？而所假充的又是谁的妻子呢？坎格尔认为：这里的"假充"（vyañjana）应以宽泛的方式解释：女暗差在一开始就嫁给该大臣，一直潜伏，伺机而动。在此时，她谎称国王要将她夺去（国王送来表达爱意的书信与饰物），以挑拨君臣关系，导致君臣争斗。奥利维勒则认为坎格尔说较为"牵强"，这里的女暗差应该是假充国王的妻子。她假称自己爱上该大臣，却被国王听闻到风声后要将其禁闭，于是托游方女道人将自己的书信和饰物带给该大臣。奥利维勒的说法有一点问题就是，传情一般是男方给女方书信和饰物（尤其是饰物），后妃爱上大臣，送书信则可，送饰物有悖常情。因此，坎格尔的解释要好一些。其中 avarodhayiṣyati 意为"禁闭、禁足"，CŚ 在此处将其训为"行将禁纳于后宫"（avarodhayiṣyati svāntaḥpuraṃ neṣyati）。

③ 隐含的情节可能是：假充商贾的暗差应该谎称国王向自己买过药，并极言此药毒性之强，令这大臣更加相信国王要害自己。kāryasiddhiṃ 为"事情之成办"。CŚ 解释说："意谓凭此毒药，当即取人性命这种事情便可成办"（tena viṣena sadyomaraṇalakṣaṇaṃ kāryaṃ sidhyed iti）。

［24］就这样，他可以用一种、两种或三种办法促使［此人］的大臣一个一个地攻击或弃绝他。

［25］此人的各个要塞中，在虚护(9.3.10)近旁的密使们，应出于“好意”而在城市民与聚落民中宣称：“虚护大人已经向众将士与各部官长们说了：‘国王眼下处境艰难，或能活着回来，或不能活着回来，你等且自行强占财物和杀敌吧。’”［26］这话一旦传开，众刺客可于夜间抢劫城市民，杀害长官，并扬言：“不听从虚护者，就如此处置！”［27］而且，他们应将带血迹的兵器、财物、绳索扔到虚护的处所。［28］然后他们可以宣称：“虚护又杀又抢！”

［29］他们也应如此去离间聚落民和总督(2.35)。［30］但是，刺客们应先于夜间在各个村落中将总督的属下杀死，然后说：“悖法地凌虐聚落民者，被如此处置！”

［31］一旦祸事发生，他们应通过臣民的叛乱将虚护或总督害死，［32］并立其王族中觊觎大位者或失宠之王子为新君。

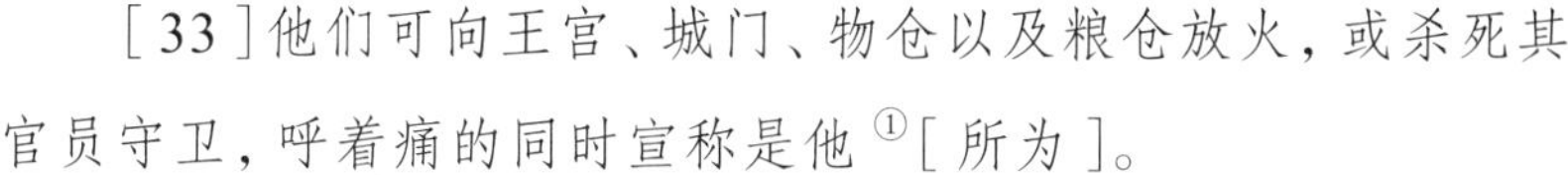

［33］他们可向王宫、城门、物仓以及粮仓放火，或杀死其官员守卫，呼着痛的同时宣称是他①［所为］。

——以上是第十二篇“弱王”第二章“谋略战”“行刺敌军统领”（第一分）。

① 他（asya）：即虚护（城市中）或总督（聚落中）。暗差们一边破坏，一边呼痛，并宣称是虚护／总督所为。

第三章

第 164 目：行刺敌军统领（续）

[1]在敌王或敌王宠臣近旁的密使们，应凭着朋友间才会有的信任，透露[消息]给那些身为步、骑、车、象四兵众位统领之朋友的人，就说国王恼怒于他们。[①][2]这话一旦传开，刺客们做好夜间行动的准备后[②]，到他们的住所说："国王有令，跟我们来。"[3]一出去，他们就可以杀掉这些人，并对这些人身边的人说："这是国王的指令。"[4]密使们可对那些未被杀死的统领说："我们说过的，就是这样。想活命的就逃走。"

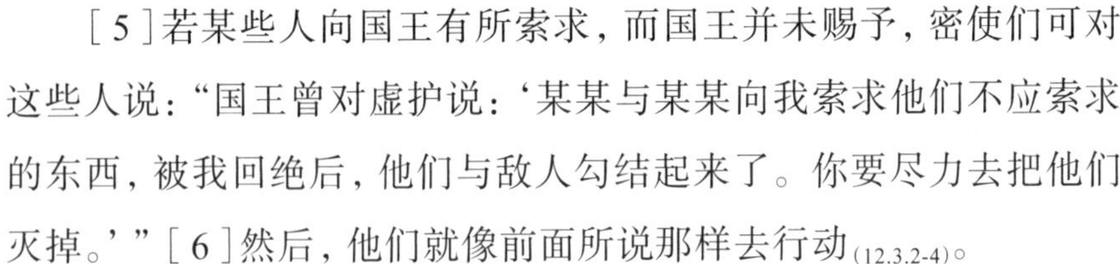

[5]若某些人向国王有所索求，而国王并未赐予，密使们可对这些人说："国王曾对虚护说：'某某与某某向我索求他们不应索求的东西，被我回绝后，他们与敌人勾结起来了。你要尽力去把他们灭掉。'"[6]然后，他们就像前面所说那样去行动(12.3.2-4)。

[7]若某些人向国王有所索求，而国王赐予了，密使们可对这些人说："国王曾对虚护说：'某某与某某向我索求他们不应索求的

---

① 即：在敌王或敌王宠臣近旁的密使们，把国王恼怒于军队统领的消息，作为一个对朋友才能告诉的秘密，告诉给这些统领的朋友们。朋友间才会有的信任（suhṛdviśvāsa）：因友谊才产生的信任，朋友间才有的信任。即：这些密使，让那些统领的朋友们觉得他们得到的消息是只有朋友才会透露，而一般的人是不告诉的。

② 做好夜间行动的准备后（kṛtarātricārapratīkārā）："对夜间行动的问题准备好对策"（CŚ）。大概是说，既然假装是国王派出的人，而且在敌方国土（或军营）中行动，需要一些过关的令符之类的（奥利维勒）。当然，考虑到密使们一直潜伏在敌王或敌王宠臣身边，他们拿到这些东西给刺客，应该并不难。

东西，我为了［他们对我产生］信任，就把东西给了他们，结果他们和敌人勾结起来了。你要尽力去把他们灭掉。’”［8］然后，他们就像前面所说的那样去行动。

［9］若某些人未向国王索求他们不应索求的东西，密使们可对这些人说：“国王曾对虚护说：‘某某与某某不向我索求他们可索求的东西，无非是因为自己的过错[①]而惊惧。你要尽力去把他们灭掉。’”［10］然后，他们就像前面所说的那样去行动。

［11］对一切可被收买党众［的策略］由此可说明。

［12］或者，一个在敌王近旁奉承的密使可通知敌王：“您的某大员与某大员正在与敌王的人通信。”［13］一旦敌王听信，他可将带着［欲胜王］书信的叛徒交给此人看：“就是这个！”[②]

［14］或者，用土地与金钱收买敌军统领与高官[③]，再令他们攻击本国人，或将他们迁走(2.1.1)。

［15］此人若有一子居于近处或要塞之中，密使们可煽动他：

① 自己的过错（svadoṣa）：指投敌叛变。即：这些人不向我要应得之物，无非是因为自己心虚罢了！

② 即：弱王（欲胜王）会派一些有叛心的人送信给强王的某大臣，而密使们会将这些叛徒连同书信截住一同交给强王看，让强王自己的大臣们坐实通敌之罪。而欲胜王通过强王除去了自己的奸臣与对方大臣。

③ 敌统领与高官（senāmukhyaprakṛtipuruṣa）：“军队统领与高级官员”（CN）；“军队统领中的主要长官”（坎格尔）。作者原意如何难以确定。不过，在迦梨陀娑（Kālidāsa）的《云使》中，prakṛtipuruṣa 为“枢臣”或“重臣”（*Meghadūta* 1.6），因此 CN 说更好。另外，在 8.4.15 中提到，本方军队作乱的话，可以通过收买或斩杀 prakṛtipuruṣamukhya 中的来平息，这里的 prakṛtipuruṣamukhya 和这里的 senāmukhyaprakṛtipuruṣa 是一个意思：高官或军队统领。这两者能节制全军或至少一部分军队，无论收买还是对其斩杀，对控制他们所统领的军队都有很大作用。

“你更具有个人资质。但即便如此，你却被他盖过了。你为什么对此无动于衷？在储君灭掉你之前，你要先攻而取之！”

［16］他可先用钱收买敌王家族中觊觎大位者或失宠王子，再对那人说：“你快去摧毁此人内部的〔或前线的；或边地的〕军队。”[①]

［17］他可用财利和尊荣安抚丛蛮酋魁，再［利用他们］摧毁此人的王国。

第165目：曼荼罗之鼓动

［18］或者，他可对此人的背面攻击者说：“此王灭我之后必定会来灭你；快攻击他的背面！待他回过头对付你，我将从背面攻击他。”

［19］或者，他可以对此人的众盟王说：“我是你们的堤坝。我若破毁，他将吞没你们所有人。我们且联合起来挫败他的征伐！”

［20］另外，他还可传信给那些或与此人结盟或未与此人结盟的众国王：“此王根除我之后必定会对你们采取行动。你们要小心哪！对于你们来说，帮助我会好点。”

［21］为获解救，他应一再传信给中王，或传信给中立王——这个视远近而定[②]，以全部的财产交付之。

① 本句中：他指弱王（欲胜王）或他的密使；那人指被煽动者；此人指准备进攻的强王。

② 即：若中王近而中立王远，他应先传信给中王，被拒绝后再传信给中立王；反之，若中立王近而中王远，他应先传信给中立王，被拒绝后再传信给中王。

——以上是第十二篇“弱王”第三章“行刺敌军统领”（第二分）、“曼荼罗之鼓动”。

第四章

第 166 目：兵器、火、毒之秘密使用

第 167 目：敌军补给、援兵、打粮队之剿除[1]

［1］那些在此人各个要塞中假充商贾的暗差们，各个村落中假充家主的暗差们，以及各个边地戍镇(3.1.1)中假充牛倌和苦行者的暗差们，可向此人的某个邻王、某个丛蛮酋魁、其王族中觊觎大位者，或某个失宠的王子送去贡品(12.4.1)并传信：“此地可取。”［2］对这些人[2]派到此人要塞中的众暗差，他们应以财物和尊荣礼待之，再把此人各个要素的弱点指点给这些暗差。［3］他们应同这些暗差一道打击这些弱点。

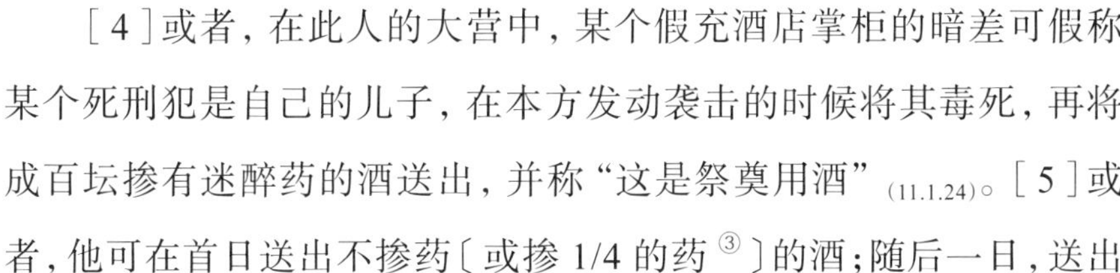

［4］或者，在此人的大营中，某个假充酒店掌柜的暗差可假称某个死刑犯是自己的儿子，在本方发动袭击的时候将其毒死，再将成百坛掺有迷醉药的酒送出，并称“这是祭奠用酒”(11.1.24)。［5］或者，他可在首日送出不掺药〔或掺 1/4 的药[3]〕的酒；随后一日，送出

① 奥利维勒认为本节题目很牵强，因为整章主要讨论的仍然是 166 目的主题。

② 这些人（eṣām）指上文中的邻王、丛蛮酋魁等。

③ 掺 1/4 的药（pādya）：CŚ 解释为“所谓 1/4，是致死剂量的 1/4，掺这么多药的

掺足量药的酒。[6]或者，他可以先给军队统领们不掺药的酒，当他们醉去时，应给他们掺足量药的酒。

[7]或者，在敌军中任统领的暗差[①]可假称某个死刑犯是自己的儿子……，其余同上(12.4.4)。

[8]或者，假充熟肉贩、熟粮贩、酒店掌柜、糕饼贩的暗差们，可大声吆喝自己所售食物之好，并在彼此的竞争中招徕敌人说“这个可以赊[②]”〔或“这很便宜”〕，再在自己货物中下毒。

[9]妇人和孩童可先从经营酒、奶、乳酪、酥油、麻油的人那里取得这些东西，再将它们灌进自己带毒的容器里，[10]并说“以这个价卖给我”[③]〔或“重新来质量好的”〕，然后把这些东西倒回原处。[11]或者，假充商贩的暗差们或取运人[④]通过货物的售卖可正好把这些东西[给敌人][⑤]。

[12]在近旁的[暗差们]，可对马、象的饲料和青草下毒。[13]

酒就是 pādya”。当然，这是致人麻醉的药，也许是指将人麻翻剂量的 1/4。

① 正如坎格尔所说，除非是作为卧底一直在敌军中活动并获得擢升，否则“假充的”敌军统领几乎是不可能过关的。

② 赊(kālikaṃ)：定期利息的借贷(参见 11.1.28, 29 句中的注释)。在这里，就是赊销给对方。

③ 用毒把东西污染之后，再向卖家还一个很低的价，卖家当然不会干，于是东西又倒回去。

④ 取运人(āhartṛ)：迈耶与两位英译者似乎都认为是小商贩(和前面的 vaidehaka 相对)，这是可能的。但 āhartṛ 也可能只是去卖家那里取货“带回来”(āhṛ)给买家(敌军)的人，他们本身并不参与买卖。

⑤ 正好把这些东西(etāny eva)：恰恰这些货物。“这些东西”可能是指：(一)被妇人或孩童下过毒的那些食物；(二)第 9 句中列举的那些酒、奶、奶酪、酥油、麻油这些食物(不一定下过毒)。若是后者的话，假充商贾的暗差们可以自己掺毒卖给敌人，而取运人也可以在取货运货过程中下毒。

或者，假充雇工的暗差们可售卖有毒的青草和水。

[14]或者，牛贩们可于本方突袭之时，在能引起敌军扰乱的各处放出牛群〔或山羊与绵羊群〕，并放出马、驴、驼、水牛等动物中较凶猛的那些。[15]或者，假充以上贩子的暗差们可放出眼睛涂有麝鼠血的动物(14.1.29)。[16]或者，假充猎户的暗差们，可把凶猛的野兽从笼中放出来；捕蛇人可放出有剧毒的蛇；以象为生者[①]可放出象。[17]或者，以操持火为生者应放火。

[18]众暗差应攻杀从战场上返回的步、骑、车、象四兵的统领；或者，他们可向众统领的住处放火。[19]被遣往敌军的那些假充的叛军、敌王军、从蛮军[②]，可从背面进行攻击，或增援本方的突袭。

[20]或者，隐藏在丛林中的[军队]可先将前线的某支队伍引出来，再攻杀之；或者在单人小道上攻杀其补给、援军、打粮队。

[21]或者，在夜战中，他们[③]擂响大量战鼓作为约定的信号，并喊："我们攻进来了！王国被攻占了！"

[22]或者，他们进入王宫后，可在混乱中杀掉敌王。[23]或者，当[敌王]行军时[④]，蛮夷军(7.14.27)或从蛮军的指挥们隐蔽于伏击位

---

① 以象为生者（hastijīvin）：是指捕、驯和买卖象的人。

② 所谓叛军、敌王军、从蛮军是针对弱王（即欲胜王）而说的，他们假装弱王（欲胜王）的叛军、敌王军、从蛮军（这三类军队对拥有者较危险的），或是通过之前的交易、条约成了强王的军队。但他们不是真正的叛军、敌王军和从蛮军，而是忠于弱王（欲胜王）并伺机对强王进行破坏打击的军队或暗差。

③ 他们应该是指上文中的假充"叛军、敌王军、从蛮军"的这些人。

④ 当敌王行军时（prayātam enaṃ）：当强王行军时。坎格尔和奥利维勒将 prayāta 译为"逃窜"，这显然是受了上一句的影响。实际上，上一句说的是进入王宫杀国王，而这一句说的是在敌王（即强王）行军时进行伏击，这两者是不同情况下杀敌的不同方式，是供弱王（欲胜王）选择的方案，并没有时间先后或逻辑上的联系。

置$_{(10.3.24)}$〔或树干形成的篱墙后〕应四面攻杀之。[24]或者，假充猎户的暗差们，可在突袭引起的混乱中，靠秘战的机会[①]杀死他。[25]或者，他们可在单人小道上〔或山地、树干形成的篱墙后、沼泽地、水中〕用擅长在该地形上作战的军队攻杀之。[26]或者，他们可通过决河、湖、塘的堤坝形成的洪流淹没他。[27]或者，若他处于荒漠要塞、林泽要塞或水要塞中，他们可用秘术制造的火烟$_{(14.1.4\text{-}14)}$消灭他。[28]若他去到狭迫的地方，刺客们应用火除掉他；若他去到荒漠，应用烟；若他去到住所，应用毒；若他扎入水中，应用凶猛的鳄鱼或水里行动的人；又或者，若他从着火的住处逃出时[除掉他]。

[29]若敌王固守以上所说地方不出，他可用“以秘法出敌”$_{(13.2)}$与“秘行”$_{(5)}$中所说的方法，或任何一种秘行对他占先。

——以上是第十二篇“弱王”第四章“兵器、火、毒之秘密使用”“敌军补给、援兵、打粮队之剿除”。

① 靠秘战的机会（gūḍhayuddhahetubhir）：CŚ将gūḍhayuddha（字面为“暗战”“秘斗”）训为“诡计战”（kūṭayuddha），这不太可能。因为10.3介绍了诡计战的各种方法，而在这种情况下，假充猎户的暗差们用诡计战，既不可能，也太迂远。坎格尔认为是“纯粹的击杀”。奥利维勒将gūḍha当作名词，理解为“秘密方法”，译为“以秘密方法进行的战斗”，似乎也穿凿。在这种情况下，猎户们趁乱杀死国王，当然以隐蔽斩截简捷的方式（兵器、火等）为上。因此笔者将gūḍha作为普通的形容词，而不作特别的理解，译为“秘战”。当然，这也可能仅仅只是指趁乱“暗杀”。

第五章

第 168 目：以秘行占先

第 169 目：以军力占先

第 170 目：孤王之胜

［1］在敌王敬奉天神的游行中，因为他的虔诚，他［可能会］有很多敬拜的去处。［2］在这些地方，他应对此人实施秘行。［3］当敌王进入神庙时，他可通过释放机关，令一面被遮住的墙或一块石头砸向敌王；［4］或者从顶阁放出石块雨或兵器雨；或放落一块门板；或放下一根搁在墙上且仅绑固一头的门杠。［5］或者，他可以令神像、旗帜或兵器从其顶上砸落。［6］或者，在此人驻足、落座、走动的地方，他可通过用来涂抹的牛粪、用来喷洒的香水或用来供奉的花和粉末对此人用毒。［7］或者，他可将藏在香料里的毒烟导向此人。［8］或者，他可通过放开一支销钉而令此人落入布有三叉戟的井，或落入设置在此人床或座下方，且屋顶套着机关的暗阱。

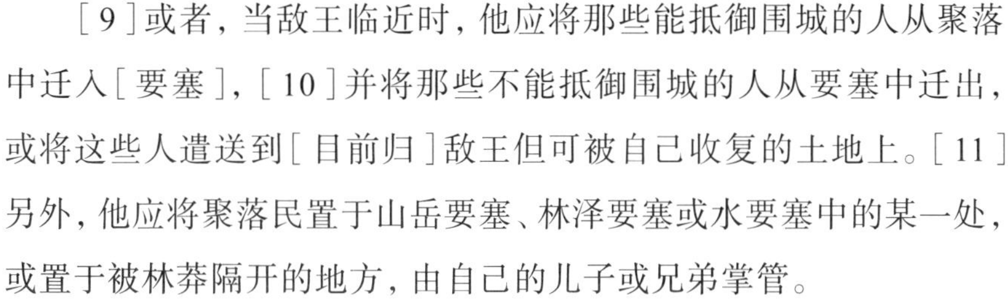

［9］或者，当敌王临近时，他应将那些能抵御围城的人从聚落中迁入［要塞］，［10］并将那些不能抵御围城的人从要塞中迁出，或将这些人遣送到［目前归］敌王但可被自己收复的土地上。［11］另外，他应将聚落民置于山岳要塞、林泽要塞或水要塞中的某一处，或置于被林莽隔开的地方，由自己的儿子或兄弟掌管。

［12］坚城自守的各种机由，在“领兵归顺者之行止”一节中已经解说过。[①]

［13］他应令［人将要塞四周］一由旬(2.20.25)以内的草木都烧光，［14］再将水下毒排空。［15］另外，他应在［要塞］外面布下陷阱、暗套和带刺的物事(2.3.15)。

［16］挖掘一条通向敌营并有多个出口的地道后，他应令人将此人的储积主管〔或敌王本人〕掳走。［17］若对方掘有地道，他应令人将城壕挖掘到水淹到［地道］那么深，或沿护墙掘［同样深的］井厅[②]。［18］他应令人将装水的罐子或青铜器具放置于各个可疑的地方，以察觉挖掘。［19］一旦发现地道，他应令人挖掘反制地道。［20］他可先将其从中间破开，再向里面放烟或水。

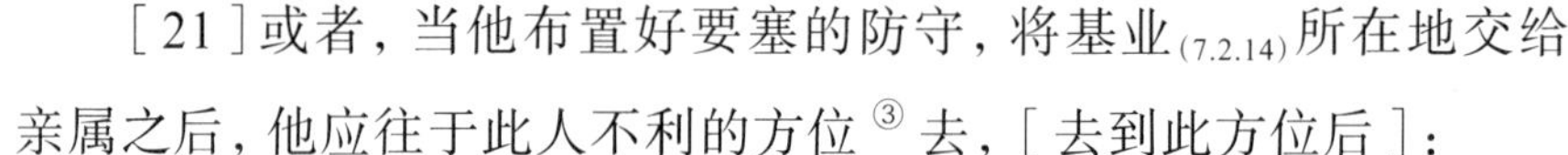

［21］或者，当他布置好要塞的防守，将基业(7.2.14)所在地交给亲属之后，他应往于此人不利的方位[③]去，［去到此方位后］：

或者，他可与盟王、亲属或丛蛮酋魁联合，或与此人的大敌或大奸臣联合；

或者，他可令此人与此人的盟王分裂，或可从背面对此人发动攻击，或可令此人王国被攫夺，或可阻截此人的补给、援军、打粮队，

① 参见 7.15.12。可以看到，第七篇第十五章中的两目（119 目与 120 目）分别是“与强王开战后坚城自守之诸机由”（vigṛhyoparodhahetavaḥ）与“领兵归顺者之行止”（daṇḍopanatavṛttam），这里说参考第 120 目，但“坚城自守之诸机由”实际在第 119 目中。

② 井厅（kūpaśālā）：掘井淹地道容易理解，但井上面带一个厅棚则较不常见。或许是因为地道里的敌人遇到水淹会从井里出来，而井上面造一个密闭的厅室，刚好可以对敌人瓮中捉鳖。

③ 于此人不利的方位（pratilomām asya diśaṃ）：“有利于［促成］此人不希望的情况发生的方向”（CŚ），即：去哪里可以不利于敌人，他就该去哪里。此人（asya）仍指进攻这个弱王（欲胜王）的强王。

或者，他可像赌骰局中出千那样地[1]对此人进行打击；

或者，他可保护自己的王国，或光大自己的基业。

［22］又或者，在哪里他能获得所希求的和约，他就应去哪里。

［23］或者，与他同行者[2]可向此人送信说："你这个敌人已经在我们手中，鉴于［他是］货物或［可能的］反击，请送钱和一支精兵过来，我们把他绑了〔或杀了〕之后交给他们。"[3]［24］若此人听信，他可以扣下钱和精兵。

［25］或者，边守可以交出要塞为名把敌军的一部分引入城，再趁其毫无防范之心时歼灭之。

［26］或者，他应引诱敌军的一个分队来摧毁集于一处的聚落民。［27］将其引入封闭的区域，再趁他们毫无防范之心时歼灭之。

［28］或者，假充此人盟友的暗差可给围城者[4]送信说："在此城中粮〔或油，或糖，或盐〕已耗尽，补给会在某地某时进入，你去抢吧！"［29］然后，或叛军，或敌王军，或丛蛮军可将有毒的粮〔或油，

① 像赌骰局中出老千那样地（ākṣikavad apakṣepeṇa）："以赌骰局中扔骰子的方式"。CŚ 解释为：好比赌徒扔有诈的骰子一般，使用诈术打击敌人。像掷骰子出老千一般打击敌人，即在使巧诈能导致必胜局面的情况下对敌人进行打击。

② 同行者（sahaprasthāyinas）：同行（xíng），即那些与弱王（欲胜王）一起离开要塞，外出寻找制敌机会的人。在这里，他们向强王送信，是想假装弱王已经为他们所控制，并向强王表达交易意愿者。

③ 即："我们想卖掉他，请你送钱来买人，送军队过来弹压同情他的人的反击"。paṇyaṃ viprakāraṃ vāpadiśya：以货物和（可能的）伤害为借口。即：因为弱王是这些人的货物，所以强王要送钱来购买；因为可能有人破坏这个交易，所以要强王送一支精兵过来平乱并接受货物（弱王）。

④ 围城者（bāhyasya）：外面的。即围住弱王要塞的强王，与前文的"此人"也是同一人。

或糖，或盐］运进来；或者由另外一些死刑犯［运进来］。[①]［30］一切器物和补给的被劫，可由此说明。

［31］或者，议和之后，他可先将一部分钱交付给此人并拖延剩余部分。［32］然后，他可削弱此人的防御布置；［33］或者，可用火、毒、兵器攻击对方；［34］或者，拉拢此人的那些前来受款待的宠臣。

［35］或者，若他被完全耗尽，他应将要塞交给此人，然后离去。［36］他也可从地道或护墙上开凿的内沟[②]逃走。

［37］他可于夜间发动突袭，若成功，则留守；若未成功，则以诈术逃走。［38］他可乔装成有少许随从的外道后逃走；［39］或者，他可以扮成死尸让暗差们带出去；［40］或者，他可以着女装，跟在死者后面。［41］或者，他可在将用于祭神、祭祖、聚会这类场合且有毒的饮食留下之后再逃走(7.17)。

［42］完成煽惑后，他可先与假充叛徒的众暗差一起出去，再以伏兵攻杀之。[③]

［43］或者，若他的要塞被这样攻占，他可先起一个带食物的[④]

① 运送这些物资的队伍必然会被强王所围截，选择叛军、敌王军、丛蛮军、死刑犯这类人来执行这个任务并和强王遭遇，无论战斗结果如何，弱王都会有好处。

② 护墙上开凿的内沟（kukṣipradareṇa）："他可以挤过去的［缝隙］"（迈耶）；"从侧面的开口"（坎格尔；奥利维勒）。但两位英译者不寻常地将 kukṣi 理解为"侧面"，却未做出任何说明，令人疑惑。kukṣi 为"腹"或"内部"，kukṣipradara 似乎应该是在护墙内部的内道，至少是内嵌在护墙表面的沟道，这样，人在逃走的时候可以隐蔽在里面而不至于被人发现。

③ 即：弱王（欲胜王）的人装作叛臣对敌王进行煽动，保证叛逃或将弱王交出。弱王与"叛徒"出城，强王这时可能放松警惕，在这个时候，弱王可凭伏兵出其不意地攻击之。坎格尔认为，"伏兵"（gūḍhasainya）应当是指这些假装的"叛徒"本身（暗里的兵），不太可能是埋伏在城外的。这一推测很有道理，我们也能在前面找到理由（12.5.13-14）。

④ 带食物的（prāśyaprāśam）：直译为"带可食的食物的"，这是描述支提的。但"可食的食物"这种语意重复的表达则不甚自然，或许，这是为了强调与前面总提到的下毒

支提，进入神像上开的一个洞〔或一面暗墙[①]；或一个带神像的地下室〕之后，在那里待下来。[44]待一切被遗忘，他可于夜间通过地道进入国王内室，将睡梦中的敌王杀死。[45]或松开某个可通过机关释放的物事后，令其砸向敌王。[46]当敌王睡在一间被涂满毒药和燃剂$_{(13.4.19\text{-}21)}$〔或一间紫胶屋子里〕时，他应向屋子放火。[47]当敌王在各个行乐园林或消遣场所中的任何行乐处放松警惕时，那些从地下室、地道、暗墙进来的刺客可杀死他；或由秘遣的暗差用毒杀死他。[48]或者，当其眠于一密闭处所时，女暗差们可自上面放蛇、毒火或毒烟。

[49]或者，一旦机会出现，他可秘密地到处行动，运用任何出现的机会对付进入后宫的敌王。[50]然后，他应秘密离去，并向自己人发出暗号。

> [51]他用鼓声作暗号召唤了阍人、阉人以及其他被秘遣事敌的人[②]之后，再可让[他们]杀掉余下的敌人。

——以上是第十二篇“弱王”第五章“以秘行占先”“以军力占先”“孤王之胜”。

——以上是憍底利耶《利论》第十二篇“弱王”。

(rasaviddha; rasayukta)食物的区分(下毒的食物留给敌人，但这个是预备给自己食用的)。

① 暗墙(gūḍhabhitti)：“具有可居住的空间的，可让人隐蔽其中的墙”(CŚ：vāsayogyarandhravatīṃ bhittim)。本章前文第3句中也有gūḍhabhitti，但那个是指墙本身是隐秘的、被遮住的，可用于突袭。

② 被秘遣事敌的人(nigūḍhopahitān)：秘密派去侍奉敌王但实际忠于欲胜王的人。显然，上文第47句用毒的那个人应该就是这样的人，否则他无法近敌王的身。

第十三篇　夺城诸法

第一章

第 171 目：煽惑

［1］欲胜王想要获取他人的聚落[1]，可通过宣称自己无所不知，与天神相亲近来令本方阵营振奋，并令敌方阵营惊惧(10.3.33)。

［2］至于宣称自己的无所不知，可如下施为：知悉统领们家中隐秘的新事后，再告诉他们本人；通过以“去刺”为务的密探(1.12.17；4.4.3)找出行国王所憎恨之事(4.10.13)者，并将此人昭示于人；凭着他人不注意但自己根据交接术(1.12.1)了解到的暗号等，说出他人所要求或献上的东西；[2] 通过传递带符印信息的家鸽获知他国的即日新事。

---

① 想要获取他人的聚落（paragrāmam avāptukāmaḥ）：想要获取他人村落或聚落的人。在这里说 grāma 而篇名中说 durga，要么两者被作者作为同义词使用，要么 grāma 含义包括了 durga。同时可以看到，前面 1.18.10、5.1.3、9.3.18 中的 pāragrāmika 无论是从语词还是从意义上来说，都和本主题密切关联。可见，《利论》虽无以“夺取他人聚落”（pāragrāmika）为标题的篇、章、目，但可肯定这三处指的是这一篇中所说“夺城”（durgalambha）的内容。

② 懂得交接术（saṃsargavidyā）的国王从特殊的暗号中预先知晓别人的要求或想贡献何物，这可能确实是一门关于观察人各种表现从而获得细节的技艺；也可能指当事

［3］至于宣称自己与天神相亲近，则如下施为：令暗差预先自地道进入火支提中的空神像中，再与假充神祇的暗差交谈，并礼敬他；或者，与从水中冒出来的龙或伐楼那交谈，并礼敬他；夜间通过放置“海齑”袋在水中而现出火蔓①；站在底下由套石头的绳子吊住的筏子上②；将与梅花鹿内脏〔或蟹、鳄鱼、河豚和水獭的油〕一起熬制过百遍的麻油用在一个头被膀胱或胎衣罩住，只剩鼻在外面的人的鼻子上。［4］“夜间群类”与它一同游动③。［5］以上说的是水中的行动。［6］通过这些行动制造出［以下现象］：伐楼那或龙女说话，［国王本人］与之交谈，以及在震怒情形下从口中喷出火或烟。

［7］算命师、卜度师、占星师、掌故师(5.3.13)、预言师、众暗差、襄助其事者④，还有眼见其事者，应在本国境内宣扬之。［8］而在对

人与国王约定了，用两人特定的暗号作戏，让国王显得很神奇。不过无论是哪种情况，交接术都会涉及一套暗号。

① 即：表现出在水中燃烧的火的形象。samudravālukā 字面意思为“海齑”或“海粉”。诸译家都将 vālukā 理解为“沙”，十分可疑。原因如下：这种“海沙”袋子要在水中显现出火的形象，首先要颜色大红似火，其次密度不能太大，否则漂浮不起来。“海沙”并不符合这种要求。vālukā 除了可以是“沙”，还可以是“粉末”。笔者推测装在袋子里的应该为某种红色晶体的粉末，既能发光，又不会溶于水，还可以和袋子一起飘荡起来。而所谓“海齑”(samudravālukā)，很可能是红珊瑚粉末。

② 显然，这是指让筏子下端吊着石头，可以不浮起来也不沉下去，而欲胜王自己站上去，仿佛是站在水上。

③ “夜间群类”(rātrigaṇa)：指夜间活动的水生物群。此技法目的是让成群的水生物与此人一同运动，并表示这是一种神迹。它神在哪里，作者未明说(可能对当时人是一目了然的)，现在很难确定。或许能吸引水生物，是一种水里的神祇(龙、龙女)，然后国王再与这个“海神”或“龙”交谈。

④ 襄助其事者(sācivyakarās)：指在第 2—3 句的各种事件中帮助欲胜王制造神迹奇事效果的那些当事人。

方境内，他们应讲述他[如何]晤见天神，并得到天神的库财和军队。[9]另外，在探询神意、预兆、鸦象、体相[①]、梦、鸟兽的叫声时，他们应预测他的胜出和敌王的败灭[②]。[10]伴随着鼓声，他们可令人看到敌王的星宿日出现流星。[③]

[11]作为使节侍奉敌王的众暗差[④]，当他们出于友情而向敌王的统领们有所指点时，应告诉他们主上[对臣工的]恩遇，本方阵营得到了强固，而对方阵营则遭到削弱。[12]另外，他们应告诉这些人，众辅臣和将士会取得相等的获取与持守。[13]对这些人，他应顾念其逆境和顺境，并礼敬其后人。[⑤]

① 鸦象、体相（vāyasāṅgavidyā）：坎格尔与奥利维勒拆为 vāyasa 与 aṅgavidyā，分别译为“鸦飞”和“体相占”（参见 1.11.17 及注释）。但这个复合词也可以拆为 vāyasavidyā 与 aṅgavidyā，即“鸦象占”与“体相占”。“鸦象占”（vāyasavidyā），即通过乌鸦的行动（主要可能指飞行）进行占卜。彘日的《大集》中有专篇论此（参见 Bs 94）。

② 直译应为“对敌人，则做相反的预测”（viparītam amitrasya）。

③ 敌王的星宿日（parasya nakṣatre）：即敌王的诞辰星宿日（参见 2.36.44 及其注释）。流星（ulkā）在这天出现，想必是用来昭示其灭亡的。从后文我们可以看到，这流星也可以假造（参见 14.2.30）。

④ 作为……暗差（dūtavyañjanāḥ）：直译为“假充使节的暗差”，但直译会很费解。这些人在名义上不是欲胜王的使节，否则欲胜王要派使节劝降敌军统领，直接派出使节即可，何必是“假充的使节”？显然，他们为敌王担任使节（实际忠于欲胜王），而且他们与那些统领们谈话，是作为“自己人”而进行。他们告诉那些统领们欲胜王对他们的仰慕，以及欲胜王一方的强固，是自己作为使节出使欲胜王后的见闻和结论。这些见闻和结论，从自己人或同僚口中说出来的时候，那些统领们才会更加相信。

⑤ 第 11—13 句：请注意这里的指代关系。这是欲胜王的暗差在敌王境内的一系列策反行动。告诉敌王的文武官员，欲胜王在对待臣属与绝对力量上如何了得，以让敌王的官员投靠。使节在为敌王服务，但作者在口气上仍然是站在欲胜王一方的。要弄清这一点，否则，那些使节作为同僚，对将领说话，将欲胜王引为“主上”或“本方”是说不通的。同时，作者建议欲胜王善待这类投靠过来的人。另外，获取与持守（yogakṣemam）在这里是指地位和财利方面的待遇。尊敬（pūjana）指供养，即财富和地位上的施予。

[14]他应如此这般地鼓动对方阵营，正如前面所说的那样(1.14.6)。[15]我们将进一步阐说：[16]用共用的驴[作比方鼓动]那些勤于任事的人①；用敲杆和敲打树枝[作比方鼓动]那些领兵的人；②用失群的羊[作比方鼓动]那些惊惧的人③；用阵阵雷电[作比方鼓动]那些受辱的人④；用毗睹落芦草、给鸦的饭团或戏法变出来的云[作比方鼓动]那些希望落空的人⑤；用憎恨丑妻者仍装扮其丑妻[作比方鼓动]那些获得尊奉的人⑥；用虎皮和死亡圈套[作比方鼓动]那些被秘密考验(1.10)过的人⑦；用嚼毕卢枝、下冰雹、母驼、搅母驴奶[作比方鼓动]那些坚定辅佐[敌王]的人⑧。

① 即：共用的驴为所有人做事，却没人给予足够的回报。这些人勤于任事，却得不到足够的报酬。

② 即：敲杆和敲打树枝(这个行为)能打下树上的果子，但享受果子者却不是敲杆，也不是敲打者，而是树下捡果子的人。领兵的人为国王出生入死，却由国王安享战果。

③ 即：这些惊惧的人(比如得罪过国王)毫无希望，仿佛失群的羊(参见12.1.7)。

④ 被国王怠慢甚至侮辱好比为雷霆所惊吓甚至击中。

⑤ 毗睹落芦草(vidula)是一种芦苇，只开花而不结实；用戏法变化出来的云，不会下雨，这两者比喻国王许诺不兑现；给鸦的饭团，一方面显出恩赐的菲薄，另一方面显出受赐者的下贱。

⑥ 丑妻获得饰物，却得不到丈夫真正的喜爱，比喻臣子虽得到尊敬和供养，却不为国王所真正信任和爱护。

⑦ 从1.10可以看到，国王对臣子忠诚度的考验确实好比“死亡圈套”。但“虎皮”(vyāghracarman)的典故则不详。坎格尔认为是指国王如虎一般凶残。奥利维勒从《五卷书》里面洗衣工和驴的故事受到启发(参见*Pañcatatra* 4.5，驴子披着虎皮装虎)，推测有相反的故事，让老虎披着家畜的皮。他认为这个复合词不应理解为“虎皮”，而是“虎与皮”(外表驯良，实则为老虎)，但这个“相反的故事”难以查实，用来做证据较勉强。笔者暂译为“虎皮”。

⑧ 毕卢(pīlu)即牙刷树，人嚼其枝以洁齿，咀嚼而不吞食用来比喻忠于国王的臣子白费力。下冰雹(karakā)可能是与“下雨”相对，联系到语境我们可以猜测：辅佐好的国王如下雨，有益；而辅佐糟糕的国王如下雹子，有害。母驼(uṣṭrī)的含义不明。坎

［17］对于听信者，他应宠之以财利和尊荣。［18］若出现财物和口粮的匮乏，他应赐予他们财物和口粮相助。［19］而对那些拒不接受者，他们应抢走其妻儿和首饰。[①]

［20］若有饥荒、匪盗或从蛮作乱的情形，密使们可鼓动城市民和聚落民："我们去向国王求助吧！若得不到帮助，我们就去其他地方！"

［21］一旦他们听信，并说"就这样"，他应通过赠送财物和粮食予以帮助。——这就是煽惑产生的极大效用。

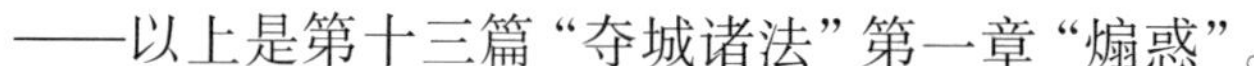
——以上是第十三篇"夺城诸法"第一章"煽惑"。

第二章

第172目：以秘法出敌

［1］一个假充去发或蓄发苦行者的暗差，可声称自己住在山洞中且已活四百岁，由许多蓄发生徒作伴住在城市近郊。［2］另外，

格尔认为可以理解为母驼不产奶，对它花心思（好比为国王服务）没有什么意义。奥利维勒将karakayoṣṭryā整个放在一起理解，译为"驼形水罐"，但其解释似乎并不那么具有说服力。母驴奶（gardabhīkṣīra）是指：（一）母驴奶搅不出黄油；（二）单蹄动物的奶为禁忌（参见Mn 5.8），这决定"搅母驴奶"是"白费劲"（aphala）。

① 拒不接受者（apratigṛhṇatām）：不听信的人。CŚ认为这些人"害怕失去高位而不接受诱降"。他们指为欲胜王办差的众暗差们（请注意第17—18句中的主语是"他"，即欲胜王）。

他的众生徒应通过采集根果[①]促使众辅臣和国王前去探望其师尊。[3]与此国王见面后，他可说出过往国王及其王国的识别标记，并说：“每满百年，我就进入火中再度成为童子。所以，就在您面前，我将第四次进到火中。我必须尊敬您，因此，您选三个愿望吧！”[4]当此国王听信，他可对此国王说：“您先办一个有演出的聚会，再与妻儿在此住上七夜。”[5]若这个国王住下来，他[②]可对该国王发动突袭。

[6]一个假充去发或蓄发静住行者[③]的暗差，由许多蓄发生徒做伴，可将一根先涂上山羊血，再抹上金粉的竹条〔或一根金管〕置于蚁垤中，使蚂蚁跟着爬。[7]然后，一个密使可去对国王说：“那个高人晓得一个丰富的宝藏。”[8]当被国王问起时，他可以说“是的”，再把这证物给国王看。——或者，他可先在地里埋更多钱财后再[拿证物给国王看]。[9]另外他还可对国王说：“这宝藏为蛇

① 通过采集根果（mūlaphalopagamanair）：坎格尔和奥利维勒都将其理解为生徒们带着根和果去拜访国王与大臣，且未做任何说明。实际上这个复合词的意义在这个语境中较难分辨。它既可以指众生徒凭着为师尊搜集采办根果之“事情”（upagamana）为由外出，以创造机会接近和劝说辅臣与国王（CŚ），也可以指生徒以“带根或果前去探访（upagamana）”这件事情本身劝说国王和辅臣去见其师尊。在这两种情况下，根与果肯定都不是生徒带给辅臣与国王的，而是假定给其师尊食用的（参见 1.11.14，这种“高人”在明面上只能吃最简单的根果类食物）。两位英译者在这里似乎疏忽了。

② 他指欲胜王。另需说明，第 3 句中高人能对敌王历数各代掌故，是因为之前做过功课。

③ 静住行者（sthānika）：“地方官”（CŚ），这不太可能。德译者迈耶认为 sthānika 是后文中 siddha（成就者、高人）的同义词。坎格尔与奥利维勒认为是“能预知地下物事的人”，这是受了后文的影响而附会的意义。笔者倾向迈耶的说法，sthāna 为“停”“住”或“驻”，sthānika 则为“停驻者”，这当是指与游方的苦行者相对的那种静止于某地的苦行者，译者暂译为“静住行者”。传说《罗摩衍那》的作者蚁垤仙人（Vālmīki）静坐冥思以至于为蚁垤所围，大概就是这种情况。

所守护，只能通过礼敬方能取得。”［10］当此国王听信，他可对国王说：“……七夜。”……其余同上(13.1.4-5)。

［11］或者，一个假充静住行者的暗差，可住在僻静处，于夜间被燃烧的火所包裹①。众密使可对逐渐被自己所诱导的国王说：“此高人可令人发达。”(1.11.16)［12］国王向他索求任何东西，他应同意为他获取：“……七夜。”……其余同上。

［13］或者，假充高人的暗差可凭幻术引诱国王(5.2.59)。［14］国王向他［索求］任何……其余同上。

［15］或者，一个假充高人的暗差，可寄身于该地所尊奉神祇［的神庙］，并通过经常举行聚会与臣民们的首领相熟络，再逐渐对其国王占先(7.4.4)。

［16］或者，一个假充束发苦行者的暗差，全身皆白，住于水中，并以岸下面的地道或地下室为遁避之所。而密使们可逐渐对被自己所诱导的国王说他是伐楼那或龙王。［17］国王向他［索求］任何……其余同上。

［18］或者，一个假充高人的暗差，住在聚落的边上，可促使国王去看他的敌王②。［19］国王若听信，他就造出其敌王的形象并召唤之，然后于隐蔽处将其杀死。③

① 具体做法见14.2.18-26，另见下文第23句。

② 这个国王的敌王，可能是欲胜王，也可能是欲胜王之外的其他敌王。当然，这个看并非面对面。

③ 这个“高人”对国王许诺，要用魔法助其消灭敌王，引诱国王到僻静的地方，再将国王杀死。这个骗局可能是基于当时流传的某种秘术，即：用某人的形象（画像、假人或塑像之类）将其生命力召唤（āvāhayitvā）到这个形象上来，于是毁掉这个形象便等于杀死了这个人（奥利维勒）。性质类似于中国古代的魔镇。

［20］假充商贾的暗差前来卖马，可凭卖马或献马为由邀请国王前来，当国王全心查看货物或混杂在马群中时，他们可将其杀死；或者，他们可用马击杀之。

［21］或者，众刺客可爬上城市近郊的某棵支提树上，用管子或毗睹落芦草管向罐子鼓声："我们要吃国王〔或众首领〕的肉，且敬奉给我们！"[①]［22］那些假充卜度师或占星师的暗差应将这话告诉给人们。

［23］或者，在某个吉祥的湖或水塘中，众暗差可扮成龙的形貌，身上涂着燃明火的油(14.2.25)，于夜间敲打铁棒铁杵，也喊那样的话。

［24］或者，众暗差包裹熊皮，喷着火和烟，作罗刹状，可沿城左绕三匝，于狗与豺嚎叫声的间歇中喊出那样的话。

［25］或者，众暗差用燃明火的油〔或用层云母罩住的火〕令支提处的神像在夜间发光，再喊出那样的话。［26］另一些人则应传说此事。

［27］或者，他们可用血造成［该地］所尊奉神祇的神像流过量的血。［28］另一些人则应传说，神像出血为战场失利之兆。

［29］或者，朔望日夜间，他们可将一个在焚尸场显著处、立着些被吃过的人的支提[②]指给人看。［30］然后，一个罗刹外形的暗差可索取人祭。［31］哪个自称英雄的〔或随便哪个〕人若要来这里看，他们可用铁杵将此人击杀，好让人知道他为罗刹所害。［32］亲

① 通过芦草管吹向罐子鼓出声音，是为了使得声音听起来像非人类的声音。

② 立着些被吃过的人的支提（caityam ūrdhvabhakṣitair manuṣyaiḥ）：caitya 也可指支提树（奥利维勒），那么这个短语也可理解为"一棵悬着些被吃过的人的支提树"，也合情理。可确定的是，这些人是指身体不全的尸体，这么做是显得他们被罗刹吃过。

见此事者或密使们应将此神异之事告诉国王。[33]然后，假充卜度师或占星师的暗差们应该劝国王做息灾或赎罪仪式：“否则国王或王国有大祸。”[34]若国王听信，他们可对他说：“在这类情形下[①]，国王应亲自每夜颂曼陀罗并向火献祭[②]，七夜不断。”[35]然后同上。

[36]或者，他可先让此类秘法显于自身，然后再加以应对，以教示诸敌王。[37]然后，他可以对各个敌王施行这些秘法。[③]

[38]或者，他可通过应对这些秘行[所造成的]异象来充实府库[④](5.2.45)。

[39]或者，育象林众护卫可用一头有吉祥标记的象去引诱喜好象的国王。[40]若他听信，他们可先将其引入密林〔或单人道〕，再将其杀死；或者将其绑了劫走。[41]对付一个喜好田猎的国王，可由此说明。

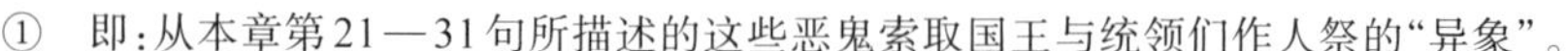

① 即：从本章第21—31句所描述的这些恶鬼索取国王与统领们作人祭的“异象”。

② 每夜颂曼陀罗并向火献祭（ekaikamatrabalihoma）：CŚ 认为是指“针对每个灾异，颂其曼陀罗（笔者按：曼陀罗即吉咒），献其祭”。但在这里，似乎欲胜王的暗差不必造成第21—31句所说的全部假象来让这个国王上钩。因此，ekaika 理解为七夜之内“每次”颂曼陀罗和献祭都要做足。另外，“亲自”（svayam），以及“七日不断”（saptarātram）这类要求，显然是让欲胜王以及其刺客好下手。

③ 即：欲胜王先让众暗差们向自己造作“灾异”，自己再采取办法祛除“灾异”，让敌王知晓自己的方法行得通。当然，这些办法（如七夜中颂咒行祭）都是做给敌王看的。下一步，再派暗差让这些“灾异”发生在敌王身上，敌王也会使用这些方法，这给欲胜王提供各种打击的机会。

④ 坎格尔认为这句话只是重复5.2.45，放在这里十分不恰，其实未必。欲胜王派特务在别国搞这类秘密破坏活动，别的国王不能自己应对（欲胜王不下令收手，“灾异”就不会停止），对方就会请欲胜王来做这种事情（第36句），并付给欲胜王报酬，而欲胜王刚好可通过放鬼捉鬼来赚钱。

［42］或者，众密使可用一些富孀〔或极年轻貌美的妇人〕去引诱贪求财物〔或女色〕的国王：因遗产或代工物之故将她们带到国王跟前[①]。［43］当国王听信，他们应于夜间隐蔽在伏击位置，以兵器或毒药将他在幽会地点杀死。

［44］或者，若敌王频繁造访高人、游方道人、支提、塔庙[②]、神像，刺客们可先进入地下室、地道或秘墙(12.5.43)，再击杀之。

［45］在以下的这些地方[③]：国王亲自去观看演出；在节庆游行或出游场合行乐；或在水中游嬉；

［46］他说出斥责这类话的所有情形下；在祭祀或聚会上；在诞子仪式、丧葬仪式或生病的情形下；或在喜乐、忧伤或恐惧的情形下；

［47］或者，当他于亲友间的节庆上由于信任而变得疏忽；或者，当他在雨天里〔或在拥挤的地方〕没有护卫而四处走动；

［48—49］或者，当他失道；或当他遭遇火情；或当他进入一个无人烟的地方。——［若发生以上情形］，众刺客应先与装衣物、首饰、花环〔或装床或座；或装酒和食的容器；或装和乐器〕的箱子一起混进现场，并与之前派遣的众暗差[④]一同

① 因遗产或代工物之故将她们带到国王跟前（dāyanikṣepārtham upanītābhiḥ）：密使们可能是让这些女子假称卷入了关于遗产或代工物的争讼（参见 11.1.42），他们会被带去由国王进行断案，“处于官司当事人的地位会让她们在国王面前显得软弱无助”（奥利维勒），从而让贪财或好色的国王觉得有可乘之机。

② 塔庙（stūpa）：窣堵波、塔或佛塔。这里是否专门指佛塔不得而知。

③ 以下列举的是适合行刺国王的地点、时间和场合（不一定严格地全都是地点）。

④ 这些人并非是事发当时才临时提前潜入的，而是欲胜王在敌王身边一直安插的暗差（参见 12.5.50-51）。

攻杀之。

[50]他们如何地通过能对敌王进行伏击的机由[①]进来的，就应如何离去。——以上是“以秘法出敌”。

——以上是第十三篇“夺城诸法”第二章“以秘法出敌”。

第三章

第173目：派遣密探

[1]欲胜王可将团伍军的某位统领驱逐(9.6.35)。[2]托庇于对方后，该统领应——以这些人是自己党众为由——争取那些来自本国的帮手与从属。[3]或者，他可纠集一批密探，在得到对方许可后，去摧毁欲胜王的一个叛变的聚落〔或由一个叛臣所统领但无象与马的军队；或一个[背盟的]吁助王[②]〕，然后向对方送信。[4]或者，他也可托庇于聚落之一隅〔或某支团伍军，或某支丛蛮军〕，以求获得帮助。[5]当他取得对方的信任后，他应向欲胜王送信。[6]于是，欲胜王可以捕象或征剿丛蛮为由，暗地对对方发动打击。

① 进行伏击的机由（sattrahetubhiḥ）：提供掩护的机由，能对敌王进行伏击的机由。这是指前面第48—49句所说的“装衣物、首饰、花环的箱子……”，这些就是刺客们进入伏击敌王地位的“机由”（hetu）。当他们完成刺杀任务后，他们就仍然这样出去。

② 欲胜王在背面的盟王，参见6.2.18。虽然文中未明确说这个被击垮的吁助王背盟，但坎格尔与奥利维勒都将其理解为“叛变了的”。当然，也可以认为，即使这位吁助王是无辜地被欲胜王这位统领打击，那也是一个战略上的牺牲。因为这是这位统领向自己的新主——欲胜王的敌王——邀功的办法（中国旧小说有所谓“投名状”）。

[7]辅臣或从蛮酋魁可由此说明。[①]

[8]或者，欲胜王先与对方[②]交好，然后将自己的一些辅臣撤职。[9]这些辅臣便可向对方送信：“请您安抚一下我等的主公！”[10]欲胜王可斥责对方派来的使节：“你主公在离间我与众辅臣。你不得再来我这里！”[11]于是，欲胜王可将某位辅臣驱逐。[12]该辅臣可先托庇于对方，再提请对方注意以下这些人：秘差中那些有异心或已变节且无能的人；那些为害两国的盗匪或从蛮酋魁。[③][13]当他取得信任，他可再提请对方注意某些猛将所做的害事，比如某个边守、某个从蛮酋魁或某个领兵的武官：“某某与某某肯定与你的敌王订约了。”[14]于是，过些时间他可以通过死囚所送的密信(9.3.31)杀死这些人。[④]

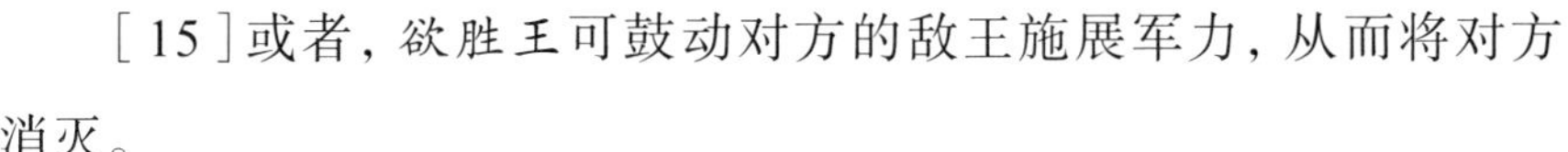

[15]或者，欲胜王可鼓动对方的敌王施展军力，从而将对方消灭。

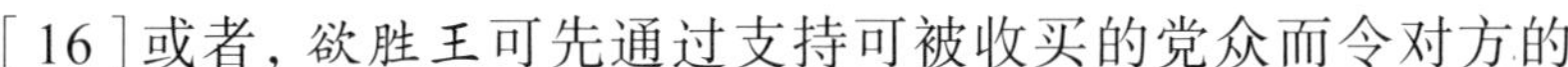

[16]或者，欲胜王可先通过支持可被收买的党众而令对方的

① 即：欲胜王让实际上忠于自己的辅臣或从蛮酋魁“背叛”自己投敌。

② 对方(śatru)：敌王。由于本章各种关系比较复杂，笔者将欲胜王真正想要对付的敌王一律译为“对方”。

③ 即：先给出一些真情报，揭发欲胜王在对方境内安置的一些特务人员(秘差)与为害两国的一些人，但前提是这些秘密人员已经有问题或没有什么用了。这么做是为了进一步获取敌王的信任，以便将来的行动。同时还能让对方替自己解决掉这些麻烦。秘差(yogāpasarpa)：yoga 在《利论》中指秘密的差使，则 yogāpasarpa 与 yogapuruṣa 完全同义。

④ 第13—14句：这时候起，这位辅臣开始提供假情报，离间对方与他自己的爪牙之臣。这些“猛将”(pravīra)实际是欲胜王的眼中钉，他们或真或假可能有些过犯，辅臣向对方进谗言，再伪造书信送出去，让书信被拦截送到对方面前，可坐实此事。如此，对方便轻易地自毁长城。

敌王为害于己，自己再行反击。[1][17]然后欲胜王可以向对方送信："你那个对头在为害于我。来！我们两个联合起来灭掉他。你可分得土地和钱。"[18]若对方听信，他应先尊礼之，待其到来，欲胜王再让对方在其敌王的突袭或某次公开战中被杀。[19]或者，为让对方产生信任，欲胜王可用分地、为王子灌顶或保护自己为由[诱使对方前来]，然后将其拘执。[2][20]或者，若无法攻击对方，欲胜王应以秘惩之法杀之。[21]若对方只借兵而本人不来，欲胜王应令其[3]为对方的敌人所消灭。[22]若对方想与他自己的军队——而不是与欲胜王——共同往征，那么，即便如此，欲胜王也可通过两面夹击[4]消灭之。[23]若对方不信任，想各自出征〔或想从他们一起讨伐的敌王那里攫取一片土地〕，那么，即便如此，他也可通过其敌王〔或调集举国兵力〕消灭之；[24]或者，若对方被其敌王拖住，他可通过从另一方进兵攫取其基业(7.2.14)。

① 这是另外一计的第一步，即：欲胜王通过支持对方的敌王境内那些可被收买的党众，让对方的敌王来对欲胜王进行报复性攻击。然后，欲胜王再行反击。对方(parasya)是指欲胜王真正想对付的那个敌王。第11—24句中一共有三方：欲胜王、对方，以及前两者共同的敌王。

② 这是和第18句并列的另一个选择，即对方"听信"之后，他可以按照第18句中所说的那样杀掉他。也可以按这句这么行动：以分地、给自己的王子灌顶或请对方来保护自己这样的事情为由让对方来到自己的控制区域，从而将其抓捕。为了让对方产生信任(abhiviśvāsanārthaṃ)。即：分地、给自己儿子灌顶和让对方来保护自己这样的事情，才能取得对方的信任，对方才会不加怀疑地前来。

③ 这个"其"(tam)应当是指"对方"的军队(CŚ)，但也可能是指对方"本人"(奥利维勒)。在这里，既然对方只借兵而不亲自来共事征伐，似乎欲胜王只能断送其军队，而无法杀害其本人。不过，也可能向对方借兵，而遭遇敌人进攻无法防御，从而被消灭。

④ 两面夹击(ubhayataḥ saṃpīḍanena)："前后夹击"(CŚ: purastāt pṛṣṭhataś ca saṃpīḍanena)。显然，这是指在背面的欲胜王与正面的第三方国王(名义上是他们共同的敌人)。

[25]或者，他可用对方的土地与其盟王交易；或以其盟王的土地与对方交易。[26]然后，在一起攫夺对方土地的情形下，他先令其盟王为害于己，自己再行反击……然后一切手法仍和前面所说的一样。[1]

[27]或者，当对方听信，欲攫夺其盟王的土地时，他可用军队对对方施以援手。[28]然后，当对方对其盟王开战时，他可对对方占先[2]。

[29]或者，做好应对的安排之后，他可先让自己显得陷入灾患，通过其盟王鼓动对方[3]，令对方攻打自己。[30]于是，他可通过两

① 第25—26句：在这两句话中，注家和译家们对于“敌王”（śatru）没有异议，都认为是欲胜王的敌王，即前面所说的“对方”（para），亦即欲胜王在这一策略中真正想打击的目标。但对于“盟王”（mitra）却有两种看法：一种认为是指欲胜王的盟王（CŚ；坎格尔）；另一种认为是指敌王（对方）的盟王（奥利维勒）。而且，从关系上来说，两种理解都说得通。固然，从《利论》本身所反映的国际关系中的复杂和多变来看，我们实际并无特别的需要确认到底是谁的盟王，因为欲胜王在自己的策略中所需要的，只是一个可以联合和利用的第三方。但从下文（参见13.3.29, 31, 33）来看，这个“盟王”应当是指“对方”的盟王。第25句所祭出的狡计，主旨在于离间对方与其盟王的关系：欲胜王无论说服对方的盟王去夺取对方的土地，还是说服对方去夺取其盟王的土地，这都必然引起对方的联盟关系破裂，这也是欲胜王进一步行动的基础。第26句所说的是：欲胜王与对方盟王在一起攫夺对方土地的过程中出现分裂，于是对方的盟王就会为害于欲胜王，欲胜王于是就对对方的盟王也开战。在这种情况下（三方互相敌对），欲胜王就可以向对方送信要求和对方联合对付对方的盟王（参见第16—17句）。“一切手法仍和前面所说的一样”是指欲胜王再用第18—24句中的手段来消灭对方。至于“或以其盟王的土地与对方交易”这种情形，参见第27—28句。

② “占先”是指当对方和其盟王开战时，欲胜王有很多机会将其消灭（如13.3.18-24）。第27—28句实际这是呼应第25句中的“或以其盟王的土地与对方交易”这一个选择。

③ 盟王仍然是指对方的盟王。对方很可能受鼓动，是因为欲胜王“陷入灾患”正是脆弱的时期。

面夹击消灭之；或者，通过活捉对方而换取其王国。[①]

[31]若对方托庇于其盟王，欲留在不被攻击的地方，他应令邻王等[②]夺取其基业。[32]若对方欲要以军队守城，他可将其军队消灭。

[33]若他们两者[③]未破裂，他可公开地用他们俩彼此的土地与他们交易。[34]然后，假充朋友的密使〔或双面暗差〕可向他们俩彼此派遣使节说："这个国王已与敌王[④]勾结，想攫夺你的土地。"[35]若他们中任何一个生疑或发怒，他就可按照前面那样行动。[⑤]

[36]或者，他可先将要塞、郡邑或军队的统领属于可被收买党众的原因[⑥]公之于众，再将其放逐。[37]这些人可于战阵中、突袭中、围城中或灾患中对对方占先。[⑦][38]或者，他们可令对方与其臣属破裂，[39]并通过死囚所送密信来印证这一点。[⑧]

① 第29—30句：对方及其盟王一起进攻欲胜王，欲胜王在对方的正面，而其盟王在对方的背面，欲胜王和对方的盟王对对方进行前后夹击。

② 邻王等（sāmantādibhir）：这似乎是指欲胜王自己的邻王（有时候是藩王）。奥利维勒认为这和5.6.20有关系，欲胜王自己撤走，而让自己的邻王或藩王留驻对方的都城，这也是可能的。

③ 他们两者指对方与对方的盟王。这也可说明第25句等中所说的"盟王"为对方的盟王。

④ 指作为他俩共同敌王的欲胜王。

⑤ 离间开之后。欲胜王就可以复制13.3.16-24中所说的手法。

⑥ 属于可被收买党众的原因（kṛtyapakṣahetubhir）：这些人是"可被敌人收买的"（kṛtya），而"原因"（hetu）即欲胜王掌握的证据（证明这些人有变节迹象的证据——当然，都是假的）。

⑦ 这些人被"放逐"之后，会托庇于对方，然后再在"战阵中……灾患中"伺机打击对方的弱点。

⑧ 比如他们向对方进谗言，说某某不忠。然后将死囚所送的欲胜王写给某某的信件给对方看，印证这一点。作者在前面多次提到这一计策。

［40］或者，假充猎户的众暗差，先托庇于城门看守而留驻在门口卖肉，可先通过两三次向对方报告盗匪的靠近而获得对方信任。然后，再让主公的军队驻扎于两处——一路用于攻取聚落，一路用于突袭，并对敌人说："一股盗贼就在附近，有很大的呼救声，大部队应前往［救之］。"［41］他们应通过用于摧毁聚落的这路军队迎战[①]，并于夜间派另一路军队前往对方要塞的各处城门，［告诉对方］："盗贼已经被剿灭。本部队已经得胜班师。开城门！"［42］之前被派遣到城中的暗差们应打开各个城门。［43］这些人应与他们一起展开攻击。

［44］或者，他可将假充工匠、艺师、外道、伶工、商贩的兵士派遣到对方的要塞中。［45］假充家主的众暗差可通过装木料、草、粮或货物的车〔或混在天神的旗帜或塑像中〕把武器与盔甲带给他们。［46］然后，假充敌军的[②]众暗差可招呼着攻杀没有防备的敌人、组织援军以便发动突袭，或从背面发动攻击；或者，以螺号和鼓声宣称"他们入城了！"［47］他们可打开护墙门和墙垛，并打散或摧毁敌军。

［48］让军队混入[③]城的方法如下：住在商队和群伙[④]中；随护

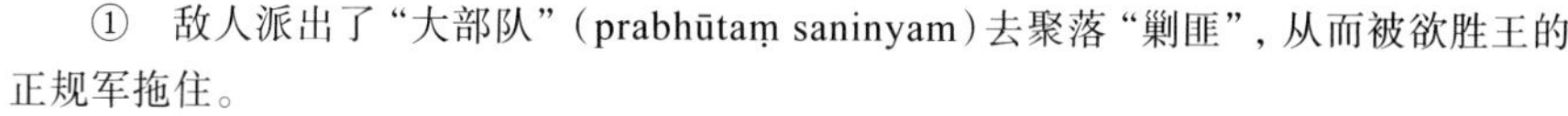

① 敌人派出了"大部队"（prabhūtaṃ saninyam）去聚落"剿匪"，从而被欲胜王的正规军拖住。

② 假充敌军的（tadvyañjanāḥ）：这里的 tad 可能是指前面的"工匠……商贩"，或"家主"，也可能是指敌军。从这个策略来看，似乎应该是指后者。即：另一部分暗差密探装作敌军在敌军内部进行破坏和煽惑，并传布流言。

③ 混入（atinayana）：前面提到"ati-"具有策略性，那么 aitnaya（ati-√nī）为"过领"，即"欺骗性地领入"。

④ 群伙（gaṇa）：似乎指和"商队"（sārtha）类似，以相同目的而结伴的人群，但具体不详。

送队(2.16.18)；随婚嫁队伍；随交易马或货物的人；随运送工具的人；随买卖粮食的人；随带有出家人(1.11.6)标记的人；随使节。为制造信任，[这期间]应进行和议。

[49]以上是针对国王的密探。

[50]针对丛蛮的密探完全相同，另外还有"去刺"中提到过的那些人(4.4-5)。[51]众密探可让一些盗贼在森林附近劫杀一个牛群或商队。[52]这些人[1]应按约定，将一些下了迷醉药(14.1.16-17)的饮食留在那里后再逃走。[53]然后，待到药力发作时，牛倌或商贩们应让[官兵]向这些携带赃物包裹的盗贼发动袭击。[54]或者，假充僧羯利阇天[2]派的去发或蓄发苦行者可通过举行聚会，用掺迷醉药的酒骗过他们。[55]于是，他便可发动突袭。

[56]或者，充作酒店掌柜的暗差，可于敬天神或死者仪式、节庆、集会这类场合，以卖酒或赠酒为由，用掺迷醉药的酒骗过众丛蛮。[57]于是，他可发动突袭。

[58]或者，他可先将进入聚落劫杀的丛蛮分割为多股，再[各个]击杀。——以上是针对盗贼的密探。

——以上是第十三篇"夺城诸法"第三章"派遣密探"。

---

① 这是指被劫的人，即牛倌或商队的人。下句的主语"牛倌或商贩们"(gopālakavaidehakāś)置于这句更好。

② 僧羯利阇天(Saṃkarṣaṇa)：又名大力罗摩(Balarāma)、大力贤(CŚ：Balabhadra)或大力贤罗摩(Balabhadrarāma)，为黑天(Kṛṣṇa)之长兄，毗湿奴(Viṣṇu)化身之一。CŚ谓其"性好酒"(madyapriya)，那么其信徒在礼敬他的节庆上大概是可以畅饮的。

第四章

第 174 目：围城行动

[1]围城行动以削弱[①]为先。

[2]但凡有人定居的聚落，他应使其免于危险。[3]对于起迁的民人[②]，除已逃走者，他可凭恩惠和豁免令其再定居下来。[4]他可将他们定居在免于战事的其他地方；或将他们安置于一处。[③][5]憍底利耶说："毕竟，无民人则不成聚落，无聚落则不成王国。"

[6]对于驻守于险处的[敌人]，他应摧毁其播种和庄稼，还有补给和打粮队。

① 最直接、具体的削弱办法在本章下文第 6—7 句中。

② 起迁的民人(utthitaṃ)：起来(准备迁走)、动迁的人们。因欲胜王用兵，临近聚落人心不稳，准备逃灾。utthitaṃ 限定的是作为整体的"民人"(janaṃ)(CŚ)，这一点也为第 5 句中出现的 jana 印证。

③ 第 3—4 句：这两句话 KA 本作 utthitam anugrahaparihārābhyāṃ niveṣayet, anyatrāpasarataḥ(3), saṃgrāmād anyasyāṃ bhūmau niveśayet, ekasyāṃ vā vāsayet(4)。坎格尔译文据此读法，但在注释中说，第 3 句中的 anyatrāpasarataḥ(除了已逃走者)似乎也可以放在下一句中作宾语(apasartaḥ 亦可为复数宾格)，奥利维勒译文即接受了这个建议。他的理由就是第 4 句中缺少宾语。其实就句法而言，两者都可通。但笔者认为 KA 原读法较好，原因有两个：(一)从全书来看，anytra 后加离格，放在句尾作规则之例最常见，这里明显是这种结构；(二)按照奥利维勒所说，欲胜王仍然将准备迁走的人安排在原地，把逃到其他地方的人安排到战场外的其他地方。这不很妥，民人为避兵燹而欲动迁，作者不可能建议欲胜王仅仅通过提供恩惠与豁免而让这些人留居险地(尤其考虑到第 5 句)。他除了给予恩惠，还应把这些想迁走的人放到战场之外的某地。因此，第 3—4 句不是像奥利维勒理解的那样分说两者，而是紧密相连：第 3 句说留人(恩惠、豁免)，第 4 句说怎么留(迁到战场之外某地)。至于已经逃走者，欲胜王是不可能再分别追回令其定居的。因此，维持 KA 原来的读法更好。

[7]通过切断其打粮队与补给、破坏其播种与庄稼、迁移[其民人],还有暗杀,可导致其诸要素(6.1.1)的削弱。

[8]若他认为情形如下,他可围城:“我的军队配备了大量且优质的粮食、林产、机关、兵器、盔甲、劳役、绳索;有利的时令就要来了,而且这时令对对方不利;因为疾病和饥荒,对方储积和防守已受削弱;而且,对方所购军队及其盟王军士气低落。”

[9]他应先对大营,[对方的]补给和援军的路线做好防范[①];沿城壕和护墙围城;将水污染;将城壕排空或将其充满;而后通过地道与大力锤[②]攻打土墉与护墙,并以带甲的象[攻打城墙]裂缝[③]。[10]他应令人以土堆覆盖湿地。[④][11]他应以机关摧毁重兵防守

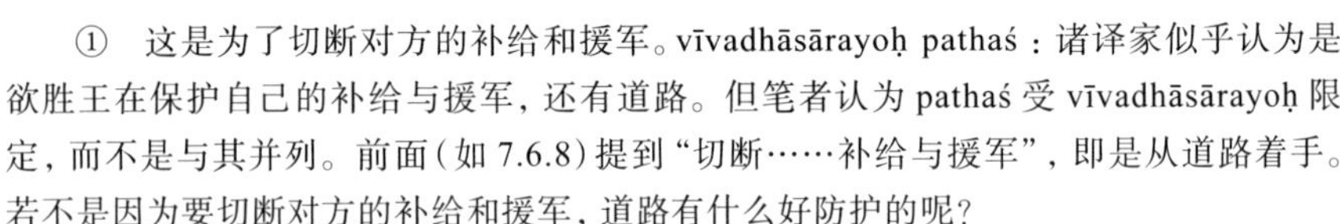

① 这是为了切断对方的补给和援军。vīvadhāsārayoḥ pathaś:诸译家似乎认为是欲胜王在保护自己的补给与援军,还有道路。但笔者认为 pathaś 受 vīvadhāsārayoḥ 限定,而不是与其并列。前面(如 7.6.8)提到“切断……补给与援军”,即是从道路着手。若不是因为要切断对方的补给和援军,道路有什么好防护的呢?

② 大力锤(balakuṭikā):原词费解,诸注家和译家亦无确定之说。CŚ 训为“军棚”(sainyapallī);坎格尔译作“军队突袭”;奥利维勒将 bala 改为 vala(意为“洞”。梵语中 b 声与 v 声在很多词中可互换),猜测 valakuṭikā 是一种地洞(《利论》中地道总与地下室相联系)。笔者猜测,√kuṭ(koṭayate)为“分、粉碎”,而 kuṭa 为锤,kuṭikā 或许是能撞击、捶打之物,balakuṭikā 或许为某种军用大型撞击工具。又或者,bala 为 balaja(城门)之误,那么 balajakuṭikā 则为撞城门的工具(如撞车之类)。译者暂译为“大力锤”(bala-kuṭikā)。

③ 并以……城墙(dāraṃ ca guḍena):此语亦费解。dāra 为裂缝,guḍa 为球或象甲。译家们各有其解释,但都是猜测。迈耶建议将 dāraṃ 改为 dvāraṃ,为奥利维勒所采用(马拉雅拉姆语字母中,两词容易混淆)。或许正如奥利维勒所说,是以带甲的象攻取城门,但也可能是以球状物攻取城墙或任何地方的裂缝。笔者暂时将其理解为以带甲象攻取城墙裂缝(因为前面说了破坏城墙)。

④ 原文为 nimnaṃ vā pāṃsumālayācchādayet:pāṃsumālā 字面意思为“土环”,也十分费解。“土堆填充低地”(坎格尔),“土层覆盖湿地”(奥利维勒),前者立足于克

的所在。[12]将敌人从出口(2.3.14)中引出来之后，再可以马兵攻击之。[13]另外，在交战的间歇中，他可通过对四法的必然、两可或并合的使用(9.7.73-76)以求克敌制胜。

[14]他可先令人捕捉居于城中的隼、鸦、雉、兀鹰、鹦鹉、鹩、枭、鸽子，将它们尾部带上燃剂(13.4.19-21)，再将其放归对方要塞中。[15]或者，在扬起的旗帜和弓的保护下[1]，他可自远离[要塞]的大营向对方要塞放"人火"(14.2.38)。[16]另外，在要塞中做护卫的暗差，可先在獴、猴子、猫、狗的尾巴上放置燃剂，再将它们放到秸秆堆、防御工事、房屋中去。[17]他们可在干鱼肚内或干肉上放一些火，再以投喂乌鸦为由，让鸟类将它们带走。

[18]长叶松(2.17.4)、雪松、劬提草、树胶、长叶松香、娑罗香、紫胶[做成的]团，以及驴、驼、山羊、绵羊粪便。——这些物事易于着火。[2]

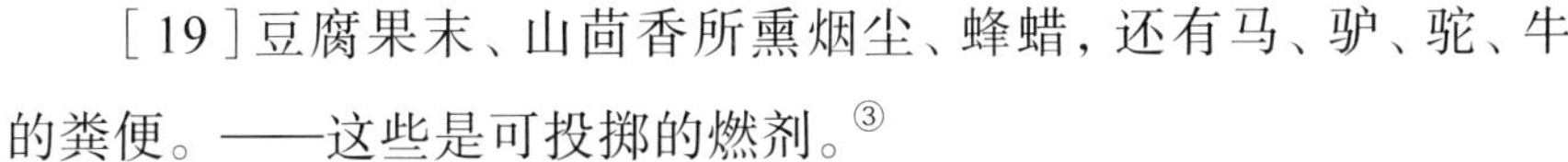

[19]豆腐果末、山茴香所熏烟尘、蜂蜡，还有马、驴、驼、牛的粪便。——这些是可投掷的燃剂。[3]

[20]或者，能烧红的所有金属粉末〔或陶罐[4]、铅、锡的粉末〕，

服敌方设置之障碍，而后者立足于主动迷惑敌方（让敌方以为是干地），似乎前者更可能。

① 这显然是保护欲胜王的。但扬起旗帜的作用则不详，或许是旗帜上面有欲胜王的标识，以免己方误伤。

② 雪松（devadāru）：Cedrus deodara（PDP），即喜马拉雅雪松；劬提草（pūtitṛṇa）：字面意思为"臭草"，CŚ 训之为"香草"（rohiṣatṛna），具体为何种植物不详；长叶松香（śrīveṣṭaka）：即长叶松香（CŚ: saralaniryāsaḥ）；娑罗香（sarjarasa）：娑罗树脂（CŚ: yakṣadhūpaḥ）。

③ 豆腐果树（priyāla）：Buchanania latifolia（PDP），但这里是用豆腐果树哪一部分的粉末则不详；驱虫斑鸠菊（avalguja）：Vernonia Anthelminthica（PDP），亦名印度山茴香。

④ 陶罐（kumbhī）：CŚ 说是"丝绵树"（śrīparṇī）；迈耶认为是某种金属；坎格尔

和以刺桐花、莪术花以及须芒草[①]所熏烟尘，并麻油、蜂蜡、松脂，可制成燃剂。[21]或者，以此涂箭，并覆以麻树或多罗勃梭树皮，名为“背信”[②]。[③]——以上是燃剂。

[22]然而，若有进攻的机会，他不应[向城内]投火。[23]毕竟火靠不住[④]，而且是来自天神的扰害$_{(8.4.1)}$，会导致不计其数的生灵、粮食、牲畜、钱、林产、物品的损失。[24]耗尽储积的王国，即使得到，不过导致衰落。

以上说的是“围城行动”。

第175目：强攻

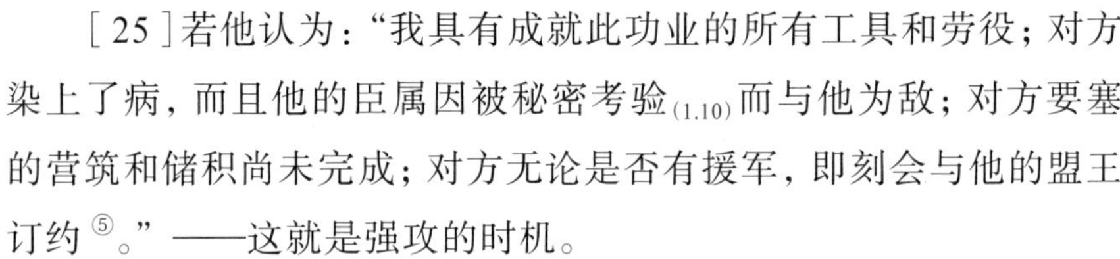

[25]若他认为：“我具有成就此功业的所有工具和劳役；对方染上了病，而且他的臣属因被秘密考验$_{(1.10)}$而与他为敌；对方要塞的营筑和储积尚未完成；对方无论是否有援军，即刻会与他的盟王订约[⑤]。”——这就是强攻的时机。

与奥利维勒的译文保留了原文拼法。这里的kumbhī可能并无特别意思，仍应为烹煮之用的陶具，或泛指陶（土），其碎末加热极烫。

① 刺桐（pāribhadraka）：Erythrina variegata（PDP）；须芒草（keśa）：CŚ训为hrīvera，为香孔雀花（Pavonia Odorata）或须芒草（Andropogon），keśa为鬃毛，须芒草极似发丛和鬃毛。

② 多罗勃梭（trapusa）：据PDP，当是黄瓜，但黄瓜藤为草本，不可能有树皮。到底为何物已不可考，故以音译代之。背信（viśvāsaghātī）：字面意思为“毁掉信任的”。笔者将此放在第21句，是因为考虑到第21句中有用树皮覆盖的描述。之所以叫“背信”或“杀轻信之人”，大概是因为这样覆盖之后，射出去的箭外表看起来不危险，但实际里面是带火，敌人更容易被迷惑。

③ 第21—22句：两句中，无论词还是句，颇多难解之处。或者说，我们能看到的原文是否正确，也不确定。

④ CŚ解释说：火势蔓延起来的话，即使不想它烧了，也会烧毁一切，因此不可靠。

⑤ 即：无论对方眼下是否有援军，要赶在对方与其盟王订约之前进行强攻，以避免更多的敌军来助战。

［26］当［对方要塞］自行起火或有人放火时；逢聚会时；逢对方全神贯注于观看演出或军阵〔或因饮酒起争斗〕时；当对方军队因持续战斗筋疲力竭时；当对方因多次战斗造成人员伤亡时；当对方因警戒的疲劳而入睡时；在雨天时；当河流涨水时；当起大雾时。——在此类情形下，他可发起强攻。

［27］或者，他可弃大营而隐蔽在森林里，再消灭出城之敌。

［28］或者，假充其首要盟王或增援王[①]的［某国王］可先去与被围者通好，[②]再向他派出一个死囚作使节［送信说］："这[③]是你的弱点；这些人是叛徒。"〔或"这是围城者的弱点；这是可被你收买的党众"。〕［29］当这个使节和回使出城时，欲胜王可先将其抓捕，公布其罪过，将其处决，然后撤走。[④]［30］于是，假充盟王或增援王者可对被围者说："请出来救援我。"〔或"和我一道消灭围城之人"。〕［31］若对方听信，他可通过两面夹击消灭之；或者，通过活捉被围者以换取其王国；［32］或摧毁其都城；［33］或者，引出其精锐部队再攻杀之。

［34］领兵归顺者和从蛮酋魁可由此说明。[⑤]［35］或者，领兵

① 盟王或增援王(mitrāsāra)：根据6.2.18，盟王(mitra)在其正面，而增援王(āsāra)则在其背面。

② 这个人必须是国王，他假意与被围困的国王通好，实则与欲胜王在一个阵营，故而为"假充"(vyañjana)。奥利维勒译为"假充其盟王……的暗差"，这是不可能的。被围困者再糊涂，也不可能无法识别各国国王。

③ 原文 idaṃ te chidram：这是你的弱点。在实际的交谈过程中，"这"(idaṃ)肯定是要被具体的人或事替换掉的。后面的"这些人"(ime)亦同。

④ 欲胜王假装因截获两边的使者而发现了被围困者与其盟王(或增援王)的计划。由下句可知，"撤走"是为了造成自己去找那位"盟王"或"增援王"算账的假象。

⑤ 即：让领兵归顺者与从蛮酋魁冒充被围者的朋友。"领兵归顺者"(daṇḍopanata)参见7.15。

归顺者和从蛮酋魁两者中的任何一个可向被围者送信说："围城者染病了。"〔或"他遭到了背面攻击者的攻击"；或"他又有了另一个弱点"；或"他要去另一个地方"。〕[36]若被围者听信，围城者可烧掉大营后撤离。[37]于是，他可像之前那样行动(13.4.31-33)。

[38]他可先囤积货物，再用下过毒的货物对其占先(7.4.4)。

[39]或者，假充其增援王的[某国王]可向被围者送信说："我已经在城外攻击了他；快出来攻击！"[40]若此人听信，他可以像之前那样行动。

[41]众秘差可以探访朋友或亲戚为由，携有印信的通关文书[①]进城，然后将其抓捕。

[42]或者，假充其增援王的[某国王]可向被围者送信说："某地与某时我将攻打其大营，你也得参战。"[43]若他听信，他可如前面所说的那样显出受攻后的混乱(14.4.36)，待晚间被围者出城时，再将其消灭。

[44]或者，他可邀请某盟王或从蛮酋魁[②]，并鼓动他说："你也攻打这个被围者，夺取其土地吧！"[45]当他攻打被围者时，他可通过其臣民或援助其叛逆统领将其杀死；或者他可亲自毒杀之，[并宣扬]："他[③]是个杀盟王的人。"这样，他就达成了目的。

① 通关文书(śāsanamudrā)：应当是指进出要塞的符印。CŚ进一步认为这是伪造的、带印信的通关文书。

② 这盟王与从蛮酋魁是准备援助被围者的。欲胜王用被围者的土地为报酬，邀请他们反戈一击。

③ "他"指被围者。欲胜王与被围者的盟王（或某个原本来解围的从蛮酋魁）一起攻打被围者，但该盟王（或从蛮酋魁）被欲胜王设计杀死。欲胜王再嫁祸被围者，令其背负"杀盟王者"的恶名。欲胜王达成其目的是指被围者的其他盟王或有意相助者听闻此事后，会离被围者而去，甚至倒戈。

[46] 或者，假充 [被围者] 朋友的某人，可向其告知其他欲来进攻者[①]。[47] 当他取得其信任，可使此人杀死那些猛将。[②]

[48] 或者，他可在议和后使被围者居于聚落中。[49] 待其聚落开辟完毕，他可在不被认出的情况下攻杀之。

[50] 或者，他可先令人为害于被围者[③]，诱使其调遣部分军队弹压叛徒或丛蛮酋魁，然后他可突袭以攻取要塞。

[51] 另外，他的叛臣、他的敌王、丛蛮、他的对头，还有背弃他的人，在得到了财利和尊荣、备好暗号和旗帜后，可突袭对方要塞。[④]

[52] 突袭了对方要塞或大营后，他们应给予以下人员安全：倒下的、转过身的[⑤]、投降的、解落头发的、放下武器的、因恐惧而形容扭曲的，还有不作战的。

[53] 夺取对方要塞后，他应先清除敌王之党众，于要塞内外做好应对秘惩的措施[⑥]，然后方才入城。

[54] 欲胜王如此这般地夺取了敌王的国土之后，可谋求攫夺中王；制服他之后，[再谋] 中立王。[55] 这是征服大地的第一条道路。

---

① 向被围者报信，说有人想进攻。这情报一般是真的，为的是获取被围者的信任（类似情形见 13.3.12；13.3.40）。

② 利用先前提供真消息积累起来的信任，再以假情报与谗言骗过被围者，让他杀死阵中猛士，自断臂膀。类似情形见 13.3.13-14。

③ 显然，这些为害的人就是被围者阵中的叛徒和（或）丛蛮酋魁。当被围者调动一部分军队去弹压这些人时，要塞中军队会减少，这正是欲胜王发动突袭的时机。

④ 欲胜王以财物与荣誉收买被围者的敌人，并向他们提供技术与物资上的帮助，令其发动突袭。“背弃者”（pratyapasṛta）指背弃被围者来归顺欲胜王的人。

⑤ 转过身的（parāṅmukha）：可能是指战阵中逃跑甚至倒戈的对方兵士。

⑥ 即：预防敌王党众对欲胜王及其高官展开的暗杀行动。

［56］若没有中王与中立王，他可凭策略之优胜制服诸敌王要素(6.2.14)，然后是之外的诸要素。[①]［57］这是第二条道路。

［58］若无曼荼罗，他可通过两面夹击，以敌王制服盟王，或以盟王制服敌王。［59］这是第三条道路。

［60］他可先制服一个易被摧服的〔或单独的〕邻王；以此使实力两倍于前，再制服第二个；以此使实力三倍于前，再征服第三个。［61］这是第四条道路。

［62］征服大地后，他可依其本法(1.3.4)享受这分为种姓与行期(1.3.4)的国土。

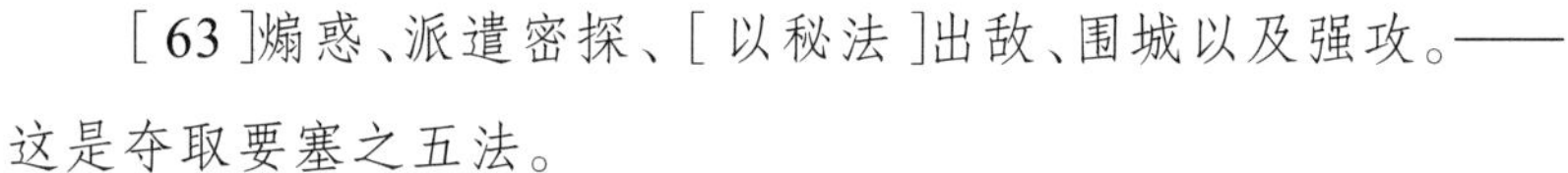

［63］煽惑、派遣密探、［以秘法］出敌、围城以及强攻。——这是夺取要塞之五法。

——以上是第十三篇“夺城诸法”第四章“围城行动”“强攻”。

第五章

第 176 目：所攻取土地之平靖

［1］欲胜王所举之事凡二分：林地之类；聚落之类。［2］他的

① 策略之优胜（guṇātiśaya）：guṇa 在此指“策略”而非“德性”（参见 7.5.13 及注释），而且作者所津津乐道者，也正是这些策略与狡计，故谓之“优胜”（atiśaya）。据 6.2.14-20，欲胜王的各种敌王要素，就是他在曼荼罗中的各种敌王，那么，征服完他们之后，就轮到“之外诸要素”（uttarāḥ prakṛtīḥ）——盟王了。

获取凡三分：新、故、祖传。[①]

［3］获得新土后[②]，他应凭自身之德性掩灭[③]对方之过恶，以双倍德性掩灭对方之德性。［4］另外，他应通过履行其本法$_{(1.3.4)}$，给予恩惠、豁免、赏赐、尊荣，让［自己的］行事为臣民所欢喜，且于臣民有益。［5］他应按约定施惠于可收买的党众；对尽力侍奉者，应更加优待。［6］因为，无论对自己人还是外人，背诺者都得不到信任；此外，行止与臣民相乖悖者亦是如此。［7］因此，他遵从与他们相同的风习、穿戴、言语和行止，［8］而且，在礼敬当地神祇的集会、节庆、游乐场合中，欲胜王应随顺之[④]。

［9］另外，众密使应常向各地、各聚落、各种姓和各团众首领指出对方之过失、本主的大福泽、对他们的垂爱以及明显的王恩。［10］另外，他可通过关照这些人惯常的享禄、豁免以及保护[⑤]，从而利用他们。

［11］他应令人礼敬所有神祇与净修林；向致力于诸明$_{(1.2.1)}$、言

① 即：获取（lambha）的对象（土地）分三类：新的（nava），曾经有过的（bhūtapūrva），祖传的（pitrya）。其中，故（bhūtapūrvaḥ）指“曾经为自己所有，失去后又夺回的”（CŚ）。

② 获得新土后（navam avāpya lābhaṃ）：直译应为“达成新的取得之后……”。

③ 掩灭（chādayet［√chad］）：遮、掩盖、除去。从这里及后文第22—23句用法看，还有“弥补”“救正”之意。

④ 随顺之（bhaktim anuvarteta）：bhakti在此首先还不是宗教性的虔诚，反而是对臣民之亲爱（下句的“垂爱”亦是此词）。因此，欲胜王在这里不是表现出对当地神的虔诚，而是对民人所喜爱的这类拜神、集会、游乐活动的“参与”（bhkati），因此故意译为随顺。

⑤ 享禄……保护（bhogaparihārarakṣā）：bhoga为享受、享用、受用、财用。CŚ训为“王份”（rājabhāga），即封地之类，而诸译家将其理解为“权利”，大致差不多，笔者将其译为“享禄”。保护（rakṣā）可能是指国王为这些人提供“去刺”之类的公共安全服务（CŚ）。

谈、正法的人赏赐土地和财物，给予豁免；令人释放所有囚犯；对困顿、无怙、患病之人予以扶助。[12]每隔四个月应禁杀生半月；每个望日禁杀生四夜；每逢国王和地区星宿日[①]禁杀生一夜。[13]他应禁止杀害雌性动物和幼弱动物[②]，并禁止阉割。

[14]但凡他认为有损于库财与军队〔或不合乎正法〕的风俗，他应先革除之，再确立合乎正法的律则(2.7.2)。

[15]他应将盗劫成性者和蛮夷(1.12.21)之人的驻留处进行调换，令他们散于多处；要塞、郡邑及军队众统领亦同。[16]他还应把为对方所恩遇的宰辅和国师等安置于对方边地的多处。[17]能够为害者、哀念其旧主覆亡者，他应以秘惩(5.1)铲除之。[18]或者，他可将本国人〔或被对方驱逐过的人〕安置到被迁空的所在[③]。

[19]若对方王族有人能夺取容易易手(5.1.21)的土地[④]〔或有出身高贵、驻于边地丛莽且能为害于斯者〕，他应赐此人一块薄瘠之地〔或一块沃地的 1/4〕。他可先定下库财和军队方面的贡赋，好让他为

① 国王的星宿日（rājanakṣatra）参见 2.36.44。国 / 地的星宿日（deśanakṣatra），应该也是月亮进入到与该国相关星宿中的那天。只是，国 / 地的星宿日如何确定却难以知晓。CŚ 认为是国王获得当地的那日，但也有可能是国王灌顶日。不过，按照这里的规定，除非两个日子重合，否则每个月至少两天禁杀生。

② 雌性动物和幼弱动物（yonibāla）：yoni 为“能生的动物，如母鸡等”，而 bāla 解释为“可食的幼兽”（CŚ）。迈耶将这个复合词理解为“女婴”，并不可靠。后面紧接提到阉割，这个规则主要指动物而不是人。

③ 被迁空的所在（apavāhitasthāneṣu）：这是指本章前文第 15—16 句中提到的那些被迁走的人留下的地方。奥利维勒将它理解为“这些人原本被驱逐的地方”是误解。实际这一段话联系紧密：欲胜王将可能对自己不利的人赶到边地或除去，而在空出来的地方安置可能对自己有利的人（本国人、被旧主迫害过的人）。

④ 即：对方败亡，欲胜王取得此国土，但对方王族中有人能够从欲胜王这里夺回一片土地。

操办此事而致使城市和聚落的民人叛乱。[20]他可利用叛乱者杀死此人。[21]他应撤免为臣民所诟斥者，或令其居于险恶之地。

[22]对于[失而复得的]故地：诸要素的那些令他当初离去的缺陷，他应掩灭(13.5.3)之；那些令他得以回归的德性，他应增益之。[1]

[23]对于祖传的土地：他应掩灭自己祖辈的过恶，而显扬其德行。

[24]他应兴起合乎法的风俗，无论它是之前所未有，还是已为他人所制立。另外，不合乎法的风俗，他不可兴起；若已为他人所制立，他应禁止。

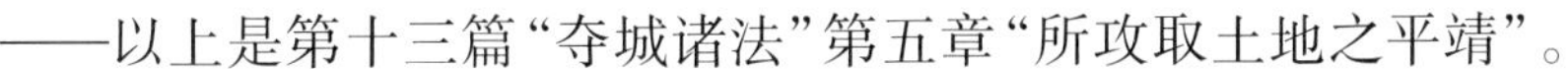
——以上是第十三篇“夺城诸法”第五章“所攻取土地之平靖”。

——以上是憍底利耶《利论》第十三篇“夺城诸法”。

---

① 这块土地原来本归欲胜王，但因各种原因失去，现在又夺回。诸要素的缺陷(prakṛtidoṣa)，含义广泛，比如臣属不忠、军队战斗不力、欲胜王自身犯错而为百姓所弃……，这些原因使欲胜王失去这块土地，这些缺点正是欲胜王光复之后所要注意消除的。

第十四篇　秘术[*]

第一章

第 177 目：杀伤敌军之秘术

［1］为保护四种姓的目的，他可对不守法者使用秘术。

［2］那些在籍贯、着装、艺业、语言、出身方面伪装得牢靠的驼背、侏儒、罽罗多、哑巴、聋子、白痴以及盲人(1.12.9)，还有为对方所青睐的各族类蛮夷男女，可把以"黑顶子"为首的这类毒(2.17.12)，下到他身体所受用的那些物事上去。

［3］众暗差可向［敌］王游乐所用器物、储库中那些他受用的物事中夹置一些兵器；夜间行动的众密差和靠使火为生的人，可夹置火。[①]

---

*　本篇之中所涉及名物繁多且难以确定，某些东西到底是动物、植物，还是其他什么东西已不可考，而注家与译家所说，大多只是猜测。因此，笔者对有根据者尽量译出对应物，难以确定者尽量译出词意，连词意都难确定者，作音译处理。

①　兵器（śastra）：应当指一些较为细小轻薄的尖锐物事。密差（sattrājīvin）：字面上为"在暗处／靠埋伏生活"，坎格尔认为这和"密使"（sattrin）差不多，但"密使"主要是煽动、社交，极少参与实际破坏行动，而这类人似乎是专做见不得光的勾当。因此，

［4］黑斑蛙、皸底尼耶迦虫、劫利迦那虫、旁遮句尸吒虫和蜈蚣所研粉末；优棘顶迦虫、占钵利虫、“百茎”虫、“炭”虫和避役所研粉末；家蜥、“盲蛇”鱼、劫罗紧吒枷、“臭”虫和乔摩利迦虫所研粉末。——以上所有，再配以鸡腰肉托果树(2.2.10)和山茴香(2.15.12)汁液，可即刻取人性命；或者，它们所熏烟亦可。[①]

［5］或者，他可将上述任何一种虫，与黑蛇、黍(2.15.26)一起加热，再使其干燥。——这种药剂据说可即刻取人性命。

［6］八棱丝瓜与耶睹陀那草根配以鸡腰肉托果树花粉，可在半月内取人性命。[②]

［7］腊肠树[③]根配以鸡腰肉托果树花粉及各种虫的粉末(14.1.4)，

暂译为“密差”（注意与“秘差”［yogapuruṣa］区分开）。不过，确定的是，这类人肯定属于国王的“暗差”系统的。夹置火（agninidhānam）：这不太可能是放明火，可能仅仅是将易燃物（燃剂［agniyoga］）放到敌王使用的物事上去，待其使用时，很容易就能着火伤到敌王。

① 皸底尼耶迦虫（kauṇḍinyaka）：一种带剧毒的虫（MW）。劫利迦那虫（kṛkaṇa）：一种虫（MW）。旁遮句尸吒虫（pañcakuṣṭha）：CŚ 认为是植物 kuṣṭha 的皮、叶、花、果、根，但从这里来看，似乎更可能是一种虫。优棘顶迦虫（uccidiṅga）：亦作 ucciṭiṅga，一种在水中带剧毒的虫或蟹（MW）。占钵利虫（kambalī）：一种虫子（CŚ，MW）。“百茎”虫（śatakanda）：可能是类似蜈蚣（śatapadī）那样多足的虫。“炭”虫（idhma）：可能就是指炭，也可能是一种虫。避役（kṛkalāsa）：蜥或变色龙（MW）。“盲蛇”鱼（andhāhika）：CŚ 认为是一种鱼。“臭”虫（pūtikīṭa）：一种虫子（WM）。乔摩利迦虫（gomārikā）：“能致牛死的”，CŚ 认为是一种药草，当然也可能是一种毒虫。

② 八棱丝瓜（dhāmārgava）：Luffa acutangula（PDP）；耶睹陀那草（yātudhāna）：一种药草（CŚ），失考。

③ 腊肠树（vyāghātaka）：字面为“打击”。CŚ 训为 āragvadha，即腊肠树（Cassia fistula），此木坚重适于击打，CŚ 说有根据。

可在一月内取人性命。

［8］人的剂量仅为一小点；驴和马的剂量是人的二倍；象和驼的剂量是人的四倍。

［9］“百尘”膏、优楝顶枷虫、夹竹桃、苦瓜，还有鱼；同山石榴与鸭蹠草$_{(2.15.25)}$茎〔或同“象耳”草与莪术茎〕。——它们熏出的烟[①]若从上风吹送下去，所到之处可致死。[②]

［10］“臭”虫、鱼、苦瓜、“百尘”膏、“炭”虫，胭脂虫粉末〔或“臭”虫、蹙陀罗蜂、娑罗香、曼陀罗和爵床所研粉末〕，配以山羊角与蹄所研粉末。——［它们］熏烟可致盲。[③]

［11］“臭茯苓”树叶、雌黄、雄黄、相思豆$_{(2.19.2)}$和木棉树茎，与阿室颇吒、黑盐以及牛粪捣膏。——［它们］熏烟可致盲。[④]

［12］蛇皮、牛马粪便与“盲蛇”鱼。——［它们的］烟可致盲。

［13］鸽子、蛙、任何肉食动物，加上象、人、野猪的便溺；绿矾、兴渠以及大麦壳、碎粒或全粒；棉花、羯吒遮树以及尖瓜的种子；“牛

① 具体用法可能是将那些制剂放在这些茎（秸秆）上，然后点燃这些茎来熏烟。

② “百尘”膏（śatakardama）：CŚ 认为是“药叉膏”（yakṣakardama），具体不详；夹竹桃（karavīra）：Nerium Odorum（PDP）；山石榴（madana）：Randia dumetorum（PDP）；“象耳”草（hastikarṇa）：CŚ 认为是芫荽（kustumburu）。

③ 蹙陀罗蜂（kṣudrā）：一种蜜蜂（MW）。娑罗香（arālā）：CŚ 认为是 13.4.18 中的娑罗香（yakṣadhūpākhyo niryāsaḥ），各种辞书亦将 arāla 解释为娑罗香（GPW, MW, Apte），而 arālā 和 arāla 可能是一种东西。曼陀罗（heman）：字面为“金”，CŚ 认为是曼陀罗（dhustura）。爵床（vidārī）：CŚ 训为 ikṣughandhā，即长叶爵床（PDP：Asteracantha longifolia）。

④ “臭茯苓”树（pūtikarañja）：辞书一般认为是刺果苏木（Guilandina Bonduc）；阿室颇吒（āsphoṭa）：一种草药（Apte），音“阿室颇吒”；黑盐（kāca）：CŚ 认为是一种从盐碱地中提取的盐（kācaṃ kṣāramṛjjo lavaṇabhedaḥ），辞书中有所谓 kācalavaṇa，谓之“黑盐”（Apte）。

尿”草和茜草根；苦楝(2.15.39)、辣木(2.15.20)、香橼、迦炽婆辣木，还有绒毛柿的碎块；蛇和母鲤的皮；象趾和象牙所研粉末。[①]——以上这些同山石榴与鸭嘴草的茎〔或同“象耳”草与莪术的茎〕所熏烟若单独放去，所到之处可致死。

［14］盒果藤、闭鞘姜(2.11.68)、挪吒芦，以及天门冬的根，或蛇、孔雀翎、劫利迦那虫、旁遮句尸吒虫所研粉末，[②]以上法——茎或湿或干均可——所熏烟，[③]由眼睛用“净水”(14.4.2)防护过的人放给冲向战场〔或因遭突袭而挤到一处〕的人，可毁一切生灵眼睛。

［15］鹈(1.15.4)、鸽、鹤(2.30.36)、“莲颈”鹤的粪便，与牛角瓜(2.17.7)、阿炽、绒毛柿，霸王鞭(2.24.25)的汁浆捣制。——此药剂可致盲，并污染水。[④]

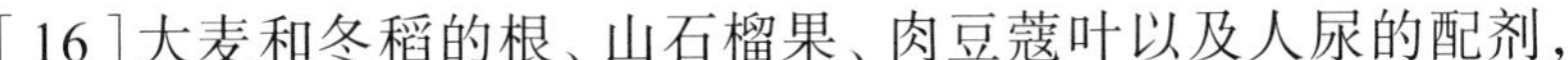

［16］大麦和冬稻的根、山石榴果、肉豆蔻叶以及人尿的配剂，

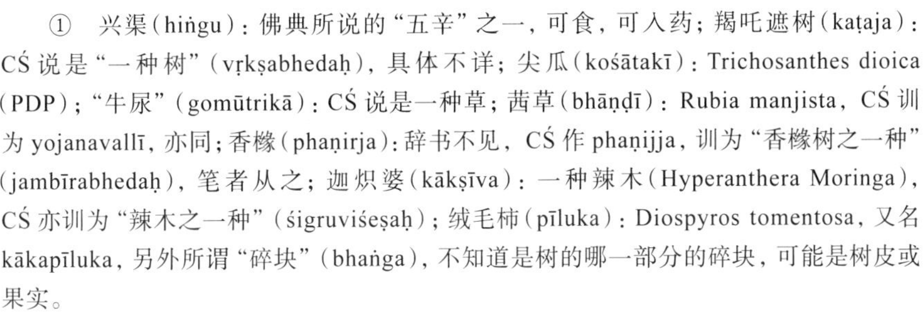

① 兴渠(hiṅgu)：佛典所说的“五辛”之一，可食，可入药；羯吒遮树(kaṭaja)：CŚ 说是“一种树”(vṛkṣabhedaḥ)，具体不详；尖瓜(kośātakī)：Trichosanthes dioica (PDP)；“牛尿”(gomūtrikā)：CŚ 说是一种草；茜草(bhāṇḍī)：Rubia manjista，CŚ 训为 yojanavallī，亦同；香橼(phaṇirja)：辞书不见，CŚ 作 phaṇijja，训为“香橼树之一种”(jambīrabhedaḥ)，笔者从之；迦炽婆(kākṣīva)：一种辣木(Hyperanthera Moringa)，CŚ 亦训为“辣木之一种”(śigruviśeṣaḥ)；绒毛柿(pīluka)：Diospyros tomentosa，又名 kākapīluka，另外所谓“碎块”(bhaṅga)，不知道是树的哪一部分的碎块，可能是树皮或果实。

② 盒果藤(kālī)：CŚ 训为 ambaṣṭhā，又名 vṛkā，kālī 为盒果藤，可能是因为盒果藤种子作黑色(kāla)，故而得名；挪吒芦(naḍa)：一种芦苇(Arundo Karka)，CŚ 训为 poṭagala(亦为芦苇)，具体失考；天门冬(śatāvarī)：Asparagus Racemosus，CŚ 训为 śatamūlī(字面意思：有百条根的)，亦为天门冬；孔雀翎(pracalāka)：CŚ 训之为 mayūrabarha，解作孔雀翎。

③ 上法(pūrvakalpena)：即上文第 13 句中所说。“茎”也指第 13 句中所说的那些熏烟所需的“茎”。

④ “莲颈”鹤(balākā)：CŚ 训之为 bisakaṇṭhikā(“莲颈”)；阿炽(akṣi)：一种树(CŚ)，具体为何树失考。以上各种物事，制剂具体用的哪一部分已不可考。

配以菩提树与爵床的根，再配以牟伽、马椰果、山石榴，鸭蝤草的汤剂〔或“象耳”草与莪术的汤剂〕，可制成迷醉药。[①]

[17]槟榔青、乔达摩树、木棉和“孔雀足”的配剂，[加上]相思豆、心叶蕨、“毒根”和榄仁$_{(2.15.40)}$的配剂，[再加上]夹竹桃、阿炽、绒毛柿、牛角瓜和“鹿儿死”的配剂，配以山石榴和鸭蝤草的汤剂〔或“象耳”草与莪术的汤剂〕，可制成迷醉药。[②]

[18]或者，以上所有掺在一起[③]，可污染草料、柴火、水。

[19]羯栗犍陀罗、避役、家蜥和“盲蛇”鱼所熏烟，可致盲和致狂。[④]

[20]避役与家蜥相配，可致麻风。[21]此物再配以黑斑蛙内脏和蜂蜜，导致尿路疾病；若配以人血，可致消渴症。

[22]“眵毒”[⑤]，配以山石榴和鸭蝤草籽所研粉末。——此剂可致舌僵。

① 肉豆蔻（jātī）：CŚ 认为是素馨花（mālatī，Jasminum grandiflorum），坎格尔认为是肉豆蔻（Myristica malabarica）；牟伽（mūka）：不详为何物，CŚ 认为是污水（āvilaṃ jalam）；马椰果（udumbara）：Ficus Glomerata。

② 槟榔青（śṛṅgin）：Spondias mangifera；乔达摩树（gautamavṛkṣa）：具体为何种树失考；木棉（kaṇṭakāra）：Bombax Heptaphyllum，CŚ 训为 śālmali，亦为木棉（木棉树干有刺，可能与此名相关）；“孔雀足”（mayūrapadī）：有可能是土牛膝（mayūra；Achyranthes aspera），其穗作孔雀色。另外，以上几种植物，用哪一部分入剂亦不可考。心叶蕨（lāṅgālī）：亦作 lāṅgalī、pṛthakparṇī（CŚ），为心叶蕨（Hemionitis Cardifolia）；“毒根”（viṣamūlikā）：CŚ 认为是前文提到的“黑顶”为首的那类毒（参见 2.17.12）；“鹿儿死”（mṛgamārāṇi）：“致鹿死的”，CŚ 认为是一种药草。

③ 掺在一起（samastā）：指的是“上面所说的所有药剂”（CŚ：uktāḥ sarva evaite yogāḥ）。

④ 羯栗犍陀罗（kṛtakaṇḍala）：失考，以音译代之。CŚ 将此词当作整个复合词后部的修饰语，释义迂远，坎格尔认为这和后面的一样，指一种爬行动物。

⑤ “眵毒”（dūṣīviṣa）：或“眼屎毒”，具体为何物失考。

［23］“驮母”“合十”[①]、孔雀翎、蛙、阿炽和绒毛柿。——此剂可致霍乱。

［24］旁遮句尸吒迦虫、皲底尼耶迦虫、腊肠树花和蜂蜜。——此剂可致发烧。[②]

［25］跋阇鹫、獴、山辣椒和胡椒根的配剂与驴奶捣膏。——此剂可致人于一月或半月内哑聋。[③]

［26］人的［剂量只］为一小点……［其余］如前所述(14.1.8)。

［27］植物类药使用碎块熬制的汤剂，动物类药使用粉末；或者，所有都熬制汤剂。如此一来，效力会变得更烈。[④]［28］这是配剂的资质。

［29］经木棉和爵床种子煎淬，加上胡椒根与乌头(2.17.12)［制剂］，再抹上麝鼠血。[⑤]——这样的箭若射中某人，中箭者会咬噬另外十人，而被咬者又分别会去咬噬另外十人。

［30］“山羊”树、阿炽树、树胶和“牛奶头”(2.17.12)，配以鸡腰肉托果、耶睹陀那草、阿颇孥、八棱丝瓜、柳叶榄仁的花，再配以山

① “驮母”(mātṛvāhaka)：CŚ 认为是一种鸟，但 vāhaka 是种毒虫，因此也可能是虫；“合十”(añjalikāra)：“双掌合十”，CŚ 说是一种药草。

② 旁遮句尸吒迦虫(pañcakuṣṭhaka)：可能和 14.1.4 中 pañcakuṣṭha 一样，是一种虫；rājavṛkṣa：CŚ 训为 āragvadha，即腊肠树(与上文 vyāghātaka 同)。

③ 跋阇鹫(bhāsa)：一种秃鹫(MW)，CŚ 训为 śakunta，亦为某种秃鹫；山辣椒(jihvā)：Tabernaemontana coronaria；胡椒根(granthikā)：CŚ 训为 pippalīmūla。另外，坎格尔还猜测，jihvā 和 granthikā 有可能是指前两种动物的舌和肌肉，但以舌头为材料，未免太难得。

④ 这是指以上的各种药，在配制的时候，植物类药用碎块熬制汤剂，动物类药研末。

⑤ 煎淬(siddha)：在 14.2 中，siddha 经常作“煎熬”讲；胡椒根(mūla)：从 CŚ 说(pippalīmūla)。

羊血和人血。——此剂可致人咬噬。[①]

[31]半稻$_{(2.19.6)}$此种配剂，掺在大麦粒和油饼投放到水中，可污染方圆100弓$_{(2.20.18)}$内的水。[32]因为，一群鱼若因此毒彼此咬噬〔或沾上此毒〕，也会变毒；而饮或沾上此毒水者亦如是。

[33]一只鬣蜥，共红芥子与白芥子置于一驼形陶罐中，由一死囚先埋于地下3半月再取出，此蜥看什么，什么就死；或一条黑蛇亦可。

[34]用被闪电烧过的木头从一块被雷电引燃的木炭〔或雷电引起的火〕那里取火并保持燃烧。昴宿日或娄宿日若于楼陀罗祭仪中以此火献祭[②]，那么，它一旦引燃什么，就没有应对的办法。

[35]分别地：从铁匠处取来火之后，他应投蜂蜜入火以献祭；从酒店掌柜处取来的火，用酒；从大路上取来的火，用酥油[③]。

---

① “山羊”树(elaka)：即eḍaka(MW)，“山羊”树，CŚ训为tvaggandha(tvaksugandhā)，即象木苹果树(Feronia elephantum)；耶睹陀那草(yātudhāna)：失考，以音译代之；阿颇拏(avānu)：失考；柳叶榄仁(bāṇa)：字面为“箭”，CŚ训之为arjunavṛkṣa，即柳叶榄仁(Terminalia arjuna)，又名三果木，其果未去皮时形似箭羽，故CŚ可信。

② 即：在祭祀时将祭品投入火中。昴宿日(Kṛttikā)与娄宿日(Bharaṇī)，即月亮进入这两宿的日子。

③ 从大路上取来的火(mārgato 'gniṃ)：这是KA的读法。迈耶认为可能应读作bhāgato 'gniṃ(“从妓女处[取来]火[之后]”)，理由是：(一)bhāga由bhaga(女阴)变化而得；(二)ghṛta(酥油)亦可指男精。奥利维勒亦持此说，并加上两条理由：(一)这里提到的火的来源都是职业；(二)马拉雅拉姆写本中，m与bh字母差别很大(坎格尔改bh为m很成问题)，而y与t则很相像，因此写本的bhāgaṃyogniṃ和bhāgato 'gniṃ则更可信。但迈耶和奥利维勒的问题是，bhāga由bhaga变来，且理解为妓女(或荡妇)，这并不可靠。因此，鉴于原文存在问题，这两种读法都只能停留在猜测和可能性上，本译文从KA读法。

[36]从从一夫而终的妇人那里取来的火，用花环；从妓女那里取来的火，用芥子；从刚生产的妇人那里取来的火，用乳酪；从操持祭火的人那里取来的火，用谷粒。

[37]从旃荼罗那里取来的火，用肉；从火葬柴堆取来的火，用人肉；以上各种火相集，投以山羊脂、人肉和无花果树枝。

[38]他应以腊肠树的木柴与咒语向阿耆尼献祭。这种火[①]迷惑敌人的眼睛，[并且]没有应对的办法。

[39]阿底提啊，向你致敬！阿拏摩提啊，向你致敬！娑罗室伐底啊，向你致敬！舍毗氏利啊，向你致敬！[40]阿耆尼萨婆诃！苏摩萨婆诃！溥萨婆诃！溥婆萨婆诃！[②]

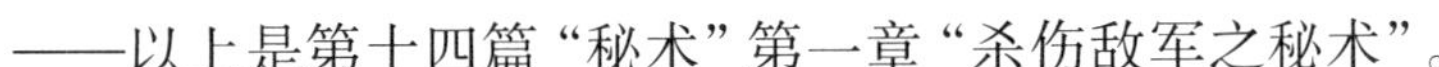

——以上是第十四篇“秘术”第一章“杀伤敌军之秘术”。

第二章

第178目：骗术

(1)造作异象

[1]尸利沙$_{(2.11.30)}$、马椰果和牧豆$_{(2.1.3)}$所研粉末，与酥油相

① 原文中，火神阿耆尼和火是一个词(agni)。

② 第39—40句：向火献祭后的套话。以上神祇均为吠陀神。bhū：大地(音译为“溥”)。bhuvas：天空(音译为“溥婆”)。另参考《摩奴法论》(Mn 2.76)中提到的“大语真言”：bhūr-bhuvaḥ-svaḥ，汉译作：“菩呼—跋婆诃利—斯婆诃利”(参见蒋忠新2007, 24)。

拌。——此剂使人半月内不饥饿。[2]迦阇卢[①]、蓝莲藕、甘蔗根、藕丝、黍米、牛奶、酥油及奶油煎煮。——[此剂使人]一月内[不饥饿]。

[3]或者，就牛奶与酥油服下绿豆、大麦、硬皮豆(2.24.14)和怛卢婆草(10.3.31)根所研粉末；或等量的药藤、牛奶和酥油煎煮；娑罗树根和狐尾豆根制膏就牛奶服下；或就着蜂蜜与酥油服下与它烹制的牛奶。[②]——如此可禁食一月。

[4]于尖瓜[③]中存放一个半月的麻油，与在白山羊尿中浸泡七夜的白芥子煎煮。——此剂可致四足动物与两足动物的形容改变。

[5]白芥子油与从吃酪乳和大麦超过七夜的白驴粪便中所得的大麦煎煮。——此剂可致形容改变。

[6]白芥子油与这两者中任意一个的尿与粪便相煎煮，再掺入牛角瓜、丝绵子、稻米所研末。——此剂可致人变白。[④]

[7]白公鸡和白蟒蛇粪便相配。——此剂可致人变白。

[8]在白山羊尿中浸泡过七夜的白芥子与酪乳、牛角瓜浆[⑤]、盐和粮食相配，存放半月。——此剂可致人变白。

---

① 迦阇卢(kaśeru)：某种藨草属植物(Scirpus Kysoor)，有较肥大的根，可入药。

② 药藤(vallī)：本泛指藤类，但也指一类入药的藤，有 vidārī、sārivā、rajanī、guḍujī(MW)，这里似乎指这些藤中的一种或多种。狐尾豆(pṛśniparṇī)：亦作 pṛśniparṇikā，即狐尾豆(Uraria Lagopodioides)。与它烹制(tatsiddhaṃ)："它"(tat)可能是指前面三个用分号隔开的配方中的一种或几种相加。本句句法很不完整，理解和翻译难度较大。

③ 尖瓜(kaṭukālābu)：Trichosanthes dioica，与 14.1.14 中尖瓜同。

④ 这两者指上文第 4—5 句中的白山羊和白驴。稻米(pataṅga)：CŚ 认为是指冬稻(śāli)；变白(śvetīkaraṇam)：致白、白化，可能是指让人皮肤变白，奥利维勒认为是让人患上白癜风(leukoderma)。

⑤ 牛角瓜浆(arkakṣīra)：或是牛角瓜树的浆，或是牛角瓜里面的浆。

[9]将白芥子捣膏置于尚在瓜藤上的尖瓜中半月。——此剂可致人毛发变白。

[10]一种叫阿楼竺那[①]的虫与白色的家蜥。——用这两者捣膏所涂过的头发会变得像海贝一样白。

[11]以牛粪〔或顶睹枷柿[②]与苦楝子(2.25.16)制膏〕涂抹身肢，再涂以鸡腰肉托果汁者，一月内得麻风。

[12]在黑蛇或家蜥口中存放七夜的相思豆。——这是致麻风的药剂。

[13]用鹦鹉的胆汁与鹦鹉蛋清涂遍全身。——这是致麻风的药剂。

[14]豆腐果捣糊制膏，可治麻风。

[15]吃进带句句吒、尖瓜、天门冬根之食物者，一月之间脸色变白皙。[③]

[16]以无花果浆沐浴，杜鹃制膏涂身者，[肤色]变黑。[④]

[17]雌黄与雄黄，配以"秃鹫"[⑤]和黍米的油，令[肤色]变深。

[18]萤火虫[所研]粉末，配以芥子油，可于晚间放光。

[19]萤火虫和靳度波陀虫[所研]粉末〔或"海生"类、"蜜蜂

---

① 阿楼竺那(alojuna)：未知为何种虫，以音译代之。

② 顶睹枷柿(tinduka)：一种柿树(MW)。

③ 句句吒(kukkuṭa)："公鸡"，可以指多种植物，难以确定，以音"句句吒"代之；一月之间(māsena)：即仅仅在这一个月内。

④ 杜鹃(sahacara)：黄花假杜鹃(Barleria Prionitis)。

⑤ "秃鹫"在此可能指某种俗名为"秃鹫"的植物，但也可能是指秃鹫本身。

群”类和“儿茶”类植物的花粉〕，配以“秃鹫”及黍米的油，成放光的粉末。[①]

［20］用刺桐树皮所熏烟尘，配以蛙的脂肪，可使身肢光亮如火燃。［21］以刺桐树皮和胡麻所制膏涂过的身体，光亮如火燃。

［22］用牙刷树皮所熏烟尘制团，置于手中可放光。［23］身上涂以蛙脂者，可放出火光。［24］身上涂上这个[②]〔或喷上配以雌海蛙、海水泡沫和娑罗香所研粉末的拘奢摩罗树$_{(2.15.39)}$子油〕可放光。

［25］蛙与蟹等的脂肪与等量的麻油煎煮后用以涂遍全身，可令［周身］四处发出火光。

［26］身上涂以竹根与青苔，并抹上蛙脂，可发出火光。

［27］刺桐、婆逻提钵罗、般俱罗、魔芋$_{(2.12.9)}$和大蕉$_{(2.12.7)}$的根制糊，与蛙脂同煎煮成油，以此油涂足者，可行于火炭上。[③]

［28—29］应将魔芋、婆逻提钵罗、般俱罗、刺桐这些［植物］的根［所制成的］糊与蛙脂烹制成油[④]，以此油涂于无尘的足上，人可以肆行于炭［火］堆之上，如同踏在花堆上。

---

① 靳度波陀虫（gaṇḍūpada）：某种土虫，CŚ 训为 kiñculuka，亦同；“海生”类（samudrajantūnāṃ）、“蜜蜂群”类（bhṛṅgakapālānāṃ）、“儿茶”类（khadirakarṇikārāṇāṃ）：这三个复合词分别是概括某一类植物的，所以都是复数，译文中给出的是字面意思，但具体指何种植物已不可考。

② 这个（tena）：指前面第 22 句中所说的烟尘所制成的“团”（piṇḍa）。

③ 婆逻提钵罗（pratibalā）：CŚ 说是一种药草；般俱罗（vañjula）：可以指很多种树，此处不确定为哪一种，以音译代之。

④ 油（taila）既指“麻油”，也可以泛指“油”，而第 27 句中 maṇḍūkavasāsiddhena tailena 与第 29 句中 sādhayet tailam etena 都是说这些植物的根所制成的糊与蛙脂烹制成油，而不是——像译家们理解的那样——把这种糊与蛙脂再与麻油一起煎煮。

［30］夜间，绑在天鹅、赤颈鹤、孔雀及其他凫水大鸟尾翎上的芦苇火把，可成流星之象。

［31］由雷电产生的灰烬，为灭火之物。

［32］在妇人经血中浸泡过的绿豆，以及混合了蛙脂的颇吉罗居利根，可令生着火的炉灶无法烹制。[①]［33］清洁炉灶是救正之法。

［34］用牙刷树木头制成且中间有火种的丸，塞上亚麻根团或线团，并以棉花包裹住，是从口中喷出火和烟的办法。[②]

［35］喷洒了拘奢摩罗子油的火，在雨中或大风中也可燃烧。

［36］海水泡沫佐以麻油，可浮在水上燃烧。

［37］以斑竹钻凫水鸟类的骨殖而起的火，不会被水浇灭，而是和水燃烧。

［38］为兵器所杀的人〔或钉在桩上的人〕，以斑竹钻其左肋骨头而起的火；或以人肋骨钻妇人或男人骨头而起的火。——这种火在哪里左绕三匝，哪里就不会有另外的火燃烧(1.20.4)。

［39］将麝鼠、鹡鸰和“盐”虫[③]研末，与马尿相混，可破锁镣。

---

① 颇吉罗居利（vajrakulī）：字面为“金刚集”，具体为何种植物不可考。另外，这句话缺少连词 ca 或 vā，不知道是两者分别可以有这种效果，还是在一起有这种效果。

② 丸（maṇi）：一个中空的小球、小罐子（CŚ：aliñjaram），从使用方法看，它要被人含在口里，可见是很小的；亚麻（suvarcalā）：suvarcala 为亚麻，同时 CŚ 又将 suvarcalā 训为 kṣumā（亚麻），较可靠。

③ “盐”虫（khārakīṭa）：CŚ 训为“盐碱地所生的虫”（ūṣabhūmijaḥ kīṭaḥ），迈耶在注释中认为 khārakīṭa 可能是 kṣārakīṭa（“盐”虫）的俗语形式，这两者似乎可以互证，笔者从之。

［40］或者，涂上蟹、蛙和“盐”虫的脂肪的磁石，磁力为两倍，［亦可破锁镣］。

［41］牛胎盘[①]、苍鹭与兀鹰的肋、蓝莲花和水捣烂，是四足及两足动物的足膏。

［42］驼皮鞋涂以枭和秃鹫的脂肪，再覆以榕树叶，穿此鞋可行五十由旬(2.20.25)而不疲乏。

［43］涂以隼、苍鹭、鸦、秃鹫、天鹅、赤颈鹤以及毗支罗卢的骨髓或精液〔或涂以狮、虎、豹、鸦和枭的骨髓或精液〕，可行一百由旬而不疲乏。[②]

［44］涂以于驼形罐中捣榨所有种姓堕出的死胎〔或于火葬场捣榨死婴〕所产生的脂肪，可行一百由旬而不疲乏。

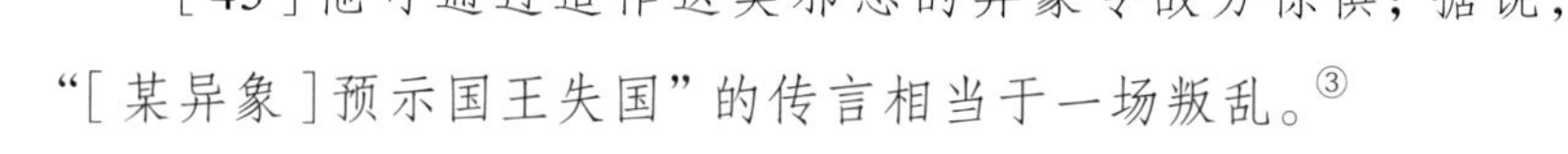

［45］他可通过造作这类邪恶的异象令敌方惊惧；据说，“［某异象］预示国王失国”的传言相当于一场叛乱。[③]

① 牛胎盘（nārakagarbha）：nāra 为初生牛犊（坎格尔援引《弥底尼辞典》［*Medinīkośa*］）。nārakagarbha 可能是牛胎盘制成的足膏，大概能治疗一般的足疾。

② 这句话接上句说，除了上文所说的“枭和秃鹫的脂肪”，又介绍了两种涂鞋的选择。毗支罗卢（vīcīralla）：CŚ 说是一种“身上有水波形曲纹的生物”，但无法据此确知为何种生物；骨髓（majjāno）：骨髓（majjan）的复数主格，但 CŚ 认为是“脂肪”（vasā）。

③ 预示国王失国（ārājyāyeti）：这句短小的话意义晦暗，各注家和译家互不相同，兹不具引。笔者认同奥利维勒的说法，认为 ārājya 是 arājya（失国之人）的字首元音三合变化派生的词，用以描述“失国”这种状态（如本书第十二篇的标题 āblaīyasam 就由 abalīyas 派生得来），只是觉得他对 ārājyāya 这个为格理解有问题（他译为“咒你失国！”）。笔者认为，在这里，用为格形式 ārājyāya 表示“预示着其失国”。理由是：（一）梵文中为格可以表示“预示……”（Apte 1925, 45）；（二）从 13.1 中我们可以看到欲胜王为了显示自己顺承天意且“令敌方阵营惊惧”而让人施展的一些秘术，而本章介绍的正好是这类导致异象的秘术。比如 13.1.10 与本章第 30 句的假流星，这是预示对方国

——以上是第十四篇“秘术”第二章“造作异象”(属于“骗术”目)。

第三章

第178目：骗术(续)

(2)用药与用咒

[1]他可令人先挖出以下某一种、两种或更多动物的右眼和左眼，然后分别研成两类粉末：猫、驼、狼、野猪、豪猪、蝙蝠、雉、鸦、枭或其他于夜间活动的动物。[2]然后，以左眼的粉末涂右眼，右眼的粉末涂左眼，可于夜间或黑暗中视物。

[3]一个菠萝蜜、野猪眼、萤火虫和黑腰骨藤制剂。——以此剂涂眼者，可于夜间视物。[1]

[4]斋戒三夜后，他可令人于鬼宿日[2]在一个为兵器所杀之人〔或被钉桩之人〕的头骨所盛的泥土中播大麦种，再以绵羊奶浇灌之。[5]然后，戴上大麦所抽发的新苗制成的环，他行动时影与形

王败亡的。这样一来，整句话可通：欲胜王可以用这些比较邪恶的方法让敌方感到惊惧；据说，就像“(某异象)预示国王失国”这类谣言，抵得上一场叛乱(的效果)。

① 菠萝蜜(amlaka)：Artocarpus Lakuca(MW)或Artocarpus hirsutus(PDP)，CŚ训为lakuca，亦为菠萝蜜；黑腰骨藤(kālaśārivā)：Ichnocarpus Frutescens。

② 鬼宿日(puṣya)：宜于种大麦、小麦、稻米、甘蔗等，且利于术士及术师(参见Bs 15.6)。

皆隐去。

[6]斋戒三夜后，他可令人于鬼宿日将狗、猫、枭和蝙蝠的右眼及左眼分别研成两类粉末。[7]然后，将这两类粉末涂于相应的眼睛，他行动时影与形皆隐去。

[8]斋戒三夜后，他可令人于鬼宿日以杀人者之股骨造涂药棒与药钵[①]。[9]然后，以以上任何动物(14.3.6)眼睛的粉末涂眼者，行动时影与形皆隐去。

[10]斋戒三夜后，他可令人于鬼宿日造铁质药钵与涂药棒。[11]然后，用药剂将任何一种在夜间活动的动物的头骨装满，并将其塞入死去妇人的阴户，再将其焚化。[12]先于鬼宿日将此药剂取出来，将其存放在这个药钵(14.3.10)中。[13]以此药涂眼，行动时影与形皆隐去。

[14]若他在某处看见一个生前操持祭火的婆罗门被焚化或正在被焚烧，他可以在那里斋戒三夜，再于鬼宿日以某个自然死亡者的衣服造一布袋，并以火葬堆的灰烬将其装满。绑上这个袋子后，他行动时影与形皆隐去。

[15]在婆罗门葬仪中被杀的牛，其骨和骨髓所研粉末，再用以填充蛇皮。——此袋可使家畜隐形。

[16]用被蛇噬致死者焚化的灰填充毒蛇皮。——此袋可使动物隐形。

[17]以枭和蝙蝠的尾巴、粪便及膝骨[所研]粉末填充蛇

---

① 涂药棒与药钵(śalākām añjanīṃ ca)：涂药的小棒与装涂膏的钵，小棒将药物涂到睫毛与眼睑。

皮。——此袋可使鸟类隐形。

［18］以上是八种隐身方。

［19］我向毗录遮那之子跋利，以及有百种手段的诠钵罗致敬；我向槃底罗波迦、那罗枷、尼鞁婆及鞁婆致敬。①

［20］我向提婆罗和那罗陀致敬；我向娑婆尼迦罗婆致敬；因着他们的指令，你得此大沉睡。②

［21］蟒蛇们是怎么在沉睡，遮牟迦罗们③是怎么在沉睡，就让村落中好事之人怎么样地沉睡。

［22］随着一千只收纳容器和百条轮辋，我将进入此屋；愿［屋内的］器物都安安静静。④

［23—24］先向摩奴归敬，关上犬舍，再向天界诸天神、人中的婆罗门、那些精通吠陀的得道高人以及那些在鸡罗娑山⑤［修炼］的苦行者们归敬之后，你得此大沉睡。

① 第19—24句为施睡咒（CŚ：prasvāpanamantra），似乎为入室偷盗者而设。咒语中向一些阿修罗及得道高人致敬后，让人睡过去。跋利（Bali）：又名Mahābali，毗录遮那之子，为阿修罗之王；毗录遮那（Virocana）、诠钵罗（Śambara）、槃底罗波迦（Bhaṇḍīrapāka）、那罗枷（Naraka）、尼鞁婆（Nikumbha）以及鞁婆（Kumbha）均为阿修罗。

② 提婆罗（Devala）、那罗陀（Nārada）、娑婆尼迦罗婆（Sāvarṇigālava，亦即Gālava）均为圣人。

③ 遮牟迦罗们（camūkhalāḥ）：原形为camūkhala或camūkhalā，不确定具体为何物，但根据语境可知是一种嗜睡或要冬眠的动物。

④ 坎格尔认为bhaṇḍaka与bhāṇḍaka两者同义，都指容器。笔者看来，前者为“能装”，即可收纳器物的容器，后者为“所以能装”，即器物本身。贼来时带着“容器”（bhaṇḍaka），必定是要进屋搬走“器物”（bhāṇḍaka）。

⑤ 鸡罗娑山（Kailāsa）：圣山，相传在须弥山（Mahāmeru）之南，有两处居所，分别为湿婆（Śiva）与财神俱鞞罗（Kubera/Kuvera）所居。

[25]我若过去，[一切]都要离去。

[26]阿利它！婆利它！摩奴萨婆诃！[①]

[27]此咒的使用方法为：[28]斋戒三夜后，他可于黑分(2.20.45)之第十四日，月与鬼宿相交接时，从一什婆�迦女(3.13.37)手中购取毕罗伽所掘之土[②]。[29]将其与绿豆一同置于篮中，再埋于一宽敞的焚尸场。[30]在紧接着的白分(2.20.44)之第十四日[③]将其起出，令一童女将其捣烂，他再将其制丸。[31]然后，无论是哪里，他只要先对一丸祝以此咒，再扔出去，同时诵念此咒，那么他将会令那里的一切入睡。

[32]他可用同样的方法将一支有三条黑纹并三条白纹的豪猪刺埋于一宽敞的焚尸场。[33]在紧接着的白分之第十四日将其起出，无论是哪里，他只消将此刺与焚尸场的灰烬一同扔出，并诵念此咒，那么他将会令那里的一切入睡。

[34]我向有着金华的婆罗秣尼，以及以吉祥矛为帜的梵天致敬；我向一切神祇，以及一切苦行者致敬。[④]

[35]愿众婆罗门，以及护卫土地的众刹帝利受我辖制；

① 坎格尔认为，Alite（阿利它）可能只是 Adite（阿底提，为吠陀神祇）的舛误，而 Valite 又是通过与 Alite 相类而形成。另外，这些都是阴性的神祇。

② 毕罗伽所掘之土（bilakhāvalekhanaṃ）：据 CŚ，bilakha（“掘洞的”）是一种地鼠，为旃荼罗所食（bilakhā ākhujātīyā jantavaś caṇḍālabhakṣyabhūtāḥ）。而 bilakhāvalekhana 就是指这些地鼠所掘出的碎土。

③ 即：当月中下半个月的第十四日。

④ 婆罗秣尼（Brahmāṇī）：梵天（Brahmā）之妻。

愿众吠舍与众首陀罗恒受我辖制。

[36]萨婆诃！阿密罗！羁密罗！伐由遮罗！波罗瑜伽！婆伽！伐由诃婆！毗诃罗！檀陀迦吒迦！萨婆诃！①

[37]愿众犬及村落中好事之人都酣睡；这根有三道白纹的豪猪刺，是梵天所造。

[38]因为，所有财利成就之人都已酣睡；你得此酣睡，直到村落的边界，且直到太阳升起。②

[39]如是萨婆诃！

[40]此咒的使用方法如下：[41]预备些带三道白纹的豪猪刺。斋戒七夜后，他可于黑分之第十四日，先用一百零八根儿茶柴棍③烧一堆火，并祝以此咒，再将它们连同蜂蜜和酥油一道投火献祭。[42]然后，他可在村落门或家宅门的任何地方，埋下一根，并诵念此咒，可令此地的一切都入睡。

① 两个萨婆诃之间的，都是阴性神祇，都是呼格形式。坎格尔说，这类神祇不见于其他地方，其名称形式是否完全正确亦不可知。

② 财利成就之人（siddha）：可能是指“高人”，但后文第46句中所说的财利方面成就的富人（siddhārtha），而且考虑到这咒语本来就是窃贼所用，因此取后者。另，“直到村落的边界，且直到太阳升起”，即全村的人酣睡一整夜。

③ 儿茶柴棍（khādirābhir）：khadira 为儿茶树（参见2.17.4），khādir- 是首元音三合变化后得来。另外，坎格尔与奥利维勒认为是将这些柴棍当成祭品，与蜂蜜和酥油一道投入火中。但显然，投入火中的是豪猪刺与蜂蜜和酥油，而不是柴棍，而且这个复数的工具格表明这火就是这些儿茶树柴棍架起来烧成的。

[43]我向毗录遮那之子跋利，以及有百种手段的谂钵罗致敬；我向尼鞁婆、那罗枷、鞁婆以及大阿修罗檀度拘折致敬。[①]

[44]我向阿摩罗颇、波罗密勒、曼斫录迦、迦斫钵勒致敬；我向讫瑟那和干娑的仆从，以及负有盛名的薄啰蜜致敬。[②]

[45]先以咒语加持它[③]，我手执一只死鹈，就为着成就此事；但愿能成功！[确实即可]成功！向众鸟致敬！萨婆诃！

[46]愿众犬以及村落中好事之人都酣睡；愿那些财利——这个我们正寻求的东西——成就之人都酣睡；从日落直[酣睡]到日出，直到此财利成为我的果实。

[47]萨婆诃！

[48]此咒的使用方法如下：[49]在斋戒四餐[④]之后，他可于黑分之第十四日，先在一宽敞的焚尸场行祭，手执死鹈诵念此咒，再将其缚于野猪嘴做成的囊中。[50]以豪猪刺于其正中穿过，然后，无论他将其埋在任何地方，诵念此咒后可令这个地方的一切都入睡。

---

① 见前文第19句，另外这里叫作Tantukuccha（“白莲蕊”，音为“檀度拘折”）的“大阿修罗”（mahāsura），具体身份不详。

② 阿摩罗颇（Armālava）、波罗密勒（Pramīla）、曼斫录迦（Maṇḍolūka）、迦斫钵勒（Ghaṭobala）这几个神祇身份不详，采用音译。讫瑟那（Kṛṣṇa）和干娑（Kaṃsa）的仆从（kṛṣṇakaṃsopacāraṃ）：即“侍奉讫瑟那与干娑的”，可能是指一个叫阿利湿吒（Ariṣṭa）的阿修罗。另外，此地的讫瑟那为阿修罗干娑的外甥，不应同《薄伽梵歌》（*Bhāgavadgītā*）与《诃利世系》（*Harivaṃśa*）中的黑天（Kṛṣṇa）混为一谈，故采用音译。薄啰蜜（Paulomī）：可能是指阿修罗Puloma之女，后为因陀罗之妻。

③ 它指后文中的死鹈。

④ 普通人一日中早晚各一餐，斋戒四餐则为两日夜。

[51]我向阿耆尼求庇护，也向众神祇以及十方求庇护；愿一切都离去，愿他们都受我的辖制。

[52]萨婆诃！

[53]此咒的使用方法如下：[54]斋戒三夜后，他应先集置二十一块卵石，再将它们连同蜂蜜和酥油一道投火献祭。[55]然后，先以香和花供养之，再将它们埋下。[56]在下一个鬼宿日他可将它们起出来，并用咒语对一个卵石加持，然后再用它敲击门板。[57]四块卵石之内，门即开启。

[58]斋戒四餐后，他可于黑分之第十四日，令人以身体碎散之人的骨头造一公牛[①]，并以此咒加持。[59]他就会得到一辆两头牛拉的牛车。[60]于是，他可在空中游行。[61]他如此得与太阳“同气”(1.8.17)，可以越过门栓，穿过一切。

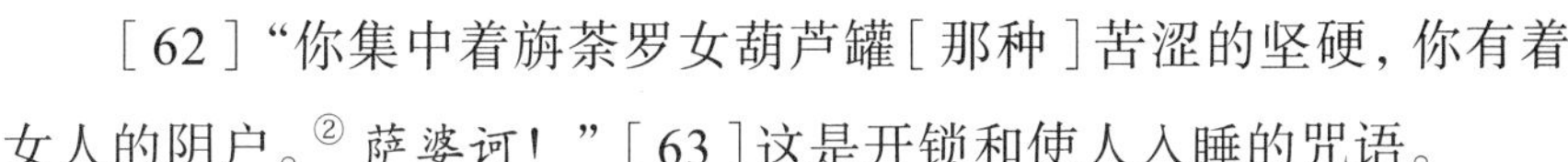

[62]“你集中着旃荼罗女葫芦罐[那种]苦涩的坚硬，你有着女人的阴户。[②] 萨婆诃！”[63]这是开锁和使人入睡的咒语。

[64]斋戒三夜后，他可令人于鬼宿日在一个为兵器所杀之人〔或被钉桩之人〕头骨所盛的泥土中播木豆[③]种，然后以水浇灌之。[65]长成之后，应仍旧于鬼宿日将其拔起，拧成绳索。[66]然后，在带绳索的弓弩和机关前将其斩断，可令这些的绳索折断。

① 造一公牛(ṛṣabhaṃ kārayet)似乎是指造一个公牛的模型。

② 这是一句咒语。前半句直译应为：你是旃荼罗女葫芦罐[那种]苦涩的坚硬的渊薮。似乎是在说，门锁集中着葫芦罐的那种尖锐苦涩的坚硬，难以打开。后半句中的女阴(nārībhagā)，据坎格尔说，可能是比喻门杠两头的墙洞，或门杠中的箍圈，当然，也可能是指锁孔。

③ 木豆(tuvarī)：Cajanus indicus，又名 tubarī、āḍhakī(CŚ)。

[67]他可用妇人或男人呼过气的土[①]装填水蛇皮袋,可塞人鼻和堵人嘴。[68]他可先以呼过气的土装填野猪皮袋,再以猴筋缚之,可致人尿闭和便秘。

[69]在黑分的第十四日,他可用一只被兵器所杀的黄褐色牛的胆汁,涂抹用腊肠树所制的敌王雕像,可致其眼盲。

[70]在斋戒四餐之后,他可于黑分之第十四日,先行祭,再令人以钉桩之人的骨头造一些针。[71]将这些针中的一根埋于某人粪便或尿液中,可致其尿闭和便秘;埋于其踏足处或座中,可令其消渴致死;埋于其店铺、田地或家宅中,可断其生计。

[72]用被雷电所烧之树造木橛可由此法说明。

[73—74]倒长的老来青[②]、苦楝、“欲蜜”[③]、猴毛以及与死人衣结缚在一起的人骨。——谁的家宅内被埋上这些东西〔或一看到谁的踏足处,就将这些东西埋在那里〕[④],谁就——连同其妻儿和财物——存在不超过三个半月。

[75—76]倒长的老来青、苦楝、“欲蜜”、黧豆[⑤]以及人

---

① 妇人或男人呼过气的土(uccvāsamṛttikā):CŚ 解释为“带呼出的气的尘土”。迈耶与坎格尔从此说,将其译为“[妇人或男人]向其中呼过气的土”。奥利维勒译为“妆粉”(toilet soil),但没有给出任何说明。可以猜想,ucchvāsa 既可为“气孔”,也有“呼气”的意思,那么 ucchvāsamṛttikā 也可能是指鼻腔的分泌物和尘土的混合物,即鼻垢。

② 老来青(punarnava):Boerhavia diffusa(14.4.2 中作 punarnavā),即黄细心,又名黄寿丹或老来青(笔者按:“老来青”极契合梵文原意,可谓雅驯)。

③ “欲蜜”(kāmamadhu):字面意思为“爱蜜”或“欲蜜”,似乎说的是一种植物,但奥利维勒认为可能是精液或爱液的委婉语。

④ 这里有两种情况:一是将这些东西埋于某人家宅之内;一是看到某人落足之处后,将其埋在足印下。

⑤ 黧豆(svayaṃguptā):字面意思为“自护”,CŚ 训为“即 ātmaguptā,一种缠绕

骨。——于家宅、军［营］、村落或城市的大门处，谁的踏足处被埋上［这些东西］，谁就——连同其妻儿和财物——存在不超过三个半月。

［77］他可集取山羊和猴、猫和獴、婆罗门和什婆啵迦，以及鸦和梟的毛；［将某人］的粪便与此同捣，可致其毁灭。

［78］从死人身上取来的花、酒酵、獴毛，以及蝎子、蜜蜂和蛇皮。——谁的踏足处被埋上这些东西，谁即刻就变得［阳物］不举，直到这些东西被移除。

［79］斋戒三夜后，他可令人于鬼宿日在一个为兵器所杀之人〔或被钉桩之人〕的头骨所盛泥土中播相思豆种，然后以水浇灌之。［80］长成之后，令人于新月日或满月日中月与鬼宿相交接时，将其拔出，然后令人制成环。［81］将盛饮食的容器置于其间，则饮食不匮。

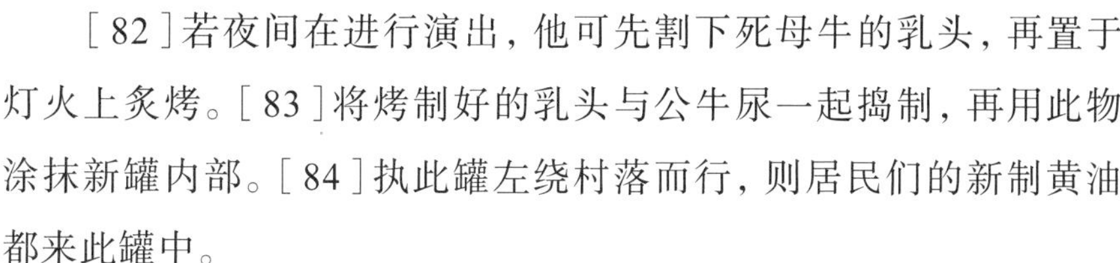

［82］若夜间在进行演出，他可先割下死母牛的乳头，再置于灯火上炙烤。［83］将烤制好的乳头与公牛尿一起捣制，再用此物涂抹新罐内部。［84］执此罐左绕村落而行，则居民们的新制黄油都来此罐中。

［85］于黑分之第十四日里，当月与鬼宿相交接时，他可将一枚带印的铁指环放入一只发情的母狗阴户中。［86］他应等它自动掉出来时再捡回。［87］若以此指环招之，则树上之果实都来到他

它物而长的名为 kacchurā 的药草”，据 PDP，这种植物叫黧豆（Mucuna pruriens），它有许多梵文名：svayaṃguptā、ātmaguptā、kacchurā、kapikacchu。

这里。

[88]这些以咒语和药草相关的、由幻觉促成的各种秘术。——他应用来去杀伤敌人，保护自己人。

——以上是第十四篇“秘术”第三章“用药与用咒”（属于“骗术”目）。

第四章

第179目：应对本方军队之伤害

[1]敌人用于本方的“眵毒”(14.1.22)等毒药，应对方法如下：

[2]“净水”配以破布果、木苹果(2.25.19)、斑籽实、苦枳、地胆草、尸利沙、羽叶楸(2.12.6)、黄花稔、木蝴蝶、老来青、锡生藤(1.20.5)以及沙梨所煎煮汤剂，配以栴檀木、雌鬣狗血。[①]——这是国王将宠幸女子私处的清洗剂，也是被下毒军队的解药。

[3]摩醯罗致的粉末，配以梅花鹿、獴、孔雀和鬣蜥的胆汁，

① 破布木（śleṣmātaka）：Cordia latifolia（MW）。据PDP，其另一梵文名为bahuvāra。斑籽（danti）：字面意为“有牙的”，又名danti（马拉雅拉姆语）、dantikā与dantā，即斑籽（Baliospermum montanum），虽然这里的danti是现代马拉雅拉姆语的写法，但显然这个写法是音译或转写的梵文单词。这种植物的叶边缘呈尖锐状，很像牙齿，可能因此而得名。苦枳（dantaśaṭha）：字面为“对牙齿有害的”，酸的。地胆草（goji）：CŚ训之为gojihvā，即地胆草（Elephantopus scaber）。这是一种叶较为锐利的植物，叶呈锯齿状。木蝴蝶（syonāka）：Bignonia Indica（MW）。沙梨木（vāraṇa）：Crataeva nurvala（PDP），又名刺籽鱼木。

再加上黄荆、沙梨、黍米、合被苋、甘蔗尖和宾底多迦的配剂。[①]——此剂可去迷醉药药效。

［4］心叶蕨、山石榴、黄荆、沙梨和青竹标[②]——任何一种或全部——的根煎汁，配以牛奶。——这是去迷醉药药效的饮料。

［5］月橘、勎提草和胡麻油，用在鼻内，可去狂症。[③]

［6］秫和水黄皮的配剂，可去麻风。

［7］闭鞘姜和珠仔树果的配剂，可去脓肿[④]和消渴症。

［8］羯吒果、麻风树果和毗楞迦所研粉末，[⑤]用在鼻内，可去头痛。

［9］黍米、茜草、蜘蛛香[⑥]、紫胶汁、甘草、姜黄和蜂蜜，可令因绳索勒缠、溺水、中毒、被打或跌落而失去知觉者醒转。

［10］人的剂量仅为一阿刹[⑦]；牛和马的剂量为人的二倍；象和

① 摩醯罗致（mahīrājī）：不详为何种植物，亦不详是该植物的哪一部分；合被苋（taṇḍulīyaka）：Amaranthus polygonoides；宾底多迦（piṇḍītaka）：Vanguieria Spinosa（CŚ），一种刺灌木，汉语译名不详，以音译代之。

② 心叶蕨（sṛgālavinnā）：Hemionitis Cordifolia（PDP）；青竹标（vāraṇavallī）：Scindapsus officinalis，可入药。

③ 月橘 kaiḍarya：Murraya koenigii（PDP）。引起狂症（unmāda）的配方见 14.1.19。

④ 脓肿（pāka）："灼烧"，泛指炎症、脓肿以及溃疡之类的病症，也可指头发花白。坎格尔与奥利维勒认为是指白发，但鉴于闭鞘姜的功用更可能是消肿，而不是乌发，因此 pāka 不太可能是指白发。

⑤ 羯吒果（kaṭaphala）：据奥利维勒，kaṭa 为树名，其果实可入药和净水；麻风树（dravantī）：Jatropha curcas（PDP）；毗楞迦（vilaṅga）：CŚ 训为 kṛmighna，字面意思为"灭虫"，可能是洋葱，也可能是驱虫斑鸠菊（Vernonia anthelmintica），无法确定，以音译代之。

⑥ 蜘蛛香（tagara）：Valeriana jatamansi（PDP）。

⑦ 阿刹（akṣa）：此重量单位不见于 2.19，辞书（GPW；MW）中说它就是稼（karṣa），为 16 豆（māṣaka）。CŚ 亦同此说。

驼的剂量为人的四倍。

[11]将这些药(14.4.9)以金为胎制丸，可解一切毒。

[12]心叶青牛胆、锡生藤、“纺锤”树、补湿钵，万代兰以及生长在辣木上的菩提树。——以上药草制丸可解一切毒(1.20.5)。

[13]涂过这些药物的鼓，其声音可消毒；一个人看了涂过这些药物的旌帜或旗幡后，就变得百毒不侵。

[14]先用这些[解毒法]让本方军队与本人做好应对后，他可对敌人使用毒烟、给水下毒[这类手段]。

——以上是第十四篇“秘术”第四章“应对本方军队之伤害”。

——以上是憍底利耶《利论》第十四篇“秘术”。

第十五篇　论书组织

第一章

第 180 目：论书组织之诸要点

［1］人的生计为利。利，即拥有人的土地。［2］有关获取、保守土地之方法的学问，为利论。①

［3］它包含三十二个要点：主题；目次；用语；词意；因意；简述；详述；示教；引用；越示；前示；比方；暗示；疑问；通同；逆反；余语；赞同；详阐；溯词源；举例；例外；本人之专名；前题；后题；通则；后指；前指；必然；两可；并合；解会。

［4］被提出来讨论的事物，为主题。［5］如："为土地之获取与保守，往昔诸先师曾制立诸种利论，［我］如数摄集其大多数，而造此《利论》。"(1.1.1)

［6］论著诸题目之次序，为目次。［7］如："标列诸明；亲近长者；调伏感官；选命辅臣……"(1.1.3)

---

① "学说"与"利论"之"论"是一个词：śāstra。

[8]话语的组织，为用语。[9]如："归属于四种姓与四行期的世人。"(1.4.16)

[10]为一个词所限定者，为词意。[11]如："败家子"是一个词。[12]"以不当的方式花费父亲和祖父[所传]财产的人，为'败家子'。"(2.9.21)即是其意。

[13]可达成某个意思的原因，为因意。[1][14]如："因为，法与欲都以利为根基。"(1.7.7)

[15]简缩的话语，为简述。[16]如："调伏感官以在诸明上的教养为根基。"(1.6.1)

[17]展开的话语，为详述。[18]如："调伏感官是指：各种感官——即耳、身、眼、舌、鼻——不沉于声、触、色、味、香。"(1.6.2)

[19]"一个人应如此行事"，这是示教。[20]如："他应在不违背法与利的情况下享受欲乐；他不可没有欲乐。"(1.7.3)

[21]"某某曾如此说"，这是引用。[22]如："摩奴派说：'他应任命一个由十二个辅臣组成的咨议团。'祈主派说：'十六。'优散那派说：'二十。'憍底利耶说：'根据能力来。'"(1.15.47-50)

[23]用已说之话说明，这是越示[2]。[24]如："不交付赠物可由欠债不还说明。"(3.16.1)

[25]用将说之话说明，这是进示[3]。[26]如："或者，如同在关

① 原文为 hetur arthasādhako hetvarthaḥ：这句话的意思是，一个原因若能阐述一件事情（或一个意思），那么这就是原因的意思。这看起来是废话，但其实这和上一个"词意"是同一个立意：正如一个词必须要有意思，一个原因也必须要有内容和意思。

② 越示（atideśa）：用已经解说过的规则推测目前的规则，即之前话"越过"（ati）自身而指明后文中的其他情形下应如何，这是之前规则的"越示"。

③ 进示（pradeśa）：与 atideśa 相反，用后文将说到之规则指明当前情形下应如何，

于各种威胁方面我们将要说到的那样，以和解、施予、离间、惩治的办法［去争取他们］。”(7.14.11)

［27］用已知说明未知，为比方。［28］如：“对于豁免已经中止的人，他应像父亲那样地予以扶持。”(2.1.18)

［29］［虽然］没被说出，却理所当然成立者，为暗示。［30］如：“一个通晓事务的人，应通过一个对自己亲善且有益的人，去投靠不仅具有个人资质，也具有［各种］物力要素之资质的国王。”(5.4.1)［31］理所当然成立的是：他不可通过一个对自己不亲善且无益的人去投靠［国王］。

［32］一件两边都有理由的事，为疑问。［33］如：“他应往征其臣民穷困且贪婪的国王，还是其臣民好作乱的国王？”(7.5.12)

［34］与另一话题相同的事，为通同。［35］如：“他应在某个为他务农而指定给他的地方……其余同前述。”(1.11.10)

［36］用相反的事说明，为逆反。［37］如：“反之，则［观察到］相反［的表现］。”(1.16.12)

［38］因为它而话语得以完成者，为语余①。［39］如：“那么国王就好比被去翼的鸟，无法行动。”(8.1.9)［40］此处“鸟”为语余。

［41］不驳斥他人的话，为赞同。［42］如：“双翼、心腹、后援。——这是优散那派的列阵。”(10.6.1)

［43］突出地描述，为详阐。［44］如：“再者，尤其是对于团众

这是将说到之规则的“进示”。

① 语余（vākyaśeṣa）：它并不是指话语中余下的部分，而是相反应补充进去的部分。比如所举的例子中，本来没有“鸟”（śakuni）字，因此“鸟”便成了这句话的“语余”——应补充进去的部分。

制和具有团众制性质的王族来说，赌对导致分裂，从而导致毁灭。它眷顾恶徒，是诸种祸事中至恶者，因为它导致治理不力。”(8.3.64)

［45］根据［词的］组成部分［说明］词的来由，这是溯词源。［46］如：“它将人的福祉剥夺，所以叫灾患。”(8.1.4)

［47］用例子来例证，这是举例。［48］如：“因为，与强王交战，好比［人］徒步与象相斗。”(7.3.3)

［49］从普遍规则中剔除者，为例外。［50］如：“他应总是将过于滋盛的敌王军安置在自己近旁。”(9.2.6)

［51］未为他人所接受的词，为本人之专名。［52］如：“欲胜王是第一个要素；其国土与欲胜王紧邻者，是第二个要素；其国土与欲胜王中间隔着一个国家者，是第三个要素。”(6.2.13-15)

［52］应予以驳斥的话，为前题。［53］如：“发生于国主与发生于辅臣的灾患两者，发生于辅臣的灾患更严重。”(8.1.7)

［55］对其[1]进行裁断的话，为后题。［56］如：“因为他们……有赖于国主。毕竟，国主居于他们的最顶上。”(8.1.17-18)

［57］可用于所有地方者，为通则。［58］如：“因此，他应让自己勤勉。”(1.19.5)

［59］“后面将规定这个”——这是后指。［60］如：“［关于金银的］衡和量，我们会在“衡量规范”中说。”(2.13.28)

［61］“前面已经规定过这个”——这是前指。［62］如：“辅臣的资质，前面已经说过。”(6.1.7)

［63］“就用此方式，而不用另一种方式”——这是必然。［64］

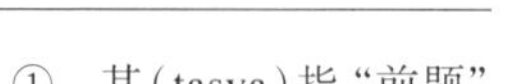

① 其(tasya)指“前题”。

如："因此，国王应教他合于法与利的［东西］，而不是合于非法与非利的［东西］。"(1.17.33)

［65］"用此方式，或用另一种方式"——这是两可。［66］如："或由他在最合乎法的婚姻中诞下的女儿们。"(3.5.10)

［67］"用此方式，还用另一种方式"——这是并合。［68］如："若是本人亲生，他就是自己父亲和［其他］亲属的遗产继承人。"(3.7.13)

［69］做未明说之事——这是解会。［70］如："明达之人应按照能令赠方和受方都不受损的方式判断反悔［案件］。"(3.16.5)

［71］就这样，此论以论书组织的各个要点构造而成；为了获取和保护此世及彼世，它［于是］被宣说。

［72］它带来和守护正法、实利、爱欲，并消除邪法、非利、怨憎。

［73］那个因为愤懑而迅速地救拔了［利］论、兵器以及难陀诸王治下土地上的人①，造了这部《利论》。

——以上是第十五篇"论书组织"第一章"论书组织之诸要点"。

——以上是憍底利耶《利论》第十五篇"论书组织"。

① śāstra 为论典（在本书中专指利论），śastra 为兵器，两者只有一音之差。"救拔"了论典或利论，意味着作者对治术知识做了某种修复；"救拔"了兵器，意味着把政治权力从没有治理资质的人那里夺走，交给有资质的人；"救拔"了难陀王朝治下的人，意味着对秩序的恢复。

（看到诸注家在各种利论上的多种错误，毗湿奴笈多本人亲著经与注。）

——以上是憍底利耶的《利论》。

附录一[1] 度量衡

甲、空间度量单位(参见《利论》2.20.2-27)

8 极微(paramāṇu)	1 车轮子(rathacakravipruṣ)[2]
8 车轮子(rathacakravipruṣ)	1 虱卵(likṣā)
8 虱卵(likṣā)	1 虱(yūka)
8 虱(yūka)	1 麦中(yavamadhya)
8 麦中(yavamadhya)	1 指(aṅgula)
4 指(aṅgula)	1 弓握(dhanurgraha)
8 指(aṅgula)	1 弓拳(dhanurmuṣṭi)
12 指(aṅgula)	1 距(vitasti)=1 人 / 晷影人(chāyāpauruṣa)
14 指(aṅgula)	1 阇摩(śama)
14 指(aṅgula)	1 阇罗(śala)=1 周流(pariraya)=1 足(pada)
2 距(vitasti)	1 肘(aratni)=1 生主肘(prajāpatya hasta)
2 距(vitasti)加 1 弓握(dhanurmuṣṭi)	1 前臂(kiṣku)=1 盏(kaṃsa)
42 指(aṅgula)	[木工所用的] 1 锯前臂(krākacanikakiṣku)
54 指(aṅgula)	[物产林所用的] 1 肘(kūpyavanahasta)
84 指(aṅgula)	[用以度量绳索的单位的] 1 展(vyāma)
84 指(aṅgula)	[挖掘作业中的] 1 人(pauruṣa)
4 肘(aratni)	1 杖(daṇḍa)=1 弓(dhanuṣ)=1 漏(nālikā)
4 肘(aratni)	[家主所用的单位] 1 人(pauruṣa)
108 指(aṅgula)	[测量道路和城墙的] 1 弓(dhanuṣ)
6 盏(kaṃsa)	[给婆罗门和客人布施的] 1 杖(daṇḍa)

---

① 本书所有附录皆为译注者制作。

② 8 极微 =1 车轮子。余表同。

10 杖(daṇḍa)	1 绳(rajju)
2 绳(rajju)	1 示(paridesa)
3 绳(rajju)	1 回身(nivartana)
1 回身(nivartana)加 2 杖(daṇḍa)	1 臂(bāhu)
2000 弓(dhanuṣ)	1 牛吼(goruta)
4 牛吼(goruta)	1 由旬(yojana)

说明:《利论》中较为常用的为指、肘、杖。由上表可知, 24 指 =1 肘 =1/4 杖, 又因为 1 杖约 1.8 米(参见 2.3.4 注释), 可知 1 指约 2 厘米, 1 肘约 0.45 米。其他长度可由此推知。

乙、重量单位

【一】金制豆(suvarṇamāṣaka)系统:(参见《利论》2.19.2-4, 8, 14-19)

10 枚绿豆; 或 5 枚相思豆	1 金制豆(suvarṇamāṣaka)
16 金制豆(suvarṇamāṣaka)	1 金(suvarṇa)=1 稼(karṣa)
4 稼(karṣa)	1 秸(pala)
100 秸(pala)	1 秤(tulā)
20 秤(tulā)	1 担(bhāra)

【二】银制豆(rūpyamāṣaka)系统:(参见《利论》2.19.5-6, 9, 20-23)

88 枚白芥子	1 银制豆(rūpyamāṣaka)
16 银制豆(rūpyamāṣaka)	1 稻(dharaṇa/dharaṇika)
10 稻(dharaṇa)	1 [银制]秸(pala)
100 [银制]秸(pala)	1 收纳秤(āyamānī tulā)
95 [银制]秸(pala)	1 市易秤(vyāvahārikī tulā)
90 [银制]秸(pala)	1 偿付秤(bhājanī tulā)
85 [银制]秸(pala)	1 后宫偿付秤(antaḥpurabhājanī tulā)

【三】金刚石制稻(rūpyamāṣaka)系统:(参见《利论》2.19.7)

20 枚米粒	1 金刚石制稻(vajradharaṇa)

说明:《利论》2.19 中提到了三种系统的重量单位,分别以金制豆、银制豆、金刚石制稻为基础。其中,金制豆系统应用最广泛,银制豆系统主要应用到一些特殊的场合(见表格中以银制豆为基础的各种单位的复杂名称),而对于金刚石制稻,作者只做了最简单的介绍。在金制豆系统中,作为基本单位的金制豆为 10 枚绿豆重,大约为 5.6 克。那么,1 金或 1 稼约为 90 克,1 秸约为 360 克,1 秤约为 36 千克。

丙、容量单位(参见《利论》2.19.29-35, 46)

4 合(kuḍuba)	1 薮(prastha)
4 薮(prastha)	1 升(āḍhaka)
4 升(āḍhaka)	1 斛(droṇa)
16 斛(droṇa)	1 驴(khārī)
20 斛(droṇa)	1 坛(kumbha)
10 坛(kumbha)	1 轭(vaha)
84 合(kuḍuba)	[测量酥油的] 1 盂(vāraka)
64 合(kuḍuba)	[测量油的] 1 盂(vāraka)
21 合(kuḍuba)	[测量酥油的] 1 罐(ghaṭikā)
16 合(kuḍuba)	[测量油的] 1 罐(ghaṭikā)

说明:这些容量的大小已经难以确知。不过,《利论》2.19.29 提到,200 秸的绿豆为 1 收纳斛(droṇam āyamānam),而秸又是以金制豆(10 颗绿豆)为基础的。200 秸为 12800 金制豆,则 200 秸与 128000 粒绿豆等重。那么,1 收纳斛(这是最足量的斛)则为 128000 粒绿豆的体积,而其他体积可约略以此估算出来。

附录二　时间与时令

甲、时间度量单位（参见《利论》2.20.28-64）

2 吐吒（tuṭa）	1 罗婆（lava）[①]
2 罗婆（lava）	1 瞬（nimeṣa）
5 瞬（nimeṣa）	1 迦湿吒（kāṣṭhā）
30 迦湿吒（kāṣṭhā）	1 伽啰（kalā）
40 伽啰（kalā）	1 刻（nālikā）［另参见 2.20.35 对刻的描述］
2 刻（nālikā）	1 牟呼栗多（muhūrta）
15 牟呼栗多（muhūrta）	1 日（divasa）或 1 夜（rātri）［昼夜长相等时］
15 日（divasa）加 15 夜（rātri）	1 半月（pakṣa）
2 半月（pakṣa）	1 月（māsa）
2 月（māsa）	1 季（ṛtu）
2 半年（ayana）	1 年（saṃvatsara）
4 年（saṃvatsara）	1 轮（yuga）

说明：《利论》中较为常用的为刻、日、半月、月、年。由上表可知，1 刻 =1/2 牟呼栗多 ≈24 分钟。其他更小的时间单位可由此推知。

① 2 吐吒 =1 罗婆。余同。

乙、时令（参见《利论》2.20.54-60）

角月（Caitra）［3—4月］	氐月（Vaiśākha）［4—5月］	春季（Vasanta）
心月（Jyeṣṭhāmūlīya）［5—6月］	箕月（Āṣāḍha）［6—7月］	夏季（Grīṣma）
女月（Śrāvaṇa）［7—8月］	室月（Proṣṭhapada）［8—9月］	雨季（Varṣā）
娄月（Āśvayuja）［9—10月］	昴月（Kārttika）［10—11月］	秋季（Śarad）
觜月（Mārgaśīrṣa）［11—12月］	鬼月（Pauṣa）［12—1月］	冬季（Hemanta）
星月（Māgha）［1—2月］	翼月（Phālguna）［2—3月］	霜季（Śiśira）

说明：表格所列以印度旧历为准，将角月列在了首位。另外，每个月份后所提示的公历（即格里高利历）月份与印度旧历并非完全对应，只是大概范围。比如，女月一般是公历7月的最后一周和8月的前三周。

附录三　职官

（按梵文字母顺序排列）

甲、高级官员（含国王眷属、廷臣、近侍）

antarvaṃśika：后宫侍卫长，内卫长官。

antaḥpāla：边守。为王国戍边的官员，很可能兼领军事、行政、经济等多种差事。

amātya：辅臣，一般臣工通称，非特定官职。这类人会因其特点，被委任到各种职事上去（参见 1.8）。

ācārya：轨范师（参见 5.3.3）。

ṛtvij：祭司（参见 5.3.3）。

kārmāntika：厂坊官。为国王负责国王各种厂坊（karmānta）的生产、交易（参见 2.4.11; 5.3.7）。

kumāra：王子。

kumāramātṛ：王子之母（参见 5.3.7）。

daṇḍapāla：直译为"惩护"。《利论》中未介绍其职事，但一"惩"（daṇḍa）一"护"（pāla），似乎表明他是一个类似警察总长之类的官员（参见 1.12.6 中关于"惩护"的注释）。

durgapāla：守城的官员，城守。但他到底是专职武官，还是兼领要塞内各种军事、行政之事不明，但从 1.12.6 中对这个职位的重视程度看，这似乎是个很重要的位置。

dauvārika：王宫宫门看守长官，司阍。

dyūtādhyakṣa：赌对官（参见 3.20）。此官员本身也是督官之一，却未出现在"督官职守"中。

nāyaka：领军，将军（参见 10.1.1; 10.1.9; 10.2.4; 10.5.2; 10.6.45），一般来说，从整个《利论》看，领军应当是军队统帅（senāpati）的下属，但唯有一处（参见 10.6.45）略有不同。请参见本附录中【senāpati】词条，并参见 10.1.9 及 10.6.45 的注释。

purohita："被（国王）置于前面者"，国师。《利论》对国师的描述并不多（参见 1.9.9, 1.10.1-2, 1.12.6）。

pauravyāvahārika：市裁判官。这一官名只出现过两次（参见 1.12.6; 5.3.7），作者未说明其职事，从字面来看，他似乎是主管城市内民事（vyavahāra）的人。

praśāstṛ：宫主事，主事（参见 1.12.6; 5.3.5; 10.1.8, 17）。

mantrin：有时候专门指宰辅（参见 1.9; 5.3.3）；有时候指稍低级别的咨议团（mantripariṣad）成员，即普通谋臣。总体上看，他们地位比辅臣高，也更接近国王，而辅臣有时候经常充外任。

yuvarāja："少王""少主"，即王储、太子。

rājamahiṣī：王后（妃子），后妃。

rājamātṛ：太后（参见 5.3.3）。

rāṣṭrapāla：郡守（参见 5.3.7）。

samāhartṛ：总督，主管敛税。大概因为此职事和财税联系紧密，1.10.13 说，经过利的考验和试探的才能委此任（另参见 1.12.6; 2.6; 2.35.1-7）；他也节制各种特务（参见 2.35.8-15）并配合裁判官在聚落中的"去刺"（第 4 篇）；同时他也密切配合国王旨在维持王国安全的"秘行"（第 5 篇）。综上所述，这似乎是王国各聚落中的一种实权极大的官员。

saṃnidhātṛ：府库总管。和总督一样，也要经过利的考验和试探。

senāpati："军队主"，即军队统帅，王国之最高武官。但在 10.6.45 中，senāpati 节制 10 个"副将"（patika），但同时受"领军"（nāyaka）的节制，颇为奇怪。笔者在译文中暂且为 10.6.45 中的 senāpati 另选了"主将"的译法。

乙、中级官员（各部督官、法官、中级武官等）

aśvamukhya：马兵统领（参见 5.3.9）。

aśvādhyakṣa：马兵督官（参见 2.30; 5.3.11）。

ākarādhyakṣa：矿督（参见 2.12）。

āyudhāgārādhyakṣa：武备官（参见 2.18）。

uttarādhyakṣa：“上督”。这种官员只出现过一次（参见 2.9.28），职事不明，有可能是国王派来监督督官的“上差”，也有可能是受督官节制，去监督普通小吏的纪律官员。

kupyādhyakṣa：林产官（参见 2.17）。

kośādhyakṣa：司库。他是府库总管（saṃnidhātṛ）的下属（参见 2.11.1 及注释）。

koṣṭhāgārādhyakṣa：储库监（参见 2.15）。

gaṇikādhyakṣa：女闾官（参见 2.27）。

godhyakṣa：牛监（参见 2.29）。

dūta：使者，使节，使臣。

dravyavanapāla：物产林护卫官（参见 5.3.11）。

dharmastha：法官（参见 3.1.1）。

dhānyavyāvahārika：《利论》中只出现过一次（参见 2.4.11），也未明说其职事，从字面上，可能是主管粮贸的官员（粮贸官）。当然，也可能仅仅只是“贩粮人”。

nāgarika：司市（参见 2.36）。

nāvadhyakṣa：市舶官（参见 2.28）。

pattyadhyakṣa：步兵督管（参见 5.3.11）。

paṇyādhyakṣa：商货官（参见 2.16）。

pautavādhyakṣa：衡量规范（参见 2.19）。

pradeṣṭṛ：裁判官，主持聚落中的“去刺”（参见 1.12.6; 2.35.7; 第 4 篇）。

mudrādhyakṣa：符印官（参见 2.34.1-4）。

rathādhyakṣa：车驾督造（参见 2.33; 5.3.11）。

lakṣaṇādhyakṣa：钱币督造。他是矿督的手下（参见 2.12.24）。

lekhaka：（国王专用）书吏（参见 5.3.14; 2.10）。

vivītādhyakṣa：草场官（参见 2.34.5-12）。

śulkādhyakṣa：市易税官（参见 2.21-22）。

śreṇīmukhya：团伍军统领（参见 5.3.9）。

sītādhyakṣa：农产官（参见 2.24）。

surādhyakṣa：酒官（参见 2.25）。

sūnādhyakṣa：屠宰官（参见 2.26）。

suvarṇādhyakṣa：金监（参见 2.13）。主持国王的金银作坊院。

sūtrādhyakṣa：织造官（参见 2.23）。

sauvarṇika：金工师（参见 2.14）。受金监节制（参见 2.13.2），负责在街市中规范金银的加工等。

sthānika：肆一牧。管理聚落或城市的四分之一（参见 2.1.7; 2.35.4; 2.36.4）。

hastimukhya：象兵统领（参见 5.3.9）。

hastivanapāla：育象林护卫官（参见 5.3.11）。

hastyadhyakṣa：象监（参见 2.31-32; 5.3.11）。

丙、下级文武官吏（含在国王近身但位秩低下的事务人员）

anīkastha：驯象师（参见 2.1.7; 2.2.12; 2.31.1; 2.32.16; 5.3.12）。

aśvadamaka：驯马师（参见 2.1.7; 5.3.12）。

kāru：（宫廷的）工匠（参见 5.3.15）。这个词也指民间普通的工匠。

kārtāntika：算命师（参见 1.13.23; 4.4.3; 5.3.13; 10.3.33; 11.1.21; 11.1.49; 12.2.19; 13.1.7; ）

kuśīlava：（宫廷）伶工（参见 5.3.15）。该词也指一般在江湖上卖艺的伶人。

khanyadhyakṣa：开采官。他是矿督手下的技术人员，负责开采各种天然的物产（参见 2.12.27）。

gopa："牛护"，集牧。总督手下的小吏，分管 5 或 10 个村落（参见 2.1.7, 2.35.2）。

grāmakūṭa：字面为"村落顶"（参见 4.4.8）。据 CŚ，他是村落首领或村长（grāmamukhya）。

grāmasvāmin："村主"（参见 4.13.7-8）。

cikitsaka：（王宫中的）医师（参见 2.1.7; 5.3.12）。同时，这个词也指一般行医的人。

cororajjuka：捕役。在村落中搜捕盗贼的小吏（参见 4.13.10）。

jaṅghākārika：驿官（参见 2.1.7）。

tūryakara：（宫廷中）制造乐器的师傅（参见 5.3.15）。

devatādhyakṣa：神庙官（参见 5.2.38）。

nīvīgrāhaka：收受（部门收支之）结余的官员（参见 2.9.28）。

naimittika：卜度师（参见 1.13.23; 2.21.18; 4.4.3; 5.3.13; 13.1.7; 13.2.22）。

patika：副将。率领十个“分队”（aṅga）（参见 10.6.45）。

purohitapuruṣa：国师之属僚（参见 5.3.13）。

paurāṇika：掌故师（参见 5.3.13; 13.1.7; 3.7.29）。大概是专门为国王讲往世书的人，讲故事的人。

bandhāgārādhyakṣa：典狱长。由裁判官节制、管理监狱的官员（参见 4.9.23）。

māgadha：颂歌人（参见 5.3.13）。为国王唱赞歌的歌人（CŚ）。

mauhūrtika：占星师（参见 1.13.23; 1.19.23; 4.4.3; 5.3.13; 10.1.1; 10.3.44; 13.1.7; 13.2.22; 13.2.33）。

yoniposaka：畜养人（参见 5.2.29; 5.3.12），主管畜养牲畜。

rathika：参乘（参见 2.33.6; 5.3.12）。

rūpadarśaka：验币师。他是矿督手下的技术人员（参见 2.12.25-26）。

lavaṇādhyakṣa：盐监。矿督手下的事吏，主要负责抽取盐税（参见 2.12.28-32）。

lohādhyakṣa：司金。矿督的手下，开设、管理、经营各种金属矿产（参见 2.12.23）。

vardhaki：（国王的）木工师（参见 5.3.12; 10.1.1）。这个词也指民间普通的木工。

viṣṭibandhaka：苦役和劳役的头，或监工（参见 5.3.15）。

sūta：苏多、御者，为国王驾车者（参见 5.3.13）。

śilpavatpādāta：武技突出的步兵，他们可能负责操练一般的兵士（参见 5.3.14）。

śilpin：（宫廷的）艺师（参见 5.3.15）。这个词也指民间的普通艺师。“艺师”和“工匠”（kāru）经常一起出现，区别是“工匠”重点在“造”（如结构宫室），“艺师”重点在“艺”（如雕刻染画）。

saṃkhyāyaka：计师（参见 2.1.7; 2.9.28, 30; 5.3.14）。

译注参考文献

工具书

荻原云来:《梵和大辞典》,(台北)新文丰出版公司 1988 年版。

Apte, Vaman Shivram (1965 [2010]). *The Practical Sanskrit-English Dictionary*. Motilal Banarsidass Publishers Priv. Ltd., Delhi.

Böhtlingk, Otto & Rudolf Roth (1955-1875). *Sanskrit-Wörterbuch.* Die kaiserliche Akademie der Wissenschaften, Petersburg.

Monier-Williams, Monier (1898). *A Sanskrit Dictionary, Etymologically and Philologically Arranged with Special Reference to Cognate Indo-European Languages*. Clarendon Press, Oxford.

Schmidt, Richard (1928). *Nachträge zum Sanskrit-Wörterbuch in kürzerer fassung von Otto Böhtlingk*. Verlag von Otto Harrassowitz, Leipzig.

《利论》梵本与注释

Gaṇapati Śāstrī, T. (1923-1925). *The Arthaśāstra of Kauṭalya, with the Commentary Śrīmūla*. 3 vols. Governmental Press, Trivandrum.

Gairola, Shri Vachaspati (1977 [1984]). *Arthaśāstra of Kauṭilya and the Cāṇakya Sūtra*, ed. with Introduction, Hindi Translation & Glossary. Third Ed. Chowkhamba Vidyabhawan, Varanasi.

Jayaswal, K. P., & A. Banerji-Sastri ed. (1925-1926). "Bhaṭṭa-svāmin's Commentary on Kauṭilya's Artha-śāstra". In: *Journal of Bihar and Orissa*

Research Society 11-12.

Jina Vijaya, Muni (1959). *A Fragment of the Koutalya's Arthaśāstra alias Rājāsiddhānta*, with the Fragment of the Commentary named N ī tinirṇ ī ti of Āch ā rya Yogghama alias Mugdhavil ā sa(Prefaced by D. D. Kosambi). Bh ā rat ī ya Vidy ā Bhavana, Bombay.

Jolly, J., & R. Schmidt (1923). *Arthaśāstra of Kauṭilya*. vol. I: A New Edition. Moti Lal Banarsi Das, Lahore.

—(1924). *Arthaśāstra of Kauṭilya*. vol. II: Notes, with the commentary Naya Candrikā of Mahāmahopādhyāya Mādhava Yajva. Moti Lal Banarsi Das, Lahore.

Kangle, R. P. (1969 [2010]). *The Kauṭilīya Arthaśāstra. Pt. I: Sanskrit Test with a Glossary*, 2nd ed. Motilal Banarsidass Publishers Ptv. Ltd., Delhi.

Pohlus, Andreas (2011). *Two Commentaries on the Arthaśāstra: Jayamaṅgalā & Cāṇakyaṭīkā, Critically re-edited from Harihara Sastri's Facicle Editions*. Universitätsverlag Halle-Wittenberg, Halle.

Shama Sastri, R. ed. (1909 [1919]). *The Arthasastra of Kautilya*. The Government Branch Press, Mysore.

《利论》译本

Basak, Radhagovinda (1970). *The Arthasastra of Kauṭilya, with Bengali Translation*. 3rd ed., 2 vols. General Printers & Pub. Pub. Ltd., Calcutta.

Jolly, Jullius (1920). "Das Erste Buch des Kauṭil ī ya Arthaś ā stra" . In: *Zeitschrift der Deutschen Morgenländischen Gesellschaft* 74, pp. 321-355.

Кальянов, В. И. подг. (1959). *Артхашастра, или Наука политики*. Издательство Академии наук СССР, Москва и Лениград.

Kangle, R. P. (1972 [2010]). *The Kauṭilīya Arthaśāstra. Pt. II: Translation with Critical and Explanatory Notes*, 2nd ed. Motilal Banarsidass Publishers Ptv. Ltd., Delhi.

Meyer, J. J. (1926). *Das altindische Buch vom Welt- und Staatsleben: Das*

Arthaçāstra des Kauṭilya. O. Harrassowitz, Leipzig.

Olivelle, Patrick (2013). *King, Governance, and Law in Ancient India: Kauṭilya's Arthaśāstra*. Oxford University Press, Oxford.

Rangarajan, L. N. (1987 [1992]). *Kautilya: The Arthashastra*. Penguin Books India Pvt. Ltd, New Delhi.

Shamasastry, R. trans. (1915 [1956]). *Kauṭilya's Arthaśāstra, with an Introductory Note by the Late Dr. J. F. Fleet*. 5th ed. Sri Raghuveer Printing Press, Mysore.

Vallauri, Mario (1915). "Il I Adhikaraṇa dell' Arthaç ā stra di Kauṭilya, traduzione Iltaliana con Note". In: *Rivista degli Studi Orientali* 6.4, pp. 1317-1380.

其他梵文、巴利文文本

Arya, R. P. & K. L. Joshi (2011). *Ṛgveda-saṃhitā, Sanskrit Text, English Translation and Notes*. 4 vols. Parimal Publications, Delhi.

Bagchi, S. (1970). *Mahāyānasūtrālaṅkāra of Asaṅga*. Mithila Institute of Post-Graduate Studies and Research in Sanskrit Learning, Darbhanga.

Bhārvi, Ś. Ś. Regmi ed. (1987). *Kirātārjunīyam*. Chaukhambha Sanskrit Sansthan, Varanasi.

Bhatt, G. H. et al. ed. (1960-1968). *The Vālmiki-Rāmāyaṇa*. Oriental Institute, Baroda.

Bhaṭṭācārya, J. V. ed. (1879). *Mākaṇḍeyapurāṇam, Maharṣi Vedavyāsa praṇītam*. Sarasvatīyantre Mudritam, Kalikātānagare.

—(1880). *Bṛhatsaṃhitā, Śrīvarāhamihiraviracitā*. Sarasvatīyantre Mudritam, Kalikātānagare.

—(1909). *Sacitrā Suśrutasaṃhitā, Sūtranidānaśārīracikitsākalpottarakalpita āyurvedaḥ*. Ghoṣayantre, Kālikātānagare.

Böhtlingk, Otto und Charles Rieu hrsg. (1847). *Hemacandra's Abhidhānacintāmaṇi: Ein Systematisch angeordnetes synonymisches Lexicon*. Die kaiserlische

Akademie der Wissenschaften, St. Petersburg.

Das, Rahul Peter (1988). *Das Wissen von der Lebensspanne der Bäume. Surapāla's Vṛkṣāyurveda (kritisch ediert, übersetzt und kommentiert)*. Franz Steiner Verlag, Stuttgart.

Dagens, Bruno ed. & trans. (1994 [2007]). *Mayamatam: Treatise on Housing, Architechture and Iconography*. 2 vols. Motilal Banarsidass Publishers Ptv. Ltd., Delhi.

Devadhar, C. R. (2005). *Works of Kālidāsa*. 2 vols. Motilal Banarsidass Publishers Ptv. Ltd., Delhi.

Gaṇapati Śāstrī, T. (1912). *Nītisāra of Kāmandaka, with the Commentary Jayamaṅgalā of Saṅkarārya*. Travancore Government Press, Trivandrum.

Hemacandra, Hermann Jacobi ed. (1932). *Sthavirāvalīcarita or Pariśiṣṭaparvan, Being an Appendix of the Triṣaṣtiśalākāpuruṣacarita*. Baptist Mission Press, Calcutta.

Kāle, M. R. ed. (1912 [2005]). *Pañcatantra of Viṣṇuśarman*. Motilal Banarsidass Publishers Ptv. Ltd., Delhi.

—(1922). *The Raghuvaṃśa of Kālidāsa, with the Commentary Saṃjīvanī of Mallinātha*. Gopal Narayen & Co., Bombay.

—(1928). *Bhavabhūti's Mālatīmādhava : with the commentary of Jagaddhara*. Gopal Narayen & Co., Bombay.

—(1976 [2011].) *Mudrārākṣasa of Viśakhadatta, with the Commentary of Ḍhuṇḍirāja*. Motilal Banarsidass Publishers Ptv. Ltd., Delhi.

—(1981 [2011]). *Kumārasambhava of Kālidāsa(Cantos i-viii), with Commentary of Mallinātha*. Motilal Banarsidass Publishers Ptv. Ltd., Delhi.

Kane, P. V. ed. (1965). *The Harṣacarita of Bāṇabhaṭṭa(Vcchvāsas i-viii)*. Motilal Banarsidass, Delhi.

Lariviere, Richard W. (2003). *The Nāradasmṛti: Critical Edition and Translation*. Motilal Banarsidass Publishers Ptv. Ltd., Delhi.

Mandlik, R. S. V. N. (1886). *Mānava-dharma Śāstra, with the Commentaries of Medhātithi, Sarvajñanārāyaṇa, Kullūka, Rāghavānda, Nandana, and*

Rāmacandra. Ganpat Krishnaji's Press, Bombay.

Misra, Srīnārāyaṇa ed. (1985). *Kāśikāvṛtti of Jayāditya Vāmana, Along with Commentaries Vivarṇapañcikā-Nyāsa of Jinendrabuddhi and Padamañjarī of Haradatta Miśra*. Ratna Publications, Varanasi.

Olivelle, Patrick (2000). *Dharmasūtras: The Law Codes of Āpastamba, Gautama, Baudhāyana, and Vasiṣṭha*. Motilal Banarsidass Publishers Ptv. Ltd., Delhi.

Qvarnström, Olle ed. & trans. (2012). *A Handbook on the Three Jewels of Jainism, the Yogaśāstra of Hemacandra*. Sanskrit and English. Hindi Granth Karyalay, Mumbai.

Radhakrishnan, S. (1953). *The Principal Upaniṣads*, George Allen & Unwin, London.

Śāmācārya, Śrīrāma (1967). *Mārkaṇḍeya-purāṇa, Hindi and Sanskrit*. Saṃskṛti-Saṃsthāna, Barelī.

Sankaracharya (1910). *The Works of Sri Sankaracharya*, Sri Vani Vilas Press, Srinangam.

Siṃha, Raghunātha ed. (1976). *Śuka-Rājataraṅginī tathā Rājataraṅgiṇī-saṅgraha*. Caukhambā Saṃskṛta Sīrīja Āphisa, Varāṇasī.

Sohoni, S. V. (1971). *The Mahāvaṃsa Ṭīkā*. Naya Nalanda Mahavihara, Patana.

Stenzler, A. F. hrsg. (1846). *Mṛcchakaṭikā: id est curriculum figlinum Sūdrakae regis fabula*. Koenig, Bonnae.

—(1949). *Yājñavalkya's Gesetzbuch, Sanskrit und Deutsch*. Ferd. Dümmler's Buchhandlung, Berlin.

—(1864-1865). *Indische Hausregeln, Sanskrit und Deutsch,* Bd. I: Āśvalāyana. F. A. Brockhaus, Leipzig.

Sukthankar, V. S. et al. ed. (1933-1959). *Mahābhārata-saṃhitā, cikitsitapāṭhāt-mikā*. Bhandarkar Oriental Research Institute, Poona.

Thakur, A. ed. (1967). *Nyāyadarśana of Gautama: with Bhāṣya of Vātsyāyana, the Vārttika of Uddyotakara, the Tātparyaṭīkā of Vācaspati, and the*

Pariśuddhi of Udayana, Mithila Institute of Post-graduate Studies and Research in Sanskrit Learning, Darbhanga.

Virupakshananda, Swami (1995). *Sāṁkhya Kārikā of Īśvara Kṛṣṇa, with the Tattva Kaumudī of Śrī Vācaspati Miśra*. Sri Ramakrishna Math, Madras.

Vātsyāyana (1891). *Kāmasūtram Yaśodharaviracitayā Jayamaṅgalākhyayā ṭīkayā sametam(For Private Circulation Only)*. Nirṇayasāgarayantrālaye Mudritam, Mumbyyām.

中文

〔苏〕安德列耶夫等:《古代世界的城邦》,张竹明等译,华东师范大学出版社2011年版。

段晴:《波你尼语法入门》,北京大学出版社2005年版。

冈迦那・查辑:《摩奴法论》,蒋忠新译,中国社会科学出版社2007年版。

金克木:《梵竺庐集(甲)——梵语文学史》,江西教育出版社1999年版。

〔印度〕毗耶娑:《摩诃婆罗多》(1—6),黄宝生等译,中国社会科学出版社2005年版。

汤用彤:《印度哲学史略》,北京大学出版社2010年版。

《文殊师利菩萨及诸仙所说吉凶时日善恶宿曜经》,载《大正新修大藏经》第21卷,第1299号。

[唐]玄奘、辩机:《大唐西域记校注》,季羡林等校注,中华书局2008年版。

〔印度〕蚁垤:《罗摩衍那》(《季羡林文集》第17—24卷),季羡林译,江西教育出版社1995年版。

周利群:《〈虎耳譬喻经〉与早期来华的印度占星术——基于中亚梵文残本与其他梵藏汉文本的对勘研究》,北京大学博士研究生学位论文,2013年。

朱成明(2015):"印度哲学中的Ānvīkṣikī",《世界哲学》2015年第5期。

西文

Apte, V. S. (1925). *The Student's Guide to Sanskrit Composition*. The Standard

Publishing Company, Bombay.

Balkundi, H. V. (1998). "Measurement of Rainfall in Ancient Zndia" . In: *Asian Agri-History* 2, pp. 37-48.

Barnett, L. D. (1913). *Antiquities of India: An Account on the History and Culture of Ancient Hindustan*. Philip Lee Warner, London.

Basham, A. L. (1963). *The Wonder That Was India*, 2nd rev. ed. Hawthorn Books, New York.

Bechler, Silke (2013). *Das vedische Opfer in einer neuen Öffentlichkeit in Indien und in Europa*. Inauguraldissertation zur Erlangung der Doktorwürde der Philosophischen Fakultät, Universität Heidelberg.

Banerji, S. C. (1999). *A Brief History of Dharmaśāstra*. Abhinav Publications, New Delhi.

Bhagat, G. (1990). "Kautilya Revisited and Re-visioned" . In: *The Indian Journal of Political Science* 51.2, pp. 186-212.

Bhandarkar, R. G. (1920). "Presidential Address". In : *Proceedings and Transactioins of the first Oriental Conference* 1, pp. 13-27.

Bhattacharji, Sukumari (1987). "Prostitution in Ancient India". In: *Social Scientist* 15.2, pp. 32-61.

Bhattacharya, Gouriswar (2000). "Nandipada or Nandyāvarta-The 'ω-motif'". In: *Berliner Indologische Studien Bd.* 13/14, pp. 265-272.

Bodewitz, H. W. (2003). "The Concept of *sampad* in the Arthaśāstra, the Vedic Prose Texts and the Gītā". In: *Indo-Iranian Journal* 46, pp. 231-259.

Bosche, Roger (2003). "Kautilya's Arthasāstra on War and Diplomacy in Ancient India". In: *The Journal of Military History* 67.1, pp. 9-37.

Bose, Atindra (1938). "The Date of the Arthaśāstra". In: *Indian Culture* 4.4, pp. 435-444.

Breloer, Bernhardt (1927-1934 [1973]). *Kauṭalīya-Studien*, 3 Bde. Otto Zeller, Osnabrück.

Bronson, B. (1986). "The Making and Selling of *Wootz*, A Crucible Steel of India". In: *Archaeomaterials* 1.1, pp. 13-51.

Burnouf, M. E. (1857). "Recherches sur la Géographie Ancienne de Cylan dans son rapport avec l'histoire de cette île". In: *Journal Asiastique* 5.7, pp. 5-116.

Burrow, Thomas (1968). "Cāṇakya and Kauṭalya". In: *Annals of the Bhandarkar Oriental Research Institute* 48-49, pp. 17-31.

Caland, Willem and Victor Henry (1906-1907). *L'Agniṣṭoma: Description complète de la Forme Normale du Sacrifice de Soma dans le Cult Védique*. 2 vols. E. Leroux, Paris.

Charpentier, Jarl (1919). "Beiträge zur alt- und mittelindischen Wortkunde". In: *Zeitschrift der Deutschen Morgenländischen Gesellschaft* 73, pp. 129-158.

Cowell, E. B. (2003). *The Buddha-carita by Aśvaghoṣa or Acts of Buddha*. New Bharatiya Book Corporation, Delhi.

Cunningham, Alexander (1971). *The Ancient Geography of India, vol. I: The Buddhist Period*. Trübner & Co., London.

Dasgupta, Surendranath (1922). *A History of Indian Philosophy*. vol. I. Cambridge University Press.

— (1952). *A History of Indian Philosophy*, vol. II. Cambridge University Press.

Edgerton, Franklin (1928). "The Latest Work on the Kauṭil ī ya Arthaśāstra". In: *Journal of the American Oriental Society* 48, pp. 289-322.

Ensink, J & P. Gaeffke ed. (1972). *India Maior: Congratulatory Volume Presented to J. Gonda*. E. J. Brill, Leiden.

Gonda, J. (1982). *The Haviryajñāḥ Somāḥ: The Interrelations of the Vedic Solemn Sacrifices, Śaṅkhyāyana Śrautasūtra 14, 1-13. Translation and Notes*. North-Holland Publishing Co., Amsterdam, Oxford, New York.

Gopal, Lallanji (1980). *Aspects of History of Agriculture in Ancient India*. Bharati Prakashan, Varanasi.

Gupta, S. V. (2010). *Units of Measurement: Past, Present and Future, International System of Units*. Springer, Heidelberg.

Emberley, Peter and Barry Cooper trans. & ed. (1993). *Faith and Political Philosophy: The Correspondence Between Leo Strauss and Eric Voegelin, 1934-1964*. The Pennsylvania State University Press, Pennsylvania.

Hacker, P. (1958). "Ānv ī kṣik ī ". In: *Wiener Zeitschrift für die Kunde Südasiens* 2, pp. 54-83.

Hinüber, Oskar von (1971). "Zur Technologie der Zuckerherstellung in alten Indien". In: *Zeitschrift der Deutschen Morgenländischen Gesellschaft* 121, pp. 94-109.

—(2009). *Kleine Schriften*. Otto Harrassowitz GmbH & Co. KG., Wiesbaden.

Jacobi, Hermann (1911a). "Zur Frügeschichte der indishchen Philosophie". In: *Sitzungsberichte der Königlich Preussischen Akademie der Wissenschaften* 2, pp. 732-743.

—(1911b). "Kultur-, Sprach- und Literarhistoriches aus dem Kauṭilīya". In: *Sitzungsberichte der Königlich Preussischen Akademie der Wissenschaften* 2, pp. 954-973.

—(1912). "Über die Echtheit des Kauṭilīya". In: *Sitzungsberichte der Königlich Preussischen Akademie der Wissenschaften* 2, pp. 832-849.

—(1920). "Einteilung des Tages und Zeitmessung in alten Indien". In: *Zeitschrift der Deutschen Morgenländischen Gesellschaft* 74, pp. 247-263.

Jamison S. W. & M. Witzel (1992). *Vedic Hinduism*. (PDF, Unpulished).

Jayaswal, K. P. (1924). *Hindu Polity: A Constitutional History of India in Hindu Times* (2 volumes in one). Butterworth & Co., Calcutta.

Johnston, E. H. (1929). "Two Studies in the Arthaś ā stra". In: *Journal of the Royal Asiatic Society of Great Britain and Ireland* 61.1, pp. 77-102.

Jolly, Jullius (1914). "Kollektaneen zum Kauṭil ī ya Arthaś ā stra(I)". In: *Zeitschrift der Deutschen Morgenländischen Gesellschaft* 68, pp. 345-359; 69, pp. 369-378.

—(1915). "Kollektaneen zum Kauṭilīya Arthaśāstra(II)". In: *Zeitschrift der Deutschen Morgenländischen Gesellschaft* 69, pp. 369-378.

Keith, A. B. (1916). "The Authenticity of the Kauṭil ī ya". In: *Journal of the Royal Asiatic Society of Great Britain and Ireland* 48.1, pp. 130-137.

—(1920). *A History of Sanskrit Literature*. Oxford University Press, London.

Kalyanov, V. I. (1954). "Dating the Arthaś ā stra". In: *Papers Presented by the*

Soviet Delegation at the XXIII International Congress of Orientalists, pp. 40-54.

Kane, P. V. (1990). *History of Dharmaśāstra*. 5 vols. Bhandarkar Oriental Research Institute, Poona.

Kangle, K. P. (1965 [2010]), *The Kauṭilīya Arthaśāstra, Pt. III: A Study*. 2nd ed. Motilal Banarsidass Publishers Ptv. Ltd., Delhi.

Kitagawa, J. M. ed. (2002). *The Religious Traditions of Asia: Religion, History, and Culture*. Routledge Curzon, London & New York.

Konow, Sten (1920). *Das indische Drama*. Vereinigung Wissenschaftlicher Verlager, Berlin und Leipzig.

Kosambi, D. D. (1958). "The Text of the Arthaśāstra". In: *Journal of the American Oriental Society* 78.3, pp. 169-173.

—(1964 [1994]). *The Culture and Civilisation of Ancient India*. Vikas Publishing House, Delhi.

Law, N. N. (1914). *Studies in Ancient Hindu Polity: based on the Arthaśāstra of Kauṭilya*, vol. I. Longmans, Green & Co., London.

—(1931). "The English Translation of Kauṭilīya". In: *Indian Historical Quarterly*, vol. 7, pp. 389-410.

—(1932). "The English Translation of Kauṭilīya(A Rejoinder)". In: *Indian Historical Quarterly*, vol. 8, pp. 165-220.

Leslie, Julia (1998). "A Bird Bereaved: The Identity and Significance of Vālmiki's Kauñca". In: *Journal of Indian Philosophy* 26, pp. 455-487.

Leucci, Tiziana (2008). "L'apprentissage de la danse en Inde du Sud et ses transformations au XXème siècle: le cas des devadāsī, rājadāsī et naṯṯuvaṉār". In: *Rivista di Studi Sudasiastici* 3, pp. 49-83.

Lévi, Sylvain (1915). "Le catalogue géographique des Yakṣa dans la Mahāmāyūrī". In : *Journal Asiastique* 11 [5], pp. 19-138.

Lüders, Heinrich (1916). "Die Saubhikas. Ein Beitrag zur Geschichte des indischen Dramas." In: *Sitzungsberichte der Königlich Preussischen Akademie der Wissenschaften* 1, pp. 698-737.

Mabbett, I. W. (1964). "The Date of the Arthaśāstra". In: *Journal of the American Oriental Society* 84.2, pp. 162-169.

McClish, M. R. (2009). *Political Brahmanism and the State: A Compositional History of the Arthaśāstra*. Ph.D. Dissertation, University of Texas at Austin.

—(2014). "The Dependence of Manu's Seventh Chapter on Kauṭilya's Arthaśāstra". In: *Journal of American Oriental Society* 134.2, pp. 242-262.

McClish, Mark & P. Olivelle ed. & trans. (2012). *The Arthaśāstra: Selections from the Classic Indian Work on Statecraft*. Hacker Publishing Co., INC., Indianapolis.

Mital, S. N. (2000 [2004]). *Kauṭilīya Arthaśāstra Revisited*. PHISPC, Munshiram Manoharlal Publishers Pvt. Ltd., New Delhi.

Mittal, P. and Geeta Dua (2010). *Kauṭilya Arthaśāstra: Collection of Articles from the IHQ, IA, IC, & CR*. 2 vols. Low Price Publications, Delhi.

Nāg, Kālidās (1923). *Les Théories diplomatiques de l'Inde ancienne et l'Arthaçâstra*. Librairie orientale et américaine, Paris.

Nilakanta Sastri, K. A. (1988). *Age of the Nandas and Mauryas*. Motilal Banarsidass, Delhi.

Olivelle, Patrick (2008). *Collected Essays*, 2 vols. Firenze University Press, Florence.

—(2012). "Material Culture and Philology: Semantics of Mining in Ancient India". In: *Journal of the American Oriental Society* 132.1, pp. 23-30.

Pargiter, F. E. ed. (1913). *The Purāṇa Text of the Dynasties of the Kali Age*. Oxford University Press, London.

Parpola, Asko (2015). *The Roots of Hinduism*. Oxford University Press, Oxford.

Pearson, Karl (1900). "On the Criterion that a given System of Deviations from the probable in the Case of a correlated System of Variables is such that it can be reasonably supposed to have arisen from Random Sampling" . In: *Philosophical Magazine and Journal of Science* 50.5, pp. 157-175.

Plackett, R. L. (1983). "Karl Pearson and the Chi-Squared Test" . In: *International Statistical Review* 50.1, pp. 59-72.

Prasad, Rajendra (2008). *A Conceptual-Analytical Study of Classical Indian Philosophy of Morals*. Centre for Studies in Civilizations and Concept Pub. Co. for PHISPC, New Delhi.

Ramakrishnan, P. (1998). *Indian Mathematics Related to Architechture and Other Areas with Special Reference to Kerala*. Ph.D. Dissertation, Cochin University.

Rapson, E. J. (1955). *The Cambridge History of India, vol. I: Ancient India*. S. Chand & Co., Delhi.

Renou, Louis (1943). "Le jeûne du créancier dans l'Inde ancienne" . In: *Journal Asiatique* 234, pp. 117-130.

Rocher, Ludo, ed. D. R. Davis, jr (2012). *Studies in Hindu Law and Dharmaśāstra*. Anthem Press, London.

Scharfe, Hartmut (1987). "Nomadisches Ergut in der indischen Tradition" . In: *Hinduismus und Buddhismus: Festschrift für U. Schneider*, hrsg. H. Falk, Hedwig Falk, Freiburg, pp. 300-308.

—(1989). *The State in Indian Tradition*. E. J. Brill, Leiden.

—(1993). *Investigations in Kauṭalya's Manual of Political Science*. Harrassowitz Verlag, Wiesbaden.

Schlingloff, Dieter (1965). "Arthaś ā stra-Studien, I: Kauṭilya und Medh ā tithi" . In: *Wiener Zeitschrift für die Kunde Südasiens* 9, pp. 1-38.

—(1967). "Arthaśāstra-Studien, II: Die Anlage einer Festung(durgavidhāna)". In: *Wiener Zeitschrift für die Kunde Südasiens* 2, pp. 44-80.

—(1968). "Bhūmigṛha". In: *Journal of the Oriental Institute* 17, pp. 345-352.

—(2013). *Fortified Cities of Ancient India: A Comparative Study*. Anthem Press, London.

Sharma, R. S. (1983). *Material Culture and Social Formations in Ancient India*. Macmillan India Ltd., Delhi.

Singh, B. D. (2004). *Bibliography of Kautiliya Arthasastra*. Kishor Vidya Niketan, Varanasi.

Singh, S. D. (1965). Ancient Indian Warfare: with Special Reference to the

Vedic Period. E. J. Brill, Leiden.

Stein, Otto (1921). *Megasthenes und Kauṭlya*. Akademie der Wissenschaften in Wien, Wien.

—(1935). "Arthaśāstra und Śilaśāstra". In: *Archiv Orientální* 7, pp. 473-487.

—(1936). "Arthaśāstra und Śilaśāstra". In: *Archiv Orientální* 8, pp. 69-90; pp. 334-356.

—(1938). "Arthaśāstra und Śilaśāstra". In: *Archiv Orientální* 10, pp. 163-209.

Sternbach, Ludwik (1951). "Legal Position of Prostitutes According to Kauṭilya's Arthaśāstra". In: *JAOS* 71 [1], pp. 25-26.

Thapar, Romila (1961). *Aśoka and the Decline of the Mauryas*. Oxford University Press, Bombay.

Tokunaga, Muneo (2005). "On the Origin of the *Leśyās*". In: *The Journal of Philosophical Studies* 580, pp. 1-11.

Trautmann, Thomas R. (1971). *Kauṭilya and the Arthaśāstra: A Statistical Investigation of the Authorship and Evolution of the Text*. E. J. Brill, Leiden.

Trivedi, Harihar V. (1934). "The Geography of Kauṭilya". In: *Indian Culture* 1, pp. 247-261.

Vicajee, Framjee R. (1900). "The Rule of Dámdupat". In: *Journal of the Society of Comparative Legislation* 2.3, pp. 464-472.

Wackernagel, Jakob (1957-1975). *Altindische Grammatik*, 3 Bde. Vandenhoeck und Ruprecht, Göttingen.

Wilhelm, Friedrich (1962). "Arthaśastra ili nauka politiki by V. I. Kalyanov". In: *Journal of the Economic and Social History of the Orient* 5. 2, pp. 220-222.

—(1966). "Die Beziehungen zwischen Kāmasūtra und Arthaśāstra". In: *Zeitschrift der Deutschen Morgenländischen Gesellschaft* 116, pp. 291-310.

Williams, George M. (2003). *Handbook of Hindu Mythology*. ABC-CLIO, INC., California.

Winternitz, Moriz (1909-1920). *Geschichte der indischen Literatur*, 3 Bde. C. F. Amelangs Verlag, Leipzig.

—(1925). *Some Problems of Indian Literature*. Bharatiya Book Corporation,

Delhi.

Wojtilla, Gyula (2005). "The S ī t ā dhyakṣaprakaraṇa of the Arthaś ā stra" . In: *Indische Kultur in Kontext: Rituale, Texte und Ideen aus Indien und der Welt.* Festschrift für Klau Mylius. Ed. by L. Göhler Harrassowitz, Wiesbaden, pp. 413-425.

—(2009). "Ratnaśāstra in Kauṭily's Arthaśāstra (KA)". In: *Acta Orientalia Academiae Scientiarum Hungaricae* 62.1, pp. 37-44.

Yokochi, Yuko trans. (2013). *The Skandapurāṇa*, vol. III. Brill, Leiden & Egbert Forsten, Groningen.

Zumbroich, Thomas J. (2012). "From Mouth Fresheners to Erotic Perfumes: The evolving socio-cultural Significance of Nutmeg, Mace and Cloves in South Asia" . In: *eJournal of Indian Medicine* 5, pp. 37-97.

译注后记

本书是我博士论文《〈利论〉译疏》的增订、修正和改进。早在2012年，导师段晴先生就指导我选定《利论》作为博士论文题目。在博士学习期间，段老师除了继续强化我的梵语能力，还帮助我寻找机会，督促让我在其他学院获得政治学方面的训练。段老师对我的期望是做一部关于《利论》的研究论文，但随着我对《利论》梵语本子更深入的阅读和学习，为《利论》提供汉译和注释的愿望就变得越发迫切。在我的请求下，段老师同意做一个折中：博士论文以《利论》汉译和注释为主体，再加一个分量（指字数）足够的导言。

《利论》的翻译和注释本身是自发的，它开始于2013年初春，到2015年仲冬完成，耗时近三年。在这期间，我休息的时间加在一起不到一个月，其他时间都在重复以下事情：翻译、注释、查阅资料、对照其他译本、订正译文和注文。正如但丁所说的，“我把我的寓所当绞架”（Io fei gibetto a me de le mie case）。不过，我很庆幸自己当年投入到了这样一个似乎见不到头的、类似劳役的工作（*karman*）中，它让我体验到了某种“暂时的最终”（vorläufig letzte）的自由。

据说“地狱里尽是不知感激的人”，但以下要表达的感激不仅是因为害怕硫磺火湖，更多是渴望表达内心的自然情感。

导师段晴先生不嫌弃我资质愚钝，在硕博阶段给予我在语言、学术上的训练，关心我的生活，在为人处世上以身作则给予我教导，这种恩情实在不是“感谢”两个字所能充分回报的。感谢高鸿老师以手把手的方式带领，让我获得了初步的梵语知识。感谢中国社会科学院的葛维钧老师在《利论》资料、学术规范、职业规划方面给我提供的无私帮助。感谢北大外国语学院南亚系的萨尔吉老师，他的谦虚和勤奋是我学习的榜样。

感谢中国社会科学院哲学所的陈德中老师，在我士气最低沉的时候对我的《利论》稿件表示兴趣，这在当时很大地鼓励了我完成翻译和注释工作。

感谢刘小枫老师，他的编修事业在西学(尤其是政治哲学)方面给予我清晰、有力的引导，他还在我职业规划中给予我许多提携和关心。

感谢父母亲，他们用一个平凡但温暖的家一直在背后支持我。

特别致谢陈亮女士，她在这期间的陪伴和照顾，是我一生的财富；她在逆境中表现出的种种美德，不仅加给我力量，更让我瞥见了“永恒女性”的形象。

朱成明

2019 年 11 月 8 日于重庆大学高研院古典学中心

图书在版编目(CIP)数据

利论/(古印度)憍底利耶著;朱成明译注—北京:商务印书馆,2024

(汉译世界学术名著丛书:120年纪念版:珍藏本:增订本)

ISBN 978-7-100-23699-7

Ⅰ.①利… Ⅱ.①憍…②朱… Ⅲ.①政治制度史—研究—印度—古代 Ⅳ.①D735.121

中国国家版本馆 CIP 数据核字(2024)第 076645 号

汉译世界学术名著丛书

(120 年纪念版·珍藏本·增订本)

利论

〔古印度〕憍底利耶 著

朱成明 译注

商务印书馆出版

(北京王府井大街 36 号 邮政编码 100710)

商务印书馆发行

北京市十月印刷有限公司印刷

ISBN 978-7-100-23699-7

2024 年 5 月第 1 版　　开本 710×1000 1/16

2024 年 5 月北京第 1 次印刷　　印张 47¾

定价:252.00 元